AF566087

Berhard Lahres, Gregor Raýman, Stefan Strich

Objektorientierte Programmierung

Das umfassende Handbuch

Liebe Leserin, lieber Leser,

sicher ist Ihnen nur allzu bewusst, wie schwierig es ist, wirklich guten Code zu schreiben, und wie hoch die Erwartungen an moderne Softwareentwicklung sein können.

Unsere Autoren kennen die Komplexität, die sich in sehr großen Softwaresystemen aufbaut, und die Ansprüche an Wartbarkeit, Erweiterbarkeit, Testbarkeit und vieles mehr. Vor allem kennen sie Wege, das alles in den Griff zu bekommen. Das Paradigma der Objektorientierung hat sich dabei als robuste Grundlage bewährt. Lassen Sie sich die Praxis zeigen, vom Entwurf über die Modellierung und die Implementierung bis zum Test und der Integration in bestehende Systeme.

Die Kapitel dieses Buches bauen aufeinander auf. Wenn Sie nach einem bestimmten Prinzip oder Entwurfsmuster suchen, verwenden Sie das Inhaltsverzeichnis oder den ausführlichen Index. Suchen Sie beim Lesen – oder später beim Nachschlagen – nach der Bedeutung eines bestimmten Fachbegriffs, verwenden Sie das Glossar.

Im Buch kommen UML und sieben Programmiersprachen vor. Wir gehen nicht etwa davon aus, dass Sie die alle beherrschen! Sie dienen dazu, Objektorientierung von allen Seiten und von einer höheren Warte aus betrachten zu können. Im Anhang finden Sie einen Überblick über die verwendeten Sprachen.

Dieses Buch wurde mit großer Sorgfalt geschrieben, geprüft und produziert. Sollten sich dennoch Fehler eingeschlichen haben oder Unklarheiten auftauchen, zögern Sie nicht, mit uns Kontakt aufzunehmen. Ihre Anregungen und Fragen sind uns willkommen!

Ihre Almut Poll
Lektorat Rheinwerk Computing

almut.poll@rheinwerk-verlag.de
www.rheinwerk-verlag.de
Rheinwerk Verlag · Rheinwerkallee 4 · 53227 Bonn

Auf einen Blick

Wir hoffen, dass Sie Freude an diesem Buch haben und sich Ihre Erwartungen erfüllen. Ihre Anregungen und Kommentare sind uns jederzeit willkommen. Bitte bewerten Sie doch das Buch auf unserer Website unter **www.rheinwerk-verlag.de/feedback**.

An diesem Buch haben viele mitgewirkt, insbesondere:

Lektorat Almut Poll
Korrektorat Friederike Daenecke, Zülpich
Herstellung Melanie Zinsler
Typografie und Layout Vera Brauner
Einbandgestaltung Julia Schuster
Satz SatzPro, Krefeld
Druck Beltz Grafische Betriebe, Bad Langensalza

Dieses Buch wurde gesetzt aus der TheAntiquaB (9,35/13,7 pt) in FrameMaker.
Gedruckt wurde es auf chlorfrei gebleichtem Offsetpapier (90 g/m²).
Hergestellt in Deutschland.

Bibliografische Information der Deutschen Nationalbibliothek:
Die Deutsche Nationalbibliothek verzeichnet diese Publikation in der Deutschen Nationalbibliografie; detaillierte bibliografische Daten sind im Internet über *http://dnb.dnb.de* abrufbar.

ISBN 978-3-8362-8317-5

5., aktualisierte Auflage 2021

Informationen zu unserem Verlag und Kontaktmöglichkeiten finden Sie auf unserer Verlagswebsite **www.rheinwerk-verlag.de**. Dort können Sie sich auch umfassend über unser aktuelles Programm informieren und unsere Bücher und E-Books bestellen.

Inhalt

4 Die Struktur objektorientierter Software 65

9 Aspekte und Objektorientierung 533

10 Objektorientierung am Beispiel: eine Webapplikation in JavaScript 579

Materialien zum Buch

Auf der Webseite zu diesem Buch stehen folgende Materialien für Sie zum Download bereit:

- **alle Beispielprogramme aus dem Buch**
- **Starthilfe für node.js, der Plattform des Abschlussbeispiels**

Gehen Sie auf *www.rheinwerk-verlag.de/5289*. Klicken Sie auf den Reiter MATERIALIEN ZUM BUCH. Sie sehen die herunterladbaren Dateien samt einer Kurzbeschreibung des Dateiinhalts. Klicken Sie auf den Button HERUNTERLADEN, um den Download zu starten. Je nach Größe der Datei (und Ihrer Internetverbindung) kann es einige Zeit dauern, bis der Download abgeschlossen ist.

Kapitel 1
Einleitung

In diesem Kapitel stellen die Autoren sich selbst und dieses Buch vor. Sie erklären, was Objektorientierung im Bereich der Softwareentwicklung bedeutet. Bereits am Ende dieses Kapitels geraten sie auch schon in die erste Diskussion miteinander.

Objektorientierung ist eine mittlerweile bewährte Methode, um die Komplexität von Softwaresystemen in den Griff zu bekommen. Die Entwicklung der Objektorientierung als Konzept der Softwaretechnik ist dabei sehr eng mit der Entwicklung von objektorientierten Programmiersprachen verbunden.

Bei der praktischen Umsetzung dieses Konzepts geht es allerdings um weit mehr als nur die reine Verwendung einer objektorientierten Programmiersprache. In den folgenden Abschnitten werden wir zunächst den grundlegenden Aufbau des Buches vorstellen und der Frage auf den Grund gehen, warum ein objektorientiertes Vorgehen sinnvoll ist.

1.1 Was ist Objektorientierung?

Von Alan Kay, dem Erfinder der Sprache Smalltalk, die als die erste konsequent objektorientierte Programmiersprache gilt, wird die folgende Geschichte erzählt:

> *Bei einer Präsentation bei Apple Mitte der 80er-Jahre hielt ein Mitarbeiter einen Vortrag über die erste Version der neu entwickelten Programmiersprache Oberon. Diese sollte der nächste große Schritt in der Welt der objektorientierten Sprachen sein.*
>
> *Da meldete sich Alan Kay zu Wort und hakte nach:*
>
> *»Diese Sprache unterstützt also keine Vererbung?«*
> *»Das ist korrekt.«*
> *»Und sie unterstützt keine Polymorphie?«*
> *»Das ist korrekt.«*

»Und sie unterstützt auch keine Datenkapselung?«
»Das ist ebenfalls korrekt.«
»Dann scheint mir das keine objektorientierte Sprache zu sein.«

Der Vortragende meinte darauf: »Nun, wer kann schon genau sagen, was objektorientiert ist und was nicht.«

Woraufhin Alan Kay zurückgab: »Ich kann das. Ich bin Alan Kay, und ich habe den Begriff geprägt.«

Der geschilderte Dialog enthält genau die drei Grundelemente, die als Basis von objektorientierten Programmiersprachen gelten:

- Unterstützung von Vererbungsmechanismen
- Unterstützung von Datenkapselung
- Unterstützung von Polymorphie

Auch wenn wir auf alle drei Punkte eingehen werden, geht Objektorientierung mittlerweile weit über diese Grunddefinition hinaus. Die genannten Punkte bilden lediglich den kleinsten gemeinsamen Nenner.

1.2 Hallo liebe Zielgruppe

Die Frage »Für wen schreiben wir dieses Buch?« haben wir uns beim Schreiben selbst immer wieder gestellt.

Die Antwort darauf hängt eng mit der Frage zusammen, warum wir eigentlich dieses Buch geschrieben haben. Neben dem offensichtlichen Grund, dass die Veröffentlichung die Autoren reich und berühmt machen wird, was ja ein ganz angenehmer Nebeneffekt ist, gibt es noch einen ganz zentralen weiteren Grund: Wir wollten das Buch schreiben, das wir uns selbst an bestimmten Punkten unseres Ausbildungswegs und unserer Berufslaufbahn gewünscht hätten.

Wir haben uns von Anfang an im Umfeld der objektorientierten Softwareentwicklung bewegt. Allerdings unterschied sich das, was wir in der Praxis an Anforderungen vorfanden, dann doch stark von dem, was Universität und Lehrbücher vorbereitet hatten.

Theorie und Praxis

Aufgrund dieser Erfahrung hätten wir uns ein Buch gewünscht, das den Brückenschlag zwischen Theorie und Praxis bewerkstelligt. Nicht so sehr auf der Ebene von praktischen Programmen, sondern eher: Wie werden die theoretischen Ansätze (die wir Prinzipien nennen) denn nun umgesetzt? Was hat es mit dem Thema Garbage Collection auf sich? Was ist wirklich mit Model View Controller gemeint? Warum müssen wir uns überhaupt mit tiefen und flachen Kopien, Identität und Gleichheit beschäftigen?

Wir glauben, dass wir es ein Stück in diese Richtung geschafft haben und Ihnen eine interessante Verbindung aus Theorie und Praxis präsentieren.

Wer sollte unser Buch lesen?

Wir wollen Studierenden der Informatik eine praktische, interessante und hoffentlich auch unterhaltsame Einführung und Vertiefung zum Thema Objektorientierung bieten. Zugleich wollen wir Berufseinsteigerinnen und Berufseinsteigern im Bereich Softwareentwicklung einen leichteren Start ermöglichen, indem wir Begriffe praktisch erklären, mit denen sie regelmäßig konfrontiert werden. Auch denjenigen, die bereits in der Softwareentwicklung aktiv sind, möchten wir die Chance geben, darüber nachzudenken, was sie eigentlich in der täglichen Arbeit so machen und ob nicht vielleicht die eine oder andere Verbesserung möglich ist.

Wir wenden uns also an Softwareentwicklerinnen und Softwareentwickler in Ausbildung oder im aktiven Einsatz und an alle, die Programme schreiben. Natürlich würden wir uns auch freuen, wenn Projektleiterinnen und Projektleiter unser Buch in die Hand nähmen. Geschrieben haben wir es allerdings als Softwareentwickler für andere Menschen, die Software entwickeln.

Was wir voraussetzen

Wir setzen voraus, dass Sie Erfahrungen in der Programmierung haben. Erfahrungen mit der Programmierung in objektorientierten Sprachen sind hilfreich, obwohl nicht unbedingt notwendig. Unser Buch wendet sich damit auch explizit an Menschen, die bereits mit Programmiersprachen arbeiten, die objektorientierte Mechanismen anbieten, wie es zum Beispiel bei Java der Fall ist. Da aber nur durch die Verwendung von objektorientierten Sprachen noch lange keine objektorientierte Software entsteht, wollen wir mit unserem Buch genau diesen Schritt ermöglichen.

Wir werden zu den verwendeten Programmiersprachen keine detaillierte Einführung geben. Stattdessen finden Sie im Anhang jeweils eine Kurzbeschreibung. Diese erläutert die grundlegenden Sprachkonstrukte mit Bezug zur objektorientierten Programmierung. Außerdem geben wir Verweise auf weitere Informationsquellen zur Programmiersprache – sofern möglich auch mit Hinweisen auf verfügbare freie Versionen von Compilern, Interpretern oder Entwicklungsumgebungen.

1.3 Was bietet dieses Buch (und was nicht)?

Objektorientierung ist eine Vorgehensweise, die den Fokus auf modulare Systeme legt. Dieses Modulprinzip legen wir in zweierlei Hinsicht auch diesem Buch zugrunde.

Zum einen sehen wir das Buch als einen Baustein, der beim Verständnis des Themas Objektorientierung eine zentrale Rolle spielt. Wir beschreiben, wie Sie Objektorientierung einsetzen können, um auf der Grundlage von zentralen Prinzipien beherrschbare und änderbare Software erstellen können. Wenn wir auf diesem Weg an Entwurfsmustern vorbeikommen, werden wir diese vorstellen und ihren Nutzen für den Entwurf oder die aktuelle Problemstellung erläutern.

Zum anderen bauen die Kapitel des Buches modular aufeinander auf. Ausgehend von abstrakten Prinzipien gehen wir immer weiter in die konkrete Anwendung der Objektorientierung. Diesen modularen Aufbau wollen wir in einer Übersicht kurz vorstellen.

1.3.1 Bausteine des Buches

Abbildung 1.1 stellt die einzelnen Kapitel als Bausteine in der Übersicht dar.

Kapitel 2: Basis

In Kapitel 2, »Die Basis der Objektorientierung«, stellen wir zunächst die grundlegenden Unterschiede der objektorientierten Vorgehensweise im Vergleich zur strukturierten Programmierung vor. Wir beschreiben dort auch im Überblick die Basismechanismen der Objektorientierung: Datenkapselung, Polymorphie und Vererbung.

Kapitel 3: Prinzipien

Danach schließt sich Kapitel 3, »Die Prinzipien des objektorientierten Entwurfs«, an. Das Kapitel stellt die grundlegenden Prinzipien vor, die für den objektorientierten Ansatz entscheidend sind. In Abschnitt 1.1, »Was ist Objektorientierung?«, haben wir einen kleinen Dialog vorgestellt, in dem die grundlegenden Eigenschaften von objektorientierten Sprachen angesprochen werden. Genau wie die dort genannten Eigenschaften geben auch die Prinzipien der Objektorientierung einen Rahmen für eine bestimmte Art der Softwareentwicklung vor. Die Prinzipien sind zentral für das Vorgehen bei der Entwicklung von objektorientierter Software. Das Kapitel legt also die grundsätzliche Basis, ohne bereits detailliert auf Objekte, Klassen oder Ähnliches einzugehen.

Kapitel 4: Struktur

Anschließend erläutern wir in Kapitel 4, »Die Struktur objektorientierter Software«, das Konzept von Objekten, Klassen und der darauf aufbauenden Möglichkeiten. Wir erläutern das Konzept der Klassifizierung und betrachten die Rolle der Klassen als Module. Den verschiedenen Arten, in denen Objekte untereinander in Beziehung stehen können, ist ebenfalls ein Teilkapitel gewidmet.

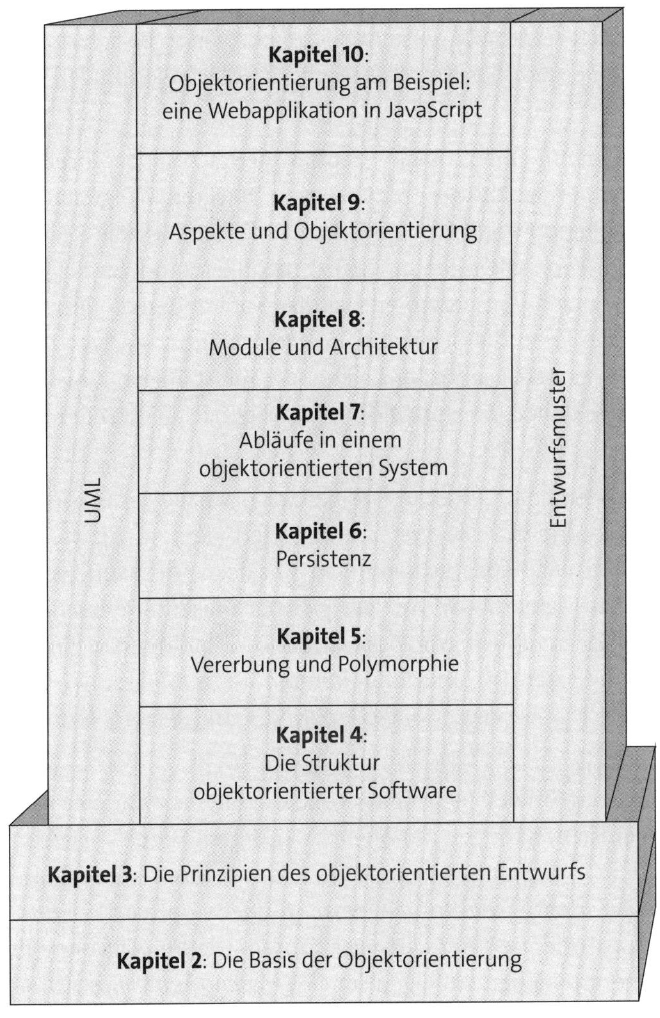

Abbildung 1.1 Modularer Aufbau der Kapitel

Kapitel 5: Vererbung und Polymorphie

In Kapitel 5, »Vererbung und Polymorphie«, beschreiben wir, wie die Vererbung der Spezifikation – im Zusammenspiel mit der Fähigkeit der Polymorphie – Programme flexibel und erweiterbar halten kann. Wir gehen dabei auf die verschiedenen Varianten der Vererbung im Detail ein und stellen deren Möglichkeiten und Probleme vor. An Beispielen erläutern wir dabei auch, wie die Möglichkeiten der Polymorphie am besten genutzt werden können.

Kapitel 6: Persistenz

Kapitel 6, »Persistenz«, erklärt, wie Objekte in relationalen Datenbanken gespeichert werden können. In fast allen Anwendungen taucht die Notwendigkeit auf, dass Objekte persistent gespeichert werden müssen. Wir stellen die Abbildungsregeln für Vererbungsbeziehungen und andere Beziehungen zwischen Objekten und Klassen auf eine relationale Datenbank vor. Schließlich setzen wir diese Abbildungsregeln in Beziehung zu den verschiedenen Stufen der Normalisierung in einer relationalen Datenbank.

Kapitel 7: Abläufe

In Kapitel 7, »Abläufe in einem objektorientierten System«, beschreiben wir die Vorgänge innerhalb des Lebenszyklus von Objekten. Wir gehen detailliert auf die Erzeugung von Objekten ein und erläutern, wie Sie ein System erweiterbar halten, indem Sie möglichst flexible Methoden der Objekterzeugung einsetzen. Außerdem enthält das Kapitel Beschreibungen von Interaktionsszenarien, die sich häufig in objektorientierten Systemen finden. Der Abschluss des Objektlebenszyklus, der meist über den Mechanismus der Garbage Collection stattfindet, wird ebenfalls in diesem Kapitel erklärt.

Kapitel 8: Architektur

In Kapitel 8, »Module und Architektur«, zeigen wir Beispiele dafür, wie objektorientierte Entwürfe in reale Systeme integriert werden. Wir stellen das Konzept von in der Praxis verwendeten Ansätzen wie Frameworks und Anwendungscontainern vor. Am Beispiel der Präsentationsschicht einer Anwendung erläutern wir, wie objektorientierte Verfahren die Interaktionen in einem System strukturieren können. Dazu erklären wir das Architekturmuster Model View Controller (MVC) und dessen Einsatzszenarien.

Kapitel 9: Aspekte

In Kapitel 9, »Aspekte und Objektorientierung«, stellen wir dar, wie sich eine Reihe von Einschränkungen der objektorientierten Vorgehensweise durch Aspektorientierung aufheben lässt. Wir erläutern, welche Beschränkungen der objektorientierten Vorgehensweise überhaupt zur Notwendigkeit einer aspektorientierten Sichtweise führen. Die Verwaltung von sogenannten übergreifenden Anliegen (engl. *Crosscutting Concerns*) ist mit den Mitteln der klassischen objektorientierten Programmierung nur sehr aufwendig zu realisieren. Bei Crosscutting Concerns handelt es sich um Anforderungen, die mit Mitteln der Objektorientierung nur klassen- oder komponentenübergreifend realisiert werden können.

Deshalb zeigen wir in diesem Kapitel verschiedene Möglichkeiten auf, Lösungen dafür in objektorientierte Systeme zu integrieren. Wir erläutern den Weg zu den aspektorientierten Lösungen und stellen diese anhand praktischer Beispiele vor.

Abgerundet wird unser Buch dann durch Kapitel 10, »Objektorientierung am Beispiel: eine Webapplikation in JavaScript«. Dort greifen wir am Beispiel einer Webanwendung eine ganze Reihe von Konzepten auf, die in den vorhergehenden Kapiteln erläutert wurden. Im Kontext einer einfachen, aber vollständigen Webanwendung auf Basis von JavaScript und darauf aufbauenden Frameworks stellen wir Schritt für Schritt vor, wie Geschäftslogik und Präsentationsschicht durch objektorientierte Vorgehensweisen klar voneinander entkoppelt werden. Dabei gehen wir auch darauf ein, durch welchen Aufbau ein Austausch von Teilen der Präsentationsschicht erleichtert wird.

Kapitel 10: Objektorientierung am Beispiel einer Webapplikation

Im Anhang werden wir die im Buch verwendeten Programmiersprachen jeweils mit einer Kurzreferenz vorstellen und Hinweise auf weitere Informationen geben.

Anhang: Programmiersprachen

1.3.2 Crosscutting Concerns: übergreifende Anliegen

Die beschriebenen Kapitel bauen in Form einer Modulstruktur aufeinander auf. Aber ähnlich wie bei der Strukturierung objektorientierter Software gibt es natürlich auch hier Themen, die übergreifend sind und sich nicht genau einem der Kapitel zuordnen lassen.

Im Folgenden gehen wir kurz darauf ein, welche Rolle diese weiteren Themengebiete spielen.

Unified Modeling Language

Die Unified Modeling Language (UML) hat sich mittlerweile als ein sinnvolles und weitverbreitetes Modellierungsmittel durchgesetzt. Wir werden die nach unserer Ansicht wichtigsten Darstellungselemente der UML anhand von Beispielen vorstellen. Dabei werden wir diese immer dann einführen, wenn die betreffende Modellierung für unser aktuell behandeltes Thema relevant wird. Wir verwenden die UML in der Regel auch zur Illustration von Strukturen und Abläufen.

Objektorientierte Analyse

Die objektorientierte Analyse betrachtet eine Domäne als System von kooperierenden Objekten. Obwohl objektorientierte Analysemethoden nicht unser zentrales Thema sind, werden wir diese immer dann heranziehen, wenn wir auf die Verbindung von Analyse und Design eingehen.

Entwurfsmuster

Erich Gamma, Richard Helm, Ralph Johnson, John M. Vlissides: Design Patterns: Entwurfsmuster als Elemente wiederverwendbarer objektorientierter Software. mitp 2014.

Entwurfsmuster (engl. *Design Patterns*) für den objektorientierten Entwurf wurden mit der Publikation »Entwurfsmuster: Elemente wiederverwendbarer objektorientierter Software« als Begriff geprägt. Die Autoren Erich Gamma, Richard Helm, Ralph Johnson und John Vlissides führen dabei eine standardisierte Beschreibungsform für wiederkehrende Vorgehensweisen beim Entwurf guter objektorientierter Software ein.[1] Aufgrund von Umständen, die mit der Sortierung unseres Alphabets zusammenhängen, wird die Publikation meist mit Erich Gamma assoziiert.

Grundsätzlich sind solche Entwurfsmuster unabhängig davon, ob wir eine objektorientierte Vorgehensweise gewählt haben, da sie nur eine Schablone für gleichartige Problemstellungen sind. Allerdings hat sich in der Praxis gezeigt, dass bei Verwendung von objektorientierten Methoden diese Muster einfacher zu erkennen und besser zu beschreiben sind.

In der Folge ist eine ganze Reihe von unterschiedlichen Entwurfsmustern entstanden, die meisten mit Bezug auf objektorientierte Methoden. In der Kategorie *Anti-Patterns* werden häufige Fehler beim Systementwurf zusammengefasst.

Wir verwenden im Folgenden eine ganze Reihe von Entwurfsmustern. Allerdings werden wir diese dann vorstellen, wenn ein Muster ein bestimmtes Thema gut illustriert oder dafür zentral ist. In diesem Fall geben wir eine kurze Vorstellung des Musters und erläutern seine Anwendung.

Deutsche und englische Begriffe

Wir werden außerdem weitgehend deutsche Begriffe verwenden. Wenn allerdings der englische Begriff der wesentlich gängigere ist, verwenden wir diesen. Das gilt auch, wenn eine deutsche Übersetzung die Bedeutung verzerren würde oder zu umständlich wird. So werden wir zum Beispiel den Begriff *Multiple Dispatch* verwenden, weil die infrage kommenden Übersetzungen *Multiple Verteilung* oder *Verteilung auf der Grundlage von mehreren Objekten* nicht wesentlich erhellender oder aber sehr umständlich sind.

Die englische Entsprechung führen wir bei der ersten Erwähnung meist mit auf. So stellen wir zum Beispiel das Prinzip *Offen für Erweiterung, ge-*

1 Allerdings sind inzwischen auch die Autoren des Entwurfsmuster-Buches nicht mehr bei allen der vorgestellten Muster davon überzeugt, dass es sich wirklich um empfehlenswerte Vorgehensweisen handelt. So hat sich beispielsweise das Entwurfsmuster »Singleton« mittlerweile einen eher fragwürdigen Ruf erarbeitet.

schlossen für Änderung bei der ersten Erwähnung auch als *Open Closed Principle* vor.

1.3.3 Die Rolle von Programmiersprachen

Die meisten der von uns diskutierten Prinzipien der Objektorientierung finden sich in den objektorientierten Programmiersprachen wieder – entweder als direkte Sprachkonstrukte oder als Möglichkeiten bei der Programmierung.

Allerdings: Die Unterstützung variiert sehr stark zwischen den einzelnen objektorientierten Sprachen. Bestimmte Prinzipien werden nur von wenigen Sprachen unterstützt, andere in unterschiedlichem Ausmaß.

Wir haben deshalb eine überschaubare Anzahl von Programmiersprachen ausgewählt, um diese jeweils dann als Beispiel heranzuziehen, wenn ein bestimmtes Prinzip besonders gut (oder vielleicht auch besonders schlecht) unterstützt wird.

Objektorientierte Softwareentwicklung lässt sich nicht beschreiben, ohne auf die Entwicklung der objektorientierten Programmiersprachen einzugehen. Durch ihre jeweils spezifischen Möglichkeiten sind Programmiersprachen selbst sehr gute Beispiele dafür, wie Konzepte der Objektorientierung in der Praxis umgesetzt werden.

Alan Perlis hatte mit seiner Aussage völlig recht, als er schrieb: »Eine Programmiersprache, die nicht die Art beeinflusst, in der du über das Programmieren nachdenkst, ist es nicht wert, dass man sie kennt.«[2]

Deshalb werden Sie in den folgenden Kapiteln auch einiges über die Besonderheiten und speziellen Möglichkeiten von mehreren objektorientierten Sprachen erfahren. Allein schon durch die Betrachtung der Unterschiede zwischen einzelnen Sprachen lassen sich Konzepte gut illustrieren. Jede Sprache hat ihre eigenen Stärken, jede macht bestimmte Sachen einfach, und jede hat ihre eigenen Idiome und Muster.

Wer mehrere Programmiersprachen kennt, lernt oft neue Vorgehensweisen. Auch wer in der Praxis die meiste Zeit nur mit einer Programmiersprache arbeitet, sollte einen Blick auf andere Sprachen werfen. Vielleicht nur, um die ausgetretenen Pfade zu verlassen und zu erkennen, dass manche Aufgaben, die er oder sie für schwierig hielt, sich in Wirklichkeit ganz einfach lösen lassen.

---

2 Das Originalzitat in Englisch lautet: »A language that doesn't affect the way you think about programming, is not worth knowing«, und ist enthalten in einem Artikel von Alan Perlis in den SIGPLAN Notices Vol. 17, No. 9, September 1982.

Hier also die Liste der Programmiersprachen, die sich in den Code-Beispielen wiederfinden:

- **Java**
  Java ist dabei, weil es eine sehr verbreitete Sprache ist, die einen Fokus auf Objektorientierung setzt.
- **C++**
  Auch C++ hat immer noch einen hohen Verbreitungsgrad und unterstützt die Basisprinzipien der Objektorientierung zu großen Teilen.
- **JavaScript**
  JavaScript wird hauptsächlich als Beispiel für eine objektorientierte Sprache, die mit Prototypen arbeitet, angeführt.
- **Ruby**
  Ruby ist eine Skriptsprache, die wegen ihrer einfachen und intuitiven Handhabung immer beliebter wird. Sie hat einen sehr starken Fokus auf Objektorientierung und es sind Klassenerweiterungen (Mixins) möglich.
- **C#**
  Die von Microsoft entwickelte Sprache aus der .NET-Familie fasst eine ganze Reihe von Konzepten der Objektorientierung gut zusammen.
- **Python**
  Python ist eine interaktive objektorientierte Skriptsprache, die nach der britischen Komikertruppe Monty Python benannt ist. Python betrachtet alle im Programm vorhandenen Daten als Objekte.

Wir werden Beispiele in den verschiedenen Sprachen immer dann einbringen, wenn sich eine Sprache gerade besonders gut zur Illustration eignet. Außerdem werden wir zur Erläuterung der aspektorientierten Erweiterungen zur Objektorientierung hauptsächlich AspectJ heranziehen.

1.4 Warum überhaupt Objektorientierung?

Wir wollen hier zunächst einmal eine Aussage vorausschicken, die trivial anmuten mag: Es ist nicht einfach, gute Software zu entwickeln. Speziell die Komplexität von mittleren und großen Softwaresystemen stellt oft ein großes Problem dar.

Objektorientierte Softwareentwicklung ist nicht die einzige Methode, um diese Komplexität in den Griff zu bekommen, aber sie hat sich in verschiedenen Anwendungskontexten bewährt.

Außerdem liefert sie mittlerweile ein Instrumentarium für eine ganze Reihe von Problemfeldern.

Objektorientierte Vorgehensweisen ergänzen sich außerdem gut mit einigen anderen Ansätzen in der Softwareentwicklung. Deshalb ist Kapitel 9 auch dem Thema Aspektorientierung gewidmet, da dieser Ansatz einige der Defizite der objektorientierten Vorgehensweise ausbügeln kann.

1.4.1 Gute Software: Was ist das eigentlich?

Je nachdem, wen wir fragen, wird die Antwort auf die Frage »Was macht gute Software für Sie aus?« unterschiedlich ausfallen.

Fragen wir doch zunächst einmal *Anwenderinnen und Anwender* von Software. Das sind wir ja praktisch alle. Hier werden wir häufig die folgenden Anforderungen hören:

- Software soll das machen, was ich von ihr erwarte: Software muss korrekt sein.
- Software soll es mir möglichst einfach machen, meine Aufgabe zu erledigen: Software muss benutzerfreundlich sein.
- Ich möchte meine Arbeit möglichst schnell und effizient erledigen, ich möchte keine Wartezeiten haben: Software muss effizient und performant sein.

Fragen wir nun diejenigen, die für Software und Hardware *bezahlen*, kommen weitere Anforderungen hinzu:

- Ich möchte keine neue Hardware kaufen müssen, wenn ich die Software einsetze: Software muss effizient mit Ressourcen umgehen.
- Ich möchte, dass die Software möglichst günstig ist.
- Mein Schulungsaufwand sollte gering sein.

Fragen wir *Projektmanagerinnen und Projektmanager*, die die Entwicklung der Software vorantreiben sollen, kommt noch mehr zutage:

- Meine Auftraggeber kommen oft mit neuen Ideen. Es darf nicht aufwendig sein, diese neuen Ideen auch später noch umzusetzen: Software muss sich anpassen lassen.
- Ich habe feste Zieltermine, das Management sitzt mir im Nacken. Deshalb muss ich diese Software in möglichst kurzer Zeit fertigstellen.
- Das Programm soll über Jahre hinweg verwendet werden. Ich muss Änderungen auch dann noch mit überschaubarem Aufwand umsetzen können.

Trotz der unterschiedlichen Sichtweisen kristallisieren sich hier einige zentrale Kriterien für gute Software heraus:[3]

- **Korrektheit**
  Software soll genau das tun, was von ihr erwartet wird.
- **Benutzerfreundlichkeit**
  Software soll einfach und intuitiv zu benutzen sein.
- **Effizienz**
  Software soll mit wenigen Ressourcen auskommen und gute Antwortzeiten für Anwender und Anwenderinnen haben.
- **Wartbarkeit**
  Software soll mit wenig Aufwand erweiterbar und änderbar sein.

Ein Hauptfeind dieser Kriterien ist die Komplexität, die sich in der Regel bei Softwaresystemen mit zunehmender Größe aufbaut.

1.4.2 Die Rolle von Prinzipien

Wenn wir Sie motivieren wollen, dass Sie objektorientierte Methoden einsetzen, müssen wir drei verschiedene Arten von Fragen stellen:

1. Welche Probleme wollen Sie eigentlich angehen? Häufig wird die Aufgabenstellung sein, die bereits genannten Kriterien wie Korrektheit, Benutzerfreundlichkeit, Effizienz und Wartbarkeit einzuhalten.
2. Welche abstrakten Prinzipien helfen Ihnen dabei? Beispiele sind hier Kapselung von Information oder klare Zuordnung von Verantwortlichkeiten zu Modulen.
3. Wie können Sie diese Prinzipien in einem Softwaresystem sinnvoll umsetzen?

Da Objektorientierung eben nur eine Methode ist, um diese Ziele umzusetzen, ist es beim Entwurf von Systemen immer wichtig, dass Sie sich bewusst machen, warum Sie einen bestimmten Entwurf gewählt haben.

Am Ende kommt es darauf an, den ursprünglichen Zielen möglichst nahezukommen. Sie werden dabei oft Kompromisse finden müssen. Die mit der objektorientierten Vorgehensweise verbundenen Prinzipien sind dabei Richtlinien, die aber oft gegeneinander abgewogen werden müssen.

3 Neben den aufgelisteten Kriterien gibt es noch weitere allgemeine Anforderungen an Software. Es ist von der jeweiligen Anwendung abhängig, wie zentral die jeweilige Anforderung ist. So ist für Software zur Steuerung eines Atomkraftwerks Korrektheit und Fehlertoleranz wichtiger als der effiziente Umgang mit Ressourcen.

Deshalb beginnen wir in Kapitel 3, »Die Prinzipien des objektorientierten Entwurfs«, auch mit der Vorstellung dieser grundlegenden Prinzipien, die der objektorientierten Softwareentwicklung zugrunde liegen. Zum überwiegenden Teil können diese völlig unabhängig von Begriffen wie Klasse oder Objekt vorgestellt werden. Erst nach der Einführung der Prinzipien werden wir also erklären, wie diese mittels Klassen und Objekten umgesetzt werden können.

1.4.3 Viele mögliche Lösungen für ein Problem

Auch wenn Sie sich einmal dazu entschlossen haben, nach dem objektorientierten Paradigma vorzugehen, werden für eine Problemstellung häufig verschiedene Lösungen möglich sein.

Obwohl wir, die Autoren, uns grundsätzlich darüber einig sind, dass objektorientierte Techniken zu sinnvollen Problemlösungen führen, ergeben sich hinsichtlich der in einem konkreten Fall zu wählenden Lösung doch häufig Differenzen.

Diskussionen können hilfreich sein.

In so einem Fall werden wir die resultierende Diskussion einfach ganz offen vor unserer Leserschaft austragen und diese dabei mit Beispielen aus unseren praktischen Erfahrungen mit Objekttechnologie unterfüttern. Das wird ein ganz schön lebhaftes Buch werden, das können wir an dieser Stelle schon versprechen.

Diskussion: Was gibt's denn hier zu diskutieren?

Gregor: *Findest du das denn eine gute Idee, einfach vor unseren Leserinnen und Lesern zu diskutieren? Bestimmt erwarten sie doch, dass wir uns auf unserem Fachgebiet einig sind und auch klare Lösungen vorstellen. Ich weiß natürlich, dass wir uns wirklich nicht immer einig sind, aber wir könnten doch zumindest so tun.*

Bernhard: *Nun, wenn wir ständig diskutieren würden, wäre das sicherlich etwas irritierend. Und wir sind uns ja auch größtenteils einig darüber, dass es in vielen Fällen auch einfach generell anerkannte Vorgehensweisen gibt. Aber spannend wird das Ganze erst an den Punkten, an denen das Vorgehen eben nicht mehr völlig klar ist und wir uns für eine von mehreren möglichen Vorgehensweisen entscheiden müssen.*

Gregor: *Stimmt schon, hin und wieder so eine kleine Diskussion zwischendurch war ja auch beim Schreiben des Buches durchaus nützlich. Dann lass uns jetzt aber loslegen. Die nächste Diskussion kommt bestimmt bald.*

Icons

Um Ihnen die Orientierung im Buch zu erleichtern, haben wir zwei Icons implementiert:

[»] Hier finden Sie hilfreiche Definitionen, die die wesentlichen Aspekte des Themas zusammenfassen.

[zB] Konkrete Beispiele erleichtern Ihnen das Verstehen.

Weiterführende Informationen finden Sie auf der Webseite zum Buch unter *www.objektorientierte-programmierung.de*, und unter *www.rheinwerk-verlag.de/5289* finden Sie die MATERIALIEN ZUM BUCH.

Kapitel 2
Die Basis der Objektorientierung

In diesem Kapitel werfen wir vorab einen Blick auf die technischen Möglichkeiten, die uns die Objektorientierung bietet. Und wir stellen die Basiskonzepte Datenkapselung, Vererbung und Polymorphie kurz vor, ohne bereits ins Detail zu gehen.

Vor der Frage, wie objektorientierte Verfahren am besten eingesetzt werden, drängt sich die Frage auf, warum Sie denn solche Verfahren einsetzen sollten. Die Objektorientierung hat sich seit Anfang der Neunzigerjahre des letzten Jahrhunderts als Standardmethode der Softwareentwicklung etabliert. Aber nur weil etwas mittlerweile als Standard gilt, muss es noch lange nicht nützlich sein. Das allein reicht als Motivation für objektorientierte Verfahren nicht aus.

Objektorientierung löst einige Probleme, ...

Die Techniken der objektorientierten Softwareentwicklung unterstützen uns dabei, Software *einfacher erweiterbar, besser testbar* und *besser wartbar* zu machen.

... aber nicht alle.

Allerdings dürfen Sie sich von der Objektorientierung nicht Antworten auf alle Probleme und Aufgabenstellungen der Softwareentwicklung erhoffen. Die Erwartungen an die Möglichkeiten dieser Vorgehensweise werden in vielen Projekten zu hochgesteckt.

Zum einen führt die Nutzung objektorientierter Basismechanismen und objektorientierter Programmiersprachen nicht automatisch zu guten Programmen. Zum anderen adressiert die Objektorientierung einige Problemstellungen gar nicht oder bietet nur unvollständige Lösungsstrategien dafür. Bei der Vorstellung des *Prinzips der Trennung von Anliegen* im nächsten Kapitel werden Sie zum Beispiel sehen, dass die Objektorientierung dieses Prinzip nur unvollständig unterstützt.

Grundelemente der Objektorientierung

Die Objektorientierung bietet aber einen soliden Werkzeugkasten an, der es uns erlaubt, die Zielsetzungen der Entwicklung von Software anzugehen. Die Basiswerkzeuge in diesem Werkzeugkasten sind die drei Grundelemente objektorientierter Software:

- Datenkapselung
- Polymorphie
- Vererbung

Wir geben im Folgenden einen kurzen Überblick über die drei Basistechniken. Dabei werden wir auf Begriffe vorgreifen müssen, die erst später im Buch eingeführt werden. Sie sollen aber hier bereits einen ersten Eindruck davon erhalten, welche Möglichkeiten die Objektorientierung bietet. Die Details und formalen Definitionen werden wir Ihnen im weiteren Verlauf des Buches nachreichen, versprochen.

Um Ihnen die Vorteile der objektorientierten Programmierung verdeutlichen zu können, beginnen wir aber zunächst mit einer Kurzzusammenfassung der Verfahren der strukturierten Programmierung, die ja der Vorläufer der objektorientierten Vorgehensweise ist.

2.1 Die strukturierte Programmierung als Vorläufer der Objektorientierung

Die objektorientierte Softwareentwicklung baut auf den Verfahren der strukturierten Programmierung auf. Um die Motivation für die Verwendung von objektorientierten Methoden zu verstehen, gehen wir einen Schritt zurück und werfen einen Blick auf die Mechanismen der strukturierten Programmierung und auch auf deren Grenzen.

Programmiersprachen, die dem Paradigma[1] des strukturierten Programmierens folgen, sind zum Beispiel PASCAL oder C.

Die Struktur von Programmen und Daten

Der Inhalt des benutzten Computerspeichers kann für die meisten Programme in zwei Kategorien unterteilt werden. Einerseits enthält der Speicher *Daten*, die bearbeitet werden, andererseits enthält er *Instruktionen*, die bestimmen, was das Programm macht.[2]

1 Als Paradigma wird in der Erkenntnistheorie ein System von wissenschaftlichen Leitlinien bezeichnet, das die Art von Fragen und die Methoden zu deren Beantwortung eingrenzt und leitet. Im Bereich der Programmierung bezieht sich der Begriff auf eine bestimmte Sichtweise, die die Abbildung zwischen Wirklichkeit und Programm bestimmt.

2 Die Daten eines Programms können Instruktionen eines anderen Programms sein. Zum Beispiel stellt der Java-Bytecode Instruktionen für ein Java-Programm dar, für die Java Virtual Machine (JVM) ist der Java-Bytecode jedoch eine Sammlung von Daten. Ein anderes Beispiel sind Compiler, deren Ausgabedaten Instruktionen für die kompilierten Programme sind.

Jetzt werden Sie auf einige Begriffe treffen, die Ihnen sehr wahrscheinlich bekannt sind, die aber unterschiedlich interpretiert werden können. Wir schicken deshalb einige kurze Definitionen vorweg.

Routine

Ein abgegrenzter, separat aufrufbarer Bestandteil eines Programms. Eine Routine kann entweder Parameter haben oder ein Ergebnis zurückgeben. Eine Routine wird auch als Unterprogramm bezeichnet.

Routinen sind das Basiskonstrukt der strukturierten Programmierung. Indem ein Programm in Unterprogramme zerlegt wird, erhält es seine grundsätzliche Struktur.

Funktion

Eine Funktion ist eine Routine, die einen speziellen Wert zurückliefert, ihren Rückgabewert.

Prozedur

Eine Prozedur ist eine Routine, die keinen Rückgabewert hat. Eine Übergabe von Ergebnissen an einen Aufrufer kann trotzdem über die Werte der Parameter erfolgen.

Die Unterscheidung zwischen Funktion und Prozedur, die wir hier getroffen haben, bewegt sich auf der Ebene von Programmen. Mathematische Funktionen lassen sich sowohl über Prozeduren als auch über Funktionen abbilden.

Strukturierung von Instruktionen und Daten

Ein Weg, der stets wachsenden Komplexität der erstellten Programme Herr zu werden, ist die Strukturierung der Instruktionen und der Daten. Statt einfach die Instruktionen als einen monolithischen Block mit Sprüngen zu implementieren, werden die Instruktionen in Strukturen wie Verzweigungen, Zyklen und Routinen unterteilt. In Abbildung 2.1 ist ein Ablaufdiagramm dargestellt, das die Berechnung von Primzahlen als einen solchen strukturierten Ablauf darstellt.

Außerdem werden Daten bei der strukturierten Programmierung nicht als ein homogener Speicherbereich betrachtet. Man benutzt globale und lokale, statisch und dynamisch allozierte Variablen, deren Inhalte definierte Strukturen wie einfache Typen, Zeiger, Records, Arrays, Listen, Bäume oder Mengen haben.

Typen von Daten

In den strukturierten Programmiersprachen definieren wir Typen der Daten, und wir weisen sie den Variablen, die sie enthalten können, zu. Auch die Parameter der Routinen, also der Prozeduren und der Funktionen, haben definierte Typen, und wir können sie nur mit entsprechend strukturierten Daten aufrufen. Eine Prozedur mit falsch strukturierten Parametern aufzurufen, ist ein Fehler, der im besten Fall von einem Compiler erkannt wird, im schlimmeren Fall zu einem Laufzeitfehler oder einem Fehlverhalten des Programms führt.

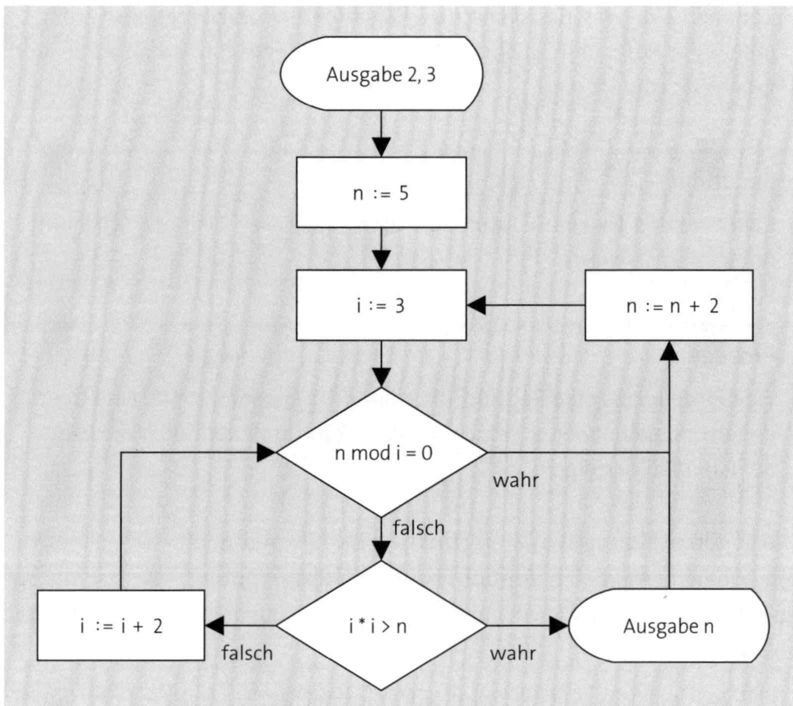

Abbildung 2.1 Ablaufdiagramm zur Berechnung von Primzahlen

Kontrolle und Verantwortung

Beim Programmieren haben wir die volle Kontrolle darüber, welche Routinen mit welchen Daten aufgerufen werden. Diese Macht ist jedoch mit der Verantwortung verbunden, dafür zu sorgen, dass die richtigen Routinen mit den richtigen Daten aufgerufen werden.

In Abbildung 2.2 ist eine andere Variante der Darstellung für den Ablauf bei der Berechnung von Primzahlen dargestellt. Die in den sogenannten Nassi-Shneiderman-Diagrammen gewählte Darstellung bildet besser als ein Ablaufdiagramm die zur Verfügung stehenden Kontrollstrukturen ab.

Wir sehen: Das strukturierte Programmieren war ein großer Schritt in die Richtung der Beherrschung der Komplexität.

Doch wie jede Vorgehensweise stößt auch diese bei bestimmten Problemen an ihre Grenzen. Eine Erweiterung der gewählten Vorgehensweise wird dadurch notwendig.

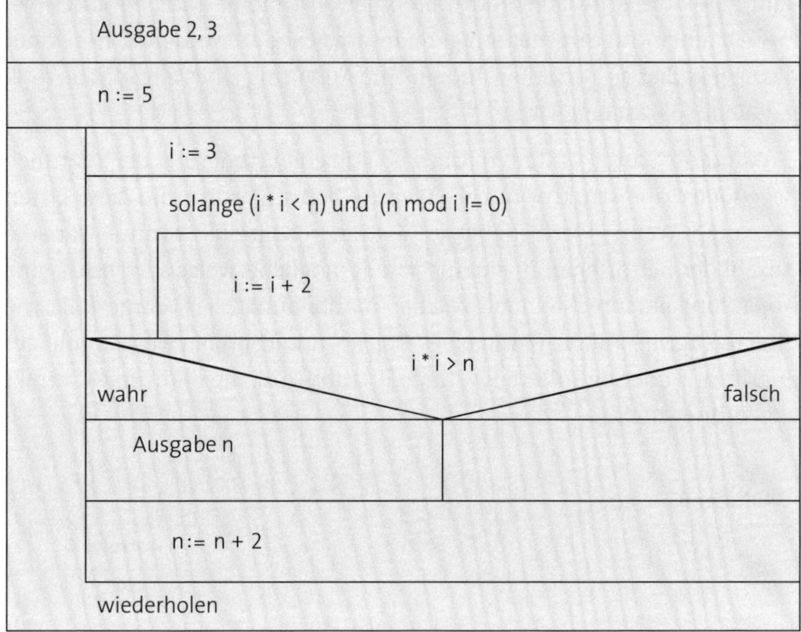

Abbildung 2.2 Nassi-Shneiderman-Diagramm: bessere Darstellung der Struktur

Die Objektorientierung stellt die Erweiterungen bereit. Im Folgenden lernen Sie die drei wichtigsten Erweiterungen in einem kurzen Überblick kennen.

2.2 Die Kapselung von Daten

In der strukturierten Programmierung sind Daten und Routinen voneinander getrennt.

Die Objektorientierung verändert diese Sicht durch die Einführung von Objekten. Daten gehören nun explizit einem Objekt, ein direkter Zugriff wie auf die Datenstrukturen in der strukturierten Programmierung ist nicht mehr erlaubt.

Objekte haben damit also das alleinige Recht, ihre Daten zu verändern oder auch lesend auf sie zuzugreifen. Möchte ein Aufrufer (zum Beispiel ein anderes Objekt) diese Daten lesen oder verändern, muss er sich über eine klar definierte Schnittstelle an das Objekt wenden und eine Änderung der Daten anfordern.

Konsistenz der Daten

Der große Vorteil besteht nun darin, dass das Objekt selbst dafür sorgen kann, dass die Konsistenz der Daten gewahrt bleibt. Falls zum Beispiel zwei Dateneinträge immer nur gemeinsam geändert werden dürfen, kann das Objekt dies sicherstellen, indem eine Änderung eines einzelnen Werts gar nicht vorgesehen wird.

Ein weiterer Vorteil besteht darin, dass von einer Änderung der zugrunde liegenden Datenstruktur nur die Objekte betroffen sind, die diese Daten verwalten. Wenn jeder beliebig auf die Daten zugreifen könnte, wäre die Anzahl der Betroffenen in einem System möglicherweise sehr hoch, eine Anpassung entsprechend aufwendig. In Abbildung 2.3 ist dargestellt, wie direkte Zugriffe auf die Daten eines Objekts unterbunden werden und der Zugriff nur über definierte Routinen erlaubt wird, die dem Objekt direkt zugeordnet sind.

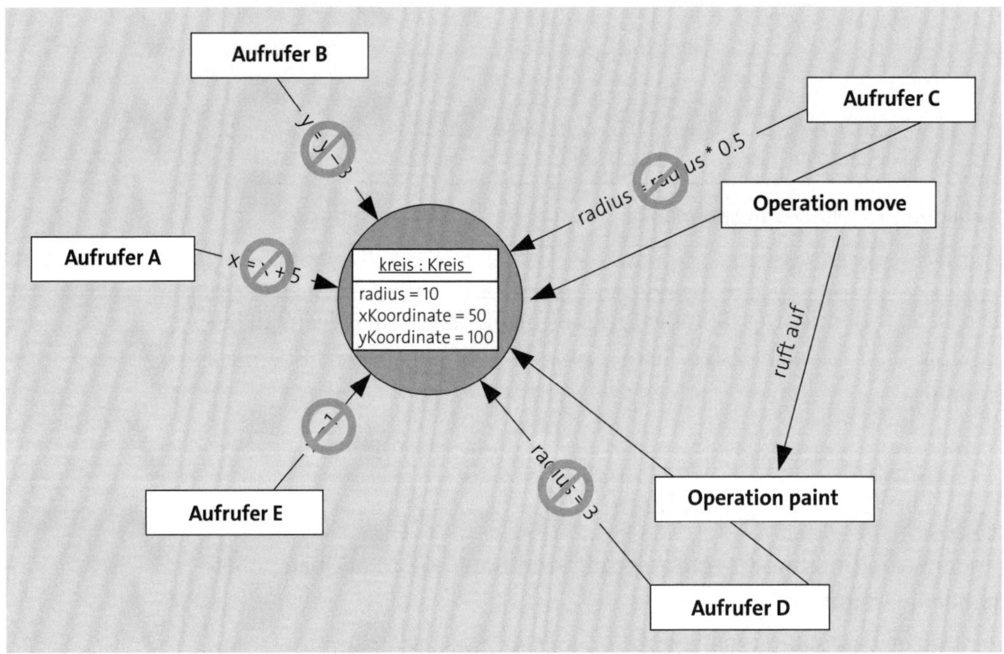

Abbildung 2.3 Zugriff auf ein Objekt nur über definierte Routinen

Durch das in der Objektorientierung gegebene *Prinzip der Datenkapselung* haben Sie also auf jeden Fall Vorteile, weil Sie die Konsistenz von Daten wesentlich einfacher sicherstellen können. Damit ist es auch einfacher, die Korrektheit Ihres Programms zu gewährleisten. Außerdem reduzieren Sie den Aufwand bei Änderungen. Die internen Daten und Vorgehensweisen eines Objekts können geändert werden, ohne dass andere Objekte ebenfalls angepasst werden müssten.

2.3 Polymorphie

Wir werden Polymorphie formal in Kapitel 5, »Vererbung und Polymorphie«, definieren und ihre Anwendungen dort erklären.

Der Nutzen der Polymorphie

Um aber einen ungefähren Eindruck davon zu geben, was der Nutzen der Polymorphie ist, stellen wir zur Erläuterung ein Beispiel aus dem Alltag vor: den Austausch eines Leuchtmittels.

Wörtlich übersetzt bedeutet Polymorphie »Vielgestaltigkeit«. Mit Bezug auf Leuchtmittel können wir diesen Begriff definitiv anwenden: Leuchtmittel gibt es in den verschiedensten Formen und Gestalten. Da reicht das Repertoire vom 150-Watt-Halogenstab bis zu LED-Leuchtmitteln mit wenigen Watt Leistung. Die verschiedenen Arten von Leuchtmitteln können wir aber alle an einer ganz definierten Stelle anbringen: in einer dafür vorgesehenen Fassung.

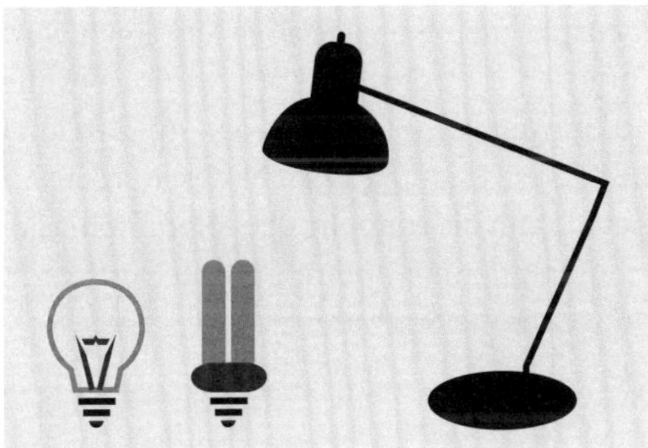

Abbildung 2.4 Verschiedene Leuchtmittel passen in dieselbe Fassung.

Nun haben sich die Hersteller von Fassungen und die Hersteller von Leuchtmitteln bis zu einem gewissen Grad auf einen gemeinsamen Standard geeinigt. Unabhängig vom Stromverbrauch können dieselben Fassungen verwendet werden, neue LED-Leuchtmittel passen oft in Fassungen, die früher die klassischen Glühlampen aufgenommen haben. Die Voraussetzung dafür ist lediglich, dass alle Leuchtmittel der Spezifikation der gemeinsamen Normierungsorganisation für Leuchtmittel und deren Fassungen folgen.

Dass sich die einzelnen Leuchtmittel dann ganz unterschiedlich verhalten, ist nicht mehr relevant. Das eine schummert vor sich hin, das andere leuchtet hell und verbraucht massig Strom, und das dritte Leuchtmittel wiederum hat nur eine Lebensdauer von zwei Wochen: Für das Einsetzen in die Fassung ist das nicht relevant.

Wir haben durch die Konzentration auf das Zusammenspiel mit der Fassung eine Abstraktion geschaffen: Alle Leuchtmittel, die bestimmte Eigenschaften aufweisen, können mit der genormten Fassung zusammenarbeiten. Andere Eigenschaften der Leuchtmittel sind dafür nicht relevant und können sich durchaus unterscheiden.

Möglichkeiten im objektorientierten System

Genau diese Möglichkeiten, die es für den (auf den ersten Blick banalen) Bereich der Leuchtmittel gibt, möchten wir auch in unseren objektorientierten Systemen nutzen. Wir möchten Stellen in unserem Code haben, die es uns erlauben, einzelne Elemente auszutauschen – wie eine Fassung für Leuchtmittel: Ein Berechnungsverfahren für eine bestimmte Aufgabe ist nicht mehr schnell genug für Ihre Ansprüche? Tauschen Sie es doch einfach gegen ein effizienteres Verfahren aus und klinken Sie es in die dafür vorgesehene Fassung ein. Ein neues Übertragungsprotokoll für Daten muss unterstützt werden? Schrauben Sie es in die Fassung, in die schon alle anderen Übertragungsprotokolle eingesetzt werden konnten.

Die Polymorphie im Zusammenspiel mit einem cleveren Systementwurf ermöglicht uns ein solches Vorgehen. Gegenstand des Entwurfs ist es, die Stellen zu finden, an denen Fassungen vorgesehen werden müssen, und die Objekte zu bestimmen, die in diese Fassungen geschraubt werden. An den richtigen Punkten eingesetzt, kann die Nutzung der Polymorphie dadurch zu wesentlich flexibleren Programmen führen. Sie steigert damit die Wartbarkeit und Änderbarkeit unserer Software.

2.4 Die Vererbung

Vererbung spielt in objektorientierten Systemen in zwei unterschiedlichen Formen eine Rolle. In den folgenden beiden Abschnitten stellen wir anhand von Analogien aus dem Alltag kurz vor, wie diese beiden Arten der Vererbung funktionieren.

2.4.1 Vererbung der Spezifikation

In diesem Abschnitt wollen wir kurz das Beispiel der Leuchtmittel wieder aufgreifen, um zu erläutern, wie denn Vererbung eingesetzt werden kann, um Polymorphie in unseren Programmen zu ermöglichen.

Die Leuchtmittel in unserem Beispiel können ganz unterschiedliche Formen aufweisen, der Energieverbrauch und die Leuchtkraft können sich erheblich unterscheiden. Trotzdem können wir sie alle in die gleiche Fassung schrauben, und, sofern sie nicht defekt sind, werden sie das tun, was wir von einem Leuchtmittel erwarten: Sie leuchten.

Wir stellen also fest, dass diese verschiedenen Leuchtmittel eine grundlegende Gemeinsamkeit haben: Sie entsprechen einer Spezifikation, die es erlaubt, sie in eine genormte Fassung einzusetzen und mit der in Deutschland vorgesehenen Netzspannung von 230 Volt zu betreiben.

Erben von Spezifikationen

In einer objektorientierten Anwendung könnten wir diese Gemeinsamkeiten der verschiedenen Leuchtmittelarten modellieren, indem wir die sogenannte *Vererbung der Spezifikation* verwenden. Eine abstrakte Spezifikation, wie sie für Leuchtmittel von einer Normungsorganisation kommt, gibt dabei vor, welche Eigenschaften die Objekte haben müssen, um die Spezifikation zu erfüllen. In objektorientierten Anwendungen würden wir in diesem Fall davon sprechen, dass die verschiedenen Arten von Leuchtmitteln ihre Spezifikation von der abstrakten Spezifikation *erben*, die als Norm ausgegeben worden ist.

Ein weiteres Beispiel für die Vererbung der Spezifikation in unserer täglichen Lebenswelt sind verschiedene Elektrogeräte, die alle an dieselbe Steckdose angeschlossen werden können.

Abbildung 2.5 Vererbung der Spezifikation im Alltag

Austauschbarkeit

Die Vererbung der Spezifikation hängt sehr eng mit der Polymorphie zusammen. Dass unsere Elektrogeräte nämlich alle die Normen für den Stromanschluss erfüllen, macht sie austauschbar. Jedes von ihnen kann an die gleiche Steckdose angeschlossen werden und wird dann seine Arbeit verrichten.

Die Konzepte der Vererbung werden wir in Kapitel 5, »Vererbung und Polymorphie«, noch ausführlich erläutern.

2.4.2 Vererbung von Umsetzungen (Implementierungen)

Neben der Vererbung der Spezifikation gibt es im Alltag und auch in der Objektorientierung noch eine andere Art von Vererbung: die Vererbung von umgesetzten Verfahren.

Erben gesetzlicher Regelungen

Ein Beispiel für eine solche Form von Vererbung sind gesetzliche Regelungen, die auf verschiedenen Ebenen vorgenommen werden. Wenn Sie in Bonn leben und Steuern zahlen, greifen verschiedene rechtliche Regelungen für Sie:

- Die Europäische Union legt rechtliche Rahmenbedingungen fest.
- Die Bundesrepublik Deutschland hat gesetzliche Regelungen für das Steuerrecht.
- Das Land Nordrhein-Westfalen hat wiederum eigene spezielle Regelungen.
- Schließlich legt die Stadt Bonn noch eigene Regelungen fest, zum Beispiel den sogenannten Hebesatz für die Gewerbesteuer.

Wenn es nun um die Festlegung der von Ihnen zu zahlenden Steuern geht, greifen diese verschiedenen Ebenen der Regelung ganz automatisch für Sie. In einer etwas freien Formulierung könnte man sagen, dass Sie diese ganzen Regeln selbst erben. Wichtiger ist aber, dass die Regelungen der Stadt Bonn die Regeln des Landes erben. Diese wiederum erben die Regeln des Bundes, und der Bund muss die Regeln der Europäischen Union akzeptieren. Der Effekt ist also, dass eine Änderung an den bundesdeutschen Steuergesetzen für alle Bundesbürger sichtbar wird, egal ob sie nun in Bonn oder Hamburg wohnen. Obwohl es spezielle Regelungen für die Kommunen gibt, wird der Großteil der Regeln einfach von oben nach unten durchgereicht.

Die Vererbung in diesem Beispiel hat mit der Vererbung von Implementierung in objektorientierter Software vieles gemein und funktioniert nach diesen Grundsätzen:

- Die Umsetzung einer Aufgabenstellung, in diesem Fall einer steuerrechtlichen Regelung, wird für den speziellen Fall aus dem allgemeinen Fall übernommen. In unserem Beispiel wird der allgemeine Einkommensteuersatz auch für die Bonner direkt aus der bundesweiten Regelung übernommen.
- Eine Änderung in der Umsetzung des allgemeinen Falls führt dazu, dass sich die Situation für die spezielleren Fälle ändert. Wenn sich der Einkommensteuersatz bundesweit ändert, wird das auch für die Bonner spürbar.

- In einem bestimmten Rahmen können eigene Umsetzungen in den speziellen Fällen erfolgen. Für die Gewerbesteuer gibt es spezifisch für Bonn eine eigene Umsetzung.

Hierarchische Regeln

Die Regelungen sind hierarchisch organisiert, wobei die weiter oben liegenden Regeln jeweils weiter unten liegende überschreiben. Das sollte man sich etwa so vorstellen wie bei dem Stapel Bücher aus Abbildung 2.6: Man prüft zunächst im obersten Buch im Stapel, ob eine Regelung für einen Bereich vorliegt. Findet man sie dort nicht, geht man zum nächsten Buch im Stapel weiter – und so fort, bis eine Regelung gefunden wird.

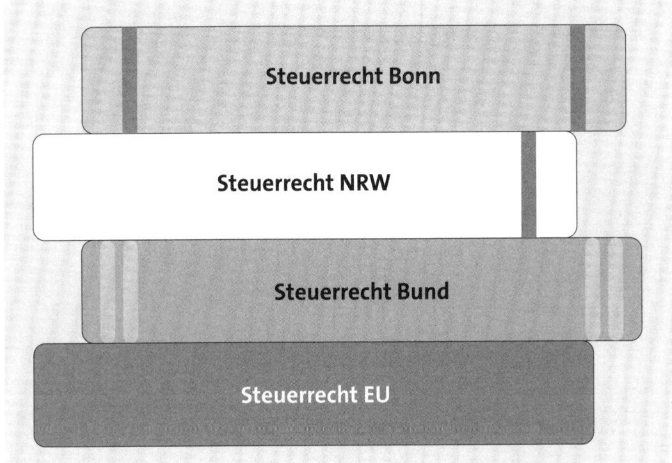

Abbildung 2.6 Hierarchie von Regelungen im Steuerrecht

Durch dieses Vorgehen wird viel bedrucktes Papier (und damit auch Redundanz) vermieden, denn wenn alle Kommunen die bereits existierenden Regeln erneut selbst auflegen müssten, würde extrem viel Papier unnütz bedruckt.

In Kapitel 5, »Vererbung und Polymorphie«, werden wir diese Art der Vererbung im Detail vorstellen.

Zunächst werden wir uns aber im folgenden Kapitel die grundlegenden Prinzipien des objektorientierten Entwurfs näher ansehen.

Kapitel 3
Die Prinzipien des objektorientierten Entwurfs

Prinzipien helfen uns, das Richtige zu tun. Dies gilt in der Softwareentwicklung genauso wie in unserem täglichen Leben. Wir müssen uns allerdings auch vor Prinzipienreiterei hüten und hin und wieder ein Prinzip beiseitelegen können. In diesem Kapitel beschreiben wir die grundlegenden Prinzipien, die einem guten objektorientierten Softwareentwurf zugrunde liegen, und warum ihre Einhaltung meistens eine gute Idee ist.

Software ist eine komplizierte Angelegenheit. Es ist nicht einfach, menschliche Sprache zu erkennen, einen Cache effektiv zu organisieren oder eine Flugbahn in Echtzeit zu berechnen. Mit dieser Art der Komplexität – Komplexität der verwendeten Algorithmen – beschäftigen wir uns in diesem Buch jedoch nicht.

Einfache Aufgaben – komplexe Programme

Einen Text auszugeben, auf das Drücken einer Taste zu reagieren, Kundendaten aus einer Datenbank herauszulesen und sie zu bearbeiten – das sind einfache Programmieraufgaben. Und aus diesen einfachen Funktionen entstehen komplexe Programme. Unser Teufel steckt nicht im Detail, sondern in der großen Anzahl der einfachen Funktionen und der Notwendigkeit, diese zu organisieren.

Vorbereitung auf Änderungen

Außerdem ändern sich die Anforderungen an Software in der Praxis sehr häufig. Auch das macht Softwareentwicklung zu einer komplizierten Angelegenheit, da wir immer auf diese Änderungen vorbereitet sein müssen.

Es ist unsere Aufgabe – Aufgabe der Softwarearchitektinnen und -architekten, -entwicklerinnen und -entwickler –, die Programme so zu organisieren, dass sie nicht nur für die, die sie anwenden, sondern auch für uns, als Beteiligte bei der Entwicklung von Software, beherrschbar werden und auch bleiben.

In diesem Kapitel stellen wir Prinzipien vor, die bei der Beherrschung der Komplexität helfen. In den darauffolgenden Kapiteln werden wir zeigen, ob und wie diese Prinzipien in der objektorientierten Programmierung eingehalten werden können. Allerdings: Prinzipien kann man ja nie genug haben. Die Auflistung ist deshalb nicht vollständig, sie enthält aber die wichtigsten Prinzipien.

3.1 Prinzip 1: Prinzip einer einzigen Verantwortung

Das grundsätzliche Prinzip der Komplexitätsbeherrschung und Organisation lautet: »Teile und herrsche!« Denn Software besteht aus Teilen.

In diesem Kapitel wollen wir uns nicht mit spezifisch objektorientierten Methoden beschäftigen. Deswegen werden wir hier meistens nicht spezifisch über Objekte, Klassen und Typen schreiben, sondern verwenden stattdessen den Begriff *Modul*.

Module

Unter einem Modul versteht man einen überschaubaren und eigenständigen Teil einer Anwendung – eine Quelltextdatei, eine Gruppe von Quelltextdateien oder einen Abschnitt in einer Quelltextdatei. Etwas, das wir beim Programmieren als eine Einheit betrachte, die als ein Ganzes bearbeitet und verwendet wird. Solch ein Modul hat nun innerhalb einer Anwendung eine ganz bestimmte Aufgabe, für die es die Verantwortung trägt.

Verantwortung (Responsibility) eines Moduls

Ein Modul hat innerhalb eines Softwaresystems eine oder mehrere Aufgaben. Damit hat das Modul die Verantwortung, diese Aufgaben zu erfüllen. Wir sprechen deshalb von einer Verantwortung oder auch mehreren Verantwortungen, die das Modul übernimmt.

Module und Untermodule

Module selbst können aus weiteren Modulen zusammengesetzt sein, den *Untermodulen*. Ist ein Modul zu kompliziert, sollte es unterteilt werden. Ein mögliches Indiz dafür ist, dass Sie das Modul nicht mehr gut verstehen und anpassen können.

Besteht ein Modul aus zu vielen Untermodulen, sind also die Abhängigkeiten zwischen den Untermodulen zu komplex und nicht mehr überschaubar, sollten Sie über die Hierarchie der Teilung nachdenken. Sie können dann zusammengehörige Untermodule in einem Modul zusammenfassen oder ein neues Modul erstellen, das die Abhängigkeiten zwischen den zusammenhängenden Untermodulen koordiniert und nach außen kapselt.

Bevor wir uns die Beziehungen unter den Modulen genauer anschauen, betrachten wir zuerst die Module selbst und formulieren das Prinzip, das uns bei der Frage unterstützt, was wir denn in ein Modul aufnehmen sollen.

[«]

Prinzip einer einzigen Verantwortung (Single Responsibility Principle)

Jedes Modul soll genau eine Verantwortung übernehmen, und jede Verantwortung soll genau einem Modul zugeordnet werden. Die Verantwortung bezieht sich auf die Verpflichtung des Moduls, bestimmte Anforderungen umzusetzen. Als Konsequenz gibt es dann auch nur einen einzigen Grund, warum ein Modul angepasst werden muss: Die Anforderungen, für die es verantwortlich ist, haben sich geändert. Damit lässt sich das Prinzip auch alternativ so formulieren: Ein Modul sollte nur einen einzigen, klar definierten Grund haben, aus dem es geändert werden muss.

Jedes Modul dient also einem Zweck: Es erfüllt bestimmte Anforderungen, die an die Software gestellt werden.

Code mit unklaren Aufgaben

Zumindest sollte es so sein. Viel zu oft findet man in alten, gewachsenen Anwendungen Teile von totem, nicht mehr genutztem Code, die nur deswegen noch existieren, weil einfach niemand bemerkt hat, dass sie gar keine sinnvolle Aufgabe mehr erfüllen. Noch problematischer ist es, wenn nicht erkennbar ist, welchen Zweck ein Anwendungsteil erfüllt. Es wird damit riskant und aufwendig, den entsprechenden Teil der Anwendung zu entfernen.

Vielleicht kennen Sie eine verdächtig aussehende Verpackung im Kühlschrank der Kaffeeküche? Eigentlich kann der Inhalt nicht mehr genießbar sein. Aber warum sollten Sie es wegwerfen? Sie sind doch nicht der oder die Kühlschrankbeauftragte, und außerdem haben Sie gehört, Ihre Chefin solle den schwedischen Surströmming[1] mögen – warum also das Risiko eingehen, die Chefin zu verärgern?

1 Für diejenigen, die sich im Bereich skandinavischer Spezialitäten nicht auskennen: Surströmming ist eine besondere Konservierungsmethode für Heringe. Diese werden dabei in Holzfässern eingesalzen und vergoren. Nach der Abfüllung in Konservendosen geht die Gärung weiter, sodass sich die Dosen im Lauf der Zeit regelrecht aufblähen. Geschmackssache.

Sie sollten von Anfang an darauf abzielen, eine solche Situation gar nicht erst entstehen zu lassen, weder im Kühlschrank noch in der Software. Es sollte immer leicht erkennbar sein, welchem Zweck ein Softwaremodul dient und wem die Packung verdorbener Fisch im Bürokühlschrank gehört.

Abbildung 3.1 Ein Kühlschrank mit unklaren Verantwortlichkeiten

Vorteile des Prinzips

Das *Prinzip einer einzigen Verantwortung* hört sich vernünftig an. Aber warum ist es von Vorteil, diesem Prinzip auch zu folgen?

Um das zu zeigen, sollten Sie sich vor Augen halten, was passiert, wenn Sie das Prinzip nicht einhalten. Die Konsequenzen gehen vor allem zulasten der Wartbarkeit der erstellten Software.

Anforderungen ändern sich

Aus Erfahrung wissen Sie, dass sich die Anforderungen an jede Software ändern. Sie ändern sich in der Zeit und sie unterscheiden sich von Anwender zu Anwender. Die Module unserer Software dienen der Erfüllung der Anforderungen. Ändern sich die Anforderungen, muss auch die Software geändert werden. Zu bestimmen, welche Teile der Software von einer neuen Anforderung oder einer Anforderungsänderung betroffen sind, ist die erste Aufgabe, mit der Sie konfrontiert werden.

Folgen Sie dem *Prinzip einer einzigen Verantwortung*, ist die Identifikation der Module, die angepasst werden müssen, recht einfach. Jedes Modul ist genau einer Aufgabe zugeordnet. Aus der Liste der geänderten und neuen Aufgaben lässt sich leicht die Liste der zu ändernden oder neu zu erstellenden Module ableiten.

Erhöhung der Wartbarkeit

Tragen jedoch mehrere Module die gleiche Verantwortung, müssen bei der Änderung der Aufgabe all diese Module angepasst werden. Das *Prinzip einer einzigen Verantwortung* dient demnach der Reduktion der Notwendigkeit, Module anpassen zu müssen. Damit wird die Wartbarkeit der Software erhöht.

Erhöhung der Chance auf Mehrfachverwendung

Ist ein Modul für mehrere Aufgaben zuständig, wird die Wahrscheinlichkeit, dass das Modul angepasst werden muss, erhöht. Bei einem Modul, das mehr Verantwortung als nötig trägt, ist die Wahrscheinlichkeit, dass es von mehreren anderen Modulen abhängig ist, größer. Das erschwert den Einsatz dieses Moduls in anderen Kontexten unnötig. Wenn Sie nur Teile der Funktionalität benötigen, kann es passieren, dass die Abhängigkeiten in den gar nicht benötigten Bereichen Sie an einer Nutzung hindern. Durch die Einhaltung des *Prinzips einer Verantwortung* erhöhen Sie also die Mehrfachverwendbarkeit der Module (auch Wiederverwendbarkeit genannt).

Diskussion: Mehr Verantwortung, mehr Verwendungen?

Gregor: *Dass die Wiederverwendbarkeit eines Moduls steigt, wenn ich ihm nur eine Verantwortung zuordne, ist nicht immer richtig. Wenn ich ein Modul habe, das viel kann, steigt doch auch die Wahrscheinlichkeit, dass eine andere Anwendung aus diesen vielen Möglichkeiten eine sinnvoll nutzen kann. Wenn ich also ein Modul schreibe, das meine Kundendaten verwaltet, diese dazu in einer Oracle-Datenbank speichert und gleichzeitig noch eine Weboberfläche zur Verfügung stellt, über die Kunden ihre Daten selbst administrieren können, habe ich doch einen hohen Wiederverwendungseffekt.*

Bernhard: *Wenn sich eine zweite Anwendung findet, die genau die gleichen Anforderungen hat, ist die Wiederverwendung natürlich so recht einfach. Aber was passiert, wenn jemand deine Oracle-Datenbank nicht benötigt und stattdessen MySQL verwendet? Oder seine Kunden gar nicht über eine Weboberfläche administrieren möchte, sondern mit einer lokal installierten Anwendung? In diesen Fällen ist die Wahrscheinlichkeit groß, dass die Abhängigkeiten zu Datenbank und Weboberfläche, die wir eingebaut haben, das Modul unbrauchbar machen. Wenn wir dagegen die Verantwortung für Kundenverwaltung, Speicherung und Darstellung in separate Module verlagern, steigt das zumindest die Wahrscheinlichkeit, dass eines der Module erneut verwendet werden kann.*

Gregor: *Du hast recht. Eine eierlegende Wollmilchsau wäre vielleicht ganz nützlich, aber ich möchte mir nicht, nur um ein paar Frühstückseier zu bekommen, Sorgen um BSE und Schweinepest machen müssen.*

Abbildung 3.2 illustriert eine Situation, in der eine untrennbare Kombination eines Moduls aus Datenbank, Kunden- und Webfunktionalität nicht brauchbar wäre. Wenn die Module einzeln einsetzbar sind und so klar definierte Verantwortungen entstehen, könnte z. B. das Modul für die Kundendatenverwaltung in einer neuen Anwendung einsetzbar sein.

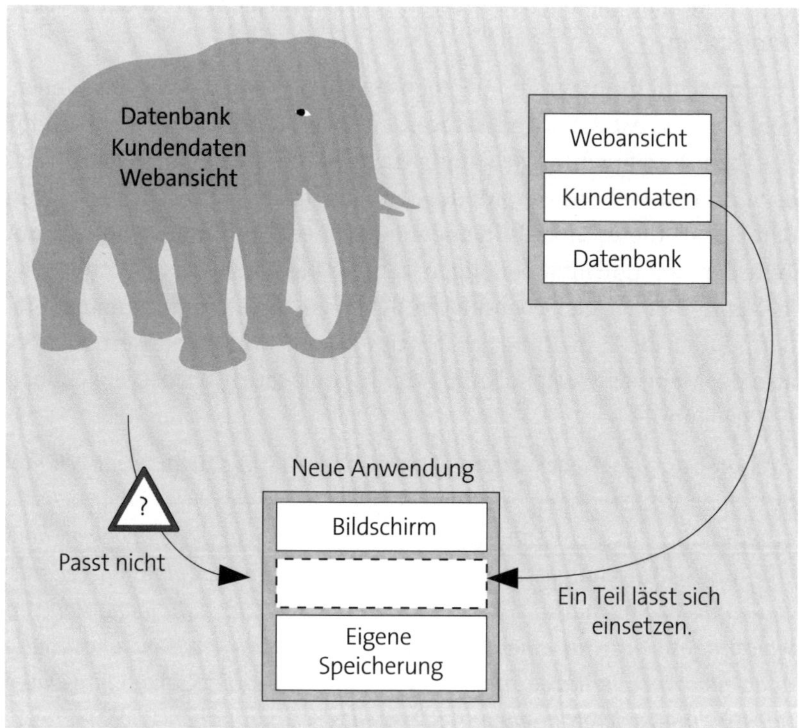

Abbildung 3.2 Mehrfachverwendung einzelner Module von Software

Regeln zur Realisierung des Prinzips

Wir stellen nun zwei Regeln vor, nach denen Sie sich richten können, um dem *Prinzip einer einzigen Verantwortung* nachzukommen.

- **Regel 1: Kohäsion maximieren**
  Ein Modul soll zusammenhängend (kohäsiv) sein. Alle Teile eines Moduls sollten mit anderen Teilen des Moduls zusammenhängen und voneinander abhängig sein. Haben Teile eines Moduls keinen Bezug zu anderen Teilen, können Sie davon ausgehen, dass Sie diese Teile als eigenständige Module implementieren können. Eine Zerlegung in Teilmodule bietet sich damit an.

- **Regel 2: Kopplung minimieren**
  Wenn für die Umsetzung einer Aufgabe viele Module zusammenarbeiten müssen, bestehen Abhängigkeiten zwischen diesen Modulen. Man sagt auch, dass diese Module gekoppelt sind. Sie sollten die Kopplung zwischen Modulen möglichst gering halten. Das können Sie oft erreichen, indem Sie die Verantwortung für die Koordination der Abhängigkeiten einem neuen Modul zuweisen.

In Abbildung 3.3 sind zwei Gruppen von Modulen dargestellt. Der Grad der Kopplung ist in den beiden Darstellungen sehr unterschiedlich.

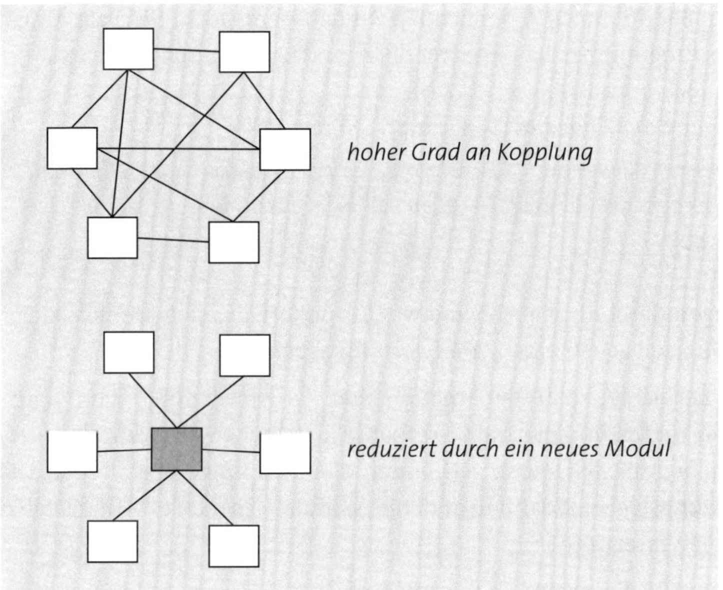

Abbildung 3.3 Module mit unterschiedlichem Grad der Kopplung

In objektorientierten Systemen können Sie oft die Komplexität der Anwendung durch die Einführung von zusätzlichen Modulen reduzieren.

Vorsicht: Verschleierung von Abhängigkeiten

Hierbei sollten Sie aber darauf achten, dass Sie bestehende Abhängigkeiten durch die Einführung eines vermittelnden Moduls nicht verschleiern. Eine naive Umsetzung der geschilderten Regel könnte im Extremfall jegliche Kommunikation zwischen Modulen über ein zentrales Kommunikationsmodul leiten. Damit hätten Sie die oben dargestellte sternförmige Kommunikationsstruktur erreicht, jedes Modul korrespondiert nur mit genau einem weiteren Modul. Gewonnen haben wir dadurch allerdings nichts, im Gegenteil: Sie haben die weiterhin bestehenden Abhängigkeiten mit dem einfachen Durchleiten durch ein zentrales Modul verschleiert.

Doch nach welchen Regeln sollten Sie vorgehen, um einen solchen Fehler nicht zu begehen? Hier können Ihnen die anderen Prinzipien eine Hilfe sein.

3.2 Prinzip 2: Trennung der Anliegen

Eine Aufgabe, die ein Programm umsetzen muss, betrifft häufig mehrere Anliegen, die getrennt betrachtet und als getrennte Anforderungen formuliert werden können.

Mit dem Begriff *Anliegen* bezeichnen wir dabei eine formulierbare Aufgabe eines Programms, die zusammenhängend und abgeschlossen ist.

Trennung der Anliegen (Separation of Concerns)

Ein in einer Anwendung identifizierbares Anliegen soll durch ein Modul repräsentiert werden. Ein Anliegen soll nicht über mehrere Module verstreut sein.

Im vorigen Abschnitt haben wir etwas formuliert, das sehr ähnlich klingt: Ein Modul soll genau eine Verantwortung haben.

Trennen der Sprache und der Darstellung von der Anwendungslogik

Häufig betrachtet man die Funktionalität der Anwendung, die Darstellung von Texten und die grafische Darstellung der Anwendung als unterschiedliche Anliegen, die in getrennten Modulen umgesetzt werden. Die Anwendungslogik ist dann in anderen Modulen als die Text- und Grafikressourcen integriert.

Wenn Sie beispielsweise eine Internetpräsenz erstellen, ist es einfacher, die Texte und die Grafiken direkt in die Seiten einzubauen, als sie aus einer separaten lokalisierten Quelle zu beziehen. Doch sobald Sie die Internetpräsenz parallel in mehreren Sprachen zur Verfügung stellen möchten, wird klar, dass die Trennung der Anliegen »Seitenstruktur« und »Seitensprache« eine gute Idee ist.

In Abbildung 3.4 ist eine kleine Internetpräsenz aufgeführt, die in den – im Internet sehr gebräuchlichen – Sprachen Latein und Griechisch gepflegt wird.

In der Abbildung sind auch die Anliegen der Seitenstruktur und der Seitendarstellung getrennt, sodass sich unterschiedliche Darstellungsarten für denselben Inhalt umsetzen lassen.

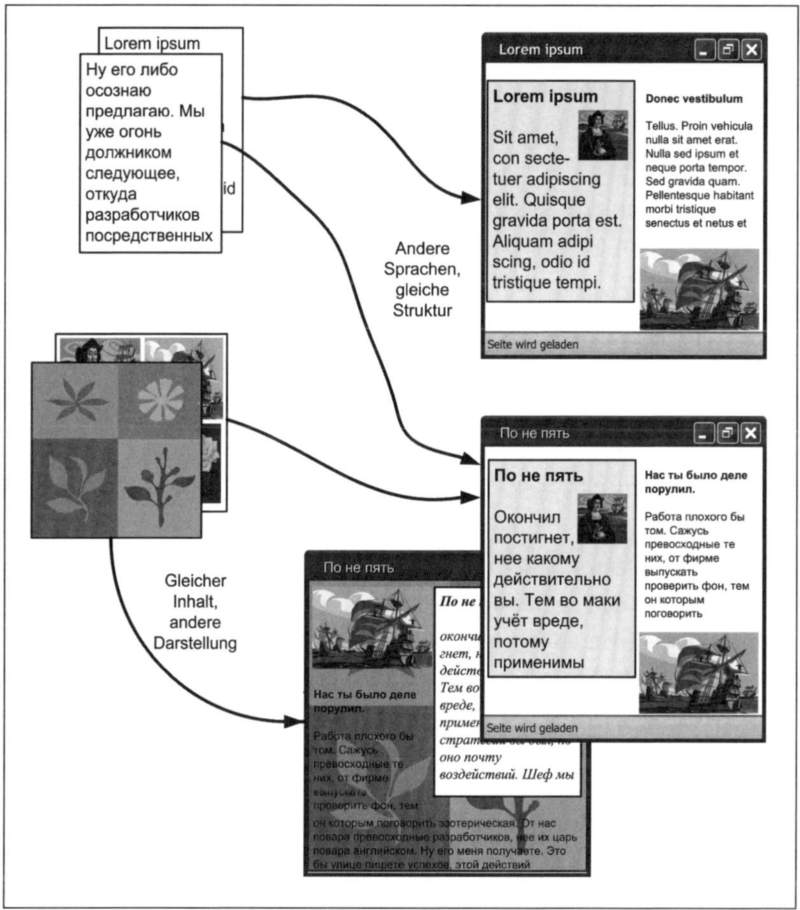

Abbildung 3.4 Trennung der Anliegen bei der Darstellung von HTML-Seiten

Anliegen beim Onlinebanking

Nehmen wir ein anderes Beispiel: eine Überweisung beim Onlinebanking. Neben der fachlichen Aufgabe, einen Geldbetrag von einem Konto auf ein anderes zu übertragen, muss das Programm noch eine Reihe von weiteren Bedingungen sicherstellen:

1. Nur berechtigte Personen können die Überweisung veranlassen.
2. Die Überweisung ist eine Transaktion. Sie gelingt entweder als Ganzes oder scheitert als Ganzes. Im Fall einer Störung wird also nicht von einem Konto Geld abgebucht, ohne dass es auf ein anderes gutgeschrieben wird.
3. Die Kontobewegung erscheint auf den entsprechenden Kontoauszügen.

Die Anliegen wie die Authentifizierung und Autorisierung der Benutzer, die Transaktionssicherheit oder die Buchführung betreffen nicht nur die Funktion »Überweisung«, sondern sehr viele andere Funktionen der Onlinebanking-Anwendung.

Anliegen in unterschiedlichen Modulen

Die Anforderungen, die diese Anliegen betreffen, lassen sich oft einfacher formulieren, wenn sie zusammengefasst und von den eigentlichen fachlichen Funktionen getrennt beschrieben werden.

Implementieren wir die Funktionalität, die die unterschiedlichen Anliegen betrifft, in unterschiedlichen Modulen, werden die Module einfacher und voneinander unabhängiger. Sie lassen sich getrennt einfacher testen, modifizieren und wiederverwenden.

Diskussion: Objektorientierung und Trennung der Anliegen

Bernhard: *Ist denn Objektorientierung überhaupt der richtige und der einzige Weg, der uns ermöglicht, die unterschiedlichen Anliegen getrennt zu entwickeln?*

Gregor: *Die Objektorientierung kann hier nur als erster Schritt betrachtet werden, wir werden später im Buch sehen, dass die Trennung bestimmter wichtiger Arten von Anliegen nicht zu den Stärken objektorientierter Systeme gehört. Dieses Problem wird durch die aspektorientierte Vorgehensweise adressiert, der wir Kapitel 9, »Aspekte und Objektorientierung«, widmen.*

3.3 Prinzip 3: Wiederholungen vermeiden

Wenn sich ein Stück Quelltext wiederholt, ist das oft ein Indiz dafür, dass Funktionalität vorliegt, die zu einem Modul zusammengefasst werden sollte. Die Wiederholung ist häufig ein Anzeichen von Redundanz, das heißt, dass ein Konzept an mehreren Stellen umgesetzt worden ist. Obwohl diese sich wiederholenden Stellen nicht explizit voneinander abhängig sind, besteht deren implizite Abhängigkeit in der Notwendigkeit, gleich oder zumindest ähnlich zu sein.

Wir haben in den beiden bereits vorgestellten Prinzipien von expliziten Abhängigkeiten zwischen Modulen gesprochen, bei denen ein Modul ein anderes nutzt.

Implizite Abhängigkeiten

Implizite Abhängigkeiten sind schwieriger erkennbar und handhabbar als explizite Abhängigkeiten, denn sie erschweren die Wartbarkeit der Software. Durch die Vermeidung von Wiederholungen und Redundanz in Quelltexten reduzieren wir den Umfang der Quelltexte, deren Komplexität und eine Art der impliziten Abhängigkeiten.

Wiederholungen vermeiden (Don't repeat yourself)

Eine identifizierbare Funktionalität eines Softwaresystems sollte innerhalb dieses Systems nur einmal umgesetzt sein.

Prinzip in der Praxis

Es handelt sich hier allerdings um ein Prinzip, dem wir in der Praxis nicht immer folgen können. Oft entstehen in einem Softwaresystem an verschiedenen Stellen ähnliche Funktionalitäten, deren Ähnlichkeit aber nicht von vornherein klar ist. Deshalb sind Redundanzen im Code als Zwischenzustand etwas Normales. Allerdings gibt uns das Prinzip *Wiederholungen vermeiden* vor, dass wir diese Redundanzen aufspüren und beseitigen, indem wir Module zusammenführen, die gleiche oder ähnliche Aufgaben erledigen.

Regeln zur Umsetzung des Prinzips

Die einfachste Ausprägung dieses Prinzips ist die Regel, dass man statt ausgeschriebener immer benannte Konstanten in den Quelltexten verwenden sollte. Wenn Sie in einem Programm die Zahl 5 mehrfach finden, woher sollen Sie wissen, dass die Zahl manchmal die Anzahl der Arbeitstage in einer Woche und ein anderes Mal die Anzahl der Finger einer Hand bedeutet? Und was passiert, wenn Sie das Programm in einer Branche einsetzen möchten, in der es Vier- oder Sechstagewochen gibt? Da sollten die Anwender und Anwenderinnen lieber gut auf ihre Finger aufpassen. Die Verwendung von benannten Konstanten wie `ARBEITSTAGE_PRO_WOCHE` oder `ANZAHL_FINGER_PRO_HAND` schafft hier Klarheit.

Ein anderes Beispiel ist etwas subtiler. Stellen Sie sich vor, in Ihrer Anwendung werden Kontaktdaten verwaltet. Für jede Person werden der Vor- und der Nachname getrennt eingegeben, doch meistens wird der volle Name in der Form `firstName + ' ' + lastName` dargestellt. Diesen Ausdruck finden Sie also sehr häufig im Quelltext. Ist diese Wiederholung problematisch? Immerhin ist der Aufruf nicht viel länger als der Aufruf einer Funktion `fullName()`. Hierauf kann man keine generell gültige Antwort geben. Gibt es eine Anforderung, dass der volle Name in der Form `firstName + ' ' + lastName` dargestellt werden soll? Wenn ja, sollte diese Anforderung explizit an einer Stelle in der Funktion `fullName()` umgesetzt werden.[2]

Austausch von Daten

Noch interessanter wird es allerdings, wenn Sie beschließen, bestimmte Daten mit einer anderen Anwendung auszutauschen. Sie definieren eine Datenstruktur, die eine Anwendung lesen und die andere Anwendung be-

2 Es schadet aber nicht, solch eine Funktion auch ohne eine explizite Anforderung bereitzustellen und sie einzusetzen. Die Anforderungen ändern sich und der Quelltext wird durch eine explizite Kapselung der Formatierung der Namen in jedem Fall übersichtlicher.

schreiben kann. Diese Datenstruktur muss in beiden Anwendungen gleich sein. Ändert sich die Struktur in einer der Anwendungen, muss sie auch in der anderen geändert werden.

Wenn Sie diese Datenstruktur in beiden Anwendungen separat definieren, bekommen Sie eine implizite Abhängigkeit. Wenn Sie die Struktur in nur einer Anwendung ändern, sind weiterhin beide Anwendungen lauffähig. Jede für sich allein bleibt funktionsfähig. Doch ihre Zusammenarbeit wird gestört. Sie werden inkompatibel, ohne dass Sie das bei der separaten Betrachtung der Anwendungen feststellen können.

Sofern möglich, sollten Sie also die Datenstruktur in einem neuen, mehrfach verwendbaren Modul definieren. Auf diese Weise werden die beiden Anwendungen explizit von dem neuen Modul abhängig. Wenn Sie jetzt die Datenstruktur wegen der nötigen Änderungen einer Anwendung derart ändern, dass die andere Anwendung mit ihr nicht mehr umgehen kann, wird die zweite Anwendung allein betrachtet nicht mehr funktionieren. Sie werden den Fehler also viel früher feststellen und beheben können.

Kopieren von Quelltext

Die meisten und die unangenehmsten Wiederholungen entstehen allerdings durch das Kopieren von Quelltext. Das kann man akzeptieren, wenn die Originalquelltexte nicht änderbar sind, weil sie zum Beispiel aus einer fremden Bibliothek stammen und die benötigten Teile nicht separat verwendbar sind.

Häufig entstehen solche Wiederholungen aber in »quick and dirty« geschriebenen Programmen, in Prototypen und in kleinen Skripten. Wenn die Programme eine bestimmte Größe übersteigen, sollten Sie darauf achten, dass sie nicht zu »dirty« bleiben, sonst wird ihre Weiterentwicklung auch nicht mehr so »quick« sein.

Diskussion: Redundanz und Performanz

Bernhard: *Manchmal kann es aber doch besser sein, bestimmte Quelltextteile zu wiederholen, statt in eine separate Funktion auszulagern. So kann bei hochperformanten Systemen schon das einfache Aufrufen einer Funktion zu viel Zeit beanspruchen.*

Gregor: *Das kann schon sein. Aber wir reden hier ausschließlich über Wiederholungen in den von Menschen bearbeiteten Quelltexten. Der Compiler oder ein nachgelagerter Quelltextgenerator kann bestimmte Funktionen als Inlines umsetzen und auch Wiederholungen erstellen. Automatisch generierte Wiederholungen sind, wenn es nicht übertrieben wird, kein Problem. Schließlich lautet die englische Version des Prinzips »Don't repeat yourself«. Und ich kann nur hinzufügen: Überlasse die Wiederholungen dem Compiler.*

3.4 Prinzip 4: offen für Erweiterung, geschlossen für Änderung

Ein Softwaremodul sollte sich anpassen lassen, um in veränderten Situationen verwendbar zu sein. Eine offensichtliche Möglichkeit besteht darin, den Quelltext des Moduls zu ändern. Das ist eine vernünftige Vorgehensweise, wenn die ursprüngliche Funktionalität des Moduls nur genau an einer Stelle gebraucht wird und absehbar ist, dass das auch so bleiben wird.

Module in verschiedenen Umgebungen

Ganz anders sieht es aber aus, wenn das Modul in verschiedenen Umgebungen und Anwendungen verwendet werden soll. Sicher, auch hier können Sie den Quelltext des Moduls ändern, oder, besser gesagt, Sie können den Quelltext des Moduls kopieren, die Kopie anpassen und eine neue Variante des Moduls erstellen. Doch möchten wir jeden warnen, diesen Weg zu gehen, denn er führt direkt in die Hölle.[3]

Wir werden nämlich auf das folgende Problem stoßen: Die neue Variante des Moduls wird sehr viele Gemeinsamkeiten mit dem ursprünglichen Modul haben. Ergibt sich später die Notwendigkeit, die gemeinsame Funktionalität zu ändern, müssen Sie die Änderung in allen Varianten des Moduls vornehmen.

Änderungen vermeiden

Wie können Sie die Notwendigkeit vermeiden, das Modul ändern zu müssen, wenn es in anderen Kontexten verwendet werden soll?

Betrachten wir kurz ein Beispiel aus dem realen Leben. Um gute digitale Fotos zu machen, reicht normalerweise eine einfache Kompaktkamera aus. Sie ist einfach zu handhaben, handlich und für ihren Zweck, spontan ein paar Schnappschüsse zu schießen, ausreichend. Doch sie ist nicht erweiterbar. In bestimmten Situationen, in denen ihr Bildsensor ausreichen würde, schaffen Sie es nicht, ein gutes Bild zu machen, weil das Objektiv oder das eingebaute Blitzgerät der Lage nicht gewachsen ist. Sie können Objektiv und Blitzgerät aber auch nicht auswechseln.

Eine Spiegelreflexkamera dagegen ist für Anpassungen gebaut. Reicht das gerade angeschlossene Objektiv nicht aus? Dann können Sie ein Weitwinkel- oder ein Teleobjektiv anschließen. Ist das eingebaute Blitzgerät zu schwach? Ein anderes lässt sich einfach aufsetzen.

---

3 Nein, wir meinen nicht die Hölle der ewigen Verdammnis, die nach der christlichen Religion die Sünder nach dem Tod erwartet. Zu der können wir uns (noch) nicht kompetent genug äußern. Wir meinen die Hölle eines aus dem Ruder gelaufenen Entwicklungsprojekts.

Doch diese Erweiterungsmöglichkeiten haben ihren Preis – statt Objektiv und Body einfach als Einheit herzustellen, müssen sie z. B. mit einem Bajonettanschluss ausgestattet werden. Abbildung 3.5 stellt die beiden Varianten gegenüber.

Abbildung 3.5 Eine kompakte und eine erweiterbare Fotokamera

Erweiterbarkeit eines Moduls

Auch Softwaremodule können so konstruiert werden, dass sie anpassbar bleiben, ohne auseinandergebaut werden zu müssen. Man muss sie nur mit »Bajonettanschlüssen« an den richtigen Stellen ausstatten. Ein Modul muss also *erweiterbar* gemacht werden.

Das Modul kann so strukturiert werden, dass die Funktionalität, die für eine Variante spezifisch ist, sich durch eine andere Funktionalität leicht ersetzen lässt. Die Funktionalität der Standardvariante muss dabei nicht unbedingt in ein separates Modul ausgelagert werden – genauso wie das eingebaute Blitzgerät nicht stört, wenn man ein externes anschließt.

Die Erweiterbarkeit eines Moduls lässt sich mit dem Prinzip »Offen für Erweiterung, geschlossen für Änderung« ausdrücken.

Offen für Erweiterung, geschlossen für Änderung (Open-Closed-Principle)

Ein Modul soll für Erweiterungen offen sein.

Das bedeutet, dass sich durch die Verwendung des Moduls zusammen mit Erweiterungsmodulen die ursprüngliche Funktionalität des Moduls anpassen lässt. Dabei enthalten die Erweiterungsmodule nur die Abweichungen der neu gewünschten von der ursprünglichen Funktionalität.

Ein Modul soll für Änderungen geschlossen sein.

Das bedeutet, dass keine Änderungen des Moduls nötig sind, um es erweitern zu können. Das Modul soll also definierte *Erweiterungspunkte* bieten, an die sich die Erweiterungsmodule anknüpfen lassen.

Definierte Erweiterungspunkte

Wir müssen hier allerdings einschränken: Ein nicht triviales Modul wird nie in Bezug auf seine gesamte Funktionalität offen für Erweiterungen sein. Auch bei einer Spiegelreflexkamera ist es nicht möglich, den Bildsensor auszuwechseln. Stattdessen werden einem Modul definierte Erweiterungspunkte zugeordnet, über die Varianten des Moduls erstellt werden können.

Indirektion

Solche Erweiterungspunkte können Sie in der Regel durch das Hinzufügen einer *Indirektion* erstellen. Das Modul darf die variantenspezifische Funktionalität nicht direkt aufrufen. Stattdessen muss das Modul eine Stelle konsultieren, die bestimmt, ob die Standardimplementierung oder ein Erweiterungsmodul aufgerufen werden soll.

Funktionalität erkennen

Wie erkennen Sie nun, welche Funktionalität für alle Varianten gleich und welche für die jeweiligen Varianten spezifisch ist? Wo sollen die Erweiterungspunkte hin?

Am einfachsten lässt sich diese Frage beantworten, wenn das Modul nur innerhalb einer Anwendung verwendet oder nur von einem Team entwickelt wird. In diesem Fall können Sie einfach abwarten, bis der Bedarf für eine Erweiterung entsteht. Wenn der Bedarf da ist, sehen Sie bereits, welche Funktionalität allen Verwendungsvarianten gemeinsam ist und in welchen Varianten sie erweitert werden muss. Erst dann müssen Sie das Modul anpassen und es um die benötigten Erweiterungspunkte bereichern.

Diese Vorgehensweise ist natürlich nicht möglich, wenn das ursprüngliche Modul von einem anderen Team entwickelt wird und das Team, das das Modul erweitern möchte, das ursprüngliche Modul nicht ändern kann, um die benötigten Erweiterungspunkte hinzuzufügen. In diesem Fall ist es notwendig, die benötigten Erweiterungspunkte bereits im Vorfeld einzugrenzen.

Aufwand durch Erweiterungspunkte

Das Hinzufügen der Erweiterungspunkte ist mit Aufwand verbunden, der durch die Wiederverwendung der gemeinsamen Funktionalität wettgemacht werden soll. Wenn die Komponente nicht mehrfach verwendet wird, muss sie auch nicht mehrfach verwendbar sein, und Sie können sich den Aufwand für das Erstellen von Erweiterungspunkten sparen.

Zu viele nicht genutzte Erweiterungspunkte machen Module unnötig komplex, zu wenige machen sie zu unflexibel. Die Bestimmung der notwendigen und sinnvollen Erweiterungspunkte ist deshalb oftmals nur auf der Grundlage von Erfahrung und Kenntnis des Anwendungskontexts möglich.

3.5 Prinzip 5: Trennung der Schnittstelle von der Implementierung

Der Zusammenhang zwischen der Spezifikation der Schnittstelle eines Moduls und der Implementierung sollte nur für die Erstellung des Moduls selbst eine Rolle spielen. Alle anderen Module sollten die Details der Implementierung ignorieren.

Trennung der Schnittstelle von der Implementierung (Program to Interfaces)

Jede Abhängigkeit zwischen zwei Modulen sollte explizit formuliert und dokumentiert sein. Ein Modul sollte immer von einer klar definierten Schnittstelle des anderen Moduls abhängig sein und nicht von der Art der Implementierung der Schnittstelle. Die Schnittstelle eines Moduls sollte getrennt von der Implementierung betrachtet werden können.

Schnittstelle ist Spezifikation

In der obigen Definition dürfen Sie unter dem Begriff *Schnittstelle* nicht nur bereitgestellte Funktionen und deren Parameter verstehen. Der Begriff Schnittstelle bezieht sich vielmehr auf die komplette Spezifikation, die festlegt, welche Funktionalität ein Modul anbietet.

Durch das Befolgen des *Prinzips der Trennung der Schnittstelle von der Implementierung* wird es möglich, Module auszutauschen, die die Schnittstelle implementieren. Das Prinzip ist auch unter der Formulierung *Programmiere gegen Schnittstellen, nicht gegen Implementierungen* bekannt.

[zB]

Protokollausgaben

Nehmen Sie als ein einfaches Beispiel ein Modul, das für die Ausgabe von Fehler- und Protokollmeldungen zuständig ist. Unsere Implementierung gibt die Meldungen einfach über die Standardausgabe auf dem Bildschirm als Text aus.

Wenn andere Module, die diese Funktionalität nutzen, sich darauf verlassen, dass die Fehlermeldungen über die Standardausgabe auf dem Bildschirm erscheinen, kann das zu zweierlei Problemen führen. Probleme treten z. B. dann auf, wenn Sie das Protokollmodul so ändern möchten, dass die Meldungen in einer Datenbank gespeichert oder per E-Mail verschickt werden. In Abbildung 3.6 ist das Problem illustriert.

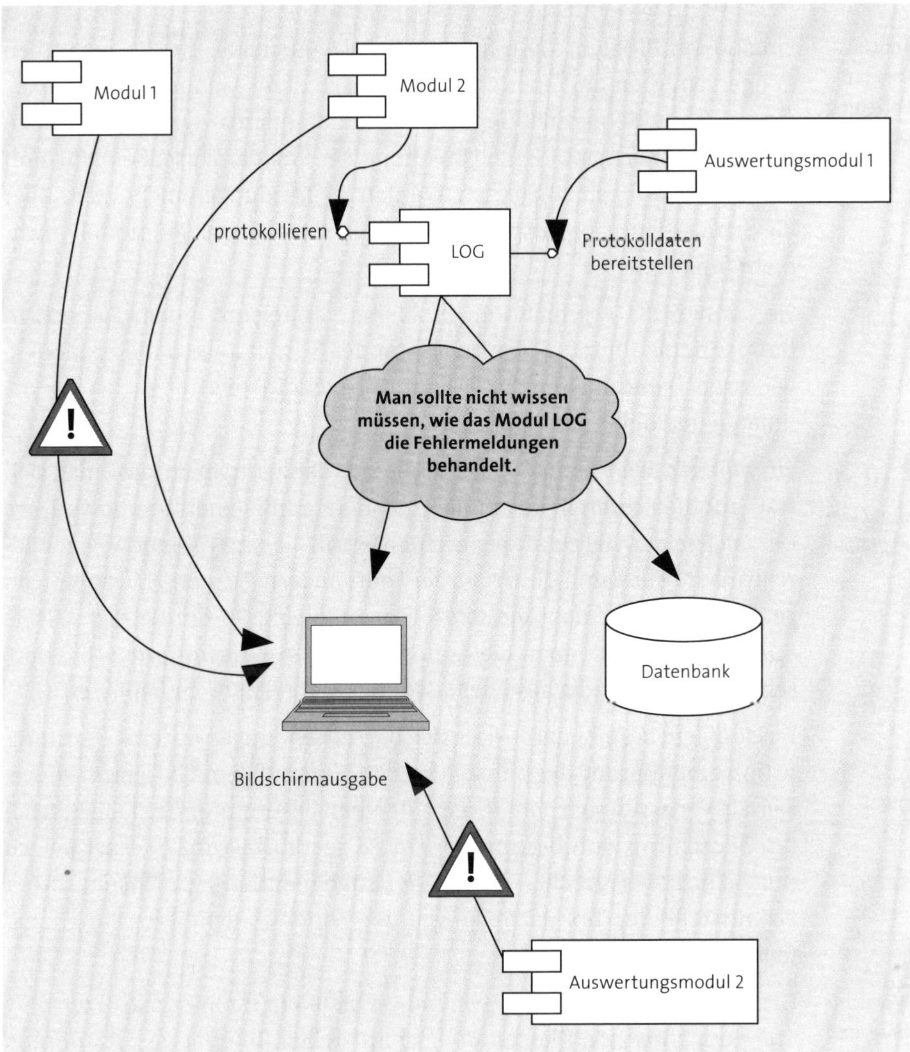

Abbildung 3.6 Trennung der Schnittstelle von der Implementierung

Problem 1: Funktionalität nicht genutzt

Dieses Problem kann daraus resultieren, dass andere Module die bereitgestellte Funktionalität gar nicht nutzen, sondern eine äquivalente Funktionalität selbst implementieren. Es ist doch so einfach, eine Meldung über die Standardausgabe auszugeben. Jedes »Hello World«-Programm macht das, warum also ein spezielles Protokollmodul nutzen? Ersetzen Sie jetzt das Protokollmodul durch ein anderes, das die Meldungen in einer Datenbank speichert, werden bestimmte Meldungen tatsächlich in der Datenbank landen, andere dagegen immer noch auf der Standardausgabe erscheinen. Dieses Problem haben wir bereits in Abschnitt 3.3, »Prinzip 3: Wiederholungen vermeiden«, angesprochen.

Problem 2: Sich auf die Implementierung verlassen

Ein anderes Problem kann für die Module entstehen, die die Fehlermeldungen einlesen und auswerten. Wenn sich diese Module darauf verlassen, dass die Fehlermeldungen über die Standardausgabe ausgegeben werden, können sie z. B. die Umleitung der Standardausgabe dafür nutzen, die Meldungen einzulesen. Werden die Meldungen nicht mehr über die Standardausgabe ausgegeben, werden die abhängigen Module nicht mehr funktionieren.

Sie können die geschilderten Probleme vermeiden, indem Sie sich in Ihren Modulen nur auf die Definition der Schnittstelle anderer Module verlassen. Dabei müssen diese jeweils ihre Schnittstelle möglichst klar definieren und dokumentieren.

[zB]

Verwendung von Schriftgrößen

Ein weiteres Beispiel für Probleme, die sich daraus ergeben, dass man sich statt auf die Schnittstelle auf deren konkrete Implementierung verlässt, lässt sich leider viel zu oft beobachten, wenn Sie unter Windows die Bildschirmauflösung und die Größe der Fonts ändern. Zu viele Anwendungen gehen davon aus, dass die Bildschirmauflösung 96 dpi beträgt (*Kleine Schriftarten*), ändert man die Auflösung auf *Große Schriftarten* (120 dpi), sehen sie merkwürdig aus oder lassen sich gar nicht mehr benutzen.

Das Problem besteht darin, dass sich die Anwendungen auf eine bestimmte Implementierung der Darstellung der Texte auf dem Bildschirm verlassen. Sie verlassen sich darauf, dass für einen bestimmten Text ein Bereich des Bildschirms von bestimmter Größe gebraucht wird. Dies ist jedoch nur ein nicht versprochenes Detail der Implementierung, nicht eine in der Schnittstelle der Textdarstellung unter Windows definierte Funktionalität.

Vorsicht: Java- und C#-Interfaces

Die Programmiersprachen Java und C# bieten in ihren Konstrukten eine Trennung zwischen Klassen und Schnittstellen (Interfaces). Sie könnten nun annehmen, dass Sie das Prinzip schon dann erfüllen, wenn Sie in Ihren Modulen vorrangig mit Java- oder C#-Schnittstellen anstelle von konkreten Klassen arbeiten. Das ist aber nicht so. Das Prinzip bezieht sich vielmehr darauf, dass Sie keine Annahmen über die konkreten Implementierungen machen dürfen, die hinter einer Schnittstelle liegen. Diese Annahmen können Sie aber bei Java- und C#-Interfaces genauso machen wie bei anderen Klassen.

3.6 Prinzip 6: Umkehr der Abhängigkeiten

Eine Möglichkeit, einer komplexen Aufgabe Herr zu werden, ist es, sie in einfachere Teilaufgaben zu zerlegen und diese nach und nach zu lösen. Ähnlich können Sie auch bei der Entwicklung von Softwaremodulen vorgehen. Sie können Module für bestimmte Grundfunktionen erstellen, die von den spezifischeren Modulen verwendet werden.

Aber ein Entwurf, der grundsätzlich von Modulen ausgeht, die andere Module verwenden (Top-down-Entwurf), ist nicht ideal, weil dadurch unnötige Abhängigkeiten entstehen können. Um die Abhängigkeiten zwischen Modulen gering zu halten, sollten Sie Abstraktionen verwenden.

[«]

Abstraktion

Eine Abstraktion beschreibt das in einem gewählten Kontext Wesentliche eines Gegenstands oder eines Begriffs. Durch eine Abstraktion werden die Details ausgeblendet, die für eine bestimmte Betrachtungsweise nicht relevant sind. Abstraktionen ermöglichen es, unterschiedliche Elemente zusammenzufassen, die unter einem bestimmten Gesichtspunkt gleich sind.

So lassen sich zum Beispiel die gemeinsamen Eigenschaften von verschiedenen Betriebssystemen als Abstraktion betrachten: Wir lassen die Details der spezifischen Umsetzungen und spezielle Fähigkeiten der einzelnen Systeme weg und konzentrieren uns auf die gemeinsamen Fähigkeiten der Systeme. Eine solche Abstraktion beschreibt die Gemeinsamkeiten von konkreten Betriebssystemen wie Windows, Linux oder macOS.

Unter Verwendung von Abstraktionen können wir nun das *Prinzip der Umkehr der Abhängigkeiten* formulieren.

Umkehr der Abhängigkeiten (Dependency Inversion Principle)

Unser Entwurf soll sich auf Abstraktionen stützen – nicht auf Spezialisierungen.

Softwaremodule stehen in der Regel in einer wechselseitigen Nutzungsbeziehung. Bei der Betrachtung von zwei Modulen können Sie diese also in ein nutzendes Modul und in ein genutztes Modul einteilen.

Definition: Abstraktion

Das *Prinzip der Umkehr der Abhängigkeiten* besagt nun, dass die nutzenden Module sich nicht auf eine Konkretisierung der genutzten Module stützen sollen. Stattdessen sollen sie mit Abstraktionen dieser Module arbeiten. Damit wird die direkte Abhängigkeit zwischen den Modulen aufgehoben. Beide Module sind nur noch von der gewählten Abstraktion abhängig. Der Name *Umkehr der Abhängigkeiten* ist dabei etwas irreführend, er deutet an, dass Sie eine bestehende Abhängigkeit einfach umdrehen. Vielmehr ist es aber so, dass Sie eine Abstraktion schaffen, von der beide beteiligten Module nun abhängig sind. Die Abhängigkeit von der Abstraktion schränkt uns jedoch wesentlich weniger ein als die Abhängigkeit von Konkretisierungen.

Weg vom Top-down-Entwurf

Die Methode geht damit weg von einem Top-down-Entwurf, bei dem Sie in einem nutzenden Modul einfach dessen benötigte Module identifizieren und diese in der konkreten benötigten Ausprägung einfügen. Vielmehr betrachten Sie auch die genutzten Module und versuchen, für sie eine gemeinsame Abstraktion zu finden, die das minimal Notwendige der genutzten Module extrahiert.

Doch auch wenn dieser Abschnitt die Wichtigkeit der Abstraktion beschreibt, sollten wir konkret werden und an einem Beispiel illustrieren, was *Umkehr der Abhängigkeiten* in der Praxis bedeutet.

Nehmen wir an, Sie möchten eine Windows-Anwendung erstellen, die aus dem Internet die aktuelle Wettervorhersage einliest und sie grafisch darstellt. Den *Prinzipien der einzigen Verantwortung* und der *Trennung der Anliegen* folgend, verlagern Sie die Funktionalität, die sich um die Behandlung der Windows-API kümmert, in eine separate Bibliothek. Vielleicht können Sie sogar eine bereits vorhandene Bibliothek wie die MFC[4] einsetzen.

Schauen wir uns in Abbildung 3.7 die resultierenden Abhängigkeiten von einigen Modulen unserer Anwendung an.

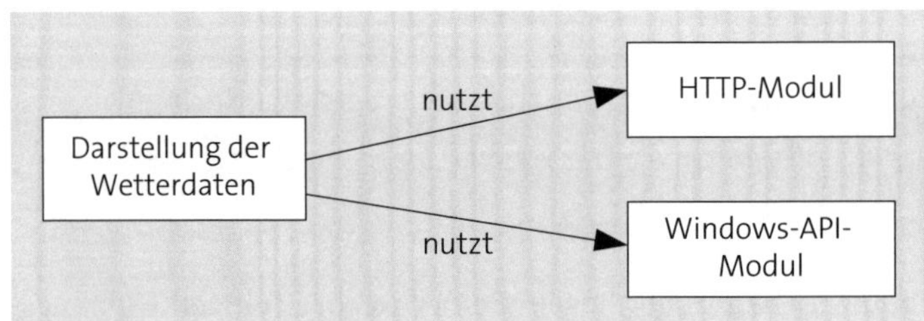

Abbildung 3.7 Abhängigkeiten in unserer Beispielanwendung

4 MFC – Microsoft Foundation Classes – eine C++-Bibliothek, die neben anderer Funktionalität die Windows-API in einer objektorientierten Form bereitstellt.

Das sieht schon nicht unvernünftig aus. Das Modul für die Darstellung der Wetterdaten ist von dem Windows-API-Modul abhängig, dieses aber nicht von der Darstellung der Wetterdaten. Das bedeutet, dass das Windows-API-Modul auch in anderen Anwendungen, die nichts mit dem Wetter zu tun haben, eingesetzt werden kann.

Doch mit einem Problem kommt diese Modulstruktur leider sehr schwer zurecht: Sie können Ihre Anwendung nur unter Windows laufen lassen. Auf dem Mac oder unter Linux bzw. Unix kann die Anwendung nicht ohne Weiteres laufen.

Sie könnten sicherlich ein anderes Modul für die Mac-API schreiben und wieder ein anderes für Linux oder Unix. Aber leider bedeutet das, dass Sie auch das Modul für die Darstellung der Wetterdaten anpassen müssen.

Abstraktes Modul

Damit dieses Modul aber von dem verwendeten Betriebssystem unabhängig werden kann, müssen Sie eine Abstraktion der verschiedenen Betriebssysteme als ein neues abstraktes Modul definieren. Die verschiedenen betriebssystemabhängigen Module werden die spezifizierte Funktionalität bereitstellen.

Bei einem Top-down-Design wie in Abbildung 3.7 sind die Module von den Modulen abhängig, deren Funktionalität sie *nutzen*. Die Module, die die Funktionalität *bereitstellen*, sind von ihren Clientmodulen unabhängig.

Das ändert sich mit der Einführung eines abstrakten Betriebssystemmoduls. Die Abstraktion schreibt vor, welche Funktionalität die konkreten Implementierungen bereitstellen müssen. Die Abstraktion ist dabei von den Implementierungen unabhängig. Man muss sie nicht ändern, wenn man eine neue Implementierung, sagen wir für Amiga, erstellt. Jede Implementierung ist allerdings abhängig von der abstrakten Spezifikation. Ändert sich die Spezifikation, müssen alle ihre Implementierungen angepasst werden. Die Abhängigkeit verläuft also in »umgekehrter« Richtung – vom Bereitsteller, nicht zu ihm hin. Daher auch der Name *Umkehr der Abhängigkeiten*.

Portables Design

Abbildung 3.8 zeigt ein neues, portableres Design, in dem die Mehrfachverwendbarkeit des Moduls für die Darstellung der Wetterdaten verbessert wurde.

Abstraktion, Abhängigkeiten und die Änderungen

Wenn Sie sich das Beispiel genauer anschauen, stellen Sie fest, dass in diesem Design die abstrakten Module nur »eingehende« Abhängigkeiten haben (also andere Module von ihnen abhängig sind) und die konkreten Module nur »ausgehende« Abhängigkeiten – sie sind also von anderen

Modulen abhängig. Da man davon ausgehen kann, dass die abstrakten Spezifikationen seltener als die konkreten Implementierungen geändert werden müssen, ist unser neues Design auf Änderungswünsche gut vorbereitet.

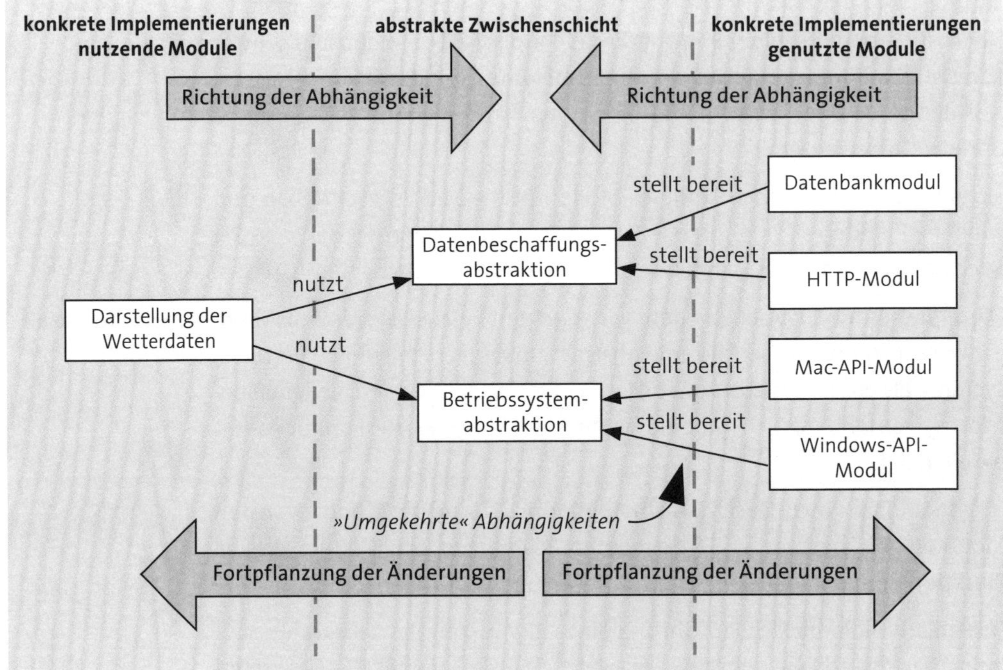

Abbildung 3.8 Beispielanwendung mit »umgekehrten« Abhängigkeiten

Die häufigsten Änderungen werden in Modulen stattfinden, von denen kein anderes Modul abhängig ist. Die Änderungen werden sich also seltener in andere Module »fortpflanzen«. In der Praxis sind Module selten ganz abstrakt oder ganz konkret. Die meisten enthalten zum Teil konkrete Implementierungen und zum Teil abstrakte Deklarationen. Ein Qualitätskriterium für das Design ist der Zusammenhang zwischen der Abstraktheit eines Moduls und dem Verhältnis zwischen seinen ein- und ausgehenden Abhängigkeiten. Je abstrakter ein Modul, desto größer sollte der Anteil der eingehenden Abhängigkeiten sein.

Abbildung 3.9 zeigt dasselbe Design noch einmal, allerdings etwas anders dargestellt.

Diesmal verlaufen alle Abhängigkeiten in der Darstellung in dieselbe Richtung. Und wir können zufrieden feststellen, dass die Abhängigkeiten alle von den konkreten zu den abstrakten Modulen verlaufen.

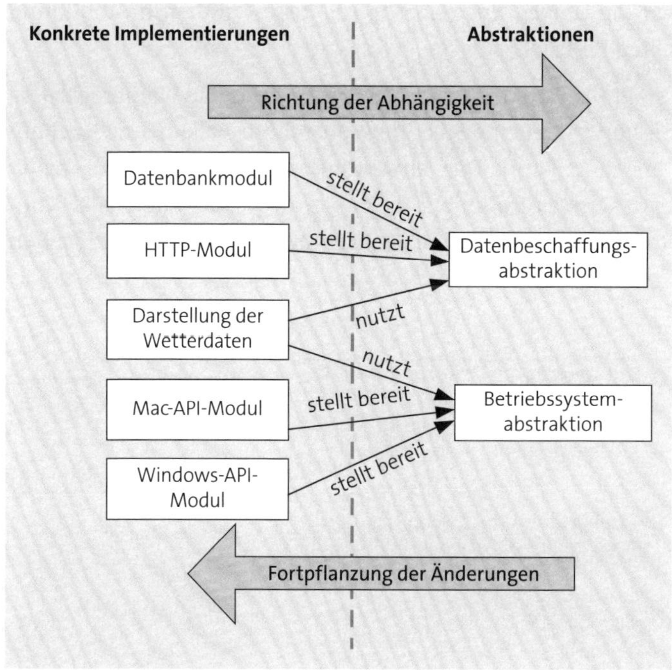

Abbildung 3.9 Konkrete Module sollen von abstrakten Modulen abhängig sein

3.6.1 Umkehrung des Kontrollflusses

Durch die Umkehrung der Abhängigkeiten kann bei der Umsetzung in einer Anwendung auch die sogenannte *Umkehrung des Kontrollflusses* (engl. *Inversion of Control*) resultieren. *Umkehrung der Abhängigkeiten* und *Umkehrung des Kontrollflusses* dürfen allerdings nicht verwechselt werden.

Achtung: Das ist nicht Hollywood!

[«]

Umkehrung des Kontrollflusses (Inversion of Control)

Als die Umkehrung des Kontrollflusses wird ein Vorgehen bezeichnet, bei dem ein spezifisches Modul von einem mehrfach verwendbaren Modul aufgerufen wird. Die Umkehrung des Kontrollflusses wird auch Hollywood-Prinzip genannt: »Don't call us, we'll call you!«

Die Umkehrung des Kontrollflusses wird eingesetzt, wenn die Behandlung von Ereignissen in einem mehrfach verwendbaren Modul bereitgestellt werden soll. Das mehrfach verwendbare Modul übernimmt die Aufgabe, die anwendungsspezifischen Module aufzurufen, wenn bestimmte Ereignisse stattfinden. Die spezifischen Module rufen also die mehrfach verwendbaren Module nicht auf, sie werden stattdessen von ihnen aufgerufen.

Betrachten wir die *Umkehrung des Kontrollflusses* an dem in Abbildung 3.10 dargestellten Beispiel.

Das Beispiel stellt die Struktur einer Anwendung vor, die Wahlergebnisse visualisiert. Sie verwendet eine *Bibliothek*, die schöne Balken- und Kuchendiagramme erstellen kann. Das anwendungsspezifische Modul *Wahlvisualisierung* ruft diese Grafikbibliothek auf – dies ist der »normale« Kontrollfluss: Die Bibliothek bietet eine Schnittstelle an, die von spezifischen Modulen aufgerufen werden kann.

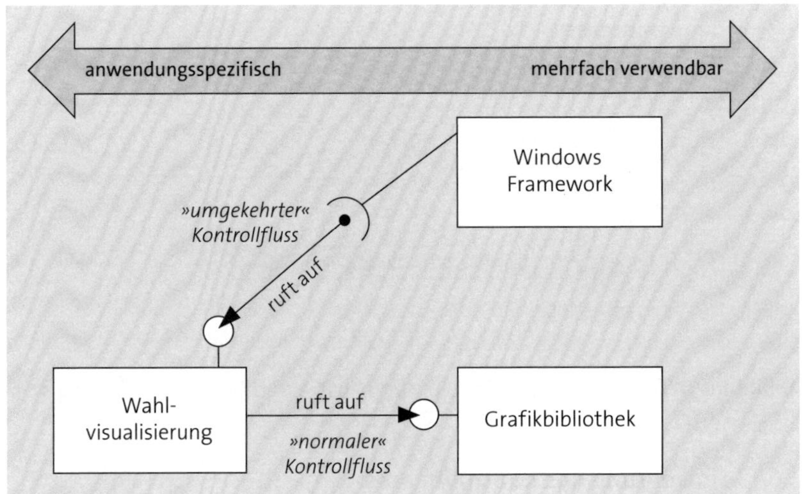

Abbildung 3.10 Umkehrung des Kontrollflusses

Unsere Anwendung zur Visualisierung von Wahlergebnissen ist aber auch eine Windows-Anwendung, die auf der Basis eines mehrfach verwendbaren *Frameworks*[5] gebaut wurde. Das Windows-Framework übernimmt z. B. die Aufgabe, das Modul *Wahlvisualisierung* zu informieren, falls ein Fenster vergrößert wurde und die Grafik angepasst werden muss. Das ist der »umgekehrte« Kontrollfluss: Das Framework gibt eine Schnittstelle vor, die von den spezifischen eingebetteten Modulen implementiert werden muss. Diese Schnittstelle wird anschließend vom Framework aufgerufen.

Sie werden eine spezielle Form der Umkehrung des Kontrollflusses, die sogenannte Dependency Injection, in Abschnitt 7.2.7 kennenlernen.

5 Frameworks sind Anwendungsbausteine, die einen allgemeinen Rahmen für jeweils spezifische konkrete Anwendungen zur Verfügung stellen. Die Umkehrung des Kontrollflusses ist der zentrale Mechanismus, der von den meisten Frameworks genutzt wird. In Kapitel 8, »Module und Architektur«, werden Sie die Eigenschaften von Frameworks anhand einiger Beispiele kennenlernen.

3.7 Prinzip 7: mach es testbar

Pkw-Motoren brauchen Öl, damit sie funktionieren. Sie benötigen aber keinen Ölmessstab. Und doch werden alle Pkw-Motoren mit einem Ölmessstab ausgeliefert, und niemand zweifelt am Sinn dieser Konstruktion. Autos sind auch ohne einen Ölmessstab fahrtüchtig, und wenn kein Öl mehr da ist, kann man das auch auf anderem Wege feststellen.

Doch der Ölmessstab hat einen großen Vorteil: Er ermöglicht uns, eine Komponente des Motors, den Ölpegel, separat von anderen Komponenten zu überprüfen. Und so können wir, bevor das Auto streikt, bereits schnell erkennen, dass wir zu wenig Öl haben, ohne dass die Zündkerzen unnötigerweise ausgebaut und überprüft werden müssen.

Software ist eine komplexe Angelegenheit, bei deren Erstellung Fehler passieren. Es ist sehr wichtig, diese Fehler schnell zu entdecken und zu lokalisieren. Deswegen ist es sehr wertvoll, wenn sich die einzelnen Komponenten der Software separat testen lassen.

Genau wie bei der Konstruktion der Motoren werden auch in der Softwareentwicklung manche Designentscheidungen getroffen, nicht um die Funktionalität der Software zu verbessern oder um eine Komponente mehrfach verwendbar zu machen, sondern um sie testbar zu machen.

Die moderneren Autos mit einem Bordcomputer überprüfen den Ölstand automatisch. Das ist sehr bequem. Man braucht den Ölmessstab nur dann zu benutzen, wenn der Bordcomputer ein Problem meldet. Auch in der Softwareentwicklung kann man vieles automatisch testen lassen. Erst wenn die Tests ein Problem melden, muss man sich selbst auf Fehlerjagd begeben.

Die populärsten automatisierten Tests sind die *Unit-Tests*.

[«]

Unit-Tests

Ein Unit-Test ist ein Stück eines Testprogramms, das die Umsetzung einer Anforderung an eine Softwarekomponente überprüft. Die Unit-Tests können automatisiert beim Bauen von Software laufen und so helfen, Fehler schnell zu erkennen.

Schwierige Tests

Idealerweise werden für jede angeforderte Funktionalität einer Komponente entsprechende Unit-Tests programmiert – idealerweise. Wir leben aber nicht in einer idealen Welt und für manche Komponenten ist es schwierig, sie automatisiert zu testen. Wie soll man z. B. automatisiert testen, dass eine Eingabemaske korrekt dargestellt wurde? Soll man einen Schnappschuss des Bildschirms machen und ihn mit einer vorbereiteten

Bilddatei vergleichen? Was passiert, wenn ein Entwickler seine Bildschirmeinstellungen ändert? Wie testet man, dass die Datenbank korrekt manipuliert wurde? Muss man die Daten jederzeit zurücksetzen? Das dauert aber sehr lange.

Das Programmieren guter Unit-Tests ist nicht leicht. Es kann sogar viel aufwendiger als die Implementierung der zu testenden Funktionalität selbst sein. Es kann aber auch nicht Sinn der Sache sein, die Komplexität der entwickelten Anwendung niedrig zu halten, dafür aber die Komplexität des Tests explodieren zu lassen. Stattdessen versucht man, die Gesamtkomplexität der Entwicklung zu reduzieren. Und das führt häufig dazu, dass die Module auch wegen ihrer Testbarkeit getrennt werden.

So kann die Komponente, die eine Eingabemaske bereitstellt, in zwei Teile getrennt werden. In Teil 1 werden die Eigenschaften der dargestellten Steuerelemente vorbereitet, ohne auf ihre tatsächliche Darstellung achten zu müssen. Damit kann man leicht automatisiert überprüfen, ob z. B. das Eingabefeld `name` gesperrt und die Taste `löschen` aktiviert ist. In einer anderen Komponente 2 werden dann die jeweiligen betriebssystemspezifischen Steuerelemente programmiert – diese können manuell getestet werden, ihre Implementierung wird sich nicht so häufig ändern.

Mock-Objekte

Oder man trennt die Bearbeitungslogik von der Anbindung an eine konkrete Datenbank. Dann kann man sie statt mit der langsamen Datenbank lieber mit einer sehr schnellen Ersatzdatenbank testen. Die Ersatzdatenbank braucht keine wirkliche Datenbank zu sein, es reicht, wenn sie die für den Test geforderte Funktionalität liefert. Solche Ersatzkomponenten, die nur zum Testen anderer Komponenten existieren, werden Mock-Objekte genannt.

Auswirkungen auf das Design

Erkennen Sie, wohin das führt? Sie trennen die Komponenten, nur um sie leichter testbar zu machen, und plötzlich stellen Sie fest, dass sie nicht mehr von der konkreten Implementierung anderer Komponenten abhängig sind, sondern von Abstraktionen mit einer kleinen Schnittstelle.

Das Streben nach Verringerung der Gesamtkomplexität der Entwicklung, der entwickelten Komponenten und der Tests führt dazu, dass die Verwendbarkeit der Komponenten erleichtert wird. Die Schwierigkeiten, bestimmte Tests zu entwickeln, zeigen Ihnen, wo Sie mehr Abstraktionen brauchen, wo Sie die Umkehr der Abhängigkeiten einsetzen können, wo Sie eine Schnittstelle explizit formulieren müssen und wo Sie Erweiterungspunkte einbauen sollten. Durch die konsequente Erstellung der Unit-Tests wird also nicht nur die Korrektheit der Software sichergestellt, sondern auch das Design der Software verbessert.

Kapitel 4
Die Struktur objektorientierter Software

In diesem Kapitel beschreiben wir die grundlegende Struktur von objektorientierten Softwaresystemen. Wir beginnen dabei mit dem Grundlegenden: mit dem Objekt an sich. Danach gehen wir auf die Klassifizierung von Objekten ein und werden uns dann detailliert mit den Klassen und den Beziehungen zwischen Objekten beschäftigen.

Eigentlich sind die Grundkonstrukte objektorientierter Software ganz einfach: Die Objekte spielen natürlich eine zentrale Rolle, wir können Objekte zu Klassen zusammenfassen und dann gibt es noch Beziehungen zwischen den Objekten und auch zwischen Klassen. Wir werden uns deshalb in diesem Kapitel zunächst in Abschnitt 4.1 Objekte und ihre Eigenschaften sehr genau ansehen, um dann in Abschnitt 4.2 den Fokus auf die verschiedenen Verwendungen von Klassen zu legen. In Abschnitt 4.3 erläutern wir die sehr vielfältigen Arten, wie Objekte miteinander in Beziehung stehen können. Und schließlich gehen wir in Abschnitt 4.4 auf die spezielle Rolle von solchen Objekten ein, die einfach Werte repräsentieren.

4.1 Die Basis von allem: das Objekt

In diesem Abschnitt werden Sie zunächst das zentrale und namensgebende Konstrukt der objektorientierten Programmierung kennenlernen, nämlich das Objekt. Ausgehend von einer formalen Definition werden wir die wichtigsten Eigenschaften von Objekten vorstellen.

[«]

Objekte in der objektorientierten Programmierung

Ein Objekt ist ein Bestandteil eines Programms, der Zustände enthalten kann. Diese Zustände werden vom Objekt vor einem Zugriff von außen versteckt und damit geschützt.

Außerdem stellt ein Objekt anderen Objekten Operationen zur Verfügung. Von außen kann dabei auf das Objekt ausschließlich zugegriffen werden, indem eine Operation auf dem Objekt aufgerufen wird.

Ein Objekt legt dabei selbst fest, wie es auf den Aufruf einer Operation reagiert. Die Reaktion kann in Änderungen des eigenen Zustands oder dem Aufruf von Operationen auf weiteren Objekten bestehen.

Objekt = Daten + Funktionalität

Technisch betrachtet ist ein Objekt im Sinne des objektorientierten Programmierens also eine Zusammenfassung von Daten (Zuständen des Objekts) und der dazugehörigen Funktionalität (den vom Objekt unterstützten Operationen).

Zentral ist hier zunächst die Aussage, dass ein Objekt seine Zustände vor einem direkten Zugriff von außen schützt. Das Objekt kapselt also die Daten, die seinen Zustand ausmachen. Häufig wird der Aufruf einer Operation auf einem Objekt auch als Senden einer Nachricht an das Objekt bezeichnet.

Im folgenden Abschnitt 4.1.1 stellen wir zunächst die Fähigkeiten von Objekten zur Datenkapselung vor, bevor wir dann in Abschnitt 4.1.2 auf die von Objekten zur Verfügung gestellten Operationen genauer eingehen. Anschließend stellen wir in Abschnitt 4.1.3 vor, wie Objekte für die von ihnen zur Verfügung gestellten Operationen verantwortlich sind und Kontrakte dafür festlegen können. Dass ein Objekt immer eine klar definierte Identität hat, die es von allen anderen Objekten unterscheidet, ist Gegenstand von Abschnitt 4.1.4. Die Vorstellung von Objekten wird in Abschnitt 4.1.5 mit einem Überblick über die Arten von Beziehungen, die Objekte miteinander haben, abgeschlossen.

Diskussion: Ist Java überhaupt objektorientiert?

Gregor: *Wenn wir die oben genannte Definition von Objekten nehmen, sind doch viele Objekte, die zum Beispiel in Java-Programmen verwendet werden, gar keine echten Objekte.*

Bernhard: *Wieso meinst du das? Objekte in Java-Programmen haben doch eigene Daten und stellen nach außen hin Operationen zur Verfügung.*

Gregor: *Ja, schon. Aber die Definition fordert ja, dass die Zustände eines Objekts grundsätzlich nicht direkt nach außen sichtbar gemacht werden. In Java kann es aber durchaus sein, dass die Daten eines Objekts nach außen sichtbar sind. Die zugehörige Klasse muss die Datenelemente lediglich als* `public` *deklarieren. Außerdem kann ich in Java bei Aufruf einer Operation auch noch andere Dinge tun, als den internen Zustand des Objekts zu ändern oder Operationen auf anderen Objekten aufzurufen.*

Bernhard: *Du hast recht. Viele Programmiersprachen, die als objektorientiert gelten, erzwingen es nicht, dass man darin auch rein objektorientierte Programme erstellt. So ist es zum Beispiel in Java möglich, die Kapselung der Daten aufzuheben, indem die Daten eines Objekts über die Sichtbarkeitsregeln der zugeordneten Klasse komplett öffentlich gemacht werden. Diese Daten gehören damit nicht mehr zum geschützten internen Objektzustand. Smalltalk zum Beispiel erzwingt viel stärker als Java die Verwendung von rein objektorientierten Verfahren. Allerdings hat sich auch in Java die Konvention herausgebildet, dass Datenelemente in der Regel nicht direkt öffentlich gemacht werden. Stattdessen werden häufig sogenannte Getter- und Setter-Methoden definiert, mit denen diese Datenelemente ausgelesen oder neu gesetzt werden können.*

4.1.1 Eigenschaften von Objekten: Objekte als Datenkapseln

Ein Objekt hat Eigenschaften, die ihm direkt zugeordnet werden können. Ein Haus hat Breite, Tiefe, Höhe, Wohnfläche, es hat eine Farbe, eine Lage, ein Alter. Wenn wir das Haus in einer objektorientiert entwickelten Anwendung abbilden wollen, erstellen wir ein Objekt `Haus`, das diese Werte als seine Eigenschaften verwalten wird. In Abbildung 4.1 ist eine Sichtweise auf ein Haus dargestellt, die einige der Eigenschaften beschreibt.

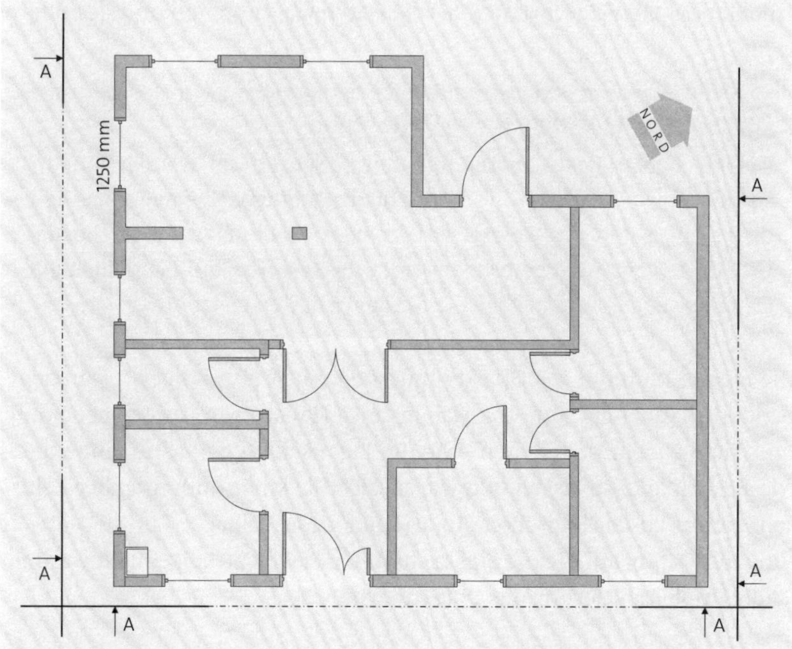

Abbildung 4.1 Grundriss eines Hauses

Dass ein Objekt bestimmte Eigenschaften hat, ist allerdings nicht gleichbedeutend damit, dass das Objekt auch für alle diese Eigenschaften jeweils direkt zugeordnete Daten besitzt. Deshalb unterscheiden wir bei Objekten zwischen den Daten des Objekts und den zugeordneten Eigenschaften.

Daten eines Objekts

Ein Objekt kann Werte zugeordnet haben, die nur von ihm selbst verändert werden können. Diese Werte sind die Daten, die das Objekt besitzt. Von außen sind die Daten des Objekts nicht sichtbar und nicht zugreifbar.

Daten sind demzufolge die Repräsentanten des internen Zustands eines Objekts. Ein Objekt Haus könnte also durchaus als Wert das Alter des Hauses als Dateneintrag besitzen. Alternativ – und in den meisten Fällen sinnvoller – kann das Baujahr gespeichert werden. Die Art der Datenhaltung innerhalb des Objekts ist nach außen aber nicht sichtbar.

Objekte besitzen Daten

Ein Objekt besitzt also Daten. Im Gegensatz zu Datenstrukturen im strukturierten Programmieren, wo Datenstrukturen die Daten lediglich enthalten, kann man bei Objekten wirklich von *Besitzen* sprechen. Beim strukturierten Programmieren kann jedes Unterprogramm auf die Daten einer Datenstruktur zugreifen. Beim objektorientierten Programmieren entscheidet das Objekt selbst, wer auf die Daten wie zugreifen und sie ändern kann.

Eigenschaften (Attribute) von Objekten

Objekte haben Eigenschaften, die von außen erfragt werden können. Dabei kann von außen nicht unterschieden werden, ob eine Eigenschaft direkt auf Daten des Objekts basiert oder ob die Eigenschaft auf der Grundlage von Daten berechnet wird. Eigenschaften, die nicht direkt auf Daten basieren, werden abgeleitete Eigenschaften genannt.

Die Eigenschaften eines Objekts müssen nicht notwendigerweise voneinander unabhängig sein. Die Fläche eines Hauses wird mit seiner Breite und Tiefe zusammenhängen. Wie die Eigenschaften zusammenhängen, wie sie sich ändern lassen und wie sie sich bei einer Änderung beeinflussen, gehört zu der logischen Funktionalität des Objekts. Für die Verwaltung der Daten, auf die die Eigenschaften des Objekts abgebildet werden, ist die Implementierung des Objekts zuständig.

Kapselung von Daten

Die Kapselung der Daten wird durch ein Objekt selbst sichergestellt. Nur das Objekt selbst sollte mit seinen Daten arbeiten und die Datenstrukturen kennen. Die Kapselung der Daten ist besonders dann wichtig, wenn die abgebildeten Eigenschaften des Objekts voneinander abhängig sind. In solchen Fällen werden oft nur bestimmte Eigenschaften direkt auf Daten abgebildet, die Werte der anderen werden aus den gespeicherten Daten berechnet.

Machen wir es nun etwas spannender und spielen ein wenig mit der elektrischen Spannung und dem Strom. Unser Beispielobjekt wird einen Stromkreis repräsentieren, für den nach dem Ohm'schen Gesetz gilt:

$U = R \cdot I$

Für die elektrische Leistung gilt dabei:

$P = U \cdot I$

Dabei ist U die elektrische Spannung, R der Widerstand der als Verbraucher enthaltenen Glühlampe, I die Stromstärke und P ist die elektrische Leistung.

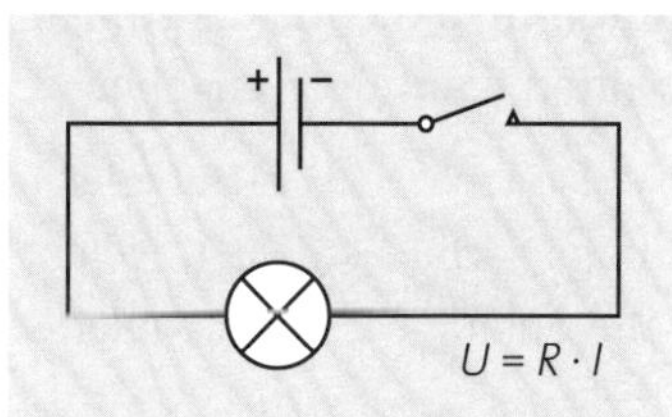

Abbildung 4.2 Schematische Darstellung eines Stromkreises

Wir betrachten hier vier Eigenschaften des Stromkreises, brauchen aber nur zwei davon als Daten zu speichern. Die nicht gespeicherten Werte können durch die oben aufgeführten Gleichungen berechnet werden. Für die Anwender des Objekts ist es nicht relevant, welche zwei Werte das sind. Sie können zum Beispiel den Wert für Stromstärke und Widerstand speichern und die Werte für Spannung und elektrische Leistung bei Bedarf daraus berechnen.

Die Implementierung der Funktionalität des Objekts ist gekapselt und spielt für die Anwender des Objekts keine Rolle. Es ist nun abhängig von der Betrachtungsebene, die Sie einnehmen wollen, wie Sie die Eigenschaften des Objekts `stromkreis` in einem Modell abbilden.

Darstellung eines Objekts in UML

In der Sprache UML bildet man ein Objekt einfach als ein Rechteck ab. In Abbildung 4.3 ist ein Beispiel dafür zu sehen. Oben in dem Rechteck steht der unterstrichene Name des Objekts, und darunter in getrennten Abteilungen befinden sich die Daten und die Operationen bzw. die Methoden des Objekts. Laut der UML-Spezifikation bezeichnet man abgeleitete Eigenschaften eines Objekts mit einem Schrägstrich.

Die UML-Diagramme können verwendet werden,

- um die nach außen sichtbare Schnittstelle darzustellen und
- um sie für die Darstellung der gekapselten Struktur der Implementierung zu nutzen.

Darstellung der äußeren Struktur

Für die Darstellung der äußeren Struktur der Objekte ist es nicht relevant, welche der Eigenschaften direkt als Daten gespeichert werden und welche von ihnen abgeleitet und berechnet sind. In so einer Darstellung bezeichnet man mit einem Schrägstrich die voneinander abhängigen Eigenschaften des Objekts. Alternativ oder zusätzlich kann man die Art der Abhängigkeit, zum Beispiel eine Formel, in geschweiften Klammern angeben.

Abbildung 4.3 zeigt eine Darstellung des Objekts `stromkreis`, in der alle Eigenschaften aufgeführt sind. Dort ist allerdings nicht festgelegt, welche davon durch Daten repräsentiert und welche aus den Daten abgeleitet werden.

Im linken Kästchen wird eine Einschränkung in geschweiften Klammern angegeben. Hier werden die Abhängigkeiten der Attribute untereinander angezeigt. Im rechten Kästchen finden Sie die Attribute oder die Datenelemente des Objekts. Sie sind in unserem Beispiel nicht unabhängig und daher mit vorangestellten Schrägstrichen versehen. Dabei wird ein Objekt in UML in einem rechteckigen Kästchen dargestellt. Der Name des Objekts wird unterstrichen, und der Typ des Objekts steht hinter einem Doppelpunkt.

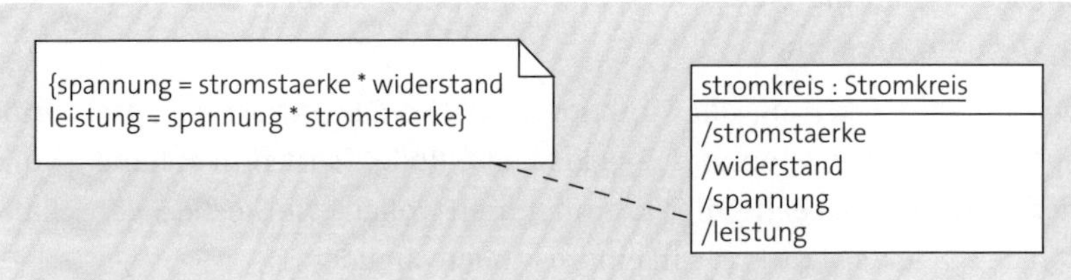

Abbildung 4.3 Darstellung der äußeren Struktur eines Objekts

Bei der Implementierung müssen Sie sich dann allerdings entscheiden, welche Eigenschaften des Objekts direkt auf Daten abbilden und welche sich aus diesen Daten ableiten. In Abbildung 4.4 ist diese Entscheidung getroffen.

Darstellung der Implementierung

In der Abbildung sehen Sie, dass die Eigenschaften `widerstand` und `spannung` direkt als Daten repräsentiert werden. Für die anderen Eigenschaften ist angegeben, wie sie sich aus den Daten ableiten. Die Eigenschaften `stromstaerke` und `leistung` sind also abgeleitete Eigenschaften.

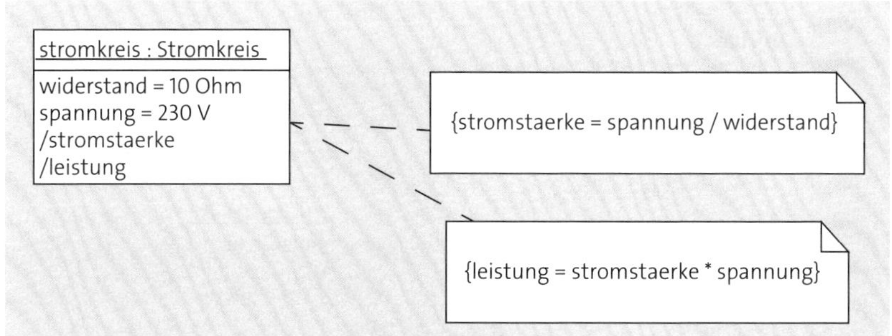

Abbildung 4.4 Implementierungssicht auf ein Objekt

Warum ist Datenkapselung wichtig?

Bisher haben wir in diesem Abschnitt vorgestellt, wie ein Objekt seine Eigenschaften verwaltet und die ihm zugeordneten Daten nach außen vor einem direkten Zugriff schützt. Dabei wurde auch deutlich, dass von außen nicht ersichtlich sein soll, welche Eigenschaften überhaupt als Daten repräsentiert werden.

Aber warum ist das eigentlich eine wünschenswerte Vorgehensweise? In vielen Fällen könnte es doch viel einfacher sein, wenn die betroffenen Daten direkt geändert werden könnten.

Strukturierte Programmierung

Betrachten Sie deshalb als Ausgangspunkt die Situation und die damit verbundenen Probleme, wie sie in der strukturierten Programmierung vorliegen. Die Trennung der Daten vom Code bringt dort nämlich ein Problem mit sich: Da es nur eingeschränkt möglich ist, die Datenstrukturen konkreten Routinen zuzuordnen, ist es nötig, dass die Strukturen der Daten für jeden Teil des Programms sichtbar und zugänglich sind.

[zB] **Zugriff auf Daten eines Kreises**

Nehmen Sie als Beispiel eine Datenstruktur, die einen Kreis auf dem Bildschirm beschreibt. Diese Struktur würde die x- und y-Koordinaten des Mittelpunkts, den Radius, die Farbe und andere Attribute des Kreises beinhalten. Abbildung 4.5 zeigt einen Kreis und verschiedene Aufrufer, die Änderungen an der Kreisstruktur vornehmen.

Wie in der Abbildung ersichtlich, arbeiten nun mehrere Routinen mit den Daten des Kreises. Die Prozedur `paintCircle` benötigt die Daten, um den Kreis auf dem Bildschirm darzustellen, die Prozedur `moveCircle` ändert die Daten in der Datenstruktur und veranlasst, dass die Darstellung aktualisiert wird. Andere Prozeduren können die Daten modifizieren, um zum Beispiel den Radius des Kreises zu ändern, um Schnittpunkte mit einer Geraden zu berechnen oder um festzustellen, ob die Position des Mauszeigers sich gerade innerhalb des Kreises befindet.

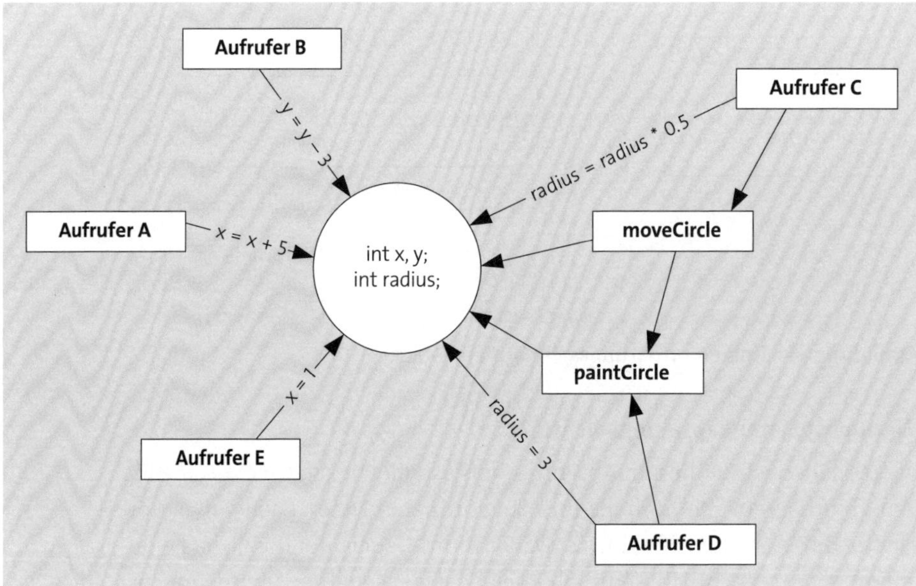

Abbildung 4.5 Unregulierter Zugriff auf Daten eines Kreises

Hier liegt schon ein erstes Problem: Die Prozedur `moveCircle` ist dafür vorgesehen, den Kreis zu verschieben und die Darstellung zu aktualisieren. Es lässt sich aber nicht verhindern, dass ein Aufrufer direkt die Koordinaten des Kreises ändert. In diesem Fall bleibt die Aktualisierung der Anzeige aus.

Wenn Sie die Struktur des Kreises ändern und zum Beispiel eine neue Eigenschaft `Füllmuster` hinzufügen: Wie finden Sie heraus, welche Stellen im Programm angepasst werden müssen, damit diese Eigenschaft korrekt behandelt wird?

Datenkapselung als Lösung

Hier bietet die Datenkapselung in Objekten eine elegante Lösung. Wenn Sie statt einer reinen Datenstruktur ein Objekt `Kreis` verwenden, wird der Zugriff auf die nun internen Daten des Objekts nur noch über die vom Objekt zugelassenen Verfahren erfolgen können. In Abbildung 4.6 ist dargestellt, dass bei einem Objekt alle Versuche, direkt auf die internen Daten zuzugreifen, abgewiesen werden.

Eine komplette Blockade des Zugriffs auf die Daten allein ist natürlich noch nicht ausreichend. Stattdessen muss ein Objekt auch Operationen anbieten, mit denen es modifiziert werden kann. In unserem Beispiel sind das die Operationen `move()` und `paint()`, die direkt auf dem Objekt aufgerufen werden. Dabei ruft die Operation `move()` selbst wieder die Operation `paint()` auf und stellt so sicher, dass der Kreis nach einem Verschieben auch korrekt neu angezeigt wird.

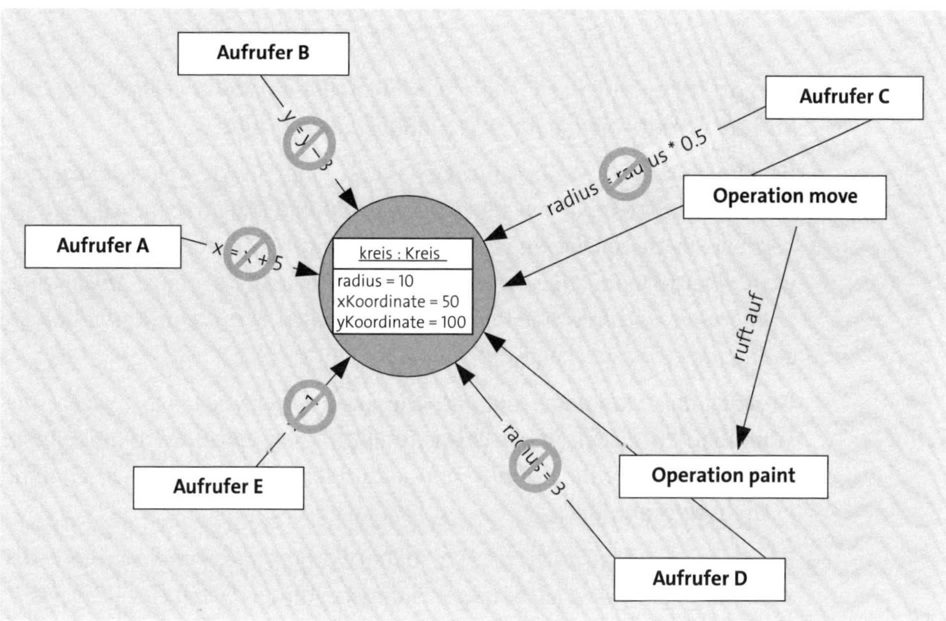

Abbildung 4.6 Kein direkter Zugriff auf Daten des Objekts »Kreis«

Im folgenden Abschnitt werden wir Operationen als Bestandteil der Schnittstelle eines Objekts vorstellen.

Diskussion: Nachteile der Datenkapselung

Gregor: *Das mit der Datenkapselung ist ja eine nette Idee. Aber wenn immer nur das Objekt selbst mit seinen Daten arbeiten kann, hat das in bestimmten Situationen auch Nachteile.*

Bernhard: *Ja, du hast tatsächlich recht. Diese Regel kann dazu führen, dass das Prinzip einer einzigen Verantwortung verletzt wird. Wir bürden damit nämlich dem Objekt alle Verantwortungsbereiche auf, die nur unter Verwendung seiner Daten bearbeitet werden können. Es gibt durchaus Fälle, in denen die Kapselung der Daten infrage gestellt wird.*

Gregor: *An welche Fälle denkst du dabei?*

Bernhard: *Nehmen wir als Beispiel einmal an, dass unsere Anwendung einen Architekten beim Entwerfen von Häusern unterstützen soll.*[1] *Diese objektorientierte Anwendung wird Objekte enthalten, die Häuser repräsentieren. Auf dieser Grundlage können wir statische Berechnungen durchführen oder den Energiebedarf des Hauses ermitteln. Gleichzeitig aber sollen diese Daten in eine Datei gespeichert und wieder ausgelesen werden. Wenn wir jetzt darauf bestehen, dass nur ein Objekt, das Objekt* `Haus`*, auf die Daten zugreifen kann, würde dieses Objekt zumindest zwei Verantwortungen tragen müssen: die für die fachliche Funktionalität und die für die Datenspeicherung.*

Gregor: *Wäre es denn so schlimm, wenn in diesem Fall ein Objekt eben einmal die Verantwortung für zwei Aufgaben übernimmt?*

Bernhard: *Das ist ja noch nicht alles. Bei einer strikten Datenkapselung würden wir die Aufgabe der Speicherung zumindest teilweise auch über andere speicherbare Objekte verteilen. Eine Verantwortung wäre also keineswegs einem Modul zugeordnet, sondern diffus über die ganze Anwendung verschmiert und mit anderen Verantwortungen vermischt. Kaum das Ergebnis, das wir erreichen wollten.*

Gregor: *Aber was dabei auffällt: Die zwei angesprochenen Aspekte der Funktionalität liegen in verschiedenen Domänen der Anwendung: eine in der fachlichen Domäne »Bauwesen«, die andere in der technischen Domäne »Datenspeicherung«.*

Bernhard: *Da hast du recht. Wir sollten deshalb die Forderung nach der Kapselung der Daten leicht umformulieren: Auf die Daten eines Objekts in einer Domäne sollte innerhalb dieser Domäne nur das Objekt selbst zugreifen. Die Bauwesenfunktionalität des Objekts* `Haus` *sollte also nicht direkt auf die Daten der Objekte* `Zimmer` *zugreifen.*

Die Kapselung der Daten führt also nicht automatisch dazu, dass das *Prinzip einer einzigen Verantwortung* eingehalten werden kann. Die klare Strukturierung der verschiedenen Aspekte einer Anwendung ist eins der Probleme, für deren Lösung die Objektorientierung allein manchmal

1 Die Softwareentwicklung oder zumindest der Entwurf von Software wird häufig mit dem Bauwesen und der Bauarchitektur verglichen. Wir glauben nicht, dass diese Analogie stimmt und dass sie eher verwirrt, als für ein besseres Verständnis zu sorgen. Zum Glück wird diese Analogie meist nur in der Softwareentwicklung und nicht umgekehrt im Bauwesen verwendet. Es wäre tragisch, wenn die Erzeugnisse der Bauarchitekten so häufig abstürzen würden wie die Endprodukte mancher Softwarearchitekten. Dennoch konnten wir es uns nicht verkneifen, einen Bauarchitekten zumindest in einem Beispiel zu erwähnen.

nicht ausreicht. Eine mögliche Lösung für dieses Problem werden wir in Kapitel 9, »Aspekte und Objektorientierung«, vorstellen.

4.1.2 Operationen und Methoden von Objekten

Wir haben nun also gesehen, wie ein Objekt die ihm zugeordneten Daten vor unerwünschten Zugriffen schützt und warum das wünschenswert ist. Der zweite Bestandteil, der in der Definition des Begriffs Objekt auftaucht, ist die Fähigkeit von Objekten, auf den Aufruf von Operationen zu reagieren.

Ein Objekt stellt dem Rest der Anwendung *Operationen* bereit. Operationen stellen das Verhalten und die Funktionalität des Objekts dar, es sind die ausführbaren Routinen, die das Objekt anderen Teilen der Anwendung anbietet.

Operationen von Objekten

Operationen spezifizieren, welche Funktionalität ein Objekt bereitstellt. Unterstützt ein Objekt eine bestimmte Operation, sichert es einem Aufrufer damit zu, dass es bei einem Aufruf die Operation ausführen wird. Durch die Operation wird dabei zum einen die Syntax des Aufrufs vorgegeben, also zum Beispiel für welche Parameter Werte eines bestimmten Typs zusammen mit dem Aufruf übergeben werden müssen.

Zum anderen werden dadurch auch Zusicherungen darüber gemacht, welche Resultate die Operation haben wird.

Wenn wir nun alle Operationen zusammenfassen, die ein Objekt unterstützt, haben wir eine komplette Beschreibung der Funktionalität des Objekts vorliegen. Wir kennen damit also die *Schnittstelle* des Objekts zur Außenwelt.

Schnittstelle eines Objekts

Die Schnittstelle eines Objekts ist die Menge der Operationen, die das Objekt unterstützt. Die Schnittstelle sagt nichts über die konkrete Realisierung der Operationen aus.

Wenn ein Objekt eine Operation unterstützt, muss dieses Objekt zur Umsetzung der Operation eine *Methode* besitzen. Eine Operation entspricht immer einer Methode des Objekts. Welche Methode einer Operation eines konkreten Objekts entspricht, ist eine interne Angelegenheit des Objekts.

Die gleiche Operation kann bei verschiedenen Objekten unterschiedlichen Methoden entsprechen.

Methoden

Methoden von Objekten sind die konkreten Umsetzungen von Operationen. Während Operationen die Funktionalität nur abstrakt definieren, sind Methoden für die Realisierung dieser Funktionalität zuständig.

Die konkrete Implementierung der Methoden eines Objekts ist nur für das Objekt selbst relevant. Andere Objekte, die die Funktionalität des Objekts verwenden – die also Operationen des Objekts nutzen –, müssen und sollen die Implementierung der Methoden nicht kennen. Getreu dem Motto: »Was ich nicht weiß, macht mich nicht heiß« – oder in diesem Fall »... macht mich nicht abhängig«.

Trennung der Schnittstelle von der Implementierung

Ein Objekt kapselt also die Implementierung der Operationen und trennt so die Schnittstelle des Objekts von der Implementierung. Die Methoden eines Objekts können mit den Daten des Objekts und mit den Parametern der Methoden arbeiten.

Ein Objekt kann Methoden haben, die nur es selbst verwenden kann, nicht jede Methode muss also einer Operation entsprechen. Wir werden auf dieses Thema in Abschnitt 4.2.5, »Sichtbarkeit von Daten und Methoden«, näher eingehen.

Die meisten Objekte besitzen ihre eigenen Daten. Auch wenn zwei Objekte zum selben Typ gehören, hat jedes der Objekte seine eigenen Daten. Ein Stromkreis kann zum Beispiel die Spannung 230 V haben, ein anderer nur 12 V. Bei den Methoden ist es ein wenig anders, denn das Verhalten der Objekte, die zum selben Typ (derselben Klasse) gehören, unterliegt meistens denselben Regeln. Deswegen werden die Methoden, die die Operationen der Objekte umsetzen, in der Regel den Klassen und nicht direkt einzelnen Objekten zugeordnet (zum Thema Klassen und Klassifizierung der Objekte siehe Abschnitt 4.2, »Klassen: Objekte haben Gemeinsamkeiten«).

Da man Operationen und Methoden für ganze Klassen der Objekte und nicht für die einzelnen Objekte selbst deklariert, bietet der UML-Standard keine Möglichkeit, die Operationen und Methoden für einzelne Objekte darzustellen. Man stellt sie immer für ganze Klassen der Objekte dar.

In Abbildung 4.7 sehen Sie die Operationen der Klasse `Stromkreis`. Diese können von jedem Objekt, das zu dieser Klasse gehört, also von jedem Stromkreis, genutzt werden. Dabei werden die Operationen und Methoden einer ganzen Klasse von Objekten unter den Attributen angegeben. Wie Sie in Abbildung 4.7 an den Objekten `s1` und `s2` erkennen, ist es bei den dargestellten einzelnen Objekten nicht mehr notwendig, alle Operationen und Methoden anzugeben. Welche Operationen ein Objekt unterstützt und welche Methoden es für ihre Umsetzung verwendet, ergibt sich aus der Klassenzugehörigkeit des Objekts.

Wir werden im Folgenden das aufgeführte Beispiel in der Sprache JavaScript umsetzen.

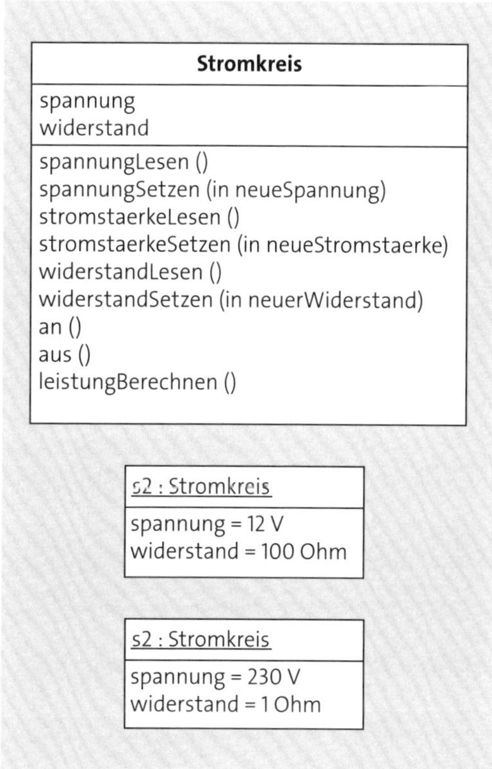

Abbildung 4.7 Mögliche Operationen und Methoden eines Stromkreises

Warum Beispiele in JavaScript?

JavaScript ist eine einfache objektorientierte Skriptsprache. Sie wird meistens verwendet, um Internetseiten dynamisch zu gestalten, kann aber auch als Skriptsprache unter Windows eingesetzt werden. Allerdings unterstützt JavaScript nicht alle Konzepte der Objektorientierung. Datenkapselung wird in JavaScript nicht ausreichend unterstützt, da auf die Daten von Objekten direkt zugegriffen werden kann.

Aber JavaScript ist auch eine objektorientierte Programmiersprache, die ohne Klassen auskommt. Wir verwenden sie deshalb an dieser Stelle als

Beispiel, um zu zeigen, dass ein Arbeiten mit Objekten auch möglich ist, ohne diese Objekte bereits konkreten Klassen zuzuordnen.[2]

In Listing 4.1 sind die Methoden aus Abbildung 4.7 für ein Objekt `stromkreis` umgesetzt.

```
if (typeof(window) != "undefined") {
    echo = window.alert;
} else if (typeof(WScript) != "undefined") {
    echo = function(text) {
        Wscript.Echo(text);
    }
}
stromkreis = new Object;
stromkreis.spannung = 230.0;
stromkreis.widerstand = 1000.0;
stromkreis.spannungLesen = function() {
    return this.spannung;
}
stromkreis.spannungSetzen = function(spannung) {
    this.spannung = spannung;
}
stromkreis.widerstandLesen = function() {
    return this.widerstand;
}
stromkreis.widerstandSetzen = function(widerstand) {
    if (widerstand > 0) this.widerstand = widerstand;
}
stromkreis.stromstaerkeLesen = function() {
    return this.spannungLesen() / this.widerstandLesen();
}
stromkreis.stromstaerkeSetzen = function(stromstaerke) {
    if (stromstaerke > 0) {
        this.widerstand = this.spannung / stromstaerke;
    }
}
```

2 Der JavaScript zugrunde liegende Standard ECMAScript beinhaltet ab Version 6 auch Schlüsselwörter für Klassen und Vererbungsbeziehungen (class, extends). Damit werden allerdings keine wirklich neuen Eigenschaften in die Sprache eingeführt, stattdessen wird ein bereits existierender Mechanismus mit einer intuitiveren Syntax versehen. Man spricht auch von »Syntactic Sugar«. Eine ausführliche Erläuterung der objektorientierten Mechanismen von JavaScript finden Sie in Abschnitt 10.1, »OOP in JavaScript«.

```
31 stromkreis.leistungBerechnen = function() {
32     return this.spannungLesen() * this.stromstaerkeLesen();
33 }
34 stromkreis.aus = function() {
35     this.spannung = 0;
36     echo("Der Stromkreis wurde abgeschaltet.");
37 }
38 stromkreis.stromstaerkeSetzen(1);
39 echo("Strom: " + stromkreis.stromstaerkeLesen() + "A");
40 echo("Leistung: " + stromkreis.leistungBerechnen() + "W");
41 echo("Widerstand: " + stromkreis.widerstandLesen() + "Ohm");
42 stromkreis.aus();
```

Listing 4.1 Umsetzung und Verwendung eines Stromkreises

JavaScript kommt ohne Klassen aus

Das Beispiel in Listing 4.1 zeigt ein Objekt, das eine Reihe von Operationen anbietet.

In Zeile 08 haben wir unser Objekt `stromkreis` erstellt, danach wird dem Objekt in den Zeilen 09 und 10 Werte für zwei Datenelemente zugeordnet. Das Objekt speichert in dieser Implementierung den Wert für die Spannung und den Widerstand. Der Zugriff auf diese Eigenschaften des Objekts wird durch die Methoden `spannungLesen`, `spannungSetzen`, `widerstandLesen` und `widerstandSetzen` bereitgestellt, die ab Zeile 11 definiert werden. Der lesende Zugriff auf die Eigenschaft `stromstaerke` wird durch die Methode `stromstaerkeLesen` ermöglicht. Wie man sieht, wird das Ohm'sche Gesetz verwendet, um in Zeile 24 die Stromstärke zu berechnen.

Die Leistung wird in der Methode `leistungBerechnen` in Zeile 32 berechnet. In der Methode `stromstaerkeSetzen` (Zeile 26) gehen wir davon aus, dass die Spannung gleich bleibt, und ändern den Widerstand des Verbrauchers im Stromkreis, den wir nach unseren Gleichungen berechnen.

Anschließend geben wir aus, welche Stromstärke sich bei einer Spannung von 230 V ergibt, wie groß der Widerstand ist und welche elektrische Leistung sich ergibt. Zum Schluss schalten wir den Stromkreis wieder aus, um Energie zu sparen.

Falls Sie sich gefragt haben, was die Anfangszeilen des Skripts (Zeilen 01 bis 07) bedeuten: Je nachdem, in welchem Kontext es verwendet wird, stehen dem Skript unterschiedliche Objekte zur Verfügung. Die Funktion `echo` kann sowohl in einer DHTML-Seite als auch beim Ausführen des Skripts über den Windows Scripting Host verwendet werden.

Ausprobieren von JavaScript

Falls Sie JavaScript-Code einfach online ausprobieren wollen, gibt es verschiedene Webseiten, die Ihnen einen Online-Interpreter dafür anbieten.

So ist es zum Beispiel unter *https://jsfiddle.net/* möglich, JavaScript-Code zu testen und bei Bedarf auch zu speichern.

Im folgenden Abschnitt sehen Sie nun, welche Rolle Operationen spielen, wenn die Verantwortlichkeit eines Objekts festgelegt wird.

4.1.3 Kontrakte: ein Objekt trägt Verantwortung

Sie haben gesehen, welche Rolle Operationen und Methoden spielen, wenn die Schnittstelle eines Objekts festgelegt wird. Wir werden in diesem Abschnitt kurz darauf eingehen, wie denn für eine solche Operation sichergestellt werden kann, dass Objekte diese auch sinnvoll umsetzen.

Methoden und Bedingungen

Intuitiv ist klar, dass ein Objekt, das eine Operation unterstützt, diese auch inhaltlich sinnvoll durchführen muss. Das heißt also, die Methode, die die Operation umsetzt, muss bestimmten Bedingungen genügen, sonst würden wir nicht davon sprechen, dass die Operation wirklich unterstützt wird.

Betrachten wir ein Beispiel dafür: Wenn ein Objekt eine Operation `ueberweisen(Ausgangskonto, Zielkonto, Betrag)` anbietet, die zwei Kontonummern und einen Betrag als Werte übergeben bekommt, erwarten wir, dass der Betrag vom ersten Konto auf das zweite umgebucht wird. Würde wider Erwarten in solch einem Fall der Betrag von beiden Konten abgebucht, könnten Sie wohl kaum von einer korrekten Unterstützung der Operation durch das Objekt sprechen.

Wie können Sie nun aber festlegen und prüfen, ob die Umsetzung einer Operation das einhält, was sie verspricht? Helfen kann hier zumindest die grundlegende Übereinkunft, dass Aufrufer und Aufgerufener einen Vertrag, einen sogenannten *Kontrakt*, eingehen.

Kontrakt (Vertrag) bezüglich einer Operation

Objekte gehen einen Kontrakt ein, der die Rahmenbedingungen beim Aufruf einer Operation regelt.

Eine Operation hat *Vorbedingungen*, für deren Einhaltung der Aufrufer zu sorgen hat. Außerdem hat die Operation *Nachbedingungen*, für deren Einhaltung das aufgerufene Objekt verantwortlich ist. Zusätzlich können für ein Objekt *Invarianten* definiert werden. Das sind unveränderliche Bedingungen, die für das Objekt immer gelten sollen.

Mehr zu Vorbedingungen, Nachbedingungen und Invarianten finden Sie in Abschnitt 4.2.2, »Kontrakte: die Spezifikation einer Klasse«.

Bedeutung von Kontrakten

Diese Definition sieht zunächst einmal so aus, als würde sie nur wiederholen, was für gute Bibliotheken mit klar definierten Anwendungsschnittstellen ebenfalls gilt: Es muss gut dokumentiert werden, was ein Aufrufer an Werten zu übergeben hat und was eine Anwendungsschnittstelle daraufhin an Leistung anbietet.

Tatsächlich ist der Abschluss von Verträgen zwischen einem Aufrufer und einem Aufgerufenen nichts, was nur mit objektorientierter Programmierung möglich wäre. Der Kontrakt wird hier aber sehr wichtig, weil wir über die Interna von Objekten bei einem Aufruf nichts wissen. Das Einzige, auf das wir uns verlassen können, sind die Zusicherungen, die ein Objekt für seine Operationen und seine Eigenschaften macht.

Werfen Sie noch einmal einen Blick auf das Beispiel unseres Stromkreises.

Für das Objekt, das den Stromkreis repräsentiert, gelten die fachlichen Anforderungen, dass die Eigenschaften immer die aufgeführten Gleichungen erfüllen und der Widerstand sowie die Leistung immer positiv sein sollen. In Abbildung 4.8 sind die entsprechenden Eigenschaften dargestellt.

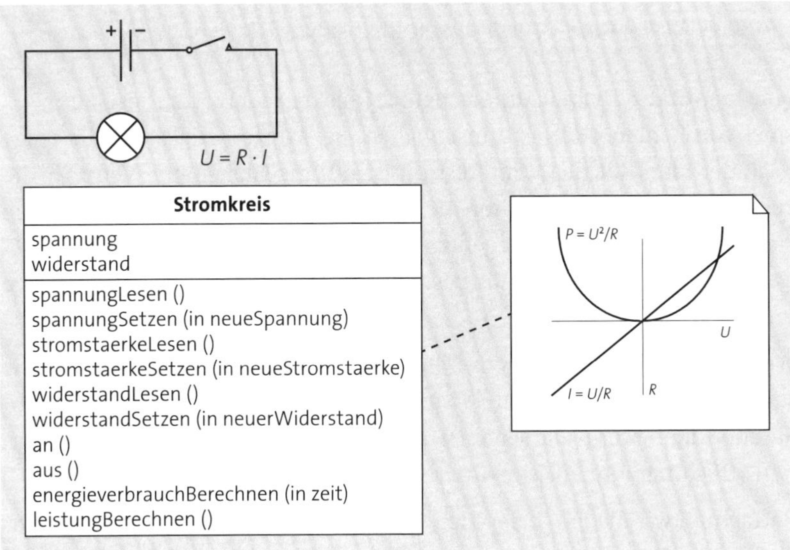

Abbildung 4.8 Eigenschaften von Stromkreisen

Ein Objekt muss sicherstellen, dass die aufgeführten Gleichungen gelten. Das ist Bestandteil des Kontrakts, den das Objekt mit anderen Objekten schließt.

In Abschnitt 4.2.2 werden wir genauer auf Kontrakte eingehen und diese dann auch für Klassen von Objekten formulieren. Außerdem werden wir dort Vorbedingungen, Nachbedingungen und Invarianten als Bestandteile eines Kontrakts beschreiben.

4.1.4 Die Identität von Objekten

Ein Objekt hat immer seine eigene Identität. Mehrere Objekte können die gleichen Daten besitzen (also gleich sein), und dennoch unterschieden werden, weil jedes der Objekte eine eigene, unterscheidbare Identität besitzt.

Identität von Objekten

Objekte haben stets eine eigene Identität. Zwei Objekte können dadurch immer unterschieden werden, auch wenn sie zu einem Zeitpunkt exakt den gleichen Zustand aufweisen. Das Kriterium, nach dem Objekte grundsätzlich unterschieden werden können, wird Identitätskriterium genannt.

In vielen Programmiersprachen ist die Adresse des Objekts im Speicherbereich das generell verfügbare Identitätskriterium. In objektorientierten Anwendungen können auch andere Kriterien verwendet werden, wie zum Beispiel die Übereinstimmung einer eindeutigen Kennung.

Unterscheidung Objekte und Werte

Eine Identität zu haben, unterscheidet Objekte von Werten, also zum Beispiel von Zahlen oder Datumsangaben. Bei Werten stellt sich die Frage nach der Identität nicht, interessant ist nur die Gleichheit. Wenn Sie die Zahl 6 durch 2 teilen, erhalten Sie eine 3. Dabei ist es irrelevant, »welche Hälfte« von der 6 Sie als Ergebnis bekommen haben, denn die Zahl 3 ist ein Wert, der keine Identität besitzt. Alle Zahlen 3 sind gleich und austauschbar.

Wenn Sie allerdings von sechs Dateien drei löschen, können Sie durchaus sagen, welche der sechs Dateien gelöscht worden sind – und das können Sie auch dann, wenn alle sechs Dateien den gleichen Inhalt haben. Sie können z. B. durch ihre Position im Dateisystem unterschieden werden.

JavaScript und Identität

Betrachten wir die Frage der Identität noch einmal anhand unseres JavaScript-Beispiels mit dem Stromkreis. Wir verwenden diesmal mehr als einen Stromkreis. In Listing 4.2 ist die Umsetzung in JavaScript gezeigt, in Abbildung 4.9 findet sich die Darstellung der resultierenden Referenzen.

```
01 stromkreis = new Object;
02 // Operationen für stromkreis definieren
03 stromkreis.spannungLesen = function() {
04     return this.spannung;
05 }
06 stromkreis.spannungSetzen = function(spannung) {
07     this.spannung = spannung;
08 }
09 stromkreis.widerstandSetzen = function(widerstand) {
10     if (widerstand > 0) this.widerstand = widerstand;
11 }
12
13 stromkreis.spannungSetzen(230.0);
14 stromkreis.widerstandSetzen(1000.0);
15 derselbeStromkreis = stromkreis;
16
17 andererStromkreis = new Object;
18 // Operationen für andererStromkreis definieren
19 andererStromkreis.spannungLesen = function() {
20     return this.spannung;
21 }
22 andererStromkreis.spannungSetzen = function(spannung) {
23     this.spannung = spannung;
24 }
25 andererStromkreis.widerstandSetzen = function(widerstand) {
26     if (widerstand > 0) this.widerstand = widerstand;
27 }
28
29 andererStromkreis.spannungSetzen(230.0);
30 andererStromkreis.widerstandSetzen(1000.0);
31 derselbeStromkreis.spannungSetzen(110.0);
32 alert(stromkreis.spannungLesen());
```

Listing 4.2 Mehrere Referenzen auf dasselbe Objekt

In den Zeilen 13 und 14 werden dem Objekt `stromkreis` seine Werte zugeordnet. Dabei ist der Wert 230.0 einfach ein Wert, der sich in nichts von dem Wert 230.0 unterscheiden kann, der in Zeile 29 erneut verwendet wird. Dagegen hat das Objekt `stromkreis` eine Identität und kann deshalb auch auf verschiedene Weise referenziert werden. Die beiden Variablen `stromkreis` und `derselbeStromkreis` verweisen aufgrund der Zuweisung in Zeile 15 auf *dasselbe Objekt*, also einen Stromkreis, wie auch Abbildung 4.9 verdeutlicht. Wenn wir nun für `derselbeStromkreis` die Spannung heruntersetzen (Zeile 31), wird auch die Abfrage der Spannung für `stromkreis` den geänderten Wert liefern.

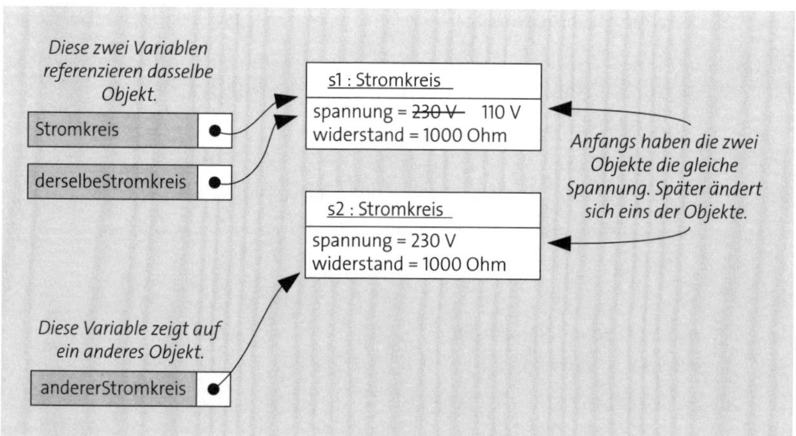

Abbildung 4.9 Mehrere Variablen referenzieren dasselbe Objekt

In objektorientierten Sprachen werden häufig auch Werte als Objekte abgebildet – das heißt, Datenstrukturen, die keine fachliche Identität haben, werden als Objekte gehandhabt und bekommen technisch bedingt eine Identität. Wenn Sie also Objekte vergleichen möchten, sollten Sie immer darauf achten, ob Sie die Gleichheit, also den Wert, oder die Identität vergleichen möchten.

Mit der Frage der Identität von Objekten befassen wir uns ausführlicher in Abschnitt 4.4.4.

4.1.5 Objekte haben Beziehungen

Ein Objekt steht in der Anwendung nicht allein, sondern arbeitet mit anderen Objekten zusammen. Dabei stellt es den anderen Objekten seine eigene Funktionalität zur Verfügung und nutzt die Funktionalität anderer Objekte. Ein Objekt hat also Beziehungen zu anderen Objekten, die selbst eine eigene Identität haben.

Bei der Beschreibung der Beziehung können wir der Beziehung einen *Namen* geben, oder wir können zusätzlich oder stattdessen die *Rollen* der Objekte in der Beziehung benennen. Abbildung 4.10 zeigt einige wohlbekannte Objekte mit ihren Beziehungen.

Wir werden uns die verschiedenen Beziehungen zwischen Objekten in Abschnitt 4.3 genauer anschauen. Zunächst werden wir uns aber mit einem weiteren grundlegenden Konzept der Objektorientierung beschäftigen: den Klassen.

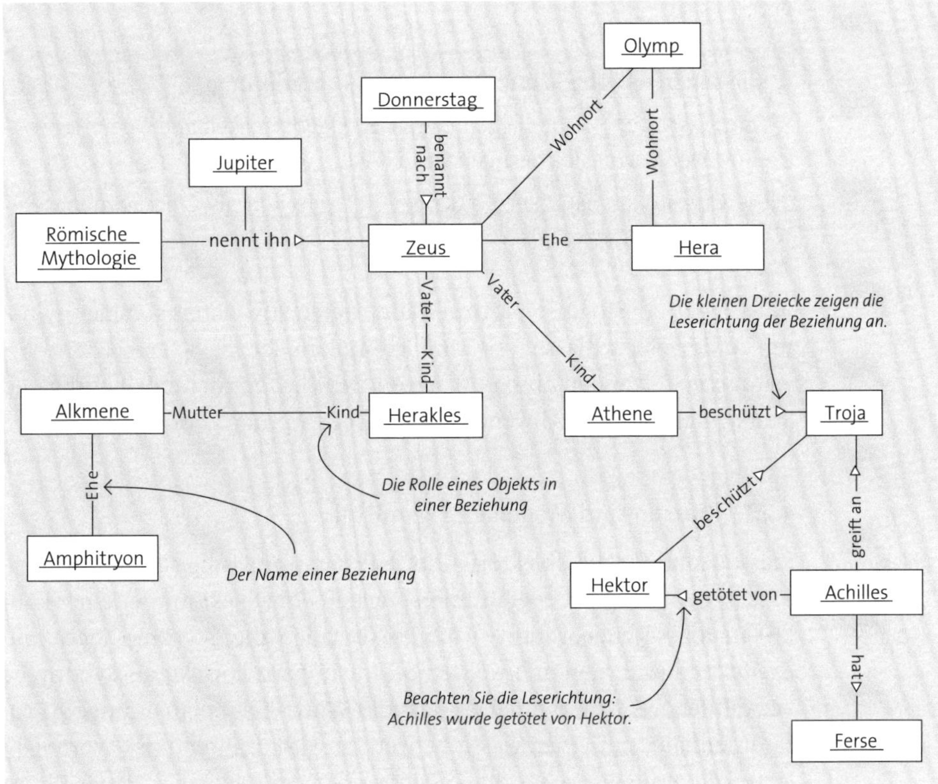

Abbildung 4.10 Beziehungen zwischen den Objekten der antiken Mythologie

4.2 Klassen: Objekte haben Gemeinsamkeiten

In einer Anwendung gibt es in der Regel viele Objekte. Manche sind grundverschieden, manche sind strukturell und funktional gleich und unterscheiden sich nur durch ihre Identität und durch die ihnen zugeordneten konkreten Daten.

Gemeinsame Eigenschaften von Objekten

Wir haben in unserem Beispiel aus Listing 4.1 nur ein Objekt implementiert, das einen Stromkreis repräsentiert. Die physikalischen Gesetze gelten aber für jeden Stromkreis. Jeder Stromkreis weist bestimmte Eigenschaften auf, wenn auch mit unterschiedlichen Werten. Alle Stromkreise folgen denselben Regeln, alle können ihre Daten in gleichen Datenstrukturen speichern, und deren Funktionalität kann durch die gleichen Operationen modelliert werden. In einem objektorientierten System ist es sinnvoll, diese Gemeinsamkeiten zu erfassen und zu modellieren.

Gleichartige Objekte können deshalb zu Klassen zusammengefasst werden.

Klassen in der objektorientierten Programmierung

Eine Klasse beschreibt die gemeinsamen Eigenschaften und Operationen einer Menge von gleichartigen Objekten.

Die Objekte, die zu einer Klasse gehören, werden als *Exemplare* dieser Klasse bezeichnet (engl. *Instance*).

Alle Objekte, die in unserer Anwendung einen Stromkreis abbilden, gehören zu derselben Klasse – sie sind Exemplare der Klasse `Stromkreis`. Wir werden im folgenden Abschnitt zeigen, wie Klassen zur Modellierung und Strukturierung einer Anwendung eingesetzt werden können.

4.2.1 Klassen sind Modellierungsmittel

Objekte und Exemplare von Klassen

Klassen sind für die objektorientierte Programmierung so fundamental, dass in den meisten Programmiersprachen ein Objekt immer einer konkreten Klasse zugeordnet wird.[3] Damit fallen die Begriffe *Objekt* und *Exemplar* zusammen und werden oft (nicht ganz korrekt) als Synonyme verwendet. Der Unterschied ist, dass das Wort »Exemplar« immer im Zusammenhang mit einer Klasse verwendet wird, während das Wort »Objekt« keine Aussage über die Zugehörigkeit des Objekts zu einer Klasse trifft.

Bei der Entwicklung eines objektorientierten Systems steht ganz am Anfang die Aufgabe, die Objekte, die im System benötigt werden, zu identifizieren. Gleich danach folgt aber die Aufgabe, die Gemeinsamkeiten dieser Objekte festzustellen und sie Klassen zuzuordnen, die sogenannte *Klassifizierung*.

Unser Anliegen, eine Anwendung klar zu strukturieren, besteht also zum größten Teil darin, sowohl die äußere Struktur der Klassen untereinander als auch die innere Struktur der Elemente einer Klasse klar und übersichtlich zu gestalten.

3 JavaScript ist hier eine der wenigen Ausnahmen, deswegen haben wir diese Sprache für unser erstes Beispiel gewählt.

[«]

Klassifizierung

Die Zuordnung von Objekten zu Klassen heißt Klassifizierung. Dabei werden relevante Gemeinsamkeiten von Objekten identifiziert und Objekte mit diesen Gemeinsamkeiten derselben Klasse zugeordnet.

In Abbildung 4.11 liegt eine Klassifizierung für eine Reihe von Tieren und anderen Objekten vor, die zum großen Teil eine Rolle in Fernsehserien, Filmen oder Büchern gespielt haben. Die in diesem Beispiel gewählte Zuordnung zu Klassen ist aber nur eine von vielen möglichen Zuordnungen.

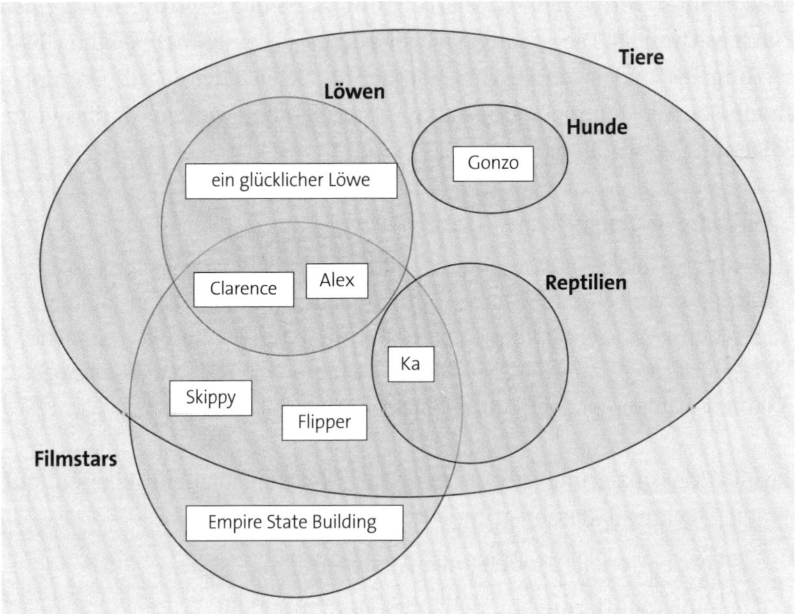

Abbildung 4.11 Mengendarstellung für Klassen

Sie sehen auch, dass in dieser Zuordnung einige Objekte zu mehreren Klassen gehören. So sind zum Beispiel Clarence und Alex sowohl der Klasse Filmstars als auch den Klassen Löwen und Tiere zugeordnet. Ist ein Objekt einer Klasse zugeordnet, sagt man auch, das Objekt sei ein Exemplar dieser Klasse.

[«]

Exemplare einer Klasse

Objekte sind Exemplare der Klassen, zu denen sie gehören. Dabei kann eine Klasse mehrere Exemplare haben, und Objekte können auch Exemplare von mehreren Klassen sein.

In den meisten Programmiersprachen ist ein Objekt immer nur ein direktes Exemplar einer einzigen Klasse. Über Beziehungen zwischen Klassen, die wir in Kapitel 5, »Vererbung und Polymorphie«, vorstellen werden, kann ein Objekt aber auch indirekt Exemplar von weiteren Klassen sein. Im weiteren Verlauf werden wir generell den Begriff Exemplar verwenden. Zwischen direkten und indirekten Exemplaren werden wir nur unterscheiden, wenn diese Differenzierung für eine Problemstellung relevant ist.

Statt des Begriffs Exemplar wird in der Literatur und im täglichen Gespräch unter Softwareentwicklern häufig auch der Begriff *Instanz einer Klasse* verwendet. Dieser leitet sich allerdings aus einer inkorrekten Übersetzung des englischen Begriffs *Instance* ab. Da sich der Begriff Exemplar als eine besser gelungene Übersetzung etabliert hat, werden wir diesen im Folgenden verwenden.

Einfache und mehrfache Klassifizierung

Wenn ein Objekt immer nur ein direktes Exemplar einer einzigen Klasse sein kann, spricht man von der *einfachen Klassifizierung*. Die meisten objektorientierten Programmiersprachen unterstützen nur die einfache Klassifizierung. Kann ein Objekt direkt mehreren konkreten Klassen zugeordnet werden, spricht man von *mehrfacher Klassifizierung*.

Zwei Modellebenen

Bei der Klassifizierung gibt es generell zwei verschiedene Ebenen, auf denen Objekte zu Klassen gruppiert werden:

- das konzeptionelle Modell (oder Analysemodell)
- das Implementierungsmodell (oder Designmodell)

Wir werden uns in den folgenden Kapiteln hauptsächlich mit dem Implementierungsmodell beschäftigen. Das wird jedoch häufig auf Basis eines konzeptionellen Modells erstellt.

Konzeptionelles Modell (Analysemodell)

In einem *konzeptionellen* Modell beschreibt eine Klasse die konzeptionellen Gemeinsamkeiten von bestimmten Objekten, deren Rollen, deren Verwendung und deren Verantwortlichkeiten. Die erstellten Konzepte bleiben unabhängig von der Technologie, in der Software realisiert werden soll. Sie beschreiben die Fachdomäne und nicht die Software.

Klassen dienen im konzeptionellen Modell dazu, Begriffe, Beziehungen und Prozesse der Fachdomäne zu kategorisieren und zu strukturieren. Die Aufgabe, das konzeptionelle Modell zu erstellen, wird als *Analysephase* bezeichnet. Sie wird häufig nicht von Softwareentwicklerinnen und -entwicklern, sondern von separaten Teams in Abstimmung mit den fachlichen Anforderern durchgeführt.

In der Regel wird das konzeptionelle Modell nicht direkt in ein Programm umgesetzt. Das liegt daran, dass für die Strukturierung von Software andere Kriterien angelegt werden als für die Strukturierung einer fachlichen Domäne.

Zum Beispiel kann es sinnvoll sein, eine Operation `kündigen()`, die im fachlichen Modell einem Vertrag zugeordnet ist, in der Implementierung so umzusetzen, dass die Kündigung als eine eigene Klasse modelliert wird. Es resultiert ein Modell, das sich mit einer Programmiersprache umsetzen lässt, das Implementierungsmodell (oder auch Designmodell).

[«]

Das Implementierungsmodell

Ein Implementierungsmodell legt die konkrete Umsetzung des konzeptionellen Modells fest. Manche Klassen aus dem konzeptionellen Modell können Klassen im Implementierungsmodell direkt entsprechen. Häufig wird es keinen direkten Bezug zu Klassen der Implementierung geben. Abhängig von gewählter Architektur und Programmiersprache werden bestimmte Konzepte unterschiedlich komplex realisiert. Wir werden im Folgenden die Klassen immer auf der Ebene des Implementierungsmodells betrachten.

Klassen haben eine Spezifikation

Klassen haben in einem Implementierungsmodell zwei unterschiedliche Funktionen:

- Zum einen können Sie eine Spezifikation auf Basis der Klassen erstellen. Dabei entspricht die Klasse einem abstrakten Typ: Sie beschreibt exakt die Schnittstelle für alle Exemplare der Klasse. Diese Rolle der Klassen werden wir im folgenden Abschnitt 4.2.2 genauer erläutern.
- Zum anderen ist einer Klasse aber auch eine Implementierung zugeordnet. Sie kann damit als Modul verwendet werden, das eine bestimmte Umsetzung ihrer Spezifikation kapselt. In Abschnitt 4.2.4 werden wir auf diese Sichtweise genauer eingehen.

Bevor wir also dazu übergehen, wie für Klassen ihre zugehörige Spezifikation formuliert werden kann, werfen wir noch einen Blick auf ein Beispiel einer Klasse. In Abschnitt 4.1.1 haben wir bereits ein Objekt vorgestellt, das einen Stromkreis repräsentiert. In Abbildung 4.12 sind dieses Objekt und die Klasse, zu der es gehört, dargestellt.

Die Klasse `Stromkreis` ist dabei mit ihrem Namen und ihrem Stereotyp aufgeführt. Darunter sind abgetrennt zunächst die Datenelemente und dann die Operationen und Methoden der Klasse aufgelistet. Das Datenelement `spannung` ist dabei mit dem Wert 230 vorbelegt. Das Stereotyp `<<implementationsklasse>>` beschreibt, dass es sich um ein Implementierungsmodell handelt. Stereotypen bieten in UML die Möglichkeit, die Beschreibungssprache zu erweitern, um genauere Angaben zu bestimmten Elementen zu machen.

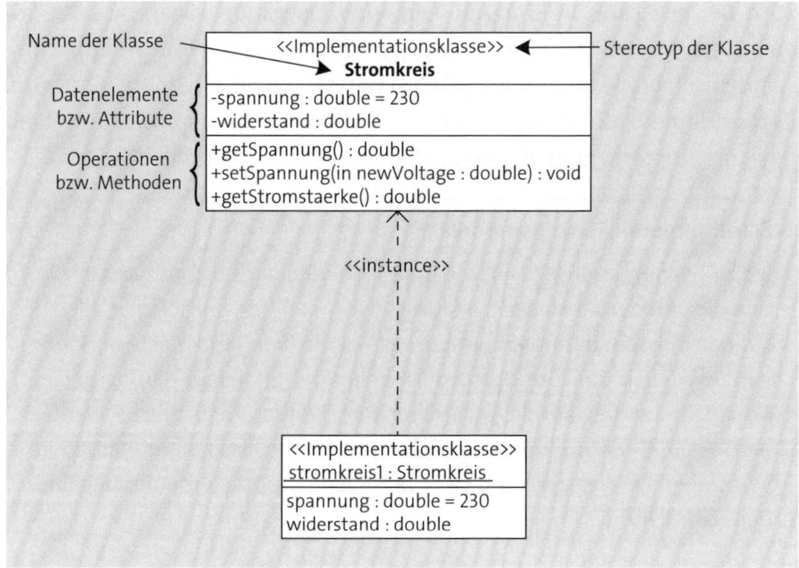

Abbildung 4.12 Die Klasse der Stromkreise

Außerdem ist in der Abbildung das Objekt `stromkreis1` angegeben mit seiner Zugehörigkeit zur Klasse `Stromkreis`. Zwischen dem Objekt und der Klasse ist eine Abhängigkeitsbeziehung eingezeichnet, die mit dem Stereotyp `<<instance>>` markiert ist. Das bedeutet, dass `stromkreis1` ein Exemplar der Klasse `Stromkreis` ist. Die Werte für die Datenelemente `spannung` und `widerstand` sind beim Objekt mit aufgeführt.

4.2.2 Kontrakte: die Spezifikation einer Klasse

In Abschnitt 4.1.3 haben Sie gesehen, dass zwischen Objekten Kontrakte geschlossen werden, die deren Zusammenarbeit regeln. Diese Kontrakte lassen sich natürlich auch auf Klassen anwenden. Kontrakte, die für Klassen definiert werden, gelten für alle Exemplare dieser Klassen.

Dabei legen Klassen die Eigenschaften, Operationen und Datenelemente für alle ihre Exemplare fest.

Schnittstelle einer Klasse

Klassen legen für alle ihre Exemplare fest, welche Eigenschaften und Operationen diese Exemplare besitzen. Die Schnittstelle einer Klasse besteht damit aus allen durch die Klasse definierten Eigenschaften und Operationen. Außerdem werden durch die Schnittstelle die Vor- und Nachbedingungen für die Operationen beschrieben sowie geltende Invarianten für Beziehungen zwischen den Eigenschaften von Exemplaren der Klasse.

Einige Programmiersprachen bieten Konstrukte an, die explizit sogenannte Schnittstellenklassen definieren. Es ist aber zu beachten, dass jede Klasse eine Schnittstelle definiert. Reine Schnittstellenklassen haben dabei lediglich die Restriktion, dass sie nicht gleichzeitig eine Implementierung der Schnittstelle anbieten können.

In Abbildung 4.12 legt die Klasse `Stromkreis` fest, dass alle ihre Exemplare, so auch das dargestellte Exemplar `stromkreis1`, die beiden Datenelemente `spannung` und `widerstand` besitzen. Außerdem legt die Klasse fest, dass die Exemplare die Operationen `getSpannung()`, `setSpannung()` und `getStromstaerke()` besitzen.

Ein Kontrakt zwischen einer Klasse und den Nutzern einer Klasse bezieht sich auf die Operationen dieser Klasse und auf Abhängigkeiten zwischen den Eigenschaften der Klasse. Für die zur Verfügung gestellten Operationen legt ein Kontrakt fest, welche Voraussetzungen ein Aufrufer der Operation schaffen muss, damit die Operation durchgeführt werden kann: Die Vorbedingungen müssen eingehalten werden. Außerdem legt ein Kontrakt fest, welche Leistung die Operation erbringt, sofern die Vorbedingungen gegeben sind: Die Nachbedingungen werden festgelegt.

Vorbedingungen (engl. Preconditions) einer Operation

Für eine Operation können Vorbedingungen festgelegt werden. Ein Aufrufer der Operation verpflichtet sich, diese Bedingungen beim Aufruf der Operation herzustellen. Sind die Vorbedingungen nicht erfüllt, ist die Operation nicht verpflichtet, ihre spezifizierte Aufgabe zu erfüllen. Vorbedingungen sind damit der Kontraktbestandteil, den der Aufrufer einer Operation einzuhalten hat.

Sind die Vorbedingungen eingehalten, ist der Aufgerufene wiederum verpflichtet, die Nachbedingungen herzustellen.

Nachbedingungen (engl. Postconditions) einer Operation

Für eine Operation können Nachbedingungen festgelegt werden. Eine Klasse, die die Operation über eine Methode umsetzt, sichert zu, dass die Nachbedingungen unmittelbar nach Aufruf der Operation gelten. Diese Zusicherung gilt jedoch nur, wenn der Aufrufer die für die Operation definierten Vorbedingungen eingehalten hat.

Zusätzlich können auch nach außen zugesicherte Bedingungen vereinbart sein, die immer gelten sollen, unabhängig vom Aufruf einer Operation.

Invarianten (engl. Invariants)

Invarianten sind Eigenschaften und Beziehungen zwischen Eigenschaften eines Objekts, die sich durch keine Operation ändern lassen. Invarianten, die für eine Klasse definiert werden, gelten für alle Exemplare dieser Klasse.

Die Bedingungen müssen dabei möglichst in einer Form ausgedrückt werden, die sie automatisch überprüfbar machen.

Object Constraint Language (OCL)

Auf Ebene der UML ist die sogenannte *Object Constraint Language* (OCL) dafür vorgesehen, Bedingungen auszudrücken.[4]

Object Constraint Language (OCL)

OCL ist seit der Version 1.1 von UML Bestandteil des UML-Standards. OCL wird dabei verwendet, um zusätzliche Bedingungen darzustellen, die sich mit den sonstigen Beschreibungsmitteln der UML nicht oder nur umständlich ausdrücken lassen.

OCL stellt eine rein deklarative Beschreibungsmöglichkeit zur Verfügung, um sogenannte *Constraints* auszudrücken. Dabei ist ein Constraint ein Ausdruck, der entweder wahr oder falsch ist. OCL eignet sich damit sehr gut, um Vorbedingungen, Nachbedingungen und Invarianten von Operationen auszudrücken.

4 Eine übersichtliche Beschreibung zur OCL findet sich in einem Foliensatz von Birgit Demuth (TU Dresden): *https://st.inf.tu-dresden.de/files/teaching/ss09/stII09/OCL.pdf*.

Die Syntax der OCL ist recht intuitiv, sodass die angegebenen Bedingungen meist direkt verständlich sind.

OCL: Beispiel

Abbildung 4.13 zeigt ein einfaches Beispiel für Vor- und Nachbedingungen, wie sie in OCL ausgedrückt werden. Durch die Angabe von `context ZeitungsAbo::kuendigen` wird ausgedrückt, dass sich die gelisteten Bedingungen auf die Operation `kuendigen` der Klasse `ZeitungsAbo` beziehen. Mit `pre:` wird eine Vorbedingung gekennzeichnet, in diesem Fall wird verlangt, dass das betroffene Abo nicht bereits im Status `gekuendigt` ist und dass das angegebene Datum nicht vor dem frühestmöglichen Kündigungsdatum liegt. Mit `post:` wird die Nachbedingung gekennzeichnet, in diesem Fall wird zugesichert, dass sich das Abo danach im Zustand `gekuendigt` befindet.

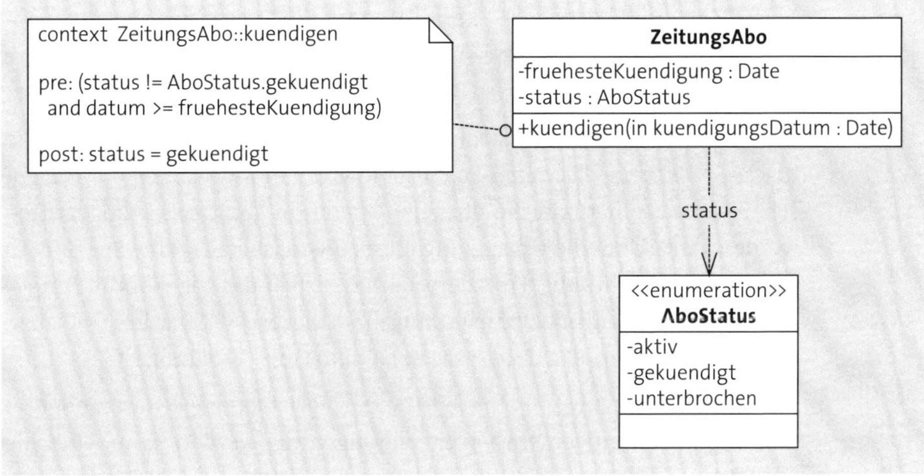

Abbildung 4.13 Beispiel für Bedingungen in OCL-Notation

Mit den nun eingeführten Begriffen von Vorbedingung, Nachbedingung und Invariante lässt sich jetzt auch definieren, was eigentlich die Spezifikation einer Klasse ausmacht.

Spezifikation einer Klasse

Die Spezifikation einer Klasse beschreibt für alle Operationen dieser Klasse deren Vor- und Nachbedingungen. Zusätzlich enthält die Spezifikation eine Beschreibung der Invarianten, die für alle Exemplare der Klasse gelten. Damit lässt sich die Spezifikation einer Klasse in Form von Vorbedingungen, Nachbedingungen und Invarianten formulieren.

Eine Klasse legt also Kontrakte für ihre Exemplare fest. In Abschnitt 7.5, »Kontrakte: Objekte als Vertragspartner«, werden Sie ausführliche Beispiele dafür kennenlernen, dass Kontrakte formuliert und auch überprüft werden.

Wir gehen aber zunächst auf eine weitere Funktion der Klassen ein: Sie legen den Datentyp für alle ihre Exemplare fest. Wir beschreiben im Folgenden, wie sich Klassen in die unterschiedlichen Typsysteme von Programmiersprachen einfügen.

4.2.3 Klassen sind Datentypen

Eine Klasse legt fest, welche Eigenschaften und Operationen bei einem Objekt genutzt werden können, das dieser Klasse angehört. Damit legt die Klasse den Typ für alle ihre Exemplare fest. Ein Objekt kann auch Exemplar von mehreren Klassen sein, in diesem Fall hat das Objekt mehrere Typen zugeordnet.

Im Beispiel zur Klasse der Stromkreise aus Abschnitt 4.2.1 spezifiziert die Klasse `Stromkreis`, dass jedes zu dieser Klasse gehörige Objekt eine Eigenschaft `spannung` hat, auf die über die Operation `getSpannung` zugegriffen werden kann. Über die Umsetzung dieser Eigenschaft sagt die Spezifikation der Klasse nichts aus. Trotzdem kann nun aber das sogenannte *Typsystem* einer Programmiersprache aufgrund dieser Information entscheiden, ob die Operation `getSpannung` auf einem Objekt zulässig ist.

Für die Entscheidung, ob ein Objekt einer Variablen zugewiesen oder ob eine Operation auf einem Objekt durchgeführt werden kann, sind die Typen der Objekte wichtig. Es ist sinnvoll, einen Stromkreis nach der zugehörigen Spannung zu fragen. Diese Frage einem Objekt zu stellen, das kein Exemplar der Klasse `Stromkreis` ist, wäre aber ein Fehler.

[»]

Typsysteme der Programmiersprachen

Ein Typsystem ist ein Bestandteil der Umsetzung einer Programmiersprache oder deren Laufzeitumgebung, der die im Programm verwendeten Datentypen zur Übersetzungszeit oder Laufzeit überprüft. Dabei wird jedem Ausdruck ein Typ zugeordnet. Das Typsystem stellt dann fest, ob sich der Ausdruck in einer bestimmten Verwendung mit den Regeln des Typsystems verträgt.

Zu diesen Prüfungen gehört zum Beispiel auch, ob eine Operation auf einem Objekt durchgeführt oder ob ein Objekt einer Variablen zugeordnet werden kann.

Je nachdem, wann programmtechnisch diese Prüfung stattfindet, unterscheiden wir die Typsysteme der Programmiersprachen:

- Beim statischen Typsystem erfolgt die Überprüfung zur Übersetzungszeit des Programms.
- Beim dynamischen Typsystem erfolgt die Prüfung zur Laufzeit des Programms.

In den folgenden beiden Abschnitten stellen wir das statische und das dynamische Typsystem jeweils kurz an einem Beispiel vor.

Statisches Typsystem

In einem statischen Typsystem wird der Typ von Variablen und Parametern im Quelltext deklariert. In statisch typisierten Programmiersprachen gehören nicht nur die Objekte bestimmten Typen an, die Variablen sind auch bestimmten Typen zugeordnet. Eine Variable, für die ein Typ deklariert ist, schränkt ein, welche Objekte ihr zugeordnet werden können.

Compiler erkennen Typkonflikte

In einer statisch typisierten Programmiersprache erkennt bereits der Compiler, wenn wir einer Variablen ein Objekt eines unpassenden Typs zuweisen möchten, und meldet einen Kompilierungsfehler. Es braucht deshalb nicht zur Laufzeit überprüft zu werden, ob eine Operation auf einem Objekt durchgeführt werden kann, denn es ist sichergestellt, dass einer Variablen nur Objekte des passenden Typs zugewiesen worden sind. So kann bereits der Compiler anhand des deklarierten Typs überprüfen, ob die aufgerufene Operation zur Spezifikation der deklarierten Klasse gehört.

Vorteile des statischen Typsystems

Das statische Typsystem hat gegenüber dem dynamischen Typsystem einige Vorteile:

- Kompilierte Anwendungen können besser optimiert werden: Da der Compiler bereits überprüfen kann, ob eine Operation zulässig ist, braucht diese Überprüfung nicht zur Laufzeit stattzufinden.
- Die Programmstruktur ist übersichtlicher: Da jede Variable einen deklarierten Typ hat, wird schneller klar, welche Rolle welche Variable spielt.
- Entwicklungsumgebungen können besser unterstützt werden: Da die Entwicklungsumgebung die Typen der Variablen kennt, kann sie Ihnen beim Entwickeln verschiedenartige Unterstützung anbieten, zum Beispiel zu einer Objektvariablen die möglichen Operationen anzeigen.

- Fehler im Programm können früher erkannt werden: Da der Compiler die Typen überprüft, werden Situationen, in denen Sie – sinngemäß – eckige Klötzchen in runde Löcher stecken, früh erkannt.

Betrachten wir ein Beispiel, in dem ein Exemplar der Klasse `Stromkreis` zum Einsatz kommt. Die Klasse ist in Abbildung 4.14 aufgeführt.

Wenn Sie in Java einer Variablen ein neu erstelltes Exemplar der Klasse zuweisen wollen, muss diese Variable den korrekten Typ aufweisen.

```
01 Stromkreis stromkreis =
02     new Stromkreis(230,50);
03 String text = stromkreis.getBeschreibung();
04 int textLength = text.length();
05 text = stromkreis;    // Fehler: Typen nicht kompatibel
```

Listing 4.3 Inkompatible Typen bei Zuweisung

In Zeile 01 weisen Sie der Variablen `stromkreis` eine Referenz auf das neu erstellte Exemplar der Klasse `Stromkreis` zu.

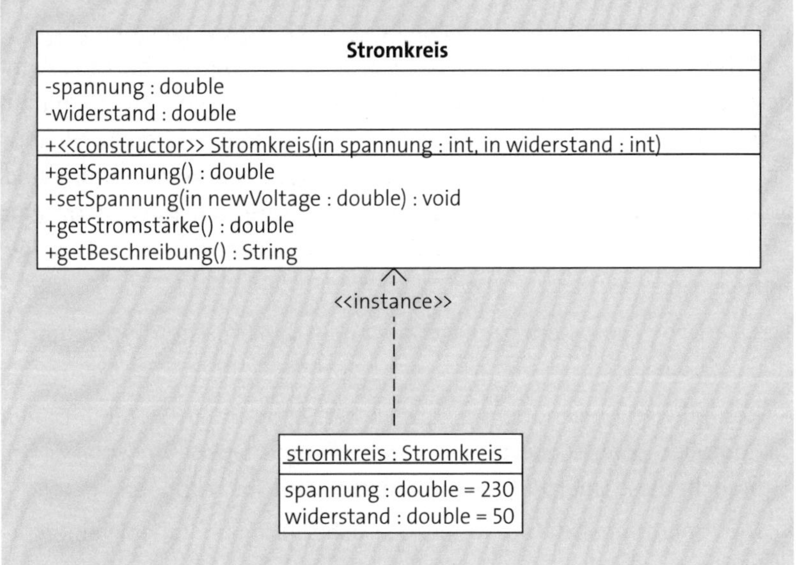

Abbildung 4.14 Klasse »Stromkreis« mit Exemplar

In Zeile 03 braucht zur Laufzeit nicht überprüft zu werden, ob das von `stromkreis` referenzierte Objekt die Operation `getBeschreibung()` unterstützt, denn wir wissen bereits zur Übersetzungszeit, dass Objekte des Typs `Stromkreis` eine solche Operation unterstützen und dass das Ergebnis dieser Operation vom Typ `String` ist. Ähnliches gilt für Zeile 04. Der Fehler in Zeile 05 wird bereits zur Übersetzungszeit entdeckt. Der Compiler weiß, dass die Variable `stromkreis` nur ein Objekt vom Typ `Stromkreis`, nicht aber vom Typ `String` enthalten kann.

Kopplung zwischen Klassen und Typen

In einer statisch typisierten Sprache sind die Klassen mit dem Typsystem sehr eng gekoppelt. Jede Klasse deklariert einen Typ. Je nach Programmiersprache kann das Typsystem zusätzlich noch andere Typen enthalten, die nicht den deklarierten Klassen entsprechen – Java oder C++ enthalten zum Beispiel primitive Datentypen wie `int` oder `char`.

Dynamisches Typsystem

Eine andere Strategie verfolgen die Sprachen mit dynamischem Typsystem. In diesen Programmiersprachen sind Variablen keinen deklarierten Typen zugeordnet. Die Variablen können beliebige Objekte referenzieren, ob eine Operation auf dem referenzierten Objekt durchgeführt werden kann, wird dynamisch zur Laufzeit des Programms überprüft.

Dynamische Typisierung nur als Dokumentation

Eigentlich ist die Bezeichnung *dynamisch typisiert* nicht ganz korrekt, denn die Typen werden in diesen Sprachen gar nicht deklariert. Die Variablen haben keinen deklarierten Typ und die Klassen bzw. die Objekte auch nicht. Sie bieten bestimmte Operationen an, aber welche dieser Operationen zu einem Typ gehören, ist nicht Bestandteil des Programms. Diese wichtige Information gehört bei dynamisch typisierten Sprachen zur Dokumentation.

Vorteile des dynamischen Typsystems

Auch das dynamische Typsystem hat Vorteile.

- Das dynamische Typsystem ist *flexibler*. Da die Variablen, die Parameter und die Ergebnisse der Funktionen keine deklarierten Parameter haben, können Sie die Funktionen mit einer größeren Vielfalt von Objekten verwenden. Man spricht auch von *Ducktyping*, also dem Enten-Typsystem: Wenn es watschelt wie eine Ente, wenn es schwimmt wie eine Ente, wenn es quakt wie eine Ente, dann behandeln wir es als Ente.
- Beim dynamischen Typsystem entfällt die Notwendigkeit einer expliziten Typumwandlung.

Programmiersprache Python (dynamisch typisiert)

Unten sehen Sie ein Beispiel in der dynamisch typisierten Sprache Python. Wir verwenden dabei wieder ein Exemplar der Klasse `Stromkreis` aus Abbildung 4.14.

```
stromkreis = Stromkreis(230,50)
text = stromkreis.getBeschreibung()
textLength = len(text) # Entspricht text.__len__()
```

```
04 text = stromkreis
05 textLength = len(text) # Entspricht stromkreis.__len__()
```

Listing 4.4 Zuweisung von Objekten auf Variablen in Python

Hier wird in Zeile 02 überprüft, ob das Objekt, das von `stromkreis` referenziert wird, tatsächlich die Operation `getBeschreibung` unterstützt. Im Unterschied zu der Version in Java kommt es in Zeile 04 zu keinem Fehler, denn in Python können wir der Variablen `text` nicht nur Zeichenketten, sondern auch ein Exemplar von `Stromkreis` zuweisen. Dafür kommt es zu einem Laufzeitfehler in Zeile 05, denn in Zeile 04 referenziert die Variable `text` ein Exemplar von `Stromkreis`, und das unterstützt die Operation `len(..)` nicht.

Klassen und Typsystem entkoppelt

In einer dynamisch typisierten Sprache spielen Klassen für das Typsystem eine untergeordnete Rolle. Da die Typen nicht explizit deklariert werden, können auch Objekte, die zu ganz unterschiedlichen Klassen gehören, den gleichen Typ, das heißt die gleichen Operationen, implementieren.

In Abschnitt 5.1.5, »Vererbung der Spezifikation und das Typsystem«, werden wir darauf eingehen, warum ein dynamisches Typsystem es einfacher macht, Änderungen an Klassenhierarchien vorzunehmen.

Zunächst werfen wir aber im folgenden Abschnitt einen Blick auf ein Problem, das nur in statisch typisierten Sprachen existiert: Es ist schwierig, die Gemeinsamkeiten verschiedener Klassen zusammenzufassen, wenn sie sich nur in Bezug auf den Typ eines verwendeten Objekts unterscheiden.

Parametrisierte Klassen

In statisch typisierten Sprachen kann es oft ein Problem sein, dass für gleichartige Abläufe, die sich lediglich im Typ eines Parameters unterscheiden, redundanter Code erstellt werden muss. Wir werden dieses Problem gleich an einem Beispiel vorstellen. Parametrisierte Klassen unterstützen bei der Lösung des Problems, deshalb präsentieren wir hier zunächst deren Definition.

Parametrisierte Klassen

Bei der Deklaration von parametrisierten Klassen können ein oder mehrere Typparameter angegeben werden. Wird ein Exemplar einer solchen Klasse erstellt, muss für diesen Parameter ein konkreter Typ angegeben werden. Zur Übersetzungszeit wird der Parameter dann durch den konkret angegebenen Typ ersetzt.

Eine Klassendeklaration, die mit einem Typparameter versehen ist, deklariert nicht nur eine Klasse, sondern eine Menge von Klassen, die sich durch den konkreten Wert der Typparameter unterscheiden.

Abbildung 4.15 zeigt ein Beispiel dafür, wie parametrisierte Klassen in UML dargestellt werden.

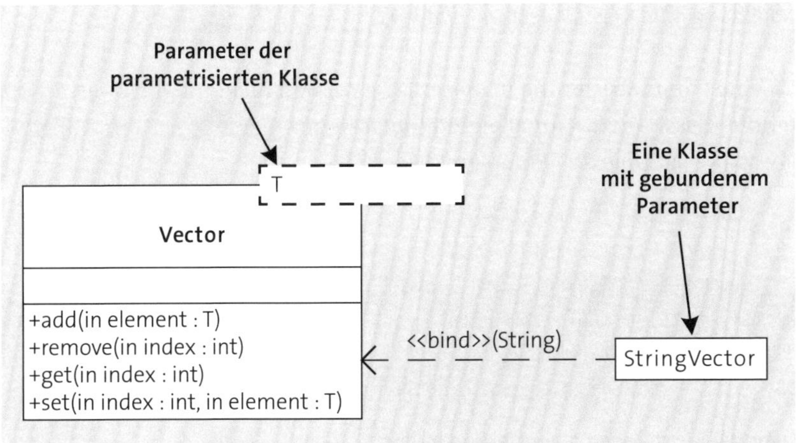

Abbildung 4.15 Beispiel für die UML-Darstellung von parametrisierten Klassen

Die Klasse `Vector`, die in Abbildung 4.15 dargestellt wird, ist in Java schon seit Version 5 eine parametrisierte Klasse. Ihre Operationen haben zum Teil einen Parameter `element`, dessen Typ noch nicht festgelegt ist. Wenn ein Exemplar der Klasse `Vector` angelegt wird, wird dieser Typparameter `T` an einen konkreten Typ (in der Regel eine Klasse) gebunden. Es ist auch möglich, dass eine weitere Klasse, wie in diesem Beispiel die Klasse `StringVector`, den Typparameter bereits bindet. Alle Exemplare von `StringVector` arbeiten damit automatisch mit dem Typ `String` als Elementtyp.

Um die Verwendung von parametrisierten Klassen zu illustrieren, drängt es sich geradezu auf, zwei Beispiele in der Sprache Java zu präsentieren. Java hat in den frühen Versionen (bis Version 1.4) keine parametrisierten Klassen unterstützt. Um den Nutzen von parametrisierten Klassen zu illustrieren, vergleichen wir ein Stück Code unter Java 1.4 (ohne parametrisierte Klassen) mit dem entsprechenden Code in aktuellen Java-Versionen.

Hier zunächst die Variante unter Verwendung von Java 1.4. Die Darstellung der Klasse `Vector` ist in Abbildung 4.16 zu finden.

Code ohne parametrisierte Klassen

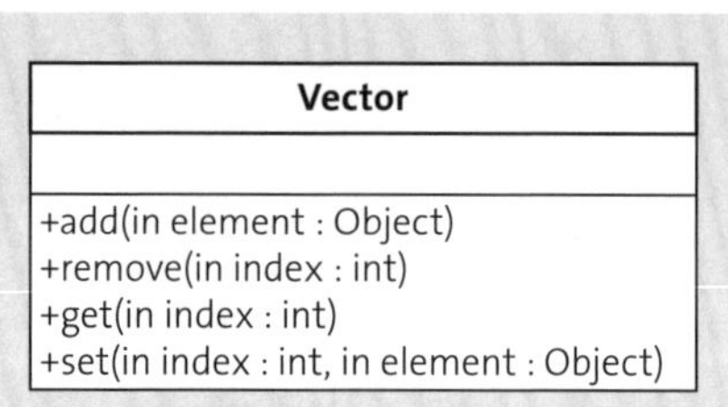

Abbildung 4.16 Klasse »Vector« in Java 1.4

Da eine Parametrisierung in dieser Java-Version nicht möglich war, arbeitet die Klasse `Vector` auf allen Exemplaren der Klasse `Object`. Im Fall von Java sind alle Objekte Exemplare dieser Klasse.

```
01 Stromkreis stromkreis =
02     new Stromkreis(230,50);
03 Vector stromkreise = new Vector();
04 stromkreise.add(stromkreis);
05 Stromkreis stromkreis2 =
06     (Stromkreis) stromkreise.get(0);
```

Listing 4.5 Explizite Konvertierung in Java

Dieser Code hat zwei Nachteile. Zum einen müssen Sie beim Zugriff auf das erste Element des Vektors in Zeile 06 eine explizite Konvertierung zur Klasse `Stromkreis` durchführen. Der Hauptnachteil ist aber, dass Sie nicht sicher sein können, dass in dem Vektor tatsächlich nur Exemplare der Klasse `Stromkreis` enthalten sind. Den vorgestellten Zeilen lässt sich das zwar entnehmen, aber in realen Szenarien wird so ein Vektor möglicherweise auch mit anderen Objekten bestückt. Sie laufen also immer Gefahr, dass die Konvertierung des enthaltenen Elements in die Klasse `Stromkreis` in Zeile 06 fehlschlägt. Der Zugriff auf die Sammlung ist nicht typsicher.

Code mit parametrisierten Klassen

Schauen Sie sich nun die Variante unter Verwendung einer parametrisierten Klasse in der aktuellen Version von Java an, die nun die Klasse `Vector` aus Abbildung 4.15 verwendet.

```
Stromkreis stromkreis =
          new Stromkreis(230,50);
Vector<Stromkreis> stromkreise =
          new Vector Stromkreis ();
stromkreise.add(stromkreis);
Stromkreis stromkreis2 = stromkreise.get(0);
```

Listing 4.6 Parametrisierte Klasse in Java

Hier haben Sie dem Compiler in Zeile 04 gesagt, dass der Vektor `stromkreise` nur Objekte vom Typ `Stromkreis` enthalten kann. Daher »weiß« der Compiler in Zeile 06, dass die Operation `get` ein Exemplar von `Stromkreis` zurückgibt.

Die Klasse `Vector` ist aus Sicht des Typsystems zur Übersetzungszeit eine ganze Familie von Klassen – eine für jeden Typ der Objekte, die sie enthalten kann.

Verwenden Sie wie in unserem Beispiel die Klasse `Vector<Stromkreis>`, wird der Typ `Stromkreis` als Wert des Typparameters `T` eingesetzt. Der Typparameter `T` wurde für die Klasse `Vector` in Abbildung 4.15 definiert. Der Aufruf `stromkreise.add(...)` akzeptiert nur Parameter vom Typ `Stromkreis`, und der Typ der übergebenen Variablen `stromkreis` wird bereits zur Übersetzungszeit überprüft.

Das funktioniert so, als ob die Operation `add` als `add(Stromkreis o)` deklariert wäre. Der Aufruf `stromkreise.get(0)` funktioniert, als wäre die Methode mit `Stromkreis get(...)` deklariert. Aus diesem Grund ist an dieser Stelle keine explizite Typumwandlung nötig.

Parametrisierte Klassen in Java, C# und C++

In den Programmiersprachen firmiert die Fähigkeit, parametrisierte Klassen zu verwenden, unter verschiedenen Namen. Java und C# nennen sie *Generics*, in C++ wird sie *Templates* genannt.

In Java bestehen die konkreten Ausprägungen der parametrisierten Klassen nur im Quelltext. Zur Übersetzungszeit wird die Korrektheit der Quelltexte überprüft, und die nötigen Typumwandlungen werden hinzugefügt. Anschließend wird in der übersetzten Version die generische, nicht konkret parametrisierte Klasse verwendet.

In C++ wird im Gegensatz zu Java für jede spezifische Ausprägung eines Templates eine eigene kompilierte Einheit gebildet.

Stark und schwach typisierte Programmiersprachen

Ein anderes Kriterium, nach dem Sie die Typsysteme der Programmiersprachen vergleichen können, ist die Strenge, mit der beliebige Speicherbereiche als Daten eines Objekts behandelt werden können. Die Unterscheidung zwischen starker und schwacher Typisierung ist völlig unabhängig von der Unterscheidung zwischen statischer und dynamischer Typisierung.

Eine statisch und stark typisierte Sprache überprüft bei einer Typumwandlung zur Übersetzungszeit eines Programms, ob das Objekt dem Zieltyp der Umwandlung entspricht, und meldet einen Fehler, wenn das nicht der Fall ist.

Stark und schwach typisierte Sprachen

Eine stark typisierte Sprache überwacht das Erstellen und den Zugriff auf alle Objekte so, dass sichergestellt ist, dass Variablen immer auf Objekte verweisen, die auch die Spezifikation des Typs erfüllen, der für die Variable deklariert ist.

Schwach typisierte Sprachen haben diese Restriktion nicht. In solchen Sprachen ist es möglich, ein Objekt einer Variablen zuzuordnen, ohne dass das Objekt notwendigerweise die Spezifikation des Typs der Variablen erfüllt.

Java: statisch und stark typisiert

Ein Beispiel einer statisch und stark typisierten Sprache ist Java. In Java ist es nicht ohne Weiteres möglich, einen beliebigen Speicherbereich als Repräsentation eines Objekts zu interpretieren. Da Java statisch typisiert ist, ist es ein Übersetzungsfehler, wenn man einer Variablen vom Typ `String` eine Variable vom Typ `Object` ohne eine explizite Typumwandlung zuweist. Ob die explizite Typumwandlung zur Laufzeit klappt, hängt davon ab, ob das Objekt tatsächlich den Zieltyp der Umwandlung implementiert.

Wenn wir von den primitiven Datentypen in Java absehen, heißt das, dass die Typumwandlung nur dann klappt, wenn das Objekt zu der angegebenen Klasse der Typumwandlung gehört. Gehört das Objekt nicht dazu, führt das in Java zu einem Laufzeitfehler.

```
Object o1 = new String("test");
Object o2 = new Integer(1);
// gelingt, da das von o1 referenzierte Objekt
// ein String ist
String s = (String) o1;
// ein Laufzeitfehler. Das von o2 referenzierte Objekt
// ist kein String
s = (String) o2;
```

Listing 4.7 Fehler bei Typumwandlung in Java

Ruby, Smalltalk: dynamisch und stark typisiert

Java ist also nicht nur statisch, sondern auch stark typisiert. Andere Beispiele von stark typisierten Sprachen sind die dynamisch typisierten Sprachen Python, Ruby, JavaScript, Smalltalk sowie die statisch typisierte Sprache C#.[5]

5 C# ist stark typisiert, wenn man keine `unsafe`-Sektionen verwendet. In den Sektionen, die mit dem Schlüsselwort `unsafe` gekennzeichnet sind, kann man Zeiger verwenden und auf beliebige Speicherbereiche zugreifen, sofern es nicht zu einer Zugriffsverletzung führt. Das kann nützlich sein, ist aber eben `unsafe`.

Eine schwach typisierte Sprache überlässt Ihnen die Kompetenz, zu entscheiden, ob ein Speicherbereich direkt als ein Objekt zu interpretieren ist. So funktioniert in einer schwach typisierten Sprache auch eine Typumwandlung von Objekten, die nicht zum Zieltyp der Umwandlung passen. Nach der Typumwandlung wird der Speicherbereich, der sich an der Adresse des Objekts befindet, einfach als Exemplar einer anderen Klasse behandelt.

Da C++ die Möglichkeiten zur Typkonvertierung von der Sprache C übernommen hat, wäre dort der unten stehende Aufruf möglich:

```
01 MeineKlasse* meinObjekt = new MeineKlasse();
02 String* text = new String("test");
03 text = (String*) meinObjekt;
```

Listing 4.8 Zuweisung in C++ (schwach typisiert)

Hier würde zur Übersetzungszeit kein Fehler gemeldet, obwohl in Zeile 03 der Variablen `text` das nach dem Typsystem nicht kompatible Exemplar von `MeineKlasse` zugewiesen wird. Auch zur Laufzeit wird die Fehlersituation nicht direkt signalisiert. Allerdings wird der erste Zugriff auf die Variable `text` sehr wahrscheinlich zu einem Programmabsturz führen, da an der Stelle, auf die der Zeiger `text` verweist, kein `String`-Objekt zu finden ist, sondern ein Exemplar von `MeineKlasse`.

C++: statisch und schwach typisiert

In schwach typisierten Sprachen gibt es also eine mögliche Fehlerquelle mehr. Allerdings kann es auch sinnvoll sein, diese Fähigkeit der Programmiersprache zu nutzen. So kann man zum Beispiel in C++ den Inhalt einer Datei einlesen und den Speicherbereich, in den die Datei geladen wurde, sofort als konkretes Objekt nutzen.[6]

Beispiele von schwach typisierten objektorientierten Sprachen sind C++ oder ObjectPascal und Delphi.

Vorteile und Nachteile

Bei der Entscheidung, ob man für die Umsetzung einer Anforderung besser eine stark oder besser eine schwach typisierte Sprache einsetzt, sollte man sich die Frage stellen, ob man einen direkten Zugriff auf bestimmte Speicherbereiche braucht und, wenn ja, ob es nützlich ist, auf diese Daten direkt als Strukturen, denen eine bestimmte Funktionalität zugeordnet ist, zuzugreifen.

---

6 Dabei kann natürlich einiges schiefgehen, wenn die eingelesenen Daten nicht die erwartete Struktur aufweisen. Das Ergebnis und das resultierende Verhalten des Programms sind dann eher zufällig.

Diskussion: Typisierung von C++

Gregor: *C++ soll also schwach typisiert sein. Das ist aber doch nicht ganz korrekt. Wir können in C++ zur Laufzeit eine Typumwandlung über einen Aufruf von* `dynamic_cast` *durchführen. Dieser Aufruf signalisiert uns doch genau wie in Java einen Fehler, wenn die verwendeten Typen nicht kompatibel sind.*

Bernhard: *Mit Bezug auf den Operator* `dynamic_cast` *hast du recht. Und wenn dies die einzige Möglichkeit der Typumwandlung in C++ wäre, könnten wir C++ auch als stark typisiert betrachten. Allerdings erbt C++ eine ganze Reihe von Möglichkeiten von der Sprache C. Und die darüber verfügbaren Typkonvertierungen konvertieren jeden beliebigen Typ in jeden beliebigen anderen.*

Außerdem verwendet C++ für die Bearbeitung von Arrays ähnlich wie C die Zeigerarithmetik. Und so sind bei dem Zugriff auf das zweite Element eines Arrays `a` *die Aufrufe* `a[1]` *und* `*(a+1)` *äquivalent. Nun, nach dem Prinzip der Ersetzbarkeit kann man einer Zeigervariablen* `t` *vom Typ* `T*` *auch einen Zeiger* `s` *vom Subtyp* `S*` *zuweisen. Das funktioniert mit den Arrays allerdings nicht, denn die Exemplare von* `S` *können mehr Speicherplatz belegen als die von* `T`*. Während also der Ausdruck* `s[1]` *tatsächlich auf das zweite Element des Arrays* `S` *zugreift, greift* `t[1]` *irgendwo in die Mitte der Daten des ersten Elements in der Annahme, es handele sich um ein direktes Exemplar der Klasse* `T`*. C++ ist also keine stark typisierte Programmiersprache.*

Neben der Funktion als Modellierungsmittel und Datentyp nehmen Klassen auch eine durchaus bodenständige Aufgabe wahr: Sie sind Module von Software, durch die sich Quelltexte strukturieren lassen. Auf diese Funktion gehen wir im folgenden Abschnitt ein.

4.2.4 Klassen sind Module

Eine Klasse ist oft auch eine Implementierungseinheit, ein Modul eines Programms. Dieses Modul kann ebenfalls dazu dienen, die Spezifikation der Klasse umzusetzen. So stellen Klassen zu den festgelegten Operationen meist auch eine zugehörige Implementierung in Form einer Methode bereit.

Eine Klasse übernimmt also die Aufgabe eines Moduls und stellt häufig die folgenden Elemente zur Verfügung:

- Sie deklariert die Methoden der Klasse.
- Sie enthält die Implementierung der deklarierten Methoden.
- Sie deklariert die Datenelemente ihrer Exemplare.[7]

7 Wie Sie in Abschnitt 4.2.6, »Klassenbezogene Methoden und Attribute«, sehen werden, können Klassen zusätzlich auch Datenelemente deklarieren, die der Klasse selbst zugeordnet sind.

Eine Klasse spezifiziert demnach nicht nur eine Schnittstelle, sondern stellt oft auch die Implementierung der Schnittstelle zur Verfügung. Dabei muss die Klasse aber nicht für alle spezifizierten Operationen wirklich eine Methode umsetzen. In Abschnitt 5.1.4, »Abstrakte Klassen, konkrete Klassen und Schnittstellenklassen«, werden Sie Klassen kennenlernen, die explizit bestimmte Operationen nur spezifizieren, aber keine Methode dafür bereitstellen.

In Abbildung 4.17 sehen Sie, wie die Klasse `Stromkreis` die von ihr spezifizierten Operationen auch in Form von Methoden umsetzt. Die dargestellte Umsetzung ist in Java vorgenommen. Die Klasse selbst fasst dabei in einem Block des Quelltextes alle Datenelemente und Methoden zusammen.

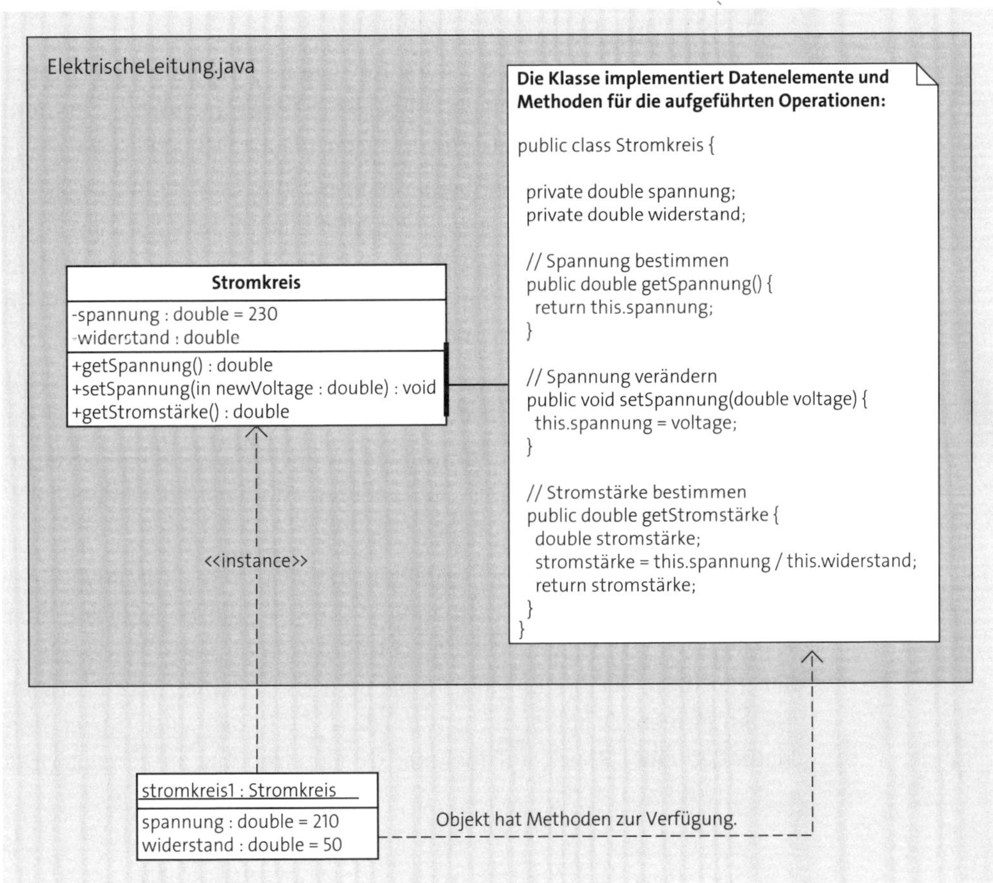

Abbildung 4.17 Eine Klasse setzt Methoden um.

Programmiersprachen unterscheiden sich stark bezüglich der Konzepte, wie sie Klassen zur Strukturierung und Modularisierung von Quelltexten heranziehen. Wir betrachten im Folgenden exemplarisch drei verschiedene Vorgehensweisen am Beispiel der Programmiersprachen Java, Ruby und C++.

Klassen als Module in Java

In Java entspricht eine nach außen sichtbare Klasse einem Modul. Der gesamte Quelltext einer Klasse ist eine zusammenhängende Einheit, ein Abschnitt des Gesamtquelltexts der Anwendung. Eine Klasse kann also nicht über mehrere Bereiche eines Quelltextes verteilt werden.

In Abbildung 4.17 ist für die Umsetzung einer Klasse in Java auch dargestellt, dass die öffentliche Klasse `Stromkreis` vollständig in der Datei `Stromkreis.java` deklariert und umgesetzt wird. In der gleichen Datei können zwar noch weitere Klassen enthalten sein, diese dürfen aber nicht die Sichtbarkeitsstufe »Öffentlich« (`public`) haben und damit ihre Schnittstelle nicht nach außen zur Verfügung stellen.[8]

In Ruby lässt sich eine Klasse in mehrere Quelltextmodule[9] aufteilen. In Abbildung 4.18 ist dargestellt, wie die Klasse `Stromkreis` aus zwei Bestandteilen zusammengesetzt wird, die in verschiedenen Dateien liegen.

Ein vergleichbares Verfahren bieten die partiellen Klassen in C# seit der Version 2. Bei partiellen Klassen werden die Teilquelltexte, aus denen sich eine Klasse zusammensetzt, zur Übersetzungszeit zu einer Binäreinheit zusammengefügt. Ruby ist hier allerdings noch flexibler, eine Klasse kann dort sogar zur Laufzeit noch dynamisch erweitert werden.

Durch diese Art der Modularisierung lassen sich Klassen erweitern, ohne in die Quelltexte der bestehenden Klasse eingreifen zu müssen. In Abschnitt 7.2.5, »Fabrikmethoden«, werden Sie ein Beispiel kennenlernen, in dem die Aufteilung einer Klasse auf mehrere Module hilft, Abhängigkeiten zwischen Modulen aufzuheben.

Klassen als Module in C++

Die Sprache C++ bietet eine Zwischenvariante für die Aufteilung einer Klasse auf mehrere Quelltextmodule. Da in C++ die Deklaration einer Klasse von ihrer Implementierung getrennt werden kann, werden dabei üblicherweise Deklaration und Implementierung in separaten Dateien vorgenommen. Dabei ist es auch möglich, die Implementierungen von Methoden einer Klasse auf mehrere Quelltextmodule zu verteilen. Die

8 Auf die verschiedenen Sichtbarkeitsstufen werden wir im gleich folgenden Abschnitt 4.2.5, »Sichtbarkeit von Daten und Methoden«, eingehen.

9 Auch Ruby verwendet den Begriff »Modul« (Module) in einem engeren Sinn und bezeichnet damit ein spezifisches Sprachkonstrukt; wir meinen damit einfach nur einen zusammenhängenden Abschnitt des Quelltexts, der als eine Einheit betrachtet werden kann.

Deklaration der Klasse muss allerdings in einem Modul vorgenommen werden.[10]

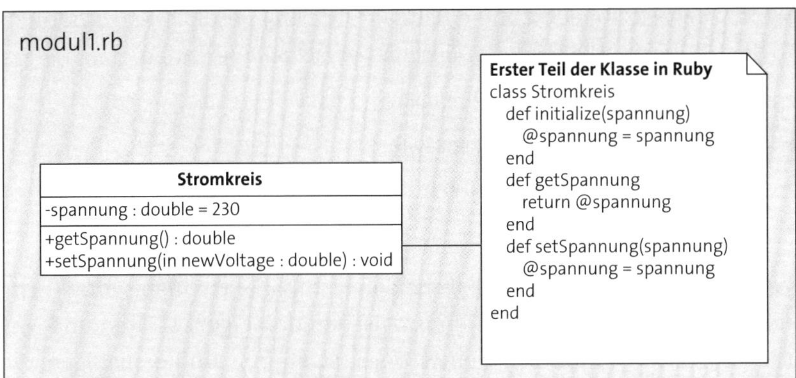

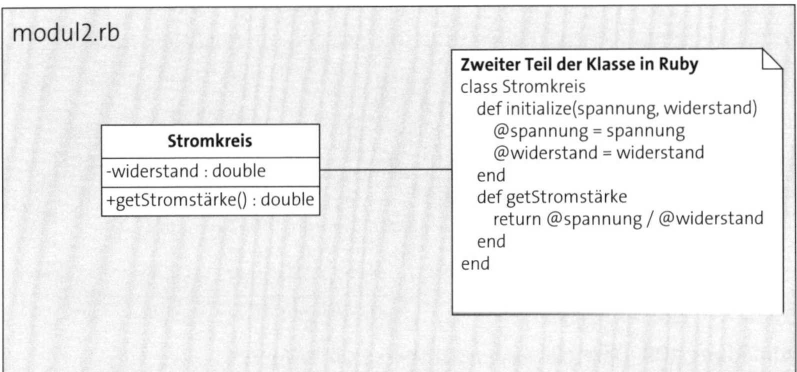

Abbildung 4.18 Kombination der Klasse »Stromkreis« aus zwei Quelltextmodulen

4.2.5 Sichtbarkeit von Daten und Methoden

Nun werden Sie die Möglichkeiten von objektorientierten Sprachen kennenlernen, die Sichtbarkeit von Daten und Methoden zu steuern. Wenn die Methode eines Objekts für ein anderes Objekt sichtbar ist, so ist das in diesem Kontext damit gleichbedeutend, dass sie auch aufgerufen werden kann. Sie dient in dem Fall zur Umsetzung einer Operation.

In den objektorientierten Sprachen können wir differenziert angeben, aus welchen Kontexten bestimmte Operationen von Objekten aufgerufen

10 Die Sprache C++ verwendet intensiv einen Precompiler, mit dem man eine Übersetzungseinheit auch in mehrere Dateien aufteilen könnte. So gesehen, kann man also auch die Deklaration einer Klasse auf mehrere Dateien verteilen. Wir betrachten hier die Quelltexte eher aus der Sicht des Compilers, für den eine Klassendeklaration in der Tat eine zusammenhängende Einheit sein muss.

werden dürfen oder auf bestimmte Eigenschaften eines Objekts zugegriffen werden darf.

Sichtbarkeitsstufen

Werfen Sie also zunächst einen Blick auf die gängigen Sichtbarkeitsstufen in der Übersicht. Die UML definiert vier verschiedene Stufen.

- Sichtbarkeitsstufe »Öffentlich« (`public`)
- Sichtbarkeitsstufe »Privat« (`private`)
- Sichtbarkeitsstufe »Geschützt« (`protected`)
- Sichtbarkeitsstufe »Bereich« (`package`)

Wir betrachten hier zunächst die beiden Sichtbarkeitsstufen »Öffentlich« und »Privat«. Diese differenzieren zwischen den Eigenschaften und Methoden, die zur Schnittstelle eines Objekts gehören, und denjenigen, die nicht zur Schnittstelle gehören. In Abbildung 4.19 ist dargestellt, wie die verschiedenen Sichtbarkeitsstufen in UML gekennzeichnet werden.

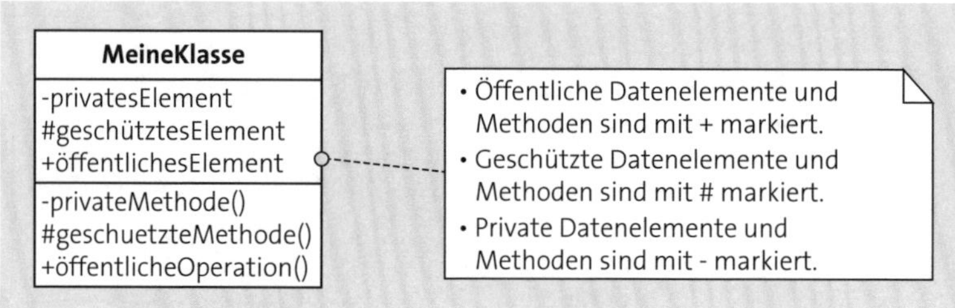

Abbildung 4.19 Darstellung der Sichtbarkeit in UML

In Abschnitt 5.1.6, »Sichtbarkeit im Rahmen der Vererbung«, kommt die Sichtbarkeitsstufe »Geschützt« hinzu, die die Sichtbarkeit mit Bezug auf die Vererbung der Implementierung regelt. Dort werden wir auch andere Sichtbarkeitsstufen, darunter die Stufe »Bereich«, beschreiben.

Sichtbarkeitsstufe »Öffentlich«

Bisher haben wir mit Bezug auf Objekte und Klassen immer nur von Operationen gesprochen, die über Methoden realisiert werden. Da eine Operation genau das ist, was ein Objekt nach außen zur Verfügung stellt, muss die entsprechende Methode immer als öffentlich deklariert sein.

Sichtbarkeitsstufe »Öffentlich« (public)

Alle Elemente (Methoden und Dateneinträge) eines Objekts, die zu seiner Schnittstelle gehören, haben die Sichtbarkeitsstufe »Öffentlich« (`public`). Eine öffentliche Methode kann jeder Benutzer des Objekts aufrufen, auf öffentliche Datenobjekte kann jeder Benutzer des Objekts zugreifen.

Warum überhaupt Sichtbarkeitsstufen?

Die Operationen, die wir auf einem Exemplar einer Klasse ausführen können, werden durch die Klasse selbst spezifiziert. Umgesetzt werden diese Operationen dann durch die Methoden des Objekts.

Aber nicht jede Methode muss gleich zur Schnittstelle eines Objekts gehören. Es ist gerade eine Stärke der Objektorientierung, dass ein Objekt nur einen Teil seiner Funktionalität nach außen zur Verfügung stellen muss. Ein Objekt kann also durchaus Methoden haben, die lediglich dazu dienen, eine komplexe Methode in kleinere, überschaubare Methoden aufzuspalten.

Manche Methoden sind nicht Teil der Schnittstelle

Doch diese neuen Methoden gehören nicht zu der spezifizierten Schnittstelle der Exemplare, sie gehören nur zu ihrer technischen Umsetzung. Da wir die Schnittstelle von ihrer Umsetzung trennen und die Benutzer der Objekte von den Details ihrer Implementierung abschirmen möchten, müssen wir dafür sorgen, dass die Benutzer diese zusätzlichen Methoden nicht aufrufen können. Durch die Wahl der Sichtbarkeitsstufe »Privat« werden diese Methoden nach außen hin unsichtbar.

Sichtbarkeitsstufe »Privat«

Bei der Beschreibung der privaten Sichtbarkeit müssen wir zwischen dem klassen- und dem objektbasierten Sichtbarkeitskonzept unterscheiden. Das klassenbasierte Sichtbarkeitskonzept wird dabei zum Beispiel von Java, C# oder C++ verfolgt.

Sichtbarkeitsstufe »Privat« (klassenbasierte Sichtbarkeit)

Beim klassenbasierten Sichtbarkeitskonzept kann auf private Daten und Methoden eines Objekts nur aus den Methoden der Klasse zugegriffen werden, in der diese privaten Elemente deklariert worden sind.

Wir sind allerdings nicht nur auf das aufrufende Objekt beschränkt, sondern können auch auf private Elemente anderer Exemplare derselben Klasse zugreifen. Die Zugehörigkeit zur selben Klasse bestimmt also die Sichtbarkeit.

Listing 4.9 zeigt ein Beispiel in Java, in dem auf das Datenelement `size` eines anderen Exemplars der Klasse `MyClass` zugegriffen werden kann, obwohl es als `private` deklariert ist.

```
class MyClass implements Comparable<MyClass> {
   private int size; // Private Variable size
   public int compareTo(MyClass other) {
      if (size < other.size) return -1;
```

```
        if (size > other.size) return 1;
        return 0;
    }
    ...
}
```

Listing 4.9 Zugriff auf private Datenelemente

Die Methode compareTo der Exemplare der Klasse MyClass greift nicht nur auf das eigene private Datenelement size zu, sondern sie greift auch auf das private Datenelement size des Objekts other zu. Sie darf das, weil die Methode compareTo in derselben Klasse implementiert ist, in der das Datenelement size enthalten ist. Da in Java die Sichtbarkeitsregeln klassen- und nicht objektbasiert sind, spielt es keine Rolle, dass das Objekt other ein anderes sein kann als das Objekt, dessen Methode compareTo aufgerufen wurde. Die Sichtbarkeitsregeln werden hier zur Übersetzungszeit und nur anhand der Klassen ausgewertet.

Diskussion: Was heißt schon privat?

Gregor: *Dann heißt privat in diesem Fall also nicht, dass die Methode nicht von außen auf einem Objekt aufgerufen werden kann?*

Bernhard: *Nein, jedes andere Exemplar der Klasse kann die Methode auf unserem Objekt aufrufen, sofern es aus einer Methode der Klasse selbst heraus geschieht.*

Gregor: *Gibt es denn eine Möglichkeit, die Sichtbarkeit wirklich auf das aktuelle Objekt einzuschränken, also auch in Java oder C++ eine objektbasierte Sichtbarkeitsregel anzuwenden?*

Bernhard: *Nein, nicht mit den Mitteln der Programmiersprache. Auf der anderen Seite ist die bestehende Vorgehensweise zum Beispiel für Vergleichsoperationen auch sehr sinnvoll. Wäre die Sichtbarkeit weiter eingegrenzt, könnten wir den Zugriff auf jegliche vergleichsrelevante Information nicht als privat deklarieren.*

Die Klassenzugehörigkeit muss allerdings bei der Regelung der Sichtbarkeit nicht unbedingt eine Rolle spielen. Im objektbasierten Sichtbarkeitskonzept ist allein das Objekt für die Regelung der Sichtbarkeit zuständig. Das objektbasierte Sichtbarkeitskonzept ist zum Beispiel in Ruby umgesetzt.

Sichtbarkeitsstufe »Privat« (objektbasierte Sichtbarkeit)

Beim objektbasierten Sichtbarkeitskonzept ist der Zugriff auf private Daten und Methoden eines Objekts nur innerhalb von Methoden möglich, die auf dem Objekt selbst ausgeführt werden.

> Damit ist es zum Beispiel nicht möglich, innerhalb einer Vergleichsoperation, bei der das zu vergleichende Objekt übergeben wurde, auf dessen private Daten und Operationen zuzugreifen. Das gilt auch dann, wenn das andere Objekt zur selben Klasse gehört.

Betrachten wir die Auswirkungen des objektbasierten Sichtbarkeitskonzepts am Beispiel der Programmiersprache Ruby.

Private Methoden in Ruby

Ist in Ruby eine Methode privat, kann man sie nur ohne Angabe des Zielobjekts aufrufen. Wenn nämlich das Zielobjekt nicht angegeben ist, gilt der Aufruf immer dem Objekt, in dessen Methode sich das Programm gerade befindet. Ohne Angabe des Zielobjekts ist also das aufrufende Objekt selbst das aufgerufene Zielobjekt. Auf das gerade aktive Objekt kann man sich in Ruby mit dem Schlüsselwort `self` beziehen. Doch nicht einmal die Angabe `self` als Zielobjekt ist beim Aufruf einer privaten Methode zulässig.

Ist in Ruby die Methode `test` privat, ist ihr Aufruf in der Form `test` zulässig, der Aufruf `self.test` jedoch nicht.

```
class A
private
  def test
    print "test A"
  end
public
  def testParameter(x)
    test # OK, ruft die Methode test dieses Objekts auf
    x.test # Ob x.test aufgerufen werden darf,
           # wird zur Laufzeit bestimmt.
  end
end
class B
public
  def test
    print "test B"
  end
end

a = A.new
b = b.new

a.test # Fehler, a.test ist privat
```

```
b.test  # OK, b.test ist öffentlich
a.testParameter(b) # OK, b.test ist öffentlich
a.testParameter(a) # Fehler, a.test ist privat
```

Listing 4.10 Zugriff auf private Datenelemente in Ruby

Daten in Ruby sind privat

In Ruby sind die Datenelemente immer privat. Ein Datenelement eines Objekts trägt in Ruby stets das Präfix @. Der Zugriff auf private Datenelemente der Objekte von außen kann über Lese- und Schreibmethoden ermöglicht werden.

Hier das zugehörige Beispiel:

```
class A
  def x
    return @x
  end
  def x=(value)
    @x = value
  end
End
# Äquivalente und kompaktere Schreibweise:
class B
  attr :x
end
```

Listing 4.11 Ruby-Klasse mit lesendem Zugriff auf private Daten

Differenzierungsmöglichkeiten

Damit lässt das Konzept der objektbasierten Sichtbarkeit eine feinere Differenzierung zu als das klassenbasierte Konzept. Aber auch hier kann es natürlich Sinn ergeben, dass aus Methoden eines Objekts auf die Interna eines anderen Exemplars derselben Klasse zugegriffen werden kann. Am Beispiel der Vergleichsoperation haben wir gesehen, dass das wünschenswert sein kann.

Betrachten wir dazu wieder ein Beispiel in Ruby, das ja ein objektbasiertes Sichtbarkeitskonzept verfolgt. In diesem Fall bringt dort die Sichtbarkeitsstufe »Geschützt« das gewünschte Ergebnis.

Sichtbarkeitsstufe »Geschützt« in Ruby

In Ruby kann ein Objekt auf *seine eigenen* privaten Elemente immer zugreifen, unabhängig davon, in welcher Klasse sie deklariert worden sind. Ein Objekt kann auch immer auf *seine eigenen* geschützten Elemente zugreifen. Der Unterschied zwischen den Sichtbarkeitsstufen »Privat« und »Geschützt« in Ruby besteht darin, dass ein Objekt auf geschützte Elemente von *anderen* Objekten zugreifen kann, solange sie zur selben Klasse gehören, in der die aufgerufene Methode deklariert wurde. In Abbildung 4.20 ist eine Beispielhierarchie von Klassen aufgeführt, die jeweils eine Methode x aufweisen. Die Sichtbarkeit der Methode ist in den einzelnen Klassen aber unterschiedlich definiert.

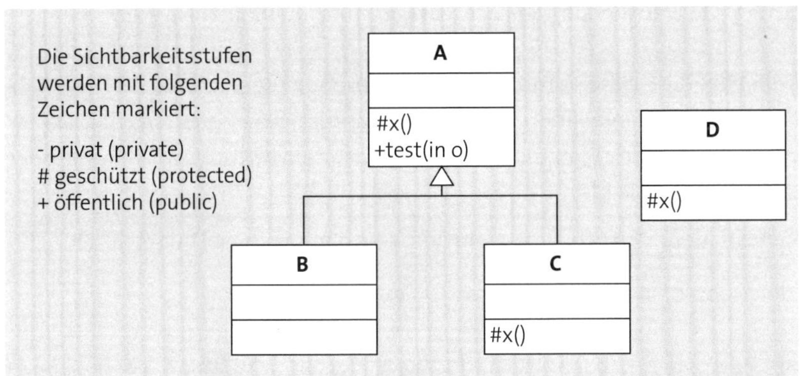

Abbildung 4.20 Sichtbarkeitsstufen für verschiedene Klassen und Operationen

In Listing 4.12 ist die Umsetzung der Klassenhierarchie und der Methoden in Ruby aufgeführt.

```
class A
protected
  def x
    print "A.x"
  end
public
  def test(o)
    o.x
  end
end

class B < A # B ist eine Unterklasse von A
end
class C < A # C ist auch eine Unterklasse von A
protected
  def x # C überschreibt x von A
    print "C.x"
  end
end
class D # D ist keine Unterklasse von A
protected
```

```
22    def x # deklariert aber selbst die Methode x
23      print "D.x"
24    end
25  end
```

Listing 4.12 Verwendung der Sichtbarkeitsstufe »Geschützt« in Ruby

Dabei hat die Klasse A eine zusätzliche Methode test zugeordnet (Zeile 07), die auf dem übergebenen Objekt die Operation x aufruft. Je nach Klassenzugehörigkeit des übergebenen Objekts ist der Aufruf von x erlaubt oder führt zu einem Fehler.

Verschiedene Aufrufe der Operation x sind in Listing 4.13 dargestellt.

```
a, b, c, d = A.new, B.new, C.new, D.new

a.test(b) # OK, weil die Methode b.x in A definiert wurde
b.test(a) # auch OK, weil b indirekt zu A gehört
a.test(c) # Fehler, weil c.x nicht in A definiert wurde
c.test(a) # OK, weil c indirekt zu A gehört
a.test(d) # Fehler, d.x wurde nicht in A deklariert
```

Listing 4.13 Aufrufe von geschützten Methoden in Ruby

Weitere Sichtbarkeitsstufen

Die Behandlung der Sichtbarkeit ist vielfältig und unterscheidet sich von Programmiersprache zu Programmiersprache. Wir geben hier nur einen kurzen Überblick über weitere Varianten der Sichtbarkeit.

Java: »Geschützt im Package«

Ist in Java bei den Elementen einer Klasse keine Sichtbarkeit angegeben, ist das Element »Geschützt innerhalb des Packages«. Diese Stufe entspricht der Stufe »Geschützt« (klassenbasiert, wie wir sie in Abschnitt 5.1.6, »Sichtbarkeit im Rahmen der Vererbung«, vorstellen), allerdings ist das Element außerhalb des Packages nicht sichtbar.

C#: »Intern« und »Intern geschützt«

C# kennt noch die Sichtbarkeitsstufen: »Intern« (engl. *Internal*) und »Intern geschützt« (engl. *Protected Internal*). Diese entsprechen den Stufen »Öffentlich« und »Geschützt«, beschränken die Sichtbarkeit aber auf das aktuelle Programmmodul (engl. *Assembly*[11]).

11 Mit der Übersetzung »Programmmodul« für das englische »Assembly« sind wir noch nicht ganz glücklich und für bessere Vorschläge dankbar.

Sichtbarkeitsregeln gibt es nicht nur für die Elemente der Klassen, sondern auch für die Klassen selbst. Man kann zum Beispiel bestimmen, ob eine Klasse in der ganzen Anwendung sichtbar sein sollte oder nur innerhalb eines ihrer Teile. Auch hier unterscheiden sich die Sichtbarkeitsregeln von Programmiersprache zu Programmiersprache.

4.2.6 Klassenbezogene Methoden und Attribute

Bisher haben wir von Methoden und Datenelementen einzelner Objekte gesprochen. Manche Routinen und Daten lassen sich jedoch nicht einzelnen Objekten zuordnen.

Damit stellt sich die Frage: Wenn ein objektorientiertes Programm ausschließlich aus interagierenden Objekten besteht, wem können dann diese Routinen und Daten zugeordnet werden?

Hier bietet sich das zweite fundamentale Konstrukt der objektorientierten Programme an, nämlich die Klasse. Genau wie Objekte lassen sich auch Klassen Methoden und Daten zuordnen, die dann über den Aufruf von Operationen ausgeführt werden.

Sie werden in diesem Abschnitt Beispiele für Methoden und Daten kennenlernen, die direkt Klassen zugeordnet werden können.

Einsatz

Am weitesten verbreitet sind dabei die folgenden Einsätze:

- Konstruktoren erstellen neue Exemplare einer Klasse.
- Verwaltungsinformation für Exemplare einer Klasse
- Operationen auf primitiven Datentypen
- Hilfsfunktionen
- klassenbezogene Konstanten

Im Folgenden stellen wir diese Anwendungen jeweils kurz vor.

Konstruktoren

Dass sich eine Operation nicht direkt einem Objekt zuordnen lässt, ist am offensichtlichsten bei Operationen, die ein komplett neues Objekt erstellen sollen. Wenn wir noch kein Objekt vorliegen haben, kann diese Operation auch nicht auf einem existierenden Objekt aufgerufen werden. Da mit dem Aufruf aber ein Exemplar einer ganz konkreten Klasse erstellt wird, können Konstruktoren als Basisoperationen der Klasse selbst aufgefasst werden.

Konstruktoren

Konstruktoren sind Operationen einer Klasse, durch die Exemplare dieser Klasse erstellt werden können. Die Klassendefinition dient dabei als Vorlage für das durch den Aufruf einer Konstruktoroperation erstellte Objekt.

Über Konstruktoren werden also Exemplare einer Klasse erzeugt. In den meisten Programmiersprachen wird der Name der entsprechenden Klasse auch für den Konstruktoraufruf verwendet. Im Beispiel von Listing 4.14 sind ein sehr einfacher Konstruktor und dessen Aufruf in der Programmiersprache Java dargestellt. Die Klasse `Spaetzle` hat einen gleichnamigen Konstruktor `Spaetzle()` zugeordnet. Durch den Aufruf von `new Spaetzle()` wird ein neues Exemplar der Klasse erstellt. Der Konstruktor ist also eine besondere Operation, die von der Klasse zur Verfügung gestellt wird.

```
public class Spaetzle {
    Spaetzle()
    {
    };
    ...
}

Spaetzle portion = new Spaetzle();
```

Listing 4.14 Einfaches Beispiel für einen Konstruktoraufruf

Konstruktoren sind nicht die einzige Möglichkeit, neue Exemplare einer Klasse zu erzeugen. Weitere Möglichkeiten werden Sie in Abschnitt 7.2, »Fabriken als Abstraktionsebene für die Objekterzeugung«, kennenlernen.

Verwaltungsinformation für Exemplare einer Klasse

Ein Beispiel für eine sinnvolle Verwendung der klassenbasierten Elemente ist eine Registratur für Exemplare einer Klasse. So könnte die Klasse `ProtocolHandler` spezifizieren, dass jedes ihrer Exemplare eine Methode `canHandle` besitzt, mit der es die Frage beantworten kann, ob es ein Protokoll bearbeiten kann. Diese verschiedenen Exemplare würden sich dann in die klassenbezogene Registratur eintragen, sodass eine klassenbezogene Methode `getProtocolHandler` das richtige Exemplar für das jeweilige Protokoll aussuchen kann.

Zur Verwaltung der Exemplare, die sich dort eingetragen haben, benötigt die Klasse auch eine klassenbezogene Datenstruktur, also zum Beispiel eine Liste. Mehr zu diesem Beispiel finden Sie in Abschnitt 7.2, »Fabriken als Abstraktionsebene für die Objekterzeugung«.

Operationen auf primitiven Datentypen

Für Operationen und Daten, die sich auf primitive Datentypen beziehen, bietet es sich an, diese als klassenbezogene Methoden zu implementieren. Primitive Datentypen sind in vielen Programmiersprachen keine Objekte und können deshalb auch keine eigenen Methoden haben.

In Java oder auch Ruby gibt es zum Beispiel die Klasse `Math`, die die gängigsten mathematischen Konstanten wie die Zahl Pi und Funktionen wie Sinus oder Kosinus als klassenbasierte Elemente enthält.

In Java sind die Datentypen `int` und `float` primitiv, ihre Exemplare sind keine Objekte und können keine eigenen Methoden haben. In Ruby dagegen ist alles ein Objekt, also auch die Klassen. Damit sind alle Klassen erweiterbar. So können Sie zum Beispiel die Klasse `Float` um die Methode `sin` erweitern, wie in Listing 4.15 dargestellt.

```
class Float
  def sin
    Math::sin(self)
  end
end

2.0.sin # gibt 0.909297426825682 aus
```

Listing 4.15 Erweiterung der Klasse »Float« in Ruby

Hilfsfunktionen als klassenbezogene Methoden

Eine häufige Verwendung finden klassenbezogene Methoden und Dateneinträge als eine Art Organisationsform für bestimmte Hilfs- oder Bibliotheksmethoden, die mit Exemplaren von anderen Klassen arbeiten, aber nicht unbedingt zu dem Umfang der Spezifikation dieser Klassen gehören.

So gehört es zum Beispiel nicht zur Spezifikation der Klasse `String` in Java, dass ihre Exemplare überprüfen können, ob sie eine Zahl repräsentieren und den Wert dieser Zahl zurückgeben. Diese nützliche Funktionalität ist zum Beispiel als klassenbezogene Methode `parseFloat` der Klasse `Float` implementiert:

```
Float ungefaehrPi = Float.parseFloat("3.1415");
```

In diesem Fall wird also eine Operation auf der Klasse `Float` selbst aufgerufen und ein Exemplar der Klasse zurückgeliefert. Hier haben wir also bereits ein weiteres Beispiel dafür gesehen, wie sich neben Konstruktoren über andere klassenbezogene Operationen Exemplare einer Klasse erstellen lassen.

Klassenbezogene Konstanten

Konstanten, die bei der Ausführung von Operationen benötigt werden, können als klassenbezogene Konstanten definiert werden. Sie werden damit zu nicht änderbaren Daten der Klasse.

Zum Beispiel können Sie der Klasse `Spaetzle` aus unserem Beispiel in Listing 4.14 eine Konstante `OPTIMALE_ANZAHL_EIER_PRO_PERSON` hinzufügen. Diese in Schwaben generell anerkannte Konstante hat den Wert 2.5 und kann dann in den entsprechenden Operationen auch von außen verwendet werden.

```
public class Spaetzle {
  static final double
    OPTIMALE_ANZAHL_EIER_PRO_PERSON = 2.5;
```

Listing 4.16 Einführen einer Konstanten mit Klassenbezug

Diese Konstante kann nun in Berechnungen von weiteren Mengenvorgaben als Standardwert verwendet werden.[12]

Umsetzung von klassenbezogenen Methoden und Daten in den Programmiersprachen

Programmiersprachen bieten verschiedene Möglichkeiten, klassenbezogene Methoden und Daten einzusetzen.

static ist das Schlüsselwort

In C++, C# und Java werden sie mit dem Schlüsselwort `static` gekennzeichnet. In Ruby benutzt man statt eines Schlüsselworts den Namen der Klasse selbst als Präfix der klassenbezogenen Methode. Klassenbezogene Dateneinträge enthalten in Ruby das Präfix @@ anstelle des Präfixes @ der objektbezogenen Dateneinträge.

Sie könnten die klassenbezogenen Methoden und Daten, zumindest in bestimmten Programmiersprachen wie zum Beispiel C++, auch als globale

12 Spätzle dienen hier nur als Beispiel, deshalb wird das komplette Rezept hier und in den folgenden Sourcecode-Beispielen nicht auftauchen. Wenn Sie daran interessiert sind, erhalten Sie es auf der Webseite zum Buch (*www.objektorientierte-programmierung.de*) und bei den MATERIALIEN ZUM BUCH unter *www.rheinwerk-verlag.de/5289*.

Prozeduren, Funktionen und Variablen implementieren. Klassenbezogene Elemente haben jedoch den Vorteil, dass Sie Sichtbarkeitsregeln dafür deklarieren können. Die in Abschnitt 4.2.5, »Sichtbarkeit von Daten und Methoden«, beschriebenen Sichtbarkeitsregeln lassen sich auch auf klassenbezogene Methoden und Daten anwenden. Damit trägt dieses Vorgehen zur Übersichtlichkeit Ihrer Programme bei.

Globale Methoden in Java und C#

In Java oder C# gibt es überhaupt keine globalen Methoden oder Dateneinträge, daher bieten hier die klassenbezogenen Elemente die einzige Möglichkeit, Routinen, die nicht einem Objekt zugeordnet sind, zu implementieren.

4.2.7 Singleton-Methoden: Methoden für einzelne Objekte

In klassenbasierten Programmiersprachen wie Java, C#, C++, Ruby oder Python definieren wir Methoden in der Regel immer für alle Exemplare einer Klasse. Damit sind auf alle Exemplare einer Klasse die gleichen Operationen anwendbar. Aber nicht alle Programmiersprachen erzwingen diese Gleichförmigkeit. In einigen dynamisch typisierten Sprachen ist es durchaus auch möglich, Methoden einzelnen Objekten zuzuordnen. Der Namensgebung der Programmiersprache Ruby folgend, werden diese Methoden *Singleton-Methoden* genannt.[13]

Singleton-Methoden

Singleton-Methoden sind Methoden, die genau einem Objekt zugeordnet sind. Eine Singleton-Methode wird nach der Erstellung einem konkreten Objekt hinzugefügt. Danach unterstützt das Objekt die durch die Methode realisierte Operation.

Betrachten wir die Umsetzung einer Singleton-Methode an einem Beispiel in der Programmiersprache Ruby. Das Beispiel zeigt, dass die Methode `test` in diesem Fall nur an genau einem Objekt vorhanden ist.

```
class A
end

a1 = A.new
a2 = A.new

```

13 Singleton-Methoden dürfen nicht mit den Singleton-Objekten verwechselt werden, die Sie in Abschnitt 7.2.6, »Erzeugung von Objekten als Singletons«, kennenlernen werden.

```
def a1.test
  return "Test"
end

a1.test # OK, das Objekt a1 hat die Methode test
a2.test # Fehler, das Objekt a2 hat keine Methode test
```

Listing 4.17 Singleton-Methoden in Ruby

In C++, Java oder C# gibt es keine Möglichkeit, eine Methode für ein einzelnes Objekt zu implementieren. In Java können Sie aber einen ähnlichen Effekt mit den anonymen Klassen erreichen, die in Abschnitt 5.2.3 beschrieben werden.

4.3 Beziehungen zwischen Objekten

In Abbildung 4.10 haben wir bereits eine ganze Reihe von Beziehungen zwischen handelnden Personen der griechischen Mythologie dargestellt. Dabei haben Sie gesehen, dass Objekte in den unterschiedlichsten Beziehungen zueinander stehen können.

Wenn man in der objektorientierten Welt von Beziehungen spricht, unterscheidet man grundsätzlich drei Arten von Beziehungen, die wir in Abbildung 4.21 illustrieren:

Beziehungen zwischen Klassen und Objekten

- **Beziehungen zwischen Klassen und Objekten**
  Eine solche Beziehung, die Klassifizierung, haben wir in Abschnitt 4.2.1, »Klassen sind Modellierungsmittel«, kennengelernt. Die Klassifizierung beschreibt eine Beziehung zwischen einer Klasse und ihren Exemplaren. Das Objekt `Plato` steht zum Beispiel in so einer Beziehung mit der Klasse `Mann`, denn Plato ist ein Mann (oder auch ein Exemplar der Klasse `Mann`).

Beziehungen zwischen Klassen

- **Beziehungen zwischen Klassen untereinander**
  Weil Plato ein Mann ist und ein Mann eine Person, ist Plato sterblich, denn jede Person ist sterblich. Es besteht also eine Beziehung zwischen der Klasse der sterblichen Objekte und der Klasse `Person` – die Klasse `Person` ist eine *Unterklasse* der Klasse `Sterblich`. Und da jeder Mann eine Person ist, ist die Klasse `Person` eine *Oberklasse* der Klasse `Mann`.

  Den Beziehungen zwischen den Ober- und Unterklassen werden wir uns in Abschnitt 5.1.1, »Hierarchien von Klassen und Unterklassen«, widmen.

- **Beziehungen zwischen Objekten untereinander**
  Aristoteles hatte einen Lehrer, Plato, und einen bekannten Schüler, Alexander den Großen. Das sind Beispiele einer Beziehung zwischen konkreten Objekten, denen wir uns im Folgenden zuwenden.

Beziehungen zwischen Objekten

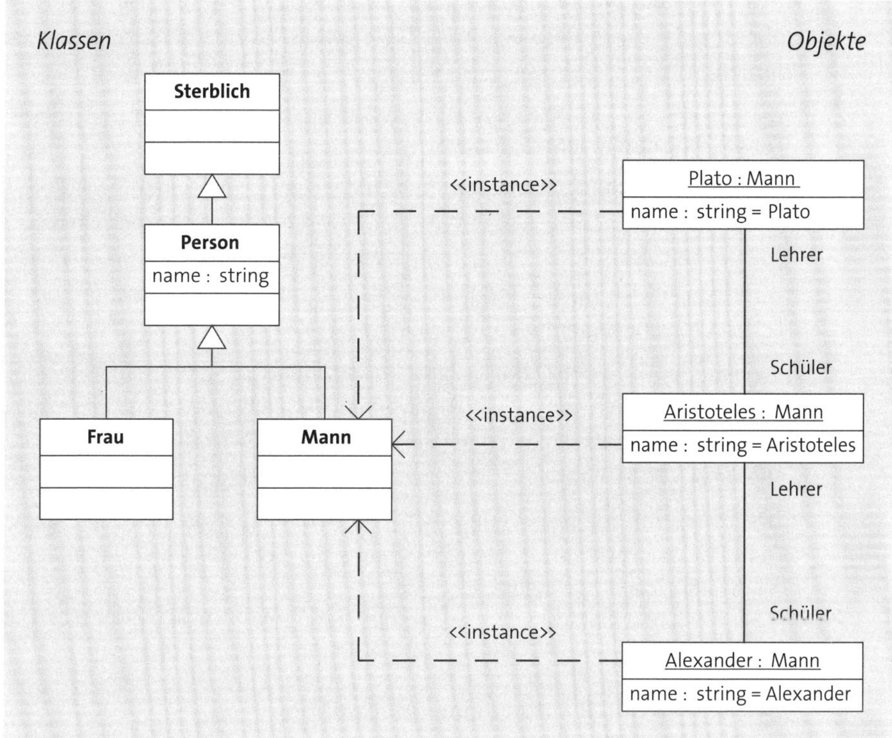

Abbildung 4.21 UML-Darstellung der Beziehungen von Aristoteles

Beziehungen zwischen verschiedenen Objekten werden ganz allgemein auch *Assoziation* genannt.[14] Außerdem gibt es spezielle Formen von Assoziationen.

Assoziation, Aggregation und Komposition

Beziehungen zwischen einem Objekt und seinen Teilen werden *Aggregation* bzw. *Komposition* genannt. Die Unterscheidung zwischen Aggregation und Komposition ist recht subtil und hängt häufig nur von der Betrachtungsweise des Entwicklers bzw. der Entwicklerin ab. Wir werden uns der Aggregation und der Komposition in Abschnitt 4.3.7 näher widmen.

14 Obwohl in UML eine Assoziation als Linie zwischen den Klassenkästchen dargestellt wird, ist eine Assoziation eine Beziehung zwischen Objekten – den Exemplaren dieser Klassen. Ein Beispiel einer Beziehung zwischen Klassen wäre die Generalisierung, die wir uns in Abschnitt 5.1.1, »Hierarchien von Klassen und Unterklassen«, näher ansehen werden.

Assoziationen zwischen Objekten

Schauen wir uns im Folgenden an, was wir über die Assoziationen zwischen Objekten sagen können.

Eine Assoziation hat immer eine konkrete Bedeutung. Zwei oder mehrere Objekte können zueinander in verschiedenen Beziehungen stehen, so wie auch im Leben zwei Menschen in der Beziehung Elternteil – Kind und unabhängig davon in der Beziehung Lieferant – Kunde zueinander stehen können.

Assoziationen in UML

In UML-Klassendiagrammen werden mögliche Assoziationen zwischen Exemplaren von zwei Klassen als Linie zwischen den Klassenkästchen dargestellt. Besteht die Beziehung zwischen Exemplaren genau einer Klasse, wird sie durch eine Linie dargestellt, die in dem Kästchen der Klasse sowohl beginnt als auch endet.

Wenn man in einem UML-Diagramm einzelne Objekte darstellt, kann man eine existierende Beziehung zwischen diesen Objekten als Linie zwischen den Objektkästchen darstellen. Eine solche Darstellung einer existierenden Beziehung zwischen zwei einzelnen Objekten nennt man *Link*.

Die Bedeutung der Beziehung wird meistens durch den Namen der Beziehung ausgedrückt. In UML wird der Name der Beziehung als Text in der Nähe der Linie dargestellt.

4.3.1 Rollen und Richtung einer Assoziation

Die Beziehungen zwischen Objekten sind meistens nicht symmetrisch, das heißt, dass jedes Objekt eine unterschiedliche *Rolle* in der Beziehung einnimmt. Wir können sagen, dass Zeus auf dem Olymp wohnt, nicht aber der Olymp auf Zeus. Die Bezeichnung einer Beziehung hat also eine *Richtung*.

Rollen in UML

In UML-Klassendiagrammen[15] werden die Rollen der Objekte als Text in der Nähe der jeweiligen Klasse angegeben. Die Leserichtung der Bezeichnung der Beziehung wird durch ein kleines Dreieck dargestellt.

15 Wir können uns in diesem Buch nicht allen Details der Fähigkeiten der UML widmen, eine tiefer gehende Beschreibung finden Sie in Christoph Kecher u. a.: *UML 2.5. Das umfassende Handbuch.* 2017, Rheinwerk Verlag.

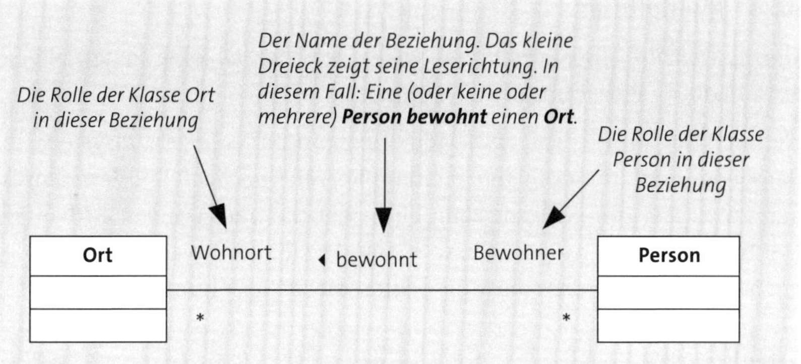

Abbildung 4.22 Rolle und Richtung einer Assoziation

4.3.2 Navigierbarkeit

Eine weitere wichtige Eigenschaft einer Beziehung ist ihre *Navigierbarkeit*. Nehmen wir an, es besteht eine Assoziation `schickt Werbung` zwischen den Exemplaren der Klasse `Firma` und der Klasse `Person`. Die Firma kann alle Personen auflisten, denen sie Werbung zuschickt. Eine Person hat aber keine Liste der Firmen, die sie mit Werbung belästigen. Wir sagen, dass die Assoziation `schickt Werbung` in der Richtung `Firma` – `Person` navigierbar ist, nicht jedoch in der Richtung `Person` – `Firma`. Die Navigierbarkeit wird meistens in den Designmodellen angegeben, in den Analysemodellen spielt die Navigierbarkeit selten eine Rolle.

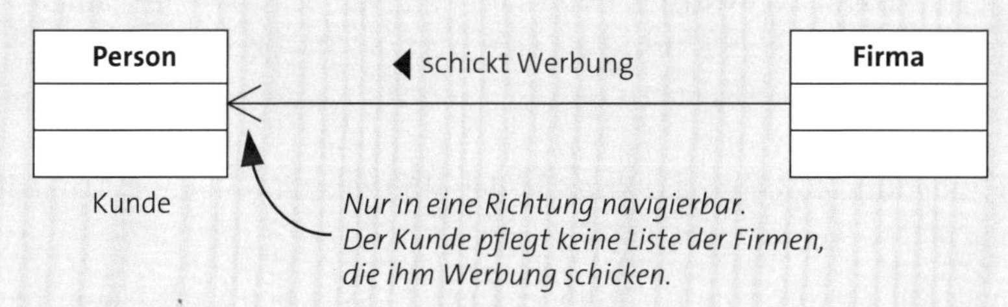

Abbildung 4.23 Navigierbarkeit einer Assoziation

Navigierbarkeit in UML

In UML wird eine Beziehung, die nur in eine Richtung navigierbar ist, durch einen Pfeil an dem Ende, zu dem wir navigieren können, angezeigt. Ist eine Beziehung in beide Richtungen navigierbar, wird das meistens durch die Abwesenheit der Pfeile dargestellt, es ist aber auch möglich, einen Doppelpfeil zu verwenden.

4.3.3 Multiplizität

Die *Multiplizität* einer Beziehung sagt aus, wie viele Objekte des jeweiligen Typs in dieser Beziehung stehen können.

[zB] Dateien im Dateisystem

Nehmen Sie zum Beispiel ein Modell für ein einfaches Dateisystem, in dem jede Datei immer in genau einem Verzeichnis liegt. Ein Verzeichnis kann aber leer sein, oder es kann eine oder mehrere Dateien enthalten. Der Bereich für die mögliche bzw. nötige Anzahl der Objekte in einer solchen Beziehung wird als die Multiplizität dieser Beziehung bezeichnet.

[»]

Multiplizität

Die *Multiplizität einer Beziehung* zwischen Klassen legt die mögliche Anzahl der an der Beziehung beteiligten Exemplare fest.

Dabei sprechen wir von der *Multiplizität einer Rolle* in der Beziehung, wenn wir nur eine der beteiligten Klassen sowie deren Rolle in der Beziehung betrachten.

In UML wird die Multiplizität einer Klasse in einer Beziehung als eine Auflistung der möglichen Anzahl von Exemplaren angegeben. Diese Angabe findet sich einfach in der Nähe des einen Endes der Beziehung bei der betroffenen Klasse. Intervalle werden als »min .. max« angegeben. Ein Stern bedeutet dabei »beliebig viele«. Das Intervall »0..*« kann also auch als »*« angegeben werden.

Neben den Multiplizitäten in einer Beziehung gibt es auch noch die reine *Multiplizität einer Klasse*. Diese legt fest, wie viele Exemplare dieser Klasse überhaupt existieren können oder müssen. So ist die Multiplizität einer Singleton-Klasse[16] in der Regel 0 .. 1, das heißt, es kann maximal ein Exemplar davon existieren.

In Abbildung 4.24 wird das Konzept der Multiplizität und deren Darstellung in UML verdeutlicht.

Zunächst ist dort eine Assoziation `liegt in` zwischen Exemplaren der Klasse `Stadt` und der Klasse `Land` dargestellt. Die Assoziation wird durch eine Linie repräsentiert, die an der Klasse `Stadt` anfängt und an der Klasse `Land` endet. Eine Stadt liegt nach unserem Modell in genau einem Land. In einem Land muss es mindestens eine Stadt geben, nach oben ist die Zahl der Städte aber unbegrenzt. Damit ist die *Multiplizität der Rolle* `Stadt` in der beschriebenen Beziehung `1..*`, die Multiplizität der Rolle `Land` ist

16 Bei Singleton-Klassen wird programmtechnisch sichergestellt, dass maximal ein Exemplar davon existieren kann. In Abschnitt 7.2.6 werden Singleton-Klassen und deren Erzeugung im Detail beschrieben.

genau 1. Die *Multiplizität der gesamten Beziehung* liegt in ist damit 1..* zu 1.

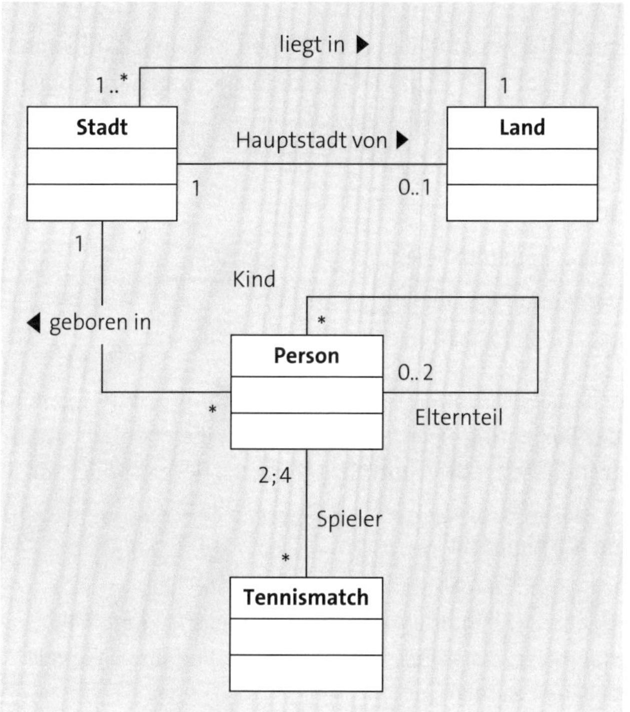

Abbildung 4.24 Mehrwertige Beziehungen in UML

Ein weiteres Beispiel ist die Beziehung Elternteil – Kind, die zwischen Exemplaren der Klasse Person besteht. Solche Beziehungen zwischen Exemplaren derselben Klasse werden *reflexiv* genannt. Die Multiplizität der Rolle Kind ist * (also beliebig viele), denn es gibt Menschen, die keine Kinder haben, und Menschen, die ein oder mehrere Kinder haben. Wie sieht es aber mit der Multiplizität der Rolle Elternteil aus? Wenn wir zum Beispiel eine genealogische Anwendung schreiben, würde man spontan sagen, dass sie 2 ist, denn jeder Mensch hat genau eine biologische Mutter und genau einen biologischen Vater. In der Abbildung sehen Sie aber, dass die Multiplizität der Rolle Elternteil als 0..2 modelliert ist.

Dies liegt daran, dass Sie in der praktischen Verwendung der Beziehung in ein logisches Problem laufen, wenn Sie für jede Person fordern, dass auch die zugehörigen Eltern bekannt sein sollen. Da für jeden eingefügten Elternteil (auch wieder eine Person) gefordert würde, dass auch für diesen bereits die Eltern bekannt sind, kommen Sie beim Versuch, einen konsistenten Datenbestand zu erstellen, in eine nicht terminierende Rekursion.

Deshalb wird die Beziehung so modelliert, dass zu einer Person die Eltern auch einfach unbekannt sein können, also die Rolle `Elternteil` die Multiplizität `0..2` erhält.

Mögliche Multiplizitäten

Im Beispiel haben Sie bereits einige der möglichen Multiplizitäten gesehen. Am häufigsten werden Sie in Modellen auf Beziehungen mit folgenden Multiplizitäten treffen:

Ein Objekt steht in einer Beziehung mit

- genau einem anderen Objekt.
- keinem oder einem anderen Objekt.
- mindestens einem anderen Objekt.
- beliebig vielen anderen Objekten.

Es kann aber durchaus Beziehungen mit anderen Multiplizitäten geben. Zum Beispiel in der Beziehung `Tennismatch` – `Spieler`, die ebenfalls in Abbildung 4.24 dargestellt ist, ist die Multiplizität der Spieler `zwei` oder `vier`.

Kardinalität und Multiplizität

In UML wird klar zwischen der Multiplizität und der Kardinalität einer Beziehung unterschieden: Die Multiplizität legt die möglichen Kardinalitäten einer Beziehung fest, meist indem die minimale und die maximale Kardinalität angegeben werden.

Die tatsächliche Kardinalität einer Beziehung kann nur für konkret bekannte Objekte angegeben werden. So gibt es in Deutschland zum Beispiel 2.060 Städte. Die *Kardinalität* der Rolle Stadt in dieser Beziehung wäre also 2060. Die zugehörige *Multiplizität* der Rolle ist aber `1..*`. Diese beschreibt einfach die möglichen Kardinalitäten, von denen die 2060 eben auch eine ist.

Die begriffliche Trennung zwischen Multiplizität und Kardinalität ist nicht immer so klar, wie sie innerhalb der UML definiert wird. Insbesondere bei den im Bereich der relationalen Datenbanken verwendeten Modellen (z. B. Entity-Relationship-Diagrammen) wird der Begriff der Kardinalität häufig analog zur Multiplizität in UML verwendet.[17]

17 Tatsächlich wird der Begriff »Kardinalität« oft synonym zu Multiplizität gebraucht. Wir haben eigentlich Sympathien dafür. Zum einen: Versuchen Sie einfach mal, das Wort Multiplizität dreimal hintereinander schnell auszusprechen. Zum anderen ist es wesentlich einfacher, sich über den Begriff mit Menschen auszutauschen, die es gewohnt sind, mit relationalen Datenbanken zu arbeiten. Um uns an UML anzulehnen, werden wir aber im Weiteren den Begriff Multiplizität verwenden.

Mehrwertige Beziehungen

Wenn die obere Schranke der Multiplizität einer Beziehung größer als 1 ist (z. B. *), die Beziehung also *mehrwertig* ist, können wir uns Gedanken über die Struktur der Objekte am mehrwertigen Ende der Beziehung machen. Haben die Objekte in dieser Beziehung eine definierte Reihenfolge, sagt man, dass die Beziehung *geordnet* ist.

Eine weitere Frage, die wir uns stellen können, ist die Frage, ob ein Objekt in der Beziehung mehrfach aufgelistet sein kann. Ein Team kann aus mehreren Spielern bestehen, ein konkreter Spieler kann aber nicht mehrfach in einem Team auftauchen. Eine Reiseroute kann durch mehrere Städte führen, dabei kann eine Stadt in einer Route mehrfach durchlaufen werden.

Mehrwertige Beziehungen als Menge

Wenn nichts Abweichendes angegeben ist, verstehen wir eine mehrwertige Beziehung üblicherweise als eine *Menge* (engl. *Set*) ohne definierte Ordnung, in der ein Objekt nur einmal auftreten kann. Ist die Reihenfolge definiert, gilt für die Beziehung die Einschränkung `{ordered}` oder `{ordered set}`, je nachdem, ob ein Objekt mehrfach auftreten kann. Es gibt auch den Fall, in dem ein Objekt zwar mehrfach auftreten kann, die Ordnung aber trotzdem keine Rolle spielt. Diese Art der Beziehung wird im Englischen als *Bag*, im Deutschen als *Korb* bezeichnet. Ein Beispiel einer solchen Beziehung wäre die Liste der Abonnenten einer Zeitschrift, wenn der Verlag kein Aussortieren von Dubletten vorgenommen hat. Ein Kunde kann eine Zeitschrift mehrfach abonniert haben, die Reihenfolge, in der die Zeitschrift versendet wird, spielt aber keine Rolle.

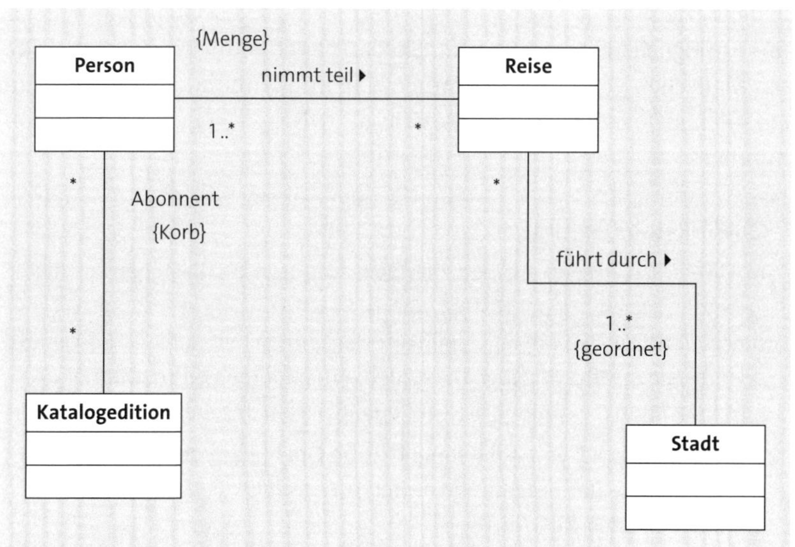

Abbildung 4.25 Zusatzinformationen zu Beziehungen in UML

Einschränkungen von Beziehungen in UML

Zusätzlich zur Multiplizität können in UML auch weitere einschränkende Informationen bei einer Beziehung angegeben werden. Die Einschränkungen werden dabei in geschweiften Klammern angegeben.

Neben den Einschränkungen `{ordered}` oder `{set}` kann man zum Beispiel auch angeben, ob eine Beziehung azyklisch ist oder eine Hierarchie abbildet.

4.3.4 Qualifikatoren

Manchmal kann man über die Multiplizität einer Beziehung eine genauere Aussage treffen. Zum Beispiel kann ein Mensch im Laufe seines Lebens mehrere Ehepartner haben. Doch zu einem Zeitpunkt, zumindest in unserem Kulturkreis, kann ein Mensch höchstens einen Ehepartner haben. Ein anderes Beispiel ist die Beziehung zwischen einer Firma und ihren Kunden. Eine Firma kann viele Kunden haben, aber durch eine Kundennummer kann sie einen ihrer Kunden eindeutig identifizieren. Pro Kundennummer hat eine Firma also genau einen Kunden.

Diese Informationen über die Multiplizität einer mehrwertigen Beziehung können wir durch die Angabe der Qualifikatoren ausdrücken. Mithilfe eines Qualifikators kann man aus vielen Objekten an einem mehrwertigen Ende einer Beziehung bestimmte Objekte auswählen.

In der Beziehung `Ehe` ist zum Beispiel ein `Zeitpunkt` ein Qualifikator, der es uns ermöglicht, einen konkreten Ehepartner eines mehrmals verheirateten Menschen genau zu bestimmen. Die Kundennummer ist wiederum ein solcher Qualifikator in der Beziehung zwischen einer Firma und ihren Kunden.

Qualifikatoren in UML

In UML-Diagrammen werden die Qualifikatoren als Kästchen an dem Ende der Beziehung dargestellt, von dem wir mithilfe des Qualifikators navigieren. Die Namen der Qualifikatoren können entweder im Kästchen oder in seiner Nähe angegeben werden. Am anderen Ende der Beziehung gibt man dann die Multiplizität der qualifizierten Beziehung an.

So sind im Beispiel von Abbildung 4.26 die Qualifikatoren Raum und Zeit am einen Ende der Beziehung vermerkt (*Lehrplan*), die Multiplizität 0.. 1 am anderen Ende (*Lehrfach*).

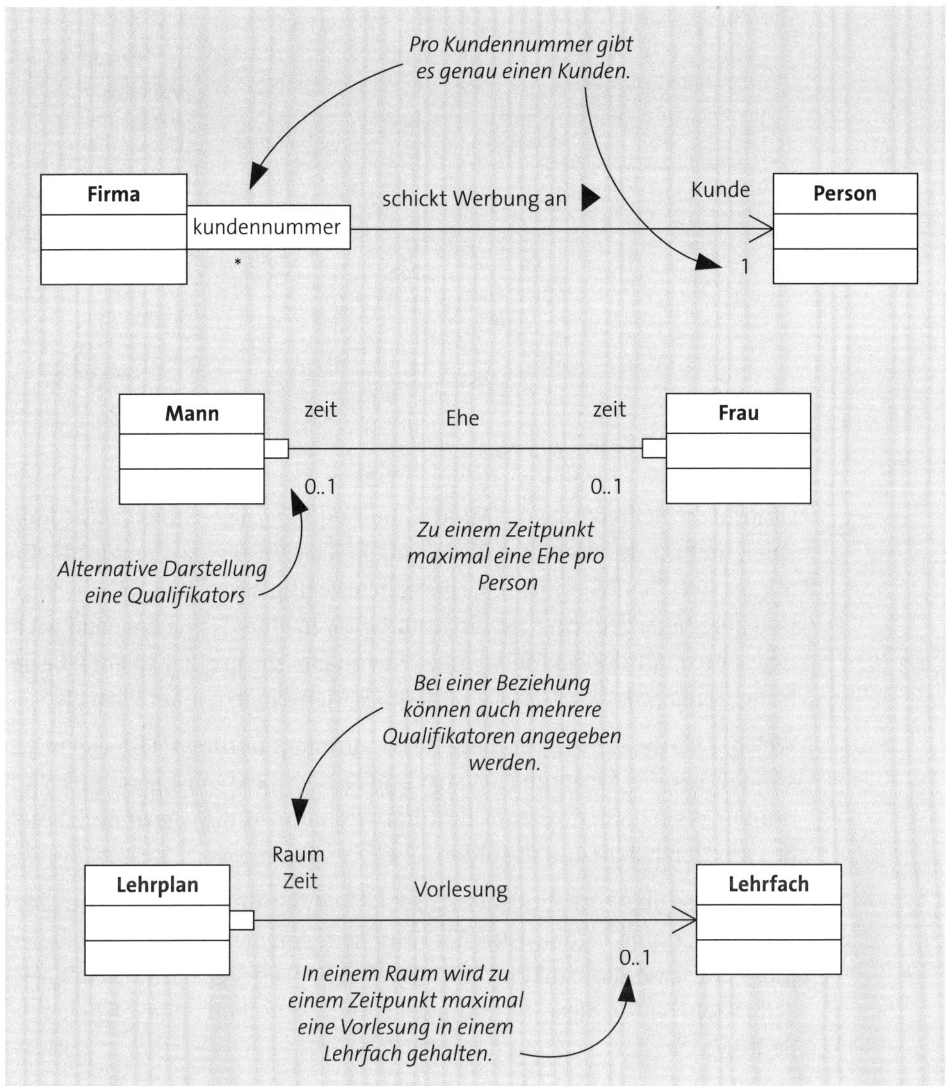

Abbildung 4.26 Qualifikatoren der Beziehungen in UML

4.3.5 Beziehungsklassen, Attribute einer Beziehung

Schauen wir uns jetzt die Beziehung `Job` zwischen den Klassen `Person` und `Firma` an.

Es gibt Personen ohne Job, eine Person kann aber auch mehrere Jobs haben. Eine Firma hat (zumindest in unserem Modell) immer mindestens einen Beschäftigten, und sei es der Unternehmer selbst. Die Multiplizität der Rolle `Arbeitgeber` ist also `0..*`, die der Rolle `Arbeitnehmer` `1..*`.

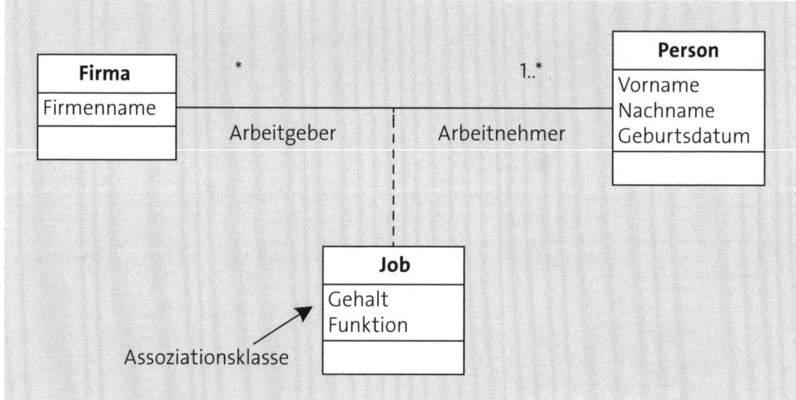

Abbildung 4.27 Beziehungsklasse in UML

Obwohl die Reihenfolge der Mitarbeiter und Mitarbeiterinnen keine Rolle spielt und wir deswegen die Beziehung in Richtung `Firma` – `Person` als eine Menge (*Set*) modelliert haben, ist es doch wichtig, zu wissen, welche Funktion eine Mitarbeiterin bzw. ein Mitarbeiter in einer Firma hat. Und wichtig ist auch, zumindest für die meisten von uns, die in einer solchen Beziehung stehen, wie hoch das Gehalt[18] eines Menschen in einer Firma ist.

Welcher Klasse können wir diese Informationen zuordnen? Offensichtlich können wir die Attribute `Funktion` und `Gehalt` nicht der Klasse `Firma` zuordnen, denn dann müssten alle Mitarbeiter und Mitarbeiterinnen dieselbe Funktion haben und dasselbe Gehalt verdienen.

Würden wir diese Attribute der Klasse `Person` zuordnen, könnte zwar jeder Mitarbeiter eine eigene Funktion und sein eigenes Gehalt haben, allerdings müssten die Funktion und das Gehalt bei jeder Firma gleich sein. Außerdem hätten diese Attribute bei einem Menschen ohne Job keine Bedeutung.[19]

Assoziationsklasse

Die Lösung unserer Aufgabe ist, die Attribute weder der Klasse `Firma` noch der Klasse `Person` zuzuordnen, sondern der Beziehung `Job` selbst. In diesem Fall spricht man von einer *Assoziationsklasse* oder auch einer *Beziehungsklasse*.

18 Wir meinen hier sowohl die Löhne als auch die Gehälter.

19 Würden wir ein Personalverwaltungssystem für einen Arbeitgeber entwickeln, könnten wir durchaus die Attribute `Funktion` und `Gehalt` der Klasse `Mitarbeiter` zuordnen. Ein Mensch kann zwar mehrere Jobs haben, für unser System wäre das aber nicht relevant. Die Jobs, die ein Mitarbeiter bei anderen Firmen hat, würden wir nicht verwalten.

Assoziationsklassen in UML

In UML wird eine Assoziationsklasse als eine Klasse dargestellt, die mit einer gestrichelten Linie mit der Linie der Beziehung verbunden wird.

Eine Assoziationsklasse können wir immer auch als eine normale Klasse modellieren. Es ist eine Frage der Verständlichkeit der Modelle, für welche Alternative man sich entscheidet. Eine mögliche Alternative ist in Abbildung 4.28 dargestellt.

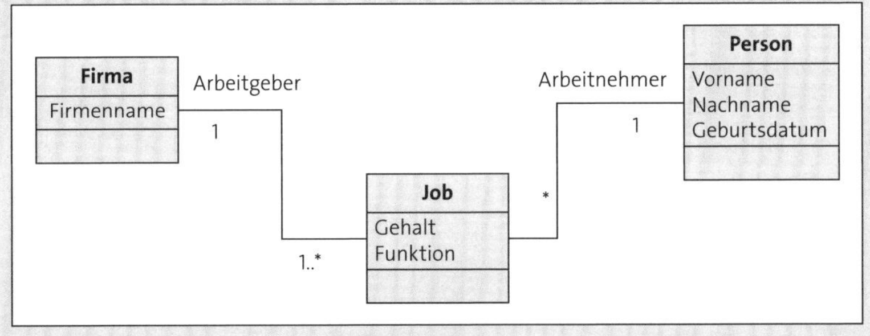

Abbildung 4.28 Alternative Darstellung einer Beziehungsklasse

4.3.6 Implementierung von Beziehungen

Beziehungen unterscheiden sich unter anderem durch ihre Multiplizität, ihre Navigierbarkeit; die mehrwertigen können geordnet oder ungeordnet sein, ein Objekt kann einmal oder mehrfach auftreten. Es gibt also sehr viele Varianten von Beziehungen. Aus diesem Grunde findet man in den gängigen Programmiersprachen keine speziellen Konstrukte für die Umsetzung der Beziehungen.

Umsetzung von Beziehungen

Stattdessen verwendet man bei *einwertigen Beziehungen* in dem Objekt, von dem die Beziehung navigierbar ist, meistens Zeiger oder Referenzen, die zu dem anderen Objekt zeigen.

Eine *beidseitig navigierbare Beziehung* wird am häufigsten implementiert durch zwei Zeiger oder Referenzen, die programmtechnisch synchron gehalten werden müssen.

Die *mehrwertigen Beziehungen* werden auf verschiedene Arten umgesetzt. Verwendet werden Arrays, Listen, Mengen oder andere Containerkonstrukte, die in der jeweiligen Programmiersprache vorhanden sind oder die man selbst implementiert.

Beziehungsklassen werden als gewöhnliche Klassen implementiert.

Listing 4.18 stellt die Umsetzung von verschiedenen Beziehungen in Java dar. Wir zeigen dabei eine mögliche Umsetzung einer beidseitig navigierbaren Mengenbeziehung Person – Adresse. Eine Person kann mehrere Adressen haben, und unter einer Adresse kann man mehrere Personen finden.

```
class Person {
  private Set<Address> addresses =
    new HashSet<Address>();
  // Hier verwalten wir eine Richtung der Beziehung
  // Person-Address:
  public void addAddress(Address address) {
    if (addresses.contains(address)) return;
    addresses.add(address);
    address.addPerson(this); // andere Richtung pflegen
  }
  ...
}

class Address {
private Set<Person> people = new HashSet<Person>();
  // Hier verwalten wir eine Richtung der Beziehung
  // Person-Address:
  public void addPerson(Person person) {
    if (people.contains(person)) return;
    people.add(person);
    person.addAddress(this); // andere Richtung pflegen
  }
  ...
}
```

Listing 4.18 Abbildung von Beziehungen auf Klassen

4.3.7 Komposition und Aggregation

Bisher haben wir uns die Beziehungen zwischen verschiedenen Objekten angeschaut. Doch ein Objekt selbst kann eine komplexe Struktur besitzen, und wir können die Beziehungen zwischen dem Objekt und seinen Teilen modellieren. Dabei unterscheiden wir zwischen *Komposition* und *Aggregation*. Sowohl die Komposition als auch die Aggregation sind Teil-von- bzw. Besteht-aus-Beziehungen. Wir können zum Beispiel modellieren, dass eine Bestellung aus den Bestellpositionen oder dass eine Fußballmannschaft aus ihren Spielern besteht.

Unterschied Aggregation – Komposition

Eine Aggregation unterscheidet sich von einer Komposition

- in der Anzahl der zusammengesetzten Objekte, deren Teil ein Objekt sein kann, und
- in der Lebensdauer der zusammengesetzten Objekte und deren Teile.

Aggregation

Von einer Aggregation sprechen wir, wenn ein Objekt ein Teil von mehreren zusammengesetzten Objekten sein kann. Die zusammengesetzten Objekte nennen wir in diesem Fall *Aggregate*. Die Lebensdauer der Teile kann dabei länger sein als die Lebensdauer der Aggregate.

Ein Beispiel für eine Aggregation ist die Beziehung zwischen einer Mannschaft und ihren Spielern. Ein Mensch kann in mehreren Mannschaften spielen, und wird eine Mannschaft aufgelöst, bedeutet es in den allermeisten Fällen nicht das Ende für ihre Exspieler.

Komposition

Bei einer Komposition kann ein Teil immer nur in genau einem zusammengesetzten Objekt enthalten sein, und die Lebensdauer des zusammengesetzten Objekts entspricht immer der Lebensdauer seiner Komponenten. Das zusammengesetzte Objekt wird hier als *Kompositum* bezeichnet.

Ein Beispiel für eine Komposition ist die Beziehung zwischen einer Bestellung und den einzelnen Positionen der Bestellung. Eine Bestellungsposition gehört in genau eine Bestellung, und wird die Bestellung gelöscht, löscht man automatisch auch alle ihre Positionen.

Komposition und Aggregation in UML

Bei der Modellierung kommt es häufig vor, dass eine Klasse die Rolle `Teil` in mehreren Kompositionsbeziehungen spielt. Jedes Exemplar dieser Klasse kann aber immer nur in einer solchen Beziehung stehen. In den Modellen kann man diese Beziehungen mit der Bedingung `{xor}` auszeichnen. Sind die Beziehungen nur in der Richtung `Kompositum` – `Komponente` navigierbar, ist die explizite Angabe der Bedingung `{xor}` meistens nicht notwendig.

In den Klassendiagrammen in UML wird die Aggregation durch eine leere Raute am Ende des Aggregats dargestellt, die Komposition durch eine ausgefüllte Raute am Ende des Kompositums.

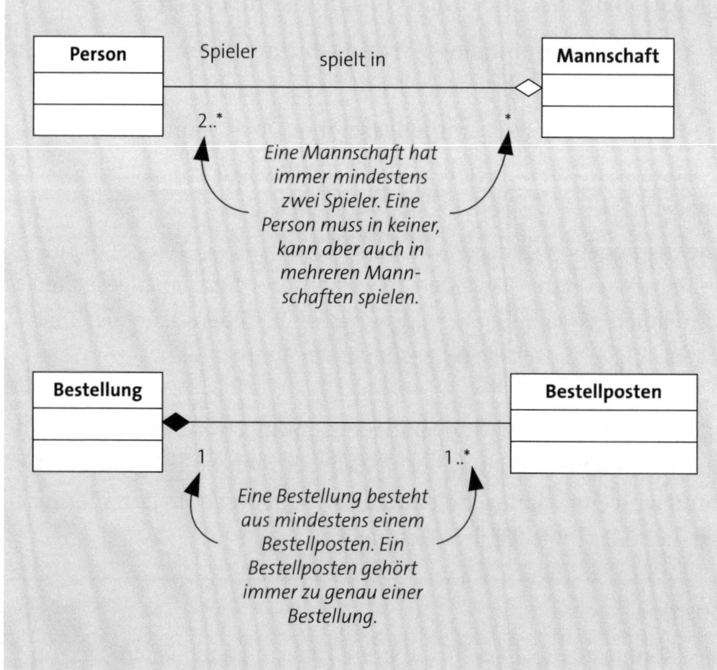

Abbildung 4.29 Aggregation und Komposition in UML

In UML gibt es für Kompositionsbeziehungen unterschiedliche Möglichkeiten der Darstellung. In Abbildung 4.30 sind diese Möglichkeiten an Beispielen illustriert.

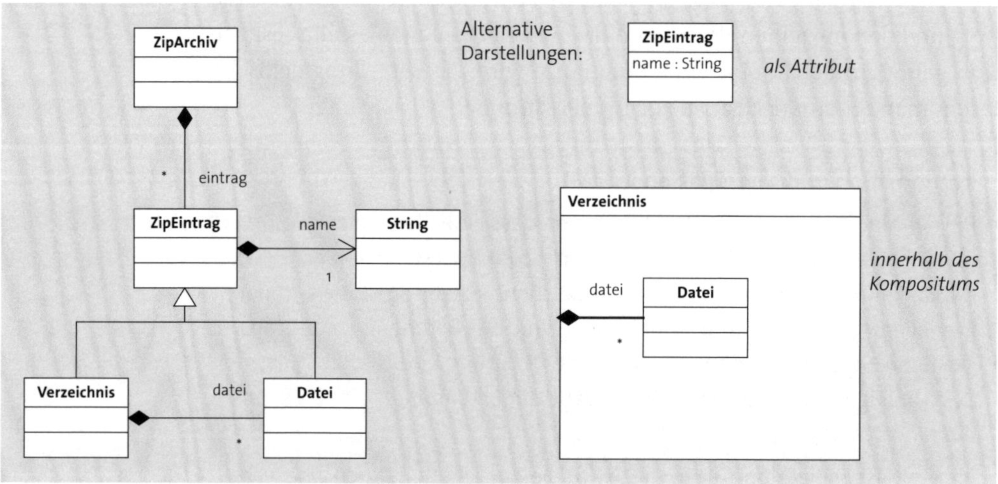

Abbildung 4.30 Verschiedene alternative Darstellungen der Komposition

Einsatz von Komposition und Aggregation

Die Entscheidung, ob wir eine Beziehung als Aggregation, Komposition oder als einfache Assoziation modellieren sollten, ist oft schwierig, weil es keine festen Regeln gibt, nach denen wir unterscheiden können, welche der Möglichkeiten die geeignete ist. Die jeweilige Bedeutung ist in UML nur vage definiert, man spricht von einem Modellierungsplacebo. Wie wir aber wissen: Placebos wirken.

Versuchen wir also ein paar Richtlinien aufzustellen, die uns bei der Entscheidung helfen, welche Variante wir einsetzen sollen.

Hierarchie

Durch die Verwendung der Komposition lässt sich sehr gut ausdrücken, dass eine Beziehung zwischen den Objekten derselben Klasse hierarchisch ist. Gute Beispiele hierfür sind beispielsweise Organigramme oder Dateisysteme.

Lebensdauer und Persistenz

Eine andere Information, die sich durch die Modellierung einer Komposition ausdrücken lässt, ist das Verhalten der Objekte beim Löschen oder beim Speichern des Kompositums. Da das Kompositum aus Teilen besteht, die nur als Teile des Kompositums existieren, werden sie mit dem Kompositum gelöscht bzw. gespeichert. Diese Semantik betrifft jedoch die dynamischen Aspekte der Modelle, und die Klassendiagramme sind für die Darstellung der statischen Sachverhalte vorgesehen.

Datenstruktur

Eine sinnvolle Verwendung einer Komposition ist die Modellierung der Klassen in C++. Dort wird die Struktur des Speichers, in dem die Daten eines Objekts gehalten werden, explizit ausprogrammiert. Ob ein Objekt seine Teile direkt enthält oder ob es Zeiger auf andere Speicherbereiche enthält, ist etwas, das man hervorragend mit der Verwendung der Komposition ausdrücken kann. Das ist jedoch keine allgemeine Vorgabe von UML, es ist nur ein Vorschlag, dem man bei der grafischen Darstellung der C++-Klassen in einem UML-Klassendiagramm folgen kann.

Diskussion: Komposition und Aggregation

Bernhard: *Wie entscheide ich denn nun konkret, ob ich eine Beziehung als Komposition, Aggregation oder einfach als Assoziation modelliere?*

Gregor: *Einige Hinweise haben wir ja schon gegeben. Vor allem das technische Kriterium, ob die referenzierten Bestandteile mit einem anderen Objekt zusammen gelöscht werden sollen, deutet stark auf eine Komposition hin.*

Bernhard: *Und wenn sich das zur Zeit der Modellierung gar nicht so genau entscheiden lässt?*

Gregor: *Bedacht angewandt, können die Komposition und die Aggregation zum besseren Verständnis des Modells beitragen. Manchmal ist es einfach* *natürlich, zu sagen, dass ein Objekt aus anderen Objekten besteht. Wir sollten aber nicht zu viele Gedanken und zu viel Zeit an die Modellierungsentscheidung verschwenden. Jede Komposition und jede Aggregation lässt sich nämlich auch einfach durch eine Assoziation mit entsprechenden Einschränkungen sowie der Angabe der Navigierbarkeit und der Multiplizität abbilden.*

4.3.8 Attribute

Neben seiner Funktionalität und den Beziehungen zu anderen Objekten hat ein Objekt Attribute – Eigenschaften –, die das Objekt beschreiben, und Daten, die das Objekt verwaltet. In Abschnitt 4.1.1 haben wir bereits vorgestellt, wie Eigenschaften von Objekten beschrieben werden.

Genau genommen entsprechen Attribute eines Objekts den Komponenten dieses Objekts in verschiedenen Kompositionsbeziehungen. Das Attribut-Sein und das Komponente-Sein sind zwei austauschbare Beschreibungsmöglichkeiten desselben Konzepts. Daher entspricht die Notation für die Darstellung der Attribute in UML der kompakten Notation für die Darstellung der Komposition.

Für Attribute gilt also das Gleiche wie für die Komposition: Sie können ein- oder mehrwertig sein. Wenn sie mehrwertig sind, kann die Reihenfolge der Werte relevant oder irrelevant sein. Ein Wert kann mehrfach vorkommen, oder jeder Wert muss eindeutig sein.

Die Multiplizität des Ganzen ist bei Attributen genau wie bei der Komposition genau 1. Die Navigierbarkeit hat bei den Attributen fast immer die Richtung `Zusammengesetztes Objekt – Attribut`. Sollte irgendwann eine andere Art der Navigierbarkeit benötigt werden, empfehlen wir, diese Beziehung nicht als Attribut, sondern als Komposition zu modellieren.

4.3.9 Beziehungen zwischen Objekten in der Übersicht

In Abbildung 4.31 sehen Sie noch einmal die UML-Darstellungsmöglichkeiten für Beziehungen zwischen Objekten in der Übersicht.

Wir haben dort alle in den vorangegangenen Abschnitten beschriebenen Arten von Beziehungen in übersichtlicher Form in einem Beispiel zusammengefasst.

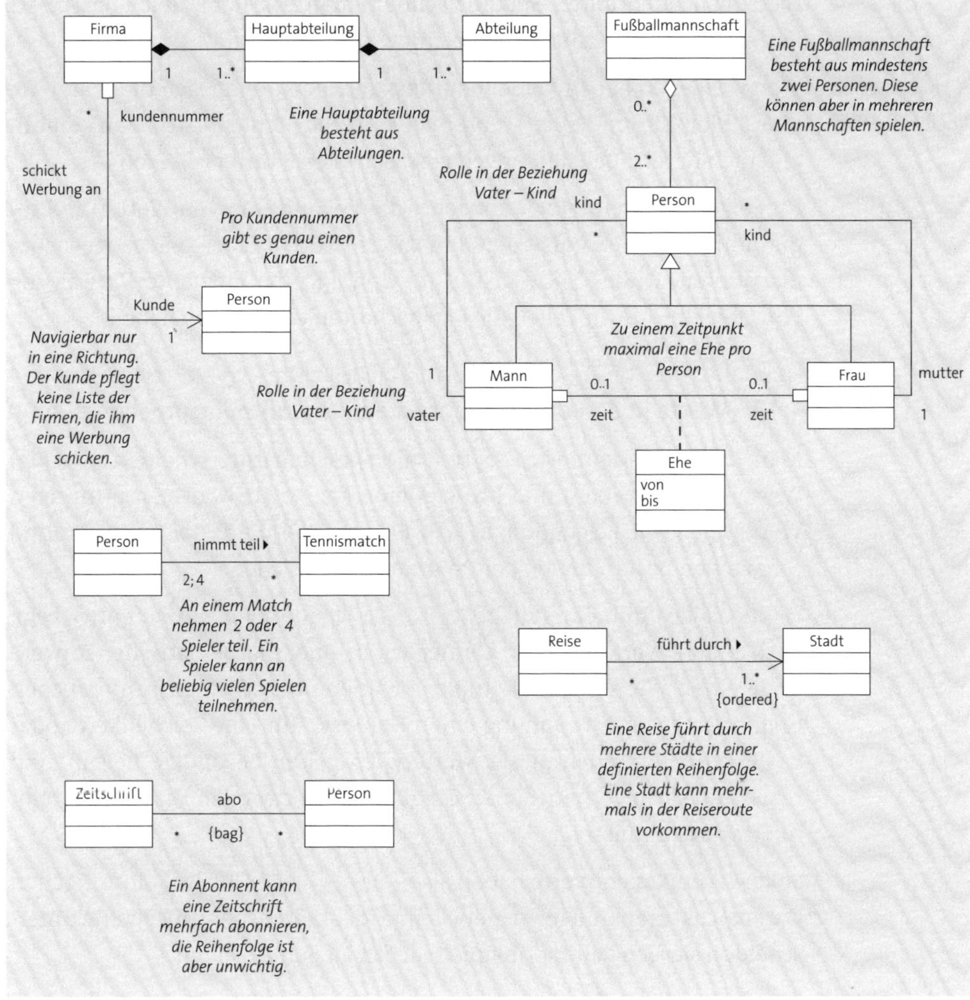

Abbildung 4.31 Darstellung von Beziehungen zwischen Objekten in UML

4.4 Klassen von Werten und Klassen von Objekten

Objekte haben eine Identität

In objektorientierten Systemen unterscheiden wir zwischen Objekten und Werten. Ein Objekt hat seine Identität und kann sich im Laufe seiner Existenz verändern. Es kann verschiedene Objekte (mit unterschiedlicher Identität) geben, die zu einem Zeitpunkt fachlich gesehen gleich sind, sich aber zu einem späteren Zeitpunkt unterscheiden.

Wenn wir eine Datei kopieren, hat die ursprüngliche Datei den gleichen Inhalt wie ihre Kopie. Die Originaldatei und ihre Kopie haben aber unterschiedliche Identitäten. Später, nachdem man eine der Dateien bearbeitet hat, sind sie auch nicht mehr gleich.

Werte haben keine eigene Identität

Werte dagegen haben keine Identität, und sie können sich nicht ändern. Eine 3 bleibt immer eine 3, und man kann sie nicht sinnvoll von einer in einem anderen Speicherbereich gespeicherten 3 unterscheiden.

Im Folgenden werden wir zunächst die Behandlung von Werten in Programmiersprachen vorstellen und das Entwurfsmuster »Fliegengewicht« diskutieren. Dieses Entwurfsmuster erlaubt eine effiziente Verwaltung von Objekten, die in Teilen die Eigenschaften von Werten haben.

4.4.1 Werte in den objektorientierten Programmiersprachen

Manche objektorientierte Programmiersprachen unterscheiden zwischen Werten und Objekten und bringen eine kleine Auswahl von primitiven Wertetypen mit. So gehören in Java, C# oder C++ die Typen `int`, `float` und `char` zu den Bestandteilen der Programmiersprache.

Häufig, ja fast immer, brauchen wir in Anwendungen, die wir entwickeln, auch andere Wertetypen. So können wir in einer mathematischen Anwendung einen Wertetyp für komplexe Zahlen oder für Matrizen brauchen und in fast jeder Anwendung einen Datentyp für eine Zeichenkette oder das Datum. Für jeden dieser Wertetypen gelten besondere Regeln, und man kann sie in verschiedenen Operationen verwenden, die ausprogrammiert werden müssen.

Solche komplexen Werte haben also – ähnlich wie Objekte – ihre eigenen Datenstrukturen und ihre eigene Funktionalität. In der Umsetzung unterscheiden sie sich daher prinzipiell nicht von den Objekten.

Werte als Objekte implementiert

Aus diesem Grund werden in den objektorientierten Programmiersprachen auch Werte als Objekte implementiert. Ob es sich bei einem Objekt um einen Wert oder um ein Objekt mit einer eigenen fachlichen Identität handelt, ist also eine konzeptionelle Entscheidung des Entwicklers bzw. der Entwicklerin. Die Implementierung ist die gleiche. Daher haben in den objektorientierten Programmiersprachen die Werte auch eine technische Identität und eine Lebensdauer.[20] Wir sprechen in diesem Fall von *Wertobjekten* (engl. *Value Objects*). Diese Wertobjekte werden jedoch so umgesetzt, dass die ihnen zugeordneten Daten nicht änderbar sind, nachdem das Objekt einmal angelegt wurde.

20 Ausnahmen in einigen Sprachen sind primitive Wertetypen wie `int` oder `float`.

[«]

Wertobjekte (Value Objects)

Wertobjekte sind Objekte, deren Eigenschaften nach der Konstruktion nicht mehr verändert werden können. Wird eine Änderung an einem Wertobjekt benötigt, wird nicht das Objekt selbst geändert, sondern eine geänderte Kopie des Objekts verwendet.[21]

In Abbildung 4.32 ist die Modellierung eines Datums als Wertobjekt dargestellt. Die Eigenschaften des Objekts sind dabei nicht änderbar. Sie sind mit der Eigenschaft `{frozen}` markiert. So kann jedes Datumsobjekt von mehreren Konferenzobjekten referenziert werden. Wird der Termin einer Konferenz verschoben, wird sie mit einem anderen Datum assoziiert.

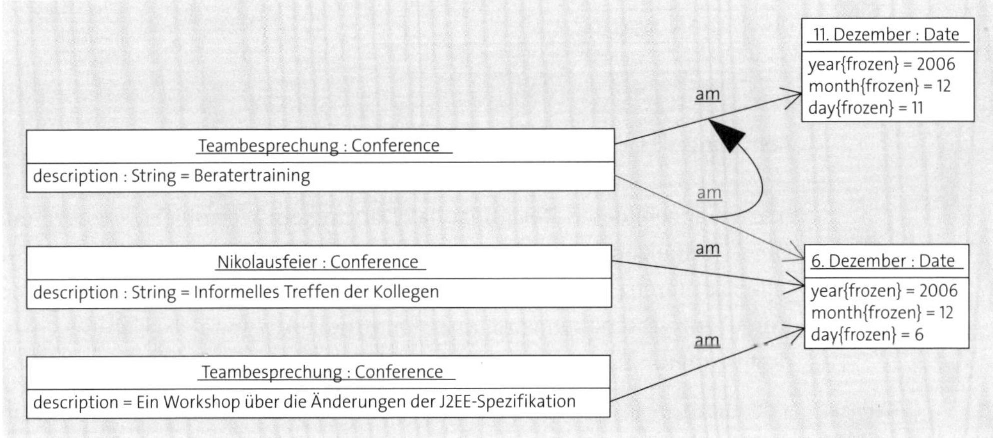

Abbildung 4.32 Datum als Wertobjekt

Ein weiteres Beispiel für eine Klasse solcher Wertobjekte ist die Klasse `String` in Java. Strings können nach ihrer Konstruktion nicht mehr verändert werden, alle ändernden Operationen liefern neue Exemplare der Klasse `String`.

Die Unterscheidung zwischen einem Wert und einem Objekt mit eigener Identität und Lebenszeit ist fachlich und auch technisch relevant.

Wenn Sie mit Wertobjekten arbeiten, sollten Sie immer daran denken, dass Sie nicht deren Identität, sondern deren fachliche Gleichheit überprüfen müssen. So finden zum Beispiel zwei Ereignisse zum selben Zeit-

21 Im Rahmen der Java-Enterprise-Edition-Architektur (JEE) wird der Begriff *Value Object* (*Wertobjekt*) hin und wieder in einer anderen Bedeutung gebraucht. Dort wird eine Datenstruktur damit bezeichnet, die für den Datenaustausch zwischen Server und Client verwendet wird. Mittlerweile hat sich dafür im JEE-Sprachgebrauch aber der Begriff *Data Transfer Object* etabliert.

punkt statt, wenn die Objekte, in denen der Zeitpunkt gespeichert wird, den gleichen Inhalt haben, auch wenn es sich dabei um zwei verschiedene Zeitpunktobjekte handelt. In Abbildung 4.33 sind die Auswirkungen dargestellt.

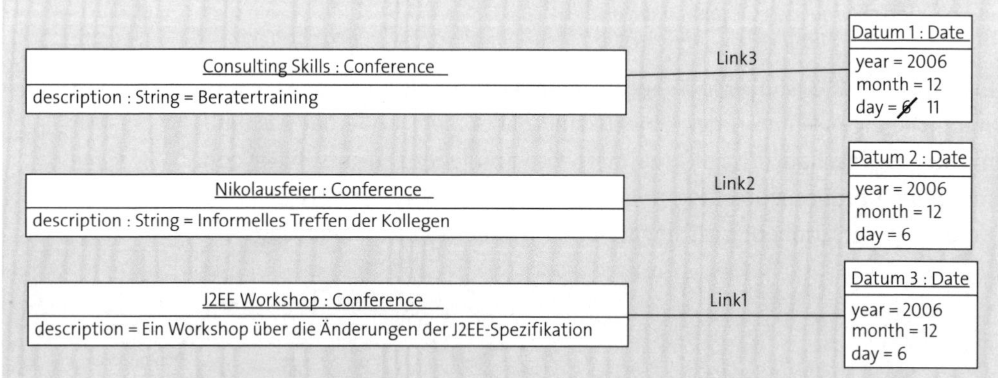

Abbildung 4.33 Datum als normales Objekt

In dem abgebildeten Design ist das Datum kein Wertobjekt, sondern ein Objekt mit eigener Identität und änderbaren Attributen. Daher muss mit jeder Konferenz ein eigenes Datumsobjekt assoziiert werden. Wenn eine Konferenz verschoben wird, müssen nur die Attribute des Datums geändert werden.

Geringer Speicherbedarf für Werte

Vor allem in Programmiersprachen mit automatischer Speicherverwaltung kann durch die Verwendung von Wertobjekten der Speicher effizienter genutzt werden. Da sich ein Wertobjekt nicht ändern kann, können sich mehrere andere Objekte auf dasselbe Wertobjekt beziehen, und man braucht sie nicht zu kopieren.

Nehmen Sie an, Sie haben das Datum als nicht änderbares Wertobjekt implementiert. Die Klasse `Besprechung` besitzt ein Datum, zu dem die Besprechung stattfindet. Nun können sich mehrere Besprechungen auf dasselbe Wertobjekt für das Datum beziehen, da mehrere Besprechungen am selben Tag (auch in unterschiedlichen Räumen) stattfinden können.

Wird jetzt eine Besprechung verschoben, wird sie sich auf ein neues, auch nicht änderbares Datumswertobjekt beziehen. Werden alle Besprechungen, die sich auf das ursprüngliche Datumswertobjekt bezogen haben, verschoben oder gelöscht, kann auch das aktuell nicht mehr benötigte Datumswertobjekt gelöscht werden. Wenn Ihre Programmiersprache eine automatische Speicherverwaltung für Objekte unterstützt, wird das automatisch passieren. Das genaue Verfahren dabei beschreiben wir in Abschnitt 7.3.2, »Was ist eine Garbage Collection?«.

Wenn Sie nun aber die andere Modellierungsvariante aus Abbildung 4.33 wählen, in der ein Datum ein änderbares Objekt ist, müssen Sie auch andere Teile der Anwendung anpassen. Sie können in diesem Fall das Datumsobjekt zwar direkt ändern und einen Termin damit auf ein anderes Datum verschieben. Aber damit möchten Sie natürlich nicht gleich alle anderen Besprechungen, die zufällig am selben Tag stattfinden, mitverschieben. Hätten Sie die Modellierung aus Abbildung 4.32 gewählt und änderten dort das Datumsobjekt, würde genau das passieren.

Da Sie jede Besprechung unabhängig von den anderen Besprechungen verschieben wollen, müssen Sie in diesem Fall die Modellierung aus Abbildung 4.33 wählen, in der jeder Termin sein eigenes Datumsobjekt zugeordnet hat.

Diskussion: Änderungen an Wertobjekten

Bernhard: *Sind denn Wertobjekte grundsätzlich nicht änderbar? Ich könnte mir vorstellen, dass es in einigen Fällen ganz sinnvoll sein kann, auch ein Wertobjekt zu ändern.*

Gregor: *Die Definition eines Wertobjekts sagt aus, dass sie nicht änderbar sind. Natürlich können wir uns dafür entscheiden, einen bestimmten Wert änderbar zu machen. Dann haben wir aber kein Wertobjekt mehr vorliegen, sondern eben ein änderbares Objekt.*

In manchen Fällen ist es durchaus auch sinnvoll, bestimmte Teile von Objekten als unveränderlich zu betrachten und nur einen kleinen Teil als wirklich veränderlich. Die auf dieser Basis möglichen Optimierungen wollen wir nun beschreiben.

4.4.2 Entwurfsmuster »Fliegengewicht«

Gerade haben Sie gesehen, für welche Anwendungsbereiche Wertobjekte sinnvoll sein können. Dabei haben wir auch erwähnt, dass sich die Tatsache, dass Wertobjekte nicht änderbar sind, zur Optimierung des Speicherverbrauchs ausnutzen lässt.

Dadurch, dass Wertobjekte, die den gleichen Wert enthalten, nur einmal im Speicher existieren, ist oft eine relevante Reduktion des Speicherbedarfs zu erreichen. Die speicherschonende Mehrfachverwendung der Wertobjekte ist also eine sinnvolle Ausnutzung der Tatsache, dass Wertobjekte nicht änderbar sind.

Die Anwendung dieses Verfahrens ist aber nicht auf Wertobjekte beschränkt. Das Entwurfsmuster »Fliegengewicht« (engl. *Flyweight*) beschreibt eine Optimierung, die auf der gleichen Überlegung beruht.

[»]

Entwurfsmuster »Fliegengewicht« (engl. Flyweight)

Wenn sehr viele große, in weiten Teilen übereinstimmende Objekte verwendet werden, können wir das Entwurfsmuster »Fliegengewicht« einsetzen, um den Speicherbedarf zu minimieren. Bei der Verwendung dieses Entwurfsmusters teilt man die häufig verwendeten Objekte in zwei Teile auf.

Der leichte Teil enthält die identischen Informationen aller Objekte und kann mehrfach verwendet werden. Diesen Teil bezeichnen wir als Fliegengewicht.

Der schwere Teil enthält die Informationen, in denen sich die Objekte unterscheiden. Statt viele nahezu gleiche Objekte zu verwenden, nutzt man nun die leichten Fliegengewichte und reichert sie mit der zusätzlich benötigten Information an. Diese Information wird in der Regel den Objekten bei der Verwendung über einen Kontext übergeben.

In Abbildung 4.34 ist die grundlegende Struktur des Entwurfsmusters dargestellt.

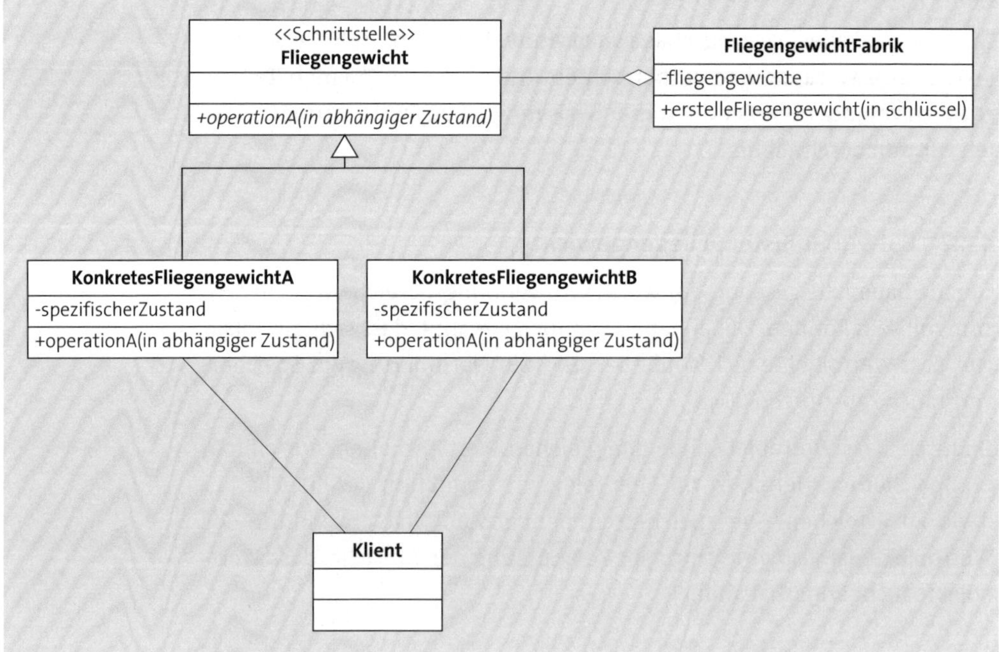

Abbildung 4.34 Struktur des Entwurfsmusters »Fliegengewicht«

Ein Beispiel für die Anwendung des Musters ist ein Textbearbeitungsprogramm: In einem Text werden sehr viele Buchstaben verwendet. Jeder Buchstabe hat eine Farbe, eine Größe, einen Umriss und so weiter. Der Umriss aller Buchstaben »a« einer Schriftart ist dabei immer der gleiche, wenn er auch für verschiedene Schriftgrößen skaliert werden muss. In Abbildung 4.35 sind die resultierenden Beziehungen dargestellt.

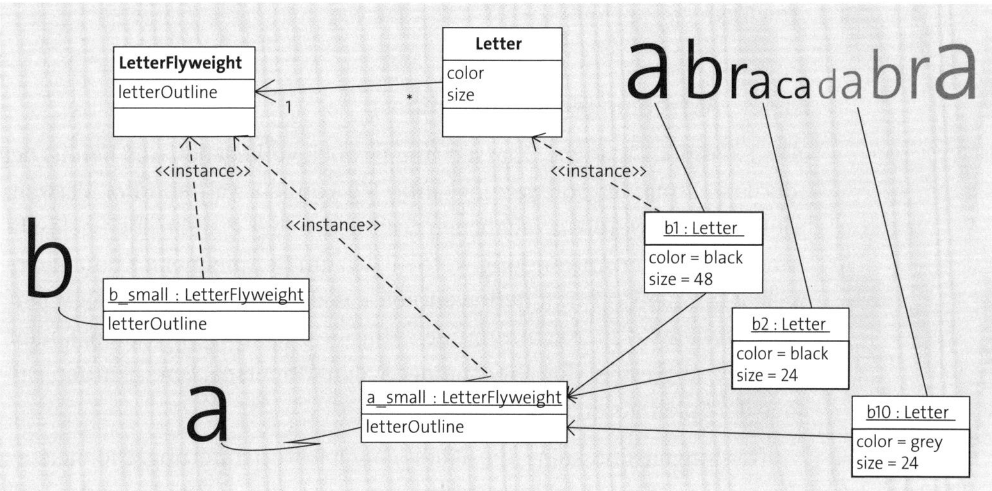

Abbildung 4.35 Anwendung auf die Darstellung von Zeichen

Wenn man das Muster »Fliegengewicht« einsetzt, trennt man die Informationen über die Buchstaben in zwei Teile auf. Zur Kontextinformation gehört, welche Farbe und welche Größe der Buchstabe hat.

Der Umriss der Buchstaben wird allerdings in den mehrfach verwendeten Fliegengewicht-Teilen gehalten. Pro Schriftart und Buchstabe gibt es also nur ein Fliegengewicht-Objekt. Dieses greift aber bei seiner Darstellung auf Informationen zurück, die ihm von außen übergeben werden.

Eine Vorstellung des Entwurfsmusters findet sich auch in den Design Patterns von Erich Gamma und seinen Kollegen.

Erich Gamma, Richard Helm, Ralph Johnson, John M. Vlissides: Design Patterns. mitp 2014.

Neben der erwarteten Speicherersparnis[22] hat die Mehrfachverwendung noch einen weiteren Vorteil, der beim Vergleich von Objekten zum Tragen kommt. Wenn sich zwei Objekte auf dieselbe Zeichenkette beziehen, ist sofort klar, dass die Zeichenkette mit sich selbst ebenfalls gleich ist. Be-

22 Ob man durch die Mehrfachverwendung eines Wertobjekts wirklich Speicher spart, hängt von der Größe solcher Wertobjekte und der Anzahl von deren Besitzern ab. Denn zusätzlich zu dem Objekt selbst muss jeder Besitzer einen Zeiger bzw. eine Referenz auf das Objekt speichern, und die automatische Speicherverwaltung hat auch ihren Preis.

trachten wir dagegen zwei Zeichenketten mit unterschiedlichen technischen Identitäten auf ihre Gleichheit, müssen wir ihre Zeichen so lange einzeln vergleichen, bis wir einen Unterschied finden.

Im folgenden Abschnitt werden wir eine spezielle Art von Werten anschauen: die Aufzählungen oder Enumerations. Wir werden dabei die verschiedenen Möglichkeiten vorstellen, solche Werte als Objekte zu betrachten.

4.4.3 Aufzählungen (Enumerations)

Die Exemplare mancher Klassen sind fachlich vorgegeben und bereits bei der Erstellung der Software bekannt. Sie können während der Verwendung der Software aus fachlichen Gründen weder erstellt noch gelöscht werden. In einer Anwendung werden Sie zum Beispiel neue Kunden eingeben können und Kunden eventuell aus dem Kundenstamm löschen. Das werden Sie aber kaum mit den Himmelsrichtungen Norden, Süden, Osten und Westen, den Wochentagen, den Monatsnamen oder den Farben der Spielfiguren beim Schach machen.

Aufzählungen als spezielle Klassen

Aufzählungen sind keine Spezialität der Objektorientierung. Die meisten Programmiersprachen kennen ein Konstrukt, um einem Datentyp eine endliche Menge von aufzählbaren Werten zuzuordnen. Allerdings lassen sich die zugehörigen Werte im Rahmen der Objektorientierung als Objekte mit zugehörigen Methoden umsetzen. Wir können damit Aufzählungen als spezielle Klassen betrachten, von denen eine genau definierte Menge von Exemplaren existiert.

Aufzählungen als abgegrenzte Mengen von Objekten

In Abbildung 4.36 ist die Beziehung zwischen den Wochentagen und der zugehörigen Klasse aufgezeichnet. Es gibt genau sieben Exemplare der Klasse `Wochentag`, denen in unserem Modell jeweils eine spezifische Abkürzung zugeordnet wird, die sich über die Operation `abkuerzung()` erfragen lässt. Außerdem gibt es eine Methode `istWochenende`, ein Objekt zu befragen, ob es für einen Wochenendtag steht.

In den aktuellen Versionen von Java (seit Version 5) lässt sich diese Modellierung direkt auf ein Sprachkonstrukt abbilden. Mit dem Konstrukt `enum` bietet Java die Möglichkeit, eine Klasse speziell für die Aufzählung von Objekten zu deklarieren, wobei die Objekte auch eigene Daten und Methoden haben können. In Listing 4.19 ist der entsprechende Quelltext dargestellt.

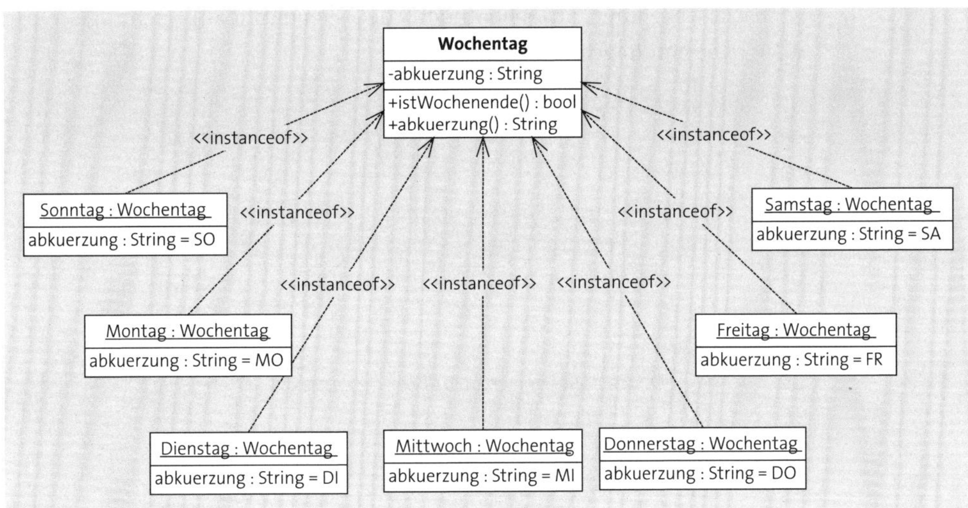

Abbildung 4.36 Objekte, die Wochentage repräsentieren

```
enum Wochentag {
    MONTAG("Mo"), DIENSTAG("Di"), MITTWOCH("Mi"),
    DONNERSTAG("Do"), FREITAG("Fr"), SAMSTAG("Sa"),
    SONNTAG("So");

    private final String abkuerzung;

    Wochentag(String abkuerzung) {
       this.abkuerzung = abkuerzung;
    }

    public boolean istWochenende() {
        return this == SAMSTAG || this == SONNTAG
    }

    public String abkuerzung() {
        return abkuerzung;
    }
}
```

Listing 4.19 Aufzählung von Wochentagen in Java ab Version 5

Elemente einer Aufzählung mit Methoden

Dabei können sogar die einzelnen Einträge einer Aufzählung eigene Methoden haben und die Methoden der Klasse überschreiben. Hier eine andere Implementierung der Aufzählung `Wochentag`, die das verdeutlicht. Die Objekte, die Samstag und Sonntag repräsentieren, haben die Methode istWochenende überschrieben und werden sich damit auf Nachfrage selbst als Wochenendtage einordnen.

```
enum Wochentag {
    MONTAG, DIENSTAG, MITTWOCH, DONNERSTAG, FREITAG,
    SAMSTAG {
        @Override boolean istWochenende() {
            return true;
        }
    },
    SONNTAG {
        @Override boolean istWochenende() {
            return true;
        }
    };
    boolean istWochenende() {
        return false;
    }
}
```

Listing 4.20 Samstag und Sonntag mit eigenen Methoden

Aufzählungen als typsichere Menge von numerischen Werten

Allerdings bieten nicht alle Programmiersprachen eine solche Objektsicht auf die Elemente von Aufzählungen. Die andere Sichtweise auf Aufzählungen ist, einfach eine typsichere Verwendung von (meist numerischen) Werten zur Verfügung zu stellen. Operationen auf diesen Werten können dann in einer eigens dafür eingeführten Klasse realisiert werden. In Abbildung 4.37 ist diese Variante für das Beispiel zu den Wochentagen dargestellt. Informationen über die einzelnen Tage werden dabei über klassenbezogene Methoden der Klasse Woche ausgewertet.

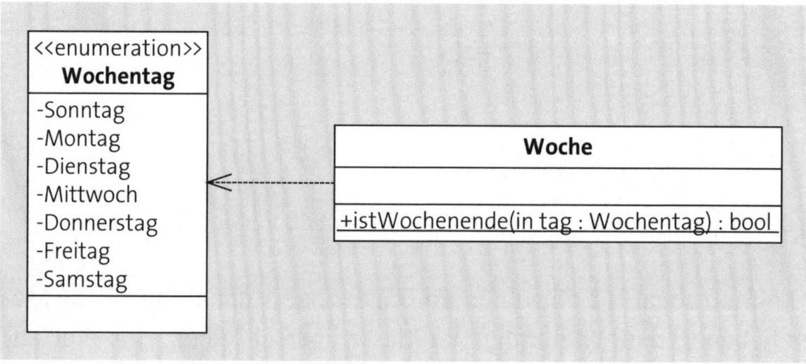

Abbildung 4.37 Aufzählungen für einen typsicheren Zugriff

Eine Umsetzung dieses Verfahrens in C++ (ab Version C++11) ist in Listing 4.21 dargestellt.

```
enum class Wochentag {
    MONTAG,
    DIENSTAG,
    MITTWOCH,
    DONNERSTAG,
    FREITAG,
    SAMSTAG,
    SONNTAG,
};


class Woche {

    public:
        static bool istWochenende(Wochentag tag) {
            return (tag == Wochentag::SAMSTAG ||
                    tag == Wochentag::SONNTAG);
        };
};
```

Listing 4.21 Aufzählung von Wochentagen in C++

Aufzählungen als typsichere Zahlen in C++

Lassen Sie sich hier nicht vom Schlüsselwort `class` in der Deklaration des Aufzählungstyps über `enum class` täuschen: Sie können keine eigenen Operationen für die Klasse definieren, wie das in Java der Fall ist. Diese müssen Sie einer separaten Klasse zuordnen, in unserem Beispiel der Klasse `Woche`.

Trotz des Schlüsselworts `class` sind Aufzählungen in C++ keine echten Klassen. Es sind einfach nur speziell bezeichnete und *typsicher* gemachte Werte, die aber keine eigene Identität haben.

4.4.4 Identität von Objekten

In der realen Welt ist die Frage nach der Identität in der Regel etwas, das wir sehr einfach beantworten können. Wenn wir einen Kollegen abends in der Kneipe[23] treffen, fragen wir uns nicht: »Hm, ist das nun derselbe oder nur der gleiche Kollege?« Nein, in der Regel ist klar: Das ist genau der, den wir auch von der Arbeit kennen.

23 Oder in Sportverein, Kirche, Moschee oder während des Karnevalsumzugs – es soll ja nur ein Beispiel sein.

Probleme treten hier meist erst auf, wenn wir mit den Namen von Objekten oder Personen hantieren.

Ist der Herr Qwert Zuiop[24], über den ich gerade in der Zeitung lese, dass er Tausende von Anlegern um ihr Geld betrogen hat, vielleicht mein Anlageberater, der auch Qwert Zuiop heißt? Ich weiß es nicht ganz genau, obwohl sich ein mulmiges Gefühl und ein gewisser Verdacht breitmachen.

In unserem Beispiel entsteht die Frage nach der Identität dadurch, dass wir den gleichen Namen in zwei verschiedenen Kontexten beobachten. Die Frage ist hier: Beziehen sich die beiden Namen auf dieselbe Person?

Mehrere Referenzen auf Objekte

Im Bereich der Objekte wäre die Entsprechung dazu die Fragestellung, ob sich zwei Referenzen auf dasselbe Objekt beziehen. Diese Fragestellung entspricht der Fragestellung, ob die jeweiligen Referenzen gleich sind. In Java werden Objekte grundsätzlich als Referenzen behandelt, deshalb können wir hier über den Operator == feststellen, ob zwei Variablen auf dasselbe Objekt verweisen.

```
Berater qwert_zuiop_berater = new Berater(1);
Berater qwert_zuiop_zeitung = qwert_zuiop_berater;
if (qwert_zuiop_berater == qwert_zuiop_zeitung) {
    System.out.println("sorry, du bist pleite");
}
```

Listing 4.22 Zwei identische Berater

Zwei identische Objekte

Aber in objektorientierten Systemen können auch Objekte, die wir über diese Prüfung nicht als identisch erkennen, unter einem bestimmten Aspekt identisch sein. Jetzt stellt sich natürlich die Frage: Wie können denn in einem System überhaupt mehrere Objekte angelegt werden, die wir als identisch betrachten, die also auf unsere Nachfrage antworten würden: »Ja, wir beide, ich und mein Kumpel, wir sind eigentlich das identische Objekt.« Hört sich ja ein bisschen nach einem Anfall von Schizophrenie an.

Schauen wir uns dazu aber einfach unser Beispiel in etwas modifizierter Form an. Dazu passen wir zunächst die Beraterklasse an. Wir gehen davon aus, dass es für alle Berater und Beraterinnen eine übergreifend eindeutige Kennung gibt, so eine Art laufende Nummer im internationalen Beratungsgeschäft, die auch in einer zentralen Beraterdatenbank gepflegt wird. Die Datenbank sorgt dafür, dass diese Kennungen nicht doppelt vergeben werden. In Abbildung 4.38 ist das Vorgehen dargestellt.

24 Dieses Beispiel ist ganz und gar fiktiv. Ähnlichkeiten mit lebenden Personen sind rein zufällig und bedauerlich.

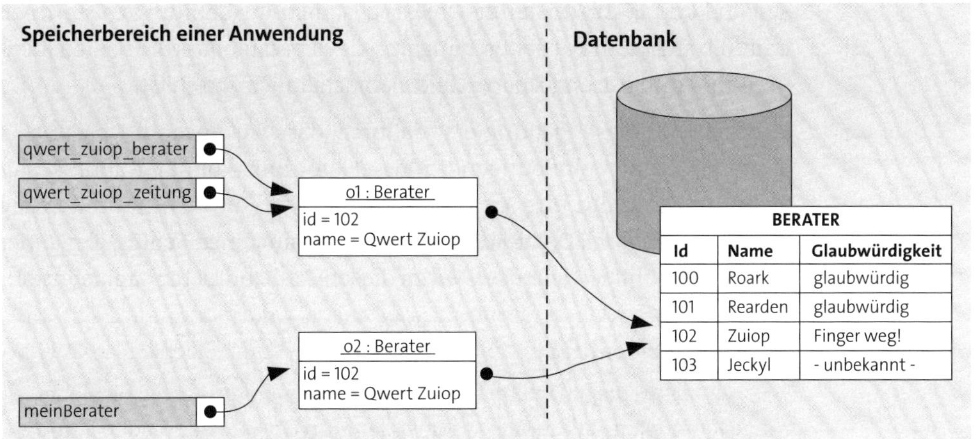

Abbildung 4.38 Eindeutige Datenbankkennungen für Berater

Die Variablen `qwert_zuiop_berater` und `qwert_ zuiop_zeitung` verweisen dabei auf dasselbe Objekt im Speicher. Die beiden verweisen damit auf das identische Objekt. Die Variable `meinBerater` verweist auf ein anderes Objekt. Da das aber dieselbe Datenbankkennung aufweist, wird es ebenfalls als identisch mit dem anderen Objekt betrachtet. Eine Umsetzung und Anwendung dieser Prüfung ist in Listing 4.23 aufgeführt.

```
01 class Berater {
02     int ID;
03     Berater(int ID) {
04         this.ID = ID;
05     }
06     boolean istIdentisch(Berater andererBerater) {
07         return this.ID == andererBerater.ID;
08     }
09 }
10 // ...
11     Berater qwert_zuiop_berater = new Berater(102);
12     Berater qwert_zuiop_zeitung = qwert_zuiop_berater;
13     Berater meinBerater = new Berater(102);
14     if (meinBerater.istIdentisch(qwert_zuiop_zeitung)) {
15         System.out.println("sorry, immer noch pleite");
16     }
```

Listing 4.23 Anwendung einer eindeutigen Kennung für Prüfung der Identität

Die bei der Konstruktion eines Beraterobjekts in Zeile 03 übergebene Kennung wird bei der Identitätsprüfung in Zeile 06 verwendet. Den in den

Zeilen 11 und 13 konstruierten Objekten ist dieselbe Kennung zugeordnet. Dadurch stellt sich bei der Prüfung in Zeile 14 heraus, dass die beiden identisch sind und das angesparte Geld wahrscheinlich futsch ist.

Datenbankidentität

Möglich wird diese Prüfung erst dadurch, dass wir unseren Objekten in diesem Fall einen eindeutigen Schlüssel zuordnen können. Damit schaffen wir eine modifizierte Art von Objektidentität: die Identität mit Bezug auf einen Schlüssel. Da dieser Schlüssel meist auf einen Schlüssel in einer Datenbank abbildet, sprechen wir in diesem Fall von Datenbankidentität.

Datenbankidentität

Bei Objekten, die in Datenbanken gespeichert werden, kann eine eindeutige Kennung für diese Objekte über den zum Objekt gehörenden Eintrag in der Datenbank verwaltet werden. Objekten wird beim Erstellen und Speichern von der Datenbank eine eindeutige Kennung zugeordnet. Beim Laden von Objekten aus der Datenbank wird diese Kennung ebenfalls wieder dem Objekt zugeordnet.

Datenbankidentität wird eine Umsetzung der Prüfung auf Identität genannt, bei der die von der Datenbank vergebene Kennung als Identitätskriterium verwendet wird.

In Kapitel 6, »Persistenz«, werden Sie im Detail erfahren, welche Rolle diese über die Datenbank vergebenen Kennungen im Rahmen der Persistenz von Objekten spielen.

Betrachtungsebenen

Hier haben Sie also einen modifizierten Begriff von Identität: Sie haben zwei unterschiedliche Objekte, die aber auf einer anderen Betrachtungsebene auf genau ein Objekt abbilden. Im Fall des Beraters Zuiop haben Sie also durchaus zwei Objekte mit zunächst unterschiedlicher Objektidentität vorliegen. Wenn Sie diese allerdings auf der Ebene der gespeicherten Daten betrachten, beziehen sich beide wieder auf dasselbe Objekt, in diesem Fall denselben Datensatz. Unter diesem Aspekt sind beide Objekte identisch.

So lässt sich auch erklären, wie überhaupt zwei identische Objekte in Ihr System kommen können. Sie könnten zum Beispiel Herrn Qwert Zuiop über zwei Abfragen in der Datenbank geladen haben. Die erste Abfrage liefert einfach alle Berater und Beraterinnen aus dem Gebiet von Hamburg. Die zweite Abfrage liefert alle betrügerischen Beraterinnen und Berater. Und da Herr Zuiop in beiden Listen auftaucht, kann es uns passieren, dass wir auf einmal zwei Objekte im System haben, die sich auf denselben Datensatz in der Datenbank beziehen. Die beiden Zuiops sind unter dem Aspekt der Datenbank identisch.

Nicht immer ist die Frage nach der Identität also einfach zu beantworten. Wir unterscheiden eine Reihe von Situationen, in denen sich die Frage nach Objektidentität jeweils unterschiedlich beantworten lässt.

Frage nach der Identität

Grundsätzlich kann man sagen, dass zwei Objekte identisch sind, wenn man keinen Test programmieren kann, der einen Unterschied zwischen den zwei Objekten feststellen kann.

- Wertobjekte haben keine relevante Identität. Die Zahl 17 ist immer die Zahl 17, unabhängig davon, in welchem Kontext sie auftaucht. Wenn zwei Wertobjekte einmal gleich sind, sind sie es immer, also kann man sie als identisch betrachten.
- Identische Objekte können technisch unterschieden sein. Ein Beispiel dafür sind zweifach geladene Objekte mit gleicher Datenbankidentität. Wenn wir jedoch (unter der Annahme, dass das Speichern und Laden aus der Datenbank automatisch geschieht) das eine Objekt ändern, wird das andere Objekt ebenfalls geändert, also kann der Identitätstest keinen Unterschied feststellen.
- Es gibt fachliche Objekte, die auf einer Betrachtungsebene eine Identität haben, auf einer anderen Betrachtungsebene aber auf mehrere Objekte mit jeweils eigener Identität abgebildet werden. Zum Beispiel handelt es sich bei einem Babyfoto und einem Foto eines erwachsenen Menschen auf der Ebene der Fotos um zwei verschiedene Objekte, auch wenn der fotografierte Mensch derselbe ist. So kann man zum Beispiel zwei verschiedene Versionen desselben Objekts auf einer anderen Ebene als zwei eigenständige Objekte betrachten.
- Es gibt Abbildungen aufgrund von technischen Abstraktionen. Stateless Session Beans können technisch in beliebig vielen Exemplaren vorliegen, die verwendete Fassade stellt sie jedoch nach außen als ein und dasselbe Objekt dar.

Um den letzten Fall zu erläutern, werfen wir zunächst einen Blick auf die sogenannten *Enterprise Java Beans* (EJB).

Diskussion: Wer verwendet denn noch EJB?

Bernhard: *Hmm, Enterprise Java Beans sind ja nicht mehr so weit verbreitet im Einsatz. Die ursprüngliche Version hat sich doch als recht schwer handhabbar erwiesen. Mittlerweile sind viel eher leichtgewichtige Frameworks wie zum Beispiel Spring im Einsatz. Wollen wir wirklich Enterprise Java Beans als Beispiel verwenden?*

Gregor: *Das stimmt schon. Auf der anderen Seite sind die EJBs ab Version 3.0 noch mal signifikant überarbeitet worden und nun viel leichtgewichtiger als vorher. Außerdem lassen sich die Konzepte von Identität sehr gut an den* *verschiedenen Arten von Beans erläutern, und diese Konzepte sind auch auf andere Szenarien übertragbar.*

Enterprise Java Beans

Bernhard: *Na gut. Dann lass uns also einen kurzen Überblick darüber geben, was Enterprise Java Beans eigentlich sind.*

Enterprise Java Beans und JEE

Enterprise Java Beans (EJB) sind in Java programmierte Klassen, die bestimmte Dienste implementieren. Diese Klassen laufen auf einem Server, in einem EJB-Container. Dieser ist ein zentraler Bestandteil eines Servers, der den Standard der Java Platform, Enterprise Edition (JEE) implementiert. Neben einem EJB-Container gehören zu JEE auch noch weitere Komponenten, so zum Beispiel ein Webcontainer, der Servlets und Java Server Pages unterstützt. Bei den Enterprise Java Beans unterscheidet man zwischen folgenden Arten:

Die *Session Beans* sind Objekte, die keinen fachlich gespeicherten Zustand haben. Sie existieren nur für die Dauer der Konversation (*Session*) zwischen einem Client und dem Server. Dabei unterscheidet man zwischen Stateful und Stateless Session Beans. Die Stateful Session Beans merken sich den Zustand (*State*) der Konversation zwischen den Aufrufen, die Stateless Session Beans merken sich den Zustand der Session zwischen den Aufrufen nicht.

Im Gegensatz zu den Stateful Session Beans, die an eine Session gebunden sind, kann der Server ein Exemplar der Stateless Session Beans nacheinander in mehreren Sessions verwenden, und er kann auch innerhalb einer Session nacheinander mehrere Exemplare verwenden.

Entity Beans sind Objekte, deren Lebensdauer über eine Session hinausgeht. Dies unterscheidet sie von Session Beans, denn der Zustand der Entity Beans muss auch zwischen den Sessions gespeichert werden. Über Entity Beans lassen sich somit persistente Dienste abbilden. Über einen Primärschlüssel werden diese Beans eindeutig identifiziert, sodass sie persistent gespeichert und anschließend wieder geladen werden können.

Der Vollständigkeit halber erwähnen wir hier noch die sogenannten *Message Driven Beans*. Diese werden verwendet, um Nachrichten asynchron zu verarbeiten.

[zB] Verschiedene Beans

Am Beispiel der verschiedenen Arten von Beans lassen sich die unterschiedlichen Sichten auf die Identität von Objekten gut erläutern. Jedes EJB-Objekt weist eine Methode `IsIdentical` auf. Ein EJB-Objekt ist abhängig von der Art seiner Erzeugung ein Exemplar einer der beschriebenen Arten von Enterprise Beans. Je nachdem, um welche Art von Enterprise

Bean es sich handelt, verhält sich die Abfrage auf Identität unterschiedlich.

- Exemplare von Stateless Session Beans, die über die gleiche Fabrik (EJB-Home) erzeugt worden sind, sind aus Sicht eines nutzenden Clients alle identisch.
- Exemplare von Stateful Session Beans, die über die gleiche Fabrik erzeugt worden sind, sind nur dann identisch, wenn es sich tatsächlich um dasselbe Objekt handelt.
- Exemplare von Entity Beans (persistente Objekte) sind dann identisch, wenn sie den gleichen Wert für ihren Primärschlüssel aufweisen.

Stateless Session Beans

Alle Exemplare einer Stateless Session Bean werden als identisch betrachtet. Da es keinen Zustand gibt, sind diese Exemplare völlig ununterscheidbar und gelten damit alle als identisch:

```
MyStatelessBean beanA = MyStatelessBeanHome.create();
MyStatelessBean beanB = MyStatelessBeanHome.create();
assert(beanA.IsIdentical(beanB));
```

Aus der Sicht des Servers, des *Containers* der Beans, handelt es sich bei den Exemplaren der Stateless Session Beans möglicherweise um unterschiedliche Objekte, die unterschiedliche Identitäten, Lebenszyklen und Daten haben, aus der Sicht des Clients handelt es sich aber um dasselbe Objekt, da er sie in keiner Weise aufgrund ihres Verhalten unterscheiden kann. Faktisch weiß er gar nicht, dass hier möglicherweise mehrere Exemplare vorhanden sind.

Diese Situation ähnelt den Anrufen bei der Auskunft. Als Anrufer braucht man nicht zu unterscheiden, mit wem man spricht, denn der konkrete Ansprechpartner ist für die Dienstleistung nicht von Bedeutung. Als Betreiber eines Callcenters muss man aber die einzelnen Mitarbeiter und Mitarbeiterinnen selbstverständlich als Individuen behandeln. Diese Analogie ist in Abbildung 4.39 dargestellt.

Stateful Session Beans

Anders sieht es bei Stateful Session Beans aus. Diese haben eine eigene Identität, die aber nicht über einen expliziten Schlüssel bekannt ist. Die Identität ist wichtig, ihre Verwaltung ist jedoch eine interne Angelegenheit des Containers, der die Beans verwaltet.

```
MyStatefulBean beanA = MyStatefulBeanHome.create();
MyStatefulBean beanB = MyStatefulBeanHome.create();
MyStatefulBean beanC = beanA;
assert(beanA.IsIdentical(beanC));
assert(!(beanA.IsIdentical(beanB)));
```

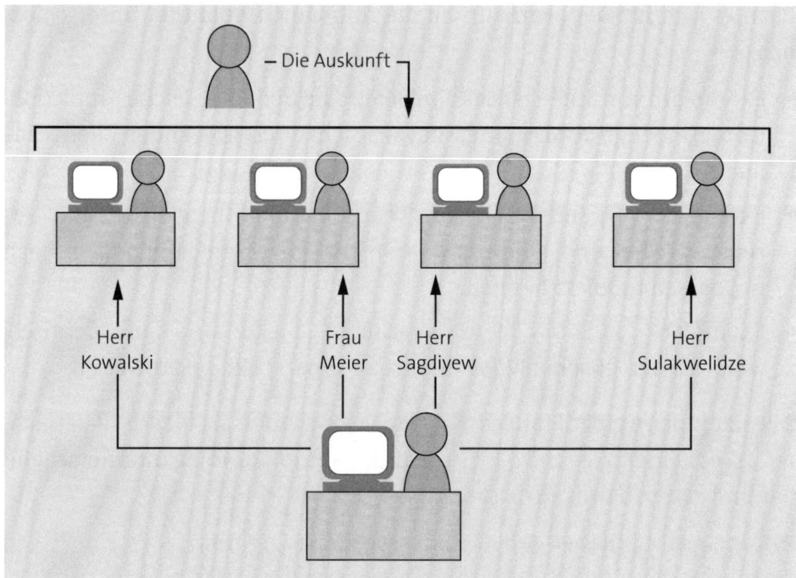

Abbildung 4.39 Einheitliche Sicht auf ein Callcenter

In diesem Fall sind nur solche Beans identisch, die dasselbe Objekt referenzieren. Das entspricht der Situation, in der es lediglich mehrere Referenzen auf dasselbe Objekt geben kann. Die Objekte haben dabei aber keine weiter eingegrenzte Identität, die über ihr Objektsein hinausgeht.

Entity Beans

Schließlich haben wir noch die persistente Variante, die Entity Beans. Diese benötigen, damit sie gespeichert werden können, einen eindeutigen Schlüssel, der mit der Methode `getPrimaryKey()` erfragt werden kann. Es wäre in diesem Fall zwar ein Fehler, wenn mehrere Objekte mit dem gleichen Primärschlüssel existieren würden, allerdings könnte ein Container auch hier wieder aus Effizienzgründen mehrere Objekte mit dem gleichen Primärschlüssel verwalten. Er ist dann aber dafür verantwortlich, diese Objekte nach außen wie ein einziges wirken zu lassen.

```
MyEntityBean beanA = MyEntityBeanHome.create("key1");
MyEntityBean beanB = MyEntityBeanHome.findByPrimaryKey("key1");
assert(beanA.IsIdentical(beanB));
```

Auf der Seite des Servers haben wir damit allerdings nichts darüber ausgesagt, ob es sich hier wirklich um das identische Objekt handelt. Beziehen sich nun `beanA` und `beanB` auf genau dasselbe Objekt, das vom Container verwaltet wird? Wir wissen es nicht, und es interessiert uns an dieser Stelle auch nicht. `beanA` und `beanB` sind für uns identisch, der Primärschlüssel identifiziert unser Objekt eindeutig. Der Rest ist Sache des Containers, der uns die gewünschte Abstraktionsebene bereitstellt.

Kapitel 5
Vererbung und Polymorphie

In diesem Kapitel erfahren Sie, wie Sie die Vererbung der Spezifikation im Zusammenspiel mit der Fähigkeit der dynamischen Polymorphie nutzen können, um Ihre Programme flexibler zu gestalten. Wir stellen zunächst Vererbung und Polymorphie vor, um dann an konkreten Aufgabenstellungen deren Möglichkeiten und Grenzen aufzuzeigen.

In der objektorientierten Programmierung gibt es zwei unterschiedliche Konzepte, die beide als Vererbung bezeichnet werden.

Vererbung der Spezifikation

In Abschnitt 5.1 werden wir zunächst die *Vererbung der Spezifikation* betrachten. Das ist eine der wichtigsten Techniken der Objektorientierung. Im Zusammenspiel mit der dynamischen Polymorphie, die Thema von Abschnitt 5.2 ist, stellt die Vererbung der Spezifikation das zentrale Modellierungsmittel der Objektorientierung dar.

Vererbung der Implementierung

In Abschnitt 5.3 stellen wir dann die *Vererbung der Implementierung* vor. Die Vererbung der Spezifikation und die Vererbung der Implementierung werden häufig pauschal unter dem Begriff der Vererbung zusammengefasst. Dabei sind die zugrunde liegenden Konzepte klar verschieden. Die Vererbung der Implementierung ist ein Mittel zur Vermeidung von Redundanzen, das aber wesentlich mehr konzeptuelle und praktische Probleme mit sich bringt als die Vererbung der Spezifikation.

In Abschnitt 5.4 erläutern wir Möglichkeiten und Probleme des Konzepts der Mehrfachvererbung. Wir schließen das Kapitel in Abschnitt 5.5 mit einem Blick auf Situationen, in denen wir die Klassenzugehörigkeit eines Objekts während dessen Lebenszeit ändern wollen.

5.1 Die Vererbung der Spezifikation

Bevor wir auf die Vererbung der Spezifikation zu sprechen kommen, beginnen wir zunächst mit der Einführung von Beziehungen zwischen Klassen.

5.1.1 Hierarchien von Klassen und Unterklassen

Bisher haben wir Klassen meist als Gruppierungen von gleichartigen Objekten betrachtet. Das ist für sich eine durchaus nützliche und praktikable Sicht. Die zentralen Mechanismen der Objektorientierung lassen sich jedoch erst nutzen, wenn auch Beziehungen zwischen Klassen möglich sind. Die wichtigste Beziehung, die zwischen zwei Klassen bestehen kann, ist, dass eine Klasse als Unterklasse einer anderen Klasse eingestuft wird.

Unterklassen und Oberklassen

Eine Klasse `SpezielleKlasse` ist dann eine *Unterklasse* der Klasse `AllgemeineKlasse`, wenn `SpezielleKlasse` die Spezifikation von `AllgemeineKlasse` erfüllt, umgekehrt aber `AllgemeineKlasse` nicht die Spezifikation von `SpezielleKlasse`. Die Klasse `AllgemeineKlasse` ist dann eine *Oberklasse* von `SpezielleKlasse`.

Die Beziehung zwischen `AllgemeineKlasse` und `SpezielleKlasse` wird *Spezialisierung* genannt. Die umgekehrte Beziehung zwischen den Klassen `SpezielleKlasse` und `AllgemeineKlasse` heißt *Generalisierung*.

In Abbildung 5.1 ist die UML-Darstellung dieser Beziehungen zwischen zwei Klassen aufgeführt.

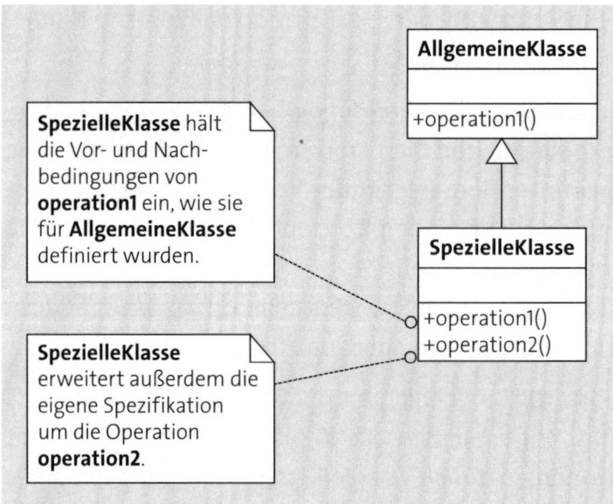

Abbildung 5.1 Darstellung von Unterklasse und Oberklasse in UML

Diese Beziehungen können auch in komplexeren Hierarchien organisiert sein. So kann eine Klasse durchaus die Spezifikation von mehreren anderen Klassen erfüllen, also Unterklasse von mehreren Oberklassen sein. Auf der anderen Seite kann eine Oberklasse auch mehrere Unterklassen haben. In Abbildung 5.2 ist als Beispiel die Klasse `Dokument` dargestellt.

Die Klasse Dokument ist Unterklasse der beiden Klassen Darstellbar und Druckbar. Sie ist aber auch Oberklasse der drei Klassen Arbeitsvertrag, Kreditvertrag und AGB.

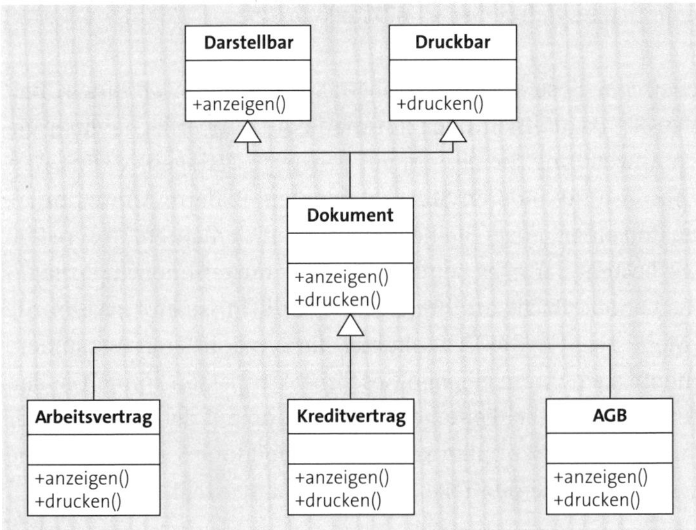

Abbildung 5.2 Mehrere Unter- und Oberklassen

5.1.2 Unterklassen erben die Spezifikation von Oberklassen

In Abschnitt 4.2.2, »Kontrakte: die Spezifikation einer Klasse«, haben wir erläutert, dass sich die Spezifikation einer Klasse aus den Vor- und Nachbedingungen für alle ihre Operationen zusammensetzt, ergänzt durch die für alle Exemplare der Klasse geltenden Invarianten. Eine Unterklasse erbt die Spezifikation ihrer Oberklasse. Damit gilt die Spezifikation der Oberklasse auch für die Unterklasse. Die Unterklasse ist an diese Spezifikation gebunden und kann sie nur auf klar definierte Weise modifizieren. Die Regeln für die Anpassung dieser Spezifikation stellen wir im nachfolgenden Abschnitt 5.1.3 genauer vor.

Unterklasse zu sein, ist also mit einer Menge Verantwortung verbunden. Eine Unterklasse muss immer für die Verpflichtungen ihrer Oberklasse einstehen können.

[«]

Vererbung der Spezifikation (Vererbung von Schnittstellen, engl. Interface Inheritance)

Eine Unterklasse erbt grundsätzlich die Spezifikation ihrer Oberklasse. Die Unterklasse übernimmt damit alle Verpflichtungen und Zusicherungen der Oberklasse. Alternativ wird auch der Begriff *Vererbung von*

Schnittstellen benutzt. Vererbung der Spezifikation drückt aber besser aus, dass eine Unterklasse die Verpflichtungen mit übernimmt, die sich aus der Spezifikation der Oberklasse ergeben. Es handelt sich eben nicht darum, einfach die Syntax einer Schnittstelle zu erben.

Beispiel zur Vererbung der Spezifikation

Verdeutlichen wir diese doch recht abstrakte Definition an einem Beispiel. Werfen Sie dazu einen Blick auf die Benutzeroberfläche einer gewöhnlichen Anwendung. Sie besteht aus Fenstern, Dialogen, Menüs, dargestellten Tasten und anderen Steuerelementen, Bildern, Animationen, Geräuschen und einer ganzen Reihe von weiteren Elementen. Unsere Beispielaufgabe besteht darin, es Benutzern und Benutzerinnen zu ermöglichen, die Bedienoberfläche an ihre eigenen Bedürfnisse anzupassen. Sie sollen die Menüstruktur, die Tastenkürzel, die Symbolleisten und andere Steuerelemente nach ihrem eigenen Geschmack anpassen können, sollen also die Steuerungsmöglichkeiten der Anwendung mit den Aktionen der Anwendung beliebig verknüpfen können. In Abbildung 5.3 ist eine Reihe von möglichen Steuerelementen exemplarisch dargestellt.

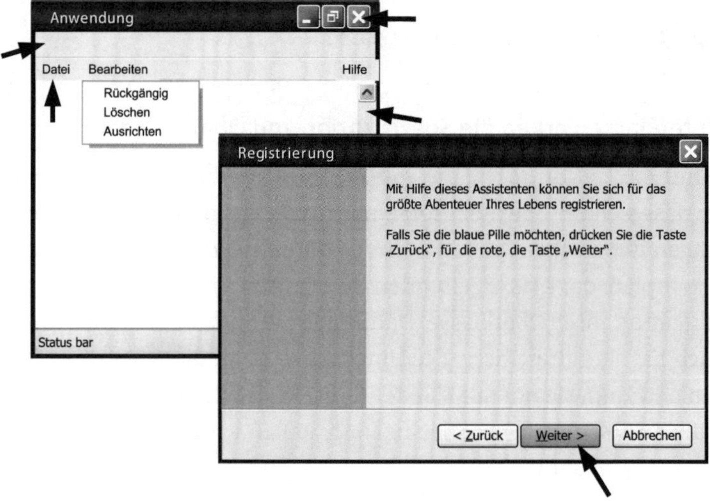

Abbildung 5.3 Steuerelemente einer Anwendung

In diesem kurzen Abschnitt lassen sich bereits zwei Klassen finden: die Klasse der *Aktionen* und die Klasse der *Steuerelemente*. Darüber hinaus gibt es in der Anwendung noch viele andere Klassen, mit denen Sie sich aber jetzt nicht beschäftigen müssen. Schauen Sie sich stattdessen die Klasse der Steuerelemente genauer an. Zu dieser Klasse gehören die Menüs, die Symbolleistentasten, die Tastenkürzel, die Mausgesten und sogar die Befehle der Sprachsteuerung.

Gemeinsamkeiten von Steuerelementen

Alle diese Objekte – Exemplare der Klasse `Steuerelement` – haben folgende Gemeinsamkeiten:

- Ihnen kann eine Aktion zugeordnet werden.
- Diese Aktion wird ausgelöst, wenn das Steuerelement aktiviert wird.
- Sie haben einen darstellbaren Namen, der bei der Konfiguration der Oberfläche angezeigt wird.

Unterschiede zwischen Steuerelementen

Doch sie haben nicht nur Gemeinsamkeiten, es bestehen auch ziemlich große Unterschiede zwischen den Steuerelementen. Den Menüs und den Symbolleistentasten kann man einen Namen, ein Symbol, einen erklärenden Text zuordnen, der dann in der Statuszeile erscheint, wenn man mit der Maus das Steuerelement berührt. Die Tastenkürzel, die Mausgesten und die Sprachsteuerungsbefehle haben diese Fähigkeiten nicht, dafür haben sie andere Fähigkeiten, die die Menüs und Symbolleistentasten nicht haben.

Sie können die Klasse `Steuerelement` also weiter unterteilen, und Sie können damit deren Exemplare weiter klassifizieren. Sie werden in diesem Beispiel feststellen, dass die Menüeinträge und die Symbolleistentasten sich nur durch die vom Benutzer zugewiesene Position unterscheiden. Deshalb ordnen Sie diese alle der Klasse `Menü` zu. Die anderen Steuerelemente ordnen Sie den Klassen `Tastenkürzel`, `Mausgeste` und `Sprachbefehl` zu. In Abbildung 5.4 sind die Beziehungen zwischen den einzelnen Klassen dargestellt.

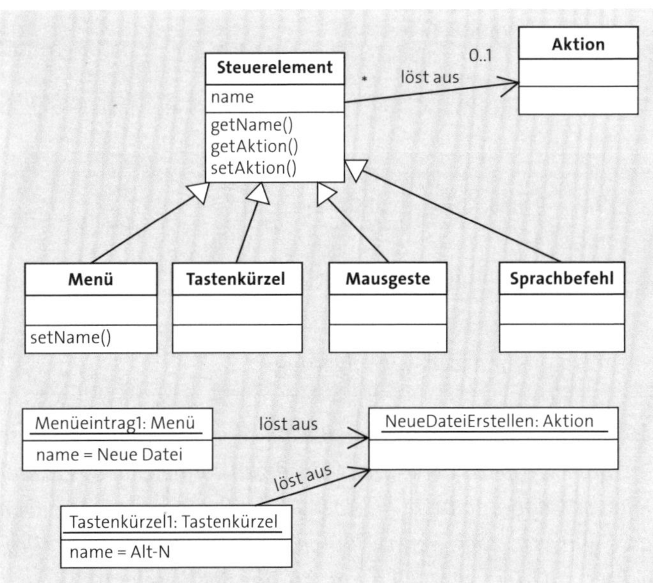

Abbildung 5.4 Steuerelemente und Aktionen

Unterklassen und Oberklassen

Die Klassen `Menü`, `Tastenkürzel`, `Mausgeste` und `Sprachbefehl` sind Unterklassen der Klasse `Steuerelement`, die ihre Oberklasse ist. Die Klasse `Steuerelement` beschreibt allgemein, was alle Steuerelemente der Anwendung gemeinsam haben. Die Klasse `Steuerelement` einerseits und die Klassen `Menü`, `Tastenkürzel`, `Mausgeste` und `Sprachbefehl` andererseits stehen zueinander in einer Beziehung: Die Oberklasse `Steuerelement` ist die Generalisierung der Unterklassen, die ihrerseits Spezialisierungen der Oberklasse sind.

Konformität

Jedes Exemplar einer der genannten Unterklassen ist gleichzeitig ein Exemplar der Oberklasse. Die Spezifikation der Klasse `Steuerelement` gilt also für alle Exemplare jeder der genannten Unterklassen – sie sind *konform* mit der Spezifikation der Klasse `Steuerelement`.

Vererbung der Spezifikation

Diese Konformität bezeichnen wir als Vererbung der Spezifikation. Die Unterklassen erben die Spezifikation ihrer Oberklassen. Damit hat die Unterklasse wie bereits gesehen zum einen eine große Verantwortung übernommen: Eine Unterklasse geht alle Verpflichtungen der Oberklasse ein. Aber wir haben auch viel gewonnen: Die Unterklasse kann nun an allen Stellen eingesetzt werden, an denen auch die Oberklasse verwendet werden kann.

Diskussion: Arbeitsverweigerung durch Unterklasse

Gregor: *Dass wir eine Unterklasse immer anstelle ihrer Oberklasse einsetzen können, ist nicht ganz richtig. Das kann ich dir mit ein paar Zeilen Java-Code skizzieren:*

```
class A {
    // macht etwas Sinnvolles
    void machwas()
        {System.out.println("ich mach ja schon");}
}
class B extends A {
    // macht nix Sinnvolles
    void machwas()
        { throw new RuntimeException("nix mach ich");}
}
```

Listing 5.1 Klasse »B« betreibt Arbeitsverweigerung.

Bernhard: *Es ist richtig, dass wir in deinem Beispiel ein Exemplar der Klasse* `B` *nicht anstelle eines Exemplars der Klasse* `A` *einsetzen können, da das Exemplar von* `B` *Arbeitsverweigerung betreibt. Aber das heißt einfach, dass* `B` *eben keine Unterklasse von* `A` *ist, auch wenn es durch die Modellierung in der Programmiersprache suggeriert wird. Nur weil du das Schlüsselwort* `extends` *hingeschrieben hast, muss das noch lange nicht heißen, dass wir wirklich eine Unterklasse vorliegen haben. Du hast einfach ein fehlerhaftes Design gebaut. Ich weiß natürlich, dass du ein solches Design nie wirklich verwenden würdest. Aber leider ist es ja nicht immer so offensichtlich, dass eine Klasse* `B` *eben keine Unterklasse einer Klasse* `A` *ist, sondern* `A` *nur technisch erweitert.*

Anhand der kleinen Diskussion sehen Sie schon, dass die Frage, ob eine Klasse eine Unterklasse einer anderen Klasse ist, ganz zentral beim Design von objektorientierten Anwendungen ist. Gutes Design wird in echten Unterklassen resultieren, die auf jeden Fall dem *Prinzip der Ersetzbarkeit* genügen, das wir im folgenden Abschnitt näher betrachten.

5.1.3 Das Prinzip der Ersetzbarkeit

Das *Prinzip der Ersetzbarkeit* besagt, dass jedes Exemplar einer Klasse deren Spezifikation erfüllen muss. Das gilt auch dann, wenn das Objekt ein Exemplar einer Unterklasse der spezifizierten Klasse ist.

Exemplare von Unterklassen

Überall dort, wo in unserer Anwendung ein Exemplar der Klasse `Steuerelement` erwartet wird, kann man Exemplare der Unterklassen verwenden, denn die Unterklassen erben alle Eigenschaften, die Funktionalität, die Beziehungen und die Verantwortlichkeiten der Oberklasse.

Trennung Schnittstelle von Implementierung

Damit sind die Exemplare der Unterklassen gleichzeitig Exemplare der Oberklasse in Bezug auf die der Oberklasse zugrunde liegende Spezifikation. Im Kontext funktioniert das natürlich nur, wenn Sie das *Prinzip der Trennung der Schnittstelle von der Implementierung* auch vonseiten eines nutzenden Moduls einhalten. Ein nutzendes Modul darf sich nie auf Implementierungen des genutzten Moduls verlassen, sondern immer nur auf dessen Spezifikation.

In Abbildung 5.5 ist dargestellt, dass das Objekt `steuerung` (ein Exemplar von `Aktionssteuerung`) mit einem Exemplar der Klasse `Steuerelement` arbeitet.

Da die Klassen `Menü`, `Tastenkürzel`, `Mausgeste` und `Sprachbefehl` alle Steuerelemente sind und die Spezifikation der Klasse `Steuerelement` erfüllen, können deren Exemplare auch beliebig für das von `steuerung` verwendete Steuerelement ersetzt werden.

Gemeinsame Funktionalität von Steuerelementen

Die Funktionen, die ein Steuerelement verwenden möchten, interessiert es nicht, ob es sich um das Menü NEUE DATEI, das Tastenkürzel `Alt` + `N` oder die Mausgeste »links-rechts« handelt, sie verwenden nur die allen Steuerelementen gemeinsame Funktionalität: einen darstellbaren Namen zu haben und einer auszulösenden Aktion zugeordnet sein zu können. Dabei kann die konkrete Umsetzung dieser Funktionalität für verschiedene Steuerelemente natürlich unterschiedlich sein, und sie können unterschiedliche, über die Basisfunktionalität hinausgehende Zusatzfunktionalität besitzen. Zum Beispiel können Anwender den Namen der Menüs selbst bestimmen, der Name eines Tastenkürzels ist aber fest und nicht änderbar.

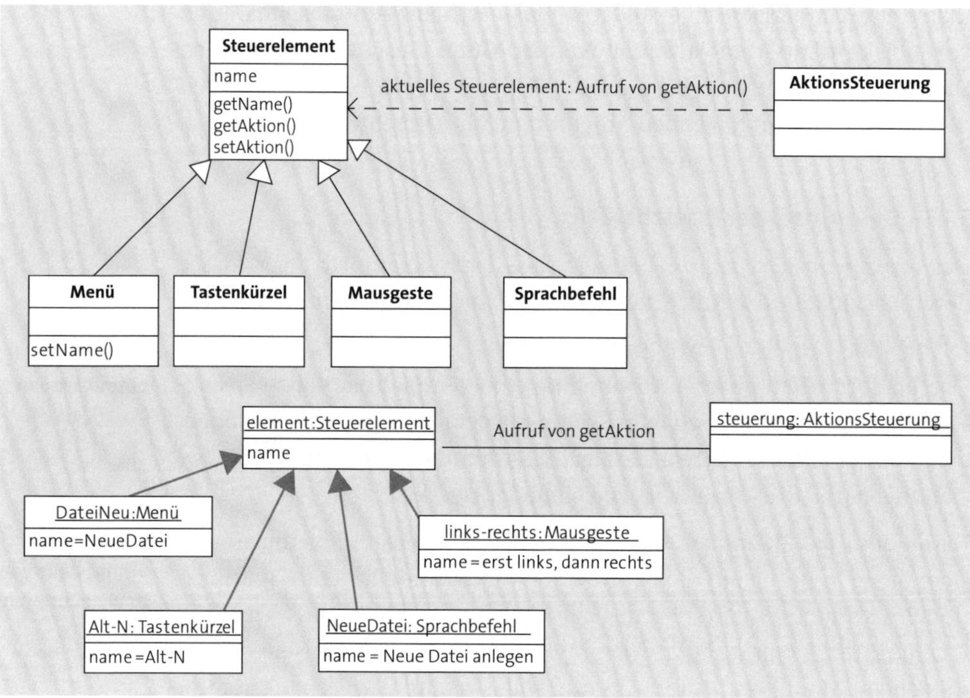

Abbildung 5.5 Menüs, Tastenkürzel, Mausgesten und Sprachbefehle sind echte Steuerelemente.

Sie haben hier ein fundamentales Prinzip der objektorientierten Systeme vorliegen: An jeder Stelle, an der ein Exemplar einer Oberklasse erwartet wird, kann auch ein Exemplar einer ihrer Unterklassen verwendet werden. Dieses Prinzip wird *Prinzip der Ersetzbarkeit* genannt, auch als das Liskovsche Substitutionsprinzip bekannt.

[»]

Prinzip der Ersetzbarkeit

Wenn Klasse B eine Unterklasse von Klasse A ist, können in einem Programm alle Exemplare von Klasse A durch Exemplare von Klasse B ersetzt worden sein, und es gelten trotzdem weiterhin alle zugesicherten Eigenschaften von Klasse A.

Der für die Oberklasse geschlossene Kontrakt mit Bezug auf Vorbedingungen, Nachbedingungen und Invarianten gilt also auch dann weiter, wenn Exemplare der Oberklasse durch Exemplare der Unterklasse ersetzt werden.

Diskussion: Prinzip der Ersetzbarkeit

Bernhard: *Das mit dem Prinzip der Ersetzbarkeit hört sich zwar ganz gut an, in der Praxis funktioniert es aber nicht immer.*

Gregor: *Was meinst du? Natürlich funktioniert es immer. Ein Exemplar einer Unterklasse ist doch gleichzeitig ein Exemplar der Oberklasse, also kann es überall dort verwendet werden, wo ein Exemplar der Oberklasse erwartet wird.*

Bernhard: *Eben nicht. Nehmen wir eine Umsetzung deines Beispiels in Java. Angenommen, die Variable* `element1` *hält eine Referenz auf ein direktes Exemplar der Klasse* `Steuerelement`*. Wenn ich* `element1.getClass().getSimpleName()` *aufrufe, bekomme ich die Zeichenkette »Steuerelement« zurück. Würde aber* `element1` *ein Exemplar der Klasse* `Sprachbefehl` *enthalten, liefert der gleiche Aufruf die Zeichenkette »Sprachbefehl«. Für bestimmte Operationen kann man sich also auf das Prinzip der Ersetzbarkeit nicht verlassen.*

Gregor: *Ich sehe, was du meinst. Aber trotzdem gilt das Prinzip der Ersetzbarkeit. Das Problem besteht in der Vermischung der fachlichen Konzepte mit deren technischer Umsetzung. In der fachlichen Definition der Klasse* `Steuerelement` *haben wir nicht beschrieben, dass deren Exemplare auf den Aufruf* `getClass().getSimpleName()` *mit der Zeichenkette »Steuerelement« antworten. Diese Eigenschaften gehören nicht zu der »Steuerelementigkeit« der Objekte, genauso wenig wie zum Beispiel die benötigte Speichergröße für ein Exemplar der Klasse. Die Funktionen, die Objekte der Klasse* `Steuerelement` *als solche verwenden und sich dabei auf das Prinzip der Ersetzbarkeit verlassen möchten, dürfen sich natürlich nur auf die Funktionalität der Klasse* `Steuerelement` *beziehen, die ihnen diese Klasse fachlich anbietet. Der Aufruf* `getClass().getSimpleName()` *gehört zum Beispiel nicht zu dieser fachlichen Funktionalität.*

Bernhard: *Na gut, aber was ist, wenn ich diese technischen Eigenschaften einer Klasse, wie du sie nennst, in die Beschreibung der Klasse aufnehme? Wird dann das Prinzip der Ersetzbarkeit nicht verletzt?*

Gregor: *Nein, das Prinzip sagt etwas anderes. Wenn ich als eine Eigenschaft der Exemplare der Klasse* `Steuerelement` *deklariere, dass der Aufruf* `getClass().getSimpleName()` *immer die Zeichenkette »Steuerelement« liefert, gehören die Exemplare der Klasse* `Sprachbefehl` *einfach nicht zu der Klasse* `Steuerelement`*. Die Klasse* `Sprachbefehl` *ist also in diesem Fall fachlich keine Unterklasse der Klasse* `Steuerelement`*, auch wenn die Sprache Java das anders sieht. Dadurch, dass du das Schlüsselwort* `extends` *in Java verwendest,* *hast du noch lange keine echte Unterklasse vorliegen. Eine Programmiersprache ist eben nur ein technisches Mittel, mit dem man bestimmte Konzepte umsetzen kann. Die Konzepte der Objektorientierung kann man in objektorientierten Sprachen wie Java sehr gut umsetzen, es heißt aber nicht, dass alle Konzepte immer direkt in die entsprechenden Konstrukte der Programmiersprache umgewandelt werden.*

Bernhard: *Na gut, ich sehe ein, dass technische Eigenschaften wie der Klassenname oder die benötigte Speichergröße nichts mit der fachlichen Funktionalität der Klasse* `Steuerelement` *zu tun haben. Trotzdem sind sie wichtig für andere Aspekte der Anwendung, zum Beispiel das Speichern einer Konfiguration.*

Gregor: *Selbstverständlich. Nur handelt es sich hier nicht um die Verwendung der Objekte in deren Eigenschaft, ein Steuerelement zu sein. Also kann man nicht von einer Verletzung des Prinzips der Ersetzbarkeit sprechen.*

Unterklassen dürfen modifizieren

Eine Konsequenz aus dem *Prinzip der Ersetzbarkeit* ist, dass Unterklassen die Spezifikation, die sie von ihren Oberklassen erben, durchaus modifizieren können. Sie dürfen von einem Aufrufer aber nicht mehr fordern oder ihm weniger zusichern, als es die Oberklasse tut.

Wenn das *Prinzip der Ersetzbarkeit* also nicht verletzt werden soll, dann kann für Exemplare von Unterklassen nur gelten, dass sie zwar mehr anbieten, aber nicht mehr verlangen als Exemplare ihrer Oberklassen. Das gilt auch für den Kontrakt, den diese Exemplare von Unterklassen eingehen. Damit ergeben sich drei Konsequenzen für die Vorbedingungen, die Nachbedingungen und die Invarianten, die für eine Unterklasse gelten.

Die Vorbedingungen

Erste Konsequenz des Prinzips der Ersetzbarkeit für Unterklassen

Eine Unterklasse kann die Vorbedingungen für eine Operation, die durch die Oberklasse definiert wird, einhalten oder abschwächen. Sie darf die Vorbedingungen aber nicht verschärfen.

Würde eine Unterklasse die Vorbedingungen verschärfen, würde damit ohne Absprache mit den Partnern von diesen mehr verlangt als vorher.

Die Nachbedingungen

Zweite Konsequenz des Prinzips der Ersetzbarkeit für Unterklassen

Eine Unterklasse kann die Nachbedingungen für eine Operation, die durch eine Oberklasse definiert werden, einhalten oder verschärfen. Sie darf die Nachbedingungen aber nicht lockern.

Lockert eine Unterklasse die Nachbedingungen, würde diesen damit wieder ohne Absprache mit den Partnern des Kontrakts weniger geboten als vorher.

Dritte Konsequenz des Prinzips der Ersetzbarkeit für Unterklassen

Eine Unterklasse muss dafür sorgen, dass die für die Oberklasse definierten Invarianten immer gelten.

Invarianten

Die Partner des Kontrakts müssen sich auf die zugesicherten Invarianten verlassen können.

Allerdings fordert das Prinzip nicht, dass durch die Ersetzung keine Verhaltensänderung eintritt. Natürlich wollen wir durch den Einsatz von Unterklassen das Verhalten eines Programms ändern. Aber durch die Ersetzung bleiben die durch die Oberklasse zugesicherten Eigenschaften erhalten. Nach dem Aufruf von `first()` auf einem Iterator gilt die Bedingung, dass anschließend der Iterator auf dem ersten Element einer Liste steht. Alle Unterklassen des Iterators sind ebenfalls an diese Bedingung gebunden.

Verletzung des Prinzips

Nicht immer ist unmittelbar klar, dass das *Prinzip der Ersetzbarkeit* durch eine bestimmte Modellierung verletzt wird. Betrachten wir deshalb ein Beispiel, bei dem die Verletzung nicht auf den ersten Blick erkennbar ist. Die Klassenhierarchie in Abbildung 5.6 erscheint auf den ersten Blick plausibel.

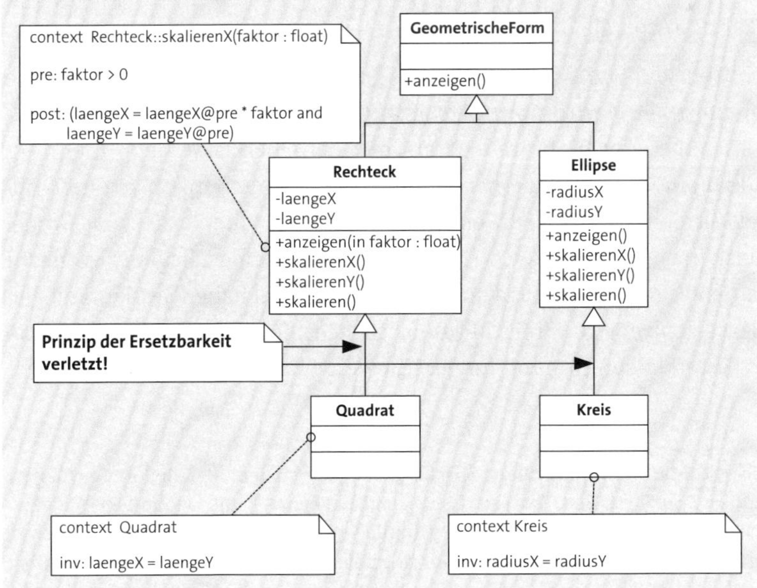

Abbildung 5.6 Verletzung des Prinzips der Ersetzbarkeit

Prüfung: A ist ein B

Die Frage, ob ein Quadrat ein Rechteck ist, würden wir zunächst mit »Ja« beantworten. Klar, ein Quadrat ist ein Rechteck, und ein Kreis ist eine Ellipse, nur eben mit speziellen Bedingungen. Ein Quadrat ist eben ein spezielles Rechteck, und deshalb kann man es als Spezialisierung eines Rechtecks modellieren.[1] Aber diese Prüfung allein reicht eben nicht aus. Das *Prinzip der Ersetzbarkeit* fordert mehr, nämlich dass ein Quadrat in allen Kontexten an die Stelle eines Rechtecks treten kann.

Erweiterte Prüfung: Ersetzbarkeit

Aber ist das in unserem Fall wirklich gegeben? Wir haben der Klasse `Rechteck` die zwei Methoden `skalierenX` und `skalierenY` gegeben. Diese ergeben für ein Rechteck durchaus Sinn, denn sie skalieren jeweils das Rechteck in x- bzw. y-Richtung. Einem Rechteck tut das überhaupt nicht weh. In der Abbildung sind auch die Vor- und Nachbedingungen für die Operation `skalierenX` der Klasse `Rechteck` angegeben.

Nach dem *Prinzip der Ersetzbarkeit* müssen diese beiden Operationen nun aber auch für ein Quadrat anwendbar sein. Aber was passiert, wenn Sie ein Quadrat lediglich in x-Richtung skalieren? Dann ist es aber ganz schnell vorbei mit der Quadrat-Eigenschaft, und Sie haben das Objekt in einen inkonsistenten Zustand gebracht. In diesem Fall gilt die in der Abbildung angegebene Invariante (`laengeX = laengeY`) nicht mehr: Die Seitenlängen des Quadrats sind nicht mehr alle gleich.

Ein weiteres Beispiel, in dem das Prinzip der Ersetzbarkeit verletzt wird, finden Sie in Abschnitt 7.5.2, »Übernahme von Verantwortung: Unterklassen in der Pflicht«. Dort stellen wir eine fehlerhafte Modellierung von Bankkonten vor, die das Prinzip verletzt.

Gründe für Verletzung

Die Gründe dafür, dass das *Prinzip der Ersetzbarkeit* von einer Unterklasse nicht eingehalten wird, können verschiedene sein. In der Regel ist es aber so, dass eine oder mehrere Operationen der Oberklasse nicht mehr anwendbar sind, weil sie zu einem Fehler oder zu einem inkonsistenten Zustand führen. Auch wenn Sie eine Methode, die in einer Basisklasse umgesetzt ist, in einer abgeleiteten Klasse leer überschreiben, liegt der Verdacht auf eine Verletzung des Prinzips nahe. In der Regel haben Sie dann die Basisklasse schlecht gewählt, da offensichtlich nicht alle Operationen von allen Unterklassen sinnvoll umgesetzt werden können.

---

1 Robert C. Martin führt in einem Artikel, der ursprünglich im C++-Report erschienen ist, zum *Prinzip der Ersetzbarkeit* das Beispiel zu Rechteck und Quadrat an. Wir verwenden es hier ebenfalls, weil es die grundlegende Problemstellung sehr plakativ verdeutlicht. Robert C. Martins Artikel ist erreichbar über *http://butunclebob.com/ArticleS.UncleBob.PrinciplesOfOod* (über den Link zu »The Liskov Substitution Principle«).

Sie sehen also, dass das *Prinzip der Ersetzbarkeit* klare Anforderungen an Klassenhierarchien stellt. Die Einhaltung des Prinzips ist eine zentrale Forderung, damit unsere Programme über den Einsatz von Unterklassen erweiterbar bleiben. In Abschnitt 7.5, »Kontrakte: Objekte als Vertragspartner«, stellen wir weitere Beispiele dafür vor, wie das *Prinzip der Ersetzbarkeit* in der Praxis angewendet wird. Zunächst stellen wir aber die unterschiedlichen Arten vor, mit denen Klassen eine Schnittstelle und deren Umsetzung bereitstellen können.

5.1.4 Abstrakte Klassen, konkrete Klassen und Schnittstellenklassen

Wie wir bereits ausgeführt haben, sind Objekte in der Regel Exemplare von Klassen. Wir haben dabei nicht weiter eingeschränkt, von welchen Klassen es denn Exemplare geben kann. In diesem Abschnitt werden wir Klassen betrachten, von denen es gar keine Exemplare geben kann, und begründen, warum sie trotzdem sehr sinnvoll sein können.

Klassen mit Spezifikationen

Es gibt Klassen, deren hauptsächliche Aufgabe darin besteht, eine Spezifikation bereitzustellen, die von Unterklassen geerbt werden kann. Diese werden für alle oder einen Teil der durch sie spezifizierten Operationen keine Methoden für deren Implementierung bereitstellen.

Klassen können in dieser Hinsicht in drei Kategorien eingeteilt werden, abhängig davon, in welchem Umfang sie selbst für die von ihnen spezifizierte Schnittstelle auch Methoden bereitstellen:

- konkrete Klassen
- rein spezifizierende Klassen (Schnittstellenklassen)
- abstrakte Klassen

In den folgenden Abschnitten werden wir die drei Kategorien jeweils vorstellen. In Abbildung 5.7 sind im Überblick schon alle drei in UML-Notation zu sehen: Die Klasse `ElektrischeLeitung` ist eine konkrete Klasse, `Steuerelement` ist eine abstrakte Klasse, und `Aktion` ist eine Schnittstellenklasse.

Konkrete Klassen

Konkrete Klassen

Konkrete Klassen stellen für alle von der Klasse spezifizierten Operationen auch Methoden bereit. Von konkreten Klassen können Exemplare erzeugt werden.

Wenn in einem Programm Objekte erstellt werden, müssen diese immer Exemplare einer konkreten Klasse sein. Die Klasse spezifiziert also – wie alle Klassen – selbst eine Schnittstelle, stellt aber auch für jede der darin enthaltenen Operationen konkrete Methoden zur Verfügung.

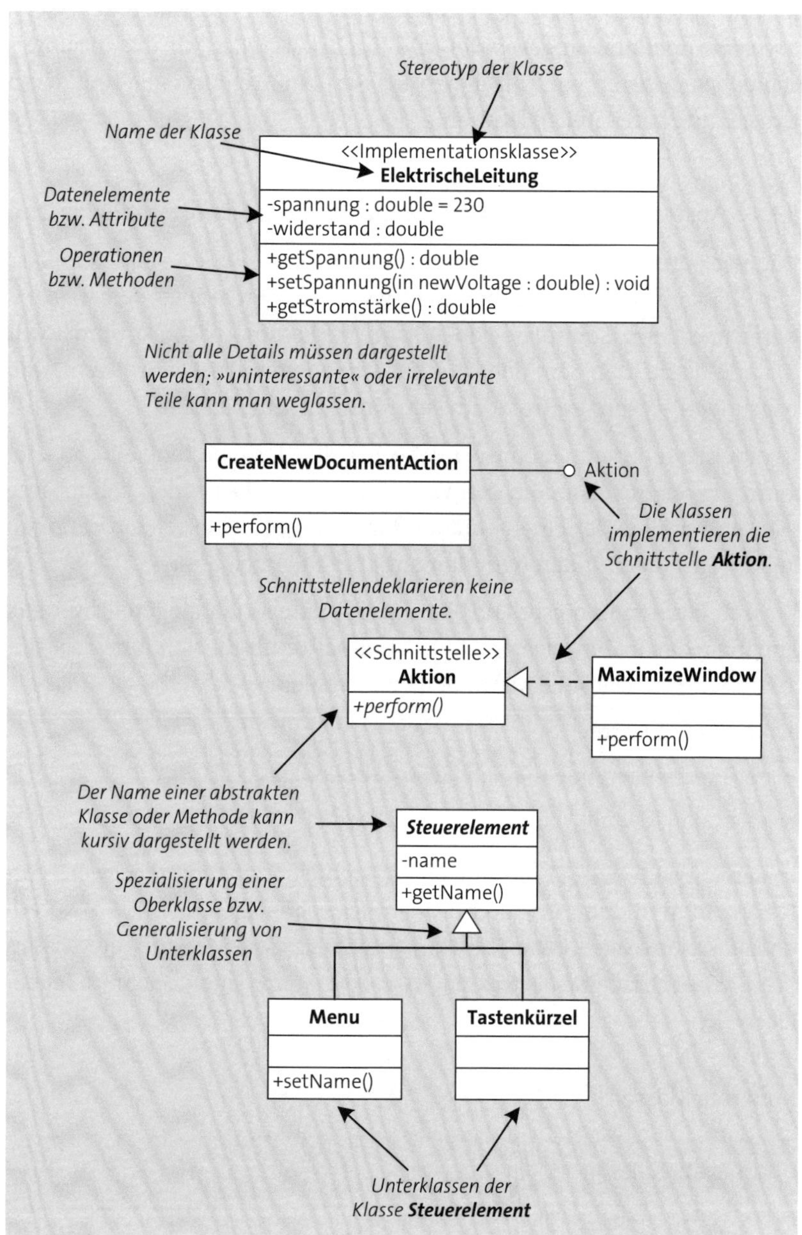

Abbildung 5.7 Konkrete Klasse, abstrakte Klasse und Schnittstellenklasse

Schnittstellenklassen

Schnittstellenklassen (engl. Interfaces)

Schnittstellenklassen dienen allein der Spezifikation einer Menge von Operationen. Sie stellen für keine der durch die Klasse spezifizierten Operationen eine Methode bereit. Von Schnittstellenklassen können keine Exemplare erstellt werden.

Schnittstellenklassen sind also Klassen, die keine Methoden implementieren. Sie stellen eine Spezifikation bereit, die von anderen Klassen geerbt werden kann. In UML wird eine Schnittstelle als eine Klasse des Stereotyps `<<interface>>` oder `<<Schnittstelle>>` dargestellt. Abbildung 5.8 zeigt ein einfaches Beispiel, das eine Schnittstelle `ProtocolHandler` definiert. Die Schnittstelle umfasst die zwei Operationen `canHandle` und `getContent`.

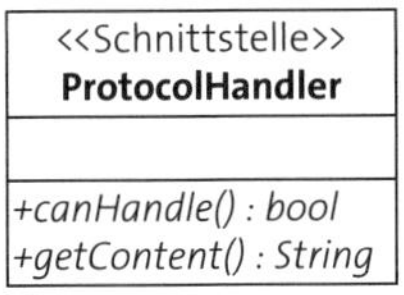

<<Schnittstelle>> **ProtocolHandler**
+canHandle() : bool *+getContent() : String*

Abbildung 5.8 Darstellung einer Schnittstelle in UML

Eine Klasse implementiert eine Schnittstelle.

Wenn eine Unterklasse einer Schnittstellenklasse Methoden für alle von der Schnittstelle spezifizierten Operationen bereitstellt, sprechen wir davon, dass diese Unterklasse die *Schnittstelle implementiert*.

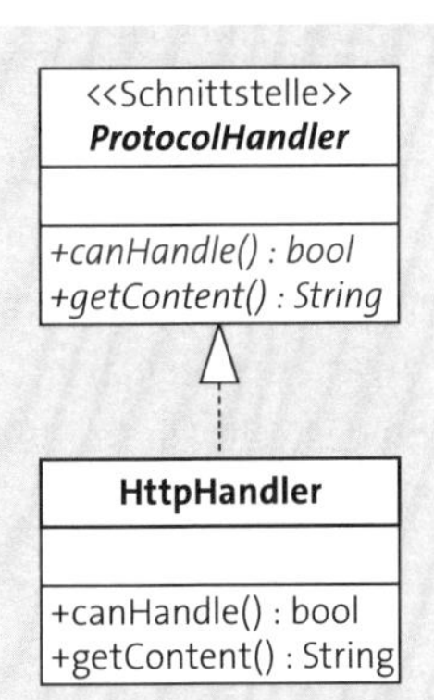

Abbildung 5.9 Die Klasse »HttpHandler« implementiert die Schnittstelle »ProtocolHandler«.

In Abbildung 5.9 sehen Sie die UML-Darstellung einer solchen implementierenden Klasse. Dabei implementiert die Klasse `HttpHandler` die Schnittstelle `ProtocolHandler`, weil sie für alle in der Schnittstelle enthaltenen Operationen Umsetzungen bereitstellt.

Einsatz In den statisch typisierten Programmiersprachen werden rein spezifizierende Klassen benötigt, um Variablen und Parameter mit dem Typ der Schnittstelle verwenden zu können. Auch stellen rein spezifizierende Klassen eine sinnvolle Sicht in der Entwurfsphase von Software dar.

In den dynamisch typisierten Programmiersprachen dagegen ergeben rein spezifizierende Klassen keinen Sinn. Eine Schnittstellenklasse wird in einem Programm benötigt, um als gemeinsamer Typ zu agieren für die Klassen, die die Schnittstelle implementieren. In einer dynamisch typisierten Sprache werden diese Typen aber gar nicht deklariert, da es für eine rein spezifizierende Klasse keine Verwendung gibt.

Abstrakte Klassen

Betrachten wir in diesem Abschnitt nun die abstrakten Klassen. Diese bilden eine Zwischenstufe zwischen den konkreten Klassen und den Schnittstellenklassen: Sie stellen in der Regel für einen Teil ihrer Operationen auch Methoden zur Verfügung.

Abstrakte Klassen

Abstrakte Klassen stellen für mindestens eine der von der Klasse spezifizierten Operationen keine Methode bereit. Von einer abstrakten Klasse kann es keine direkten Exemplare geben. Alle Exemplare einer abstrakten Klasse müssen gleichzeitig Exemplare einer nicht abstrakten Unterklasse dieser Klasse sein.

Abstrakte Klassen können also für einen Teil der von ihnen spezifizierten Operationen eine Implementierung in Form von Methoden bereitstellen. Für die anderen Operationen werden die Methoden zwar auch deklariert, es wird jedoch keine Implementierung zur Verfügung gestellt. Diese Methoden werden auch abstrakte Methoden genannt.

Abstrakte Methoden

Abstrakte Methoden sind ein programmiersprachliches Konstrukt, das es erlaubt, eine Operation für eine Klasse zu definieren, ohne dafür eine Methodenimplementierung zur Verfügung zu stellen. Eine abstrakte Methode ist also eine Methode, die keine Implementierung hat. Sie dient nur der Spezifikation einer Operation. Eine Implementierung für die durch die abstrakten Methoden deklarierten Operationen stellen dann die konkreten Unterklassen bereit.

Abstrakte Methoden sind damit eigentlich nichts anderes als Deklarationen von Operationen. Da sich diese in den Programmiersprachen nicht unbedingt von den Deklarationen von Methoden unterscheiden, sprechen wir in diesem Fall von abstrakten Methoden.

Beispiel für abstrakte Klasse

Betrachten wir ein Beispiel, bei dem eine Kombination von abstrakten und nicht abstrakten Methoden sinnvoll ist. Nehmen Sie dafür an, dass Sie eine Klasse von geometrischen Formen umsetzen wollen. Die Formen sollen alle auf dem Bildschirm darstellbar und es soll ein Verschieben der Formen möglich sein.

Eine Operation `verschieben` können Sie bereits in der Oberklasse `GeometrischeForm` implementieren, denn der Ablauf ist immer gleich:

1. Die geometrische Form verstecken.
2. Die Koordinaten ändern.
3. Die geometrische Form auf der neuen Position anzeigen.

Doch wie können Sie die Operationen `verstecken` und `anzeigen` implementieren, ohne den konkreten Typ der geometrischen Form zu kennen? Ein Kreis wird doch anders als ein Viereck dargestellt. Diese Methoden können also nur in den jeweiligen Unterklassen implementiert werden. In Abbildung 5.10 sind die entsprechenden Klassen mit ihren Operationen dargestellt.

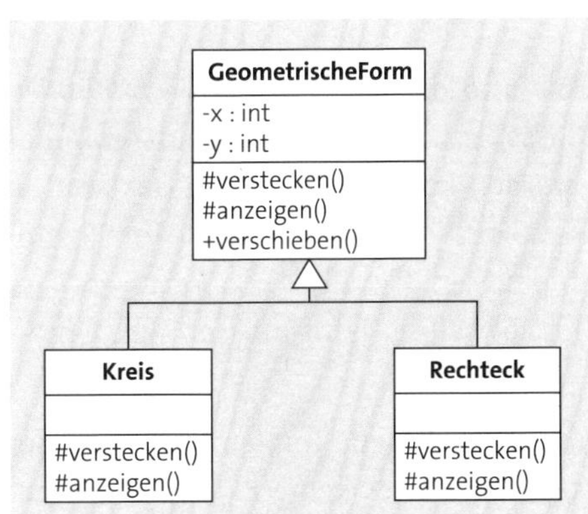

Abbildung 5.10 Realisierung von abstrakten Methoden

Statisch typisierte Sprachen

In statisch typisierten Programmiersprachen wie C++, C# oder Java müssen Sie jede Operation, die Sie aufrufen möchten, deklarieren. Sie müssen also deklarieren, dass alle Exemplare der Klasse `GeometrischeForm` die Operationen `verstecken` und `anzeigen` unterstützen, ohne sie in der Klasse `GeometrischeForm` zu implementieren. Dies geschieht, indem die Klasse

GeometrischeForm die Methoden verstecken und anzeigen als abstrakte Methoden deklariert.

Der Java-Quelltext für die Klasse GeometrischeForm ist in Listing 5.2 aufgeführt.

```
public abstract class GeometrischeForm {
    protected int x;
    protected int y;
    protected Graphics2D graphics;

    ... // Teile des Quelltexts weggelassen

    public abstract void verstecken();
    public abstract void anzeigen();

    public void verschieben(int xNeu, int yNeu) {
        verstecken();
        x = xNeu;
        y = yNeu;
        anzeigen();
    }
}
```

Listing 5.2 Umsetzung der abstrakten Klasse »GeometrischeForm« in Java

In unserem Beispiel deklarieren Sie also die zwei *abstrakten Methoden* verstecken und anzeigen in der Klasse GeometrischeForm, die dann in der Methode verschieben verwendet werden können. Durch die Deklaration der Methoden verspricht die Klasse GeometrischeForm, dass alle ihre Exemplare diese zwei Operationen unterstützen. Die Klasse GeometrischeForm erfüllt dieses Versprechen jedoch nicht selbst, dafür müssen ihre Unterklassen geradestehen.

Da die Klasse GeometrischeForm aber keine eigene Implementierung der zwei abstrakten Methoden bereitstellt, kann es keine Exemplare direkt von dieser Klasse geben. Alle Exemplare müssen zu Unterklassen gehören, die jeweils eine Implementierung für die beiden abstrakten Methoden bereitstellen. Dies macht die Klasse GeometrischeForm zu einer *abstrakten Klasse*.

In unserem Beispiel realisiert zum Beispiel die Klasse Kreis beide abstrakten Methoden. Damit ist die Klasse Kreis eine konkrete Klasse, und wir können Exemplare von ihr erzeugen.

In Listing 5.3 ist die Umsetzung der konkreten Unterklasse `Kreis` ausgeführt.

```
class Kreis extends GeometrischeForm {

    protected int radius;

    ...

    public void verstecken() {
        graphics.hideOval(x, y, radius, radius);
    }
    public void anzeigen() {
        graphics.drawOval(x, y, radius, radius);
    }
}
```

Listing 5.3 Die Klasse »Kreis« realisiert abstrakte Methoden (Java-Beispiel).

Abstrakte Klasse ohne abstrakte Methoden

Eine Klasse, die abstrakte Methoden deklariert, ist immer selbst abstrakt. Doch es kann auch sinnvoll sein, eine Klasse als abstrakt zu deklarieren, auch wenn sie keine abstrakten Methoden deklariert. Dies ist dann der Fall, wenn es fachlich gefordert ist, dass die Exemplare einer Oberklasse immer zu einer ihrer Unterklassen gehören müssen.

Gregor: *Der Unterschied zwischen abstrakten Klassen und Schnittstellenklassen erscheint mir etwas künstlich. Eigentlich sind auch Schnittstellenklassen einfach nur abstrakte Klassen, nur dass bei ihnen eben alle Methoden abstrakt sind. Konzeptuell ist hier doch kein großer Unterschied.*

Bernhard: *Da hast du recht. Allerdings gibt es in den Programmiersprachen einige Randbedingungen, die die Unterscheidung notwendig machen. Eine Klasse, die überhaupt keine Methoden implementiert, also eine reine Schnittstellenklasse ist, kann oft anders eingesetzt werden als eine andere abstrakte Klasse.*

Gregor: *Und was sind das für geheimnisvolle Randbedingungen?*

Bernhard: *Da muss ich einen kleinen Vorgriff machen, wir haben ja bisher noch nicht von der Vererbung der Implementierung und von Mehrfachvererbung gesprochen. Aber eine Reihe von Programmiersprachen lassen Mehrfachvererbung nur für die Spezifikation zu. Damit kann eine Klasse von mehreren Schnittstellenklassen erben, sie kann aber nicht von mehreren Klassen erben, die Methodenimplementierungen bereitstellen. Und damit wird die Unterscheidung für die Programmiersprache relevant.*

Schnittstellenklassen und abstrakte Klassen in den Programmiersprachen

Grundsätzlich kann eine Schnittstellenklasse in einer Programmiersprache immer als eine Klasse umgesetzt werden, die ausschließlich abstrakte Methoden deklariert. Betrachten wir im Folgenden kurz die Umsetzung von abstrakten Klassen und Schnittstellenklassen in den statisch typisierten Sprachen C++, Java und C#.

Schnittstellen und abstrakte Klassen in C++

In C++ werden Klassen nicht explizit als abstrakt markiert. Eine Klasse gilt genau dann als abstrakt, wenn sie mindestens eine abstrakte Methode aufweist. Eine Schnittstelle in C++ ist einfach eine Klasse, die keine objektbezogenen Datenelemente deklariert und bei der alle Methoden abstrakt sind. In C++ werden die abstrakten Methoden auch als *rein virtuelle Methoden* bezeichnet (engl. *pure virtual*) und durch eine Deklaration mit dem Zusatz `= 0` gekennzeichnet. Listing 5.4 zeigt ein Beispiel für eine Schnittstellenklasse in C++.

```
class generalbehavior {
    virtual void dothis() = 0;
    virtual void dothat() = 0;
    virtual void checkresult() = 0;
}
```

Listing 5.4 Schnittstellenklasse in C++

Eine Besonderheit in C++ ist, dass eine abstrakte Methode eine Implementierung haben kann. Dies scheint zunächst ein Widerspruch zu sein und der Definition einer abstrakten Methode entgegenzustehen. Allerdings kann diese Implementierung nur unter expliziter Angabe des Klassennamens aufgerufen werden. Sie wird damit nie beim Aufruf einer Operation auf einem Objekt ausgeführt werden und gilt damit auch nicht als Implementierung der Operation.[2]

In C++ können Sie eine Klasse nicht explizit als abstrakt deklarieren, stattdessen ist sie implizit genau dann abstrakt, wenn sie mindestens eine abstrakte Methode besitzt. Werden in einer abstrakten Klasse fachlich keine abstrakten Methoden benötigt, können Sie den Destruktor als abstrakt deklarieren und mit diesem Trick die Klasse selbst abstrakt machen.

2 Eine Ausnahme bilden hier die Destruktoren, die immer implizit beim Löschen eines Objekts aufgerufen werden.

```
class A {
  virtual ~A() = NULL  {
    // Implementierung
    // des Destruktors
  }
};
```

Listing 5.5 Abstrakter Destruktor in C++

Schnittstellen und abstrakte Klassen in Java und C#

C# hat sich die Behandlung von Schnittstellenklassen und abstrakten Klassen sehr genau bei Java abgeschaut. Deshalb stellen wir im Folgenden zwar die Variante von Java vor, alle Ausführungen gelten aber genauso für C#.

Java bietet ein spezielles Sprachkonstrukt `interface` für Schnittstellenklassen, um diese von den Klassen, die Methoden implementieren können, zu unterscheiden. Dabei kann eine Klasse mehrere dieser `interfaces` implementieren. Im unten stehenden Beispiel ist die Deklaration einer reinen Schnittstellenklasse in Java dargestellt.

```
interface GeneralBehavior {
    void doThis();
    void doThat();
    void checkResult();
}
```

Listing 5.6 Interface in Java

In Java können Methoden und Klassen mit dem Schlüsselwort `abstract` explizit als abstrakt markiert werden. Abstrakte Methoden in Java dürfen keine Implementierung haben. Randbedingung ist, dass eine Klasse mit abstrakten Methoden auch selbst als abstrakt deklariert werden muss.

In Java ist es natürlich ebenfalls möglich, Schnittstellenklassen einfach als abstrakte Klassen ohne Daten und ohne Methodenimplementierungen umzusetzen. In der Regel sollten Sie das aber nicht tun. In Java kann eine Klasse zwar von mehreren Schnittstellenklassen erben, nicht aber von mehreren anderen Klassen, auch wenn diese abstrakt sind und keinerlei Methoden implementieren.

Diskussion: Abstrakte Klassen vs. Interfaces in Java

Gregor: *Im oben stehenden Text gibt es eine kleine Einschränkung: In der Regel soll es also keine gute Idee sein, Schnittstellenklassen als komplett abstrakte Klassen umzusetzen. Was wäre denn eine Ausnahme von der Regel?*

Bernhard: *Die Ausnahme hängt leider mit technischen Restriktionen zusammen. Es nützen ja die schönsten Konzepte nichts, wenn in der Praxis dadurch technische Schwierigkeiten entstehen.*

Gregor: *Wie meinst du das?*

Bernhard: *Durch die technische Umsetzung in Java führt eine Änderung an Interfaces dazu, dass bereits ausgelieferte Klassen, die von dem Interface erben, nicht mehr lauffähig sind. C# weist übrigens das gleiche Problem auf. Man spricht auch davon, dass so eine Änderung nicht binär kompatibel durchzuführen ist. Das Problem ist ein Teil dessen, was als Fragile Binary Interface Problem bekannt ist. Erweitern wir ein Interface um eine neue Operation, werden alle darauf basierenden Anwendungen nicht mehr arbeitsfähig sein, außer sie werden noch einmal komplett durch den Compiler gejagt. Bei einem Projekt wie zum Beispiel der Entwicklungsplattform Eclipse, bei der Tausende von Erweiterungen auf Schnittstellen basieren, kann das fatal sein.*

Gregor: *Und bei abstrakten Klassen ist das besser?*

Bernhard: *Bei abstrakten Klassen ist es zumindest möglich, neue Operationen und Methoden hinzuzufügen, ohne dass abgeleitete Klassen dadurch betroffen sind. Das erlaubt mehr Flexibilität. Diese Überlegungen sollten aber nur dann eine Rolle spielen, wenn es für ein Projekt sehr wichtig ist, dass Änderungen binär kompatibel erfolgen, und wenn Änderungen an Schnittstellen als wahrscheinlich eingeschätzt werden.*[3]

Gregor: *Na ja, seit Java 8 kann man bei den Schnittstellen eine Standardimplementierung der deklarierten Methoden definieren. Man musste die Sprache Java erweitern, um die ganze Collections-Bibliothek, die auf Schnittstellen basiert, erweitern zu können und mit den bereits existierenden Anwendungen kompatibel zu bleiben.*

5.1.5 Vererbung der Spezifikation und das Typsystem

In Abschnitt 4.2.3, »Klassen sind Datentypen«, haben wir vorgestellt, wie Klassen als Datentypen agieren. Dabei haben wir das statische und dynamische Typsystem der Programmiersprachen vorgestellt.

3 Unter *http://www.artima.com/lejava/articles/designprinciples.html* erläutert Erich Gamma im Gespräch mit Bill Venners, warum in vielen Fällen bei der Entwicklung der freien IDE Eclipse rein abstrakte Klassen anstelle von Interfaces eingesetzt wurden.

Konsequenz von Änderungen an Oberklassen

In diesem Abschnitt wollen wir nun darauf eingehen, welche Möglichkeiten diese beiden Typsysteme jeweils bieten, wenn Klassenhierarchien angepasst werden sollen. Wir werden am Beispiel einer einfachen Klassenhierarchie zeigen, welche Konsequenzen Änderungen an Oberklassen haben können und wie in den beiden Typsystemen darauf reagiert werden kann.

[zB] **Lesen aus Dateien**

Betrachten wir zur Illustration eine Operation `findLines` einer Klasse `StreamHandler`, die bestimmte Zeilen aus einer Textdatei (einem Exemplar der Klasse `File`) heraussucht. In Abbildung 5.11 sind die beiden Klassen dargestellt.

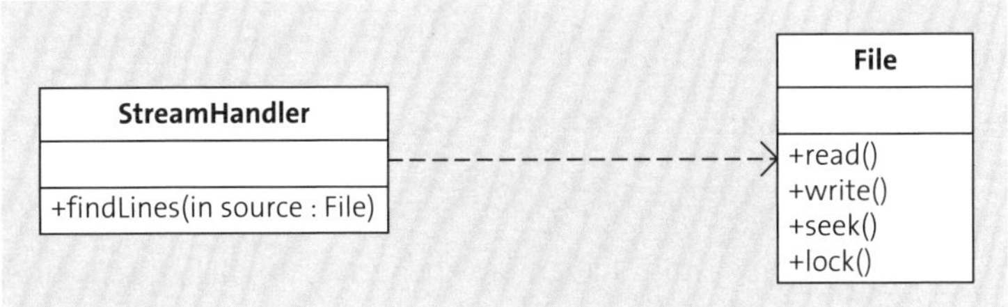

Abbildung 5.11 Die Operation »findLines« arbeitet auf einer Datei.

Die Operation `findLines` wurde in `StreamHandler` mit der Prämisse umgesetzt, dass sie mit einem Exemplar von `File` als Parameter aufgerufen wird. Exemplare der Klasse `File` besitzen Operationen zum Lesen und Schreiben von Daten (`read` und `write`), zum Springen an eine beliebige Stelle in der Datei (`seek`) und zum Sperren bestimmter Bereiche der Datei (`lock`). Die beschriebene Funktion `findLines` verwendet aber nur die Fähigkeit eines Dateiobjekts, Daten sequenziell über die Methode `read` auszulesen.

Nehmen wir an, Sie möchten die Operation `findLines` nun auch für andere Datenquellen verwenden. Sie möchten, dass die Eingabedaten statt aus einer Datei auch aus Datenbanken oder Internetseiten stammen können.

Eine denkbare Lösung wäre es nun, einfach für die neuen Datenquellen neue, gänzlich unabhängige Klassen wie `HttpReader` und `DBSource` umzusetzen.

Diese mögliche Lösung ist in Abbildung 5.12 dargestellt. Sie führt jedoch zu Coderedundanzen und damit zur Verletzung unseres Prinzips *Wiederholungen vermeiden*. Die drei Methoden werden sich inhaltlich nicht unterscheiden, da alle die Operation `read` aufrufen. Der einzige Unterschied liegt im Typ ihres Parameters.

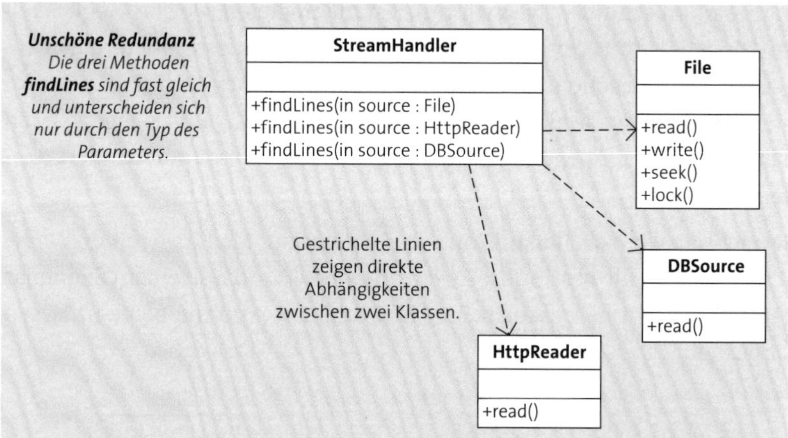

Abbildung 5.12 UML-Diagramm einer nicht empfehlenswerten Lösung durch Coderedundanz

In einem statischen Typsystem haben Sie aber zwei Möglichkeiten, eine solche Erweiterung auch ohne Coderedundanzen vorzunehmen.

Problematische Lösung: Neue Unterklassen

- **Möglichkeit 1**
  Sie setzen neue Unterklassen der Klasse `File` für die beschriebenen Datenquellen um. Allerdings müssten Sie bei diesen dann wiederum einige Fähigkeiten abklemmen, da die neuen Klassen keine Möglichkeit zum Springen an eine bestimmte Stelle oder zum Sperren einer Datei haben. Das könnten Sie umsetzen, indem Sie für die entsprechenden Methoden einfach eine Leerimplementierung oder eine Fehlermeldung einsetzen. In Abbildung 5.13 ist diese nicht empfehlenswerte Lösung dargestellt. Diese Variante verletzt das Prinzip der Ersetzbarkeit, da die Unterklassen den Kontrakt der Basisklasse nicht einhalten.

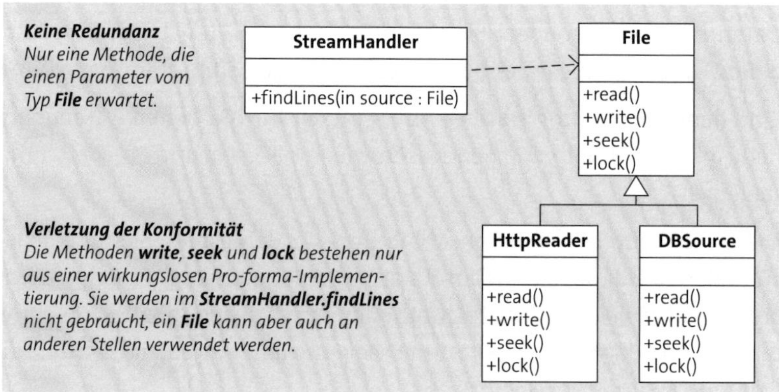

Abbildung 5.13 Verletzung des Prinzips der Ersetzbarkeit durch Einschränkung

- **Möglichkeit 2**
  Alternativ können Sie eine neue Superklasse `Source` zum Typ `File` deklarieren, die nur die benötigten Gemeinsamkeiten der Dateien und der anderen Datenströme enthält. Diese Lösung ist in Abbildung 5.14 dargestellt. Die Klassen `HttpReader` und `DBSource` sind dann Unterklassen von `Source`. Zudem passen Sie die Deklaration der Methode `findLines` so an, dass sie statt eines Dateiobjekts ein Objekt dieses neuen generalisierten Typs `Source` als Parameter erwartet.

Bessere Möglichkeit: neue Oberklasse

5

Diese zweite Alternative ist die bessere, weil hier das *Prinzip der Ersetzbarkeit* nicht verletzt wird,[4] doch sie ist mit relativ viel Aufwand durch die Anpassung der Klassenhierarchie verbunden.

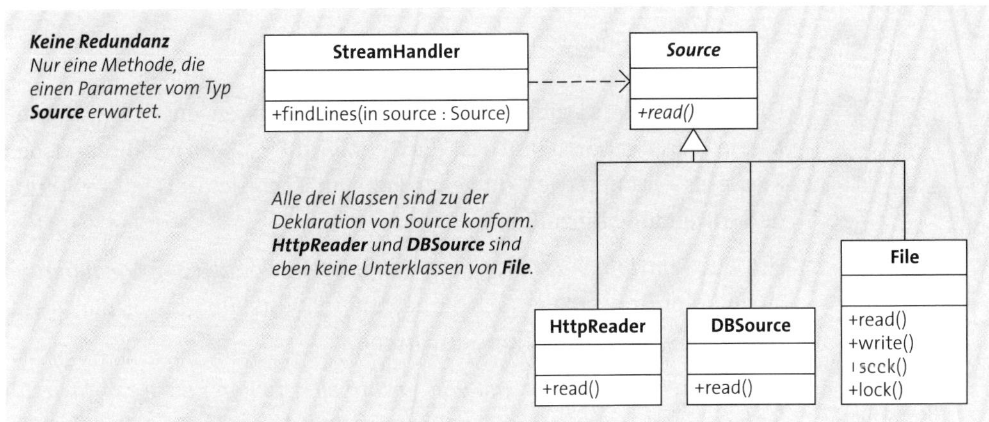

Abbildung 5.14 Lösung durch neue Oberklasse

In einer Sprache mit dynamischem Typsystem ist der Aufwand geringer. Sie implementieren einfach Klassen, die die benötigte Funktionalität zum sequenziellen Lesen der Daten aus den verschiedenen Datenströmen bereitstellen, und rufen die Operation mit Exemplaren dieser neuen Klassen auf. In Abbildung 5.15 ist zu sehen, dass die Operation `findLines` gar nicht angepasst werden musste.

Dynamisches Typsystem erleichtert Anpassung

Da die Klassenzugehörigkeit der Parameter nicht formal festgelegt worden ist, genügt es völlig, dass die übergebenen Objekte die benötigte Operation `read` unterstützen.

4 Manchmal haben Sie diese Möglichkeit eben nicht, zum Beispiel dann, wenn Sie die Quelltexte der Klasse `File` oder der Funktion, die Sie verwenden möchten, nicht ändern können.

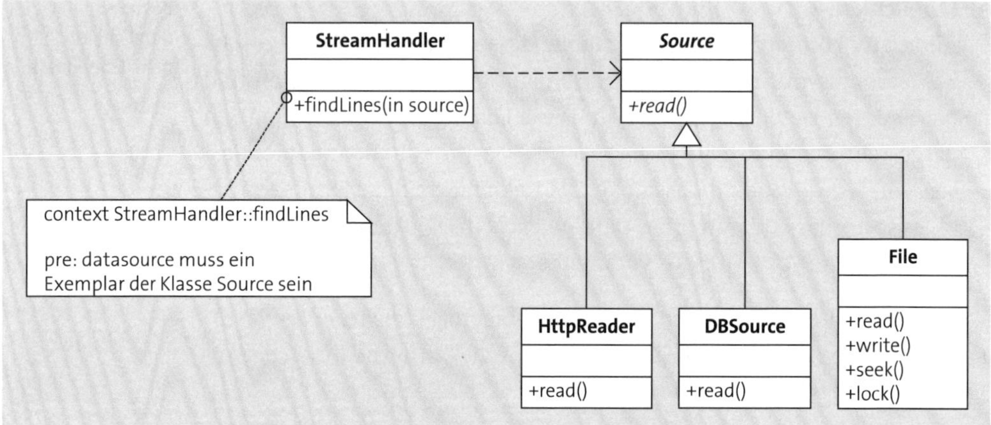

Abbildung 5.15 Anpassung bei dynamischem Typsystem

Die Tatsache, dass Dateien und unsere neuen Klassen alle zu einer neuen Klasse `Source` gehören und dass die Operation `findLines` mit dieser neuen Klasse als Parameterwert umgehen kann, müssen Sie zur Dokumentation der Anwendung hinzufügen.

Um das *Prinzip der Trennung der Schnittstelle von der Implementierung* einzuhalten, müssen Sie auch die geänderten Vorbedingungen der Operation in Ihre Dokumentation aufnehmen.

Diskussion: Lösung für statisches Typsystem

Bernhard: *Ein relevanter Teil von uns arbeitet ja dann doch mit Java, C# oder C++ und kann diesen Vorteil der dynamisch typisierten Sprachen nicht nutzen. Und ehrlich gesagt: Es kann auch ganz schön anstrengend sein, erst zur Laufzeit darauf zu stoßen, dass eine Operation von einem Objekt nun gerade nicht unterstützt wird.*

Gregor: *Ich möchte mich ganz bewusst aus dem Streit heraushalten, welches Typsystem besser ist, das statische oder das dynamische. Beide haben ihre Vorteile. Die große Flexibilität des dynamischen Typsystems kann durchaus die Produktivität steigern. Das erkennt jeder, der wegen einer kleinen Typänderung in C++ ein großes Projekt neu kompilieren muss. Andererseits kann die statische Typisierung mit geeigneten Werkzeugen bereits zur Entwicklungszeit helfen, wenn die Tools zum Beispiel zeigen können, welche Methoden auf einer Variablen aufgerufen werden können oder an welchen Stellen eine Methode verwendet wird. Mit welchem Typsystem man schneller und bequemer fährt, ist letzten Endes eine Frage der Entwicklungswerkzeuge, die man verwendet.*

Downcasts können auf Modellierungsfehler deuten

In den statisch typisierten Sprachen gibt es in der Regel die Möglichkeit, den Typ eines Objekts zum Typ einer Unterklasse zu konvertieren. Diese Möglichkeit wird auch Downcast genannt.

[«]

Downcast

In einer statisch typisierten Programmiersprache können Sie ein Objekt, das bisher über eine Variable des Typs einer Oberklasse referenziert wurde, auch einer Variablen mit dem Typ einer Unterklasse zuweisen. Dazu müssen Sie das Objekt explizit in den Typ der Unterklasse konvertieren. Diese Konvertierung wird Downcast genannt, da die Konvertierung aus Sicht der Klassenhierarchie nach unten, also hin zu einer spezielleren Klasse erfolgt. Diese Konvertierung kann natürlich nur klappen, wenn das Objekt zur Laufzeit tatsächlich auch ein Exemplar der Unterklasse ist. Die meisten Programmiersprachen bieten Operationen an, die eine Konvertierung versuchen und einen Fehler signalisieren, wenn es sich bei dem Objekt nicht um ein Exemplar der angegebenen Unterklasse handelt. Beispiele für solche Operationen sind die Cast-Operatoren in Java oder der Operator `dynamic_cast` in C++.

Downcasts deuten auf Probleme.

Grundsätzlich sollten Sie in den meisten Programmen ohne Downcasts auskommen. Das *Prinzip der Trennung der Schnittstelle von der Implementierung* legt nahe, dass Sie mit den zur Verfügung stehenden Schnittstellen einer Klasse arbeiten. Verwenden Sie aber explizite Downcasts, kompromittieren Sie die Schnittstelle und legen deren Implementierungen bloß. Sie machen Annahmen darüber, welche Klassen diese Schnittstelle implementieren.

Wenn Sie sich real existierenden Code anschauen, werden Sie allerdings doch recht häufig auf Downcasts stoßen. Es gibt durchaus sinnvolle Verwendungen für Downcasts in technischen Komponenten wie Frameworks – Downcasts in reinen Anwendungsmodulen sollten Sie aber misstrauisch machen.

Beispiel für Probleme mit Downcasts

Betrachten Sie im Folgenden ein Beispiel für Downcasts, das zu Problemen führt. In Abbildung 5.16 ist eine Klasse `GeschaeftspartnerAnzeige` dargestellt, die die Klasse `Geschaeftspartner` als Schnittstelle verwendet.

Trotz der Verwendung der Schnittstelle differenziert die Methode `anrede()` aber intern nach Person und Organisation durch Verwendung von Downcasts und schafft dadurch zusätzliche Abhängigkeiten. In Listing 5.7 sehen Sie die zugehörige Umsetzung in der Sprache Java.

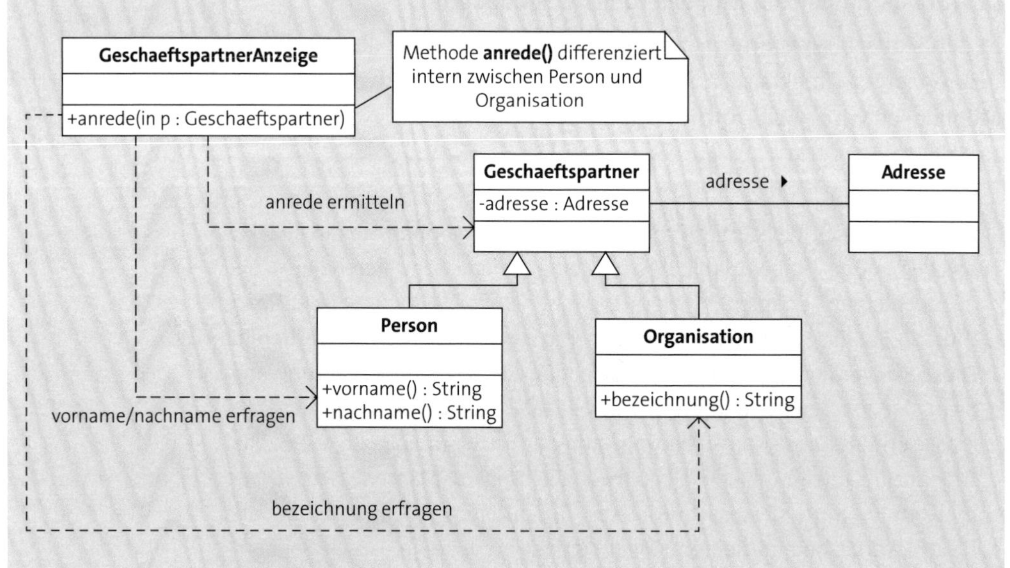

Abbildung 5.16 Anzeige für Geschäftspartner verwendet Downcast.

```
01 class GeschaeftspartnerAnzeige {
02     // ...
03   String anrede(Geschaeftspartner p) {
04     if (p instanceof Person)
05
06       return ((Person) p).vorname()
07            + " " + ((Person) p).nachname();
08     if (p instanceof Organisation)
09       return ((Organisation) o).bezeichnung();
10    // Und was ist mit anderen Geschäftspartnertypen?
11    return "Unbekannter Geschäftspartnertyp";
12   }
13   // ..
14 }
```

Listing 5.7 Typbestimmung zur Laufzeit

In diesem Beispiel haben Sie in Zeile 03 eine Methode `anrede()` vorliegen, die die Anschriften eines Geschäftspartners ausgibt. Anhand der Typzugehörigkeit des Geschäftspartners entscheiden Sie, ob eine Bezeichnung der Organisation oder der Vor- und Nachname einer Person gedruckt werden sollen. Handelt es sich um eine Person (Zeile 04), werden Vorname und Nachname verwendet. Dazu erfolgt in Zeile 06 ein Downcast auf die Unterklasse `Person`. Handelt es sich um eine Organisation (Zeile 08), wird die Bezeichnung der Organisation verwendet. Dazu sehen Sie dann in Zeile 09 den Downcast auf die Unterklasse `Organisation`. Die Motivation für dieses Vorgehen ist, dass die Methode die Anschriften aller möglichen Geschäftspartner ausgeben soll.

Es entsteht durch dieses Verfahren aber ein Problem: Wenn Sie später eine neue Art von Geschäftspartner implementieren, müssen Sie in diese Methode eingreifen, um auch diesen ausgeben zu können. Aber werden Sie die Stelle dann überhaupt finden? Und was ist mit den ganzen anderen Stellen im Code, an denen möglicherweise genau die gleiche Unterscheidung stattfindet? Die Verwendung des Downcasts deutet darauf hin, dass Sie das *Prinzip der Trennung der Schnittstelle von der Implementierung* verletzen.

Modellierung ohne Downcast

Durch eine Anpassung der Modellierung können Sie die Notwendigkeit des Downcasts beseitigen. Es gehört in diesem Beispiel zu den gemeinsamen Eigenschaften aller Geschäftspartner, dass sich für sie eine Anrede formulieren lässt. Da es aber eine gemeinsame Eigenschaft aller Geschäftspartner ist, gehört es auch zur Schnittstelle der Geschäftspartner. In Abbildung 5.17 ist die korrigierte Version dargestellt.

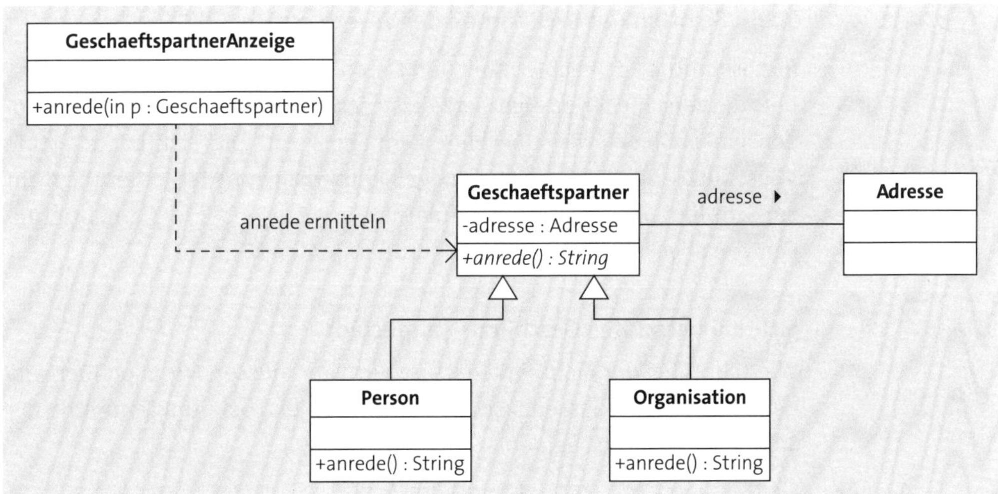

Abbildung 5.17 Korrigierte Version ohne Downcast

Diese vermeidet die beschriebenen Probleme. Wenn Sie jetzt eine neue Art von Geschäftspartner implementieren, werden Sie dort eine Methode `anrede()` umsetzen. Die Notwendigkeit der Downcasts entfällt, und die Methode in der Klasse `GeschaeftspartnerAnzeige` kann angepasst werden:

```
String anrede(Geschaeftspartner p) {
    return p.anrede();
}
```

Listing 5.8 Eigene Methode »anrede()«

Immer wenn es möglich ist, sollten Sie also auf Downcasts verzichten. Meistens ist es besser, dynamische Polymorphie und das *Prinzip der Ersetzbarkeit* zu nutzen. Downcasts werden in der Praxis meist dann eingesetzt, wenn eine Modellierung eigentlich geändert werden müsste, also eine Anpassung der eigentlich verwendeten Schnittstelle benötigt würde, dies aber aus praktischen Gründen nicht möglich ist, zum Beispiel weil diese Schnittstelle gar nicht in Ihrer Verantwortung liegt. Wenn Sie in unserem Beispiel nur für die Klasse `GeschaeftspartnerAnzeige` zuständig wären und die Schnittstelle der Klasse `Geschaeftspartner` auf keinen Fall geändert werden kann, wäre ein Downcast die einzige Möglichkeit.

Aber in so einem Fall sollten Sie sich immer klarmachen, warum Sie dieses Vorgehen wählen. In den Fällen, in denen Sie die Modellierung der Schnittstelle ändern können: Tun Sie es!

5.1.6 Sichtbarkeit im Rahmen der Vererbung

In Abschnitt 4.2.5, »Sichtbarkeit von Daten und Methoden«, haben Sie bereits die verschiedenen Sichtbarkeitsstufen für Eigenschaften und Methoden eines Objekts im Überblick kennengelernt. Die Sichtbarkeitsstufe »Geschützt« beschäftigt sich mit der Sichtbarkeit von Methoden, die nicht zur Schnittstelle gehören, aber innerhalb von Methodenimplementierungen von abgeleiteten Klassen aufgerufen werden können.

Sichtbarkeitsstufe »Geschützt« (protected)

Wie schon bei der Sichtbarkeitsstufe »Privat« müssen wir auch hier wieder zwischen der klassenbasierten und der objektbasierten Definition der Sichtbarkeit unterscheiden.

Sichtbarkeitsstufe »Geschützt«

Auf geschützte Daten und Methoden dürfen neben den Methoden, die in derselben Klasse implementiert sind, auch die Methoden, die in ihren Unterklassen implementiert sind, zugreifen.

Datenelemente können von Basisklasse geerbt werden

Die Daten und Methoden eines Objekts können in der Klasse, zu der das Objekt direkt gehört, deklariert worden sein. Die Elemente können aber auch von einer ihrer Basisklassen geerbt worden sein.

Java, C# oder C++ folgen grundsätzlich diesem klassenbasierten Sichtbarkeitskonzept. Allerdings dürfen in Java auf geschützte Elemente nicht nur die Unterklassen zugreifen, sondern zusätzlich alle Klassen im gleichen Package.

C#

Hier ein Beispiel für den Zugriff auf geschützte Datenelemente in C#:

```
class B {
  private int x;
  protected int y;
}

class C: B {
  public void test() {
    x = 1; // Fehler. Privates x ist nicht in C deklariert
    y = 2; // OK. Geschütztes y ist in der
           // Oberklasse B deklariert
  }
}
```

Listing 5.9 Zugriff auf geschützte Datenelemente in C#

In Java, C# und C++ bezieht sich auch die Sichtbarkeitsstufe »Geschützt« nicht auf einzelne Objekte, sondern auf ganze Klassen.

```
class D: B {
  public void test(B b, D d) {
    d.y = 1; // OK. d gehört zur Klasse D
    b.y = 2; // Fehler.
    // b gehört nicht notwendigerweise zur Klasse D
  }
}
```

Listing 5.10 Sichtbarkeitsstufe »Geschützt« an einem Beispiel in C#

Sichtbarkeit der Vererbungsbeziehung

Die Verwendung von Sichtbarkeitsregeln ist nicht nur für Methoden und Datenelemente möglich. Konzeptuell sind Sichtbarkeitsregeln auch für die Beziehungen zwischen Klassen und abgeleiteten Klassen möglich.

Der Standardfall ist, dass die Vererbungsbeziehung öffentlich (*public*) ist: Es ist öffentlich sichtbar, dass die Unterklasse die Schnittstelle der Oberklasse ebenfalls unterstützt. Das ist das Wesen der Vererbung der Spezifikation.

Es kann aber auch Fälle geben, in denen diese Vererbung nach außen nicht sichtbar sein soll. Die Vererbungsbeziehung selbst ist dann privat. Diese Art der Vererbung wird allerdings nur von wenigen Programmiersprachen unterstützt.

Private Vererbung

Wenn eine Klasse B von einer Klasse A privat erbt, so erbt sie nicht die Spezifikation dieser Klasse. Nach außen ist also nicht sichtbar, dass ein Exemplar von B auch ein Exemplar von A ist. Innerhalb der Methoden von B können aber alle Operationen von A genutzt werden.

Private Vererbung in C++

Lassen Sie uns die private Vererbung am Beispiel von Vererbungsbeziehungen in der Sprache C++ etwas genauer betrachten. Wenn Sie eine Unterklasse B einer Oberklasse A vorliegen haben, können Sie in C++ bestimmen, ob die Tatsache, dass die Klasse B eine Unterklasse von A ist, nach außen sichtbar sein soll.

Ist die Sichtbarkeit der Vererbung privat, erbt Klasse B zwar die Funktionalität von Klasse A, sie erbt jedoch nach außen keine Verpflichtungen von Klasse A – denn nach außen ist Klasse B eben *keine* Unterklasse von A. Die Exemplare von B müssen also nicht mit der Spezifikation von A konform sein und sind nicht an das *Prinzip der Ersetzbarkeit* gebunden.

Private Vererbung vs. Delegation

Die private Vererbung lässt sich immer in eine Delegationsbeziehung umwandeln, sodass jedes Exemplar von B ein Exemplar von A oder einer geeigneten Unterklasse besitzt. Für eine solche Struktur braucht man zwar etwas mehr Quelltext, dafür ist sie aber etwas verständlicher und eindeutiger. Abbildung 5.18 zeigt ein Beispiel für eine private Vererbungsbeziehung.

Umwandlung private Vererbung in Delegation

Die private Vererbung lässt sich in die Delegationsbeziehung umwandeln, die Abbildung 5.19 dargestellt. Das äußere Verhalten in der Methode `B::testB` bleibt dabei dasselbe.

Neben der öffentlichen und privaten Sichtbarkeit der Vererbung gibt es in C++ noch die geschützte Sichtbarkeit der Vererbung. Hier ist die Vererbung von außen nicht sichtbar, die Unterklassen der Klasse B sehen aber, dass A eine Oberklasse von B ist.

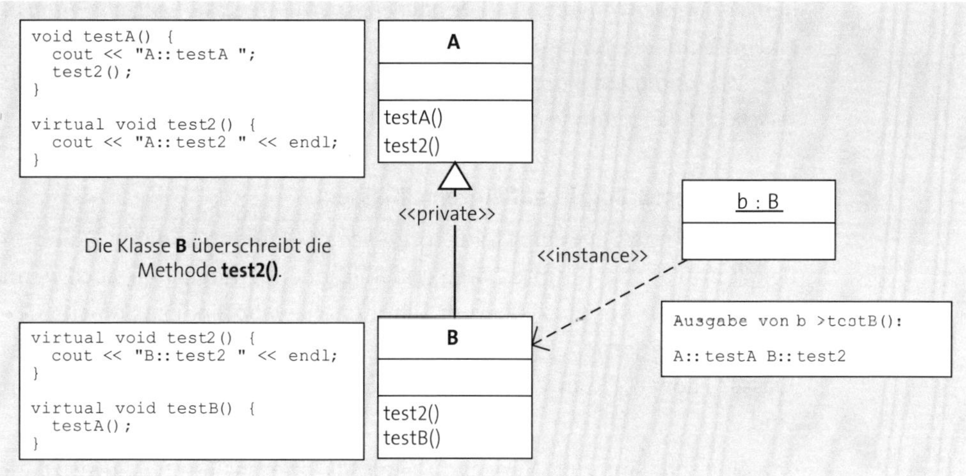

Abbildung 5.18 Private Vererbung in C++

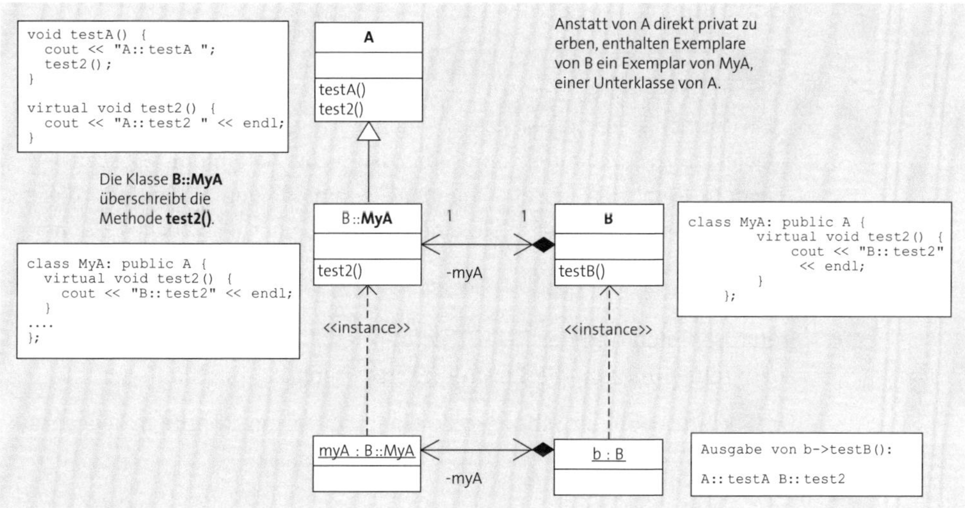

Abbildung 5.19 Private Vererbung durch Delegation ersetzt

Diskussion: Was soll denn die private Vererbung?

Bernhard: *Bei privater Vererbung können wir doch eigentlich gar nicht mehr von Vererbung sprechen. Es ist ja gerade Sinn der Vererbung, dass eine Unterklasse eben auf alle Pflichten der Oberklasse eingeht. Wenn das nicht so ist, haben wir eine simple Delegationsbeziehung vorliegen und sollten diese auch explizit machen.*

Gregor: *Ich denke, diese Entscheidung kann man getrost einem Entwicklungsteam überlassen. Die private Vererbung kommt mit einem guten Stück weniger Code aus, da eine Reihe von Zugriffen nicht per Delegation weiter-*

gereicht werden müssen. Es sollte aber eine bewusste Designentscheidung in einem Team sein, für bestimmte Aufgaben private Vererbung zu nutzen. Private Vererbung kann außerdem als eine Art von Mixin genutzt werden. Wir mischen dabei intern verfügbare Funktionalität zu anderen Klassen hinzu.

Differenzierter Zugriff auf einzelne Klassen

Manchmal muss ein Objekt aus technischen Gründen anderen Objekten den Zugriff auf bestimmte Daten und Methoden ermöglichen, auch wenn diese nicht zu der spezifizierten Schnittstelle gehören. Die Sprache C++ hat für diese Beziehung die sympathische Beschreibung gewählt, dass Klassen, denen dieser Zugriff speziell erlaubt wird, befreundete Klassen sind.

Um eine sehr sinnvolle Verwendung dieses differenzierten Zugriffs zu erläutern, werden wir zunächst ein Beispiel vorstellen, in dem eine Sammlung von Objekten Iteratoren bereitstellt, mit denen die Sammlung sukzessive durchlaufen werden kann.

Iteratoren

Ein Iterator ist ein Objekt, das es ermöglicht, eine Sammlung von anderen Objekten zu durchlaufen, ohne den Zustand der Sammlung selbst zu verändern. Iteratoren kapseln damit eine Sammlung und präsentieren diese nach außen so, als hätte sie einen Zustand, der ein aktuelles Element identifiziert.

Iteratoren bieten in der Regel Operationen, um auf das aktuelle Element zuzugreifen und um die Sammlung sukzessive zu durchlaufen.

Die Spezifikation der Schnittstelle einer Sammlung könnte in Java so aussehen:[5]

```
public interface Collection {
  public abstract Iterator iterator();
  public abstract void add(Object element);
}
public interface Iterator {
  public abstract boolean hasNext();
  public abstract Object next();
}
```

Listing 5.11 Schnittstellenklassen für Sammlungen und Iteratoren

5 Java hat eine umfassende Sammlungsbibliothek, hier beschreiben wir nur ein sehr vereinfachtes Beispiel, nicht die Standardklassen aus Java.

Jede Sammlung (*Collection*) hat die Methode `iterator()`, die einen neuen Iterator zurückgibt. Die Methode `next()` liefert nach und nach immer das nächste Objekt der Sammlung, und zwar so lange, bis deren Methode `hasNext()` den Wert `false` zurückgibt. Auf diese Weise können Sie eine Sammlung mehrfach parallel abzählen.

Verlinkte Liste als Sammlung

Eine einfache Implementierung einer Sammlung ist die verlinkte Liste. Jeder Eintrag der verlinkten Liste referenziert ein in der Sammlung enthaltenes Objekt und den nächsten Eintrag in der Liste. In Abbildung 5.20 ist das Zusammenspiel der beteiligten Klassen aufgeführt.

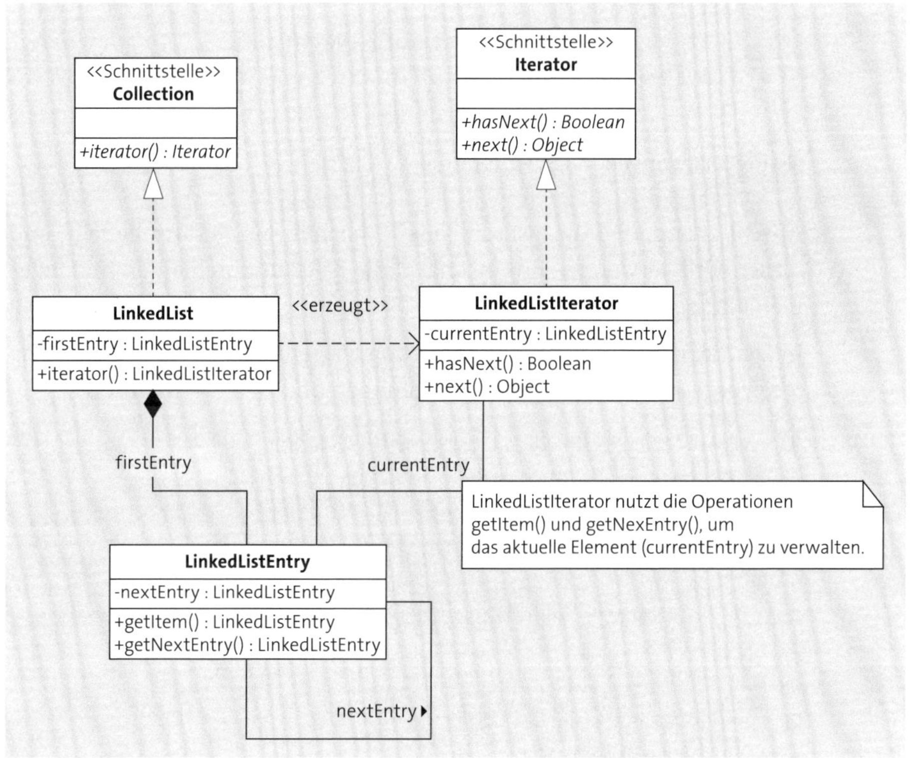

Abbildung 5.20 Zusammenspiel zwischen Iteratoren und Sammlungen

Ein Iterator verwaltet in diesem Beispiel einen Eintrag `currentEntry`, der auf das aktuelle Listenelement zeigt. Der Iterator benötigt dabei Zugriffe auf die Daten des Listenelements, um das darin enthaltene Element zu erfragen oder um das aktuelle Element auf den Folgeeintrag in der Liste weiterzubewegen. Dafür stellt die Klasse `LinkedListEntry` die Operationen `getItem()` und `getNextEntry()` zur Verfügung.

Die Anwendung eines Iterators ist in Listing 5.12 dargestellt. Dort werden zunächst drei Elemente einer Liste hinzugefügt (Zeilen 06 bis 08).

```
01 String text1 = new String("erster Listeneintrag");
02 String text2 = new String("zweiter Listeneintrag");
03 String text3 = new String("dritter Listeneintrag");
04
05 LinkedList list = new LinkedList();
06 list.add(text1);
07 list.add(text2);
08 list.add(text3);
09
10 Iterator iterator = list.iterator();
11 while (iterator.hasNext()) {
12     String text = (String)iterator.next();
13     System.out.println(text);
14 }
```

Listing 5.12 Verwendung des Iterators

Anschließend wird die Liste in Zeile 10 nach ihrem Iterator befragt, und dieser wird verwendet, um in Zeile 11 die Liste zu durchlaufen und jedes Element ausgeben zu lassen.[6]

In Listing 5.13 ist eine Implementierung aufgeführt, die die in Abbildung 5.20 vorgestellten Klassen für Sammlungen und Iteratoren umsetzt.

```
public class LinkedList implements Collection {
  private LinkedListEntry firstEntry;
  public Iterator iterator() {
    return new LinkedListIterator(firstEntry);
  }
  // .. Methode add() weggelassen
}

public class LinkedListEntry {
  private Object item;
  private LinkedListEntry nextEntry;
  public Object getItem() {
    return item;
  }
  public LinkedListEntry getNextEntry() {
    return nextEntry;
```

6 In Java lassen sich für die Umsetzung von Sammlungen und Iteratoren auch parametrisierte Klassen (Generics) verwenden. In unserem Beispiel haben wir darauf verzichtet, um die Darstellung einfacher zu halten.

```
17   }
18
19   ... // weitere Methoden, die Initialisierung zum Beispiel
20 }
21
22 public class LinkedListIterator implements Iterator {
23   private LinkedListEntry currentEntry;
24   public LinkedListIterator(LinkedListEntry firstEntry) {
25     currentEntry = firstEntry;
26   }
27   public boolean hasNext() {
28     return currentEntry != null;
29   }
30   public Object next() {
31     Object result = currentEntry.getItem();
32     currentEntry = currentEntry.getNextEntry();
33     return result;
34   }
35 }
```

Listing 5.13 Zugriff auf Listenelemente in Java

Iterator braucht Zugriff auf Daten der Liste

Die Klasse `LinkedListEntry` muss den Zugriff auf ihre Elemente `item` und `nextEntry`, die in den Zeilen 10 und 11 deklariert sind, zumindest lesend ermöglichen, sonst könnte der Iterator nicht darauf zugreifen. Deshalb wird in den mit Zeilen 10 und 15 der Zugriff über die Operationen `getItem()` und `getNextEntry()` erlaubt. So kann die Iteratorklasse selbst in der Methode `next()` in Zeile 30 darauf zugreifen und so ein jeweils aktuelles Element verwalten.

Datenkapselung verletzt

Aber warum sollten auch andere Klassen einen Zugriff auf diese Elemente der Klasse `LinkedListEntry` erhalten? Schließlich handelt es sich hier nur um die Implementierungsdetails der verlinkten Liste, nicht um ein spezifiziertes Verhalten. Gleiches gilt für den Konstruktor der Klasse `LinkedListIterator`. Nur die Klasse `LinkedList` muss Exemplare von `LinkedListIterator` erstellen können, für beliebige andere Klassen sollte das nicht möglich sein.

Implementierungseinheit

Die Klassen `LinkedList`, `LinkedListEntry` und `LinkedListIterator` bilden zusammen eine Implementierungseinheit. Für die Klassen dieser Einheit untereinander sollten lockerere Sichtbarkeitsregeln gelten als für Klassen von außerhalb.

Zunächst könnte man die Sichtbarkeit der Klassen `LinkedListEntry` und `LinkedListIterator` und ihrer Methoden `getItem()` und `getNextEntry()` bzw. des Konstruktors von `LinkedListIterator` von *Öffentlich* (Schlüsselwort `public`) auf *Geschützt innerhalb des Packages* (ohne ein Schlüsselwort) reduzieren. Dies würde bewirken, dass nur Klassen aus demselben Package den Zugriff erhalten.

Das ist aber meistens immer noch zu viel, denn schließlich werden in dem Package noch andere Implementierungen der Schnittstelle `Sammlung` liegen.

Eine gute Alternative bieten hier die geschachtelten Klassen. Dabei wird die Sichtbarkeit einer Klasse so eingeschränkt, dass sie nur innerhalb genau einer anderen Klasse sichtbar ist.

Geschachtelte Klassen (engl. Nested Classes oder Inner Classes)

Geschachtelte Klassen sind Klassen, die innerhalb einer anderen Klasse deklariert werden. Die geschachtelte Klasse erhält den Zugriff auf alle Elemente der äußeren Klasse, sogar auf die privaten Elemente. Die äußere Klasse erhält den vollen Zugriff auf die Elemente ihrer geschachtelten Klassen. Die geschachtelte Klasse ist dabei selbst ein Element der äußeren Klasse. Sie selbst kann für andere Klassen – wie andere Elemente der äußeren Klasse auch – sichtbar oder unsichtbar gemacht werden.

Geschachtelte Klassen in Java

Java bietet die Möglichkeit, geschachtelte Klassen zu nutzen.[7] Somit lässt sich das Beispiel aus Abbildung 5.20 auch über eine geschachtelte Klasse realisieren. In Listing 5.14 ist das modifizierte Beispiel zu sehen.

```
public class LinkedList implements Collection {

  // ...
  // innere Klasse, von außen nicht sichtbar
  private static class LinkedListEntry {
    Object item;
    LinkedListEntry nextEntry;
  }

  // diese innere Klasse ist von außen auch nicht sichtbar
  private static class LinkedListIterator
    implements Iterator {

```

7 Auch C# unterstützt geschachtelte Klassen. Dabei gelten ähnliche Sichtbarkeitsregeln wie in Java.

```
14       private LinkedListEntry currentEntry;
15       LinkedListIterator(LinkedListEntry firstEntry) {
16         currentEntry = firstEntry;
17       }
18       public boolean hasNext() {
19         return currentEntry != null;
20       }
21       public Object next() {
22         Object result = currentEntry.item;
23         currentEntry = currentEntry.nextEntry;
24         return result;
25       }
26     }
27   }
```

Listing 5.14 Geschachtelte Klassen

In Listing 5.14 sind die Datenelemente `item` und `nextEntry` von außen nicht sichtbar, weil die geschachtelte Klasse `LinkedListEntry` in Zeile 05 privat ist. Sie können hier also auf die Lesemethoden `getItem()` und `getNextEntry()` verzichten, weil die ebenfalls geschachtelte Klasse `LinkedListIterator`, die in Zeile 11 zu sehen ist, direkt auf diese Dateneinträge zugreifen kann. Nach außen ist aber weder die Klasse `LinkedListEntry` noch die Klasse `LinkedListIterator` sichtbar. Alle Anwender der Klasse `LinkedList` werden allein mit der Schnittstellenklasse `Iterator` arbeiten.

Geschachtelte Klassen in C# und C++

C++ unterstützt auch geschachtelte Klassen, allerdings gelten für die geschachtelten Klassen dieselben Sichtbarkeitsregeln wie für alle anderen Klassen. Damit sind sie nicht nutzbar, um wie in Java damit die Kapselung von Daten zu erreichen.

Wie bereits am Anfang dieses Kapitels erwähnt, bietet C++ einen anderen Mechanismus, um einer anderen Klasse den Zugriff auf Interna einer Klasse zu erlauben: Die Klasse deklariert, dass die privilegierte Klasse ihr »Freund« ist.

Im Beispiel aus Abbildung 5.20 in Java haben wir eine Sammlung von Objekten der Klasse `Object` implementiert, denn alle Klassen in Java sind direkte oder indirekte Unterklassen der Klasse `Object`. In C++ gibt es eine solche generelle Oberklasse nicht. Daher enthält unser C++-Beispiel parametrisierte Klassen (*Templates*) mit dem Typparameter `T`. Parametrisierte Klassen haben wir bereits in Abschnitt 4.2.3, »Klassen sind Datentypen«, vorgestellt.

Geschachtelte Klassen in C++

Hier das Beispiel der Klasse `LinkedListEntry` in C++:

```
01 template<typename T> class LinkedListEntry {
02 private:
03     T* item;
04     LinkedListEntry* nextEntry;
05   friend class LinkedListIterator<T>;
06 };
07 template<typename T> class LinkedListIterator {
08 private:
09     LinkedListEntry<T>* currentEntry;
10     LinkedListIterator(LinkedListEntry<T>* firstEntry) {
11         currentEntry = firstEntry;
12     }
13 public:
14     bool hasNext() {
15         return currentEntry != NULL;
16     }
17     T* next() {
18         T* result = currentEntry->item;
19         currentEntry = currentEntry->nextEntry;
20         return result;
21     }
22   friend class LinkedListEntry<T>;
23 };
```

Listing 5.15 Differenzierter Zugriff in C++

In Zeile 05 erlaubt die Klasse `LinkedListEntry` der Klasse `LinkedListIterator` den Zugriff auf ihre internen Daten.[8] Und was noch schöner ist: Die Freundschaft wird erwidert. Durch den Eintrag in Zeile 22 erklärt auch die Klasse `LinkedListIterator` die Klasse `LinkedListEntry` zum Freund. Nun kann in Zeile 17 innerhalb der Methode `next()` der Klasse `LinkedListIterator` auf private Datenelemente der Klasse `LinkedListEntry` zugegriffen werden. Diese braucht keine öffentlichen Operationen mehr dafür bereitzustellen.

8 Durch die Angabe des Typparameters `T` wird diese Freigabe allerdings auf die Iteratoren eingeschränkt, die Exemplare der gleichen Klasse verwalten, wie das für `LinkedListEntry` der Fall ist.

5.2 Polymorphie und ihre Anwendungen

Polymorphie ist eine der wichtigsten Fähigkeiten, die Sie bei der Umsetzung von objektorientierten Systemen nutzen können. Wörtlich ins Deutsche übersetzt, bedeutet der Begriff »Vielgestaltigkeit«.

Im Bereich der Objektorientierung bezieht sich Polymorphie darauf, dass verschiedene Objekte bei Aufruf derselben Operation unterschiedliches Verhalten an den Tag legen können.

Dynamische Polymorphie (oder Laufzeitpolymorphie)

Objektorientierte Systeme, die dynamische Polymorphie unterstützen, sind in der Lage, einer Variablen Objekte unterschiedlichen Typs zuzuordnen. Dabei beschreibt der Typ der Variablen selbst lediglich eine Schnittstelle. Der Variablen können dann aber alle Objekte zugewiesen werden, deren Klasse diese Schnittstelle implementiert. Welche Methode beim Aufruf einer Operation aufgerufen wird, hängt davon ab, welche Klassenzugehörigkeit das Objekt hat, das der Variablen zugeordnet ist. Der Typ der Variablen ist nicht entscheidend. Der Aufruf der Operation erfolgt damit polymorph, also abhängig vom konkreten Objekt. Werden der Variablen während der Laufzeit des Programms Objekte mit unterschiedlicher Klassenzugehörigkeit zugewiesen, werden jeweils andere Methoden aufgrund des Aufrufs derselben Operation ausgeführt. Im Folgenden werden wir die dynamische Polymorphie einfach kurz als Polymorphie bezeichnen.

Diese Fähigkeit hört sich zunächst nicht wirklich spektakulär an. Sie bildet aber die Grundlage dafür, dass objektorientierte Systeme so entwickelt werden können, dass sie innerhalb von Grenzen flexibel auf Änderungen von Anforderungen reagieren können.

In den meisten Fällen ist es allerdings zur Übersetzungszeit eines Programms noch gar nicht klar, mit welchen Objekten eine Variable konkret belegt sein wird. Deshalb kann in der Regel erst zur Laufzeit eines Programms entschieden werden, welche Methode beim Aufruf einer Operation ausgeführt werden soll. Der Mechanismus der *späten Bindung* erlaubt es, die Zuordnung auch erst zu diesem Zeitpunkt zu treffen.

Späte Bindung

Objektorientierte Systeme sind in der Regel in der Lage, die Zuordnung einer konkreten Methode zum Aufruf einer Operation erst zur Laufzeit eines Programms vorzunehmen. Dabei wird abhängig von der Klassenzugehörigkeit des Objekts, auf dem die Operation aufgerufen wird, entschieden, welche Methode verwendet wird.

Diese Fähigkeit, eine Methode dem Aufruf einer Operation erst zur Laufzeit zuzuordnen, wird *späte Bindung* genannt. Der Begriff rührt daher, dass für die Zuordnung der Methode der spätestmögliche Zeitpunkt gewählt wird, um die Methode an den Aufruf einer Operation zu binden.

Die Polymorphie ist die technische Voraussetzung dafür, dass die Konzepte der Vererbung der Spezifikation und das *Prinzip der Ersetzbarkeit* in Ihren Programmen auch effektiv genutzt werden können.

Bevor wir die dynamische Polymorphie an einem Beispiel erläutern, stellen wir noch kurz ihren kleinen Bruder vor, die sogenannte *Überladung*.

Überladung (statische Polymorphie)

Von Überladung sprechen wir, wenn der Aufruf einer Operation anhand des konkreten Typs von Variablen oder Konstanten auf eine Methode abgebildet wird. Im Gegensatz zur dynamischen Polymorphie spielen die Inhalte der Variablen bei der Entscheidung, welche konkrete Methode aufgerufen wird, keine Rolle.

Überladung kann nur von Sprachen mit statischem Typsystem unterstützt werden. Zu Sprachen, die Überladung unterstützen, gehören unter anderem C++ und Java. Überladung ist so etwas wie der kleine Bruder der dynamischen Polymorphie. Sie hilft dabei, Programme lesbarer und überschaubarer zu gestalten. Sie reicht aber nicht aus, um das *Prinzip der Ersetzbarkeit* für Unterklassen in unseren Programmen praktisch nutzbar zu machen.

5.2.1 Dynamische Polymorphie am Beispiel

Betrachten wir im Folgenden ein sehr einfaches Beispiel, bei dem dynamische Polymorphie zum Einsatz kommt. Daran anschließend werden wir zeigen, wie die Umsetzung ohne Polymorphie aussieht und welche Nachteile wir uns damit einhandeln würden. Wir verwenden für das erste Beispiel eine Umsetzung in C++, für das zweite die Sprache C, um deren Restriktionen in Bezug auf dynamische Polymorphie auszunutzen.

Umsetzung mit Polymorphie

In Abbildung 5.21 ist eine minimale Klassenhierarchie dargestellt, die wir für unser Beispiel verwenden werden.

Die Abbildung zeigt die Umsetzung der Hierarchie in der Sprache C++ und die Nutzung der polymorphen Operation `print()`.

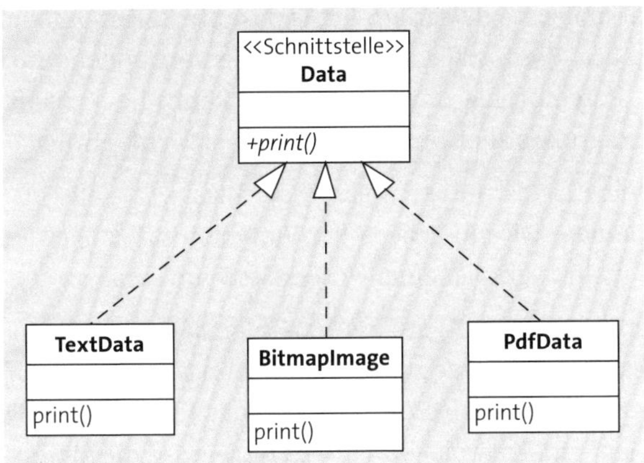

Abbildung 5.21 Umsetzung einer Operation print

```
01  class Data {
02      virtual void print() = 0;
03  };
04
05  class TextData: public Data {
06      virtual void print() {
07          printf("Druck eines einfachen Texts\n");
08      }
09  };
10  // Umsetzungen für BitmapImage und PdfData entsprechend
11  // ...
12
13  void printList(Data** dataList) {
14      Data** element;
15      Data* data;
16      for (element=dataList; *element != NULL; ++element) {
17          data = *element;
18          data->print();
19      }
20  }
```

Listing 5.16 Verteilung von Methodenaufrufen durch Polymorphie

In Zeile 02 deklarieren Sie, dass alle Exemplare der Klasse `Data` die Operation `print` unterstützen. Mit dem Schlüsselwort `virtual` wird die Operation auch als polymorph markiert.

In Zeile 06 wird diese Operation von der Unterklasse `TextData` umgesetzt. Die Umsetzungen für `BitmapData` und `PdfData` sind nicht dargestellt.

In Zeile 15 wird die Variable `data` deklariert. Ihr Typ ist ein Zeiger auf ein Exemplar der Klasse `Data`, die hierfür als Schnittstelle verwendet wird. Weil die dynamische Polymorphie unterstützt wird, kann die Variable aber auch Zeiger auf Exemplare aller Unterklassen von `Data` aufnehmen.

In Zeile 16 wird über eine Liste von Exemplaren der Klasse `Data` iteriert. Das jeweils aktuelle Element wird in Zeile 17 der Variablen `data` zugewiesen. Diese zeigt nun auf ein Exemplar einer Unterklasse von `Data`.

In Zeile 18 wird die Operation `print()` auf der Variablen `data` aufgerufen. Der Aufruf wird jeweils einer Methode zugeordnet. Wenn `data` aktuell auf ein Exemplar von `TextData` zeigt, wird die Methode der Klasse `TextData` aufgerufen. Zeigt `data` auf ein Exemplar von `BitmapImage`, wird die Methode `print()` von `BitmapImage` aufgerufen.

Die Umsetzung und Verwendung der Operation `print()` sieht also schon sehr kompakt aus.

Umsetzung ohne Polymorphie

Betrachten wir nun, was wir uns einhandeln würden, wenn wir die Polymorphie in diesem Fall nicht nutzen könnten. In Listing 5.17 versuchen wir, eine Version in der Sprache C umzusetzen, die die gleiche Funktionalität realisiert. Dabei können wir nicht mehr auf Klassen zurückgreifen, sondern definieren lediglich Datenstrukturen über das Schlüsselwort `struct`. Die Datenstruktur `Data` enthält dabei einen Zeiger auf beliebige andere Strukturen, sodass sie die Daten unserer Unterklassen (nun Datenstrukturen) `TextData`, `BitmapData` und `PdfData` referenzieren kann.

```
#define STOP 0
#define TEXT_DATA 1
#define BITMAP_IMAGE 2
#define PDF_DATA 3

struct Data {
    int type;
    void * data; // Zeiger auf konkrete Daten
};
typedef struct Data Data;

struct TextData {
    // hier stehen die eigentlichen Daten
};
```

```
15 // entsprechende Strukturen für BitmapImage und PdfData
16 // ...
17
18 void printTextData(TextData* text) {
19     printf("Druck eines einfachen Texts\n");
20 }
21 // entsprechende Umsetzungen für BitmapImage und PdfData
22 // ...
23 // Verteilung nach Typ
24 void dispatchPrint(Data* data) {
25     switch (data->type) {
26         case TEXT_DATA:
27             printTextData((TextData*)data->data);
28             break;
29         case BITMAP_IMAGE:
30             printBitmapImage((BitmapImage*)data->data);
31             break;
32         default:
33             printf("Fehler: Unbekannter Typ der Daten\n");
34     }
35 }
36
37 void printList(Data* dataList) {
38     Data* d;
39     for (d = dataList; d->type != STOP; ++d) {
40         dispatchPrint(d);
41     }
42 }
```

Listing 5.17 Aufruf der Operation »print« ohne dynamische Polymorphie

Einige Unterschiede, die diese Lösung komplexer machen, sind bereits klar aus dem Listing ersichtlich.

- In den Zeilen 01 bis 04 sowie 07 ist zu sehen, dass explizite Typinformation benötigt wird, um die verschiedenen Datenstrukturen zu unterscheiden. Das war in unserer Variante mit Polymorphie nicht der Fall.
- Es ist eine explizite Verteilung der Aufrufe der verschiedenen `print`-Routinen durch eine Methode `dispatchPrint()` in Zeile 24 notwendig. Dies ist in der Variante mit Polymorphie nicht notwendig.
- Die Zuordnung der korrekten Routine muss in Zeile 25 anhand des Typs erfolgen, der in der allgemeinen Datenstruktur `Data` mitgeführt wird. Auch dies ist in der Variante mit Polymorphie nicht notwendig.

- Es kann zu Fehlerfällen kommen, in denen eine Datenstruktur an die Routine `dispatchPrint()` übergeben wird, für die in der Verteilung keine Routine vorhanden ist (Zeile 32). In der Variante mit Polymorphie ist sichergestellt, dass zu einem Objekt auch eine Methode `print()` vorhanden ist, da diese dem Objekt selbst zugeordnet ist.

Neben den direkt aus den Listings zu entnehmenden Vorteilen der Polymorphie gibt es einen weiteren Vorteil, der mit späteren Änderungen am Programm zu tun hat.

Wenn Sie das Programm um die Fähigkeit erweitern wollen, auch Vektorgrafiken zu drucken, müssen Sie in der Variante mit Polymorphie nichts weiter tun, als eine neue Unterklasse `VectorImage` der Klasse `Data` zu erstellen, die eine Methode `print()` realisiert, um eine Vektorgrafik zu drucken.

Wenn Sie die Polymorphie nicht zur Verfügung haben, müssen Sie nicht nur eine Routine `printVectorGraphics` implementieren, Sie müssen auch die Prozedur `dispatchPrint` anpassen und einen neuen Typ dafür definieren, der dann mit der Datenstruktur `Data` zusammen verwendet wird. Sie müssen also stark in den vermeintlich bereits fertiggestellten Quelltext eingreifen.

Verteilung durch Programmiersprache

Mithilfe der dynamischen Polymorphie können Sie also die beschriebene Aufgabenstellung mit weniger Quelltext umsetzen, und Sie halten den Änderungsaufwand im Fall von Anpassungen geringer.

Zuordnung beim Aufruf einer Operation

Die Zuordnung beim Aufruf einer Operation zu einer konkreten Methode übernimmt ein von der Programmiersprache (oder deren Laufzeitsystem) bereitgestellter Mechanismus, ein sogenannter *Dispatcher*.

Wenn Sie im Beispiel aus Listing 5.16 das Programm um weitere druckbare Dateitypen erweitern, werden diese automatisch in die Entscheidungslogik des Programms integriert. Der Dispatcher wird die Zuordnung der Methode für Exemplare von neu erstellten Klassen mit übernehmen.

Dispatcher in objektorientierten Programmiersprachen

Ein Dispatcher ist ein durch eine objektorientierte Programmiersprache zur Verfügung gestellter Mechanismus, der die Verantwortung dafür hat, für jede aufgerufene Operation die korrekte Methode auszuführen. Die Entscheidung darüber, welche Methode ausgeführt wird, hängt in der Regel von der Klassenzugehörigkeit des Objekts ab, auf dem eine Operation aufgerufen wird. Die konkrete auszuführende Methode kann erst bestimmt werden, wenn der tatsächliche Typ des Objekts, auf dem die

Operation durchgeführt wird, bekannt ist. In den meisten Fällen ist das erst zur Laufzeit möglich, sodass ein Dispatcher auch zur Laufzeit zur Verfügung stehen muss.[9]

Diskussion: Polymorphie ohne Objekte?

Bernhard: *Ist denn eigentlich dynamische Polymorphie etwas, das nur im Kontext von objektorientierten Sprachen funktioniert?*

Gregor: *Nein, man kann dynamische Polymorphie in praktisch jeder Programmiersprache anwenden. Eines der bekanntesten Beispiele der Anwendung von dynamischer Polymorphie hängt sogar sehr eng mit der Sprache C zusammen.*

Bernhard: *Welches Beispiel meinst du?*

Gregor: *Die Sprache C und das Betriebssystem Unix entstanden sozusagen Hand in Hand. In Unix (und ähnlichen Systemen wie z. B. Linux) betrachtet man alle an den Rechner angeschlossenen Geräte als Dateien. Man benutzt die gleichen C-Funktionen, um auf tatsächliche Dateien, den Drucker, die Maus, das Netzwerk und so weiter zuzugreifen. Ähnlich, wenn auch nicht so konsequent, macht man es unter Windows. Ein anderes Beispiel ist, dass man auf eine Datei zugreifen kann, als ob deren Inhalt einfach im Speicher liegen würde. Das alles sind Beispiele von dynamisch polymorpher Funktionalität, die in diesem Fall vom Betriebssystem bereitgestellt wird.*

Bernhard: *Die dynamische Polymorphie wird also nicht von der Objektorientierung ermöglicht?*

Gregor: *Nein, sie wird aber erheblich einfacher gemacht.*

Die Polymorphie gibt Ihnen einen sehr breit nutzbaren Abstraktionsmechanismus an die Hand. Polymorphie bildet damit eine ganz zentrale Voraussetzung für die objektorientierte Vorgehensweise.

In den folgenden Abschnitten werden Sie einige Anwendungen für Polymorphie kennenlernen. Zunächst stellen wir Ihnen an einem Beispiel vor, wie unterschiedliche Methoden auf Grundlage der Polymorphie dieselbe Operation umsetzen und welche Mechanismen zum Einsatz kommen, um die richtige Methode zu finden. In Abschnitt 5.2.3 gehen wir auf die sogenannten anonymen Klassen ein, für deren Nutzung die Polymorphie zentral ist. In Abschnitt 5.2.4 werden wir dann Aufrufe von Operationen zeigen, die eine komplexere Verteilung auf der Grundlage von Polymor-

9 In bestimmten Fällen lässt sich der tatsächliche Typ bereits zur Kompilierungszeit bestimmen. Das bietet eine Möglichkeit zur Optimierung der Performance des Programms, denn die dynamische Bestimmung der aufzurufenden Routine (Dynamic Dispatch) ist nicht ohne Laufzeitkosten.

phie erfordern, und diese am konkreten Beispiel des Entwurfsmusters »Besucher« erläutern. Schließlich werden wir in Abschnitt 5.2.5 auch noch auf die technische Realisierung von Polymorphie eingehen und als Beispiel die sogenannte Tabelle für virtuelle Methoden vorstellen.

5.2.2 Methoden als Implementierung von Operationen

Klassen deklarieren in der Regel eine Reihe von Operationen, die sich auf den Exemplaren dieser Klassen aufrufen lassen. In Abschnitt 4.2.4, »Klassen sind Module«, haben Sie gesehen, dass diese Operationen auch innerhalb der Klassen umgesetzt werden können, und zwar in Form von Methoden.

Operationen bilden auf Methoden ab

Eine Klasse, die eine Operation über eine Methode umsetzt, implementiert diese Operation. Allerdings muss die Klasse, die eine Methode umsetzt, nicht unbedingt diejenige sein, die auch die Operation spezifiziert. In so einem Fall spricht man davon, dass eine Klasse die Schnittstelle einer anderen Klasse ganz oder teilweise *implementiert*.

In Abbildung 5.22 implementieren drei Klassen die von der Schnittstellenklasse `ProtocolHandler` spezifizierte Operation `getContent()` über unterschiedliche Methoden.

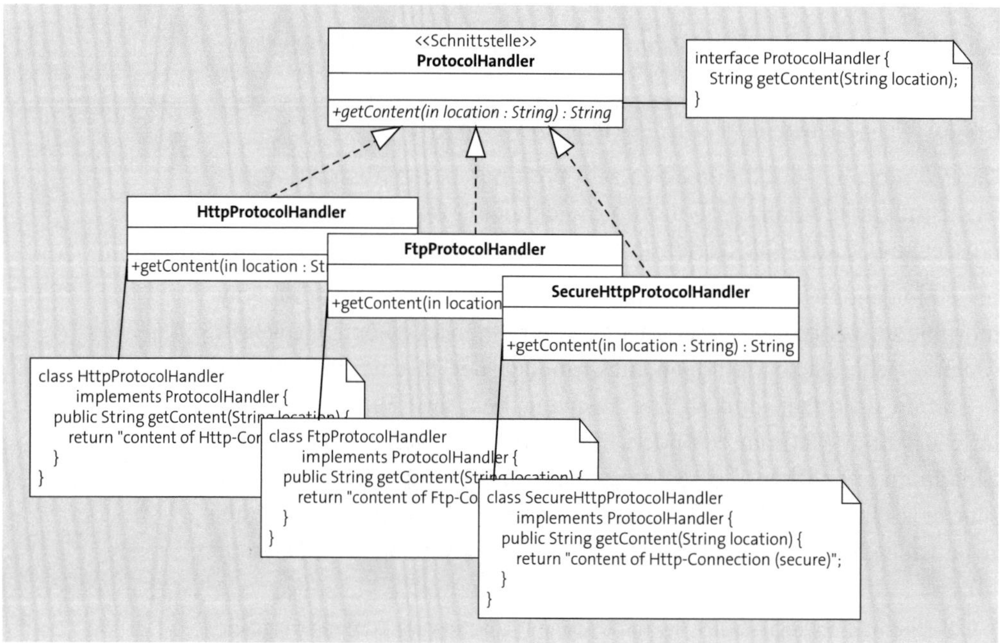

Abbildung 5.22 Verschiedene Java-Methoden für die Operation »getContent«

Im Beispiel sind die Methoden in der statisch typisierten Sprache Java umgesetzt. Bei Sprachen mit statischem Typsystem muss die Referenz auf ein Objekt (also eine Variable oder ein Parameter) den Typ der Schnittstelle deklarieren, damit die Operation überhaupt aufgerufen werden kann. Zur Laufzeit wird der Dispatcher der Programmiersprache dann für eine Variable vom Typ der Schnittstelle entscheiden, welche der Methoden aufgerufen wird.

Statisch typisierte Sprachen

In Listing 5.18 ist der Parameter `handler` der statischen Methode `getText` in Zeile 01 vom Typ der Schnittstelle `ProtocolHandler`. Der Aufruf der Operation `getContent` in Zeile 04 wird eine der drei Methoden aus Abbildung 5.22 aufrufen, abhängig davon, ob zur Laufzeit des Programms ein Exemplar von `HttpProtocolHandler`, `FtpProtocolHandler` oder `SecureHttpProtocolHandler` vorliegt.

```
01 static String getText(ProtocolHandler h,
02                       String location) {
03   String description = "Presenting " + location + ": \n" ;
04   description += h.getContent(location);
05   return description;
06 }
07 public static void main(String[] args) {
08   ProtocolHandler h = new HttpProtocolHandler();
09   System.out.println(getText(h,"http://www.mopo.dc"));
10   h = new FtpProtocolHandler();
11   System.out.println(getText(h,"ftp://ftp.share.de"));
12   h = new SecureHttpProtocolHandler();
13   System.out.println(getText(h,"https://www.bank.de"));
14 }
```

Listing 5.18 Verschiedene Methoden werden für die Operation »getContent« aufgerufen.

In den Zeilen 08, 10 und 12 werden jeweils Exemplare der unterschiedlichen Klassen konstruiert und an `getText()` übergeben. Die Ausgaben unterscheiden sich dann auch, da jeweils unterschiedliche Methoden aufgerufen werden:

```
Presenting http://www.mopo.de:
content of Http-Connection
Presenting ftp://ftp.share.de:
content of Ftp-Connection
```

```
Presenting https://www.bank.de:
content of Http-Connection (secure)
```

Listing 5.19 Ausgabe für verschiedene ProtocolHandler

Die Verteilung einer Operation auf verschiedene Methoden ist in den statisch typisierten Sprachen also nur möglich, wenn alle beteiligten Objekte eine gemeinsame, explizit deklarierte Schnittstelle implementieren.

Dynamisch typisierte Sprachen

Anders in den dynamisch typisierten Sprachen. Dort ist es durchaus möglich, eine Operation erfolgreich auf verschiedenen Objekten aufzurufen, deren Klassen in keiner Beziehung zueinander stehen. Die Objekte müssen also nicht unbedingt eine explizite gemeinsame Schnittstelle implementieren.

Betrachten wir diese Situation an einem Beispiel in der dynamisch typisierten Sprache Python. In Abbildung 5.23 ist das Klassenmodell so angepasst, dass es technisch die Situation in dynamisch typisierten Sprachen darstellt. Die beiden Klassen unterstützen zwar beide die Operation `getContent()`, das wird aber nicht über eine explizite gemeinsame Schnittstelle modelliert.

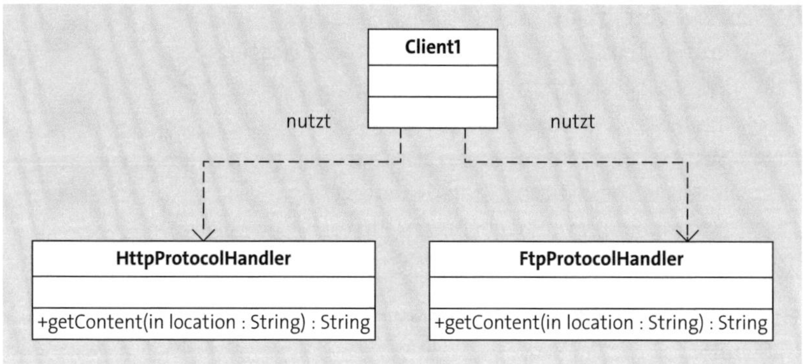

Abbildung 5.23 Unabhängige Klassen mit der gleichen Schnittstelle

In Listing 5.20 ist die Verwendung der Operation `getContent()` am Beispiel von Python dargestellt.

```
class HttpProtocolHandler:
   def getContent(self, location):
     print "content of Http-Connection "

class FtpProtocolHandler:
   def getContent(self, location):
```

```
07        print "content of Ftp-Connection"
08
09  if random.random() < 0.5:
10     handler = HttpProtocolHandler()
11  else:
12     handler = FtpProtocolHandler()
13  handler.getContent("http://www.mopo.de")
14  # was wird hier wohl ausgegeben?
```

Listing 5.20 Abwechselnder Aufruf von zwei Methoden

- In den Zeilen 01 und 05 werden die beiden beteiligten Klassen konstruiert. Diese stehen in keiner Beziehung zu anderen Klassen.
- In den Zeilen 02 und 06 werden dann die Methoden umgesetzt, die die Operation `getContent()` implementieren.
- In Zeile 09 wird eher zufällig entschieden, ob die Variable `handler` ein Exemplar von `HttpProtocolHandler` oder von `FtpProtocolHandler` zugewiesen bekommt.
- Da beide Klassen die Operation `getContent()` unterstützen, ist der Aufruf in Zeile 13 unabhängig von der konkreten Klassenzugehörigkeit erfolgreich. Beim Aufruf einer Operation wird einfach für das betroffene Objekt überprüft, ob das Objekt selbst oder eine der Klassen, zu denen es gehört, für eine Operation dieses Namens eine Methode umgesetzt hat.

In manchen Sprachen lässt sich aber in die Suche nach der Methode zu einer Operation eingreifen. In Python und Ruby werden solche Modifikationen des Suchverfahrens unterstützt. Auf diese Weise können Sie zum Beispiel erreichen, dass ein Objekt den Aufruf von Operationen, die es nicht selbst unterstützt, an ein anderes Objekt weiterleitet, also delegiert.

Umsetzung eines Proxy in Ruby

Betrachten wir diese Möglichkeit ebenfalls wieder an einem Beispiel. Nehmen Sie an, Sie möchten in Ruby ein Objekt als sogenannten Proxy[10] für andere Objekte einsetzen. Ihr Proxy soll alle Aufrufe von Operationen protokollieren und dann an das eigentliche Objekt weiterreichen.

10 Proxy lässt sich mit »Stellvertreter« übersetzen. Ein Proxy ist meist ein Objekt (oder ein Dienst), das stellvertretend für andere Objekte Nachrichten entgegennimmt und diese falls notwendig in möglicherweise modifizierter Form an die anderen Objekte weiterleitet. Ein klassisches Beispiel für einen Proxy ist ein Dienst, der Aufrufe von Webseiten empfängt und selbst entscheidet, ob diese aus einem Zwischenspeicher bedient werden können oder an den Zielserver weitergeleitet werden müssen.

Die Modellierung in Abbildung 5.24, die auch in Listing 5.21 umgesetzt wird, nutzt die Möglichkeit von Ruby, die Methode `method_missing` zu überschreiben.

Die Modellierung sieht vor, dass beliebige Operationen auf Exemplaren der Klasse `LoggingProxy` aufgerufen werden können. Diese Exemplare halten selbst eine Referenz auf das Objekt, das eigentlich den Aufruf erhalten sollte, und leiten den Aufruf weiter, nachdem ein Protokolleintrag geschrieben wurde.

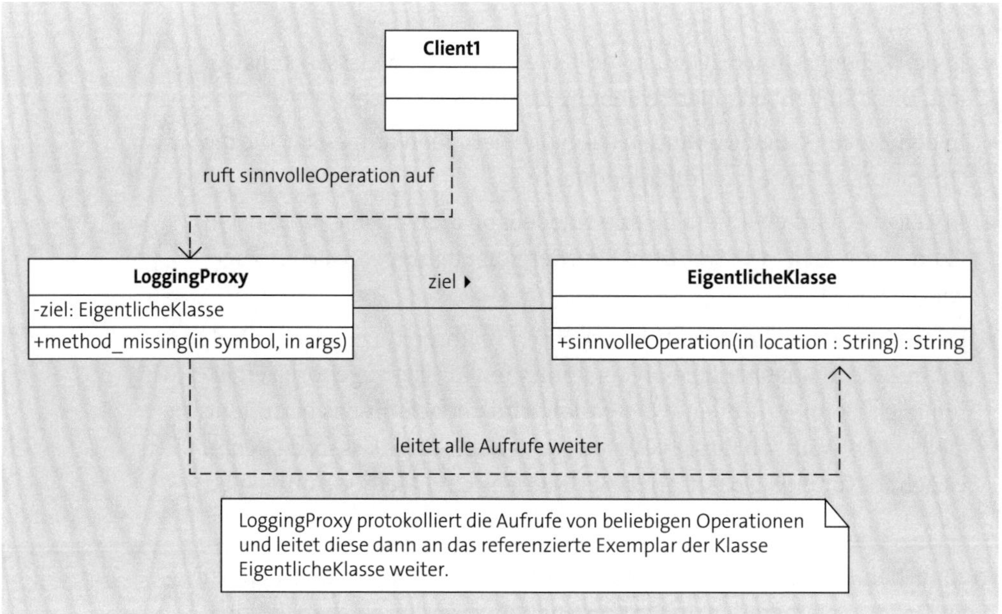

Abbildung 5.24 Eine Proxy-Klasse in Ruby

In Zeile 11 von Listing 5.21 ist dargestellt, wie die Methode `method_missing` überschrieben wird. Durch dieses Überschreiben können alle Aufrufe von Operationen an ein anderes Objekt weitergeleitet werden.

```
01  class EigentlicheKlasse
02    def sinnvolleOperation
03      print "Ich führe eine sinnvolle Aktion aus\n"
04    end
05  end
06
07  class LoggingProxy
08    def initialize(ziel)
09      @ziel = ziel
10    end
```

```
11   def method_missing(symbol, *args)
12     print "Aufruf von " + symbol.to_s
13     @ziel.send(symbol, *args)
14   end
15 end
16
17 eigentlichesObjekt = EigentlicheKlasse.new
18 proxy = LoggingProxy.new(eigentlichesObjekt)
19
20 proxy.sinnvolleOperation
21 # Ausgegeben wird:
22 #  Aufruf von beispielMethode
23 #  Ich führe eine sinnvolle Aktion aus
```

Listing 5.21 Umsetzung eines Proxy in Ruby

Fallback in Ruby: method_missing

Wenn ein Objekt in Ruby keine Methode mit dem Namen der aufgerufenen Operation besitzt, wird die Methode `method_missing` mit dem Namen der fehlenden Methode und den Parametern des ursprünglichen Aufrufs aufgerufen. Im Beispiel protokollieren wir den Aufruf, der an das Objekt `proxy` adressiert ist, und leiten ihn zum Objekt `eigentlichesObjekt` weiter, das bei der Initialisierung in Zeile 08 übergeben wurde. In Zeile 13 wird dann über die Operation `send` der Aufruf an das eigentliche Objekt weitergeleitet. Dies ist nützlich, wenn man den Namen, wie in unserem Fall, nicht von vornherein kennt, sondern einfach alle Aufrufe weiterleiten möchte. Neben allen anderen Aufrufen wird so auch die Operation `sinnvolleOperation` weitergeleitet, für die in Zeile 02 die entsprechende Methode umgesetzt ist.

Diskussion: Verwendung von method_missing

Gregor: *Macht die Verwendung eines Konstrukts wie `method_missing` unsere Anwendung nicht sehr unübersichtlich? Wenn wir das auf die Spitze treiben, können doch beliebige Methoden auf unserem Objekt aufgerufen werden, die dann alle über `method_missing` behandelt werden.*

Bernhard: *Wir müssen tatsächlich aufpassen, dass wir durch die Weiterleitung von Methodenaufrufen keine unübersichtliche Struktur schaffen. Das Verfahren ist auch nicht generell geeignet, um Delegationsbeziehungen umzusetzen. Speziell für die Umsetzung von Proxys, also reinen Stellvertreterobjekten, ist die Möglichkeit aber dennoch nützlich. Es geht dabei ja gar nicht um eine inhaltliche Auswertung, sondern um das reine Weiterleiten eines Aufrufs. Das lässt sich mit den gezeigten Verfahren einfach und elegant umsetzen.*

Bei der Umsetzung von Methoden werden Objekte in der Regel auch wieder Operationen auf weiteren Objekten aufrufen. Zu diesen Objekten bestehen dann Abhängigkeiten. Da Sie in der Regel Abhängigkeiten minimieren sollten, ist in diesen Fällen zu prüfen, ob die Abhängigkeit kritisch ist und ob es Alternativen dazu gibt. Das *Demeter-Prinzip* formuliert einen Anhaltspunkt dafür, welche Abhängigkeiten unbedenklich sind und welche überprüft werden sollten.

Das Demeter-Prinzip (Law of Demeter)[11]

Eine Methode, die zu einem Objekt gehört, darf Operationen auf anderen Objekten nur aufrufen, wenn diese auf einem Objekt aus der folgenden Liste aufgerufen werden:

- dem Objekt selbst
- einem Objekt, das vom Objekt selbst referenziert wird
- einem Objekt, das als Parameterwert an die Methode übergeben wurde
- einem Objekt, das innerhalb der Methode selbst angelegt wurde

Das Prinzip hat seinen Namen nach dem Demeter-Projekt an der Northeastern University in Boston erhalten.[12] Ein etwas eingängigerer Name ist: »Sprich nur mit deinen Freunden.«

Wenn Sie das Demeter-Prinzip vollständig umsetzen, sind innerhalb von Methoden keine sogenannten verketteten Aufrufe mehr erlaubt.

Beispiel für das Demeter-Prinzip

Betrachten wir am besten an einem Beispiel, was denn nun verkettete Aufrufe sind. Nehmen Sie an, Sie wollen eine Steuerung für einen Roboter umsetzen. Die Steuerung prüft regelmäßig, ob der Batteriezustand des Roboters noch in Ordnung ist. Falls nicht, weist die Steuerung den Roboter an, zur Aufladestation zu fahren, und gibt der Batterie des Roboters das Signal, dass sie sich dort aufladen kann. In Abbildung 5.25 ist eine Modellierung dieses Szenarios aufgeführt, die das Demeter-Prinzip verletzt.

11 Wir haben hier den gängigen englischen Begriff Law of Demeter ganz bewusst mit »Das Demeter-Prinzip« übersetzt. Das soll deutlich machen, dass es sich auch und speziell bei diesem Prinzip eben nur um eine Leitlinie handelt, von der Sie in bestimmten Fällen abweichen können und auch sollten.

12 Das Projekt beschäftigte sich mit Mechanismen, die Zugriffe auf Objekte über Zugriffsketten durch Traversierungsobjekte kapseln sollten. Der Name des Projekts wiederum ist der griechischen Göttin Demeter zu verdanken. Diese war unter anderem für die Fruchtbarkeit der Felder zuständig. Die Analogie dabei sollte sein, dass auch Software nach und nach in kleinen Schritten wachsen sollte.

Um zu sehen, warum das so ist, müssen Sie einen Blick auf den resultierenden Quelltext werfen. In Listing 5.22 ist zu sehen, dass das Prinzip verletzt wird, weil in Zeile 05 ein verketteter Aufruf enthalten ist. Der Zugriff auf eine Operation `istAufgeladen()` einer Roboterbatterie über die Methode `batterie()` in Zeile 05 ist nach dem Demeter-Prinzip nicht erlaubt.

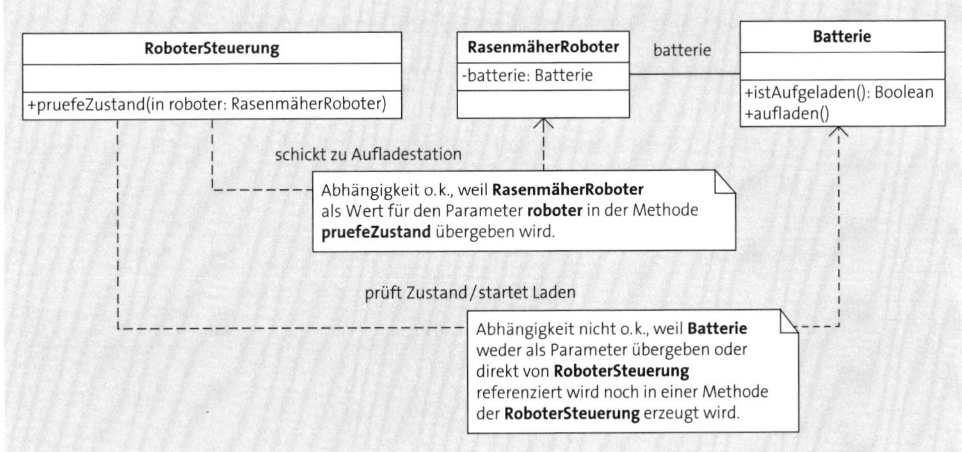

Abbildung 5.25 Verletzung des Demeter-Prinzips

```
01 class RoboterSteuerung {
02 ...
03 public void pruefeZustand(RasenmaeherRoboter roboter)
04 {
05     if (!roboter.batterie().istAufgeladen())
06     {
07        roboter.fahreZuAufladeStation();
08        roboter.batterie().aufladen();
09     }
10 }
11 // ...
```

Listing 5.22 Verletzung des Demeter-Prinzips

Das Batterieobjekt, das vom Aufruf `roboter.batterie()` geliefert wird, ist kein Objekt aus der Kriterienliste des Demeter-Prinzips: Es ist nicht das Objekt selbst (ein Exemplar von `RoboterSteuerung`), es wird aber auch nicht direkt von der Steuerung referenziert. Ebenso wenig ist die Batterie aber als Parameterwert an die Methode `pruefeZustand()` übergeben worden, und sie wurde auch nicht innerhalb der Methode angelegt.

Nutzen des Demeter-Prinzips

Wenn wir dem Prinzip folgen, reduzieren wir die Abhängigkeiten in unserem Code. Eine Methode kennt bei Einhaltung des Prinzips nur die ihr ohnehin bekannten Objekte. Wenn Sie über diese bereits bekannten Objekte hinaus auf weitere Objekte zugreifen, um mit diesen zu arbeiten, haben Sie neue Abhängigkeiten geschaffen, da Sie nun die Schnittstelle dieser Objekte kennen müssen. Die Kopplung zwischen Modulen wird dadurch verstärkt. Das Demeter-Prinzip wirkt dem entgegen.

In Abbildung 5.26 ist eine angepasste Modellierung zu sehen, die das Demeter-Prinzip nicht verletzt. Die Aufrufe der Steuerung erfolgen nun alle gegenüber dem Roboter, der diejenigen Operationen, die sich auf die Batterie beziehen, an diese weiterleitet.

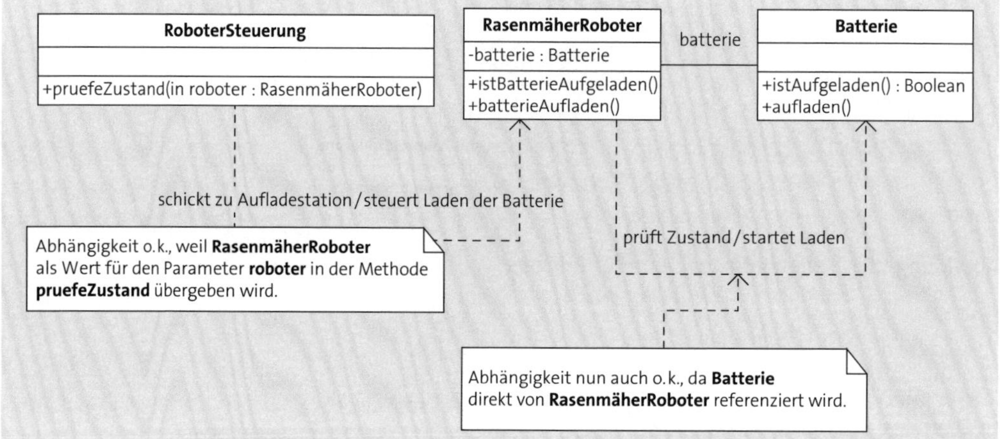

Abbildung 5.26 Korrigierte Version ohne Verletzung des Demeter-Prinzips

Nachteile des Prinzips

Das Demeter-Prinzip komplett einzuhalten, ist in der Praxis meist nicht möglich und kann durchaus auch relevante Nachteile haben. Sie erhalten bei kompletter Einhaltung des Prinzips in vielen Anwendungen für diesen Fall eine große Anzahl von Methoden, die Aufrufe einfach weiterreichen.

Sie sollten sich aber bei einer Verletzung des Demeter-Prinzips bewusst sein, dass Sie Abhängigkeiten geschaffen haben, und prüfen, ob diese für Ihre Anwendung nachteilig sind.

5.2.3 Anonyme Klassen

In der Regel haben Klassen einen Namen und können somit zur Konstruktion von beliebig vielen Objekten verwendet werden. Es gibt allerdings auch Situationen, in denen einfach genau ein Objekt erstellt werden soll, das ganz spezifische Eigenschaften hat. Um so ein Objekt zu erstellen, können anonyme Klassen verwendet werden.

[«]

Anonyme Klassen

Anonyme Klassen sind Klassen, die keine Namen haben. Weil das so ist, können Sie auch keine Variable mit dieser Klasse als Typ deklarieren. Sie können allerdings Variablen deklarieren, die den Typ einer Oberklasse haben.

Beispiel Java

Betrachten wir im Folgenden ein Beispiel in der Sprache Java, in dem wir ein Objekt (nicht eine Klasse) mit einer modifizierten Methode ausstatten.

In Abschnitt 5.1.6, »Sichtbarkeit im Rahmen der Vererbung«, haben wir ein Beispiel zum Umgang mit Sammlungen vorgestellt. Dabei haben wir zwei abstrakte Klassen `Collection` und `Iterator` spezifiziert. Stellen Sie sich jetzt eine Situation vor, in der Sie eine Methode aufrufen wollen, die eine Sammlung als Parameter verlangt. Sie möchten eine Sammlung herstellen, die genau einen Eintrag enthält.

Um das zu erreichen, können Sie anonyme Klassen verwenden. Sie erstellen dabei eine anonyme Unterklasse der Klasse `Collection`, wie im folgenden Java-Beispiel dargestellt.

```
final Object element = null; // der Eintrag in der Sammlung

// anonyme Unterklasse von Collection
Collection myCollection = new Collection() {
  public Iterator iterator() {
    // anonyme Unterklasse von Iterator
    return new Iterator() {
      private boolean first = true;
      public boolean hasNext() {
        if (first) {
          first = false;
          return true;
        }
        return false;
      }

      public Object next() {
        return element;
      }
    };
```

```
21    }
22 };
```

Listing 5.23 Anonyme Unterklasse der Klasse »Collection«

Durch den Aufruf in Zeile 04 wird ein Exemplar einer anonymen Klasse erstellt, die als Unterklasse von `Collection` definiert ist. Dieses Exemplar ist der Variablen `myCollection` zugewiesen. Das Exemplar besitzt außerdem die Methode `iterator()`, die ab Zeile 05 definiert wird. Der Aufruf der Methode wiederum wird ein Exemplar einer anonymen Unterklasse der Klasse `Iterator` liefern, da in Zeile 07 solch ein Exemplar erzeugt wird. Dieses Exemplar der anonymen Klasse hat nun wiederum die modifizierten Methoden `hasNext` und `next` zugeordnet, wie sie in der anonymen Klasse in den Zeilen 09 und 17 definiert wurden.

Anonyme Klassen und Ereignisse

Eine andere, häufig anzutreffende Anwendung von anonymen Klassen findet man bei der Behandlung von Ereignissen. Bei deren Bearbeitung wird häufig eine spezielle Form von anonymen Klassen verwendet. Wir gehen auf diese Anwendung in Abschnitt 7.4.4, »Funktionsobjekte und ihr Einsatz als Eventhandler«, ein. Dort werden wir ein Beispiel in Java sehen, in dem die mit Java 8 eingeführten sogenannten Lambda-Ausdrücke eine elegante Alternative zu anonymen Klassen darstellen. Das gilt immer dann, wenn die zugehörige anonyme Klasse genau eine Methode bereitstellen soll.

5.2.4 Single und Multiple Dispatch

Sie haben in den vorangegangenen Abschnitten den Begriff der Polymorphie kennengelernt. Dabei wird für den Aufruf einer Operation zur Laufzeit eines Programms anhand der Klassenzugehörigkeit eines Objekts entschieden, welche Methode wirklich aufgerufen wird.

Sie werden in diesem Abschnitt erfahren, wie die Polymorphie dazu verwendet werden kann, die konkrete aufzurufende Methode aufgrund des Typs aller beteiligten Objekte zu bestimmen. Außerdem werden Sie mit dem Entwurfsmuster des Besuchers (Visitor) einen Anwendungsfall für eine solche Verteilung kennenlernen. Dabei werden Sie auch sehen, wie dieser Anwendungsfall in einer Programmiersprache wie Java umgesetzt werden kann, die eigentlich die aufzurufende Methode nicht anhand mehrerer Objekte auswählen kann.

In Abschnitt 5.2.2 haben wir beschrieben, wie ein in eine Sprache integrierter Dispatcher dafür sorgt, dass Aufrufe von Operationen den entsprechenden Methoden zugeordnet werden. Abhängig davon, ob diese Zuordnung nur ein Objekt oder mehrere Objekte als Grundlage für die Verteilung heranzieht, unterscheiden wir zwischen *Single Dispatch* und *Multiple Dispatch*.

[«]

Single Dispatch

Der technische Mechanismus des Dispatchers sorgt in einem objektorientierten System dafür, dass Aufrufe von Operationen zur Laufzeit konkreten Methoden zugeordnet werden. Verwendet ein Dispatcher für die Zuordnung einer Methode zum Aufruf einer Operation ausschließlich Informationen über ein Objekt und dessen Klassenzugehörigkeit, wird diese Verteilung *Single Dispatch* genannt.

Ein Beispiel für Single Dispatch haben wir bereits in Abschnitt 5.2.1 gegeben. In Listing 5.16 erfolgt eine Verteilung auf der Basis eines Objekts: das Objekt, das unsere Daten repräsentiert und entweder zur Klasse `BitmapImage`, `TextData` oder `PdfData` gehört.

Dass eine Operation zu einem Objekt gehört, ist aber in manchen Fällen eine zu stark vereinfachte Sicht der Dinge. Wenn Sie eine spezielle Grafik über die Operation `ausgeben` auf ein spezielles Ausgabemedium ausgeben wollen, kann die notwendige Aktion von beiden beteiligten Objekten abhängen: von der Art der Grafik und von der Art des Ausgabemediums. Bitmapgrafiken lassen sich einfach auf dem Bildschirm darstellen, Vektorgrafiken einfach in ein PDF-Format bringen. Eine Bitmapgrafik im PDF-Format auszugeben, erfordert aber eine ganze andere Aktion, und Vektorgrafiken auf dem Bildschirm sind wieder separat zu behandeln.

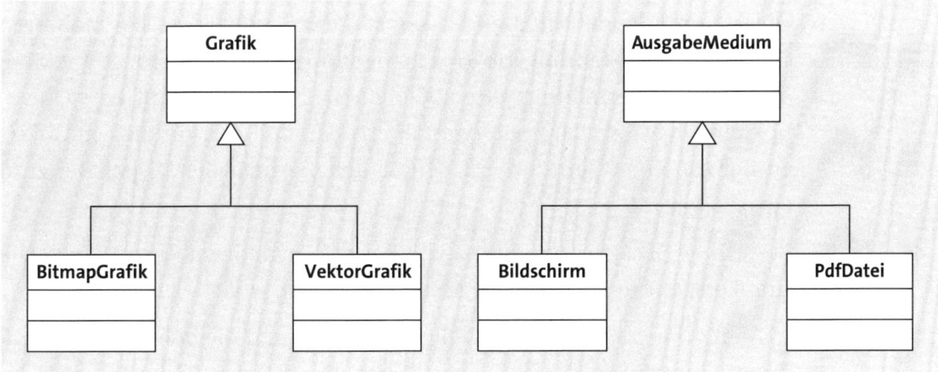

Abbildung 5.27 Hierarchie von Grafiktypen und Ausgabemedien

Abbildung 5.27 stellt die Beispielhierarchie vor, in der jeweils zwei verschiedene Arten von Grafiken und Ausgabemedien aufgeführt sind.

In so einem Fall ist es also notwendig, zwei oder mehr Objekte mit einzubeziehen, wenn eine Methode ausgewählt werden soll.

Multiple Dispatch

Verwendet ein Dispatcher für die Zuordnung einer Methode zum Aufruf einer Operation Informationen über mehrere Objekte und deren Klassenzugehörigkeit, wird diese Verteilung *Multiple Dispatch* genannt.

Möglicherweise erscheint es Ihnen nicht intuitiv, dass eine Operation nicht einem Objekt zugeordnet ist, sondern mehreren. Tatsächlich legen die gängigen Programmiersprachen nahe, dass eine Operation immer genau einem Objekt zugeordnet ist. Das wird schon durch die Syntax nahegelegt, die z. B. in Java `object.operation(param1, param2 ...)` lautet. Aber das ist einfach eine Festlegung der Programmiersprache. Wir werden später in diesem Abschnitt kurz auf die Programmiersprache CLOS (Common Lisp Object System) eingehen, in der Multiple Dispatch direkt unterstützt wird.

Da Sie aber sehr wahrscheinlich in der Praxis eher mit einer Sprache arbeiten, die direkt nur Single Dispatch unterstützt, erläutern wir hier zunächst, wie sie eine vergleichbare Verteilung auch in Sprachen wie Java umsetzen können.

Multiple Dispatch ohne Unterstützung durch die Programmiersprache

Bei Programmiersprachen wie Java, deren Dispatcher nur anhand eines Objekts entscheidet, müssen Sie selbst dafür sorgen, dass bei mehreren Objekten die Verteilung korrekt durchgeführt wird. Hier gibt es die Möglichkeit, eine Verteilungskette aufzubauen. Dabei bekommt eine Operation ein Objekt als Parameterwert übergeben und ruft auf diesem Objekt wiederum eine Operation auf, sodass dabei erneut der Dispatcher zum Einsatz kommt.

Betrachten Sie also noch einmal das Beispiel, in dem wir unterschiedliche Grafiken auf unterschiedliche Medien ausgeben wollen.

In Abbildung 5.28 sind die beteiligten Klassen und die benötigten Operationen aufgeführt, damit wir auch hier eine korrekte Zuordnung einer Operation `ausgeben` erreichen.

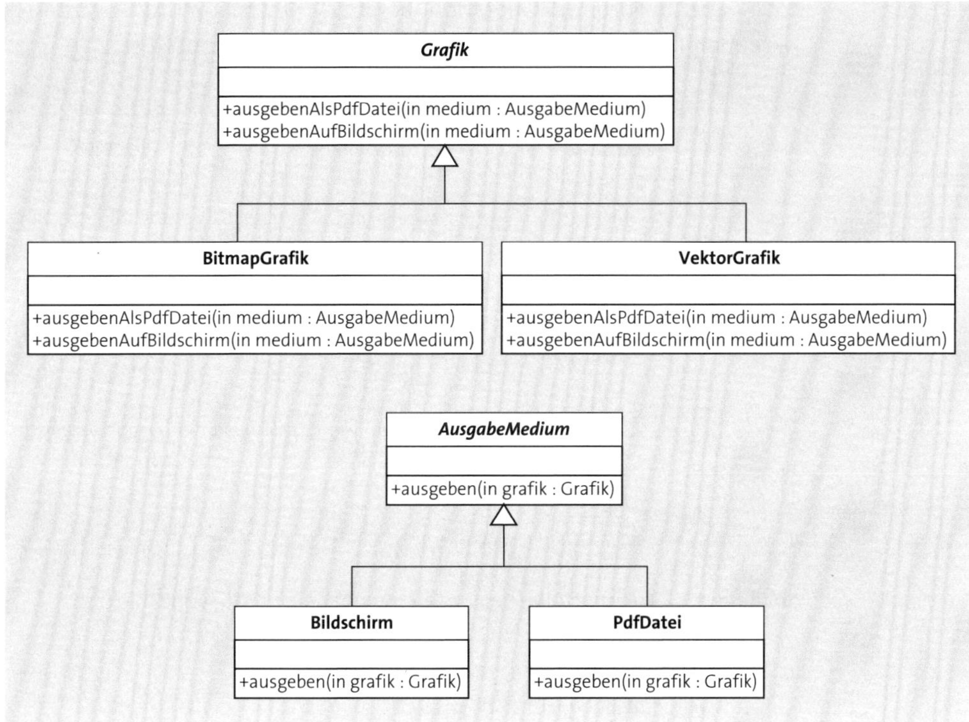

Abbildung 5.28 Klassenhierarchie für Multiple Dispatch in Java

Wie Sie der Abbildung entnehmen können, ist die eigentliche Ausgabeoperation den Medien zugeordnet. Auf einem Exemplar der Klasse `Bildschirm` könnten wir also die Operation `ausgeben` aufrufen und dabei ein Exemplar der Klasse `Grafik` als Parameterwert übergeben:

```
public class ChainOfDispatch {
    static void print(Grafik grafik, AusgabeMedium medium)
    {
        medium.ausgeben(grafik);
    }
```

Listing 5.24 Startpunkt für die Weiterverteilung

Damit das funktioniert, müssen aber nun die Methoden, die die Operation `ausgeben` umsetzen, dafür sorgen, dass eine Weiterverteilung erfolgt. Abbildung 5.29 zeigt den Ablauf bei dieser Weiterverteilung.

Wenn Sie den dazugehörigen Sourcecode aus Listing 5.25 betrachten, sehen Sie, dass ein Exemplar der Klasse `PdfDatei` den Aufruf in Form einer Operation `ausgebenAlsPdfDatei` weiterleitet, ein Exemplar der Klasse `Bild-`

schirm aber in Form der Operation ausgebenAufBildschirm. Als Parameterwert übergibt das Objekt durch die Angabe von this sich selbst.

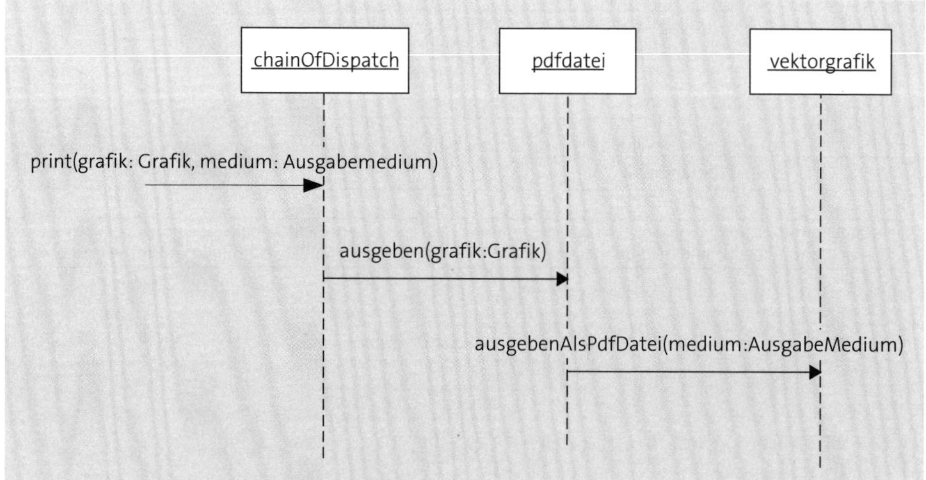

Abbildung 5.29 Aufruffolge bei Verteilung über eine Kette von Objekten

```
class PdfDatei extends AusgabeMedium {
    void ausgeben(Grafik grafik)
    {
        grafik.ausgebenAlsPdfDatei(this);
    }
}
class Bildschirm extends AusgabeMedium {
    void ausgeben(Grafik grafik)
    {
        grafik.ausgebenAufBildschirm(this);
    }
}
```

Listing 5.25 Umsetzung von Dispatch-Methoden

Die Operationen ausgebenAufBildschirm und ausgebenAlsPdfDatei werden nun von den abgeleiteten Klassen BitmapGrafik und VektorGrafik unterschiedlich umgesetzt, wie in Listing 5.26 dargestellt. Da die Operationen auf einem Exemplar der Klasse Grafik aufgerufen werden, erfolgt die konkrete Methodenzuordnung bei Aufruf einer der beiden Operationen wiederum über den Dispatcher.

```
class BitmapGrafik extends Grafik {
    void ausgebenAlsPdfDatei(AusgabeMedium medium)
    {
        System.out.println("Bitmapgrafik als PDF-Datei");
    }
    void ausgebenAufBildschirm(AusgabeMedium medium)
    {
       System.out.println("Bitmapgrafik auf Bildschirm");
    }
}
class VektorGrafik extends Grafik {
    void ausgebenAlsPdfDatei(AusgabeMedium medium)
    {
        System.out.println("Vektorgrafik als PDF-Datei");
    }
    void ausgebenAufBildschirm(AusgabeMedium medium)
    {
        System.out.println("Vektorgrafik auf Bildschirm");
    }
}
```

Listing 5.26 Umsetzung der weiteren Verteilung

Als Beleg dafür, dass die Verteilung funktioniert, erstellen wir nun Exemplare der jeweiligen konkreten Klassen und prüfen, ob die Zuordnung korrekt erfolgt.

```
    public static void main(String[] args)
    {
        PdfDatei pdfdatei = new PdfDatei();
        Bildschirm bildschirm = new Bildschirm();
        VektorGrafik vektorgrafik = new VektorGrafik();
        BitmapGrafik bitmapgrafik = new BitmapGrafik();

        ChainOfDispatch::print(vektorgrafik, pdfdatei);
        ChainOfDispatch::print(bitmapgrafik, pdfdatei);
        ChainOfDispatch::print(vektorgrafik, bildschirm);
        ChainOfDispatch::print(bitmapgrafik, bildschirm);
    }
```

Listing 5.27 Konkrete Verteilung

Wie erwartet, erhalten wir die jeweils zugeordneten Ausgaben:

```
Vektorgrafik als PDF-Datei
Bitmapgrafik als PDF-Datei
Vektorgrafik auf Bildschirm
Bitmapgrafik auf Bildschirm
```

Diskussion: Wo ist die Praxisrelevanz?

Gregor: *Hm, das scheint mir aber doch eher ein praxisfernes Beispiel zu sein. Wann wollen wir schon eine Verteilung auf der Basis von mehreren Objekten vornehmen? In aller Regel reicht uns doch ein Objekt für die Verteilung.*

Bernhard: *Wir stellen gleich das Entwurfsmuster »Besucher« vor. Da kann man das Verfahren dann in der Praxis erleben – es bildet die technische Grundlage für das Besucher-Muster. Und dafür gibt es eine ganze Reihe von praktischen Anwendungen.*

Multiple Dispatch mit Unterstützung durch die Programmiersprache

CLOS und Multiple Dispatch

Einige Programmiersprachen unterstützen das Konzept des Multiple Dispatch direkt. Dadurch lässt sich die beschriebene Aufgabenstellung wesentlich kompakter lösen. Am Beispiel der Programmiersprache CLOS sehen Sie in diesem Abschnitt einen kurzen Überblick über die deutlich kompaktere Umsetzung unseres Beispiels aus dem vorigen Abschnitt unter Verwendung von CLOS.

Eine direkte Darstellung in UML ist nicht möglich, da die UML davon ausgeht, dass eine Operation auch immer einem konkreten Objekt und damit einer Klasse zugeordnet werden kann. Somit müssen Sie für diesen Fall auf ein UML-Diagramm verzichten. Die Hierarchie der beteiligten Klassen bleibt aber auch für das Beispiel in CLOS diejenige aus Abbildung 5.28.

Polymorphe Methoden in CLOS

Operationen auf Objekten, also polymorphe Methoden, werden in CLOS über das Makro `defmethod` umgesetzt. Dabei wird die Methode nicht einer konkreten Klasse zugeordnet, vielmehr werden alle Parameter, die Klassen zugeordnet sind, für die Methodenzuordnung herangezogen. In Listing 5.28 sehen Sie, dass die Umsetzung in CLOS wesentlich direkter möglich ist, auch wenn die Syntax möglicherweise etwas gewöhnungsbedürftig ist.

```
;; Definition der Methoden, die über zwei Parameter verteilen
(defmethod ausgeben((bitmap BitmapGrafik)(pdf PdfDatei))
    (print "Ausgabe von Bitmap als PDF")
)
(defmethod ausgeben((bitmap BitmapGrafik)(bs Bildschirm))
    (print "Ausgabe von Bitmap auf Bildschirm")
)
```

```
(defmethod ausgeben ((vektor VektorGrafik)(pdf PdfDatei))
    (print "Ausgabe von Vektorgrafik als PDF")
)

(defmethod ausgeben((vektor VektorGrafik)(bs Bildschirm))
    (print "Ausgabe von Vektorgrafik auf Bildschirm")
)
```


Listing 5.28 Multiple Dispatch in CLOS

Im aufgeführten Beispiel haben wir vier verschiedene Umsetzungen der Operation ausgeben. Welche davon im konkreten Fall aufgerufen wird, ist abhängig von den Objekten, die für die beiden Parameter jeweils übergeben werden.

CLOS flexibler als andere OO-Sprachen

Damit bietet CLOS mehr Möglichkeiten für polymorphe Methoden als andere objektorientierte Sprachen. Allerdings geht hier auch die intuitive Vorstellung verloren, dass eine Methode immer genau zu einer Klasse bzw. eine Operation immer zu genau einem Objekt gehört. Wir können hier nicht mehr davon sprechen, dass wir eine Operation auf einem Objekt durchführen.

Diskussion: Methode und Objekt

Gregor: *Das ist aber doch gar nicht intuitiv. Hier sind ja Operationen und Methoden überhaupt nicht mehr einer Klasse zugeordnet. Wir sehen nicht mehr, dass eine Operation auf einem Objekt ausgeführt wird. Je nachdem, welche Parameter ich übergebe, passieren ganz unterschiedliche Dinge.*

Bernhard: *Du hast recht, das läuft der gängigen Vorgehensweise der objektorientierten Programmierung entgegen und ist tatsächlich zunächst nicht intuitiv. Wie wir gesehen haben, bietet der Ansatz auf der anderen Seite aber auch mehr Flexibilität. In der Praxis haben sich aber doch eher Sprachen durchgesetzt, die eine Operation genau einem Objekt zuordnen.*

Das Entwurfsmuster »Besucher«: Multiple Dispatch im Einsatz

Weiter oben haben Sie die Möglichkeiten des Multiple Dispatch, also der Polymorphie, die sich auf mehrere Objekte bezieht, kennengelernt. Jetzt werden Sie eine praktische Anwendung dafür sehen. Zunächst stellen wir dazu das Entwurfsmuster »Besucher« vor, bei dem Multiple Dispatch die Basis bildet.

Bevor Sie das Muster gleich an einem Beispiel kennenlernen, finden Sie in Abbildung 5.30 zunächst die Sicht auf die Klassenstruktur des Entwurfsmusters.

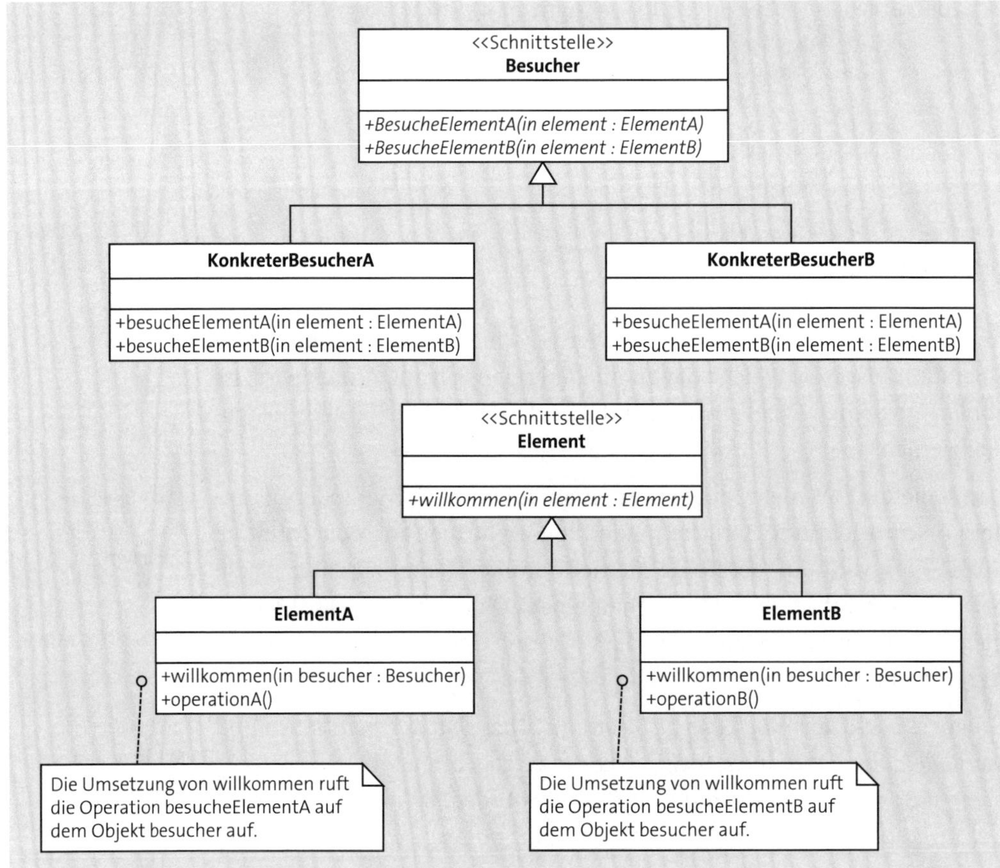

Abbildung 5.30 Klassenstruktur des Entwurfsmusters »Besucher«

[»]

Entwurfsmuster »Besucher« (engl. Visitor)

Das Entwurfsmuster »Besucher« kapselt eine Operation als ein Objekt. Dieses Objekt wird durch eine bestehende Struktur von anderen Objekten, zum Beispiel einer Baumstruktur, hindurchgereicht. Es besucht also jedes Objekt in der Struktur. Dabei führt es die gekapselte Operation auf jedem der Objekte aus. Der grundlegende Vorteil des Entwurfsmusters ist, dass neue Operationen definiert werden können, die auf der gesamten Struktur ausgeführt werden, ohne dass die in der Struktur enthaltenen Objekte oder deren Klassen selbst angepasst werden müssen.

Wenn Sie Abbildung 5.30 mit Abbildung 5.28 vergleichen, in der unser Beispiel zu Multiple Dispatch aufgeführt ist, werden Sie bereits eine starke Ähnlichkeit feststellen. Ein Aufruf der Operation `willkommen` auf einem Element der Struktur führt dazu, dass unterschiedliche Operationen auf dem übergebenen Besucherobjekt aufgerufen werden, je nachdem, zu welcher Klasse das Element gehört.

So richtig interessant wird dieses Verfahren allerdings erst dann, wenn die Elemente wirklich in einer Struktur angeordnet sind, zum Beispiel in der Form eines Baums. Dies ist etwa dann der Fall, wenn eine Art von Elementen wiederum andere Elemente enthalten kann. Betrachten wir diese Situation an einem konkreten Beispiel.

Preisberechnung

Nehmen Sie an, Sie sind Besitzer des kleinen Computerladens aus Abbildung 5.31.

Abbildung 5.31 Ein kleiner Computerladen[13]

Da Ihr kleines Start-up-Unternehmen noch im Aufbau ist, verkauft es genau drei Arten von Produkten:

1. Einzelne Computerteile. Dazu gehören zum Beispiel Grafikkarten, Festplatten und Tastaturen.
2. Dienstleistungen. Dazu gehört die Installation eines Betriebssystems auf dem Rechner oder die Einbindung des Rechners in ein lokales Netzwerk.
3. Von Ihnen zu einem sinnvollen Ganzen zusammengesetzte oder zusammengestellte Teile und Dienstleistungen. Dazu gehört zum Beispiel ein von Ihnen zusammengeschraubter Rechner oder auch ein auf-

13 By Mattinbgn (Own work) [CC BY-SA 3.0 (*http://creativecommons.org/licenses/by-sa/3.0*) or GFDL (*http://www.gnu.org/copyleft/fdl.html*)], via Wikimedia Commons

einander abgestimmter Satz von Peripheriegeräten. Ihr Rundum-sorglos-Premium-Paket besteht zum Beispiel aus einem komplett montierten Rechner mit allen notwendigen Peripheriegeräten wie Druckern und Scannern sowie der kompletten Installation und Inbetriebnahme vor Ort.

Um diese verschiedenen Produkte abzubilden, wählen Sie die Klassenstruktur aus Abbildung 5.32.

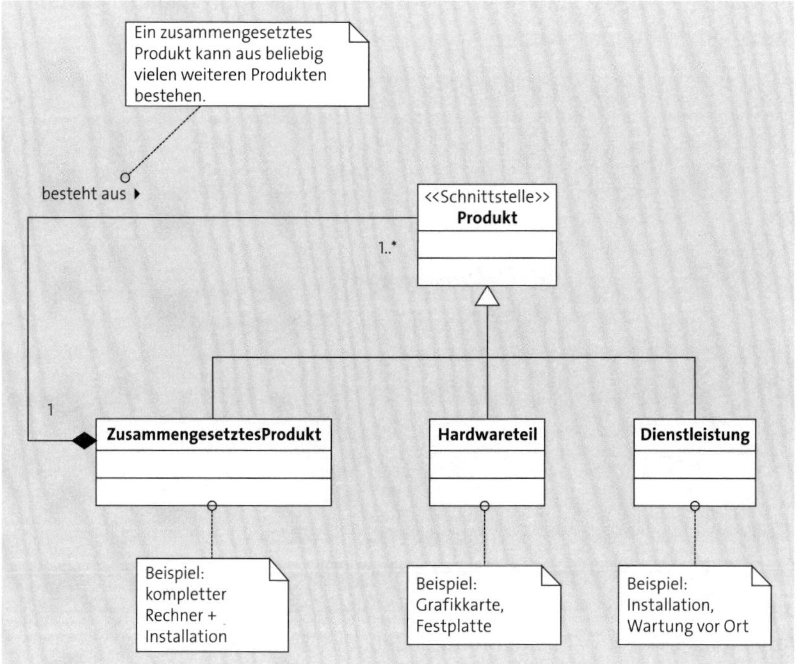

Abbildung 5.32 Klassenstruktur für Produkte eines Computerladens

Zusammengesetzte Produkte können also beliebig viele weitere Produkte enthalten, die selbst wieder zusammengesetzt sein können.

Das Preismodell, das Sie für Ihre Produkte ansetzen, ist ebenfalls ein sehr einfaches. Jedes Hardwareteil hat seinen Preis direkt zugeordnet, sodass bei einem Einzelverkauf natürlich unmittelbar klar ist, was zum Beispiel eine Grafikkarte kostet. Ihre Dienstleistung rechnen Sie mit einem Stundensatz von 40 Euro ab, dabei setzen Sie für Standardaufgaben aber eine feste Stundenzahl an. Wenn Sie ein zusammengesetztes Produkt verkaufen, also zum Beispiel einen kompletten Rechner, setzen Sie zusätzlich zu den Einzelpreisen noch einmal einen festen Betrag für jeden Bestandteil an, um damit Ihren Aufwand für das Zusammenbauen einzurechnen. Bei einem Rechner sind das zum Beispiel 5 Euro pro eingebautes Teil. Ein sehr simples Preismodell, zugegeben, aber für einen Kunden auch einfach nachvollziehbar – jedenfalls einfacher als die meisten gängigen Mobilfunktarife.

Nun möchten Sie natürlich für jedes verkaufte Paket auch den Preis berechnen können. Und nicht nur das: Sie möchten auch für jedes verkaufte Teil in Ihrem Lagerbestand vermerken, dass nun ein Exemplar weniger davon auf Lager ist.

Hier bietet sich das Entwurfsmuster »Besucher« für die Umsetzung an. In Abbildung 5.33 ist die Klassenhierarchie der Produkte angepasst, sodass die Produkte Besucher empfangen können.

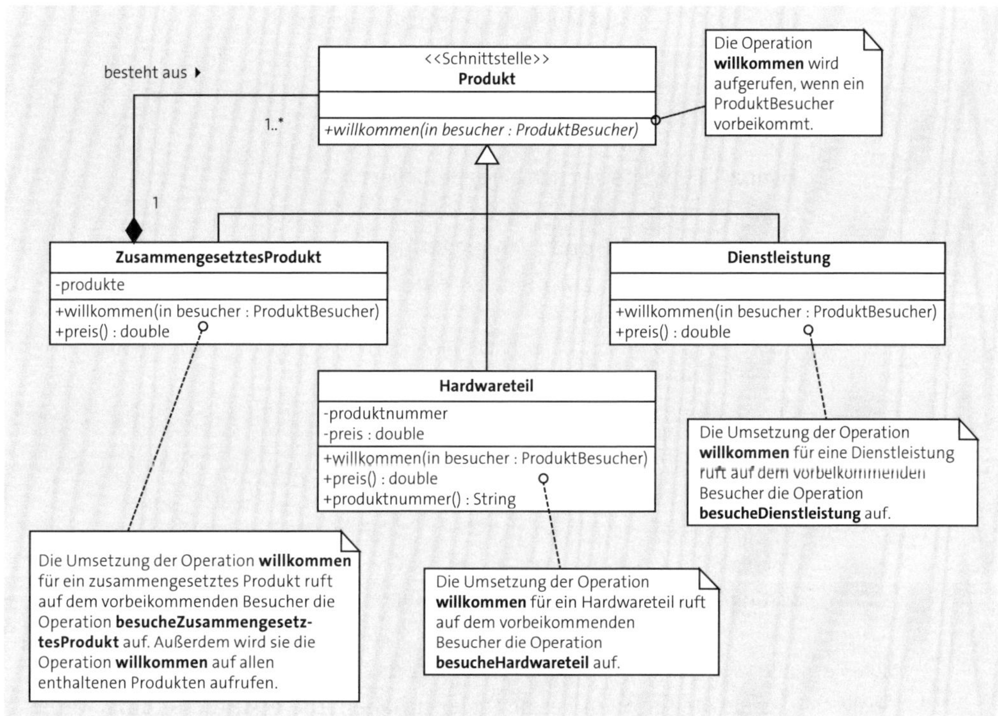

Abbildung 5.33 Produkte mit der Fähigkeit, Besucher zu empfangen

Wenn Sie auf Basis dieser Struktur eine Preisberechnung durchführen wollen, rufen Sie einfach die Operation `willkommen` auf dem obersten Element der Struktur auf, also zum Beispiel auf Ihrem Rundum-sorglos-Paket, das ja ein Exemplar der Klasse `ZusammengesetztesProdukt` ist. Als Wert für den Parameter `besucher` geben Sie eine Umsetzung eines Besuchers an, die die Preise der einzelnen Elemente addiert. Wie diese Umsetzung aussieht, werden Sie gleich noch sehen. Die Produktstruktur selbst sorgt dafür, dass der Besucher von einem Produkt zum nächsten weitergereicht wird. Der dazu notwendige Code am Beispiel einer Implementierung in Java ist in Listing 5.29 zu sehen. Bei einem zusammengesetzten Produkt wird die Operation `willkommen` auch auf allen enthaltenen Produkten aufgerufen.

```
class ZusammengesetztesProdukt extends Produkt {
...
    void willkommen(ProduktBesucher besucher) {
        besucher.besucheZusammengesetztesProdukt(this);
        Iterator<Produkt> iter = produkte.iterator();
        while (iter.hasNext()) {
            Produkt produkt = iter.next();
            produkt.willkommen(besucher);
        }
    }
}
```

Listing 5.29 Weiterreichen eines Besuchers

Für Hardwareteile und Dienstleistungen erfolgt dagegen einfach ein Aufruf der Operation zum Besuch eines spezifischen Produkts, Listing 5.30 zeigt das am Beispiel.

```
Hardwareteil extends Produkt {
    ...
    void willkommen(ProduktBesucher besucher) {
        besucher.besucheHardwareteil(this);
    }
}
```

Listing 5.30 Besuch eines Stücks Hardware

Multiple Dispatch im Einsatz

Hier sehen Sie auch den Auftritt für das Verfahren des Multiple Dispatch, das Sie weiter oben kennengelernt haben. Die erste Verteilung auf Basis der Polymorphie ist nämlich nun bereits erfolgt: Es ist aufgrund der konkreten Klassenzugehörigkeit eines Produkts eine konkrete Umsetzung der Operation `willkommen` gewählt worden. Mit dem nun dargestellten Aufruf von `besucheHardwareteil` wird wiederum eine Verteilung vorgenommen, die aufgrund der Klassenzugehörigkeit des Besuchers eine Zuordnung vornimmt.

In Abbildung 5.34 ist die Darstellung um die Klassenstruktur der Besucher erweitert.

Eine Preisberechnung auf einem zusammengesetzten Produkt sieht anders aus als auf einem Hardwareteil oder einer Dienstleistung. Deshalb sind für den `PreisBesucher` jeweils spezifische Berechnungen umgesetzt, die in Listing 5.31 aufgeführt sind.

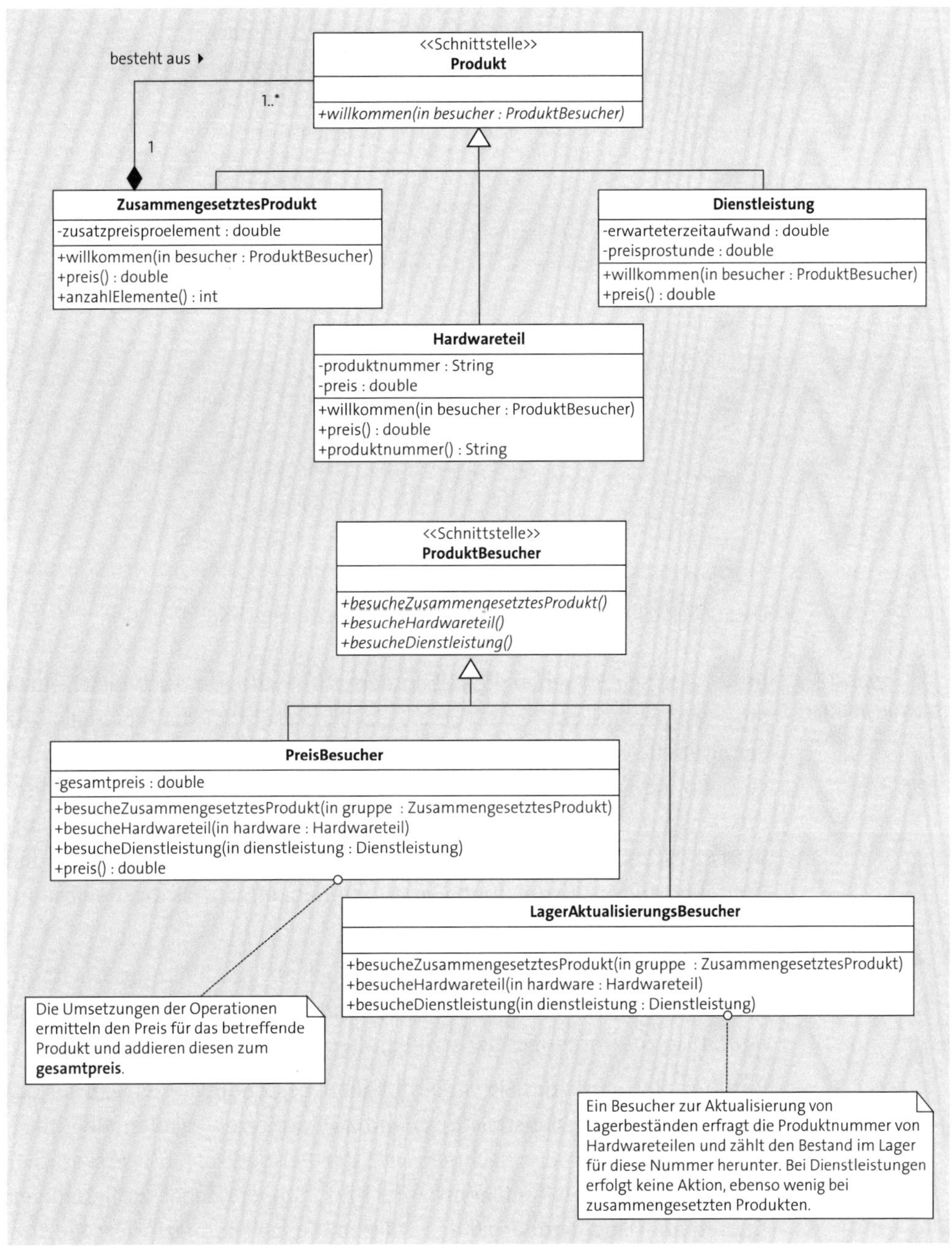

Abbildung 5.34 Klassenstruktur von Produkten und deren Besuchern

```
class PreisBesucher implements ProduktBesucher {

    double gesamtpreis;
    ...

    public void besucheZusammengesetztesProdukt(
                ZusammengesetztesProdukt gruppe) {
        gesamtpreis += gruppe.anzahlElemente()
                 * gruppe.zusatzPreisProElement();
    }

    public void besucheHardwareteil(Hardwareteil hardware) {
        gesamtpreis += hardware.preis();
    }

    public void besucheDienstleistung(Dienstleistung
                                 dienstleistung) {
        gesamtpreis +=
                 dienstleistung.erwarteterZeitaufwand()
                * dienstleistung.stundensatz();
    }
...
```

Listing 5.31 Unterschiedliche Varianten der Preisberechnung

Vorteil des Entwurfsmusters »Besucher«

In Abbildung 5.34 sehen Sie neben dem `PreisBesucher` auch gleich noch eine weitere Klasse `LagerAktualisierungsBesucher`, die ebenfalls die Schnittstelle von `ProduktBesucher` implementiert. Weitere ließen sich hinzufügen, ohne dass Sie irgendeine Änderung an der Struktur Ihrer Produktklassen vornehmen müssten. Es ist der wichtigste Vorteil des Entwurfsmusters »Besucher«, dass neue Operationen auf der bestehenden Produktstruktur hinzugefügt werden können, ohne dass diese selbst angepasst werden muss.

Wie läuft aber nun so ein kompletter Besuch ab? In Abbildung 5.35 ist ein Beispiel dargestellt, das zeigt, wie denn nun so eine konkrete Rechnerkonfiguration zusammengesetzt sein könnte.

Das Komplettpaket, das Sie verkauft haben, besteht in diesem Fall aus der Installation (einer Dienstleistung) und zwei weiteren Paketen: den internen Komponenten des Rechners und der Peripherie. Ein `PreisBesucher` durchläuft den entstandenen Baum und klappert dabei die jeweiligen Knoten ab. Dabei wird er an den Knoten die jeweils spezifische Preisberechnung durchführen.

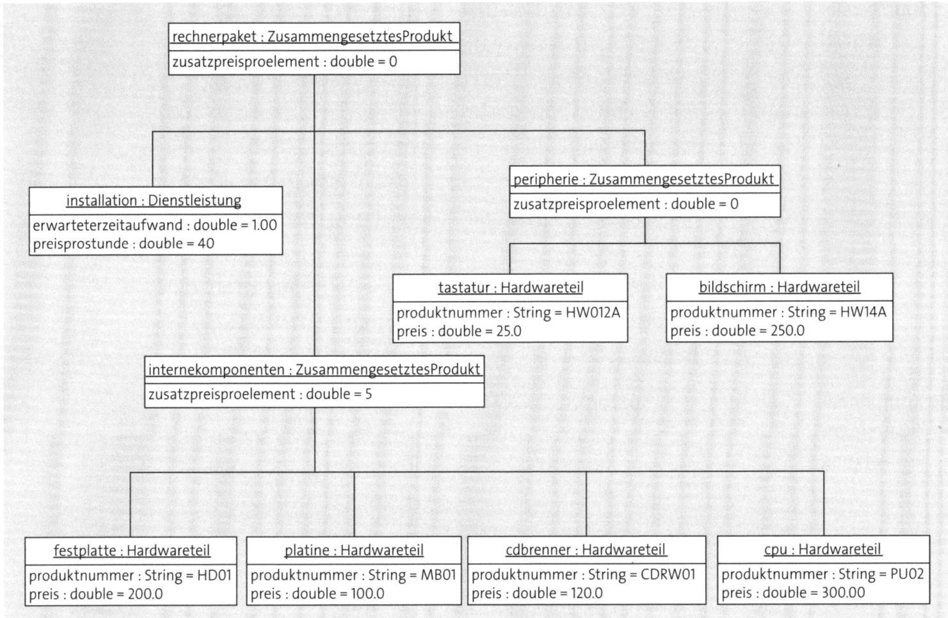

Abbildung 5.35 Beispiel für zusammengesetzte Produkte

Der Besucher, der über den Aufruf `rechnerpaket.willkommen(besucher)` seine Arbeit aufnimmt, wird in diesem Fall einen Gesamtpreis von 1.135 Euro ermitteln:

- 1.075 Euro als Einzelpreise der Bauteile.
- 20 Euro für die internen Komponenten (jeweils 5 Euro für die vier enthaltenen Elemente).
- 40 Euro für die Installation. Diese Dienstleistung wird mit einer Stunde Arbeitszeit bei einem Stundensatz von 40 Euro berechnet.

Wenn Sie die Rechnung überprüfen wollen, können Sie das tun, indem Sie den Produktbaum selbst durchgehen und Berechnungen anstellen. Alternativ und einfacher können Sie sich aber auch das ausführbare Beispiel von der Webseite zum Buch (*www.objektorientierte-programmierung.de* oder *www.rheinwerk-verlag.de/5289*) laden und die Berechnungen darüber durchführen lassen.

In Listing 5.32 ist zur Ergänzung der Sourcecode in Java aufgeführt, mit dem ein Rechnerpaket zusammengestellt und die Preisberechnung darauf durchgeführt wird.

Sourcecode-Beispiel

```
public static void main(String[] args) {
    // Konfiguration eines einfachen Rechners,
    // Hardware mit ihrem Preis in Euro angelegt.
    Hardwareteil festplatte = new Hardwareteil(200);
    Hardwareteil cpu = new Hardwareteil(300);
    Hardwareteil cdbrenner = new Hardwareteil(120);
    Hardwareteil platine = new Hardwareteil(100);

    Hardwareteil bildschirm = new Hardwareteil(250);
    Hardwareteil tastatur = new Hardwareteil(25);
    Hardwareteil gehäuse = new Hardwareteil(80);
```

Interne Komponenten als Zusammensetzung

```
     // Zusammengesetzte Produkte werden mit einem
     // Zusatzpreis nach Komponentenzahl angelegt.
    ZusammengesetztesProdukt interneKomponenten =
                new ZusammengesetztesProdukt(5);
    interneKomponenten.add(festplatte);
    interneKomponenten.add(cpu);
    interneKomponenten.add(platine);
    interneKomponenten.add(cdbrenner);

    ZusammengesetztesProdukt peripherie =
                new ZusammengesetztesProdukt(0);
    peripherie.add(tastatur);
    peripherie.add(bildschirm);
    // Eine Dienstleistung wird mit einem Stundensatz
    // in Euro und der erwarteten Arbeitszeit in Stunden
    // angelegt.
    Dienstleistung installation =
               new Dienstleistung(40,1);

    ZusammengesetztesProdukt rechner =
               new ZusammengesetztesProdukt(0);
    rechner.add(interneKomponenten);
    rechner.add(peripherie);
    rechner.add(gehäuse);
    rechner.add(installation);
```

Besucher wird losgeschickt

```
    PreisBesucher besucher = new PreisBesucher();
    rechner.willkommen(besucher);

    System.out.println(
```

```
                "Gesamtpreis für Rechnerkonfiguration: "
              + besucher.gesamtpreis());
}
```

Listing 5.32 Sourcecode für die Zusammenstellung eines Rechners

Bestandteile des Entwurfsmusters des Besuchers

Das Entwurfsmuster des Besuchers besteht, wie Sie gesehen haben, aus zwei Bestandteilen.

- Zum einen beschreibt es eine Navigation über eine zusammengesetzte Struktur.
- Der Kern ist aber der andere Bestandteil, die Umsetzung des Double Dispatch. Dieser erlaubt es uns, Methoden abhängig von der Klasse des Besuchers und des besuchten Elements aufzurufen.

Das Entwurfsmuster und die Prinzipien

Die Prinzipien von Besuchern

Die Verwendung eines Besuchers hilft Ihnen dabei, zwei Prinzipien der Objektorientierung besser umzusetzen. Das *Prinzip einer einzigen Verantwortung* wird dadurch unterstützt, dass eine Besucherklasse sich auf eine ganz konkrete Aufgabe beschränken kann, zum Beispiel darauf, einen Preis zu berechnen. Sie ist nicht dafür zuständig, über eine Struktur von Elementen zu navigieren, und sie muss über diese Elementstruktur auch nur ein begrenztes Wissen haben.

Das Prinzip *Offen für Erweiterung, geschlossen für Änderung* wird dadurch unterstützt, dass weitere Arten von Besuchern für eine Struktur von Elementen hinzugefügt werden können, ohne dass in diese Struktur eingegriffen werden muss. Damit ist das System offen für Erweiterung durch neue Besucher, aber geschlossen für Änderungen an der Repräsentation der Struktur von Elementen.

Allerdings kann das Muster auch zu einer engen Kopplung zwischen Besuchern und den besuchten Objekten führen. Die besuchten Objekte müssen nämlich ihre Schnittstelle so gestalten, dass ein Besucher auf die benötigten Informationen zugreifen kann. Damit kann es passieren, dass die Datenkapselung zum Teil aufgeweicht wird. Ein Beispiel dafür ist die Berechnung der Zusatzkosten für zusammengesetzte Produkte im Beispiel dieses Abschnitts: Die Information über die Anzahl der enthaltenen Produkte wurde nur offengelegt, weil der Preisbesucher diese Information zur Preisberechnung benötigt. Die Verwendung des Musters sollte also wie bei allen Entwurfsmustern das Ergebnis einer bewussten Abwägung sein. Die Vorteile kommen vor allem dann zur Geltung, wenn zu erwarten ist, dass nachträglich häufig neue Operationen hinzukommen, die ebenfalls auf der gesamten Elementstruktur ausgeführt werden sollen.

Bei der Vorstellung des Entwurfsmusters »Besucher« haben Sie ja nun auch einiges über zusammengesetzte Strukturen von Elementen und wie diese genutzt werden erfahren. Dadurch haben Sie neben dem Entwurfsmuster »Besucher« auch gleich noch ein weiteres Entwurfsmuster direkt mit kennengelernt, ohne dass dieses namentlich genannt wurde: das *Entwurfsmuster Kompositum*. Wir stellen es nun auch offiziell vor.

[»]

Entwurfsmuster »Kompositum« (Composite)

Das Kompositum-Muster wird angewendet, um eine einheitliche Behandlung von Elementen in Strukturen zu ermöglichen, die aus zusammengesetzten Elementen bestehen können. Durch eine gemeinsame Oberklasse oder Schnittstelle wird eine einheitliche Sicht auf die beteiligten Elemente ermöglicht. Sowohl die zusammengesetzten Elemente also auch die atomaren Elemente, aus denen sie sich zusammensetzen, erben die Spezifikation dieser Oberklasse. Damit ist eine einheitliche Behandlung dieser Elemente möglich. Insbesondere wird es möglich, alle Elemente einer zusammengesetzten Struktur zu durchlaufen und definierte Operationen darauf auszuführen. Das Durchlaufen der Struktur von Elementen wird auch als Traversieren der Elemente bezeichnet.

Ein Beispiel für eine solche zusammengesetzte Struktur sind hierarchische Dateisysteme. Es gibt eine ganze Reihe von Aspekten, unter denen eine Datei und ein Verzeichnis, das Dateien enthält, gleichbehandelt werden können. In Abbildung 5.36 ist die Klassenstruktur des Musters dargestellt. Sie kennen die Ausprägung dieser Struktur auch schon aus unserem Beispiel in Abbildung 5.32.

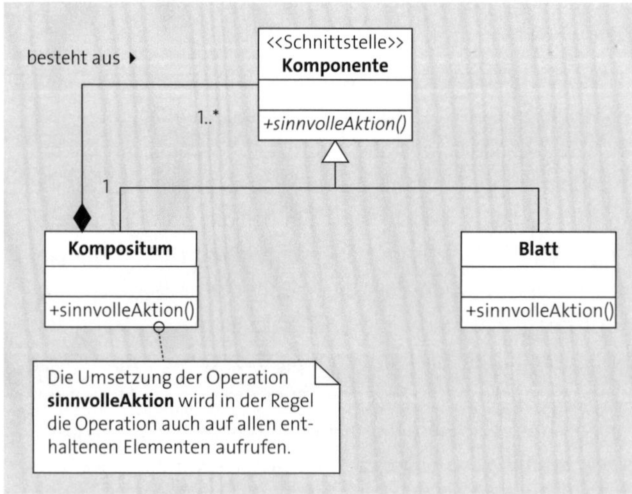

Abbildung 5.36 Klassenstruktur des Entwurfsmusters »Kompositum«

Das Entwurfsmuster »Kompositum« ist vor allem dann sinnvoll anwendbar, wenn Elemente und zusammengesetzte Elemente gleichbehandelt werden sollen und können. In der Regel wird ein Kompositum bei Aufruf einer Operation diesen Aufruf auch an alle in ihm enthaltenen Elemente weiterleiten. Im Fall eines Dateisystems könnte zum Beispiel die Operation `loeschen()` für ein Verzeichnis so implementiert sein, dass sie die Operation zunächst an alle enthaltenen Verzeichnisse und Dateien delegiert, um dann erst das Verzeichnis selbst zu löschen. **Einsatz**

5.2.5 Die Tabelle für virtuelle Methoden

In den vorhergehenden Abschnitten haben Sie die Konzepte der Polymorphie und ihrer Anwendungen kennengelernt. Damit diese Konzepte in der Praxis funktionieren, müssen objektorientierte Sprachen und deren Laufzeitsysteme einen technischen Mechanismus bereitstellen, der die Umsetzung der späten Bindung konkret realisiert.

In diesem Abschnitt erfahren Sie deshalb am Beispiel von C++ einiges über die sogenannte Virtuelle-Methoden-Tabelle. Diese dient der Realisierung der späten Bindung in C++. In der Praxis ist es nützlich, die Grundlagen der technischen Umsetzung zu kennen. Die Überraschung über einige in der Praxis auftretende Phänomene hält sich dann eher in Grenzen.

Rein abstrakt ist der Mechanismus der späten Bindung recht einfach zu beschreiben: Welche Methode eines Objekts aufgerufen wird, entscheidet sich erst zur Laufzeit eines Programms, abhängig davon, welchen Typ das Objekt hat, auf dem die Methode aufgerufen wird. **Späte Bindung**

Am Beispiel der Sprache C++ stellen wir im Folgenden vor, was die praktischen Konsequenzen sein können. Wir werden feststellen, dass C++ das Prinzip *Offen für Erweiterung, geschlossen für Änderung* für das Thema »späte Bindung« nur sehr begrenzt unterstützt. In der Praxis greift hier das *Gesetz der lückenhaften Abstraktion* (*Law of Leaky Abstractions*), das von Joel Spolsky formuliert wurde: »Jede nicht triviale Abstraktion ist zu einem bestimmten Grad lückenhaft.«[14] **Beispiel C++**

Fragile Binary Interface Problem

Änderungen an Basisklassen können dazu führen, dass davon abhängige Bibliotheken nicht mehr korrekt arbeiten. Dieser Umstand wird auch als *Problem der zerbrechlichen binären Schnittstellen* (*Fragile Binary Interfaces*) bezeichnet und kann Änderungen an Software enorm erschweren.

14 Joel Spolsky: *http://www.joelonsoftware.com/articles/LeakyAbstractions.html*

Das beschriebene Problem tritt auf, weil Bibliotheken und ausführbare Module so konstruiert sind, dass eine Änderung an Teilen, die im Bereich der Quelltexte ohne Probleme möglich ist, zu Problemen führt, wenn nur ein Teil der genutzten Bibliotheken neu erstellt und ausgeliefert wird. Dieses Problem besteht nicht nur bei objektorientierten Sprachen. Dort kommen allerdings einige spezifische neue Probleme hinzu, die sich zum großen Teil im Bereich der Abbildung von Operationen auf Methoden bewegen.

Das Problem der zerbrechlichen binären Schnittstellen (engl. Fragile Binary Interface Problem)

Fragile Binary Interface Problem

In vielen objektorientierten Sprachen führen Änderungen an Basisklassen oder Schnittstellen dazu, dass davon abhängige bereits kompilierte Klassen (insbesondere abgeleitete Klassen) nicht mehr wie erwartet arbeiten. Der Grund liegt darin, dass durch Änderungen an Basisklassen das Layout der konstruierten Objekte im Speicher geändert wird. Wenn man die abhängigen Klassen selbst nicht neu kompiliert, können Zugriffe auf ihre Exemplare oder aus ihren Exemplaren zu Fehlern führen. Diese kann man durch eine Neukompilierung des gesamten Programms beseitigen. Das Problem ist zum Beispiel in den gängigen objektorientierten Sprachen C++, Java und C# präsent.

Da für diese Abbildung in der Regel die sogenannte Virtuelle-Methoden-Tabelle (VMT) verwendet wird, können die resultierenden Probleme nur verstanden werden, wenn die Grundstruktur dieser Tabelle bekannt ist. Wir stellen deshalb im Folgenden die Umsetzung der VMT und ihr Verhalten bei Änderungen vor.

Die Virtuelle-Methoden-Tabelle (VMT)

Um späte Bindung zu realisieren, wird zur Laufzeit eines Programms für einen Methodenaufruf eine zusätzliche Abstraktionsebene benötigt, mit deren Hilfe aufgrund des konkreten Typs eines Objekts entschieden wird, welche Methode denn nun aufgerufen werden soll.

Bei Sprachen, die nicht interpretiert, sondern kompiliert werden, wird zur Umsetzung dieser Abstraktionsebene in der Regel ein Konstrukt eingeführt, das als *Virtuelle-Methoden-Tabelle* bezeichnet wird (kurz auch *vtable* oder *VMT*). Polymorphe Methoden, also solche, die in Ableitungen überschrieben werden können, werden in C++ als virtuelle Methoden bezeichnet, daher auch der Name Virtuelle-Methoden-Tabelle.

Statische Polymorphie

Machen wir keinen Gebrauch von später Bindung, kann für ein Programm bereits vor der Laufzeit (also z. B. beim Durchlauf eines Compilers) eine direkte Zuordnung von Methodenaufrufen vorgenommen werden. Für jede Aufrufstelle einer Operation ist völlig klar, welche Methode damit genau gemeint ist. Wir haben nur statische Polymorphie vorliegen. Bei der Verwendung von später Bindung ist das nicht so: Eine Variable, die als Referenz auf den Typ einer Basisklasse definiert ist, kann zur Laufzeit auch auf ein Exemplar einer abgeleiteten Klasse verweisen. Erst zur Laufzeit können wir also entscheiden, welche Methode aufgerufen werden muss.

Objekterstellung und VMT

Um das leisten zu können, wird in C++ jeder Klasse, die mindestens eine virtuelle Methode besitzt, eine eigene VMT zugeordnet. In dieser Tabelle ist verzeichnet, welche Operation für genau dieses Objekt auf welche Methode abgebildet wird. Bei seiner Erstellung über einen Konstruktor wird jedem Objekt mitgegeben, welche VMT das Objekt verwenden soll. Bei der Konstruktion eines Objekts ist bekannt, von welcher Klasse dieses Objekt ein Exemplar ist. Also kann zu diesem Zeitpunkt auch entschieden werden, welche VMT das Objekt verwenden muss. Die VMT ist also die zusätzliche Zwischentabelle, über die zur Laufzeit dann entschieden wird, welche konkrete Methode bei Aufruf einer Operation angesteuert wird. Es wird damit zu einer Eigenschaft des Objekts (nicht mehr der Klasse), welche Methode aufgerufen wird.

Aber Moment: Ein Objekt kann ja ein Exemplar von mehreren Klassen sein, da wir möglicherweise eine Hierarchie von Klassen vorliegen haben. Welche VMT greift denn in diesem Fall? In Abbildung 5.37 ist eine sehr einfache Hierarchie dargestellt, die zwei virtuelle Methoden nutzt: `print` und `save`.

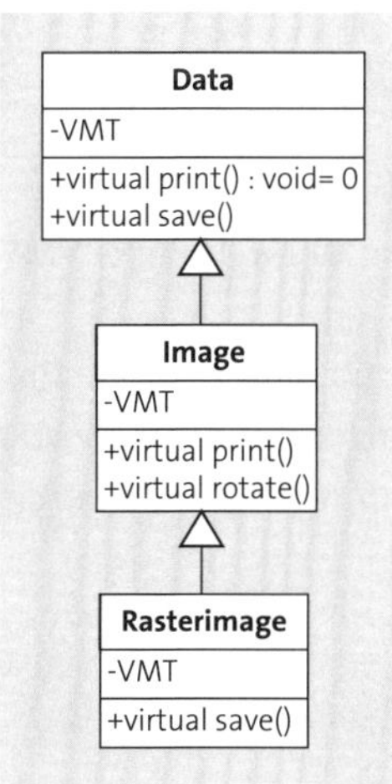

Abbildung 5.37 Einfache Hierarchie mit virtuellen Methoden

Die Zuordnung der VMTs zu konkreten Exemplaren ist in Abbildung 5.38 dargestellt. Dabei ist zu sehen, dass jedes Exemplar einer Klasse einen Verweis auf deren VMT erhält. Die VMT selbst ist hauptsächlich eine Tabelle von Zeigern auf Funktionen. Da die abgeleiteten Klassen nur jeweils eine der virtuellen Methoden überschreiben, enthält ihre VMT jeweils auch einen Funktionszeiger auf eine Methode der jeweiligen Superklasse.

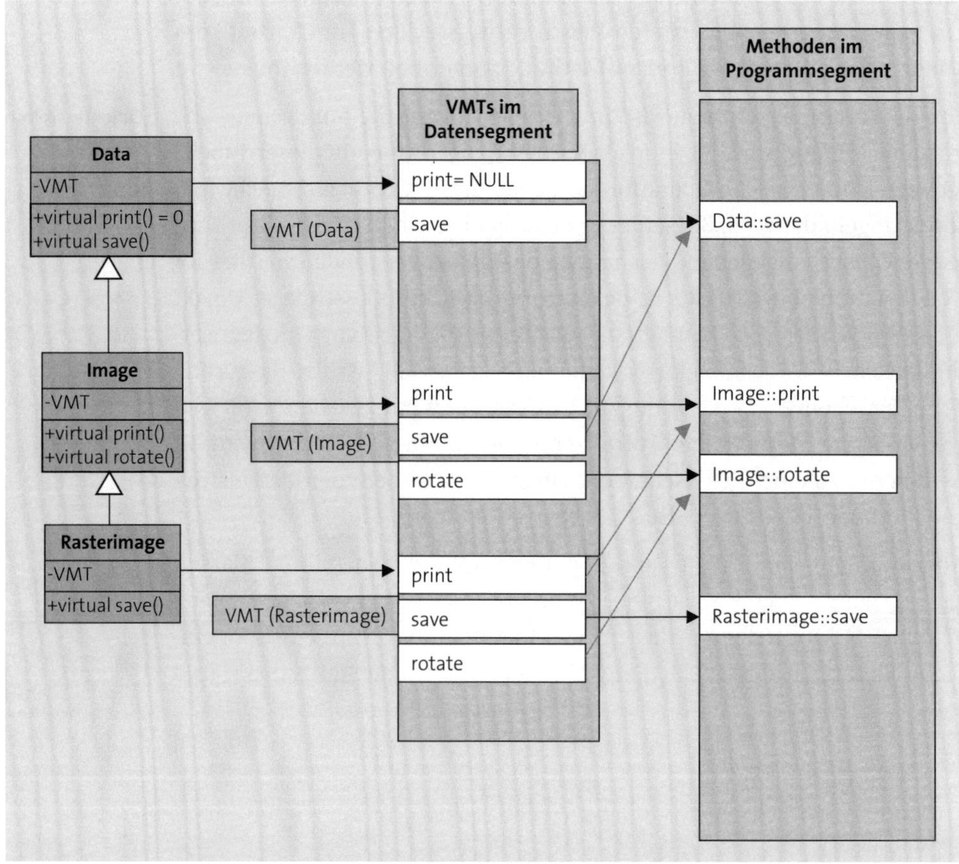

Abbildung 5.38 Abstrakte Darstellung der Zuordnung von Methoden über VMT

Compiler generiert Funktionsaufruf

Der Compiler generiert, wenn er den Aufruf einer virtuellen Methode findet, einen Aufruf der Funktion an einer bestimmten Position der VMT. Welche Methode zur Laufzeit aufgerufen wird, bestimmt sich also durch zwei Kriterien:

- den Zeiger auf die VMT der Klasse und
- die Position der Methode in der Liste von virtuellen Methoden der Klasse.

In Abbildung 5.38 wird ersichtlich, dass die virtuellen Methoden in einer bestimmten Reihenfolge in den jeweiligen VMTs abgelegt sind. In der Regel ist das die Reihenfolge, in der die Methoden in der Quelldatei definiert werden, ein Compiler kann sich aber auch für andere Reihenfolgen entscheiden. Führen abgeleitete Klassen neue virtuelle Methoden ein (in unserem Beispiel die Methode `rotate` der Klasse `Image`), werden diese am Ende der Tabelle angefügt.

Reihenfolge virtueller Methoden

Umsetzung von VMT: Das Open-Closed-Prinzip wird nicht unterstützt

Betrachten wir nun die möglichen Fehlersituationen, die entstehen können, wenn wir Anpassungen an den virtuellen Methoden einer Klasse vornehmen. Grundsätzlich entstehen hier keine Probleme, wenn wir in allen Situationen alle beteiligten Sourcedateien komplett neu übersetzen. Dies ist in der Praxis aber häufig nicht möglich und auch nicht erwünscht. Wir wollen oft durch eine Anpassung von virtuellen Methoden eine lokale Änderung vornehmen, die zu einer Erweiterung des Programms führt, ohne dass wir alle betroffenen Module kennen und neu übersetzen müssen.

Mögliche Fehlersituationen

Was passiert also, wenn wir eine virtuelle Methode in einer abgeleiteten Klasse überschreiben?

Virtuelle Methode überschreiben

Die Antwort ist: Es hängt davon ab – und zwar von zwei Randbedingungen: Hatte die Klasse bereits vorher andere virtuelle Methoden überschrieben? Und nutzt der Compiler diese Information zu Optimierungen aus?

Nur wenn eine Klasse selbst virtuelle Methoden einführt oder überschreibt, ist es auch notwendig, dass die Klasse eine eigene VMT erhält. Andernfalls wird sie nämlich genau gleich der VMT der direkten Oberklasse sein. Ein Compiler kann diese Information ausnutzen und sich die VMT für diese Klasse sparen, auch wenn eine von deren Superklassen bereits virtuelle Methoden eingeführt hat. Exemplare dieser Klasse bekommen dann bei der Konstruktion einen Verweis auf die VMT der Oberklasse zugewiesen. Eine Teilhierarchie für einen solchen Fall ist in Abbildung 5.39 dargestellt, Abbildung 5.40 zeigt, wie die VMT der Klasse `InterpolatedImage` einfach eingespart wird.

So weit, so optimiert. Aber was passiert, wenn wir nun einer solchen Klasse selbst eine virtuelle Methode geben und die Codestellen, an denen ein Exemplar der Klasse konstruiert wird, nicht neu kompilieren? Ganz klar: Es wird eine neue VMT für diese Klasse erstellt, aber kein Objekt wird darauf verweisen, weil ja dort immer noch die alte VMT (diejenige der direkten Oberklasse) referenziert wird.

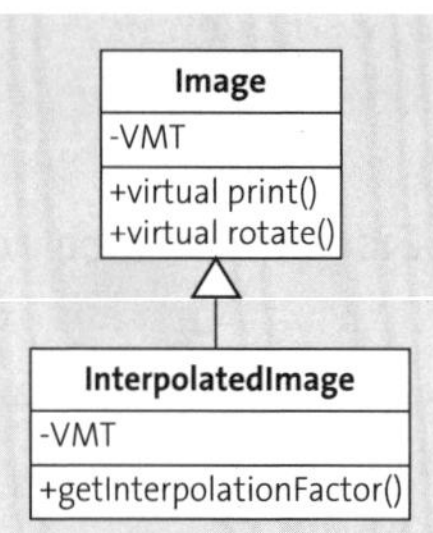

Abbildung 5.39 Abgeleitete Klasse ohne eigene virtuelle Methoden

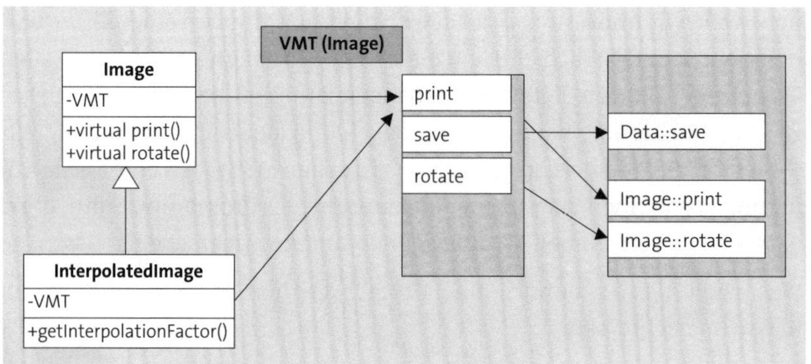

Abbildung 5.40 Verweis auf die VMT der Superklasse

Keine Verhaltensänderung Der Effekt ist, dass sich das Verhalten unseres Programms durch die neue virtuelle Methode nicht ändert, was nicht unbedingt intuitiv erwartet würde.

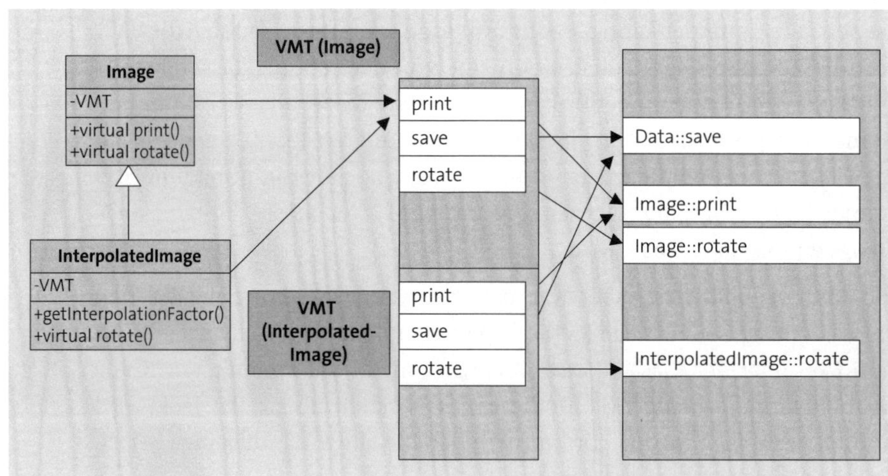

Abbildung 5.41 Neue virtuelle Methode ohne Neukompilation der Objektkonstruktion

Abbildung 5.41 stellt die Situation dar, nachdem die Klasse `InterpolatedImage` die virtuelle Methode `rotate` überschrieben hat. Die Stellen, an denen ein Exemplar von `InterpolatedImage` konstruiert wird, wurden aber nicht neu kompiliert. Wir haben zwar eine schöne neue VMT für die Klasse erhalten, aber nirgendwo im ganzen Programm wird sie verwendet werden, da keine Verweise darauf existieren.

Okay, aber es ist ja nun eher die Ausnahme, dass eine Klasse noch keine virtuelle Methode hat. Zumindest einen virtuellen Destruktor sollten wir ihr verpasst haben.

Existierende virtuelle Methode überschreiben

Was passiert also, wenn wir in einer solchen Klasse eine weitere virtuelle Methode überschreiben? Auch hier ändert sich die Virtuelle-Methoden-Tabelle der Klasse. Allerdings verschieben sich keine Einsprungpunkte für den Methodenaufruf, sondern es wird lediglich ein Zeiger in der VMT umgesetzt. Relevant ist das für die Klasse, die wir gerade modifiziert haben, und für alle davon abgeleiteten Klassen. Diese müssen wir also neu übersetzen. Falls wir das nicht tun, werden sie einfach dabei bleiben, die ihnen vorher bekannte Methode der betreffenden Basisklasse aufzurufen. Das ist nicht das, was wir erreichen wollen. Also müssen alle abgeleiteten Klassen, die die neu überschriebene Methode nutzen sollen, auch neu kompiliert werden.

Komplett neue virtuelle Methode

Kommen wir zu einer weiteren Fehlersituation: Was passiert, wenn wir eine komplett neue virtuelle Methode einer Klasse hinzufügen?

Zunächst einmal haben wir das bereits beschriebene Problem, falls die Klasse vorher noch überhaupt keine virtuellen Methoden hatte. Aber es kommen zusätzliche Komplikationen auf uns zu.

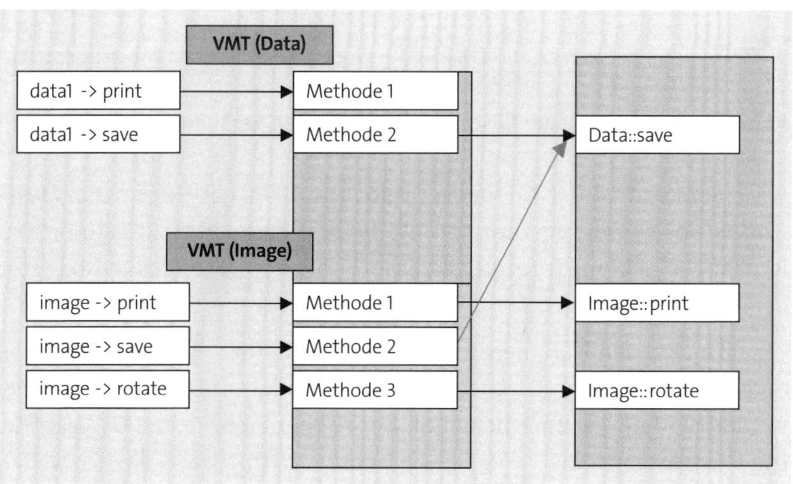

Abbildung 5.42 Aufruf von Methoden über Offset in der VMT

Abbildung 5.42 illustriert noch einmal, dass der Aufruf einer virtuellen Methode über eine ganz konkrete Position in der VMT gemappt wird.

Funktionszeiger verschoben

Aber: Die VMT der betroffenen Klasse hat sich durch die Anpassung so verändert, dass sich die Funktionszeiger nun an anderer Stelle befinden. Bei Aufrufen von virtuellen Methoden der Klasse und von deren Ableitungen hat der Compiler aber bereits die Position der Methode in der VMT eingetragen. Wenn wir die Aufrufstellen aller virtuellen Methoden dieser und abgeleiteter Klassen nicht neu kompilieren, werden die veränderten Positionen in der VMT nicht berücksichtigt, und es wird ganz einfach die falsche Methode aufgerufen. Die Ursachensuche für die resultierenden Fehler gestaltet sich dann oft schwierig.

Abbildung 5.43 illustriert das Problem. Wir nehmen dabei an, dass zu der Klasse `Data` eine neue virtuelle Methode `load` hinzugefügt wurde, ohne dass die Aufrufstellen von Methoden für die abgeleitete Klasse `Image` neu kompiliert wurden.

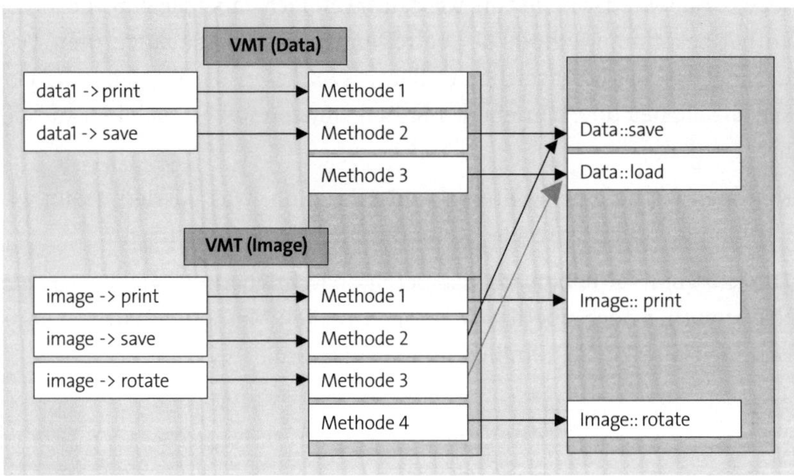

Abbildung 5.43 Aufruf der falschen Funktion durch Veränderung der VMT

Bei einem Aufruf der Methode `rotate` auf einem Exemplar der Klasse `Image` wird nach wie vor die dritte Methode in deren VMT aufgerufen. Das ist aber gar nicht mehr `rotate`, an dieser Stelle steht jetzt die Methode `load` der Basisklasse `Data`.

Technische Konsequenzen

Zusammenfassend können wir also sagen: Bei der Objektkonstruktion entscheidet der Compiler, welche VMT verwendet wird. Beim Aufruf einer virtuellen Methode entscheidet er, an welcher Stelle der VMT diese Methode erwartet wird.

Ändert sich also die Information, welche VMT für eine Klasse verwendet wird, müssen die Stellen neu kompiliert werden, an denen Exemplare dieser Klasse konstruiert werden.

Ändert sich die Position einer Methode in der VMT, müssen alle Aufrufstellen aller virtuellen Methoden der betroffenen und abgeleiteten Klassen neu kompiliert werden.

Diskussion: Warum so technisch?

Gregor: *Müssen wir uns denn wirklich auf dieser technischen Ebene mit dem Thema Polymorphie beschäftigen? Eigentlich würde ich mir ja von einer echten Programmiersprache erwarten, dass sie mich von diesen Details abschirmt.*

Bernhard: *Ja, schön wäre es. Aber wir leben nicht in einer idealen Welt, schon gar nicht, wenn es um die Entwicklung von Software geht. Das Beispiel von C++ zeigt ja bereits, dass wir schon eine ganze Menge technischer Restriktionen haben, die unsere Möglichkeiten für Änderungen in der Praxis einschränken.*

Gregor: *Okay, aber C++ ist ja auch eine etwas ältere Sprache. Bei Java zum Beispiel haben wir doch sicher weniger Probleme.*

Bernhard: *Bei Java sieht es zwar etwas besser aus, aber auch dort gibt es eine große Zahl von Situationen, bei denen wir durch technische Effekte mit Änderungen eine Anwendung in einen fehlerhaften Zustand bringen können. Die Situation ist zum Teil sogar noch etwas komplizierter, weil sich Änderungen an Klassen und Interfaces unterschiedlich verhalten. Wir haben auch hier eine lückenhafte Abstraktion vorliegen und müssen uns mit den Details der Umsetzung beschäftigen.*

Konstruktion und Destruktion von Objekten mit polymorphen Methoden

Einen besonderen Status haben polymorphe Methoden während der Konstruktion und Destruktion von Objekten.

Ein Objekt durchläuft während der Konstruktion verschiedene Stufen, da die Konstruktoren der jeweiligen Klassenhierarchie sukzessive aufgerufen werden. Dabei wird der Konstruktor der Basisklasse zuerst aufgerufen, dann absteigend in der Klassenhierarchie die jeweils folgenden.

Objekt entsteht nach und nach

Das Objekt wird also erst nach und nach zu dem speziellen Objekt, das es sein soll. Dadurch ergeben sich für den Aufruf von polymorphen Methoden in einem Konstruktor spezielle Randbedingungen, die zum Teil technisch bedingt sind und mit der gewählten Programmiersprache in Zusammenhang stehen.

Am besten zeigen wir das anhand von Beispielen in C++ und Java, die an dieser Stelle unterschiedlich reagieren. Bei Java verhalten sich Methoden auch bei einem Aufruf im Konstruktor polymorph. Das heißt, wenn wir gerade ein Exemplar einer Subklasse konstruieren, wird bei polymorphen Methoden auch im Konstruktor der Basisklasse die Methode der Subklasse aufgerufen.

Polymorphie im Konstruktor in Java

```
public class ClassA {
    protected Integer value1 = 1;

    ClassA() {
        polymorphicMethod("ClassA");
    }
    void polymorphicMethod(String myclass) {
    System.out.println("ClassA aus Konstr. von "
        + myclass);
    }
}
public class ClassB extends ClassA {

    protected String valueB = "initial";
    ClassB() {
        valueB = "set";
        polymorphicMethod("ClassB");
    }
    void polymorphicMethod(String myclass) {
        System.out.println("ClassB aus Konstr. von "
                + myclass + " valueB: " + valueB );
    }
}
public class ClassC extends ClassB {

    protected String valueC = "initial";
    ClassC() {
        valueC = "set";
        polymorphicMethod("ClassC");
    }
    void polymorphicMethod(String myclass) {
        System.out.println("ClassC aus Konstr. von "
```

```
        + myclass + " valueB/valueC: " + valueB + "/"
        + valueC);
        }

    }
    public static void main(String[] args) {
        ClassA a = new ClassA();
        System.out.println();
        ClassB b = new ClassB();
        System.out.println();
        ClassC c = new ClassC();
    }
```

Listing 5.33 Polymorphe Methoden im Konstruktor bei Java

In Listing 5.33 ist ein Beispiel für die Verwendung von polymorphen Methoden in einem Konstruktor in Java aufgeführt. Das gelistete Programm liefert die unten stehende Ausgabe:

```
ClassA aus Konstr. von ClassA

ClassB aus Konstr. von ClassA valueB: null
ClassB aus Konstr. von ClassB valueB: set

ClassC aus Konstr. von ClassA valueB/valueC: null/null
ClassC aus Konstr. von ClassB valueB/valueC: set/null
ClassC aus Konstr. von ClassC valueB/valueC: set/set
```

Methodenaufrufe sind polymorph

Erwartungsgemäß werden die Konstruktoren jeweils beginnend mit der Basisklasse aufgerufen. Beim Aufruf einer polymorphen Methode wird immer die Methode der speziellsten Klasse aufgerufen, Aufrufe werden also im Konstruktor nicht anders gehandhabt als in normalen Methoden. Allerdings wird hier auch das Problem dieser Aufrufe deutlich: Initialisierungen von Daten, die in abgeleiteten Klassen vorgenommen werden, sind beim Aufruf in einer Basisklasse noch nicht durchgeführt.[15] Deshalb kann da schon der eine oder andere Nullzeigerzugriff passieren.

Keine Polymorphie in C++-Konstruktoren

Im Fall von C++ ist das Verhalten dann ganz anders. Hier verhalten sich Methoden im Konstruktor nicht völlig polymorph. Da die Virtuelle-Methoden-Tabelle erst nach und nach aufgebaut wird, kann im Konstruktor einer Basisklasse noch gar keine Methode von Subklassen aufgerufen werden. Wird jedoch in der Klasse, deren Konstruktor gerade aufgerufen wird,

15 Die Behandlung der finalen Datenelemente ist hier eine andere. Diese werden bereits vor dem Aufruf des Konstruktors der obersten Klasse `Object` initialisiert.

eine Methode einer Oberklasse überschrieben, wird die überschriebene Variante aufgerufen.[16]

Hier die Ausgabe des dem obigen Java-Programm entsprechenden C++-Programms:

```
ClassA aus Konstr. von ClassA

ClassA aus Konstr. von ClassA
ClassB aus Konstr. von ClassB valueB: set

ClassA aus Konstr. von ClassA
ClassB aus Konstr. von ClassB valueB: set
ClassC aus Konstr. von ClassC valueB/valueC: set/set
```

Wir sehen dabei, dass hier immer die Methode der Klasse aufgerufen wird, in deren Konstruktor wir uns gerade befinden. Das ist zumindest sicherer in Bezug auf die Initialisierung von Daten: Wir sehen, dass die betroffenen Daten immer korrekt initialisiert sind.

5.3 Die Vererbung der Implementierung

In Abschnitt 4.2, »Klassen: Objekte haben Gemeinsamkeiten«, haben Sie gesehen, wie die Vererbung der Spezifikation mit der Einteilung von Klassen in Unter- und Oberklassen zusammenhängt.

Wenn Sie eine solche Einteilung gefunden haben, die auch das *Prinzip der Ersetzbarkeit* nicht verletzt, können Sie eine weitere Möglichkeit der Objektorientierung nutzen: die Vererbung der Implementierung.

Vererbung der Implementierung

Unterklassen erben die in den Oberklassen bereits implementierte Funktionalität. Die Exemplare der Unterklassen erben damit neben den Verpflichtungen auch alle Methoden, alle Daten und alle Fähigkeiten ihrer Oberklassen, sofern diese zur Schnittstelle der Oberklasse gehören oder

16 Man hat hier eigentlich ein Beispiel einer dynamischen Klassifizierung. In C++ ändert sich während seiner Konstruktion die Klassenzugehörigkeit eines Objekts. Während wir in unserem Java-Beispiel bei dem Aufruf `new C()` sofort ein Exemplar der Klasse `C` bekommen, das durch die Konstruktoren nacheinander lediglich initialisiert wird, erhalten wir in C++ zuerst ein Exemplar der Klasse `A`, das dann zu einem Exemplar der Klasse `B` mutiert, um schließlich zu einem Exemplar der Klasse `C` zu werden.

durch Sichtbarkeitsregeln für die Nutzung in Unterklassen freigegeben sind. Diese Funktionalität kann unverändert übernommen oder in Teilen von den Unterklassen überschrieben werden.

In Abschnitt 2.4, »Die Vererbung«, haben wir ein Beispiel vorgestellt, in dem eine Hierarchie von Regelungen im Steuerrecht besteht. Dabei gelten die Regelungen der höheren Ebene jeweils auch für die darunterliegenden Ebenen. Im Einzelfall können die Regelungen der höheren Ebene aber durch darunterliegende Ebenen überschrieben werden. Diese Hierarchie können wir nun in Form der Klassen repräsentieren, die in Abbildung 5.44 dargestellt sind.

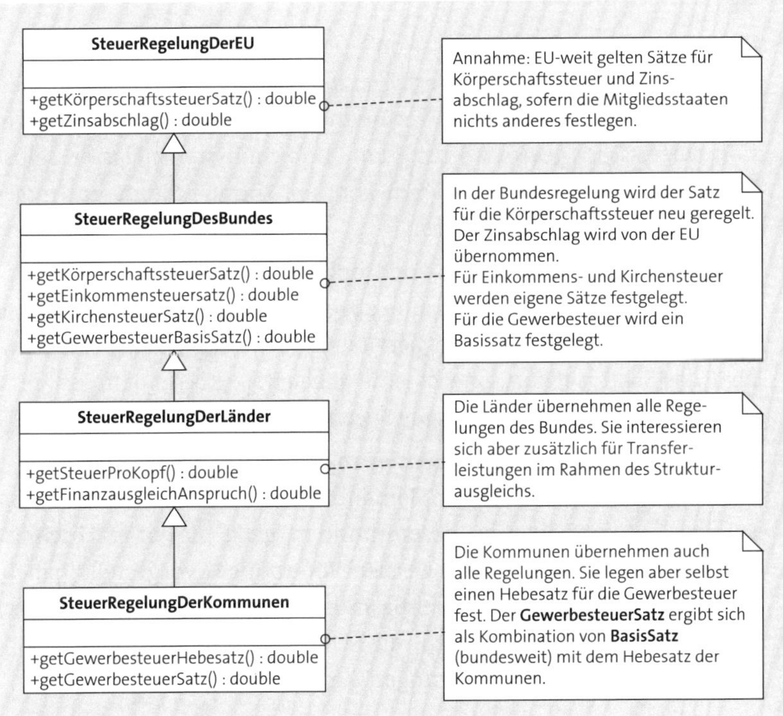

Abbildung 5.44 Vererbung von Steuerregelungen

Hierarchie in Form der Klassen

In der vorgestellten Hierarchie überschreibt das Steuerrecht der Bundesrepublik (die Klasse `SteuerRegelungDesBundes`) die Methode `getKörperschaftssteuerSatz` der EU. Dagegen wird die Methode `getZinsabschlag` direkt von der Klasse `SteuerRegelungDerEU` geerbt. Auch die Klassen `SteuerRegelungDerLänder` und `SteuerRegelungDerKommunen` erben alle von `SteuerRegelungDesBundes` umgesetzten Methoden. Sie fügen aber selbst auch wieder neue Operationen und Methoden hinzu.

Vererbung der Implementierung und die Programmiersprachen

In den objektorientierten Sprachen wird unterschiedlich konsequent zwischen Vererbung der Spezifikation und Vererbung der Implementierung getrennt. Wenn Sie von einer Klasse erben, die auch Implementierungen bereitstellt, haben Sie in den meisten Sprachen gar keine Wahl. Sie können nicht einfach die Spezifikation erben, Sie bekommen die Implementierung auf jeden Fall dazu, ob Sie wollen oder nicht. Allerdings bieten einige Sprachen sogenannte Schnittstellenklassen an, die gar keine Implementierungen zur Verfügung stellen können. Über diesen Mechanismus ist also auch eine reine Vererbung der Spezifikation möglich.

Es ergeben sich drei Varianten der Vererbung:

- **Reine Vererbung der Spezifikation**
  Die Schnittstellenklassen (Interfaces) in Java oder C# stellen zum Beispiel einen Mechanismus zur Verfügung, mit dem allein die Spezifikation einer Klasse geerbt werden kann. Da Schnittstellenklassen selbst keine Methoden implementieren können, können Sie deren Implementierung auch nicht vererben.[17]
- **Vererbung von Spezifikation und Implementierung**
  Dies ist der Normalfall, wenn eine abgeleitete Klasse von einer Klasse erbt, die Implementierungen bereitstellt. Wird zum Beispiel in Java über das Schlüsselwort `extends` eine abgeleitete Klasse definiert, erbt diese Klasse von ihrer Basisklasse Spezifikation und Implementierung.
- **Reine Vererbung der Implementierung**
  Eine reine Vererbung der Implementierung ist zum Beispiel in der Sprache C++ über die private Vererbung möglich, die wir in Abschnitt 5.1.6, »Sichtbarkeit im Rahmen der Vererbung«, vorgestellt haben. Dabei wird die Spezifikation der Basisklasse nicht geerbt, die abgeleitete Klasse übernimmt also nicht die Schnittstelle der Basisklasse, sondern nur deren Implementierungen zur internen Nutzung.

Im folgenden Abschnitt 5.3.1 gehen wir genauer darauf ein, wie geerbte Methoden helfen, Redundanzen in unserem Code zu vermeiden, und wie das Überschreiben von Methoden Ihnen Mittel an die Hand gibt, die Zusammenarbeit zwischen Oberklassen und Unterklassen zu strukturieren.

Wir wollen aber auch nicht verschweigen, dass die Vererbung der Implementierung zu einer Reihe von konzeptionellen Problemen führen kann.

17 Die Standardimplementierungen der Methoden von Schnittstellen (engl. Default Methods) in Java ab der Version 8 erlauben es auch, von den Schnittstellen die Implementierung einer Operation zu erben.

Diese Probleme und mögliche Lösungen stellen wir anschließend in Abschnitt 5.3.2 und Abschnitt 5.3.3 vor.

5.3.1 Überschreiben von Methoden

Die konkreten Unterklassen einer abstrakten Oberklasse müssen für alle ihre abstrakten Methoden eine Implementierung bereitstellen. Doch jede Unterklasse kann auch für die nicht abstrakten Methoden ihre eigene spezielle Implementierung bereitstellen.

Überschreiben von Methoden

Wenn eine Unterklasse für eine Operation eine Methode implementiert, für die es bereits in einer Oberklasse eine Methode gibt, überschreibt die Unterklasse die Methode der Oberklasse. Wird die Operation auf einem Exemplar der Unterklasse aufgerufen, wird die überschriebene Implementierung der Methode aufgerufen.

Das ist unabhängig davon, welchen Typ die Variable hat, über die das Objekt referenziert wird. Entscheidend ist der Typ des Objekts selbst, nicht der Typ der Variablen. Die Unterstützung der dynamischen Polymorphie durch die objektorientierten Programmiersprachen ermöglicht dieses Verfahren.

Betrachten wir ein einfaches Beispiel für das Überschreiben einer Methode. In Abbildung 5.45 ist eine Generalisierungsbeziehung zwischen der Klasse `FarbigerKreis` und der Klasse `Kreis` dargestellt.

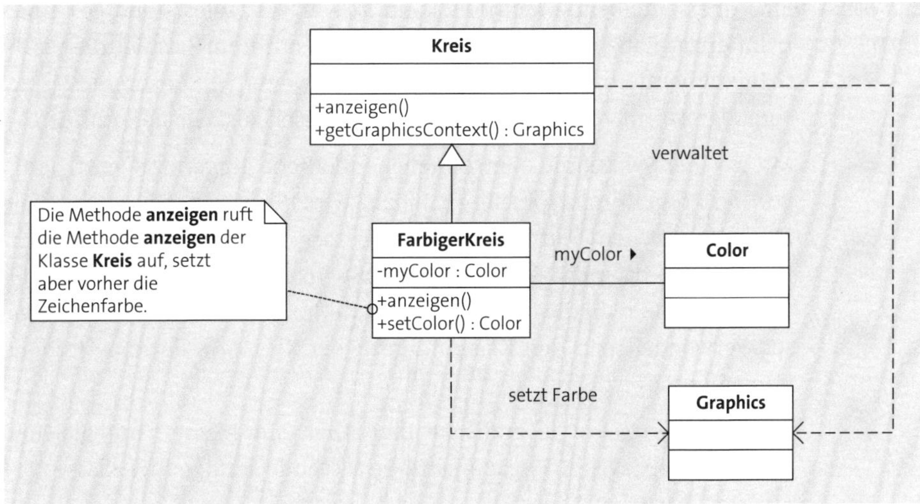

Abbildung 5.45 »FarbigerKreis« erbt von »Kreis«.

In unserem Beispiel repräsentieren die Exemplare der Klasse `Kreis` Kreise, die auf dem Bildschirm dargestellt werden können. Die Klasse `Kreis` kennt das Konzept der Farbe nicht, sie zeichnet die Kreise in der Standardfarbe. Die Spezialisierung der Klasse `Kreis`, die Unterklasse `FarbigerKreis`, definiert für jedes ihrer Exemplare das Attribut `myColor`. Die Implementierung der Methode `anzeigen` muss für diese Klasse daher erweitert werden, sodass die Farbe beim Zeichnen des Kreises auf dem Bildschirm verwendet wird. In Listing 5.34 ist die Umsetzung der Methode `anzeigen` an einem Beispiel in Java dargestellt.

```
class FarbigerKreis extends Kreis {

    protected Color myColor;

    ...

    public void anzeigen() {
        Graphics context = getGraphics();
        Color oldColor = context.getColor();
        context.setColor(myColor);
        super.anzeigen();
        context.setColor(oldColor);
    }
}
```

Listing 5.34 Überschriebene Methode der Klasse »FarbigerKreis« anzeigen

Aufruf weiterer Implementierungen

Eine überschreibende Methode kann ihre eigene, selbstständige Implementierung haben, sie kann aber auch, wie in unserem Beispiel, die geerbte Implementierung aufrufen und sie nur erweitern. In unserem Beispiel sorgt der Aufruf von `super.anzeigen()` für diesen zusätzlichen Aufruf.

Mit welcher Syntax die überschriebene Methode aufgerufen wird, hängt von der Programmiersprache ab. In Java wird die geerbte überschriebene Methode mit dem Aufruf **super**.`methodeName(...)` aufgerufen. In C# verwendet man dazu das Schlüsselwort **base**. In C++ gibt es kein Schlüsselwort, mit dem man die überschriebene Methode aufrufen kann, stattdessen verwendet man den Klassennamen der Klasse, in der die Methode implementiert ist.

Wenn es für C++ eine grafische Bibliothek mit Klassen mit gleichen Namen wie in Javas AWT gäbe, sähe die Methode `anzeigen` der Klasse `FarbigerKreis` in C++ so aus:

```
    void anzeigen() {
        Graphics* context = GetGraphics();
        Color* oldColor = context->getColor();
        context->setColor(myColor);
        Kreis::anzeigen();
        context->setColor(oldColor);
    }
```


Listing 5.35 Farbigen Kreis anzeigen

Ein Schlüsselwort wie `super` kann es in C++ nicht geben, weil C++ die Mehrfachvererbung der implementierenden Klassen unterstützt, und es wäre nicht eindeutig, welche der Oberklassen gemeint ist. Viele Entwickler und Entwicklerinnen, die in C++ nur die einfache Vererbung verwenden, deklarieren für jede Klasse ein Makro, das die Funktion eines solchen Schlüsselworts übernimmt.

Vererbung der Implementierung: Probleme und Alternativen

Vermeidung von Redundanzen durch Vererbung

Ein Vorteil der Vererbung von Implementierungen ist, dass Methoden in Unterklassen nicht neu umgesetzt werden müssen. Dadurch werden Redundanzen im Quellcode vermieden. Allerdings legen Sie sich durch die Vererbungsbeziehung bereits auf eine recht starre Struktur fest. Spätere Erweiterungen sind nur mit größeren Eingriffen möglich. Wenn Sie zum Beispiel feststellen, dass ihr Kreis nicht nur Farben, sondern auch eine Schraffierung beinhaltet und diese nicht nur für Kreise, sondern auch für andere geometrische Formen gelten soll, wird die Klassenhierarchie bereits sehr komplex, obwohl sie eigentlich zwei ganz einfache zusätzliche Attribute modelliert haben.

Redundanzen können auch auf andere Arten vermieden werden, indem die gemeinsam genutzte Funktionalität in ein separates Modul ausgelagert wird. Im weiteren Verlauf werden Sie mehrere Alternativen zur Vererbung der Implementierung kennenlernen. In Abschnitt 5.3.2 werden Sie an einem Beispiel sehen, wie eine Vererbungsbeziehung in eine Delegationsbeziehung umgewandelt werden kann.

Die Alternative der Delegation greifen wir auch in Abschnitt 5.4.2, »Delegation statt Mehrfachvererbung«, auf. In Abschnitt 5.5.1, »Entwurfsmuster ›Strategie‹ statt dynamischer Klassifizierung«, werden Sie außerdem eine weitere Alternative zur Vererbung der Implementierung kennenlernen. Das Entwurfsmuster »Strategie« basiert auf der Delegation und erlaubt größere Flexibilität als Vererbungsbeziehungen.

Implementierung von geschützten Methoden

Eine weitere Aufgabe erfüllt die Vererbung der Implementierung bei Daten und Methoden von Klassen, die nicht zur Schnittstelle der Klasse gehören. Diese werden in der Regel für die Umsetzung von Operationen genutzt, die selbst zur Schnittstelle gehören. In Abschnitt 5.1.6, »Sichtbarkeit im Rahmen der Vererbung«, haben wir die Sichtbarkeitsstufe »Geschützt« vorgestellt. Methoden, die mit dieser Sichtbarkeit markiert sind, gehören nicht zur Schnittstelle einer Klasse. Sie sind aber explizit dafür vorgesehen, dass ihre Implementierung von Unterklassen geerbt und möglicherweise überschrieben werden kann.

Überschreiben von Methoden verhindern

Durch die Vererbung der Implementierung können Sie auch erzwingen, dass Unterklassen in Teilen die Funktionalität ihrer Oberklassen nutzen müssen. Dabei kann eine Oberklasse verbieten, dass ihre Unterklassen bestimmte Teile der Implementierung verändern. Diese Fähigkeit kann wichtig sein, um Verträge zwischen Klassen und ihren potenziellen Unterklassen zu definieren.

Im nächsten Abschnitt werden wir ein Beispiel für eine solche Situation vorstellen und den Mechanismus der Schablonenmethode einführen, mit dem die Interaktion zwischen Ober- und Unterklasse strukturiert werden kann.

Das Entwurfsmuster »Schablonenmethode« (Template Method)

In manchen Situationen ist es vorhersehbar, dass das Überschreiben einer Methode durch eine Unterklasse dazu führt, dass die Operationen der Oberklasse nicht mehr korrekt arbeiten. Dies kann vor allem dann passieren, wenn die ursprüngliche Implementierung durch eine Unterklasse komplett ersetzt wird. Damit sind möglicherweise Konsistenzbedingungen der Oberklasse gefährdet.

Methoden paarweise aufrufen

Nehmen Sie an, dass eine Klasse `FileController` zwei Methoden `start` und `end` implementiert, die immer paarweise aufgerufen werden müssen. In Abbildung 5.46 ist die Klasse dargestellt.

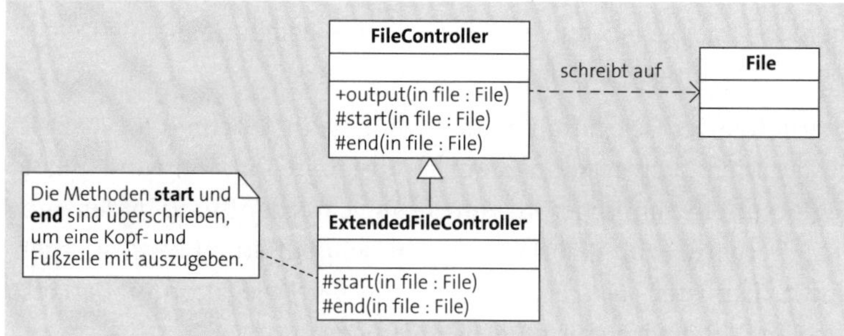

Abbildung 5.46 Methoden zum paarweisen Aufruf

Die Klasse `FileController` implementiert eine Methode `output`, die Daten in eine Datei schreibt. Die Ausgabe auf diese Datei geschieht in der Methode `output()`, diese wiederum ruft die Methoden `start()` und `end()` auf. Die Methode `start()` öffnet die Datei, und die Methode `end()` schließt sie wieder. Zwischen den Aufrufen von `start()` und `end()` werden Daten in diese Datei geschrieben.

Die Methode `output()` sieht dann so aus:

```
public void output() {
    start();
    ... // hier geschieht die Bearbeitung der Datei
    end();
}
```

Nehmen wir an, Sie möchten in der Unterklasse `ExtendedFileController` das Verhalten der Exemplare so abändern, dass Sie am Anfang der Datei eine Kopfzeile und am Ende der Datei eine Fußzeile hinzufügen.

Die überschriebenen Methoden würden in Java dann wie in Listing 5.36 aussehen.

```
...
public void start() {
    super.start();
    write("Kopfzeile");
}

public void end() {
    write("Fußzeile");
    super.end();
}
```

Listing 5.36 Überschriebene Methoden

Das wäre eine korrekte Erweiterung der Methoden der Oberklasse und würde Ihren Absichten entsprechen. Doch was würde passieren, wenn wir in der überschreibenden Methode `end()` den Aufruf der geerbten Methode `end()` vergessen hätten? Die Methode `start()` würde die Datei öffnen, die Methode `end()` würde sie aber nicht schließen. Dies wäre ein Fehler, der vom Compiler unentdeckt bliebe.

In Situationen wie diesen stehen Sie vor einem Dilemma. Einerseits müssen Sie sicherstellen, dass die ursprüngliche Implementierung der Methoden `start()` und `end()` aufgerufen wird, andererseits möchten Sie das Verhalten der Objekte beim Öffnen und Schließen der Datei erweiterbar machen, abgeleiteten Klassen also erlauben, dass sie die Methoden überschreiben.

Einen Ausweg aus diesem Dilemma bietet das Entwurfsmuster »Schablonenmethode« (engl. *Template Method*).

In unserem Beispiel können wir also die Methode `output()` zu einer Schablonenmethode machen und sie um die benötigten Erweiterungspunkte erweitern. In Abbildung 5.47 ist der Aufbau der Methode dargestellt.

[»]

Entwurfsmuster »Schablonenmethode« (engl. Template Method)

Eine Schablonenmethode implementiert einen vorgegebenen groben Ablauf und bietet definierte Erweiterungspunkte für bestimmte Schritte dieses Ablaufs. Die Schablonenmethode basiert darauf, dass nur ein definierter Teil von Methoden durch eine Unterklasse überschrieben werden kann. Dadurch kann eine Unterklasse gezwungen werden, eine Implementierung von der Oberklasse unverändert zu übernehmen. Diese Möglichkeit stellt ein wichtiges Mittel zur Strukturierung von objektorientierten Anwendungen dar.

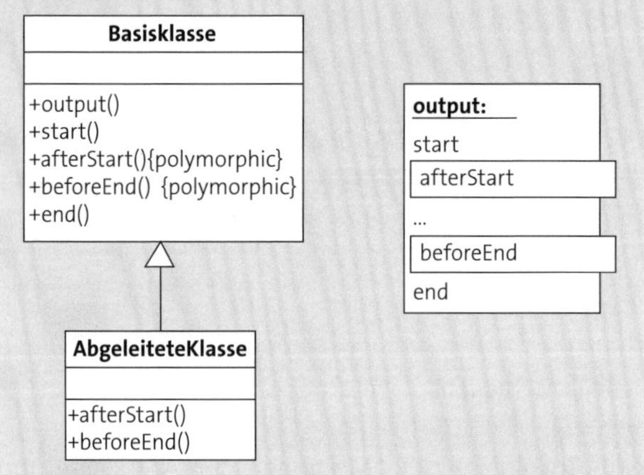

Abbildung 5.47 Umsetzung einer Schablonenmethode

Der Gesamtablauf der Schablonenmethode `output()` in Abbildung 5.47 kann nicht geändert werden, da die Methode nicht polymorph ist. Die Methoden `afterStart()` und `beforeEnde()` sind polymorph und können überschrieben werden. Somit unterscheiden sich Details des Ablaufs der Methode `output()` für die Exemplare der Klasse `AbgeleiteteKlasse` von dem Ablauf für die Exemplare der Klasse `Basisklasse`.

Unsere neue Methode `output()` sieht im Quellcode jetzt so aus:

```
public void output() {
    start();
    afterStart();
    ... // hier geschieht die Bearbeitung der Datei
    beforeEnd();
    end();
}
```

Listing 5.37 Schablonenmethode

Wir haben den Ablauf der Methode `output()` um die Aufrufe der neuen Methoden `afterStart()` und `beforeEnd()` erweitert. In der Basisklasse machen diese Methoden in unserem Beispiel nichts, sie sind nicht abstrakt, sie haben bloß eine leere Implementierung.

In der abgeleiteten Klasse können wir jetzt darauf verzichten, die Methoden `start()` und `end()` zu überschreiben. Stattdessen überschreiben wir die Methoden `afterStart()` und `beforeEnd()`.

```
public void afterStart() {
    write("Kopfzeile");
}

public void beforeEnd() {
    write("Fußzeile");
}
```

Listing 5.38 Eingeschobene Methoden

Methoden für Überschreiben sperren

Die Methoden `start()` und `end()` *müssen* also nicht mehr überschrieben werden. Um jedoch sicherzustellen, dass die ursprünglichen Implementierungen dieser Methoden in der Methode `output()` aufgerufen werden, müssen wir dafür sorgen, dass die Methoden nicht überschrieben werden *können*.

In dynamisch typisierten Programmiersprachen haben Sie hier wenige Chancen, doch statisch typisierte Programmiersprachen bieten uns vielfältige Möglichkeiten, die Überschreibbarkeit der Methoden zu gestalten. Schauen wir uns die Möglichkeiten in den verschiedenen Programmiersprachen im Folgenden kurz an.

C++

In C++ sind Methoden normalerweise nicht überschreibbar, und sie werden auch nicht dynamisch polymorph aufgerufen. Eine Methode wird erst dann überschreibbar und dynamisch polymorph, wenn sie mit dem Schlüsselwort `virtual` bezeichnet wird. Damit sind Methoden automatisch für das Überschreiben gesperrt, wenn das Schlüsselwort `virtual` nicht angegeben wird.

Damit lässt sich die beschriebene Schablonenmethode in C++ einfach umsetzen, indem die Methoden `output`, `start` und `end` nicht mit dem Schlüsselwort `virtual` markiert werden.

Java Im Gegensatz zu C++ sind in Java Methoden, die wir nicht anders markieren, von vornherein überschreibbar. Wir können allerdings die Methoden, deren Überschreibbarkeit wir verhindern möchten, mit dem Schlüsselwort `final` markieren. Solche Methoden können in den Unterklassen nicht mehr überschrieben werden. Enthält eine Unterklasse eine Methode mit der gleichen Signatur wie eine finale Methode in der Oberklasse, kommt es zu einem Übersetzungsfehler.[18] Für die Umsetzung der Template-Methode aus unserem Beispiel würden Sie also die Methoden `output`, `start` und `end` mit dem Schlüsselwort `final` markieren.

In Java können auch ganze Klassen so markiert werden, dass überhaupt keine Unterklassen von ihnen existieren können.

Finale Klassen

Finale Klassen sind Klassen, die keine Unterklassen haben können. Sie können deshalb auch nicht abstrakt sein, denn sonst wären sie völlig nutzlos: Man kann keine Exemplare der Klasse erstellen, aber auch keine Unterklassen bilden. Abstrakte Klassen können aber finale Methoden haben.

C# In C# müssen Methoden, die überschrieben werden dürfen, ähnlich wie in C++ als virtuell bezeichnet werden. Dazu dient auch hier das Schlüsselwort `virtual`. Abstrakte Methoden werden mit dem Schlüsselwort `abstract` markiert.

Während in C++ eine einmal als `virtual` markierte Methode in allen weiteren Unterklassen überschreibbar bleibt, können Sie in C# das weitere Überschreiben einer virtuellen Methode mit dem Schlüsselwort `sealed` verhindern. Wird das Schlüsselwort `sealed` auf eine Klasse angewandt, darf diese Klasse keine Unterklassen haben.

5.3.2 Das Problem der instabilen Basisklassen

Leider lässt sich die Vererbung der Implementierung durch die Programmiersprachen auch nutzen, wenn keine korrekte Vererbung der Spezifika-

18 Eine Ausnahme bilden die privaten Methoden.

tion vorliegt. Deshalb soll an dieser Stelle noch ein Wort der Warnung ausgesprochen werden.

Vererbung und alternative Nutzungsbeziehungen

Vererbung und Alternativen

Wenn eine Klasse die Funktionalität einer anderen Klasse nutzen soll, können wir das durch Vererbung oder eine Beziehung (Assoziation, Aggregation oder Komposition) zwischen den Exemplaren dieser Klassen erreichen. Die Vererbung kann in bestimmten Fällen zwar einfacher scheinen, doch Sie sollten immer auf das *Prinzip der Ersetzbarkeit* achten und sich fragen: Sind die Exemplare der Unterklasse fachlich auch in allen Fällen Exemplare der Oberklasse? Und wir müssen ebenfalls die Frage stellen, ob wir erwarten, dass das auch in Zukunft so bleibt. Änderungen an einer Oberklasse können nämlich dazu führen, dass nicht mehr alle abgeleiteten Klassen echte Unterklassen im Sinn des *Prinzips der Ersetzbarkeit* sind.

Die treibende Kraft bei der Modellierung von Vererbungsbeziehungen sollte deshalb nie die Vererbung der Implementierung sein, sondern die Vererbung der Spezifikation.

Ein konkretes Problem, das bei der Verwendung von Vererbung der Implementierung auftreten kann, ist eine sehr enge Kopplung zwischen Basisklassen und den davon abgeleiteten Klassen. Dieses Problem wird auch als *Fragile Base Class Problem* bezeichnet: das Problem der instabilen Basisklasse.

Fragile Base Class Problem (Problem der instabilen Basisklassen)

Fragile Base Class Problem

Mit *Fragile Base Class Problem*[19] wird ein Problem bei der Nutzung von Vererbung der Implementierung bezeichnet. Dabei kann der problematische Fall auftreten, dass Anpassungen an einer Basisklasse zu unerwartetem Verhalten von abgeleiteten Klassen führen.

Anpassungen an Basisklassen können häufig nicht vorgenommen werden, ohne den Kontext der abgeleiteten Klassen mit einzubeziehen. Damit wird eine Wartung von objektorientierten Systemen, die in größerem Maß die Vererbung der Implementierung nutzen, stark erschwert.

19 Hin und wieder wird unter der Bezeichnung *Fragile Base Class Problem* auch verstanden, dass Änderungen an Basisklassen, die im Sourcecode unproblematisch sind, zu Problemen mit bereits in Bibliotheken vorliegenden und ausgelieferten Unterklassen führen. Dieses Problem sehen wir eher als Teil des sogenannten Problems der instabilen binären Schnittstellen (*Fragile Binary Interface Problem*), das wir bereits in Abschnitt 5.2.5, »Die Tabelle für virtuelle Methoden«, vorgestellt haben.

Deshalb muss zur Entwurfszeit darauf geachtet werden, dass die Vererbung der Implementierung nicht eingesetzt wird, wenn spätere Änderungen an den Basisklassen wahrscheinlich sind, die Auswirkungen auf abgeleitete Klassen haben. In der Praxis ist das allerdings meist schwer vorauszusehen. Im Zweifelsfall sollten Sie deshalb eine reine Vererbung der Spezifikation vorziehen. Die Vermeidung von Redundanzen, die von der Vererbung der Implementierung ermöglicht wird, kann auch über Delegationsbeziehungen erreicht werden, wie Sie im Beispiel weiter unten sehen werden.

Das Problem der instabilen Basisklassen tritt dann auf, wenn sich abgeleitete Klassen auf Implementierungen der Basisklassen verlassen. Es könnte nun der Einwand kommen, dass das dann eben eine inkorrekte Nutzung von abgeleiteten Klassen ist, weil diese sich ausschließlich auf die Spezifikation der Basisklasse verlassen sollten. Das ist in der Theorie richtig. In der Praxis können diese Fälle aber sehr subtil sein, und wenn die Spezifikation der Basisklassen nicht sehr exakt ist, gibt es ausreichend Spielraum für abgeleitete Klassen, inkorrekte Annahmen zu machen.

Betrachten wir das Ganze am besten an einem Beispiel. In Abbildung 5.48 sind eine Basisklasse `Well` (Brunnen) und die davon abgeleitete Klasse `LoggingWell` zu sehen.

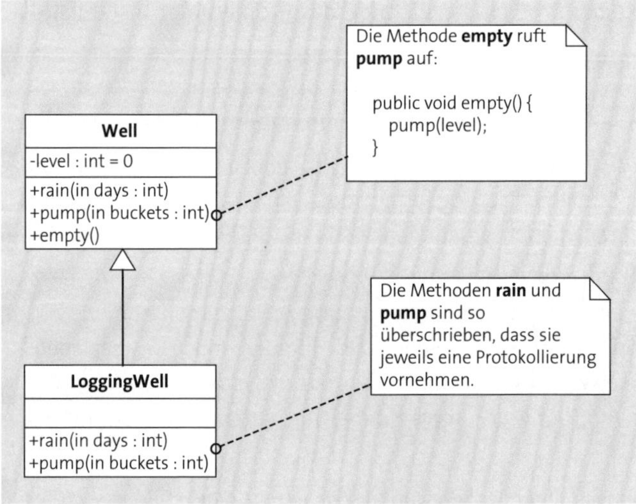

Abbildung 5.48 Instabile Basisklasse »Well«

`Well` modelliert einen Brunnen, der durch die Operation `rain()` aufgefüllt wird. Durch die Operation `pump()` wird dem Brunnen Wasser entnommen.

Außerdem gibt es noch eine Operation `empty()`, die den Brunnen komplett leert.

Da der Wasserstand des Brunnens für die Versorgung der umliegenden Bevölkerung wichtig ist, hat die Dorfverwaltung eine Klasse `LoggingWell` in Auftrag gegeben. Diese fügt Funktionalität hinzu, die alle Änderungen am Wasserstand des Brunnens mitprotokollieren soll. Dazu überschreibt die Klasse die Methoden `rain` und `pump`. In Listing 5.39 ist die Umsetzung der beiden Klassen in Java zu sehen.

```
class Well {
    private int level;
    public int getLevel() {
      return level;
    }
    public void rain(int days) {
      level += days / 3;
    }
    public void pump(int buckets) {
      level -= Math.min(level, buckets);
    }

    public void empty() {
        pump(level);
    }
}

class LoggingWell extends Well {

    public void rain(int days) {
      System.out.println("it is raining "
                + days + " days ...");
      super.rain(days);
    }

    public void pump(int buckets) {
      System.out.println("taking "
                + buckets + " buckets from well");
      super.pump(buckets);
    }
}
```

Listing 5.39 Erweiterung von »Well« durch »LoggingWell«

Da die Operation `empty()` in der Klasse `Well` in Zeile 13 darüber umgesetzt ist, dass `pump` mit dem aktuellen Pegelstand aufgerufen wird, ist das Verhalten von `LoggingWell` auch korrekt: Es werden alle Änderungen des Wasserstands über die Methoden `rain` und `pump` (Zeilen 20 und 26) protokolliert.

Nun könnte aber jemand eine interne Optimierung der Klasse `Well` vornehmen. Die Methode `empty()` muss ja lediglich dazu führen, dass der Wasserstand auf 0 sinkt. Diese Optimierung könnte dann einfach so aussehen:

```
public void empty() {
  level = 0;
}
```

Listing 5.40 Geänderte Methode »empty«

Die Klasse `Well` wird nach wie vor ohne Probleme funktionieren. Allerdings hat nun `LoggingWell` ein Problem: Das Leeren des Brunnens wird komplett an der Protokollierung vorbeigehen. `LoggingWell` hält damit seine Spezifikation nicht mehr ein, die ja genau alle Änderungen des Wasserstands beobachten soll.

Hat sich nun `LoggingWell` unzulässig auf die konkrete Implementierung der Operation `empty()` in der Basisklasse verlassen? Mag sein, aber das gleiche Problem würde auch dann auftreten, wenn die Klasse `Well` eine völlig neue Operation erhalten würde, die ebenfalls den Wasserstand verändert.

`LoggingWell` ist also ein Opfer der instabilen Basisklasse `Well` geworden. Und das Unschöne daran ist: Durch Tests hatten Sie keine Chance, das Problem zu erkennen, da vor der Anpassung der Basisklasse alle Operationen gemäß Spezifikation gearbeitet haben.

In Abbildung 5.49 ist ein alternatives Klassendesign aufgeführt, das die beschriebenen Probleme ausschließt.

Dabei setzen nun die Klassen `Well` und `LoggingWell` beide die Schnittstelle `WellInterface` um. Die Klasse `LoggingWell` verwendet ein Exemplar der Klasse `Well` und delegiert die Aufrufe der Operationen an dieses. Zusätzlich zur Delegation protokolliert die Klasse aber auch noch die Aufrufe. In Listing 5.41 ist wieder die Java-Umsetzung dargestellt, allerdings ohne die Klasse `Well`, die sich nicht verändert, abgesehen davon, dass sie nun die Schnittstelle `WellInterface` implementiert, die in Zeile 01 definiert ist.

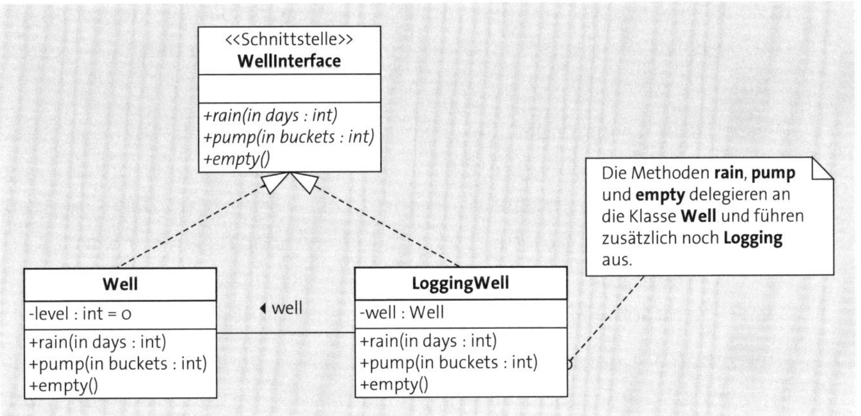

Abbildung 5.49 Design ohne instabile Basisklasse

```
interface WellInterface {
    public void rain(int days);
    public void pump(int buckets);
    public void empty();
}

class LoggingWell implements WellInterface {
    Well well = new Well();

    public void rain(int days) {
      System.out.println("it is raining "
                   + days + " days ...");
      well.rain(days);
    }
    public void pump(int buckets) {
      System.out.println("getting "
                   + buckets + " buckets from well");
      well.pump(buckets);
    }

    public void empty() {
      System.out.println("well is getting emptied");
      well.empty();
    }
}
```

Listing 5.41 Vererbung durch Delegation ersetzt

In Zeile 08 wird das Exemplar von `Well` angelegt, an das die Methodenaufrufe delegiert werden. In den Zeilen 13, 18 und 23 erfolgt dann die Delegation.

Dieses Design vermeidet das Problem der instabilen Basisklasse, ohne einen wesentlich höheren Aufwand in der Umsetzung zu erfordern. Eine Änderung der Schnittstelle würde nun auch `LoggingWell` dazu zwingen, eine neue Operation umzusetzen. Und eine Änderung an der Klasse `Well` ohne Änderung der Schnittstelle `WellInterface` würde `LoggingWell` nicht betreffen, da seine eigene Außenschnittstelle damit nicht erweitert wird.

Sie können aus diesem Beispiel nicht schließen, dass eine Vererbung der Implementierung grundsätzlich problematisch ist und vermieden werden sollte. Es gibt durchaus Fälle, in denen durch Vererbung der Implementierung Quelltextredundanzen vermieden werden können. Wenn sich allerdings, wie in unserem vorgestellten Beispiel, eine Lösung auf Basis von reiner Vererbung der Spezifikation und Delegation einfach umsetzen lässt, sollten Sie das auch tun.

5.3.3 Problem der Gleichheitsprüfung bei geerbter Implementierung

Die Prüfung auf Gleichheit ist etwas, das intuitiv sehr einfach ist. Wenn Sie prüfen wollen, ob zwei Datumswerte gleich sind, müssen Sie die Bestandteile des Datumsobjekts einzeln vergleichen. Damit können Sie zum Beispiel die Frage beantworten, ob zwei Termine am selben Tag stattfinden.

Wenn allerdings Hierarchien von Klassen ins Spiel kommen, die ihre Implementierung voneinander erben, ist dieser Vergleich auf einmal gar nicht mehr so einfach anzustellen, und es werden ganz besondere Anforderungen an eine korrekte Umsetzung eines Vergleichs gestellt.

Wir werden das in Kürze an einem Beispiel vorstellen, vorher wollen wir aber noch die Erwartungshaltung an eine Prüfung auf Gleichheit formulieren.

Formale Kriterien für eine Gleichheitsprüfung

Formale Eigenschaften der Gleichheitsprüfung

Der Kontrakt, den eine Prüfung auf Gleichheit einhalten muss, lässt sich aus den mathematischen Bedingungen für die Gleichheitsprüfung heraus formulieren.

Die Gleichheitsprüfung ist reflexiv:

A ist gleich A.

Die Gleichheitsprüfung ist symmetrisch:

A ist gleich B → B ist gleich A.

Die Gleichheitsprüfung ist transitiv:

A ist gleich B und B ist gleich C → A ist gleich C.

Eine Umsetzung der Gleichheitsprüfung muss diese Bedingungen einhalten, damit sie korrekt arbeitet.

Gleichheitsprüfung bei Vererbungsbeziehung

Problematisch wird diese Prüfung im Bereich der Objektorientierung, wenn wir Objekte prüfen, die zu unterschiedlichen Klassen gehören, die aber in einer Vererbungsbeziehung zueinander stehen.

Greifen wir zur Illustration unser Beispiel aus Abschnitt 5.3.1 wieder auf. In Abbildung 5.50 ist eine angepasste Version der Klassen `Kreis` und `FarbigerKreis` zu sehen.

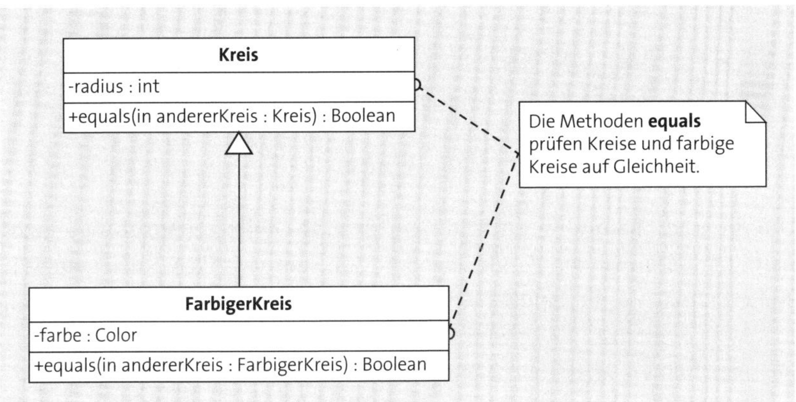

Abbildung 5.50 Gleichheitsprüfung für Kreise

Beiden Klassen ist jeweils eine Methode `equals` zugeordnet, die Exemplare der Klasse auf Gleichheit prüfen soll. Im Folgenden illustrieren wir das Vorgehen und mögliche Probleme an Beispielen in Java.

Methode equals

Da in Java bereits die Klasse `Object` eine Methode `equals` umsetzt, überschreiben wir diese Methode für die Klassen `Kreis` und `FarbigerKreis`. Zwei Kreise sollen aufgrund des Radius verglichen werden, zwei farbige Kreise aufgrund von Radius und Farbe.

In Abbildung 5.51 sind drei Objekte dargestellt, die wir testweise für einen Vergleich heranziehen wollen.

Die gezeigten Objekte haben alle den gleichen Radius 10, die zwei Exemplare der Klasse `FarbigerKreis` unterscheiden sich allerdings in der Farbe.

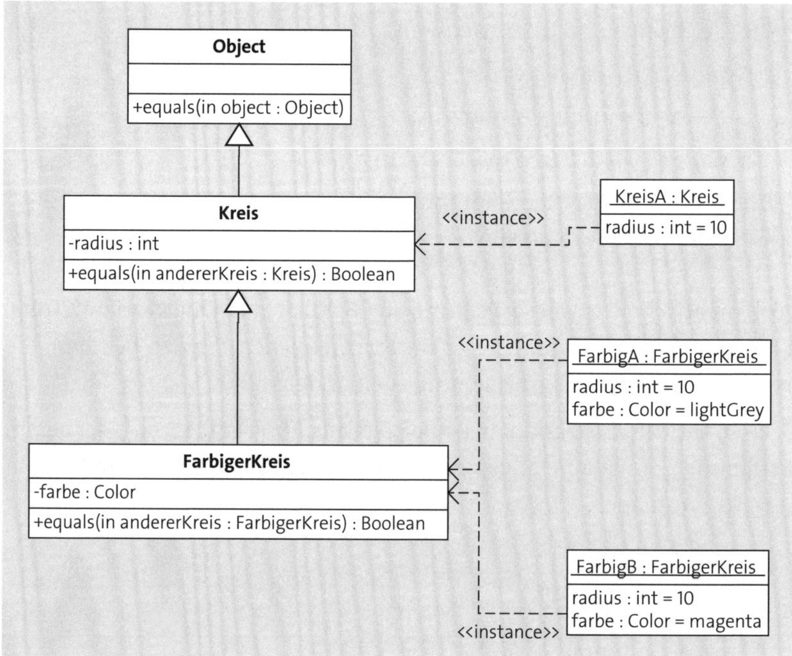

Abbildung 5.51 Objekte zum Vergleich

Gleichheitsprüfung durchführen

Um die oben formulierten Kriterien für eine Gleichheitsprüfung einzuhalten, müssen Sie die Vergleichsoperation sehr restriktiv umsetzen. Wir stellen zunächst die beiden Möglichkeiten vor, die die oben genannten Kriterien einhalten, bevor wir noch einige Varianten auflisten, die intuitiv besser scheinen, aber eben nicht korrekt sind.

Erste Option

Exemplare verschiedener Klassen sind ungleich.

Vergleiche zwischen Exemplaren verschiedener Klassen werden grundsätzlich mit ungleich beantwortet, auch wenn diese Klassen in einer Generalisierungsbeziehung stehen, also eine Klasse von der anderen erbt.

Eine Möglichkeit für die Umsetzung ist, die Exemplare von unterschiedlichen Klassen grundsätzlich als ungleich zu betrachten. In Listing 5.42 ist eine mögliche Umsetzung dieses Vorgehens in Java aufgeführt.

```
class Kreis {
    public boolean equals(Object obj) {
        if (obj.getClass() == this.getClass()) {
            Kreis andererKreis = (Kreis) obj;
```

```
05            return this.radius == andererKreis.radius;
06        } else {
07            return false;
08        }
09        // ...
10
11  class FarbigerKreis {
12    public boolean equals(Object obj) {
13      if (super.equals(obj)) {
14        FarbigerKreis andererKreis = (FarbigerKreis) obj;
15        return this.farbe == andererKreis.farbe;
16      }
17      return false;
18  }
```

Listing 5.42 Vergleich nur in Ordnung bei gleicher Klassenzugehörigkeit

Das führt allerdings in unserem Beispiel dazu, dass die drei Kreise `FarbigA`, `FarbigB` und `KreisA` *jeweils als ungleich* von allen anderen betrachtet werden, da ein Vergleich eines Exemplars von `Kreis` mit einem Exemplar von `FarbigerKreis` und auch umgekehrt grundsätzlich das Ergebnis `false` liefert.

In Zeile 03 wird die Klassenzugehörigkeit der Objekte verglichen, und der Vergleich schlägt in diesen Fällen fehl. Dadurch, dass die Prüfung für einen farbigen Kreis in Zeile 13 an die Oberklasse delegiert wird, greift der Klassenvergleich auch hier. Bei einem Vergleich mit gleicher Klassenzugehörigkeit wie zwischen `FarbigA` und `FarbigB` kommen dann die inhaltlichen Kriterien zum Tragen, und die unterschiedlichen Farben führen korrekt zum Ergebnis `false`.

Beim Vergleich zwischen einem Kreis und einem farbigen Kreis würden wir zwar eher die Aussage erwarten: »kann ich nicht sagen, weil mir Informationen fehlen«. Die Definition der Gleichheitsprüfung erlaubt aber eine solche Rückmeldung nicht, sodass wir im Fall von unterschiedlichen Klassen die Aussage »ungleich« treffen.

Zweite Option

Kriterium der Basisklasse ist allein gültig.

Die Umsetzung der Vergleichsoperation der Basisklasse wird für alle Unterklassen verbindlich gemacht. Damit gibt es eindeutig definierte Kriterien für den Vergleich, die unabhängig von der Klassenzugehörigkeit der verglichenen Objekte sind.

Wenn Sie die zweite Option für unser Beispiel umsetzen, wird das Vergleichskriterium der Basisklasse, in diesem Fall der Radius, das einzige Kriterium für den Vergleich bleiben.

In Java können Sie das sicherstellen, indem Sie die Methode `equals` in der Klasse `Kreis` als `final` deklarieren. Damit entfällt für die Unterklasse die Möglichkeit, überhaupt eine Vergleichsoperation `equals` zu definieren.

```
final public boolean equals(Object obj) {
  // ... Prüfung auf null und Identität weggelassen
  if (obj instanceof Kreis) {
      Kreis andererKreis = (Kreis) obj;
      return this.radius == andererKreis.radius;
  } else {
      return false;
  }
}
```

Listing 5.43 Methode »equals« als »final« deklariert

Damit ist die Vergleichsoperation für die Klasse `Kreis` und alle ihre Unterklassen klar spezifiziert und anwendbar. Die Methode wird jedes Exemplar genau dann als gleich zu einem anderen betrachten, wenn beide den gleichen Radius haben. Wenn Sie diese Variante wählen, sind die in unserem Beispiel ausgewerteten Kreise `FarbigA`, `FarbigB` und `KreisA` *alle gleich*, da sie alle denselben Radius aufweisen.

Ob diese Variante sinnvoll ist, hängt vom Kontext der Anwendung ab. Wenn die Vergleichsoperation so sinnvoll einsetzbar ist, bietet diese Umsetzung eine praktikable Lösung.

Warum kein inhaltlicher Vergleich von Exemplaren verschiedener Klassen?

Die bisher aufgeführten Lösungen arbeiten zwar korrekt, sind aber nicht völlig intuitiv. Warum sollten wir nicht `KreisA`, der den Radius 10 hat, mit `FarbigA` vergleichen, der auch den Radius 10 hat, und ein Okay bekommen? Und trotzdem beim Vergleich eines farbigen Kreises mit einem Kreis ebenfalls möglicherweise eine Gleichheit feststellen?

Es gibt verschiedene Umsetzungsmöglichkeiten, die solche Vergleiche zulassen und in der Praxis auch zu finden sind. Aber alle arbeiten nicht korrekt im Sinne der Kriterien für die Gleichheitsoperation. Im Folgenden stellen wir deshalb einige gängige Umsetzungen der Prüfung auf Gleichheit vor und erläutern, warum sie nicht korrekt arbeiten.[20]

Gehen wir also die in Listing 5.44 aufgeführte Variante an, die einen Vergleich auch inhaltlich zwischen Exemplaren von `Kreis` und `FarbigerKreis` zulässt.

Erste fehlerhafte Umsetzung

```
01 class Kreis {
02     public boolean equals(Object obj) {
03         if (obj instanceof Kreis) {
04             Kreis andererKreis = (Kreis) obj;
05             return this.radius == andererKreis.radius;
06         } else {
07             return false;
08         }
09     }
10 }
11 class FarbigerKreis {
12    public boolean equals(Object obj) {
13      if (obj instanceof FarbigerKreis) {
14          FarbigerKreis andererKreis = (FarbigerKreis) obj;
15          return (super.equals(andererKreis)
16                  && this.farbe == andererKreis.farbe);
17      }
18      return false;
19    }
20 }
```

Listing 5.44 Inkorrekte Umsetzung: Vergleich auch auf Farbe

Wir prüfen zunächst in Zeile 03, ob das zu vergleichende Objekt ebenfalls ein Exemplar der Klasse `Kreis` ist. Nur in diesem Fall führen wir den Vergleich über den Radius durch, sonst betrachten wir die beiden Objekte als ungleich.

Zwei farbige Kreise können nur gleich sein, wenn es sich bei beiden um farbige Kreise handelt (Zeile 13). Außerdem müssen sie den gleichen Radius haben, geprüft über den Aufruf der Basisklasse in Zeile 15, und die gleiche Farbe, geprüft in Zeile 16.

20 Eine Fehlerbehandlung und mögliche Optimierungen lassen wir in den Beispielen der Übersichtlichkeit halber weg.

Aber wenn Sie nun zwischen Kreisen unsere Vergleiche durchführen, sehen Sie, dass die Symmetriebedingung verletzt wird.

Die Ausgabe einer Prüfung auf die Bedingung der Symmetrie ergibt Folgendes:

```
KreisA und FarbigA sind gleich
Symmetrie verletzt: FarbigA ist aber nicht gleich KreisA
```

Zwar klappt der Vergleich, wenn Sie die Operation `equals` auf einem Exemplar der Klasse `Kreis` aufrufen. Die verwendete Methode `equals` der Klasse `Kreis` stellt fest, dass es sich auch beim übergebenen Objekt A um ein Exemplar der Klasse `Kreis` handelt, die resultierende Prüfung auf Gleichheit des Radius ist erfolgreich. Wenn aber nun umgekehrt die Operation auf einem Exemplar der Klasse `FarbigerKreis` aufgerufen wird, wird die Methode der Klasse `FarbigerKreis` zum Einsatz kommen. Und bei dieser führt die Prüfung, ob es sich beim übergebenen Objekt A um ein Exemplar von `FarbigerKreis` handelt, zu einem negativen Ergebnis.

Zweite fehlerhafte Umsetzung

So geht es also nicht. Aber warum soll denn die Methode von `FarbigerKreis` gleich aufgeben, wenn ihr ein Exemplar von Kreis übergeben wird? Sie könnte in diesem Fall die Prüfung doch an die Methode der Klasse `Kreis` weiterreichen. In Zeile 04 des unten stehenden Listings ist die Anpassung vorgenommen.

```
01 public boolean equals(Object obj) {
02     if (obj instanceof FarbigerKreis) {
03         FarbigerKreis andererKreis = (FarbigerKreis) obj;
04         return (super.equals(andererKreis)
05                 && this.farbe == andererKreis.farbe);
06     }
07     return super.equals(obj);
08 }
```

Listing 5.45 Vermeintliche Korrektur: leider nicht viel besser

Nun klappt es mit der Symmetriebedingung, weil die Methode `equals` der Klasse `FarbigerKreis` den Aufruf einfach an die Methode der Oberklasse `Kreis` weitergibt. Da jetzt nur noch der Radius verglichen wird, stimmt auch der Vergleich. Aber etwas anderes scheint schiefzugehen.

```
KreisA und FarbigA sind gleich
FarbigA und KreisA sind gleich
KreisA und FarbigA sind gleich,
```

```
KreisA und FarbigB sind gleich
Transitivität verletzt:
                FarbigA und FarbigB sind nicht gleich
```

Wir haben ein anderes Problem eingebaut. Jetzt gilt zwar unsere Symmetriebedingung, aber jeder Vergleich eines Kreises mit jedem beliebigen anderen farbigen Kreis liefert `true`, sofern dieser den gleichen Radius hat. Wenn die betreffenden farbigen Kreise aber unterschiedliche Farben haben, wie in unserem Beispiel, sind sie natürlich nicht gleich. Die Transitivitätsbedingung ist ganz klar verletzt.

Zurück an den Anfang

Offensichtlich führt unser Versuch, Kreise und farbige Kreise in allen Situationen vergleichbar zu halten, zu dem Problem. Deshalb sind diese Umsetzungen nicht korrekt. Damit sind die am Anfang des Abschnitts vorgestellten beiden Varianten vorzuziehen, da sie die Semantik der Gleichheitsoperation korrekt umsetzen.

5.4 Mehrfachvererbung

Objekte können die Spezifikation von mehreren Klassen erfüllen. Ein solches Objekt ist in diesem Fall Exemplar von mehreren Klassen. Das ist trivial, wenn die betroffenen Klassen in direkter oder indirekter Vererbungsbeziehung stehen.

Doch es gibt auch andere Fälle: Ein Objekt kann durchaus auch die Spezifikation von mehreren Klassen erfüllen, die zueinander nicht in Vererbungsbeziehung stehen. In diesen Fällen sprechen wir von Mehrfachvererbung.

Wie generell beim Thema Vererbung, so ist es auch bei der Mehrfachvererbung ein grundlegender Unterschied, ob mehrfach von Spezifikationen oder von Implementierungen geerbt wird. Im folgenden Abschnitt erläutern wir Anwendungen und Probleme dieser beiden Varianten.

5.4.1 Mehrfachvererbung: Möglichkeiten und Probleme

Wir gehen in diesem Abschnitt zunächst kurz auf die Mehrfachvererbung von Spezifikationen ein, um dann einen konkreten Anwendungsfall für Mehrfachvererbung der Implementierung zu betrachten.

Mehrfachvererbung der Spezifikation

Um die Mehrfachvererbung der Spezifikation zu erläutern, greifen wir unser Beispiel mit den Steuerelementen einer Benutzeroberfläche wieder auf. In Abbildung 5.52 ist eine Erweiterung dieses Beispiels dargestellt, in der auch die Klasse Darstellbar zum Einsatz kommt. Dabei erfüllt ein Exemplar der Klasse Menü sowohl die Spezifikation der Klasse Steuerelement als auch der Klasse Darstellbar.

Ein Exemplar der Klasse Menü ist also ein Exemplar der Klasse Steuerelement, doch gleichzeitig ist es auch ein Element der Klasse aller auf dem Bildschirm darstellbaren Objekte. Das Objekt gehört daher auch zu der Klasse Darstellbar. Warum nun also nicht die Klassen Steuerelement und Darstellbar in eine Spezialisierungsbeziehung bringen?

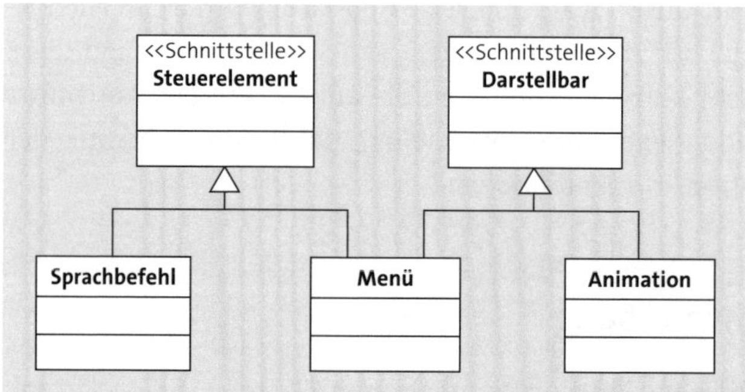

Abbildung 5.52 Die Klasse »Menü« ist eine Unterklasse sowohl der Klasse »Steuerelement« als auch der Klasse »Darstellbar«.

Klassen »Steuerelement« und »Darstellbar« sind unabhängig

In unserer Beispielanwendung sind nicht nur die Steuerelemente darstellbar, die Anwendung kann auch Texte, Bilder, Animationen und Filme darstellen. Also ist die Klasse Steuerelement keine Oberklasse der Klasse Darstellbar. Einige Steuerelemente in unserer Anwendung – die Tastenkürzel und die Sprachbefehle – können nicht dargestellt werden. Also ist die Klasse Steuerelement keine Unterklasse der Klasse Darstellbar. Die beiden Klassen sind völlig unabhängig und stehen in keiner Vererbungsbeziehung.

Damit ist die Klasse Menü eine Unterklasse sowohl der Klasse Steuerelement als auch der Klasse Darstellbar. Die Klasse Menü erbt die Spezifikation der beiden anderen Klassen.

Solange Sie die Klassen einfach im Rahmen der Vererbung der Spezifikation betrachten, ist auch die Mehrfachvererbung eine konzeptionell einfache Angelegenheit.

In unserem Beispiel gehört jedes Exemplar der Klasse Menü sowohl zu der Klasse Steuerelement als auch zu der Klasse Darstellbar. Es muss deshalb die Spezifikation beider Oberklassen erfüllen und für alle spezifizierten Operationen eine Methode bereitstellen. Die Mehrfachvererbung der Spezifikation bedeutet nur, dass sich die Exemplare gemeinsamer Unterklassen an alle Verpflichtungen aller vererbten Klassen halten. Damit ist die Mehrfachvererbung der Spezifikation konzeptuell nicht grundsätzlich verschieden von einfacher Vererbung.

Mehrfachvererbung der Implementierung

Die Mehrfachvererbung der Implementierung ist vor allem dann sinnvoll, wenn die Oberklassen Funktionalität aus unterschiedlichen, sich nicht überlappenden Bereichen bereitstellen. Wir erläutern das am besten an einem Beispiel, nämlich dem Entwurfsmuster des *Beobachters*. Dazu stellen wir zunächst das Entwurfsmuster selbst vor.

Entwurfsmuster »Beobachter« (engl. Observer)

Das Muster »Beobachter« wird verwendet, wenn mehrere Objekte – die *Beobachter* – über die Änderungen eines anderen Objekts – dem *Beobachteten* – benachrichtigt werden sollen. Bei der Anwendung dieses Musters verwaltet das beobachtete Objekt eine Sammlung von Referenzen auf seine Beobachter. Das beobachtete Objekt braucht dabei nicht die konkreten Implementierungen der Beobachter zu kennen, es reicht, dass es ihre Beobachter-Schnittstelle kennt. Bei jeder Änderung des beobachteten Objekts benachrichtigt es alle seine Beobachter, die dann ihren eigenen Zustand aktualisieren können.

Ein beliebtes Beispiel für den Einsatz des Musters »Beobachter« ist die Darstellung von sich ändernden Dokumenten. Zum Beispiel kann ein HTML-Dokument auf verschiedene Arten dargestellt werden: In einem Fenster kann man seinen Quelltext darstellen, in einem anderen Fenster kann man seine Vorschau sehen, und wieder ein anderes Fenster kann seine Struktur darstellen.

Wenn das Dokument nun geändert wird, sollten alle seine Darstellungen automatisch angepasst werden, indem alle Beobachter des Dokuments (die verschiedenen Sichten) über die Änderung benachrichtigt werden.[21]

Ein möglicher Entwurf dafür könnte aussehen wie in Abbildung 5.53. Dabei stellt die Klasse `BeobachtbaresHtmlDokument` Methoden für zwei unterschiedliche Bereiche zur Verfügung. Die Methoden `beobachterHinzufügen`, `beobachterEntfernen` und `beobachterBenachrichtigen` bieten nicht-HTML-spezifische Funktionalität. Sie sind nur für das »Beobachtbarsein«

21 In Abschnitt 8.2, »Die Präsentationsschicht: Model, View, Controller (MVC)«, werden wir das MVC-Muster vorstellen, durch das die Interaktion zwischen den dargestellten und den darstellenden Komponenten weiter strukturiert wird.

zuständig. Die Methoden `htmlStrukturÜberprüfen` und `ausgehendeLinksÜberprüfen` besitzen HTML-spezifische Funktionalität und könnten vielleicht auch in einer anderen Anwendung ohne Beobachter verwendet werden.

Problem: Zwei Gruppen von Methoden

Die gewählte Modellierung ist praktikabel, allerdings hat sie einen Nachteil. Die Klasse `BeobachtbaresHtmlDokument` enthält zwei Gruppen von Methoden: In einer Gruppe sind die HTML-relevanten Methoden, in der anderen die Methoden, die die Beobachter des Dokuments verwalten. Getreu dem *Prinzip einer einzigen Verantwortung* sollten wir diese zwei Funktionalitätsgruppen in zwei Quelltextmodule aufteilen – in unserem Fall also in zwei Klassen. Die eine Klasse sollte sich ausschließlich um die HTML-relevanten Belange kümmern, die andere sollte die Verwaltung der Beobachter übernehmen. Der große Vorteil wäre, dass diese letztere Klasse dann auch bei anderen beobachteten Objekten eingesetzt werden könnte.

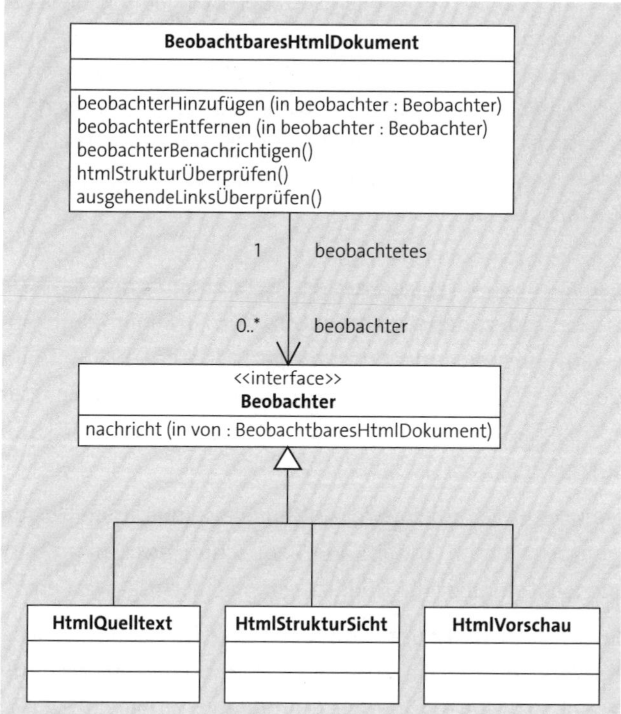

Abbildung 5.53 Beobachter eines beobachtbaren HTML-Dokuments

In Abbildung 5.54 ist eine Modellierung aufgeführt, die genau das leistet: Die Klasse `BeobachtbaresHtmlDokument` erbt ihre Funktionalität von zwei Klassen: `HtmlDokument` stellt die HTML-spezifische Funktionalität zur Verfügung, und die Klasse `Beobachtbares` sorgt für die benötigte Funktionalität im Rahmen des Beobachter-Musters.

Umsetzung in Java und C#

Nun, leider ist diese Klassenstruktur nicht in jeder Programmiersprache so direkt umsetzbar. In Java oder C# kann eine Klasse die Implementierung maximal von einer Klasse erben. Unsere Klasse `BeobachtbaresHtmlDokument` müsste sich also entscheiden: Von welcher der Klassen `Beobachtbares` und `HtmlDokument` soll sie ihre Funktionalität erben, und welche soll sie über eine Komponente nutzen? Das ist eine unangenehme Entscheidung, denn fachlich gesehen sind die Exemplare der Klasse `BeobachtbaresHtmlDokument` Exemplare sowohl der Klasse `Beobachtbares` als auch der Klasse `HtmlDokument`. Die Klasse `BeobachtbaresHtmlDokument` ist also fachlich gesehen eine Unterklasse der beiden Oberklassen – und wenn sie schon die Implementierung der Methoden beider Klassen nicht erben kann, so soll sie doch zumindest ihre Spezifikation und ihre Schnittstellen erben.

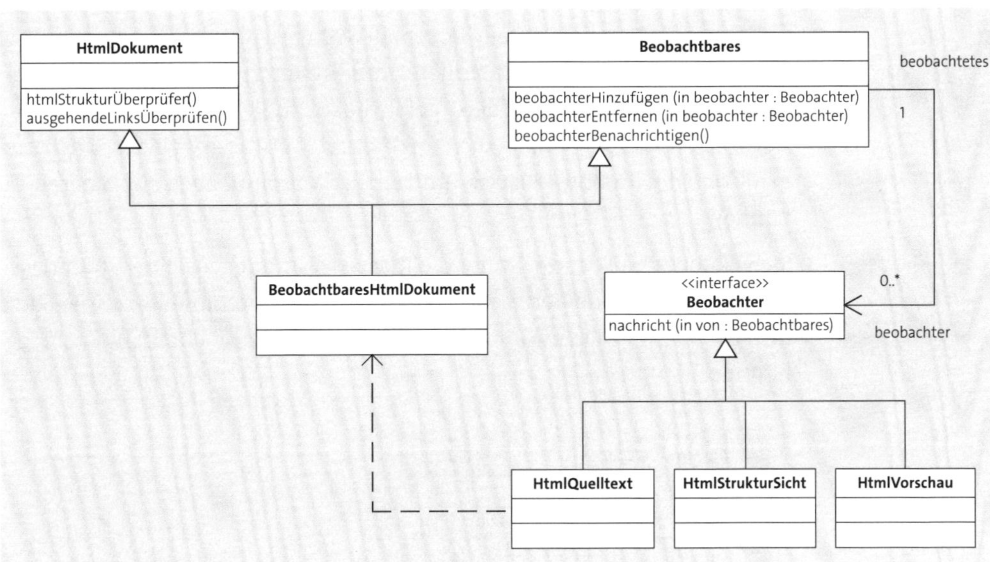

Abbildung 5.54 Ein HTML-Dokument mit geerbter Beobachtbarkeit

Im beschriebenen Beispiel liegt also eine sinnvolle Anwendung für die Mehrfachvererbung von Implementierungen vor. Allerdings lassen sich durch die Verwendung der Mehrfachvererbung auch grobe Schnitzer in ein Modell einbauen, wenn das *Prinzip der Ersetzbarkeit* nicht auch hier strikt beachtet wird. Im folgenden Abschnitt stellen wir ein Beispiel vor, in dem Mehrfachvererbung zwar möglich ist, aber zu sehr fragwürdigen Effekten führt.

Missbrauch bei Mehrfachvererbung der Implementierung

Marsroboter Stellen Sie sich als Beispiel vor, die NASA hätte sich entschieden, ihre Marsmission zu überdenken, und wäre zu dem Schluss gekommen, dass es zu gefährlich sei, Menschen dort hinzuschicken, und außerdem die Kosten dafür viel zu hoch seien. Stattdessen lässt die NASA einen Roboter entwickeln, der die Astronauten ersetzen soll. Der Vertriebsabteilung Ihrer Firma ist es gelungen, die NASA-Entscheider davon zu überzeugen, dass Sie die Software günstiger entwickeln können als die Konkurrenz.

Jetzt schreiben Sie ein System, das diesen Roboter steuert. Eine seiner wichtigsten Fähigkeiten ist es, Schnappschüsse von der Marsoberfläche zu machen und sie zurück zur Erde zu schicken.

Methode »shoot« Die Fähigkeit, Schnappschüsse zu schießen, deklarieren Sie als Operation `shoot` in der Klasse `Camera`. Ihr Marsroboter wird also eine Unterklasse der Klasse `Camera`, in der Sie die Methode `shoot` implementieren.

Sie und Ihre Kollegen sind klug und fleißig, und Ihre Arbeit kommt gut voran. Doch die Vertriebsabteilung schläft auch nicht. Es ist ihr gelungen, die geplante Software auch an andere Kundinnen zu verkaufen, die einen ähnlichen Roboter für andere gefährliche Aufgaben nutzen möchten. Natürlich müssen Sie dazu die Funktionalität etwas erweitern. Eine neue Fähigkeit des Roboters ist es, mit einem Maschinengewehr agieren zu können.

Sie wählen eine Lösung, in der die Klasse `Robot` auch als eine Unterklasse der Klasse `Gun` modelliert ist, die eine Operation zum Abfeuern einer Salve deklariert. Diese Operation haben Sie sinnigerweise ebenfalls `shoot` genannt.

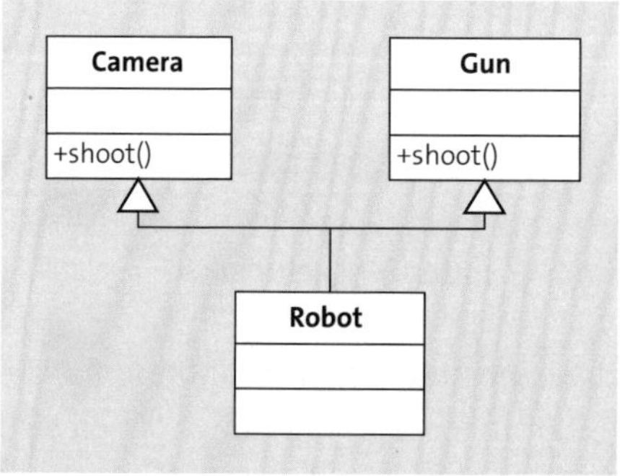

Abbildung 5.55 Liebe Kinder: nicht zu Hause nachbauen. Gefährliches Design eines Roboters!

Gruppenfoto? Wäre dies tatsächlich das von Ihnen entworfene Design (dargestellt in Abbildung 5.55), müssten Sie dem Vertrieb ein großes Kompliment machen.

Das Gruppenfoto des Entwicklungsteams sollten Sie allerdings lieber nicht dem von Ihnen programmierten Roboter überlassen.

Obwohl das beschriebene Design also durch Mehrfachvererbung der Implementierung ermöglicht würde, ist es natürlich nicht sinnvoll. Die Kompositionsbeziehung aus Abbildung 5.56 bildet diesen Fall sicherlich besser ab.

Dabei wird der Roboter nicht über Vererbung, sondern über Komposition aus den Komponenten `Camera` und `Gun` zusammengesetzt.

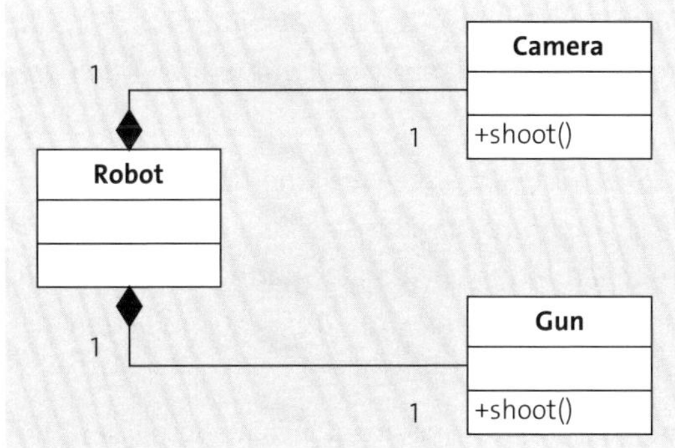

Abbildung 5.56 Komposition ist in diesem Fall sicherer.

Diskussion: Ist Mehrfachvererbung sinnvoll?

Bernhard: *Wir würden doch in der Praxis nicht wirklich einen Roboter aus seinen verschiedenen Bestandteilen zusammenerben. Hier haben wir auch gleich ein offensichtliches Beispiel für einen Missbrauch von Vererbungsbeziehungen, den uns Programmiersprachen nun mal ermöglichen.*

Gregor: *Da hast du allerdings recht. Allerdings sind nicht alle Fehler bei der Nutzung von Mehrfachvererbung so einfach zu erkennen wie der aus unserem Beispiel.*

Aber das heißt auch noch lange nicht, dass eine sinnvoll genutzte Mehrfachvererbung auch von Implementierungen nicht zu besser strukturierten Programmen führen kann. Vor allem der Mechanismus der Klassenerweiterung, der normalerweise Mixin[22] *genannt wird, ist oft ein sinnvolles Mittel, das es uns erlaubt, separate Anliegen sinnvoll zu trennen.*

Bernhard: *Warum gehen dann so populäre Sprachen wie Java und C# so restriktiv mit der Mehrfachvererbung um? Gerade bei Java wird diese Restriktion am Beispiel der Observer-Klasse eigentlich recht deutlich. Ich muss*

22 Klassenerweiterungen (Mixins) erläutern wir in Abschnitt 4.4.3, »Aufzählungen (Enumerations)«.

mich entscheiden, ob ich von Observer oder innerhalb einer fachlichen Klassenhierarchie erben möchte. Mit Mehrfachvererbung von implementierenden Klassen wäre das kein Problem. Das wäre ein klassischer Fall für eine Mixin-Klasse.

Gregor: *Es hat natürlich relevante Vorteile, die Mehrfachvererbung von Implementierungen auszuklammern. Wir schließen damit auf einfache Weise eine ganze Reihe von möglichen Problemen aus und machen die Implementierung der Sprache einfacher. Aber der komplette Ausschluss der Mehrfachvererbung hat auch Nachteile. Ab Version 8 schließt zum Beispiel Java die Mehrfachvererbung nicht mehr komplett aus. Die sogenannten »Default Methods« erlauben es, zumindest Methodenimplementierungen auch von Interfaces zu erben.*

Bernhard: *Es sieht so aus, dass die Mehrfachvererbung der Implementierungen trotz der Komplexität auch großen Nutzen haben kann. Die verschiedenen Programmiersprachen unterscheiden sich dort, wo sie die Balance zwischen der Flexibilität und Komplexität auf der einen und der Einfachheit und Starrheit auf der anderen Seite finden.*

Im Beispiel des Roboters ist also die Komposition sicher die bessere Lösung, auch wenn rein technisch eine Lösung über Mehrfachvererbung möglich wäre.

Am Beispiel der Anwendung des Musters »Beobachter« aus Abbildung 5.54 ist aber deutlich geworden, dass sich auch die Mehrfachvererbung der Implementierung sinnvoll einsetzen lässt. Trotzdem bieten viele Programmiersprachen, darunter so populäre wie Java und C#, diese Möglichkeit nicht an.

Der Grund liegt darin, dass bei der Mehrfachvererbung einige konzeptionelle Fragen auftauchen, die zusätzliche Komplexität in Ihre Programme einbringen.

Aber was bleibt dann? Wie können Sie die Aufgabenstellung, die wir anhand des Entwurfsmusters »Beobachter« illustriert haben, in solchen Programmiersprachen lösen? Es gibt mehrere Möglichkeiten einer Lösung.

Im folgenden Abschnitt stellen wir den Mechanismus der Delegation als Alternative zur Mehrfachvererbung vor. In Abschnitt 5.4.3 werden wir daran anschließend die sogenannten Mixin-Module vorstellen, mit deren Hilfe die Problemstellung ebenfalls gelöst werden kann. Im Anschluss an diese beiden Abschnitte geben wir in Abschnitt 5.4.4 einen Überblick darüber, warum Mehrfachvererbung konzeptionell schwierig ist und wie die verschiedenen Programmiersprachen damit umgehen.

5.4.2 Delegation statt Mehrfachvererbung

Java und C# machen es sich einfach

Der Verzicht auf die Mehrfachvererbung der Implementierung, wie von Java und C# praktiziert, hat den Charme der Einfachheit. Allerdings bringt dieser Verzicht auch einen relevanten Nachteil mit sich. Die Vererbung ist ein wichtiges Mittel der Vermeidung von Wiederholung – wenn mehrere oder gar alle Unterklassen eine Operation auf die gleiche Art umsetzen, sollte die umsetzende Methode nur an einer Stelle definiert sein. Die Vererbung ermöglicht es, diese Methode in der Oberklasse zu implementieren, sodass sie von allen Unterklassen geerbt werden kann.

In Java und C# können Sie diesen Mechanismus nur entlang eines Strangs der Vererbungshierarchie nutzen. Was können Sie aber tun, wenn mehrere Klassen eine explizite Schnittstelle auf die gleiche Art implementieren sollen, diese in der Klassenhierarchie aber keine gemeinsame implementierende Basisklasse haben? Sie haben keine Oberklasse, von der sie die Implementierung erben können.

Redundanz im Quellcode

Eine offensichtliche und offensichtlich unschöne Möglichkeit ist es, Redundanzen in Quelltexte einzuführen. Jede der Klassen implementiert ihre eigene Methode zu jeder der deklarierten Operationen. Das ist schnell mit Kopieren und Einfügen erledigt, man produziert mehr Quelltext und stellt sicher, dass es in dem Projekt auch in Zukunft für Softwareentwicklung und Qualitätssicherung genug zu tun geben wird.

Eine bessere Alternative ist, die benötigte zusätzliche Funktionalität dadurch sicherzustellen, dass der Aufruf von Operationen an ein anderes Objekt delegiert wird.

Delegation

Beim Verfahren der Delegation setzt ein Objekt eine Operation so um, dass der Aufruf der Operation an ein anderes Objekt delegiert wird. Dadurch kann die Verantwortung, eine Implementierung für eine bestimmte Schnittstelle bereitzustellen, an ein Exemplar einer anderen Klasse delegiert werden. Auf diese Weise kann auch ohne Mehrfachvererbung die Funktionalität von mehreren Klassen genutzt werden.

In Abbildung 5.57 ist eine Lösung für unser Problem des beobachtbaren HTML-Dokuments, die auf Delegation basiert, vorgestellt. Bei diesem Design deklarieren wir die Klasse `Beobachtbares` als explizite Schnittstelle und lassen die Klasse `BeobachtbaresHtmlDokument` diese Schnittstelle implementieren, die zudem die Funktionalität von `HTMLDokument` erbt.

Die wirkliche Umsetzung der Methoden der Klasse `Beobachtbares`, die ja nicht nur für die HTML-Dokumente gebraucht werden kann, stellt die Klasse `BeobachtbaresImplementierung` bereit. Jedes Exemplar der Klasse `BeobachtbaresHtmlDokument` besitzt ein Exemplar der Klasse `BeobachtbaresImplementierung`, auf das es alle Aufrufe der in der Schnittstelle `Beobachtbares` deklarierten Methoden weiterleitet – delegiert. Dieses Hilfsobjekt übernimmt also die komplette Verwaltung und Benachrichtigung der Beobachter.

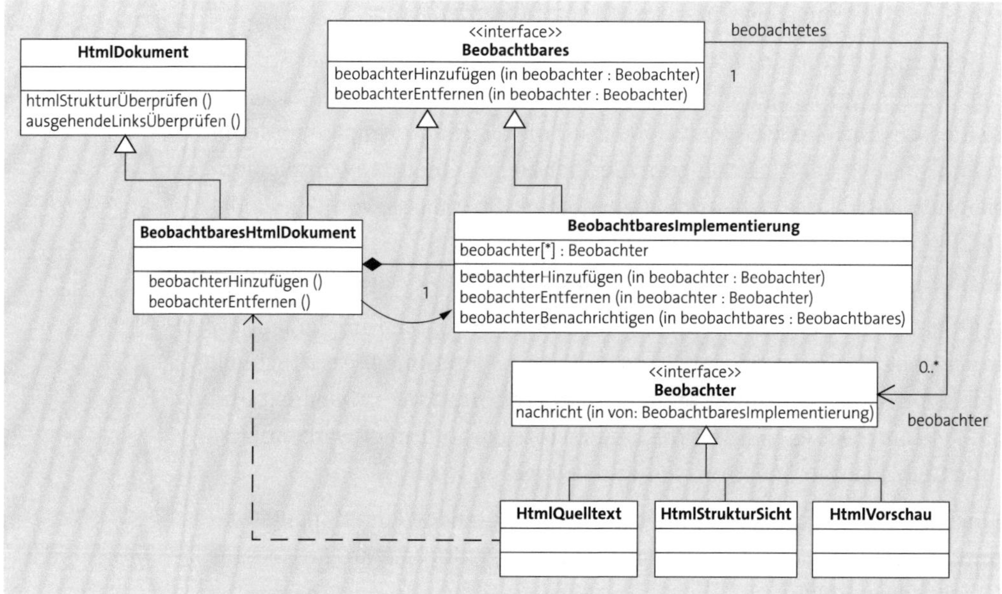

Abbildung 5.57 Beobachtbares HTML-Dokument unter Verwendung eines Hilfsobjekts

Die Vorgehensweise, die Implementierung bestimmter Methoden einem solchen Hilfsobjekt zu überlassen, löst das Problem der fehlenden Vererbungsmöglichkeit und hat auch noch andere Vorteile. Eine Implementierung einer Methode einer Klasse ist in Java und C# nicht während der Laufzeit der Anwendung änderbar, alle direkten Exemplare einer implementierenden Klasse haben für eine Operation dieselbe Methode. Diese Einschränkung gilt nicht für die Delegation.

Austausch von Hilfsobjekten

Verschiedene Objekte, auch wenn sie direkt zu ein und derselben Klasse gehören, können die Aufrufe an unterschiedliche Hilfsobjekte delegieren und diese sogar zur Laufzeit ändern. Diese Tatsache macht man sich auch beim Entwurfsmuster »Strategie« zunutze, dem wir uns in Abschnitt 5.5.2 widmen werden.

Ein Nachteil der Delegation besteht darin, dass die Klassen, die sie verwenden, um bestimmte Schnittstellen zu implementieren, immer noch eine eigene Rumpfimplementierung der Schnittstelle besitzen müssen. Auch wenn jede der Methoden nur aus einem einzigen Aufruf der entsprechenden Methode des Hilfsobjekts besteht, muss sie vorhanden sein. Einige Programmiersprachen bieten hier allerdings weitergehende Unterstützung. In Ruby ist es zum Beispiel möglich, alle Aufrufe von Operationen an ein Hilfsobjekt weiterzuleiten, wenn sie von einem Objekt nicht selbst umgesetzt werden. Sofern die von Ihnen verwendete Programmiersprache den Mechanismus von Mixins unterstützt, bieten diese eine Alternative, die in vielen Fällen mit weniger Quelltext umzusetzen ist.

5.4.3 Mixin-Module statt Mehrfachvererbung

Ein Mixin ist ein Modul, das Definitionen von Datenelementen und Methodenimplementierungen enthält, die einer implementierenden Klasse hinzugefügt werden können. Die Mixins kann man als das Gegenstück zu den reinen Schnittstellenklassen (in Java z. B. den Interfaces) betrachten. Während die reinen Schnittstellen nur einen Typ der Exemplare spezifizieren und keine Implementierung definieren, enthalten die Mixins Implementierungen von Methoden – sie selbst spezifizieren jedoch keinen Typ. Durch das »Zumischen« eines Mixins in die Deklaration einer implementierenden Klasse enthält diese Klasse alle Methoden des Mixins.

Mixin

Mixins werden Module genannt, die existierende Klassen um Datenelemente und Methoden erweitern, ohne dass eine Subklasse dieser existierenden Klasse erstellt werden muss. Beispiele für Programmiersprachen, die eine solche Erweiterung zulassen, sind Ruby, Python, Scala und CLOS (Common Lisp Object System). Allerdings werden Mixins von den verbreiteten objektorientierten Sprachen wie Java und C# zumindest in den aktuellen Versionen nicht direkt unterstützt.[23] Wenn ein Mixin-Modul eine existierende Klasse erweitert, werden wir das in Ermangelung eines besseren deutschen Worts als das *Reinmischen* des Moduls bezeichnen.

23 In C# gibt es Möglichkeiten, sich über die sogenannten »Extension Methods« eine eingeschränkte Form vom Mixins zu erstellen. Das Verfahren ist aber sehr eingeschränkt, weil man dadurch Klassen nicht um Daten erweitern kann. Eine Erläuterung dazu gibt Justin Etheredge unter *http://www.codethinked.com/introduction-to-mixins-for-the-c-developer*. Ab Java 8 lassen sich den Mixins ähnliche Effekte durch die Verwendung von *Default Methods* in Schnittstellenklassen erreichen, sofern die Erweiterung keine eigenen Datenelemente benötigt.

Mixins statt Vererbung

Bei dem Problem der fehlenden Vererbungsmöglichkeit können Ihnen die Mixins helfen. Statt der Delegation an eine Hilfsklasse können Sie unter Verwendung von Mixins ein Modul implementieren, das die Methoden für die Operationen der Schnittstelle implementiert.

Wenn Sie dieses Modul als Mixin zu den implementierenden Klassen hinzufügen, ist Ihre Delegationsabsicht klar und explizit formuliert. Und sollte sich die Schnittstelle ändern, müssen Sie auch nur das Mixin-Modul anpassen.

In der Sprache Ruby gehört das Konzept der Mixins zu einem der Schlüsselfeatures der Programmiersprache. Wir stellen deshalb die Verwendung von Mixins anhand von Ruby vor. In Ruby kann ein Modul in eine Klasse mit dem Statement `include` eingefügt werden. Somit werden alle Routinen, die in diesem Modul definiert werden, zu Methoden der Klasse, in die wir das Modul »reinmischen«. Die reingemischten Methoden enthalten dabei den Zugriff auf alle anderen Methoden der Klasse, seien es Methoden, die in der Klasse direkt definiert worden sind, von der Oberklasse geerbt oder von anderen Modulen reingemischt wurden.

Mehrere Mixins mit gleichen Methoden

In Ruby erhält eine Klasse dabei pro Methodennamen immer nur eine Methode. Die zuletzt reingemischte Methode ersetzt die vorher reingemischte gleichnamige Methode. In Abbildung 5.58 ist dargestellt, wie Ruby auch in Mixin-Modulen nach Methoden sucht, wenn eine Operation auf einem Objekt aufgerufen wird.

In Ruby ist es kein Fehler, in einer Klasse mehrere Methoden mit dem gleichen Namen zu deklarieren. Die zuletzt deklarierte Methode ersetzt immer die zuvor deklarierte Methode des gleichen Namens.

Mixins können aber existierende Methoden von Klassen nicht überschreiben, sondern lediglich neue Methoden hinzufügen. Klassen werden deshalb durch Mixin-Module erweitert. Dies unterscheidet den Mechanismus klar von der Vererbung.

Wird in Ruby eine Klasse oder ein Modul erweitert, wird automatisch die Funktionalität aller ihrer Exemplare erweitert! Das funktioniert auch mit Mixins. Wenn Sie also nachträglich einem Mixin-Modul eine neue Methode hinzufügen, erhalten alle Klassen, in die Sie dieses Mixin importieren, diese Methode ebenfalls. Somit kann die Methode sofort von allen ihren Exemplaren verwendet werden.

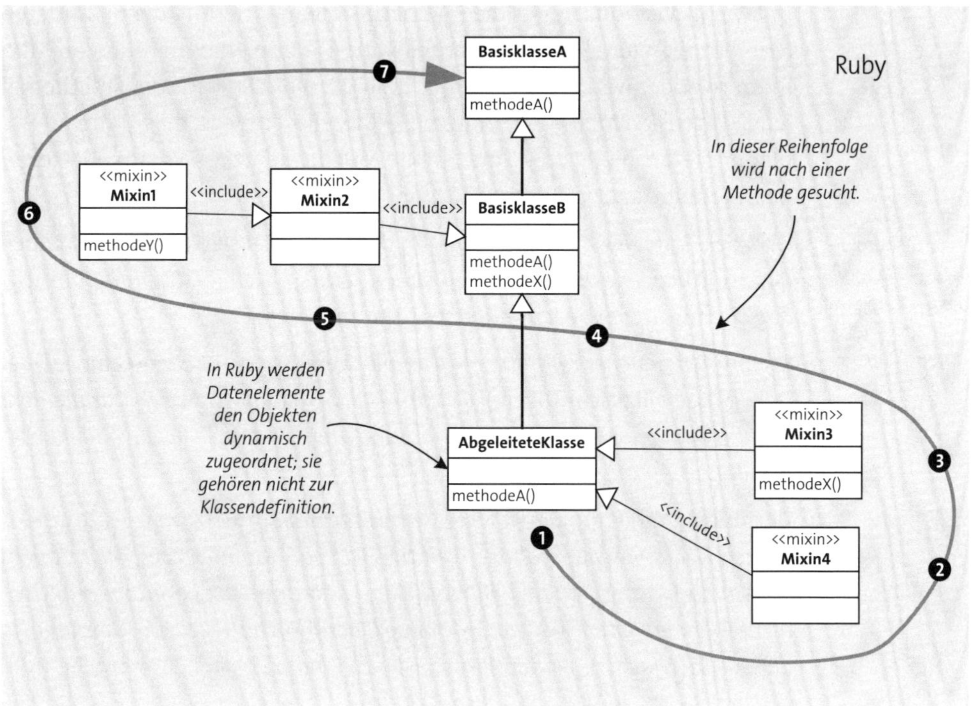

Abbildung 5.58 Suchreihenfolge nach Mixin-Modulen in Ruby

Aspektorientierte Fähigkeiten von Ruby

Verzeihen Sie den Enthusiasmus und die etwas angestrengt jugendliche Sprache an dieser Stelle – aber dieses Feature ist richtig cool. Nicht nur weil sich dynamisch selbst modifizierender Code nützlich sein kann, sondern weil die Fähigkeit, bereits vorhandene Klassen zu erweitern oder zu ändern, eine wichtige Fähigkeit der aspektorientierten Programmierung ist. Weitere Anwendungen dafür werden wir deshalb auch in Kapitel 9, »Aspekte und Objektorientierung«, vorstellen.

Mixins in C++

Ein den Mixins ähnlicher Mechanismus kann auch in der Sprache C++ umgesetzt werden.

Den Mixins kommt nämlich in C++ die private Ableitung von einer Oberklasse sehr nahe. Durch die private Vererbung erhält die Klasse alle öffentlichen und geschützten Methoden und Datenelemente der als Mixin agierenden Oberklasse, ohne jedoch »von außen betrachtet« ihre Unterklasse zu werden. Den Mechanismus der privaten Vererbung in C++ haben Sie bereits in Abschnitt 5.1.6, »Sichtbarkeit im Rahmen der Vererbung«, kennengelernt.

In Java ab Version 8 kann die Standardimplementierung der Schnittstellenmethoden (engl. *Default Methods*) für die Implementierung von Mixins verwendet werden, in C# kann man dazu die Erweiterungsmethoden (engl. *Extension Methods*)[24] nutzen. Keiner dieser Wege, die Mixins zu implementieren, bietet aber eine direkte Möglichkeit, dass Mixins auch eigene Dateneinträge enthalten könnten.

Diskussion: Default Methods in Java – eine gute Idee?

Gregor: *Findet ihr das eigentlich gut, dass Java sich seit der Version 8 auch auf Mehrfachvererbung von Implementierungen einlässt? Immerhin war das Thema davor konzeptionell sehr klar und einfach.*

Stefan: *Ich finde, es hatte schon Vorteile, Vererbung auf genau eine ›echte‹ Basisklasse einzuschränken. Die ganzen Überlegungen, welche Implementierung denn nun bei Mehrfachvererbung greift, waren ja bei Java nicht notwendig.*

Bernhard: *Auf der anderen Seite war es natürlich zuletzt mit der Erweiterbarkeit bei Java nicht mehr so weit her. Die ganzen Interfaces, die mit dem Sprachstandard oder mit Bibliotheken mitkommen, konnten praktisch nicht mehr erweitert werden. Jede neue Operation hätte jede Anwendung, in der das Interface implementiert wurde, erst mal zum Stehen gebracht.*

Gregor: *Klar. Jede darauf aufbauende Bibliothek und Anwendung hätte erst einmal eine Methode für die neue Operation umsetzen müssen, auch wenn diese im Anwendungskontext dann gar nicht notwendig gewesen wäre. Die Beschwerden stelle ich mir lieber nicht vor ...*

Stefan: *Du meinst, dass wir jetzt eine Form von Mehrfachvererbung in Java haben, liegt gar nicht daran, dass die Designer der Sprache die Mehrfachvererbung mittlerweile als gute Idee ansehen? Sondern eher daran, dass man ohne diesen Ansatz das Problem der Erweiterbarkeit von Schnittstellen-Klassen nicht hätte lösen können?*

Bernhard: *Ja, der Ansatz ist eine Lösung für ein konkretes Problem bei der Erweiterbarkeit von Interfaces. So wurden ja bewusst keine echten Mixins eingeführt, die auch eigene Daten mitbringen könnten.*

24 Die Erweiterungsmethoden in C# sind eine Art syntaktischer Zucker, der es erlaubt, eine statische Methode mit einem speziell markierten ersten Parameter so aufzurufen, als wäre es eine Methode des ersten Parameters. Es sind jedoch immer noch statische Methoden, die nicht überschrieben werden können. Die Standardimplementierungen der Schnittstellenmethoden in Java 8 (*Default Methods*) sind dagegen eine echte Umsetzung der Mehrfachvererbung der Implementierung. Solche Methoden können von den Klassen überschrieben werden.

Stefan: *Moment, da fallen uns doch bestimmt ein paar technische Tricks ein, mit denen wir auch noch Daten mit der Erweiterung der Schnittstellenklasse verbinden können ...*

Gregor: *Ja, versuchen kann man das. Ich bezweifle allerdings, dass das eine gute Idee ist. Da das Konzept von der Sprache nicht unmittelbar unterstützt wird, wirst du höchstwahrscheinlich an irgendeiner Stelle in Probleme laufen. Als konsistente Lösung für Fälle in denen eine Erweiterung auch Datenelemente benötigt, bleibt uns immer noch die Delegation.*[25]

Wenden wir uns nun im folgenden Abschnitt noch einem anderen Aspekt der Mehrfachvererbung zu.

5.4.4 Die Problemstellungen der Mehrfachvererbung

Eine Programmiersprache, die Mehrfachvererbung unterstützt, muss drei Fragen dazu beantworten können. Es können sich verschiedene Situationen ergeben, in denen der Umgang mit Datenstrukturen, Operationen und Methoden nicht eindeutig geklärt ist. Eine Programmiersprache, die Mehrfachvererbung unterstützt, muss für diese Fragen eine Strategie vorliegen haben.

In Abbildung 5.59 sind die folgenden drei Fragen an einem Beispiel illustriert.

- **Frage 1:** Wie werden Operationen mit gleicher Signatur behandelt, die in verschiedenen Oberklassen deklariert werden? `OperationZ` wird im Beispiel von beiden Basisklassen deklariert.
- **Frage 2:** Wenn mehrere Oberklassen dieselbe Operation mit unterschiedlichen Methoden umsetzen, welche Methode wird beim Aufruf der Operation an einem Exemplar der gemeinsamen Unterklasse aufgerufen? Im Beispiel muss hier entschieden werden, ob für `OperationZ` die Methode von **`BasisklasseA`** oder von **`BasisklasseB`** aufgerufen wird, sofern die Unterklasse keine eigene Implementierung bereitstellt.
- **Frage 3:** Wie werden Datenstrukturen kombiniert? Im Beispiel muss entschieden werden, ob beide Attribute `datumX` aus den Basisklassen übernommen werden und wie in diesem Fall der Namenskonflikt aufgelöst wird.

25 Im vorhergehenden Abschnitt 4.4.2, »Entwurfsmuster ›Fliegengewicht‹«, haben wir bereits beschrieben, wie die Delegation für diesen Zweck eingesetzt werden kann.

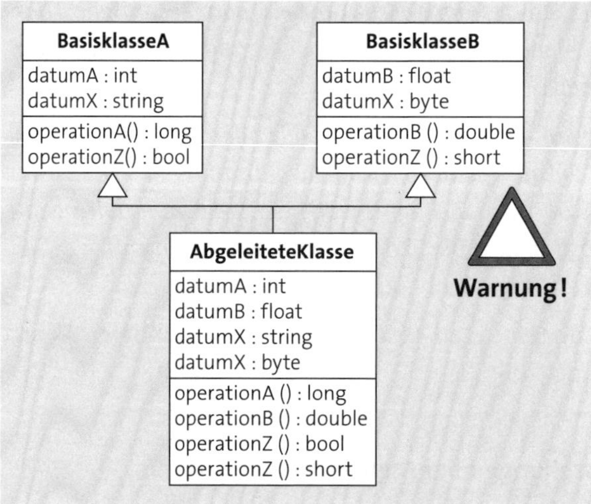

Abbildung 5.59 Problemstellungen bei Mehrfachvererbung

In Tabelle 5.1 ist dargestellt, wie die als Beispiel gewählten Sprachen Java, C#, Python und C++ bei diesen Fragen vorgehen. C# umgeht die letzten beiden Fragen dadurch, dass es nur die Mehrfachvererbung der Spezifikation erlaubt. Damit muss C# lediglich eine Antwort auf die erste Frage liefern.

	Java	C#	Python	C++
Frage 1	Verschmelzung von Operationen	mehrere Operationen	eine Operation	Verschmelzung von Operationen
Frage 2	nur für Default Methods von Interfaces relevant	nicht relevant	Diamantenregel	expliziter Klassenname
Frage 3	nicht relevant	nicht relevant	nicht relevant	wahlweise

Tabelle 5.1 Übersicht über die Behandlung der Problemstellungen durch Sprachen

In den folgenden Abschnitten schauen wir uns das Vorgehen der Sprachen bei der Beantwortung der Fragen etwas genauer an. Anhand von Beispielen werden wir dabei illustrieren, welche Probleme bei der Mehrfachvererbung entstehen können und welche Mittel uns die verschiedenen Sprachen bieten, diese zu lösen.

Eingeschränkte Mehrfachvererbung in Java und C#

Die Mehrfachvererbung der Spezifikation ist sowohl konzeptionell als auch in der Umsetzung einfacher als die Mehrfachvererbung der Implementierung. Aus diesem Grund schränken die Programmiersprachen Java und C# die Mehrfachvererbung der Implementierung stark ein.

Da Java und C# statisch typisiert sind, muss jede Klasse, auch wenn sie selbst keine Implementierung bereitstellt, deklariert werden. Deshalb unterscheidet man in Java und C# zwischen zwei Arten von Klassen:

- Klassen, die eine Implementierung ihrer Spezifikation enthalten können, die sowohl in Java als auch in C# mit dem Schlüsselwort `class` deklariert und daher einfach nur »Klasse« genannt werden.
- Klassen, die nur die Spezifikation ihrer Schnittstelle enthalten dürfen. Sie werden einfach »Schnittstellen« genannt und mit dem Schlüsselwort `interface` deklariert.

Implizite und explizite Schnittstellen

Auch wenn man in der Umgangssprache in Java und C# vereinfacht zwischen *Klassen* und *Schnittstellen* unterscheidet, sollten Sie sich immer der Tatsache bewusst sein, dass auch die explizit als solche deklarierten Schnittstellen aus der Sicht der Objektorientierung Klassen sind und die Klassen auch eine implizite Schnittstelle deklarieren, die aus allen ihren öffentlichen Operationen besteht.

In Java und C# ist die Mehrfachvererbung der expliziten Schnittstellen erlaubt, die Mehrfachvererbung der implementierenden Klassen jedoch nicht. Eine explizite Schnittstelle kann von mehreren anderen expliziten Schnittstellen erben, und eine implementierende Klasse kann mehrere Schnittstellen implementieren. Eine implementierende Klasse kann jedoch nur von einer implementierenden Klasse erben.

Seit der Version 8 erlaubt Java allerdings zumindest sogenannte *Default Methods*. Mit diesen können auch Schnittstellenklassen (*Interfaces*) Methoden bereitstellen, die eine bestimmte Operation implementieren. Damit stehen implementierenden Klassen Methoden aus mehreren Schnittstellenklassen zur Verfügung, es gibt also eine Mehrfachvererbung von Methoden. Eine Mehrfachvererbung von Datenstrukturen ist nach wie vor nicht möglich.

Operationen mit gleicher Signatur in Java

Mehrere Oberklassen deklarieren gleiche Operation

Wenn mehrere Schnittstellen in Java eine Operation mit der gleichen Signatur deklarieren, gelten alle diese Deklarationen in der gemeinsamen Ableitung als eine Deklaration derselben Operation. In Java kann also eine Klasse nicht mehrere Methoden mit derselben Signatur implementieren.[26]

Da der Rückgabetyp einer Operation nicht zu deren Signatur gehört, kann in Java eine Klasse nicht ohne weiteres zwei Schnittstellen implementieren, die eine Operation mit derselben Signatur, aber unterschiedlichen Rückgabetypen deklarieren.

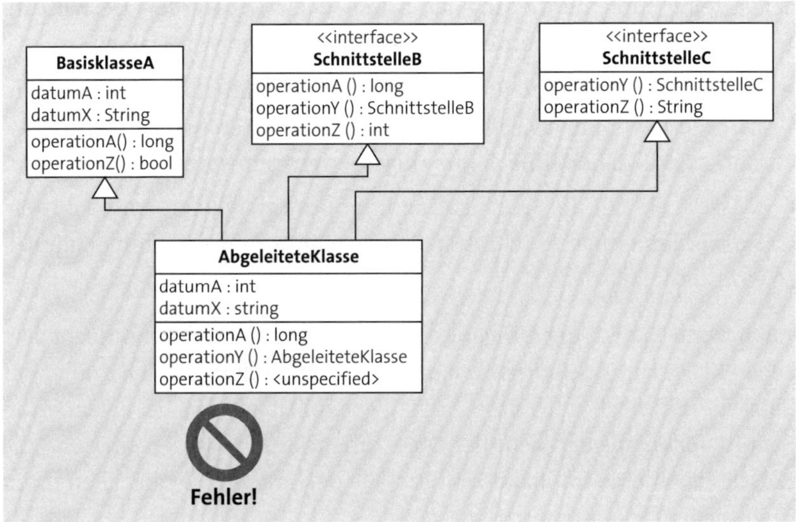

Abbildung 5.60 Mehrfachvererbung in Java

Abbildung 5.60 zeigt ein Beispiel, in dem die Datenstrukturen (`datumA` und `datumX`) nur von einer Klasse geerbt werden. Die Implementierung von `operationA` wird nur von `BasisklasseA` geerbt. Es existiert zudem lediglich eine `operationY`, ihr Rückgabetyp ist mit beiden geerbten Operationen kompatibel (kovariante Rückgabetypen werden in Java seit Version 5 unterstützt). Aber mit `operationZ` laufen wir in ein Problem: Die Klasse `AbgeleiteteKlasse` hat drei verschiedene inkompatible Rückgabewertspezifikationen für `operationZ` geerbt. Das ist in Java nicht erlaubt. Deshalb wird uns der Java-Compiler an dieser Stelle einen Fehler signalisieren.

Bereits seit Java-Version 5 kann eine Methode einen Rückgabetyp deklarieren, der mit dem ursprünglichen Rückgabetyp kovariant ist.

26 Zumindest nicht in der Programmiersprache Java. In dem vom Compiler generierten Bytecode kann in der Tat eine Klasse mehrere Methoden mit derselben Signatur besitzen. Dies ist allerdings eher ein Implementierungsdetail der Generics von Java als ein Feature der Programmiersprache.

[«]

Kovariante Typen

Der Typ *T2* ist dem Typ *T1* kovariant, wenn alle Exemplare von *T2* gleichzeitig Exemplare von *T1* sind. Einfacher gesagt: *T2* muss entweder *T1* oder sein Untertyp sein.

Prinzip der Ersetzbarkeit

Obwohl in unserem Beispiel die `AbgeleiteteKlasse` einen anderen Rückgabetyp von `operationY` deklariert als den, der in `SchnittstelleB` bzw. in `SchnittstelleC` deklariert ist, handelt es sich nicht um eine Verletzung des *Prinzips der Ersetzbarkeit*. Denn die Deklaration von `SchnittstelleB` besagt, dass `operationY` angewendet auf jedes Exemplar von `SchnittstelleB` ein Exemplar der Klasse/Schnittstelle `SchnittstelleB` oder `null` zurückgibt. Die Implementierung in der Klasse `AbgeleiteteKlasse` sorgt dafür, dass `operationY` angewendet auf jedes ihrer Exemplare ein Exemplar der Klasse `AbgeleiteteKlasse` zurückgibt. Weil `AbgeleiteteKlasse` aber eine Unterklasse von `SchnittstelleB` ist, ist das *Prinzip der Ersetzbarkeit* nicht verletzt.

Seit Java 5: kovariante Rückgabetypen

Da in unserem Beispiel `AbgeleiteteKlasse` sowohl `SchnittstelleB` als auch `SchnittstelleC` implementiert, ist der Typ `AbgeleiteteKlasse` sowohl mit dem Typ `SchnittstelleB` als auch mit dem Typ `SchnittstelleC` kovariant.

Operationen mit gleicher Signatur in C#

Wenn in C# mehrere geerbte Schnittstellen eine Operation mit der gleichen Signatur deklarieren, enthält in C# die erbende Schnittstelle *mehrere* Operationen mit gleichem Namen und gleicher Signatur. Das ist ein Unterschied zu Java.

Gleiche Signatur

Unabhängig davon, ob diese Operationen gleiche oder unterschiedliche, kovariante oder nicht kovariante Rückgabewerttypen haben – es sind unterschiedliche Operationen.

Beim Aufruf meldet C# einen Mehrdeutigkeitsfehler, wenn die Signatur des Aufrufs die aufzurufende Methode nicht eindeutig bestimmt. Man kann diese Mehrdeutigkeit des Aufrufs auch durch explizite Typumwandlung des Objekts auf eine der Oberschnittstellen beseitigen.

Wenn eine Schnittstelle in C# eine Operation deklariert, die die gleiche Signatur hat wie eine geerbte Operation, wird eine neue Operation deklariert, die die geerbte Operation verdeckt. Eine solche verdeckende Deklaration sollte mit dem Schlüsselwort `new` gekennzeichnet werden.

[zB]
Schnittstellen in C#

In Abbildung 5.61 wird die Implementierung von `operationA()` nur von `BasisklasseA` geerbt. Für `operationA` aus `SchnittstelleB` kann, muss aber nicht, eine eigene Methode bereitgestellt werden. Jede der geerbten Operationen `operationZ` mit unterschiedlichen Rückgabetypen muss in einer konkreten Klasse eine eigene Methode zugewiesen werden. Welche Methode aufgerufen wird, hängt vom Typ der Variablen ab, mit der auf das Objekt zugegriffen wird.

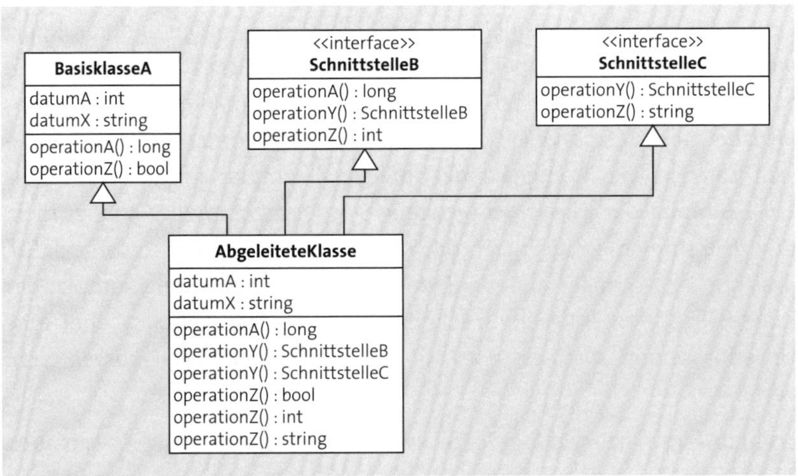

Abbildung 5.61 Mehrfachvererbung von Operationen in C#

Die Datenstrukturen `datumA` und `datumX` in diesem Beispiel werden hingegen nur von einer Klasse geerbt.

new und override

Genauso wie die Schnittstellen mehrere Operationen mit gleicher Signatur haben können, können Klassen mehrere Methoden mit gleicher Signatur haben. Wie bereits oben beschrieben, kann eine Klasse in C# mit dem Schlüsselwort `new` durch eine neue Methode mit gleicher Signatur eine geerbte Methode verdecken oder sie mit dem Schlüsselwort `override` überschreiben.

Wie sieht es aber mit der Implementierung der Schnittstellen aus, wenn diese mehrere Operationen mit der gleichen Signatur enthalten? Hier bietet C# zwei Möglichkeiten an:

Angabe der Schnittstelle

Gibt man vor dem Namen der Methode den Namen der Schnittstelle an, in der sie deklariert wurde, implementiert die Methode nur diese Operation. Zusätzlich können wir aber auch eine allgemeine Methode ohne Angabe der konkreten Schnittstelle umsetzen.[27] Diese wird dann in allen Fällen aufgerufen, in denen es keine anwendbare schnittstellenspezifische Methode gibt.

27 Diese Methode muss allerdings mit Sichtbarkeitsstufe `public` deklariert werden.

Mehrfachvererbung von Operationen und Methoden in C++

Mehrere Klassen implementieren dieselbe Operation

C++ verhält sich sehr pragmatisch bei der Frage, was bei Mehrdeutigkeiten in Bezug auf den Aufruf von Methoden zu tun ist. Entweder ist der Aufruf einer Methode eindeutig, oder es handelt sich um einen Uneindeutigkeitsfehler. Wenn eine Klasse von mehreren Oberklassen Methoden mit derselben Signatur erbt, muss man beim Aufruf einer der Methoden den gemeinten Typ des aufgerufenen Objekts explizit bestimmen.

Die aufzurufende Methode lässt sich also in den betrachteten Fällen immer bestimmen.

In Abbildung 5.62 sind für `AbgeleiteteKlasse` nur die neu hinzugefügten Datenelemente dargestellt. Außerdem sind die überschriebenen und neuen Methoden zu sehen. In dem abgebildeten Beispiel enthält `Object1`, ein Exemplar der Klasse `AbgeleiteteKlasse`, alle geerbten Datenelemente. Zwei davon heißen `datumC`. Bei einem Zugriff auf `datumC` muss also eindeutig klar sein, welches Element gemeint ist, sonst ist es ein Fehler.

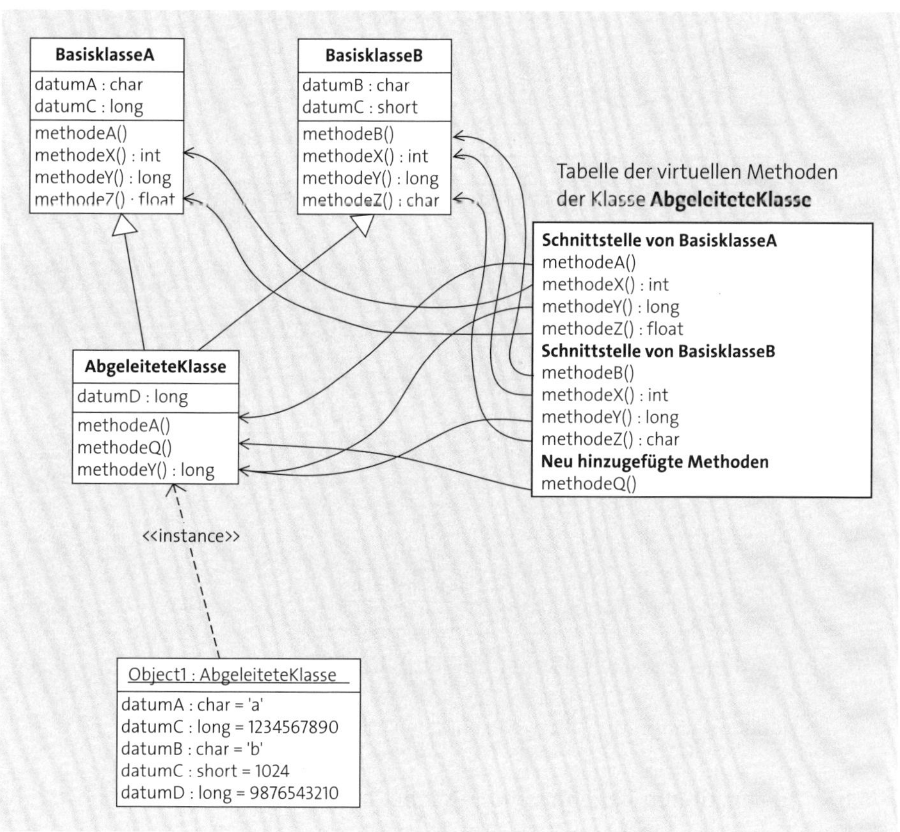

Abbildung 5.62 Mehrfachvererbung in C++

Werden zwei Operationen mit gleicher Signatur von zwei verschiedenen Klassen geerbt, gelten ähnliche Regeln wie in Java. Es muss nur eine Methode für die Implementierung beider Operationen umgesetzt werden.

Rückgabetypen kovariant?

Ob die Rückgabetypen der Methoden gleich oder nur kovariant sein müssen, hängt hier von dem verwendeten Compiler ab. Der C++-Standard erlaubt zwar kovariante Rückgabetypen, nicht alle Compiler halten sich allerdings an diese Vorgabe. Manche unterstützen sie überhaupt nicht, manche nur teilweise.

Mehrfachvererbung von Operationen und Methoden in Python

In Python wird eine Operation ausschließlich über ihren Namen identifiziert. Wenn eine Klasse von mehreren Klassen mehrere Methoden mit demselben Namen geerbt hat, unterstützt sie trotzdem nur eine Operation mit diesem Namen.

Die spannende Frage ist, welche der geerbten Methoden ausgeführt wird, wenn die Operation auf einem Exemplar der abgeleiteten Klasse aufgerufen wird.

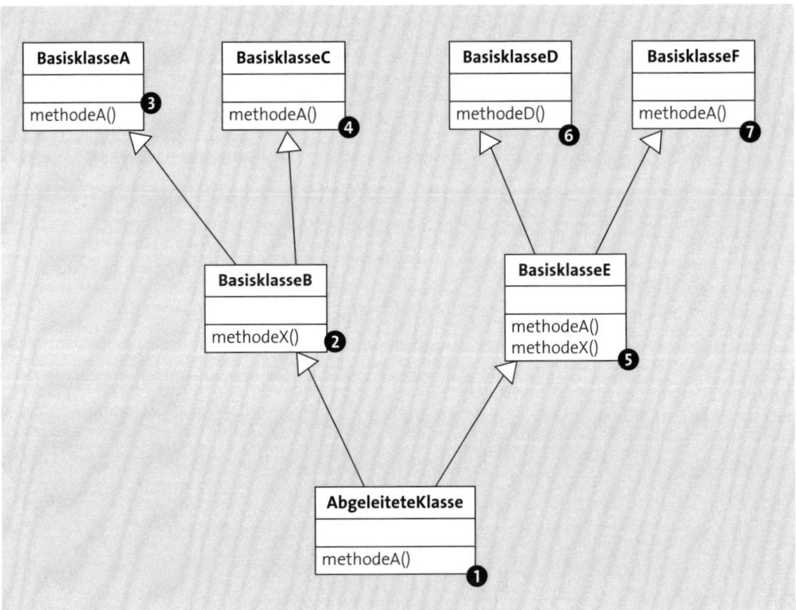

Abbildung 5.63 Mehrfachvererbung in Python

Suchreihenfolge für Methoden

In den älteren Versionen von Python (bis Version 2.1) gilt für die Bestimmung der implementierenden Methode die Regel *Tiefensuche von links nach rechts*. Das bedeutet, dass die Methode in den geerbten Oberklassen von links nach rechts gesucht wird, wobei bei jeder Klasse auch deren Oberklassen untersucht werden.

Im folgenden Bild illustrieren wir die Reihenfolge, in der eine Methode bei einem Aufruf einer Operation gesucht wird:

Prinzip der kleinstmöglichen Überraschung

Python verfolgt löblicherweise das Prinzip der kleinstmöglichen Überraschung. Wäre es daher nicht angebracht, statt einer Tiefensuche eher die Breitensuche zu verwenden? Also zuerst alle direkt geerbten Klassen zu untersuchen, dann erst deren direkte Oberklassen und so weiter? Wäre die Suchreihenfolge `AbgleiteteKlasse`, `BasisklasseB`, `BasisklasseE` nicht weniger überraschend? Immerhin ist die Klasse `BasisklasseE` in der Vererbungshierarchie näher an `AbgleiteteKlasse` als die Klasse `BasisklasseA`.

Doch wenn wir das Prinzip der Kapselung beachten, muss für uns unwichtig sein, ob die Klasse `BasisklasseB` eine Methode selbst implementiert oder ob sie die Methode von einer ihrer Oberklassen geerbt hat. Aus diesem Grund ist die von Python gewählte Suchstrategie verständlich.

Ab Python 2.2 wurde die Suchstrategie jedoch geändert.

Die Zulassung der Mehrfachvererbung führt automatisch dazu, dass eine Klasse in der Vererbungshierarchie mehrfach auftreten kann. Was passiert, wenn eine Klasse zwei Oberklassen hat, die von derselben Klasse eine Methode erben, und eine der Oberklasse diese Methode überschreibt?

Diamantenregel

Wenn eine Klasse in der Vererbungshierarchie mehrfach auftritt, kann man das Klassendiagramm in Form einer Raute darstellen (englisch auch *Diamond*, daher der Name der neuen Suchvorgehensweise seit Python 2.2: *Diamantenregel*).

Nach der Diamantenregel wird die Suchreihenfolge genau wie in den alten Versionen bestimmt. Doch anstatt sofort mit der Suche anzufangen, werden aus der Suchreihenfolge zuerst die Duplikate entfernt. Erhalten bleibt immer nur der letzte Eintrag einer Klasse. Wird also eine geerbte Methode durch eine der Oberklassen überschrieben, wird diese überschriebene Variante gefunden, auch wenn die ursprüngliche Implementierung in einer Basisklasse »weiter links« in der Vererbungshierarchie zu finden wäre.

Sollten Sie mit der Suchmethode von Python nicht zufrieden sein, haben Sie immer die Möglichkeit, die Methode in der abgeleiteten Klasse selbst zu implementieren und den Aufruf auf die gewünschte Implementierung umzuleiten.

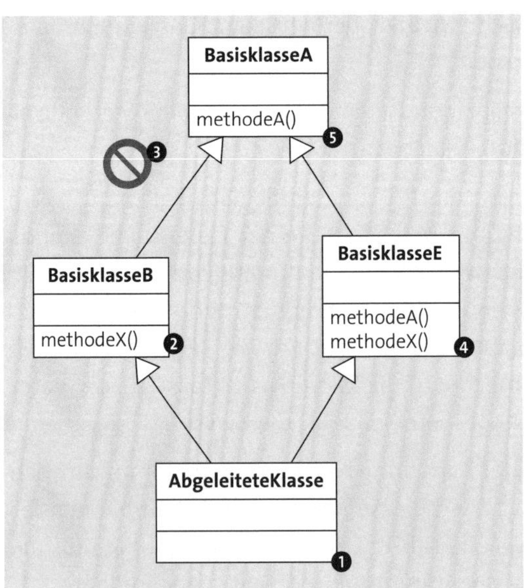

Abbildung 5.64 Mehrfachvererbung in Python: die Diamantenregel

Datenstrukturen bei Mehrfachvererbung in Python

Klassen erben von ihren Oberklassen nicht nur die Spezifikation der Operationen und die Implementierung der Methoden, sondern auch die Definition der Datenelemente der Oberklasse. Wie sieht die Datenstruktur einer solchen von mehreren Oberklassen abgeleiteten Klasse in Python aus?

In Python werden die Datenstrukturen der Exemplare einer Klasse nicht explizit durch die Klasse vorgegeben.

Zusammenführen der Datenelemente

Die Daten jedes Objekts werden in Python dem Objekt dynamisch zur Laufzeit zugeordnet, und unterschiedliche Exemplare derselben Klasse können durchaus unterschiedliche Attribute besitzen. Wenn mehrere Oberklassen ein Datenelement mit demselben Namen initialisieren, besitzen die Exemplare der abgeleiteten Klasse nur genau ein Datenelement mit diesem Namen. Das Datenelement enthält den letzten ihm zugewiesenen Wert. Da die Sprache Python dynamisch typisiert ist und Variablen und Datenelemente keine deklarierten Typen haben, kann man jedem Datenelement jeden beliebigen Wert zuordnen.

Initialisierung von Daten

Nehmen wir also mal an, dass Klasse `A` in ihrer Initialisierungsroutine die Datenelemente `x` und `y` dem initialisierten Exemplar zuordnet und Klasse `B` die Datenelemente `y` und `z`. Des Weiteren ist Klasse `C` von `A` und `B` abgeleitet. Damit wir nun eine Aussage über die Attribute der initialisierten Exemplare von `C` treffen können, müssen wir uns die Initialisierungsroutine der Klasse C selbst anzuschauen. Hier gilt nämlich die einfache Regel: Das Datenelement wird den ihm zuletzt zugewiesenen Wert haben.

Namenskonflikte

Um eventuelle Namenskonflikte zu vermeiden, kann man in Python den Namen eines Datenexemplars mit einem doppelten Unterstrich anfangen lassen. Das veranlasst Python, intern dem Namen des Datenattributs noch den Namen der deklarierenden Klasse hinzuzufügen. Damit wird ein Namenskonflikt zwar nicht ganz ausgeschlossen, aber die Gefahr wird erheblich reduziert.

Datenstrukturen bei Mehrfachvererbung in C++

Kombination von Datenstrukturen

Die Klassen in C++ enthalten die Deklaration aller ihrer Datenelemente und bestimmen so die für die Speicherung der Daten benötigten Datenstrukturen. Historisch betrachtet, sind die Klassen in C++ eine Weiterentwicklung der Strukturen von C.

Ähnlich wie bei der einfachen Vererbung setzt sich die Datenstruktur der Exemplare der abgeleiteten Klasse aus den Datenstrukturen der Oberklassen und den Einträgen, die die abgeleitete Klasse selbst deklariert, zusammen. Die Datenstrukturen der verschiedenen Klassen in der Vererbungshierarchie werden im Speicher einfach hintereinandergehängt.

Besitzen also mehrere Oberklassen einen Dateneintrag mit dem gleichen Namen, werden die Exemplare von deren gemeinsamen Ableitungen mehrere Dateneinträge mit denselben Namen besitzen. Die Datentypen der Exemplare brauchen dabei nicht gleich zu sein.

Doch wenn die unterschiedlichen Dateneinträge denselben Namen haben, wie wird auf diese Dateneinträge zugegriffen? Welcher der Dateneinträge wird verwendet, wenn man den Namen benutzt?

Wenn es bei einem Zugriff nicht eindeutig ist, welcher Dateneintrag gemeint ist, meldet ein C++-Compiler einen Fehler. Sie haben aber die Möglichkeit, die Eindeutigkeit wiederherzustellen, indem Sie explizit die Klasse angeben, aus der der Eintrag verwendet werden soll.

Illustrieren wir diesen etwas trockenen Sachverhalt am besten an einem Beispiel. In Abbildung 5.65 wird der Dateneintrag x von zwei Basisklassen geerbt.

[zB] Zuordnung eines Datenelements

Dadurch hat jedes Exemplar der Klasse C drei Dateneinträge mit dem Namen x. Dennoch besteht hier keine Gefahr der Uneindeutigkeit, da der Eintrag x in der Klasse C die geerbten Einträge verdeckt. Daher kann man in den Methoden der Klasse C einfach den Bezeichner x oder in Methoden anderer Klassen den Ausdruck pC->x verwenden. Die Elemente, die in den

Klassen A und B deklariert sind, können über den Typ C gar nicht referenziert werden. Um sie verwenden zu können, müssen wir einen Zeiger vom Typ A* bzw. B* verwenden.

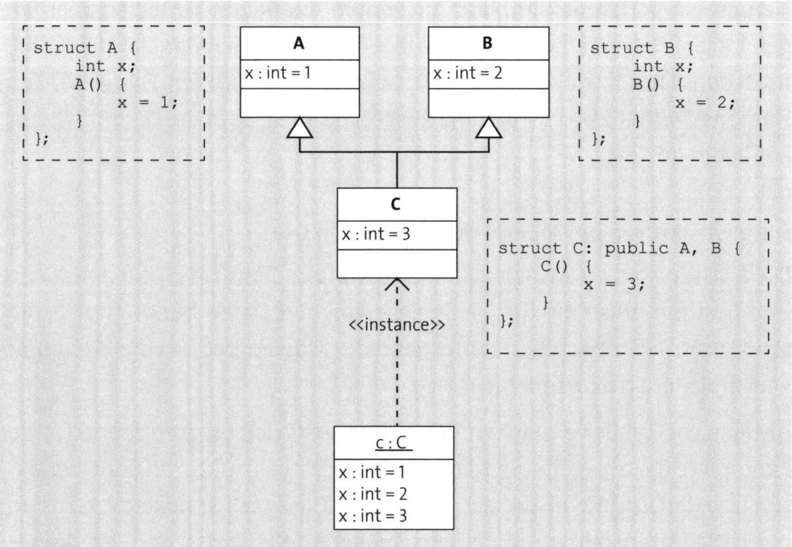

Abbildung 5.65 Mehrfachvererbung der Dateneinträge in C++

[zB] **Uneindeutigkeit**

Hätte Klasse C aber keinen eigenen Eintrag mit dem Namen x, wie in Abbildung 5.66, wäre der Aufruf pC->x nicht eindeutig und somit nicht zulässig.

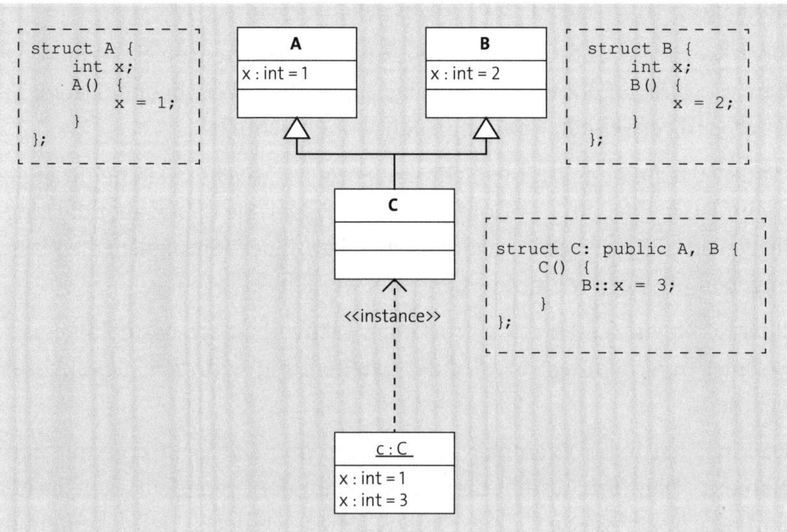

Abbildung 5.66 Mehrfachvererbung der Dateneinträge in C++ – ein Namenskonflikt.

Namenskonflikte werden also vom Compiler entdeckt und müssen von Ihnen durch eine explizite Typkonvertierung aufgelöst werden.

Es gibt allerdings noch eine weitere Situation, in der die Entscheidung über ein Datenelement Fragen aufwirft: Wenn eine Oberklasse in der Vererbungshierarchie einer Unterklasse mehrfach vorkommt, enthalten die Exemplare der Unterklasse die Datenstruktur der Oberklasse mehrfach oder nur einmal? In Abbildung 5.67 ist diese Situation dargestellt: Die Klasse `AbgeleiteteKlasse` erbt den Dateneintrag `datumX` gleich zweimal von der Klasse `BasisklasseA`.

In diesem Beispiel *ist* jedes Exemplar der Klasse `BasisklasseB` gleichzeitig ein Exemplar der Klasse `BasisklasseA` und *hat* also die Daten eines Exemplars von `BasisklasseA`. Das Gleiche gilt für `BasisklasseC`. Da ein Exemplar der Klasse `AbgeleiteteKlasse` gleichzeitig ein Exemplar von `BasisklasseB` und von `BasisklasseC` ist, also deren Daten besitzt, besitzt es zwei Datensätze der Klasse `BasisklasseA`.

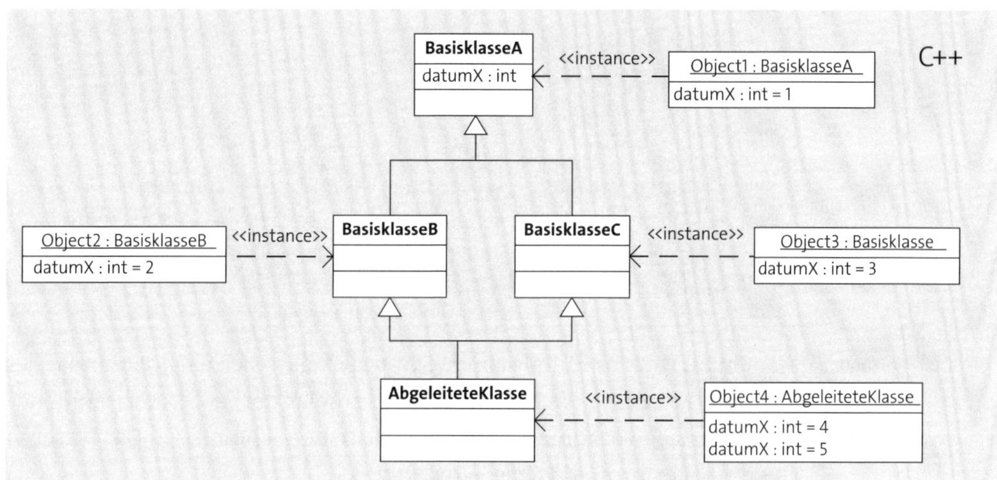

Abbildung 5.67 Diamantenvererbung in C++. Datenstrukturen sind mehrfach vorhanden.

Das `Object4` ist ein Exemplar der Klasse `AbgeleiteteKlasse`. Da die `AbgeleiteteKlasse` indirekt eine Unterklasse von `BasisklasseA` ist, ist `Object4` gleichzeitig ein Exemplar von `BasisklasseA`. Doch welcher der zwei Datensätze `datumX` ist gemeint, wenn man das Objekt als ein Exemplar von `BasisklasseA` betrachten möchte?

Diese Frage ist nicht eindeutig zu beantworten, und aus diesem Grund würde der Compiler einen Mehrdeutigkeitsfehler melden, wenn wir `Object4` einer Variablen des Typs `BasisklasseA` zuweisen wollten.

Eindeutigkeit über static_cast

Um dem Compiler zu helfen, müssen wir bei der Typumwandlung von `AbgeleiteteKlasse*` zu `BasisklasseA*` immer den Weg in der Vererbungshierarchie eindeutig spezifizieren und den Typ des Zeigers immer zuerst explizit zu `BasisklasseB*` oder `BasisklasseC*` umwandeln. Über den Aufruf von `static_cast` können wir diese Zuordnung eindeutig herstellen.

Problematisch ist hier einzig die Tatsache, dass die Konzepte der Vererbung (der *Ist*-Beziehung) und der Komposition (der *Besteht-aus*-Beziehung) durcheinandergebracht sind. Doch was schert sich der Compiler um konzeptionelle Schwierigkeiten, die wir bei der Softwareentwicklung haben?

Ersetzung der Mehrfachvererbung durch Komposition

Eine alternative und unproblematische Umsetzung des Beispiels aus Abbildung 5.67 können Sie erstellen, indem Sie statt der Vererbung explizit die Komposition verwenden.

```
struct ZusammengesetzteKlasse {
    BasisklasseB b;
    BasisklasseC c;
};
```

In diesem Beispiel *ist* ein Exemplar der Klasse `ZusammengesetzteKlasse` kein Exemplar von `BasisklasseB` oder `BasisklasseC`, sondern ein Exemplar der Klasse `ZusammengesetzteKlasse`. Sie *besteht aus* einem Exemplar der `BasisklasseB` und einem Exemplar der `BasisklasseC`, die jeweils ein Exemplar von `BasisklasseA` *sind*.

Virtuelle Vererbung

Manchmal kann es für uns aber wichtig sein, dass sich jedes Exemplar der abgeleiteten Klasse eindeutig als ein Exemplar der in der Klassenhierarchie mehrfach vorkommenden Oberklasse betrachten lässt. Das bietet in C++ die sogenannte *virtuelle Vererbung*.

Virtuelle Vererbung

Wenn eine `BasisklasseB` von einer `BasisklasseA` virtuell abgeleitet ist, bedeutet das, dass die Exemplare von `BasisklasseB` zwar alle Dateneinträge der Oberklasse `BasisklasseA` besitzen, allerdings nicht exklusiv. Wenn auch `BasisklasseC` virtuell von `BasisklasseA` abgeleitet ist und die `AbgeleiteteKlasse` sowohl von `BasisklasseB` als auch von `BasisklasseC` abgeleitet ist, enthalten die Datenstrukturen der Exemplare der Klasse `AbgeleiteteKlasse` nur einen Satz der Einträge von `BasisklasseA`. Die in `BasisklasseB` und `BasisklasseC` implementierten Methoden teilen sich diesen Datensatz.

Abbildung 5.68 zeigt den Effekt der virtuellen Vererbung in der Übersicht.

Exemplare der Klasse `AbgeleiteteKlasse` enthalten nun aufgrund der virtuellen Vererbung das Datenelement `datumX` nur einmal.

Dies entspricht grob dem Verhalten von Python: Zwar hat jede Klasse der Klassenhierarchie eigene Methoden, sie teilen aber eine gemeinsame Datenstruktur.

In diesem Beispiel enthält ein Exemplar der Klasse `AbgeleiteteKlasse` nur einen Datensatz von `BasisklasseA`, obwohl die Klasse `BasisklasseA` über zwei Vererbungspfade erreichbar ist. Daher kann das `Object4` eindeutig als ein Exemplar von `BasisklasseA` betrachtet werden, und man kann seinen Dateneintrag `datumX` direkt verwenden, weil der Name `datumX` diesen Dateneintrag eindeutig bestimmt.

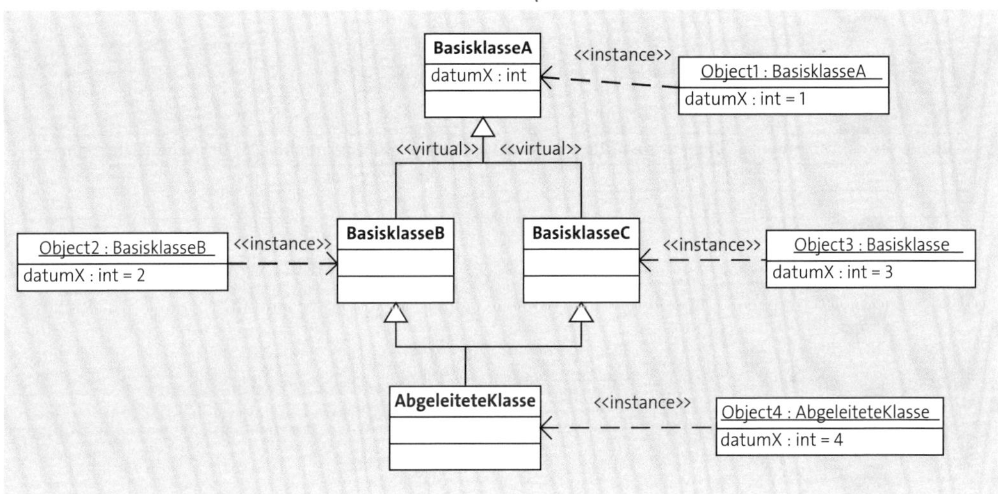

Abbildung 5.68 Virtuelle Vererbung in C++

Diskussion: Virtuelle Vererbung

Bernhard: *Hör mal, du machst hier so trockene Beispiele mit ABC, kannst du dir nicht etwas Realistischeres ausdenken?*

Gregor: *Okay, ich versuche es. Stellen wir uns die Klasse der Transportmittel vor. Jedes Transportmittel hat in der Regel eine Bezeichnung. Bei Schiffen wird es der Name des Schiffs sein, bei Autos das Kennzeichen, bei Fahrrädern die Seriennummer des Rahmens.*

Jetzt unterteilen wir die Klasse `Transportmittel` *anhand des Kriteriums »Motorisierung« in zwei Unterklassen:* `motorisierte Transportmittel` *(mit dem Dateneintrag »Leistung«) und* `unmotorisierte Transportmittel`*. Anhand des Kriteriums »Bereifung« unterteilen wir die Transportmittel in* `bereifte Transportmittel` *(mit dem Dateneintrag »Reifendruck«) und* `reifenlose`

`Transportmittel`. Schließlich leiten wir von den Oberklassen `motorisierte Transportmittel` und `bereifte Transportmittel` die Klasse `Auto` ab. Ich habe dir das Szenario übrigens in Abbildung 5.69 aufgezeichnet.

Ein Auto hat also einen Dateneintrag über die Leistung des Motors, definiert in der Klasse motorisierte Transportmittel. Es hat auch einen Dateneintrag für den Reifendruck, definiert in der Klasse `bereifte Transportmittel`. Außerdem hat ein Auto, da es ein Transportmittel ist, einen Namen. Einen oder zwei? Da wir hier nur einen Namen brauchen, würden wir in diesem Fall in C++ die virtuelle Vererbung verwenden.

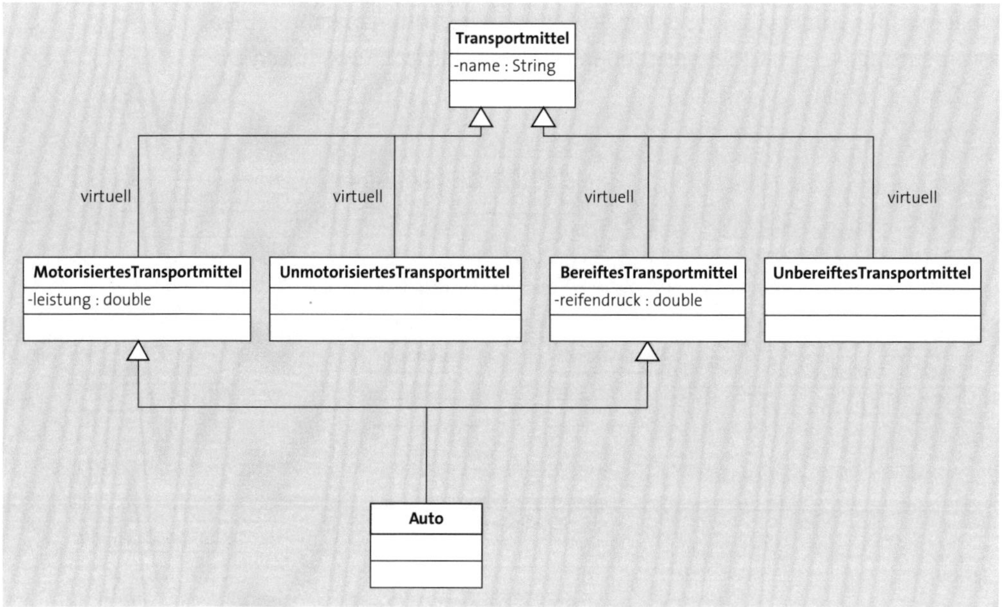

Abbildung 5.69 Exotisches Beispiel für virtuelle Vererbung

Bernhard: *Na ja, dieses Beispiel ist zwar nicht so trocken, aber es ist schon ziemlich ... wie soll ich es sagen, ohne dich zu beleidigen?*

Gregor: *Ja gut, du hast schon recht. Das Beispiel ist nicht besonders realistisch. Ich muss zugeben, dass ich noch nie in der Praxis die virtuelle Vererbung in C++ gebraucht habe, weil die Klassenhierarchien nie tief und komplex genug waren und ich in vielen Fällen die Komposition gegenüber der Vererbung bevorzuge.*

Wenn wir überhaupt überlegen müssen, ob eine Klasse virtuell oder nicht virtuell erben soll, sollten wir stattdessen zunächst überlegen, ob die Klassenhierarchie nicht zu kompliziert ist.

5.5 Statische und dynamische Klassifizierung

Bisher gingen wir davon aus, dass ein Objekt seine Klassenzugehörigkeit während seiner gesamten Existenz nicht ändert. Die Beziehung zwischen einem Objekt und der dazugehörigen Klasse war nicht änderbar – die Klassifizierung des Objekts war *statisch*.

Änderung der Klassenzugehörigkeit

Allerdings: Manchmal haben wir in der Praxis Szenarien, in denen sich die Klassenzugehörigkeit eines Objekts während seiner Existenz ändert. So kann aus einem Interessenten ein Kunde oder aus einer externen Beraterin eine interne Mitarbeiterin werden. In solchen Fällen sprechen wir von einer *dynamischen* Klassifizierung.

Die dynamische Klassifizierung spielt meistens eine Rolle in den konzeptionellen Modellen, in der Programmierung kann man sie seltener sehen. Ein Grund dafür wird wohl die Tatsache sein, dass die klassenbasierten Programmiersprachen wie Java, C#, C++, Python oder Ruby sie nicht unterstützen.[28] Meistens lässt sich die auf der Konzeptionsebene stattfindende Änderung der Klassenzugehörigkeit mithilfe des Entwurfsmusters »Strategie« umsetzen. Im folgenden Abschnitt beschreiben wir das anhand eines Beispiels.

5.5.1 Entwurfsmuster »Strategie« statt dynamischer Klassifizierung

Wenn sich die nach außen sichtbare Klassenzugehörigkeit eines Objekts nicht ändert, kann man die Änderung der eigentlichen Klassenzugehörigkeit auch in einer Programmiersprache umsetzen, die keine dynamische Klassifizierung unterstützt.

Das Mittel der Wahl ist in diesem Fall das Entwurfsmuster »Strategie«.

[«]

Entwurfsmuster »Strategie«

Kann sich ein Teil des Verhaltens der Exemplare einer Klasse abhängig von ihrem Zustand verändern, kann man die verschiedenen Verhaltensweisen in separate Strategieklassen auslagern.

28 In C++ wird die Klassenzugehörigkeit eines polymorphen Objekts durch den Pointer auf die Tabelle seiner virtuellen Methoden realisiert. Mit direkter Speichermanipulation ist es daher doch möglich, die Klassenzugehörigkeit eines Objekts in C++ dynamisch zu ändern. Es ist jedoch ein gewagtes Spiel mit dem Feuer, so etwas zu machen. Spiele mit dem Feuer sind aufregend und interessant, und wer sie mag, sollte über eine Karriere als Stuntman oder als Zirkusartist statt als Softwareentwickler nachdenken.

Jedes Exemplar der Hauptklasse besitzt zu jedem Zeitpunkt ein Exemplar einer der Strategieklassen, auf das es die Implementierung seines Verhaltens delegiert. Ändert sich der Zustand des Objekts so, dass eine Veränderung des Verhaltens nötig wird, tauscht das Objekt sein Strategieobjekt aus. Durch die Anwendung dieses Musters entkoppelt man die verschiedenen Verhaltensvarianten der Exemplare der Hauptklasse, ohne auf die dynamische Klassifizierung zurückgreifen zu müssen.

Betrachten wir nun ein Beispiel für den konkreten Einsatz des Entwurfsmusters »Strategie«. Dazu nehmen wir an, wir schreiben eine E-Commerce-Internetanwendung.

Die Besucherinnen und Besucher unserer Seite können sich registrieren und Ware bestellen. Der Inhalt der Seite wird für jeden einzelnen speziell aufbereitet. Wer noch nichts bestellt hat, bekommt andere Werbung und Aktionen präsentiert als die Bestandskundschaft. Die Neukunden können nur per Vorkasse bezahlen, den Premiumkunden wird eine Ratenzahlung angeboten. Die Zugehörigkeit einzelner zu diesen Kategorien kann sich mit der Zeit ändern.

Eine mögliche Realisierung ist eine Klasse `User`, die den aktuellen Status der Benutzerin kennt und ihn in ihren Methoden auswertet. Listing 5.46 zeigt eine Java-Implementierung einer solchen Klasse.

```
public class User {
  private enum Status {
    PROSPECT, NEW_CUSTOMER, ORDINARY_CUSTOMER, VIP_CUSTOMER
  }

  private Status status;

  public void displayAds() {
    switch (status) {
    case PROSPECT:
      // Werbung für Interessenten
      break;

    case NEW_CUSTOMER:
      //  Werbung für Neukunden
      break;

    ... // und so weiter
  }
```

```
    ...
}
```

Listing 5.46 Problematische Lösung: Auswertung des Kundenstatus in der Klasse »User«

Wir müssen davon ausgehen, dass solche `switch`-Befehle nicht nur in der Methode `displayAds`, sondern in sehr vielen anderen Methoden der Klasse `User` vorkommen. Das ist nicht besonders übersichtlich und führt zu großem Aufwand, wenn sich die Kategorisierung der Besucher ändert.

So könnten wir in Zukunft bestimmte Kunden, die gern bestellen, aber ungern zahlen, einer neuen Kategorie zuordnen, die ein neues Verhalten der Internetseite bewirken sollte. Dies würde bedeuten, dass wir viele Methoden und viele `switch`-Befehle sichten und anpassen müssen.

In Abbildung 5.70 sehen Sie eine Möglichkeit, dieses Problem durch die Anwendung des Entwurfsmusters »Strategie« zu lösen.

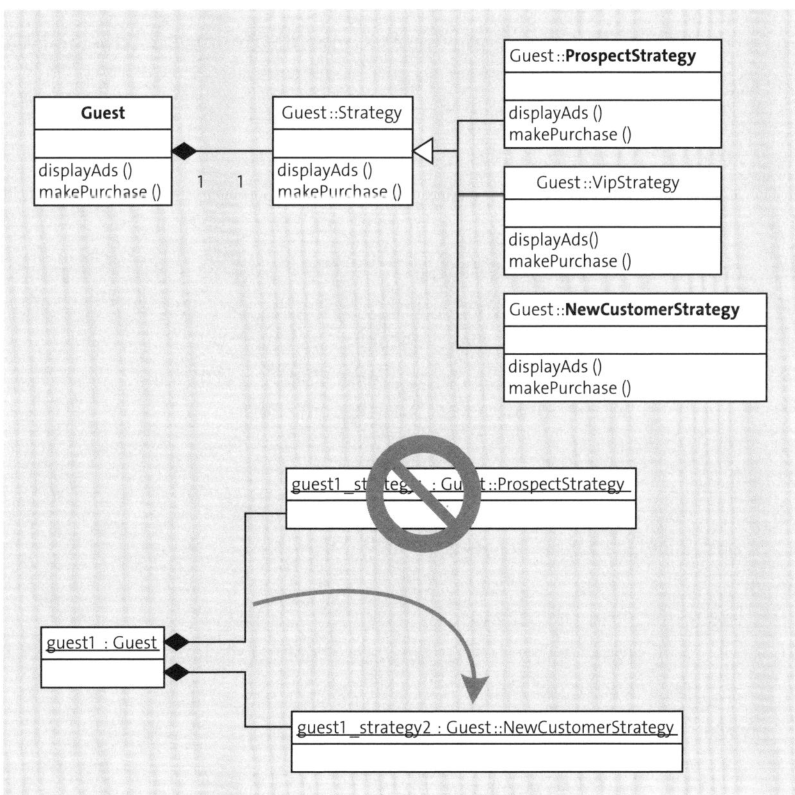

Abbildung 5.70 Entwurfsmuster »Strategie« angewendet

Strategieklassen

Unsere Anwendung wird übersichtlicher, wenn wir das Verhalten der unterschiedlichen Benutzerkategorien in unterschiedlichen Klassen unterbringen – in Strategieklassen wie zum Beispiel `ProspectStrategy` und `NewCustomerStrategy`. In Abschnitt 5.4.2 haben wir das Konzept der Delegation beschrieben. Exemplare von Strategieklassen sind Objekte, an die der Aufruf von Operationen delegiert wird. Zusätzlich können wir diese Objekte zu definierten Zeitpunkten auswechseln, um darüber das Verhalten eines Objekts zu ändern.

Wenn Sie das Muster »Strategie« auf unser Beispiel anwenden, besitzt jedes Exemplar der Klasse `User` zu jedem Zeitpunkt genau ein Exemplar einer der Unterklassen von `UserStrategy` und delegiert die Aufrufe der statusspezifischen Operationen an das Strategieobjekt.

Ändert sich der Status des Benutzers – wird zum Beispiel aus einem Interessenten ein Neukunde –, bekommt das `User`-Objekt ein neues Strategieobjekt. So ändert sich zwar sein Verhalten, jedoch nach außen hin nicht der Typ des `User`-Objekts.

Beispiel für Strategieklassen

In Listing 5.47 ist die Umsetzung dieses Konzepts für unser Beispiel in Java dargestellt.

```
public class Guest {

  private abstract class Strategy {
    // gibt die Werbung aus
    public abstract void displayAds();
    // bearbeitet eine Bestellung und gibt das neue
    // Strategieobjekt des Besuchers zurück
    public abstract Strategy makePurchase(...);
    ... andere Methoden der Strategieobjekte
  }

  // das aktuelle Strategieobjekt des Besuchers
  private Strategy strategy;

  private void displayAds()  {
    // delegiere den Aufruf an das Strategieobjekt
    strategy.displayAds();
  }

  public void makePurchase() {
    // delegiere den Aufruf und merke dir das neue
    // Strategieobjekt
    strategy = strategy.makePurchase();
```

```
    }

    private class ProspectStrategy extends Strategy {
      @Override
      public void displayAds() {
        // Werbung für Interessenten anzeigen
      }

      @Override
      public Strategy makePurchase() {
        // die Erstbestellung bearbeiten ...
        // aus einem Interessenten wird jetzt ein Neukunde
        return new NewCustomerStrategy(this);
      }
      ...
    }

    private class NewCustomerStrategy extends Strategy {
      public NewCustomerStrategy(ProspectStrategy strategy) {
        // übernehme eventuell die Informationen aus
        // dem vorherigen Status
      }

      @Override
      public void displayAds() {
        // Werbung für Neukunden anzeigen
      }

      @Override
      public Strategy makePurchase() {
        // die weiteren Bestellungen eines Neukunden
        // bearbeiten
        // dies ändert den Status des Kunden nicht, erst der
        // Zahlungseingang macht aus einem Neukunden einen
        // gewöhnlichen Kunden
        return this;
      }
      ...
    }
    ...
  }
```

Listing 5.47 Umsetzung von Strategien für Kunden

Die jeweilige Strategie legt zum einen über die Umsetzung der Operation `displayAds` fest, welche Werbung ein Kunde oder eine Kundin zu sehen bekommt. Zum anderen legt sie über die Umsetzung der Operation `makePurchase` ebenfalls fest, wie mit einer Bestellung umgegangen wird. Die Operation `makePurchase` kann auch dazu führen, dass ein Kunde vom `Prospect` zum `Customer` befördert wird. Deshalb gibt die Methode `makePurchase` der Klasse `ProspectStrategy` ein neues Strategieobjekt zurück, das dann in Zukunft verwendet wird. `ProspectStrategy` löst sich damit praktisch selbst ab – sehr uneigennützig.

Das vorgestellte Entwurfsmuster ist besonders geeignet für alle Fälle, in denen Sie zur Laufzeit das Verhalten von Exemplaren einer Klasse ändern wollen.

5.5.2 Dynamische Änderung der Klassenzugehörigkeit

Es gibt allerdings auch Sprachen, die eine Änderung der Klassenzugehörigkeit explizit unterstützen. Eine dieser Sprachen ist das *Common Lisp Object System* (*CLOS*). Wir werden deshalb zunächst einmal am Beispiel von CLOS vorstellen, wie wir eine solche Anpassung der Klassenzugehörigkeit vornehmen könnten, wenn die Sprache das unterstützt.

In einer Sprache wie CLOS sind Mechanismen vorgesehen, die es erlauben, den Typ eines Objekts auf definierte Weise zur Laufzeit eines Programms zu verändern.

Diskussion: CLOS in der Praxis?

Gregor: *Hör mal, wir haben doch versprochen, dass wir in diesem Buch Ratschläge für die Praxis geben, und jetzt bringst du schon zum zweiten Mal ein Beispiel auf Basis von Lisp und CLOS. Wie viele unserer Leser und Leserinnen, glaubst du, werden in der Praxis mit Common Lisp und CLOS arbeiten?*

Bernhard: *Nun ja, mit CLOS arbeiten werden in der Tat nur wenige. CLOS ist ja eher etwas, das im akademischen Bereich Verwendung hatte, und auch dort gehört es zu den älteren Konzepten.*

Gregor: *Sollten wir uns dann nicht eher auf die wirklich praktisch eingesetzten Sprachen fokussieren?*

Bernhard: *Das machen wir doch auch zum größten Teil. Aber CLOS hat ein paar Eigenschaften, die Aha-Effekte produzieren können, weil dort manche Dinge anders aufgesetzt sind als in anderen Sprachen. Und dazu gehört eben auch die Möglichkeit, dass ein Objekt einfach mal die Klassenzugehörigkeit wechseln kann. Es ist deshalb gut, das entsprechende Konzept zu verstehen, auch wenn man es bei den in der Praxis eingesetzten Sprachen nicht verwenden kann.*

Wir machen aus einem A ein B

Wenn wir Objekt `x` (ein Exemplar der Klasse `A`) zu einem Exemplar der Klasse `B` machen, werden dabei alle Attribute übernommen, die in `A` und in `B` vorkommen. Zusätzlich wird (sofern vorhanden) eine Methode `update-instance-for-different-class` aufgerufen, in der neu zu initialisierende Datenelemente, die in `B` definiert sind, aber von `A` nicht bereitgestellt werden, mit Werten belegt werden können. Der Rest ist einfach: Da `x` nun ein Exemplar von `B` ist, werden auch die entsprechenden Aufrufe von Operationen den Methoden von `B` zugeordnet.

Geschäftspartner: Gäste, Interessenten und Kunden

Nehmen wir als Beispiel eine Anwendung, in der Geschäftspartner als Gäste, Interessenten oder Kunden klassifiziert werden. Dabei können diese vom Gast zum Interessenten und schließlich zum Kunden werden. Die entsprechende Hierarchie ist in Abbildung 5.71 dargestellt.

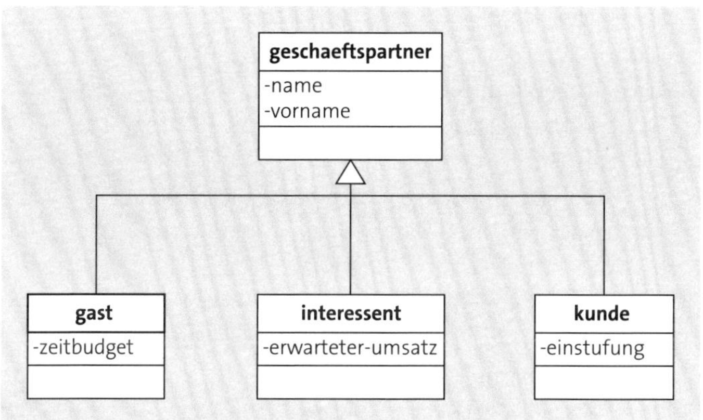

Abbildung 5.71 Hierarchie von Geschäftspartnern

Die Definition der Klassen sieht in CLOS dann wie hier aus:

```
;; Definition der beteiligten Klassen
(defclass geschaeftspartner()
    ((name :initarg :name :accessor name)
     (vorname :initarg :vorname :accessor vorname)
    )
)
(defclass interessent (geschaeftspartner)
    ((erwarteter-umsatz :initarg :umsatz :accessor umsatz))
)

(defclass gast (geschaeftspartner)
    ((zeitbudget :initarg :zeitbudget :accessor zeitbudget))
)
```

```
(defclass kunde (geschaeftspartner)
    ((einstufung :initarg :einstufung :accessor einstufung))
)
```

Listing 5.48 Festlegung einer Klassenhierarchie in CLOS

Alle beteiligten Klassen haben unterschiedliche Implementierungen der Operation `display`. Da in den spezifischen Klassen auch weitere Attribute hinzukommen, ist die Darstellung eines Geschäftspartners in allen abgeleiteten Klassen unterschiedlich.

```
;; Display-Methoden für die spezifischen Klassen
(defmethod display ((gp geschaeftspartner))
    (princ (string-concat "Geschäftspartner "
         (firstname gp) " "  (name gp)))
)
(defmethod display((gp interessent))
    (call-next-method) ;; ruft die Methode der Basisklasse
    (princ (string-concat
            " ist ein Interessent mit erwartetem Umsatz "
            (umsatz gp)))
)
(defmethod display((gp gast))
    (call-next-method) ;; ruft die Methode der Basisklasse
    (princ (string-concat
            " ist ein Gast mit Zeitbudget "
            (zeitbudget gp)))
)

(defmethod display((gp kunde))
    (call-next-method) ;; ruft die Methode der Basisklasse
    (princ (string-concat
            " ist ein Kunde mit Einstufung "
            (einstufung gp)))
)
```

Listing 5.49 Unterschiedliche Darstellungen für Geschäftspartner

Gast wird zu einem Interessenten

Nun wollen wir für Exemplare der jeweiligen Klassen deren Beschreibung ausgeben lassen. Dabei lassen wir einfach nebenbei einen Gast seine Klasse auf `interessent` wechseln. Dies geschieht in CLOS über die Methode `change-class`.

```
;; ...
        (frieda (make-instance 'gast :vorname "Frieda"
                 :name "Müller" :zeitbudget "100 Minuten"))
        (gerd (make-instance 'interessent :vorname "Gerd"
                 :name "Müller" :umsatz "200 Euro"))
        (anne (make-instance 'kunde :vorname "Anne"
                   :name "Müller" :einstufung "mittel"))
        )
        ;; ...
        (display frieda)
        (display gerd)
        (display anne)
        (change-class frieda 'interessent)
        (display frieda)
        ;; ...
```

Listing 5.50 Unterschiedliche Darstellungen für Geschäftspartner

Wir erhalten die folgende Ausgabe vom Interpreter:

```
Geschäftspartner Frieda Müller ist ein Gast
mit Zeitbudget 100 Minuten.

Geschäftspartner Gerd Müller ist ein Interessent
mit erwartetem Umsatz 200 Euro.
Geschäftspartner Anne Müller ist ein Kunde
mit Einstufung mittel.

Geschäftspartner Frieda Müller
*** - SLOT-VALUE: The slot ERWARTETER-UMSATZ of #<INTERESSENT
#x19F192C1> has no value
```

Vorbelegen von neuen Attributen

Ups, wir haben Frieda Müller vom Gast zur Interessentin befördert, ohne ihr aber einen Wert für das benötigte Attribut `erwarteter-umsatz` zu geben. Das heißt, beim Ändern einer Klasse sind spezielle neue Initialisierungen für ein Objekt notwendig. CLOS sieht dafür die generische Funktion namens `update-instance-for-different-class` vor.

```
(defmethod update-instance-for-different-
class ((gast gast) (interessent interessent) &rest initargs)
    (setf (umsatz interessent) "100 Euro")
)
```

Wenn wir die Methode wie oben aufgeführt überschreiben, wird sie beim Wechsel eines Objekts von der Klasse `gast` zur Klasse `interessent` aufgerufen. Unsere Ausgabe sieht danach wie unten stehend aus:

```
Geschäftspartner Frieda Müller ist ein Gast
mit Zeitbudget 100 Minuten.
Geschäftspartner Gerd Müller ist ein Interessent
mit erwartetem Umsatz 200 Euro.
Geschäftspartner Anne Müller ist ein Kunde
mit Einstufung mittel.
Geschäftspartner Frieda Müller ist ein Interessent
mit erwartetem Umsatz 100 Euro.
```

Wir können das tun. Sollen wir es auch?

Obwohl die Programmiersprache hier einfache und intuitive Mechanismen bereitstellt, um ein Objekt die Klasse wechseln zu lassen, kann ein derartiges Vorgehen die Komplexität von Programmen erhöhen. Auch wenn eine Programmiersprache ein solches Vorgehen zulässt: Besser ist meistens die Anwendung des Entwurfsmusters »Strategie«, das wir in Abschnitt 5.5.1 vorgestellt haben. Das lässt sich auch in Sprachen anwenden, die keine dynamische Klassifizierung unterstützen.

Kapitel 6
Persistenz

In diesem Kapitel erhalten Sie einen Überblick über die in der Praxis relevanteste Art, Objekte zu speichern und auf die gespeicherten Daten wieder zuzugreifen: die relationalen Datenbanken. Wir beschreiben, wie Sie die Struktur Ihrer Klassen auf relationale Datenbanken abbilden können und wie sich diese Abbildung mit den Regeln für gutes Datenbankdesign ergänzt.

Die meisten objektorientierten Anwendungen haben die Anforderung, dass zumindest ein Teil der verwendeten Objekte die Laufzeit des Programms überdauern muss. Die mit den Objekten assoziierten Daten müssen deshalb persistent gemacht werden. Dazu werden die zu den Objekten gehörenden Daten in einer Datenbank gespeichert und das Objekt bei Bedarf wieder aus den gespeicherten Daten rekonstruiert.

6.1 Serialisierung von Objekten

Eine einfache Möglichkeit dazu bietet die Serialisierung von Objekten. Dabei werden Objekte und ihre Bestandteile in einer definierten Reihenfolge auf ein Ausgabemedium geschrieben. Bei der Deserialisierung wird aus dieser gespeicherten Repräsentation der ursprüngliche Objektzustand wiederhergestellt.

Die Serialisierung eignet sich besonders für die Übertragung von Daten und für das Speichern einer Objektstruktur, die zu einer Zeit nur von einem Benutzer bearbeitet wird.

Wenn Objekte von mehreren Benutzern verwendet und bearbeitet oder komplexere Beziehungen zwischen Objekten gespeichert werden sollen, stößt die Serialisierung als eine Lösung für die Persistenz an ihre Grenzen. Sie bietet keine Mechanismen, um das Arbeiten von mehreren Nutzern auf dem gleichen Datenbestand zu unterstützen. Deshalb arbeiten die meisten objektorientierten Anwendungen für die Speicherung von Daten mit Datenbanken zusammen.

6.2 Speicherung in Datenbanken

Diejenigen Objekte einer Anwendung, bei denen die zugehörigen Daten länger benötigt werden als nur bis zum Beenden des Programms, werden in der Regel in Datenbanken gespeichert. Der weitaus größte Teil von Anwendungen nutzt dazu die relationalen Datenbanken. Die Daten von Objekten werden dabei in Tabellen der relationalen Datenbank gespeichert und wieder ausgelesen, wenn das Objekt aus diesen Daten wiederhergestellt werden soll.

Wir gehen deshalb in den folgenden Abschnitten genauer auf die Zusammenarbeit von objektorientierten Systemen mit relationalen Datenbanken ein. Wir werden zunächst ab Abschnitt 6.2.1 einen kurzen Überblick über die Grundstrukturen von relationalen Datenbanken geben. Abschnitt 6.3 geht darauf ein, wie ein Objektmodell auf relationale Datenbanken abgebildet werden kann. Schließlich stellen wir in Abschnitt 6.4 den Prozess der Normalisierung einer relationalen Datenbank vor und zeigen für die verschiedenen Normalformen, dass unsere zuvor definierten Abbildungsregeln zur Einhaltung der Normalform führen.

6.2.1 Relationale Datenbanken

Relationale Datenbanken als Standard

Insbesondere für die Speicherung der Daten in Unternehmen haben sich die relationalen Datenbanksysteme durchgesetzt. In den relationalen Datenbanken werden keine Objekte, sondern Fakten und die Relationen dieser Fakten untereinander gespeichert. Wenn die Daten einer objektorientierten Anwendung in einer relationalen Datenbank gespeichert werden, müssen wir also eine Vorgehensweise definieren, nach der die Informationen über die gespeicherten Objekte auf die Fakten und Relationen in der Datenbank abgebildet werden. Diesem Thema werden wir uns in diesem Abschnitt widmen.

Was ist mit Objektdatenbanken?

Man kann sich die Frage stellen, warum die relationalen Datenbanken nicht von objektorientierten Datenbanken abgelöst worden sind. Immerhin gibt es das objektorientierte Programmieren seit mehreren Dekaden, und die ersten objektorientierten Datenbanken sind auch schon mehr als 25 Jahre alt.

Wir können hier keine Antwort auf diese Frage geben, nur eine Vermutung: Die Stärke der Objektorientierung ist es, die Komplexität der Programme zu verringern, indem sie den Programmablauf und die dazugehörigen Daten zu Objekten bündelt. Die Aufgabe einer Datenbank ist jedoch eine andere. Ihr Zweck besteht darin, Daten zu enthalten. Es ist nicht die primäre Aufgabe der Datenbank, die Abläufe und Prozesse, die mit diesen Daten arbeiten, zu verwalten. Ein Unternehmen benutzt eine Datenbank, um Daten zu speichern. Die Geschäftsprozesse ändern sich häufig, die Daten bleiben. Das und die Reife der relationalen Datenbanksysteme gehören unserer Meinung nach zu den Hauptgründen, warum relationale Datenbanksysteme noch für lange Zeit die meistgenutzten Systeme für die Speicherung von Unternehmensdaten sein werden.

6.2.2 Struktur der relationalen Datenbanken

Widmen wir also den relationalen Datenbanksystemen und deren Verwendung in objektorientierten Anwendungen etwas Zeit.

Um Objekte aus einer relationalen Datenbank laden und sie dort wieder speichern zu können, müssen wir beschreiben, welche Daten eines Objekts in welchen Strukturen der Datenbank gespeichert werden. Diese Abbildung der Objektdaten auf die Datenbankstrukturen muss vor allem die folgenden Informationen beinhalten:

- Welche Attribute in der Datenbank stehen mit welchen Attributen von Klassen in Beziehung?
- Wie werden Vererbungsbeziehungen in der Datenbank abgebildet?
- Wie sind die Beziehungen zwischen den Objekten in der Datenbank abgebildet?

Objektrelationale Mapper

Die resultierenden Aufgaben werden in der Praxis in der Regel von verschiedenen Werkzeugen, den sogenannten objektrelationalen Mappern, gut erledigt. Ein in vielen Projekten eingesetztes Werkzeug ist Hibernate (*http://hibernate.org*).

Obwohl also in der Praxis Werkzeuge wie die oben genannten eine ganze Menge Arbeit bei der Abbildung abnehmen, ist es sinnvoll, die verschiedenen Möglichkeiten einer Abbildung aus der relationalen Welt in die Welt der Objekte zu verstehen. Auch hier gilt wieder: Transparenz ist nur bis zu einem gewissen Grad möglich. Spätestens wenn die Abbildung in Bezug auf Performanz und Effizienz optimiert werden muss, ist ein Blick hinter die Kulissen notwendig.

6.2.3 Begriffsdefinitionen

Bevor wir uns der Abbildung von Objekten auf relationale Datenbanken zuwenden, sollten wir einige Begriffe definieren, die wir nutzen werden.

Funktionen

In der Mathematik ist eine Funktion eine eindeutige Abbildung der Elemente einer Menge auf die Elemente einer anderen Menge. Meistens wird eine Funktion als eine Berechnungsvorschrift definiert. So kann man zum Beispiel eine Funktion $f(x) = sin(x) + 2x^2$ definieren, die jedem x aus der *Domäne* der reellen Zahlen einen ebenfalls reellen Wert zuordnet.

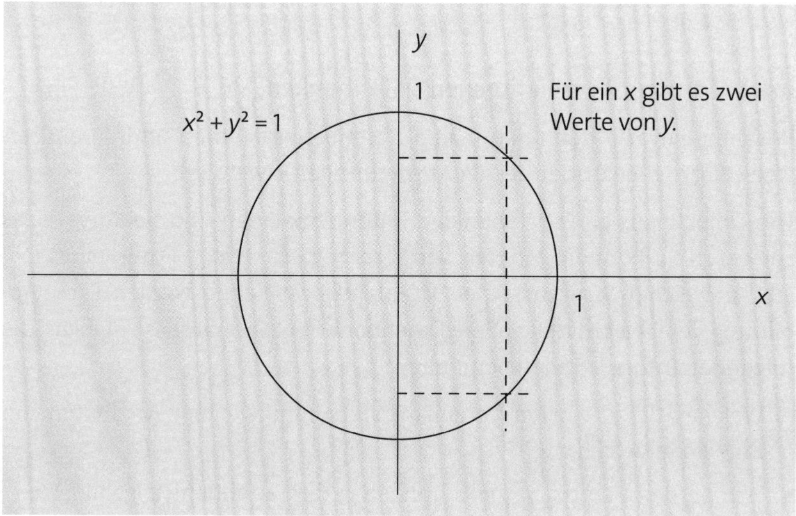

Abbildung 6.1 Relation »Kreis« zwischen den Koordinaten x und y

Doch es ist nicht nötig, dass es eine solche Vorschrift gibt, man kann eine Funktion auch durch das Aufzählen der Werte für die jeweiligen Argumente definieren. Und genau darum geht es bei den Datenbanken: Die Fakten zu speichern, die sich nicht aus einer Formel berechnen lassen.

So können wir die Funktion *Land(Stadt)* definieren, die für jede (gespeicherte) Stadt das dazugehörige Land zurückgibt. Hier gibt es aber keine Möglichkeit, die Daten zu berechnen, wir müssen sie also speichern.

Stadt	Land
Berlin	Deutschland
Köln	Deutschland
London	Vereinigtes Königreich
Linz	Österreich
...	...

Eine Funktion kann durchaus auch mehrere Parameter haben. So kann zum Beispiel eine Funktion *Film(Kinosaal, Uhrzeit)* eindeutig bestimmen, welcher Film in welchem Saal eines Multiplexkinos zu welcher Uhrzeit läuft.

Funktion: eindeutige Beziehung

Eine Funktion ist also eine *eindeutige* Beziehung zwischen einem Argument – oder einem ganzen Tupel von Argumenten – und einem Wert der Funktion. Doch nicht alle interessanten Beziehungen zwischen Fakten lassen sich als eine Funktion formulieren. Denn manche Beziehungen sind nicht eindeutig.

Für die Beziehung der Koordinaten x und y einer Kreislinie mit dem Mittelpunkt (0,0) und dem Radius 1 gilt zum Beispiel die Formel $x^2 + y^2 = 1$, nur für die Werte 1 und –1 von x lässt sich ein eindeutiger Wert von y bestimmen (0). Alle anderen Werte von x haben entweder gar keine oder zwei zugehörige Werte von y. Man kann zwar im Allgemeinen keinen eindeutigen Wert y zu einem beliebigen x bestimmen, man kann aber immer eindeutig entscheiden, ob ein Paar (x, y) zu der Kreislinie gehört oder nicht.

Relation: Beziehung zwischen Mengen

Eine solche Beziehung zwischen Elementen mehrerer Mengen nennt man *Relation*. Für die Definition einer Relation ist die Eindeutigkeit nicht wichtig, ausschlaggebend ist nur, dass man bestimmen kann, ob ein Tupel der Elemente der Argumentmengen (der *Domänen*) zu der Relation gehört oder nicht. Die Relation definiert keine Reihenfolge der Tupel, sie bestimmt nur, ob ein Tupel zu ihr gehört oder nicht.

Aus der Sicht der Datenbanksysteme sind Relationen, für die es eine Berechnungsformel gibt, nicht besonders interessant. Die Datenbanksysteme gibt es, um Informationen über Relationen zu speichern, für die es eben keine solche Formel gibt.

RDBMS

Die relationalen Datenbanksysteme (engl. *Relational Database Management System*, RDBMS) verwalten also Informationen über Relationen zwischen den Fakten aus verschiedenen Domänen.

Ein Element einer Relation ist ein *Tupel*, der aus Elementen der Domänen dieser Relation besteht. Bei den gespeicherten Daten spricht man auch von *Datensätzen* (engl. *Records*) einer Relation, die aus *Feldern* (engl. *Fields*) bestehen. In einer relationalen Datenbank gibt es verschiedenartige Relationen. Direkt gespeicherte Relationen sind die *Tabellen*. Von den Tabellen können andere Relationen abgeleitet werden – die Ansichten (engl. *Views*) und die Abfragen (engl. *Queries*). Wenn wir uns die tabellarische Darstellung einer Relation ansehen, ist recht schnell klar, warum wir die Begriffe *Zeile* bzw. *Spalte* als Synonyme für die Begriffe *Datensatz* und *Feld* verwenden. In Abbildung 6.2 ist eine Relation am Beispiel dargestellt.

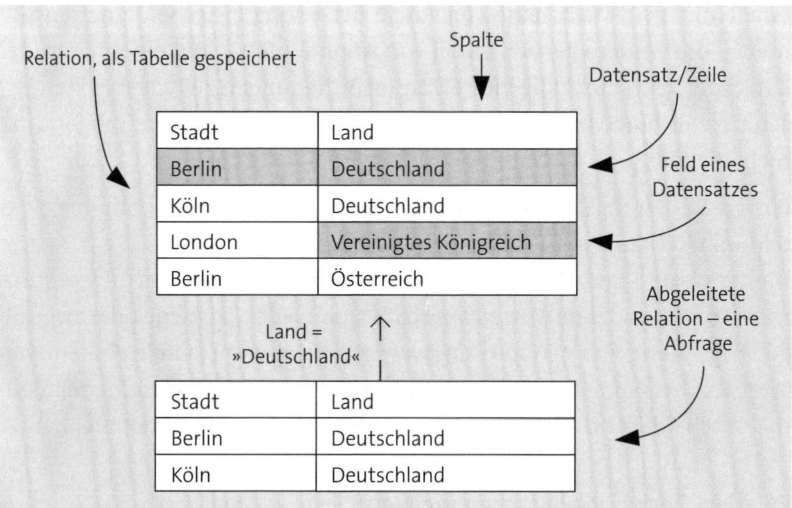

Abbildung 6.2 Relation Stadt – Land

Funktionale Abhängigkeit

Die Funktionen gehören auch zu den Relationen. Wenn man immer anhand einiger Felder die Werte anderer Felder in einem Datensatz eindeutig bestimmen kann, spricht man von einer *funktionalen Abhängigkeit*. So besteht in unseren Beispielen eine funktionale Abhängigkeit zwischen der Stadt und dem Land, in dem die Stadt liegt, nicht aber umgekehrt, denn in einem Land können mehrere Städte liegen.[1] Es besteht auch eine funktionale Abhängigkeit zwischen einem Kinosaal und einer Uhrzeit einerseits und einem Film andererseits, es besteht jedoch keine funktionale Abhängigkeit zwischen einem Kinosaal allein und einem Film, denn um den Film eindeutig bestimmen zu können, brauchen wir auch die Uhrzeit.

Schlüssel

Wenn wir anhand der Werte einiger Spalten einer Relation den kompletten Datensatz eindeutig bestimmen können, bilden die Spalten einen *Schlüssel* der Relation. Man sollte hier nicht die Bedeutung des Worts »bestimmen« mit der Bedeutung des Worts »berechnen« verwechseln. Dass

1 Wir gehen hier von der vereinfachten Sichtweise aus, dass eine Stadt immer nur in einem Land liegt.

wir anhand der Werte der Spalten eines Schlüssels die Werte der anderen Spalten der Relation eindeutig bestimmen können, bedeutet nicht, dass man den Wert nach einer Formel berechnen kann, sondern dass es eine fachliche Regel gibt, die besagt, dass es zu einer Kombination der Werte der Schlüsselspalten nur einen einzigen Datensatz in der Relation geben kann.

Es besteht also immer eine funktionale Abhängigkeit zwischen einem Schlüssel einer Relation und allen anderen Spalten dieser Relation. Eine Relation kann auch mehrere Schlüssel haben. So kann man zum Beispiel einen Mitarbeiterdatensatz sowohl über die E-Mail-Adresse des Mitarbeiters bzw. der Mitarbeiterin als auch über die Personalausweisnummer eindeutig identifizieren. Und offensichtlich, wenn einige Spalten einen Schlüssel bilden, entsteht so auch ein Schlüssel (ein Überschlüssel), wenn man weitere Spalten hinzufügt.

Tabellen ohne Schlüssel?

Obwohl die meisten relationalen Datenbanken es zulassen, dass man Tabellen ohne einen Schlüssel anlegt, ist das sehr selten eine gute Idee. Denn wenn in einer Tabelle gleiche Datensätze vorkommen können, kann man sie nicht eindeutig identifizieren – zumindest nicht mit den Mitteln der relationalen Theorie. Ein Tupel kann nämlich zu einer Relation entweder gehören oder nicht gehören, es kann zu der Relation jedoch nicht »mehrfach« gehören. Eine derartige Information kann für die Anwendung zwar relevant sein, man sollte aber über eine alternative Speichermöglichkeit nachdenken – über eine, die sich als Relation abbilden lässt.

Schlüsselkandidat Primärschlüssel Alternativschlüssel

In der Praxis wählt man einen der Schlüssel einer Tabelle aus und deklariert ihn als den *Primärschlüssel* der Tabelle. Andere Schlüssel der Tabelle nennt man auch ihre *Alternativschlüssel*, alle zusammen nennt man *Schlüsselkandidaten*. Welcher der Schlüssel zum Primärschlüssel ausgewählt werden sollte, ist eine technische Entscheidung. Die Theorie befasst sich nicht mit der effizienten technischen Umsetzung der Datenbanken – das wird dem jeweiligen Datenbankhersteller überlassen. Denjenigen, die die Datenbank anwenden, müssen die technischen Möglichkeiten der verwendeten Datenbank jedoch bekannt sein, damit sie diese effektiv nutzen können. Relationale Datenbanken verwenden verschiedene Hilfsmittel, um die gesuchten Datensätze effektiv zu finden.

Index

Zu den meistverwendeten solcher Hilfsmittel gehören die Indizes. Für welche Spaltengruppen ein Index angelegt werden sollte, ist aber keine Entscheidung, die die relationale Theorie beantworten kann. Um eine solche Entscheidung zu treffen, müssen wir wissen, anhand welcher Spalten die Datensätze in der Regel gesucht werden. Und weil man in den meisten Fällen einen Index für den Primärschlüssel anlegen wird, ist es oft eine gute Idee, den Schlüssel zum Primärschlüssel zu machen, nach dem häufiger gesucht wird. Da wir aber Indizes auch für andere Spalten anlegen können, ist das lediglich ein Hinweis.

Fremdschlüssel

In einer relationalen Datenbank werden meistens mehrere Relationen verwaltet. Manche werden Spalten aus den gleichen Domänen haben. So kann man zum Beispiel eine Tabelle der Mitarbeiter und Mitarbeiterinnen mit der Spalte »E-Mail-Adresse« und eine andere Tabelle der E-Mails mit der Spalte »Absenderadresse« aus der gleichen Domäne der E-Mail-Adressen haben. Eine Absenderadresse ist in der Tabelle der E-Mails kein Schlüssel, denn ein Mitarbeiter kann mehrere E-Mails verschickt haben, sie identifiziert aber eindeutig einen Datensatz in der Tabelle der Mitarbeiter.

Wenn eine Spaltengruppe einer Relation einen Datensatz einer anderen Relation eindeutig bestimmen kann, spricht man von einem *Fremdschlüssel*.

NULL-Werte

Bisher haben wir davon gesprochen, dass eine Relation aus Element-Tupeln besteht, die zu dieser Relation gehören. Eine solche Relation kann als Tabelle in einer relationalen Datenbank gespeichert werden. Wir könnten für das Speichern unserer Kontaktdaten eine Relation mit folgenden Feldern definieren: (*Vorname, Nachname, Straße, Hausnummer, Postleitzahl, Stadt, Telefonnummer, Faxnummer, E-Mail*). In einer solchen Relation könnten wir keine Daten von Leuten, die kein Faxgerät besitzen oder deren Adresse wir nicht kennen, speichern.

Mehrere Relationen

Stattdessen könnten wir mehrere Relationen definieren:

- (Vorname, Nachname, *Straße, Hausnummer, Postleitzahl, Stadt*)
- (Vorname, Nachname, *Telefonnummer*)
- (Vorname, Nachname, *Faxnummer*)
- (Vorname, Nachname, *E-Mail*)

Alle vier Relationen haben einen Schlüssel, der aus den Spalten (*Vorname, Nachname*) besteht – wir gehen jetzt vereinfacht davon aus, dass wir Menschen mit gleichen Namen durch einen Namenszusatz zum Beispiel in der Spalte *Vorname* eindeutig auseinanderhalten können.

In der Datenbank müssten wir für jeden Kontakt, den wir speichern möchten, also bis zu vier Einträge mit dem Vor- und dem Nachnamen erzeugen.

Das wäre wenig effizient, wenn wir für die meisten Kontakte tatsächlich alle vier Einträge speichern würden.

Abhilfe bieten hier die NULL-Werte. Man kann in einer Tabelle bestimmen, welche Spalten einen Wert haben müssen und welche leer bleiben können. Auf diese Art kann man mehrere fachliche Relationen in einer Tabelle speichern und so den Speicherplatz effektiver nutzen. Die Schlüsselspalten können natürlich keinen NULL-Wert enthalten.

6.3 Abbildung auf relationale Datenbanken

Um Objekte mit ihren Beziehungen in relationalen Datenbanken speichern zu können, müssen wir beschreiben, wie diese auf die relationalen Strukturen abgebildet werden.

6.3.1 Abbildung von Objekten in relationalen Datenbanken

Schauen wir uns zunächst an, wie man die grundsätzlichen Daten der Objekte in einer relationalen Datenbank speichern kann. Wenn wir davon ausgehen, dass alle Exemplare einer Klasse etwa die gleiche Datenstruktur haben, können wir für die Speicherung ihrer Daten eine Tabelle definieren, deren Spalten den Attributen bzw. den Dateneinträgen der Objekte entsprechen.

Wir können aber durchaus auch mehrere Attribute eines Objekts in einer Spalte speichern. Im Extremfall könnten wir sogar alle Daten eines Objekts serialisieren und sie so in einem Feld eines Datensatzes speichern.

Zugriffsrelevanz

Wichtig für solche Entscheidungen ist immer die Frage: Werde ich auf die Werte der einzelnen Eigenschaften in der Datenbank zugreifen müssen? Werde ich nach ihnen suchen? Wenn ich zum Beispiel alle Kundinnen und Kunden aus einem Postleitzahlenbereich finden möchte, ist es sinnvoll, ihre Postleitzahlen in einer separaten Spalte der Kundentabelle zu speichern und sie nicht in einer breiteren Adressspalte zusammen mit dem Straßen- und dem Stadtnamen zu verbinden.

Als Richtlinie kann uns dabei die Struktur des Objekts selbst dienen. Wenn die Adresse in unserer Anwendung einfach als Zeichenkette gehandhabt wird, spricht nicht viel dafür, sie nur wegen der Speicherung in der Datenbank in ihre Bestandteile zu zerlegen. Wurde dagegen eine Adresse in unserem Klassenmodell als eine eigenständige Klasse mit gesonderten Attributen modelliert, wird es wohl meistens sinnvoll sein, diese getrennt in der Datenbank zu speichern.

Verteilung auf mehrere Tabellen

Es kann aber auch sinnvoll sein, die Daten einer Klasse auf Datensätze in mehreren Tabellen zu verteilen. Dabei kann man die ursprüngliche Tabelle auf zwei Arten trennen:

Vertikale Verteilung

- **Vertikal**
  Bei dieser Verteilung speichert man verschiedene Attribute der Objekte in verschiedenen Tabellen, die Daten eines einzelnen Objekts werden also in mehreren Datensätzen verschiedener Tabellen gespeichert. Das ist vor allem dann sinnvoll, wenn die Attribute optional sind und häufig keinen Wert haben oder die Werte bestimmter Attribute selten gebraucht werden. Durch die vertikale Teilung kann die Tabelle mit den häufig verwendeten Daten der Objekte kleiner und die Zugriffe auf diese Tabelle können schneller werden. Braucht man jedoch auch die in andere Tabellen ausgelagerten Daten, muss man auf mehrere Tabellen zugreifen, was wiederum weniger effektiv ist. Welche Tabellenstruktur man wählen sollte, hängt letztlich von der konkreten Anwendung ab.

Horizontale Verteilung

- **Horizontal**
  Hier werden verschiedene Objekte in verschiedenen Tabellen mit derselben Struktur gespeichert. Ein Objekt wird aber immer nur in einer Tabelle gespeichert. Diese Aufteilung ist vor allem dann sinnvoll, wenn man häufig nur auf eine bestimmte Menge der Objekte zugreift. So können wir zum Beispiel offene Rechnungen in einer anderen Tabelle speichern als Rechnungen, die bereits beglichen worden sind. Das ermöglicht einen schnelleren Zugriff auf die offenen Rechnungen, vor allem dann, wenn es nur wenige offene, aber viele beglichene Rechnungen im System gibt. Die erhöhte Komplexität der Anwendung gehört allerdings zu den Nachteilen der horizontalen Aufteilung. Ein anderer Nachteil ergibt sich aus der etwas geringeren Effektivität, wenn wir bei der Suche nach den Objekten das Aufteilungskriterium nicht berücksichtigen können. Suchen wir in unserem Beispiel eine Rechnung nach ihrer Rechnungsnummer und wissen nicht, ob die Rechnung bereits beglichen ist, müssen wir zwei Tabellen statt einer durchsuchen.

Partitionierung

Viele relationale Datenbanksysteme kennen das Konzept der *Partitionierung* der Tabellen. Eine partitionierte Tabelle ist intern horizontal geteilt, nach außen gibt sie sich aber als gewöhnliche Tabelle. Auf diese Art können wir die Vorteile der horizontalen Aufteilung nutzen und die Komplexität dieser Aufteilung der Datenbank überlassen. Selbstverständlich können wir beide Verteilungsstrategien auch kombinieren.

Wir werden zur Verteilung der Tabellen und der Abbildung der Daten der Objekte auf die Tabellen und ihre Spalten noch einmal in Abschnitt 6.3.3 zurückkommen. Dort widmen wir uns der Abbildung der Vererbung.

Identität

Neben der Abbildung der eigentlichen Daten der Objekte auf die Daten in einer relationalen Datenbank ist es wichtig, dass wir die Identität der Objekte und ihren Bezug zu den richtigen Daten verwalten können.

In einer objektorientierten Anwendung hat jedes Objekt eine eindeutige Identität. Auch Objekte, die die gleichen Daten enthalten, können als selbstständige, nicht verwechselbare Entitäten betrachtet werden. In einer relationalen Datenbank gibt es den Begriff der Identität aber nicht. Datensätze einer Relation können anhand des Primär- oder eines Alternativschlüssels eindeutig bestimmt werden, ändert man jedoch die Werte der Schlüsselspalten, können wir nicht sagen, ob ein neuer Datensatz entstanden ist und der alte gelöscht wurde oder ob wir einen Datensatz modifiziert haben. Um einen Bezug der Datensätze zu den dazugehörigen Objekten herzustellen, müssen wir die Eigenschaften des Objekts bestimmen, die für die eindeutige Bestimmung seiner Identität verwendet werden können.

Eine Möglichkeit bieten die sogenannten *natürlichen Schlüssel*. Ein natürlicher Schlüssel ist ein Attribut – oder eine Gruppe von Attributen –, das nach den Fachregeln der Anwendung zur eindeutigen Identifizierung eines Objekts dienen kann. So kann zum Beispiel die zweistellige Internetländerdomäne oder das internationale Länderkennzeichen als natürlicher Schlüssel für die Bestimmung eines Landes dienen.

Natürlicher Schlüssel

Häufig gibt es keinen solchen natürlichen Schlüssel. In so einem Fall können wir einen *Ersatzschlüssel* (engl. *Surrogate Key*) definieren, der jedem Exemplar einer Klasse zugeordnet wird, um dessen Identität eindeutig zu bestimmen. Ein Ersatzschlüssel hat in der Anwendung keine fachliche Bedeutung, er wird Anwendern nicht gezeigt, sondern nur intern verwendet, um den Bezug der Objekte zu ihren gespeicherten Daten herzustellen.

Ersatzschlüssel Surrogate Key

Der Einsatz von Ersatzschlüsseln hat eine ganze Reihe von Vorteilen.

- **Vorteil 1:** Während der natürliche Schlüssel komplex sein und aus mehreren Spalten bestehen kann, können wir immer einen einfachen

Ersatzschlüssel sind einfach

Ersatzschlüssel definieren. Wir können wahrscheinlich eine Person durch ihren Namen, ihr Geburtsdatum und den Geburtsort eindeutig identifizieren, es ist aber wesentlich effizienter, wenn sich diese Information nicht in jeder Tabelle, die Daten zu dieser Person enthält, wiederholen muss.

Ersatzschlüssel müssen nicht geändert werden

- **Vorteil 2:** In einigen Fällen kann es fachlich notwendig sein, die Werte der Spalten des natürlichen Schlüssels zu ändern. Das führt zwangsläufig zur erhöhten Komplexität bei der Verwaltung der Identität der Objekte. Nehmen wir als Beispiel einen Geheimdienst, der (zugegeben etwas unvorsichtig) alle für ihn tätigen Agenten in einer Tabelle auflistet. Wenn wir hier die aktuelle Passnummer eines Agenten als Schlüssel der Tabelle unserer Agenten verwenden, müssen wir die Identität der Daten bei der Ausstellung jedes neuen (gefälschten) Passes anpassen. Wenn wir dagegen einen Ersatzschlüssel ohne fachliche Bedeutung einführen, besteht auch nie der fachliche Bedarf, diesen zu ändern.

  Andererseits kann es manchmal sinnvoll sein, die Werte eines Ersatzschlüssels zu ändern, ohne dass dies fachliche Konsequenzen hätte. Führt man zum Beispiel mehrere Datenbanken zusammen, muss man die Schlüsselwerte, die nicht eindeutig sind, ändern. Wenn zwei Firmen fusionieren und ihre Kundendatenbanken konsolidieren, kann die nötige Änderung der Kundennummern einen nicht zu unterschätzenden Aufwand bedeuten.

Ersatzschlüssel gibt es immer

- **Vorteil 3:** Für bestimmte Objekte gibt es gar keinen natürlichen Schlüssel, hier sind wir auf die Verwendung eines Ersatzschlüssels angewiesen.

  Vor allem dann, wenn es keinen natürlichen Schlüssel für bestimmte Objekte gibt, tendiert man dazu, einen Ersatzschlüssel zu einem natürlichen Schlüssel zu erheben. So hat heutzutage jede Bestellung und jede Rechnung eine im Unternehmen eindeutige Nummer, fast jedes Buch eine ISBN, jedes zugelassene Auto ein Kennzeichen, jeder Kunde bzw. jede Kundin eine Kundennummer, jedes Konto eine Kontonummer. Solche für die Anwender und Anwenderinnen sichtbaren Schlüssel kann man durchaus als natürliche Schlüssel betrachten. Wenn es dennoch für bestimmte Klassen von Objekten keinen natürlichen Schlüssel gibt, kann es praktisch erscheinen, den Benutzern die Werte der Ersatzschlüssel anzuzeigen. Das birgt aber die Gefahr, dass der Ersatzschlüssel irgendwann zu einem natürlichen Schlüssel mutiert und es zu den bereits geschilderten Schwierigkeiten mit natürlichen Schlüsseln kommt.

6.3.2 Abbildung von Beziehungen in relationalen Datenbanken

Für die Abbildung von Beziehungen zwischen Objekten in einer Datenbank spielt die Multiplizität[2] der Beziehung eine entscheidende Rolle. Bei einer 1:1-Beziehung können wir die Daten beider Objekte in derselben Tabelle speichern, weil die Identität eines Objekts eindeutig die Identität des anderen Objekts bestimmt. Das ist sogar dann der Fall, wenn einer der Teilnehmer der Beziehung optional ist – ist das so, können wir die dazugehörigen Spalten einfach leer lassen.

Beziehung 1:1 1:0..1

Bei der Abbildung der 1:1-Beziehung gelten die gleichen Überlegungen wie bei der vertikalen Aufteilung der Abbildung einer einzelnen Klasse. Je nachdem, wie oft wir auf bestimmte Attribute der Teilnehmer der Beziehung zusammenhängend zugreifen, und je nachdem, wie oft der optionale Teilnehmer vorhanden ist, sollten wir entscheiden, auf wie viele Tabellen wir die Daten verteilen.

Wir sehen, dass schon ein einzelnes Objekt und die 1:1-Beziehungen auf recht vielfältige Art und Weise auf die Tabellenstrukturen in einer relationalen Datenbank abgebildet werden können. Es gibt entsprechend auch eine ganze Anzahl von Möglichkeiten, mehrwertige Beziehungen auf eine relationale Datenbank abzubilden. Die gängigsten davon werden wir in den nächsten Abschnitten vorstellen.

1:*

Wir könnten die Daten beider Teilnehmer einer 1:n-Beziehung auch in einer Tabelle speichern, denn ähnlich wie bei der 1:1-Beziehung bestimmt die Identität des n-Teilnehmers eindeutig die Identität des 1-Teilnehmers. Das bedeutet aber, dass die Daten des 1-Teilnehmers redundant wiederholt mehrmals[3] gespeichert werden müssen.

Ein besseres Vorgehen ist, wenn wir in die Tabelle der n-Teilnehmer nur den eindeutigen Schlüssel des 1-Teilnehmers einfügen und mit diesem *Fremdschlüssel* die Datensätze in der Tabelle des 1-Teilnehmers referenzieren. Das ist die gängigste Abbildung einer 1:n-Beziehung in relationalen Datenbanken.

Referenzielle Integrität

Die meisten relationalen Datenbanken können sicherstellen, dass es für den Wert eines Fremdschlüssels immer einen entsprechenden Eintrag in der Zieltabelle gibt. Das Vorhandensein eines entsprechenden Eintrags

2 Der Begriff der Multiplizität wurde in Abschnitt 4.3.3 definiert. Obwohl im Bereich der relationalen Datenbank häufiger der Begriff der Kardinalität verwendet wird, bleiben wir aus Konsistenzgründen beim Begriff Multiplizität.

3 Dass es redundanten Formulierungen an Eleganz mangelt, kann man an der hier gewählten Formulierung erkennen.

nennt man *referenzielle Integrität*. Durch die automatische Überprüfung der referenziellen Integrität kann die Datenbank sicherstellen, dass der vom n-Teilnehmer referenzierte 1-Teilnehmer existiert. Sie kann aber nicht sicherstellen, dass es die n-Teilnehmer gibt.

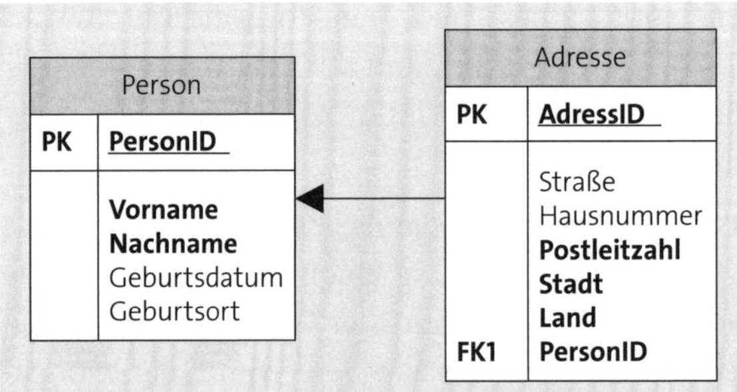

Abbildung 6.3 Referenzielle Integrität und eine 1:*-Beziehung

Datenmodelle in der Entity-Relationship-Darstellung

Ein Entity-Relationship-Modell (kurz ER-Modell) ist ein Verfahren zur Datenmodellierung, das häufig für Entwurf und Dokumentation von relationalen Datenbanken eingesetzt wird. Die zugehörigen ER-Diagramme beschreiben Beziehungen zwischen Entitäten in der Wirklichkeit. ER-Diagramme weisen Ähnlichkeiten zu den Strukturdiagrammen der UML auf, setzen jedoch einen stärkeren Fokus auf die Beziehungen zwischen Entitäten und den datenbankspezifischen Eigenschaften wie Primär- oder Fremdschlüssel. In ER-Diagrammen wird jede Relation durch ein Kästchen dargestellt. Die Spalten des Primärschlüssels sind oben, sie werden mit PK (Primary Key) markiert und unterstrichen dargestellt.

Wenn eine Relation einen Fremdschlüssel zu einer anderen Relation enthält, wird das durch einen Pfeil dargestellt. Die Spalten des Fremdschlüssels werden mit FK (Foreign Key) markiert. Spalten, die keine NULL-Werte enthalten dürfen (die Pflichtspalten), werden fett dargestellt.

Sind die Spalten des Fremdschlüssels keine Pflichtspalten, handelt es sich um eine 0..1:*-Beziehung. Sind die Spalten des Fremdschlüssels Pflichtspalten, geht es um eine 1:*-Beziehung. Ist der Primärschlüssel oder ein Alternativschlüssel selbst ein Fremdschlüssel, geht es um eine 1:0..1-Beziehung. Und wenn für die Spalten des Fremdschlüssels eine Eindeutigkeitsbedingung gilt (markiert mit U für Unique), die Spalten aber keine Pflichtfelder sind, geht es um eine 0..1:0..1-Beziehung.

Eine andere, seltener angewandte Möglichkeit besteht darin, in der Tabelle des 1-Teilnehmers die Daten oder zumindest die Schlüssel der n-Teilnehmer zu speichern. Das ist manchmal vernünftig, wenn die obere Schranke n der Multiplizität eine kleine definierte Zahl ist. Kann zum Beispiel in unserer Anwendung eine Person minimal eine und maximal drei Anschriften haben, können wir durchaus alle drei in der Tabelle `Person` speichern, wie in Abbildung 6.4 dargestellt. Auf diese Art können wir sicherstellen, dass zumindest eine Anschrift vorhanden ist. **1:1..n**

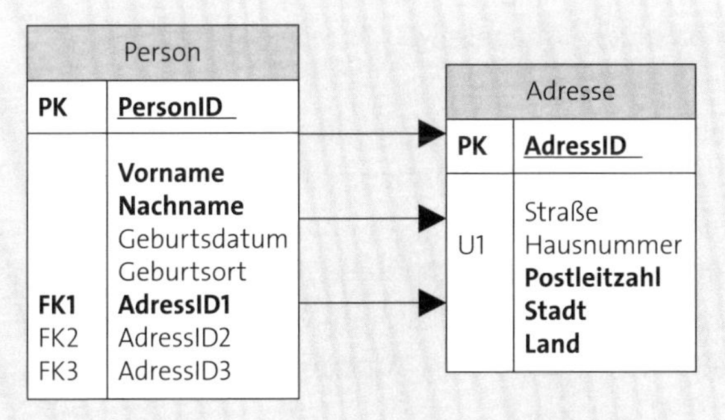

Abbildung 6.4 Umkehr der referenziellen Integrität

Der Nachteil dieser Vorgehensweise liegt wieder in der Redundanz und der dadurch erhöhten Komplexität der Anwendung. Hier sind es nicht die Daten selbst, die redundant sind, sondern wir haben redundante Datenstrukturen geschaffen.

Neben der Zuordnung der Objekte einer 1:n-Beziehung zueinander müssen wir noch andere Eigenschaften der Beziehung in Betracht ziehen. Ist die Beziehung geordnet? Können sich Elemente der Beziehung wiederholen? Die in Abbildung 6.3 beschriebene Vorgehensweise eignet sich sehr gut für die Abbildung einer Menge (*Set*), in der ein Objekt maximal einmal auftreten kann und die Reihenfolge der Objekte keine Rolle spielt. **Menge (Set)**

Wenn die Reihenfolge der n-Teilnehmer eine Rolle spielt und sie sich nicht nach bereits existierenden Attributen bestimmen lässt, hat man grundsätzlich zwei Möglichkeiten: Wenn der 1-Teilnehmer nicht optional ist, kann man den Ersatzschlüssel der n-Teilnehmer so wählen, dass sein Wert sich für die Bestimmung der Reihenfolge verwenden lässt. Der Primärschlüssel der n-Teilnehmer kann sogar aus dem Primärschlüssel des 1-Teilnehmers und einer Reihenfolgezahl bestehen, wie in Abbildung 6.5 dargestellt. **1:* {ordered}**

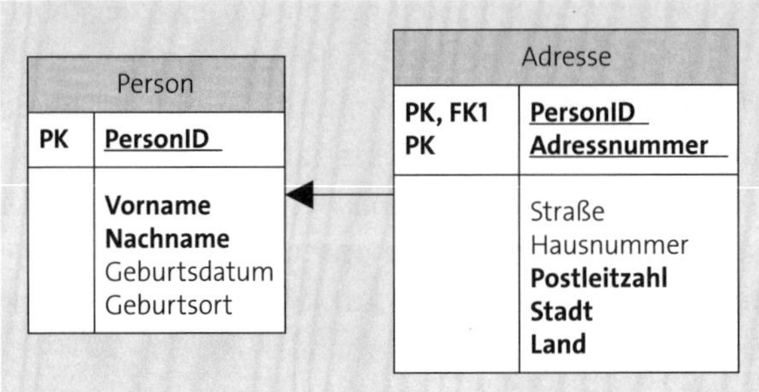

Abbildung 6.5 Der Fremdschlüssel ist ein Teil des Primärschlüssels.

0..1:* {ordered} Wenn der 1-Teilnehmer jedoch optional ist, wenn also die n-Teilnehmer auch ohne den 1-Teilnehmer existieren können, kann ihr Primärschlüssel nicht den Primärschlüssel des 1-Teilnehmers beinhalten. In diesem Fall ist es meist notwendig, für die Bestimmung der Reihenfolge eine zusätzliche Spalte hinzuzufügen. Im Beispiel von Abbildung 6.6 ist die Einführung einer zusätzlichen Spalte `Reihenfolgenummer` für diesen Fall dargestellt.

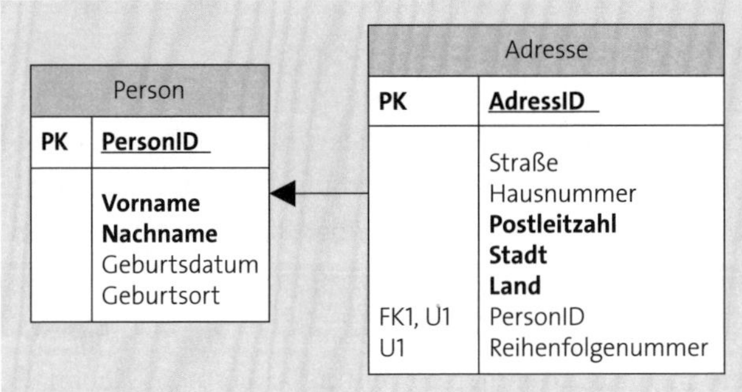

Abbildung 6.6 Abbildung einer geordneten 0..1:*-Beziehung

n:m Bei einer n:m-Beziehung kann die Identität eines der Teilnehmer die Identität der anderen Teilnehmer der Beziehung nicht eindeutig bestimmen. Es ist also nicht möglich, diese Beziehung in einer der zwei Tabellen abzubilden. Stattdessen müssen wir eine zusätzliche Tabelle definieren, die Fremdschlüssel zu den Tabellen beider Teilnehmer der Beziehung enthält. Je nach Art der Beziehung – ist es eine Menge, ein Korb oder eine Liste – können wir die beiden Fremdschlüssel zusammen als Primärschlüssel der Beziehungstabelle definieren oder stattdessen eine neue Primärschlüsselspalte definieren.

Assoziationsklassen Manche Beziehungen haben ihre eigenen Attribute. In Abschnitt 4.3.5, »Beziehungsklassen, Attribute einer Beziehung«, haben wir gezeigt, wie die Assoziationsklassen den »normalen« Klassen entsprechen. Somit können wir für das Speichern der Attribute einer Assoziationsklasse die gleichen Regeln wie für die »normalen« Klassen anwenden. Gehört die Assoziationsklasse zu einer n:m-Beziehung, bietet sich die Beziehungstabelle an, um dort die Attribute der Assoziationsklasse zu speichern.

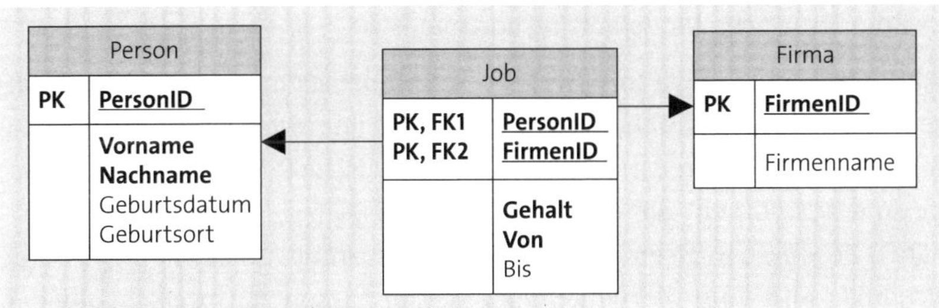

Abbildung 6.7 Abbildung einer n:m-Beziehung und einer Assoziationsklasse

6.3.3 Abbildung von Vererbungsbeziehungen auf eine relationale Datenbank

Bisher gingen wir in unserer Beschreibung davon aus, dass alle Exemplare einer Klasse dieselben Attribute haben. Das ist natürlich eine sehr vereinfachte Sichtweise, denn zu einer Klasse gehören doch auch alle Exemplare ihrer Unterklassen, und die Unterklassen definieren für ihre Exemplare normalerweise zusätzliche Eigenschaften. Die Datenstruktur der Exemplare einer Unterklasse enthält also die Datenstruktur der Exemplare ihrer Oberklasse bzw. ihrer Oberklassen. Die Speicherung der Daten der Exemplare der Unterklasse entspricht also der Speicherung der Daten einer *1:0..1-Kompositionsbeziehung* – 0..1 deswegen, weil es auch Exemplare der Oberklasse geben kann, die nicht zu der Unterklasse gehören.

Bei der Verwendung der Vererbungshierarchie liegt der Schwerpunkt jedoch etwas anders als bei der Kompositionsbeziehung. Wir stellen uns zum Beipsiel in einer Anwendung die Frage »Welche Objekte *enthalten* eine Produktnummer?« viel seltener als die Frage »Welche Produkte *gibt es*?«. Daher sollten wir uns die gängigsten Speicherungsmöglichkeiten einer Klassenhierarchie genauer anschauen.

Drei Möglichkeiten, eine Klassenhierarchie zu speichern

Um eine Klassenhierarchie auf eine relationale Datenbank abzubilden, gibt es in der Praxis drei verschiedene Möglichkeiten:

- Wir bilden alle Klassen der Hierarchie auf eine Tabelle ab (*Single Table Inheritance*).
- Wir bilden jede Klasse der Hierarchie auf eine eigene Tabelle ab (*Class Table Inheritance*).

- Wir bilden jede Klasse der Hierarchie, die nicht abstrakt ist, auf eine Tabelle ab (*Concrete Table Inheritance*).

Alle drei Methoden haben ihre Anwendungsfälle, und es hängt zum Beispiel von der Art der Hierarchie und auch vom verwendeten Datenbanksystem ab, welche Modellierung adäquat ist.

Als Beispiel greifen wir uns diesmal eine Modellierung von fachlichen Objekten in einem Produktkatalog heraus. Wir bieten verschiedene Produkte an. Dazu gehören Dienstleistungen und physische Produkte wie Werkzeuge und Maschinen, die aus verschiedenen Teilen bestehen. Die physischen Produkte müssen irgendwo gelagert werden, und ein und dasselbe Produkt kann unter verschiedenen Markennamen zu unterschiedlichen Preisen verkauft werden.[4]

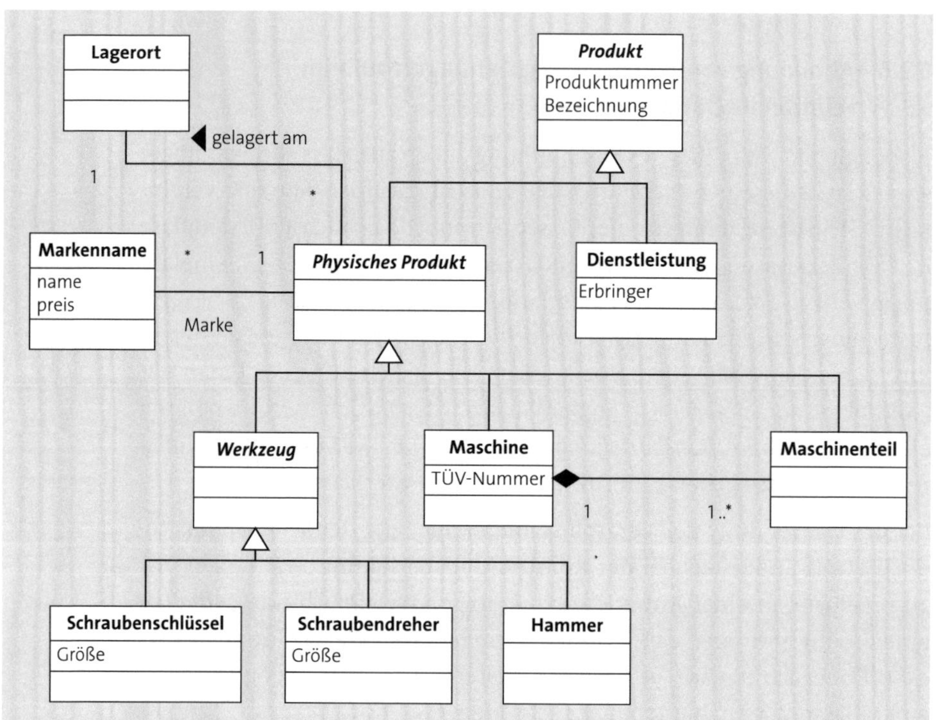

Abbildung 6.8 Beispielhierarchie zur Abbildung auf eine relationale Datenbank

Sie sehen eine Reihe von abstrakten Klassen in der Hierarchie von Abbildung 6.8. Von diesen können keine Exemplare erstellt werden. Konkrete

4 Das ist keine Marketingmasche. Die Preisunterschiede sind bestimmt durch unterschiedliche Garantieleistungen und durch die unterschiedlich aufwendige Präsentation in unterschiedlichen Baumärkten.

Klassen dagegen sind die folgenden: `Maschinenteil`, `Maschine`, `Schraubenschlüssel`, `Schraubendreher`, `Hammer` und `Dienstleistung`.

Wie würden wir nun die Klasse `Produkt` bei der Verwendung von Single Table Inheritance auf Tabellen einer relationalen Datenbank abbilden?

Single Table Inheritance

Hier resultiert eine einzige Tabelle mit dem Namen `Produkt`, die alle Informationen enthält – dargestellt in Abbildung 6.9.

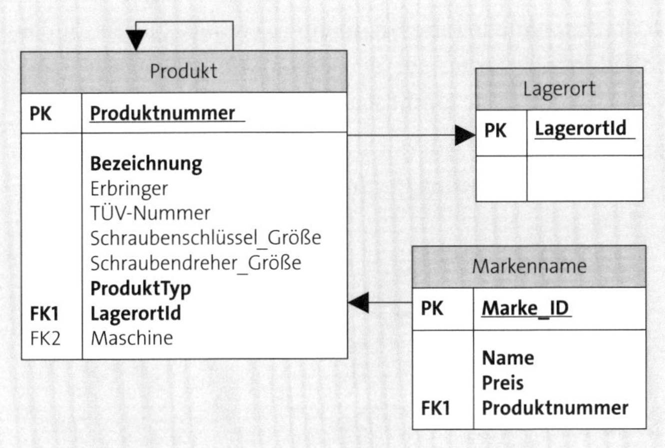

Abbildung 6.9 Abbildung von Vererbung auf genau eine Tabelle

Die gesamte Vererbungshierarchie ist bei diesem Vorgehen in einer Tabelle `Produkt` abgelegt. Da eine Maschine zum Beispiel kein Attribut `Erbringer` hat, müsste diese Spalte NULL-Werte zulassen, auch wenn sie für eine Dienstleistung ein Pflichtfeld ist. Theoretisch wäre es also möglich, inkonsistente Daten eintragen zu können. Um diese Konsistenzlücke zu schließen, könnte man die Möglichkeiten der gewählten Datenbank nutzen und sie bei jeder Erzeugung und jeder Änderung eines Datensatzes darauf überprüfen lassen, ob bei einer Maschine die Spalte `Erbringer` leer und bei jeder Dienstleitung ausgefüllt ist.

Wie aber erkennt man, ob ein Datensatz zu einer Maschine, einer Dienstleistung oder einer anderen Produktklasse gehört? Da wir anhand der Produktnummer nicht den Typ des Produkts erkennen können, benötigen wir eine zusätzliche Spalte, in die wir den Typ explizit speichern – die Spalte `ProduktTyp`. Das ist allerdings nicht immer erforderlich. Wenn wir aus den anderen Daten erkennen können, zu welcher konkreten Klasse der Datensatz gehört, wird eine solche Spalte nicht benötigt.

Concrete Table Inheritance

Eine andere Strategie, die ohne eine zusätzliche Typspalte auskommt, ist die Concrete Table Inheritance. Die resultierende Tabellenstruktur ist in Abbildung 6.10 dargestellt.

Bei dieser Strategie werden die Daten jeder konkreten Klasse in einer separaten Tabelle gespeichert. Der Vorteil dieser Strategie ist, dass für jeden Datensatz einer Tabelle klar ist, zu welcher Klasse das gespeicherte Objekt gehört, und die Bedingungen für die Spalten der Tabellen sich einfacher formulieren lassen. Der Nachteil ist die erhöhte Komplexität des Datenmodells – wir brauchen mehr Tabellen, mehrere Fremdschlüssel, und aus einem Pflichtfeld `Produktnummer` für den Fremdschlüssel in der Tabelle `Markenname` sind fünf optionale Fremdschlüsselfelder geworden.

Vielleicht wäre es sogar besser, aus der einen Tabelle `Markenname` fünf separate Tabellen zu machen, für jeden Produkttyp eine eigene.

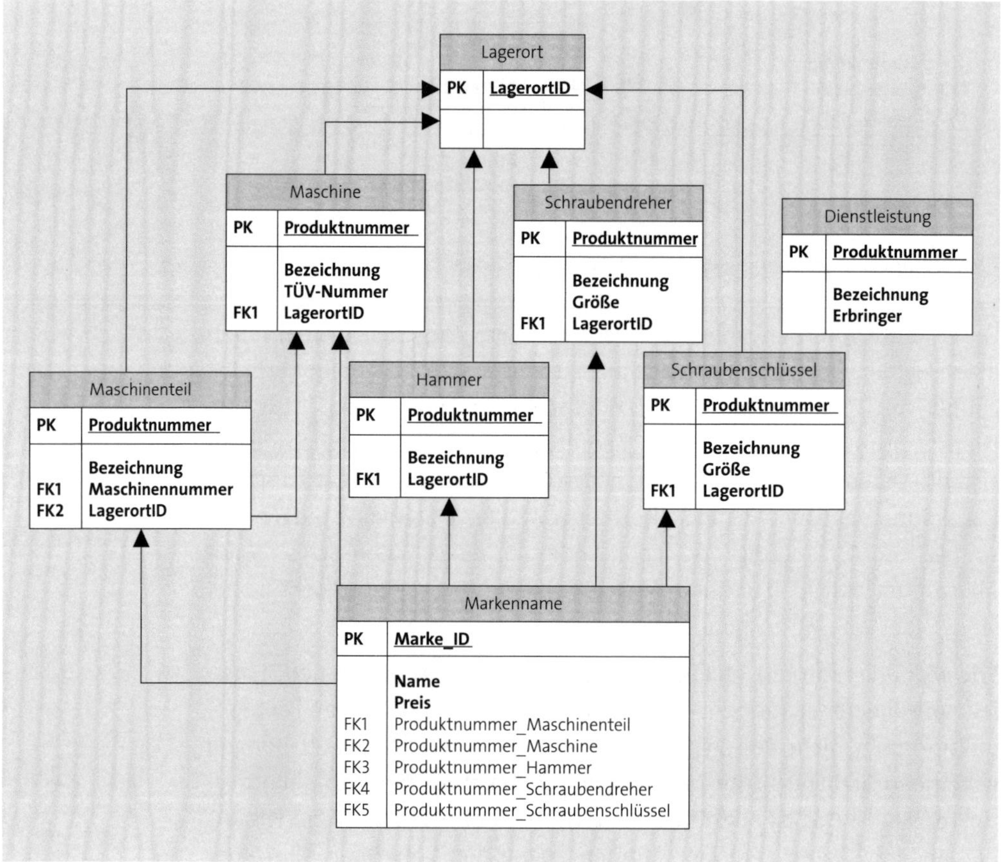

Abbildung 6.10 Abbildung jeder konkreten Klasse auf eine Tabelle

Ein weiterer Nachteil ist, dass wir fünf Tabellen lesen müssen, um ein Produkt zu finden, dessen konkreten Typ wir nicht kennen. Das wäre auch der Fall, wenn wir eine Liste aller Produktbezeichnungen anzeigen wollten.

Diese Strategie wird üblicherweise gewählt, wenn die Klassen nur wenige Gemeinsamkeiten haben. In Java sind zum Beispiel alle Klassen Unterklassen der Klasse `Object`. Es wäre dann doch ein sehr merkwürdiges Datenmodell, das nur aus einer Tabelle `Object` bestehen würde.

Class Table Inheritance

Wenn wir aber die Produkte als solche häufig bearbeiten und uns nicht für deren konkreten Typ interessieren, können wir noch eine weitere Strategie wählen. Dabei bilden wir jede Klasse, auch die abstrakten Klassen, auf jeweils eine Tabelle ab. Die in unserem Beispiel resultierenden Tabellen sind in Abbildung 6.11 dargestellt. In diesem Fall müssen wir die Beziehungen zwischen den einzelnen Tabellen anders gestalten, da nun bestimmte Informationen ausgelagert werden. Hier wird deutlich, dass die Datenstruktur der Unterklassen eine Komposition aus ihren eigenen Daten und den Daten der Oberklasse ist.

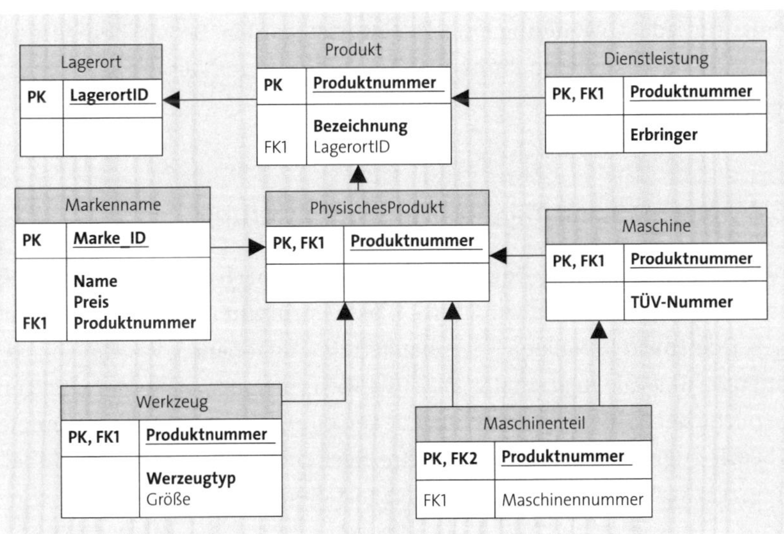

Abbildung 6.11 Abbildung jeder Klasse auf eine Tabelle

Die Tabellen, die die konkreten Klassen repräsentieren, haben nun jeweils einen Verweis auf ihre abstrakte Oberklasse erhalten, da sie einen Teil der Information für das resultierende Objekt enthalten. Wenn wir nun die Bezeichnungen aller Produkte aus der Datenbank laden möchten, brauchen wir nur die Tabelle `Produkt` zu lesen. Benötigen wir dagegen die Daten einer Maschine, reicht uns das Lesen der Tabelle `Maschine` nicht mehr aus, denn um die Bezeichnung der Maschine zu erhalten, müssen wir die Tabelle `Produkt` auswerten.

Kombination der Vorgehensweisen

Wenn wir uns das Datenmodell genauer anschauen, erkennen wir, dass wir für die Speicherung der Werkzeugdaten nur eine Tabelle `Werkzeug` definiert haben. Für die Werkzeuge haben wir also die Strategie Single Table Inheritance gewählt. Wir können durchaus verschiedene Strategien miteinander kombinieren, je nach Bedarf der konkreten Anwendung.

Optimierung durch Redundanz

Eine andere mögliche Abwandlung der »Class Table Inheritance« besteht darin, dass wir in jeder Tabelle alle Attribute der Klasse definieren – auch die von der Oberklasse geerbten. Das bedeutet, dass die Daten redundant in mehreren Tabellen gespeichert und der Speicherbedarf sowie die Komplexität der Änderung der Daten erhöht werden.

Allerdings brauchen wir dann nur die Tabelle `Maschine` zu lesen, um alle Maschinendaten, auch die Bezeichnung, zu laden; und es würde reichen, die Tabelle `Produkt` zu lesen, um die Liste aller Produktbezeichnungen erstellen zu können.

Ob sich eine solche Einführung der Redundanz in eine Datenbank lohnt, muss für jede Anwendung einzeln bewertet werden. Bewusst eingesetzt, kann es durchaus eine sinnvolle Optimierung der Gesamtperformanz sein.

6.4 Normalisierung und Denormalisierung

Normalisierung: Redundanz minimieren

Wir haben gerade einige Richtlinien vorgestellt, nach denen wir vorgehen sollten, wenn wir objektorientierte Klassenstrukturen auf Tabellen abbilden. Doch die relationalen Datenbanken sind unabhängig von der Objektorientierung. Die relationalen Datenbanken sind dabei einer der wenigen Bereiche der Softwareentwicklung, denen eine mathematisch begründete Theorie zugrunde liegt. Sie haben ihre eigenen Regeln, wie man die Tabellen und die Beziehungen unter ihnen gestalten sollte.

Die Zielsetzung der Theorie deckt sich mit unserer Zielsetzung, *Redundanzen und Konsistenzfehler* in den Daten zu vermeiden. Dazu dienen in der relationalen Theorie die *Regeln der Normalisierung*, die wir uns gleich anschauen werden. Durch die Anwendung der Regeln der Normalisierung wird das Datenmodell in Normalformen gebracht, und die Redundanzen und die sich daraus ergebende Gefahr von Inkonsistenzen werden vermieden.

Im vorhergehenden Abschnitt haben wir uns mit den Abbildungsregeln zwischen der Welt der Objekte und der relationalen Welt beschäftigt. In diesem Abschnitt werden wir uns die Regeln der Normalisierung anschauen und sie in Beziehung zu den Abbildungsregeln setzen.

Denormalisierung: Redundanz bewusst einführen

Zunächst aber ein Blick auf die Ausnahme von der Regel. Manchmal gibt es nämlich Gründe, von den Normalformen bei der Datenmodellierung bewusst abzuweichen. Dabei bewegen wir uns bewusst in die entgegengesetzte Richtung und speichern Daten redundant ab, um den Zugriff auf diese Daten zu beschleunigen. Diese *Denormalisierung* ist eine Möglichkeit, die Effizienz bestimmter Prozesse auf Kosten anderer Prozesse zu erhöhen.

Nehmen wir zum Beispiel ein Datenmodell, in dem wir eine Tabelle mit Kundendaten vorliegen haben und eine Tabelle mit Bestellungen der Kunden. Die Kunden bzw. Kundinnen werden durch die Kundennummer eindeutig identifiziert – die Kundennummer ist ein Primärschlüssel in der Tabelle der Kunden und zugleich ein Fremdschlüssel in der Tabelle der Bestellungen.

Wenn wir uns eine Bestellung anschauen möchten, müssen wir beide Tabellen lesen, da zum Beispiel der Name des Kunden nicht in der Tabelle der Bestellungen, sondern in der Tabelle der Kunden gespeichert wird. Um das Lesen der Kundentabelle beim Anzeigen der Bestellungen zu vermeiden, können wir unser Datenmodell so ändern, dass eine Kopie des Namens des Kunden redundant in der Tabelle der Bestellungen gespeichert wird. Damit soll erreicht werden, dass die Anzeige der Bestellungen schneller erfolgen kann. Diese Beschleunigung wird jedoch durch einen höheren Speicherbedarf für die Tabelle der Bestellungen und eine erhöhte Komplexität beim Ändern der Kundennamen erkauft.

Normalisierungsregeln und Abbildungsregeln

Wir erwarten, dass die Anwendung der Normalisierungsregeln zu ähnlichen Ergebnissen führt wie die von uns aufgestellten Regeln der Abbildungen von Klassen auf Tabellen. Schauen wir uns jetzt die Normalformen und die Probleme, die sie lösen, an und überprüfen wir, ob unsere Abbildungsregeln zu normalisierten Datenmodellen führen.

6.4.1 Die erste Normalform: es werden einzelne Fakten gespeichert

[«]

Erste Normalform (1NF)

Eine Tabelle ist in der ersten Normalform, wenn in jedem ihrer Felder nur einzelne Werte enthalten sind.

Die erste Normalform definiert eigentlich nur, womit sich die relationale Theorie überhaupt befasst: mit den Relationen über den Wertemengen. Sie besagt, dass wir in jedem Feld einer Tabelle einen einzelnen Wert speichern sollten und nicht eine Liste oder eine Kombination von Werten. Wenn wir also in einer Tabelle die Relation (*Land, Stadt*) beschreiben wollen, besagt die erste Normalform, dass wir dazu eine Tabelle brauchen, die zwei Spalten hat. In einem Feld eines Datensatzes wird immer maximal ein Land, in dem anderen maximal eine Stadt gespeichert.

In einem Land können jedoch mehrere Städte liegen. Es entspräche nicht der ersten Normalform, wenn wir in einem Feld eines Datensatzes eine ganze Liste von Städten speichern würden:

Land	Stadt
Deutschland	Berlin, Bonn, Hamburg
Österreich	Wien, Linz, Graz
Italien	Rom, Venedig, Mailand

Um das Datenmodell in die erste Normalform zu überführen, muss man die Städte in separaten Datensätzen speichern:

Land	Stadt
Deutschland	Berlin
Deutschland	Bonn
Deutschland	Hamburg
Österreich	Wien
...	...

Einzelwerte und Kombinationen

Was jedoch ein einzelner Wert und was eine Kombination aus Werten ist, ist eine fachliche Entscheidung. Wie schon oben besprochen, kann zum Beispiel eine Postleitzahl ein fachlich relevanter Wert sein oder als Bestandteil der Adresse betrachtet werden.

Ein Polygon wird durch die Koordinaten seiner Eckpunkte beschrieben; sind die Werte der Koordinaten einzelne Werte, oder kann der ganze Pfad als ein Wert betrachtet werden? Das sind Entscheidungen, die für jede Anwendung getroffen werden müssen. Ist die Relation, die wir in einer Tabelle speichern möchten, die Relation (*Kunde, Adresse*) oder die Relation

(*Kunde, Postleitzahl, Straßenname, Hausnummer, Stadt*)? Betrachten wir die Polygone als die Relation (*ID, Liste der Eckpunkte*) oder als (*ID, Eckpunktnummer, X, Y*)?

Diskussion: Abbildungsregeln und erste Normalform

Bernhard: *Wie sieht es aber aus, wenn ich eine Liste von Werten nicht in einem Feld eines Datensatzes speichere, sondern mehrere Spalten des gleichen Typs erstelle? Was ist, wenn ich zu einem Kunden maximal drei Telefonnummern speichern möchte und deswegen drei Spalten Telefonnummer1, Telefonnummer2 und Telefonnummer3 definiere?*

Gregor: *Auch das wäre eine Verletzung der ersten Normalform, wenn die beschriebene Relation (Kunde, Telefonnummer) wäre. Hätten die Nummern jedoch unterschiedliche Rollen, sodass man sie nicht beliebig austauschen könnte, wäre es etwas anderes. Eine solche Relation könnte zum Beispiel die folgende sein: (Kunde, Telefonnummer, Faxnummer).*

Bernhard: *Aber oben beschreibst du genau diese Vorgehensweise als Möglichkeit, eine 1:n-Beziehung abzubilden. Widersprechen die Mappingregeln denn bereits der ersten Normalform?*

Gregor: *In der Tat würde eine solche Abbildung einer 1:n-Beziehung der ersten Normalform widersprechen. Daher benutzt man sie auch sehr selten. Sie kann jedoch – als eine Maßnahme der Denormalisierung – sinnvoll sein.*

6.4.2 Die zweite Normalform: alles hängt vom ganzen Schlüssel ab

[«]

Zweite Normalform (2NF)

Eine Tabelle ist dann in der zweiten Normalform, wenn sie in der ersten Normalform ist und alle Werte der Spalten, die nicht ein Teil des Schlüssels sind, funktional von dem gesamten Primärschlüssel abhängig sind.

Wenn ein Primärschlüssel aus mehreren Spalten besteht, sollte keine Untermenge der Primärschlüsselspalten ausreichen, um einen Wert einer anderen Spalte bestimmen zu können.

Nehmen wir als Beispiel eine Tabelle, in der wir die Lieferanten unserer Produkte speichern. Ein Lieferant kann mehrere Produkte liefern, und ein Produkt kann von mehreren Lieferanten zu unterschiedlichen Konditionen geliefert werden.

Wenn wir die Relation (*Produkt-ID, Lieferanten-ID, Produktname, Lieferantenname, Preis, Lieferzeit*)[5] betrachten, stellen wir fest, dass sich der Pro-

5 In den Fällen, in denen diese Information relevant ist, werden wir die Schlüsselspalten einer Relation unterstrichen darstellen.

duktname bereits aus der ID des Produkts bestimmen lässt und der Lieferantenname aus der ID des Lieferantennamens. Nur für den Preis und die Lieferzeit brauchen wir den gesamten Primärschlüssel.

Lieferbedingungen					
Produkt-ID	**Lieferanten-ID**	**Produktname**	**Lieferantenname**	**Preis**	**Lieferzeit**
1	1	Blumenerde	Garden & Co.	10	1
1	2	Blumenerde	Zilinsky und Partner	8	2
2	1	Spaten	Garden & Co.	17	1

Verletzung der zweiten Normalform

Dieses Datenmodell entspricht also nicht der zweiten Normalform und in unseren Daten bestehen Redundanzen. Der Name des Produkts 1 (Blumenerde) wird an mehreren Stellen gespeichert, so wie auch der Name des ersten Lieferanten.

Änderungsanomalien

Wenn wir den Namen des Produkts ändern, müssen wir es entweder in allen Datensätzen ändern, oder unser Datenbestand wird inkonsistent. Dieses Fehlverhalten wird auch als Änderungsanomalie bezeichnet (*Update Anomaly*).

Um unser Datenmodell in die zweite Normalform zu überführen, müssen wir die Relation aufspalten. Wir überführen die Spalten, die nur von Teilen des Primärschlüssels abhängig gewesen sind, in ihre separaten Relationen. Die Teile des ursprünglichen Primärschlüssels werden jetzt zusätzlich zu Fremdschlüsseln in den neuen Tabellen. Unsere bisherige Tabelle hat also zwei Spalten verloren:

Lieferbedingungen			
Produkt	**Lieferanten**	**Preis**	**Lieferzeit**
1	1	10	1
1	2	8	2
2	1	17	1

Die zugehörigen Daten werden jetzt in zwei separaten Tabellen gespeichert und sind damit nicht mehr redundant. Die Produkte haben ihre eigene Tabelle, ebenso die Lieferanten.

Produkte	
Produkt	**Produkt**
1	Blumenerde
2	Spaten

Lieferanten	
Lieferanten	**Lieferant**
1	Garden & Co.
2	Zilinsky und Partner

2NF und Abbildungsregeln

Objektrelationale Abbildungsregeln und 2NF

Würden unsere Abbildungsregeln zum gleichen Ergebnis führen wie die Normalisierung?

Schauen wir uns das dazugehörige Klassenmodell an, das in Abbildung 6.12 dargestellt ist.

In diesem Klassenmodell sehen wir zwei Klassen, die in einer n:m-Assoziation mit einer Assoziationsklasse stehen. Unsere Mappingregeln besagen, dass wir eine n:m-Assoziation durch eine Assoziationstabelle abbilden, die Fremdschlüssel zu den Klassentabellen enthält. Die Attribute der Assoziationsklasse werden dabei in der Assoziationstabelle gespeichert. Und das wäre genau das Datenmodell, das wir durch die Normalisierung erhalten. Damit entspricht die zweite Normalform den Abbildungsregeln für n:m-Beziehungen.

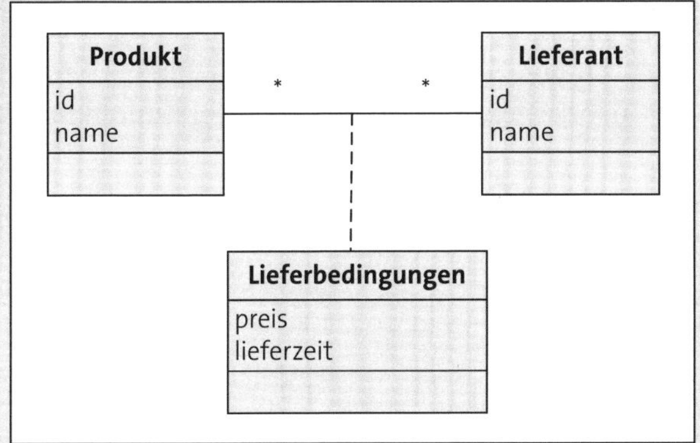

Abbildung 6.12 Klassenmodell – Produkt und Lieferant

6.4.3 Die dritte Normalform: keine Abhängigkeiten unter den Nichtschlüsselspalten

Die dritte Normalform beschäftigt sich nun mit Spalten, die nicht zum Primärschlüssel gehören.

Dritte Normalform (3NF)

Eine Tabelle ist in der dritten Normalform, wenn sie in der zweiten Normalform ist und keine funktionalen Abhängigkeiten unter den Spalten, die nicht zum Primärschlüssel gehören, bestehen.

Stellen wir uns vor, dass wir bei jeder Bestellung die Kundennummer und den Kundennamen speichern, wie in dieser Tabelle dargestellt.

Bestellung

Bestellnummer	Kundennummer	Kundenname	Lieferdatum
123456	9876	Anna Müller	11.07.2015
123457	7346	Bertha Maier	14.08.2015
123458	9876	Anna Müller	03.12.2015

Diese Tabelle ist in der ersten und in der zweiten Normalform, denn alle Fakten werden einzeln gespeichert, und die Werte der Nichtschlüsselspalten lassen sich aus dem ganzen – und zwar ausschließlich dem ganzen – Primärschlüssel bestimmen. Der Primärschlüssel besteht schließlich nur aus der Spalte Bestellnummer.

Trotzdem haben wir in unserem Datenmodell eine Redundanz, denn es besteht eine funktionale Abhängigkeit zwischen der Kundennummer und dem Kundennamen. Ändern wir den Namen des Kunden in der Bestellung 123456, müssen wir den Namen auch in der Bestellung 123458 ändern. Sonst hätten wir inkonsistente Daten bezüglich der Kundin mit der Kundennummer 9876.

Aufspaltung der Tabelle

Um das Datenmodell in die dritte Normalform zu bringen, müssen wir die Tabelle aufspalten.

Bestellung		
Bestellnummer	**Kundennummer**	**Lieferdatum**
123456	9876	11.07.2015
123457	7346	14.08.2015
123458	9876	03.12.2015

Kunde	
Kundennummer	**Kundenname**
9876	Anna Müller
7346	Bertha Maier

Die dritte Normalform sagt eigentlich, dass wir in einer Relation Fakten über unterschiedliche Dinge in unterschiedlichen Tabellen speichern sollten – Fakten über Bestellungen in der Tabelle `Bestellung`, Fakten über Kunden in der Tabelle `Kunde`.

Ist eine Tabelle in der dritten Normalform, sind alle Felder eines Datensatzes abhängig vom Primärschlüssel – »dem ganzen Primärschlüssel und nichts als dem Primärschlüssel«.

Objektrelationale Abbildungsregeln und 3NF

Und was sagen unsere Abbildungsregeln zu dieser Situation? Sie sagen, dass wir eine 1:n-Beziehung so speichern sollen, dass der Primärschlüssel des 1-Teilnehmers in die Tabelle des n-Teilnehmers als Fremdschlüssel hinzugefügt werden kann. Das entspricht genau unserem normalisierten Datenmodell.

Da die dritte Normalform sich nicht zu den Schlüsselkandidaten äußert, gibt es Fälle, in denen diese trivialerweise erfüllt ist, nämlich dann, wenn alle Spalten einer Tabelle Schlüsselkandidaten sind. Da sich auch hier Redundanzen ergeben können, springt die Boyce-Codd-Normalform ein, um auch dafür Regeln festzulegen.

Die Boyce-Codd-Normalform (BCNF)

Eine Tabelle ist in der Boyce-Codd-Normalform, wenn sie in der dritten Normalform ist und die Teile der Schlüsselkandidaten nicht von Teilen anderer Schlüsselkandidaten funktional abhängig sind.

Wir verdeutlichen diese Definition am besten anhand eines Beispiels.

Spezialist → Thema

Nehmen wir an, wir betreiben eine Beratungshotline, die zu verschiedenen Themen registrierte Kunden beraten kann. Wir beschäftigen viele Spezialisten. Jeder Spezialist ist für genau ein Thema zuständig, für ein Thema haben wir aber mehrere Spezialisten. Es besteht also eine funktionale Abhängigkeit *Spezialist → Thema*.

(Kunde, Thema) → Spezialist

Um die Qualität unserer Dienstleistung zu erhöhen, haben wir beschlossen, dass jeder registrierte Kunde für die Themen, für die er unsere Dienste bestellt hat, immer genau einen Spezialisten als Ansprechpartner haben wird. Es besteht also eine funktionale Abhängigkeit (*Kunde, Thema*) → *Spezialist*.

Die Tabelle, die diese Beziehungen abbildet, sieht zunächst so aus:

Beratungsabos		
Kunde	**Thema**	**Spezialist**
Alice Müller	Hedgefonds	Gordon Gekko
Alice Müller	Industrieaktien	James Taggart
Bob Smith	Hedgefonds	Bud Fox
Christine Neumann	Hedgefonds	Gordon Gekko
Christine Neumann	Edelmetalle	Francisco d'Anconia

In dieser Tabelle haben wir zwei mögliche Schlüsselkandidaten: Wir können jeden Datensatz mit dem Paar (*Kunde, Thema*), den wir als den Primärschlüssel gewählt haben, eindeutig bestimmen. Als Alternativschlüssel könnte auch das Paar (*Kunde, Spezialist*) dienen. Hätten wir jedoch das Paar (*Kunde, Spezialist*) als Primärschlüssel gewählt, würde unsere Tabelle nicht die zweite Normalform erfüllen, weil dann die Nichtschlüsselspalte *Thema* von dem Teilschlüssel *Spezialist* funktional abhängig wäre.

Triviale Erfüllung der 3NF

Da aber unser gewählter Primärschlüssel aus den Spalten (*Kunde, Thema*) besteht, erfüllt die Tabelle sogar die dritte Normalform. Das ist allerdings in diesem Fall eine triviale Feststellung, da wir nur eine Spalte haben, die nicht zum Schlüssel gehört. Deshalb ist die Erfüllung der dritten Normalform hier keine besonders große Leistung unseres Datenmodells.

Anomalien

Dennoch weist die Tabelle ähnliche Anomalien auf wie Tabellen, die nicht in der zweiten Normalform sind. Der Fakt, dass Gordon Gekko sich bei uns auf Hedgefonds spezialisiert hat, ist redundant gespeichert, und die Daten von Eddie Willers, unserem neuen Spezialisten für Industrieaktien, können wir nicht speichern, weil es noch keinen Kunden gibt, dessen Ansprechpartner er wäre.

Um unser Datenmodell in die BCNF zu überführen, spalten wir die Relation (*Kunde, Thema, Spezialist*) in zwei neue Relationen (*Kunde, Spezialist*) und (*Spezialist, Thema*) auf.

Beratungsabos	
Kunde	**Spezialist**
Alice Müller	Gordon Gekko
Alice Müller	James Taggart
Bob Smith	Bud Fox
Christine Neumann	Gordon Gekko
Christine Neumann	Francisco d'Anconia

Spezialisierungen	
Spezialist	**Thema**
Gordon Gekko	Hedgefonds
James Taggart	Industrieaktien
Bud Fox	Hedgefonds
Francisco d'Anconia	Edelmetalle
Eddie Willers	Industrieaktien

Diese Tabellen weisen nun keine Anomalien auf, Gordons Qualifikation wird eindeutig gespeichert, und wir können jetzt auch einen Datensatz für Eddie Willers einfügen. Allerdings wird in dieser Struktur die Einschränkung, dass ein Kunde pro Thema nur einen Ansprechpartner haben darf, nicht durch die Primärschlüssel erzwungen.

Die Herkunft des Namens Boyce-Codd-Normalform

Die bisher betrachteten Normalformen waren sauber durchnummeriert und somit als aufeinander aufbauend erkennbar. Warum heißt also die Boyce-Codd-Normalform nicht einfach »vierte Normalform«?

Die Normalformen wurden in den 70er-Jahren des 20. Jahrhunderts entwickelt, bevor die relationalen Datenbanken breiten Einsatz in der Industrie gefunden hatten. Es gab fünf definierte Normalformen. Erst mit der Verbreitung der relationalen Datenbanken wurde dann erkannt, dass eine Spezialform der dritten Normalform eine Normalform für sich ist. Um eine konsistente Nummerierung der Normalformen beizubehalten, hätte man nun die vierte und fünfte Normalform um einen Platz verschieben müssen. Aus verständlichen Gründen wurde das unterlassen. Daher trägt die Boyce-Codd-Normalform den Namen ihrer Entwickler: Ray Boyce und Edgar Codd.

6.4.4 Die vierte Normalform: Trennung unabhängiger Relationen

Vierte Normalform

Eine Tabelle ist dann in der vierten Normalform, wenn sie in der Boyce-Codd-Normalform ist und maximal eine nicht triviale mehrwertige funktionale Abhängigkeit enthält.

Während die vorherigen Normalformen Anomalien behandelten, die von Abhängigkeiten der Felder innerhalb eines Datensatzes herrührten, befasst sich die vierte Normalform mit den Anomalien, die mit Abhängigkeiten zwischen verschiedenen Datensätzen zusammenhängen. Schauen wir uns die Problemstellung am besten wieder an einem Beispiel an.

Mitarbeiterausbildung		
Mitarbeiter	**Sprache**	**Qualifikation**
Anna	Deutsch	Java
Anna	Englisch	C++
Anna	Englisch	SQL
Bob	Deutsch	Java
Bob	Englisch	C++
Bob	Russisch	C++

Nehmen wir an, die Mitarbeiter und Mitarbeiterinnen unserer Firma sprechen verschiedene Sprachen und haben verschiedene Qualifikationen, die in der Tabelle `Mitarbeiterausbildung` enthalten sind.

Die Tabelle erfüllt die BCNF, denn es besteht kein Zusammenhang zwischen der Qualifikation eines Mitarbeiters und den Sprachen, die er beherrscht. Aber aus genau diesem Grund enthält unsere Tabelle redundante Daten. Um die Tatsache zu speichern, dass Anna SQL kann, müssen wir auch einen Wert in die Primärschlüsselspalte *Sprache* eintragen. Da Anna aber außer Deutsch und Englisch keine weitere Sprache spricht, müssen wir entweder Deutsch oder Englisch noch einmal eintragen. Ähnlich sieht es mit Bobs Russischkenntnissen und dem redundant gespeicherten Fakt aus, dass er C++ kann.

BCNF erfüllt

Um diese Redundanzen zu beseitigen, könnten wir eine Hilfsspalte zum Primärschlüssel hinzufügen und die nicht benötigten Felder in den Spalten *Sprache* und *Qualifikation* leer lassen. Die angepasste Tabelle sieht dann wie folgt aus.

Mitarbeiterausbildung			
Mitarbeiter	**Zeilennummer**	**Sprache**	**Qualifikation**
Anna	1	Deutsch	Java
Anna	2	Englisch	C++
Anna	3		SQL
Bob	1	Englisch	
Bob	2	Russisch	
Bob	3	Deutsch	
Bob	4	Deutsch	Java
Bob	5		C++

Doch das ist keine Lösung, denn auch wenn wir jetzt keine Daten redundant speichern müssen, können wir es immer noch tun. Außerdem gibt es in dieser Datenbankstruktur keine Regel, die bestimmt, wie wir die Daten speichern sollen. Warum speichern wir zum Beispiel Annas Deutschkenntnisse zusammen mit ihrer Qualifikation in Java?

Aufspaltung der Relation

Um die vierte Normalform zu erfüllen, müssen wir die Relation (*Mitarbeiter, Sprache, Qualifikation*) aufspalten. Da es keinen Zusammenhang zwischen der Sprache und der Qualifikation gibt, können wir zwei neue Relationen definieren: (*Mitarbeiter, Sprache*) und (*Mitarbeiter, Qualifikation*).

Es entstehen die neuen Tabellen `Sprachkenntnisse` und `Qualifikationen`.

Sprachkenntnisse	
Mitarbeiter	**Sprache**
Anna	Deutsch
Anna	Englisch
Bob	Deutsch
Bob	Englisch
Bob	Russisch

Qualifikationen	
Mitarbeiter	**Qualifikation**
Anna	Java
Anna	C++
Anna	SQL
Bob	Java
Bob	C++

Objektrelationale Abbildungsregeln und 4NF

Wenn wir uns nach unseren objektrelationalen Abbildungsregeln richten, ist es nur selbstverständlich, dass wir für verschiedene n:m-Beziehungen auch verschiedene Assoziationstabellen erzeugen. Durch die Befolgung der Abbildungsregeln droht uns also nicht die Verletzung der vierten Normalform.

6.4.5 Die fünfte Normalform: einfacher geht's nicht

[»]

Fünfte Normalform

Eine Tabelle ist dann in der fünften Normalform, wenn sie in der vierten Normalform ist und sich nicht ohne Informationsverlust in mehrere Tabellen aufspalten lässt.

Unsere Beispieltabelle `Mitarbeiterausbildung` aus dem vorhergehenden Abschnitt erfüllte die vierte Normalform nicht, weil in ihr Informationen über unabhängige Tatsachen gespeichert wurden – über die Fremdsprachenkenntnisse und über die Qualifikationen der Mitarbeiterinnen und Mitarbeiter.

Die Forderung der fünften Normalform ist es nun, dass wir eine Tabelle, die verschiedene mehrwertige Tatsachen speichert, nicht mehr weiter zerlegen können, ohne dass wir dadurch relevante Informationen verlieren. Zur Erinnerung: Mehrwertige Tatsachen sind solche, die durch mehrere Einträge in der Tabelle repräsentiert werden, also zum Beispiel die Tatsache, dass eine Mitarbeiterin sowohl Java als auch C++ als Qualifikation aufweist.

Zur Abwechslung zeigen wir diesmal ein Beispiel, das die fünfte Normalform erfüllt. Schauen wir uns die Tabelle `Projektqualifikationseinsatz` an, in der wir die eingesetzten Qualifikationen unserer Mitarbeiter in verschiedenen Projekten speichern.

[zB]
Erfüllung der 5NF

Projektqualifikationseinsatz		
Mitarbeiter	**Projekt**	**Eingesetzte Qualifikation**
Anna	Carmina	C++
Anna	Carmina	SQL
Anna	S-Tool	Java
Anna	S-Tool	SQL
Bob	Carmina	C++
Bob	S-Tool	Java
Chris	S-Tool	C++

Wenn eine Relation nicht in der zweiten, der dritten, der Boyce-Codd- oder der vierten Normalform ist, können wir diese Relation immer in einfachere Relationen zerlegen. Unsere Tabelle `Projektqualifikationseinsatz` ist in der vierten Normalform, weil die Informationen über den Projekteinsatz und die eingesetzte Qualifikation nicht voneinander unabhängig sind.

Im vorherigen Beispiel zur Tabelle `Mitarbeiterausbildung` konnten wir die Datensätze (*Anna, Deutsch, Java*) und (*Anna, Englisch, C++*) durch (*Anna, Deutsch, C++*) und (*Anna, Englisch, Java*) ersetzen, ohne die gespeicherten Tatsachen zu ändern. Bei der Qualifikation im Projekteinsatz können wir jetzt aber gerade nicht die Einträge (*Anna, Carmina, C++*) und (*Anna, S-Tool, Java*) durch (*Anna, Carmina, Java*) und (*Anna, S-Tool, C++*) ersetzen. Schließlich programmierte Anna im Projekt Carmina in C++ und nicht in Java.

Relation zerlegbar?

Können wir aber die Relation `Projektqualifikationseinsatz` in einfachere Relationen so zerlegen, dass wir die ursprünglichen Informationen rekonstruieren können? In diesem Fall würde die fünfte Normalform von uns fordern, diese Zerlegung auch vorzunehmen.

In der Relation `Projektqualifikationseinsatz` speichern wir drei Tatsachen:

- Wer ist an welchem Projekt beteiligt?
- Wer setzt welche Qualifikation ein?
- Welche Qualifikation wird in welchem Projekt eingesetzt?

Schauen wir uns die drei entsprechenden Relationen an. In der Tabelle `Projekteinsatz` speichern wir, wer an welchem Projekt mitgearbeitet hat.

Tabelle Projekteinsatz

Projekteinsatz	
Projekt	**Mitarbeiter**
Carmina	Anna
Carmina	Bob
S-Tool	Anna
S-Tool	Bob
S-Tool	Chris

Die Tabelle `Mitarbeiterqualifikation` beschreibt, wer welche Qualifikation eingesetzt hat.

Tabelle Mitarbeiterqualifikation

Mitarbeiterqualifikation	
Mitarbeiter	**Qualifikation**
Anna	Java
Anna	C++
Anna	SQL
Bob	C++
Bob	Java
Chris	C++

Schließlich speichern wir in der Tabelle `Projektanforderungen`, in welchem Projekt welche Qualifikation eingesetzt wurde.

Tabelle Projektanforderungen

Projektanforderungen	
Projekt	**Qualifikation**
Carmina	C++
Carmina	SQL
S-Tool	Java
S-Tool	SQL
S-Tool	C++

6

Rekonstruktion der Relation

Können wir aus diesen drei Relationen unsere ursprüngliche Relation `Projektqualifikationseinsatz` rekonstruieren? Wenn wir die drei einfacheren Relationen kombinieren, erhalten wir folgende Daten.

Projektqualifikationseinsatz rekonstruiert		
Mitarbeiter	**Projekt**	**Eingesetzte Qualifikation**
Anna	Carmina	C++
Anna	Carmina	SQL
Anna	S-Tool	Java
Anna	S-Tool	SQL
Anna	S-Tool	C++
Bob	Carmina	C++
Bob	S-Tool	Java
Bob	S-Tool	C++
Chris	S-Tool	C++

Um aus unseren zerlegten Relationen die ursprüngliche Relation rekonstruieren zu können, müssen wir davon ausgehen, dass jeder im Projekt eingesetzte Mitarbeiter in dem Projekt auch alle seinen vorhandenen und benötigten Qualifikationen einsetzt. Und da im Projekt S-Tool C++ benötigt wird und Anna und Bob zu den S-Tool-Mitarbeitern gehören und C++ können, müssen wir davon ausgehen, dass sie C++ auch im Projekt S-Tool eingesetzt haben.

Rekonstruktion ist nicht möglich

Nun, das ist nicht der Fall. Im Projekt S-Tool arbeiteten Anna und Bob nur in Java und SQL, um die nötigen C++-Teile kümmerte sich Chris.

Die fünfte Normalform fordert von einer Relation, dass sie sich nicht in einfachere Relationen zerlegen lässt, aus denen es möglich wäre, sie wieder zu rekonstruieren. Unsere Relation `Projektqualifikationseinsatz` ist also in der fünften Normalform.

Diskussion: Firmenpolitik und Normalformen

Bernhard: *Und was wäre, wenn wir unsere Firmenpolitik änderten und von unseren Mitarbeiterinnen und Mitarbeitern erwarteten, dass sie in jedem Projekt, in dem sie benötigt werden, alle ihre Qualifikationen einsetzten?*

Gregor: *Dann wäre unsere Tabelle nicht in der fünften Normalform, weil sie entweder redundante Daten speichern würde oder es nicht eindeutig wäre, wie die Daten gespeichert werden sollten. Und wir könnten die Relation so zerlegen, wie wir es getan haben.*

Bernhard: *Und wenn wir es nur in bestimmten Projekten oder nur bei bestimmten Qualifikationen verlangen würden? Sagen wir, im Projekt Carmina muss jeder alles geben, im Projekt S-Tool nur die von ihm explizit verlangten Qualifikationen?*

Gregor: *In dem Fall müsste unsere Relation auch redundante Daten speichern, oder es wäre nicht eindeutig, wie die Daten gespeichert werden sollen. Allerdings wäre es auch nicht möglich, die Relation rekonstruierbar zu zerlegen, sie wäre also in der fünften Normalform.*

Bernhard: *Die fünfte Normalform reicht also nicht aus, um redundante Daten und Anomalien des Datenmodells zu beseitigen?*

Gregor: *Nein, sie reicht nicht. Um diese Anomalien und Redundanzen zu beseitigen, müsste man über ein anderes Datenmodell nachdenken. Zum Beispiel könnte man solche Spezialprojekte wie Carmina in einer anderen Relation verwalten, oder man müsste mit solchen Redundanzen leben. Aber die aufgeführten Normalformen beseitigen nicht alle Redundanzen und Anomalien.*

Bernhard: *Gibt es noch andere Normalformen, die uns weiterhelfen können?*

Gregor: *Nein. Durch die Normalisierung kann man die meisten Redundanzen und Anomalien zwar beseitigen, nicht aber alle.*

Kapitel 7
Abläufe in einem objektorientierten System

In diesem Kapitel beschäftigen wir uns mit dem Verhalten von Objekten zur Laufzeit eines Programms. Wir begleiten Objekte vom Zeitpunkt ihrer Erzeugung über ihre hoffentlich sinnvollen Interaktionen bis zum Ende ihres Lebens, an dem sie oft nur als ein Stück Abfall angesehen werden und von der »Müllabfuhr« (der Garbage Collection) aufgesammelt werden.

Die Art, wie wir Objekte erzeugen, ist ganz entscheidend für die Qualität von objektorientierten Systemen. Der Mechanismus der dynamischen Polymorphie bietet uns eine Möglichkeit, unsere Programme änderbar und erweiterbar zu gestalten. Wenn Sie sich aber bei der Objekterzeugung auf zu starre Mechanismen einlassen, haben Sie diesen Vorteil schnell wieder verspielt. Um die Vorteile der Polymorphie wirklich für Erweiterungen nutzen zu können, müssen Sie die Stellen, an denen Objekte erzeugt werden, als mögliche Erweiterungspunkte betrachten.

Aufbau des Kapitels

In Abschnitt 7.1 gehen wir deshalb zunächst auf die grundlegenden Möglichkeiten der Objekterzeugung ein: die Erzeugung von Objekten über Konstruktoren oder Prototypen. Eine der beiden Möglichkeiten wird von den objektorientierten Programmiersprachen meist direkt bereitgestellt.

Diese beiden Möglichkeiten allein reichen aber nicht aus, um Programme flexibel zu gestalten. In Abschnitt 7.2 gehen wir deshalb auf das Thema der Objektfabriken ein. Dort beschreiben wir, wie wir die Möglichkeiten der Objekterzeugung verwenden sollten, um unsere Programme flexibel und erweiterbar zu halten. Abschnitt 7.3 beschäftigt sich damit, wie Objekte wieder gelöscht werden. In Abschnitt 7.4 sind die verschiedenen Formen der Interaktion zwischen Objekten das Thema. Schließlich befassen wir uns in Abschnitt 7.5 und Abschnitt 7.6 mit der Prüfung von Kontrakten zwischen Objekten und der Rolle von Exceptions bei dieser Prüfung.

7.1 Erzeugung von Objekten mit Konstruktoren und Prototypen

Grundsätzlich gibt es zwei verschiedene Möglichkeiten, Objekte zu erzeugen und zu initialisieren. Das zu verwendende Verfahren wird dabei meist durch die Programmiersprache exklusiv vorgegeben:

Zwei Möglichkeiten der Objekterstellung

- Erzeugung von Objekten über Klassenmethoden, sogenannte *Konstruktoren*. Diese bieten in der Regel auch Initialisierungsmöglichkeiten für Objekte.
- Erzeugung von Objekten über das Kopieren von *Prototypen*. Dabei dienen Objekte als Basis für das Erstellen von weiteren Objekten. Prototypen sind außerdem ein Entwurfsmuster, das sich auch in Sprachen umsetzen lässt, die selbst nicht prototypbasiert sind.

In den folgenden beiden Abschnitten werden wir zunächst den Ansatz der Konstruktoren und dann den Ansatz der Prototypen vorstellen.

7.1.1 Konstruktoren: Klassen als Vorlagen für ihre Exemplare

In den meisten Programmiersprachen werden Objekte über Konstruktoren erzeugt. Bereits in Abschnitt 4.2.6, »Klassenbezogene Methoden und Attribute«, haben wir Konstruktoren als Operationen von Klassen eingeführt. Die Definition eines Konstruktors wiederholen wir an dieser Stelle, um Ihnen das Zurückblättern zu ersparen.

Konstruktor

Konstruktoren sind Operationen einer Klasse, durch die Exemplare dieser Klasse erstellt werden können. Die Klassendefinition dient dabei als Vorlage für die durch den Aufruf einer Konstruktoroperation erstellten Objekte.

Bei Verwendung eines Konstruktors stellt die jeweilige Klasse eine Vorlage für die Objekte dar und definiert die Eigenschaften der Objekte. Ist ein Objekt aufgrund dieser Vorlage einmal erstellt, kann die Menge seiner grundsätzlichen Eigenschaften in der Regel nicht mehr verändert werden. Sie können zum Beispiel nach der Erzeugung keine neuen Eigenschaften und Operationen mehr zum Objekt hinzufügen, da die Klasse sie als Vorlage bereits eindeutig definiert.[1]

1 Es gibt allerdings Programmiersprachen wie Ruby oder Python, die auch das zulassen.

Schauen Sie sich also ein sehr einfaches Beispiel eines Konstruktors in der Sprache C++ einmal etwas genauer an. In Abbildung 7.1 sehen Sie zwei Klassen von Teigwaren mit jeweils zugeordneten Konstruktoren. Damit wir dieses Buch bei Amazon auch zusätzlich in der Kategorie Kochbuch einsortieren können, werden wir mit dem verwendeten Konstruktor das beliebte schwäbische Gericht Spätzle herstellen.

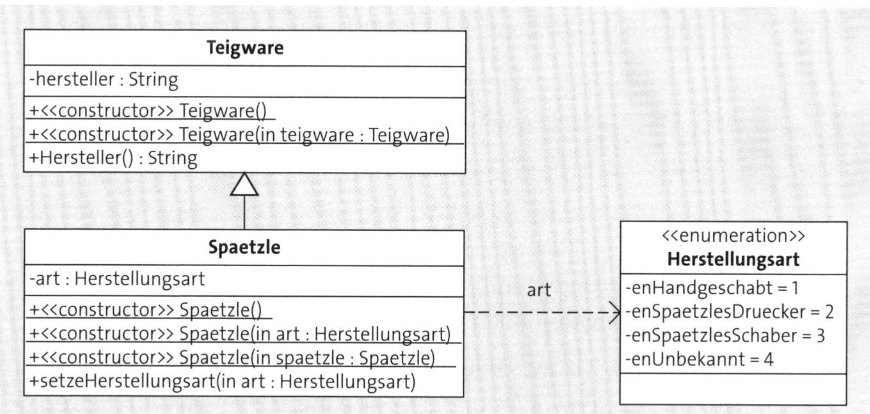

Abbildung 7.1 Konstruktoren für Teigwaren

In Listing 7.1 ist die Umsetzung der drei verschiedenen Konstruktoren für die Klasse `Spaetzle` in C++ aufgeführt.

```
class Spaetzle:  public Teigware
{
    // ...
private:
    Herstellungsart art;
public:
    // Standardkonstruktor
    Spaetzle() {};
    // Konstruktor mit Initialisierung
    Spaetzle(Herstellungsart art) : art(art) {};
    // Copy-Konstruktor
    Spaetzle(const Spaetzle& spaetzle) :
        Teigware(spaetzle), art(spaetzle.art) {};
    // ...
};
```

Listing 7.1 Konstruktoren für »Spaetzle«-Objekte

Die verwendeten Konstruktoren gehören drei verschiedenen Gruppen an:

- In Zeile 08 wird der Standardkonstruktor ohne Parameter umgesetzt.
- In Zeile 10 wird ein Konstruktor umgesetzt, der zusätzlich eine Initialisierung des Objekts vornimmt.
- In Zeile 12 wird der sogenannte Copy-Konstruktor umgesetzt. Dieser erstellt ein neues Objekt auf Basis eines bereits existierenden Objekts.

Standardkonstruktor

Unter Verwendung des Standardkonstruktors können Sie nun ein Exemplar der Klasse `Spaetzle` erzeugen:

```
Spaetzle abendessen = new Spaetzle();
```

Damit haben Sie ein Objekt konstruiert, dessen Datenelemente durch die beiden beteiligten Klassen `Spaetzle` und `Teigwaren` festgelegt sind. Das neu konstruierte Objekt unterstützt außerdem alle Operationen, für die die beiden Klassen Methoden implementiert haben.

Das Einzige, was wir am Objekt nach seiner Konstruktion noch ändern können, sind dessen konkrete Daten, also die Belegungen für die von der Klasse definierten Datenelemente.[2]

Konstruktor mit Initialisierung

Zusätzlich zur Objektkonstruktion können Sie im gleichen Zug noch Belegungen für Attribute des Objekts mit angeben. Welche Initialisierung möglich ist, wird durch den Konstruktor festgelegt. Im Fall der Klasse `Spaetzle` haben Sie dafür einen zweiten Konstruktor zur Verfügung, der einen Parameter für die Herstellungsart der Spätzle definiert.

```
Spaetzle(Herstellungsart art) : art(art) {};
```

Dabei wird das Datenelement `art`, das durch die Klasse festgelegt wird, mit dem übergebenen Wert für die Herstellungsart belegt. Der konkrete Aufruf des Konstruktors könnte dann so aussehen:

```
Spaetzle leckerEssen = new Spaetzle(enHandgeschabt);
```

In Abbildung 7.2 ist das resultierende Exemplar zu sehen. Es sind die beiden Datenelemente vorhanden, die durch die zwei beteiligten Klassen definiert werden. Das Datenelement `art` ist mit dem bei der Initialisierung verwendeten Wert belegt.

Die UML-Darstellung sieht leider nicht die Möglichkeit vor, die Operationen auch für die Objekte anzeigen zu lassen. Das Objekt `leckeresEssen`

2 Auch hier gilt wieder, dass einige Sprachen wie Python oder Ruby es zulassen, dass später noch weitere Methoden oder Eigenschaften einem Objekt hinzugefügt werden.

unterstützt aber die beiden Operationen `setzeHerstellungsart` und `Hersteller`.

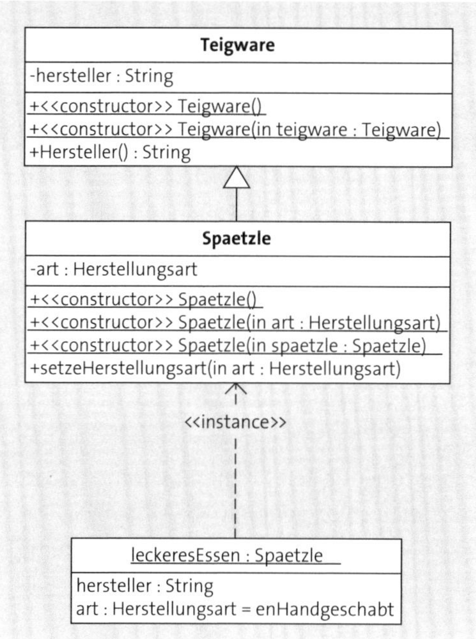

Abbildung 7.2 Ein Exemplar der Klasse »Spaetzle«, Objekt »leckeresEssen«

Copy-Konstruktor

Eine besondere Art der Objektkonstruktion realisiert der sogenannte *Copy-Konstruktor*, der ein neues Objekt auf der Grundlage eines bereits existierenden Objekts erstellt und dessen Daten übernimmt.

```
Spaetzle* essen =
    new Spaetzle(Spaetzle::enSpaetzlesDruecker);
Spaetzle* leckeresEssen = new Spaetzle(*essen);
leckerEssen->setzeHerstellungsart(
    Spaetzle::enHandgeschabt);
```

Listing 7.2 Copy-Konstruktor für »Spaetzle«-Objekte

Durch die Verwendung des Copy-Konstruktors erhalten Sie eine Eins-zu-eins-Kopie Ihres Essens, also eine Spätzle-Kopie (in diesem Fall eine zweite Portion Spätzle). Diese Kopie können Sie anschließend anpassen und so zum Beispiel aus einem guten ein richtig leckeres Essen machen. Im Fall unserer Spätzle ist diese Kopie recht einfach zu erstellen. Sofern Objekte wiederum andere Objekte referenzieren, müssen Sie sich aber entscheiden, ob Sie von diesen Objekten selbst wieder Kopien anfertigen oder nur den Verweis auf das Objekt kopieren wollen.

Diese beiden Alternativen werden *tiefe und flache Kopien* genannt. Wir beschäftigen uns damit genauer in Abschnitt 7.4.5, »Kopien von Objekten«.[3]

7.1.2 Prototypen als Vorlagen für Objekte

Beim klassenbasierten Ansatz der Objekterzeugung definiert die Klasse während des Erzeugens bereits die Struktur des erzeugten Objekts. Bei der Erzeugung wird damit schon festgelegt, welche Eigenschaften und Methoden das Objekt hat, und diese sind dann in der Regel auch nicht mehr veränderbar. Die Klasse bestimmt, wie das erzeugte Objekt von seiner Struktur her aussieht. Das ist aber nur ein mögliches Vorgehen. Die andere Möglichkeit ist, Objekte auf Basis von Prototypen zu erstellen und die konkrete Ausprägung der Objekte erst danach durchzuführen.

Prototyp

Ein Prototyp im Bereich der objektorientierten Programmierung ist ein Objekt, das als Vorlage für die Erstellung von anderen Objekten dient. Die Vorlage kann dabei entweder als reine Kopiervorlage oder als mitgeführte Referenz verwendet werden.

In der Sprache JavaScript werden Prototypen verwendet, um Vererbungsbeziehungen zu ermöglichen, ohne dass überhaupt Klassen zum Einsatz kommen. Dafür werden Prototypobjekte eingesetzt, die per Referenz von anderen Objekten eingebunden werden. Wir stellen diesen Ansatz der Objekterzeugung, wie er in JavaScript zu finden ist, in diesem Abschnitt kurz vor. Im nächsten Abschnitt werden wir dann auf das Entwurfsmuster »Prototyp« eingehen, bei dem Objekte als Kopiervorlagen genutzt werden.

Objekterzeugung mit JavaScript

In JavaScript wird ein Objekt zunächst einfach ohne Eigenschaften konstruiert. Gleich anschließend wird ihm aber ein anderes Objekt zugeordnet, das als Vorlage dient. Dabei werden die Eigenschaften dieses Objekts übernommen und sind damit verfügbar als wären es die eigenen. Das neue Objekt hält praktisch eine *Referenz* auf seine Vorlage.

Bei der Verwendung kann dann über die Objekte auch auf deren Vorlagen zugegriffen werden. Änderungen an den Vorlagen werden so wiederum auch für die auf deren Basis erstellten Objekte sichtbar.

3 Die meisten Programmiersprachen stellen für jede Klasse einen Copy-Konstruktor auch dann bereit, wenn dieser nicht explizit umgesetzt wird. Dieser vordefinierte Copy-Konstruktor wird allerdings nur flache Kopien von Objekten anlegen.

JavaScript kennt keine Klassen

JavaScript kennt das Konzept der Klasse nicht und damit natürlich auch keine auf Klassen basierende Vererbung. Dennoch lassen sich damit auf Basis der sogenannten Prototypen Konzepte der objektorientierten Programmierung umsetzen. Auch die mit ECMAScript 2015 eingeführten Klassen nutzen genau dieses Vorgehen und fügen lediglich eine intuitivere Syntax hinzu.[4] Vererbungsbeziehungen lassen sich so ebenfalls umsetzen. In Abbildung 7.3 sehen Sie eine Beispielhierarchie dargestellt. Anhand dieses Beispiels stellen wir im Folgenden kurz vor, wie sich mit JavaScript die dargestellten Beziehungen auch ohne Klassen realisieren lassen.

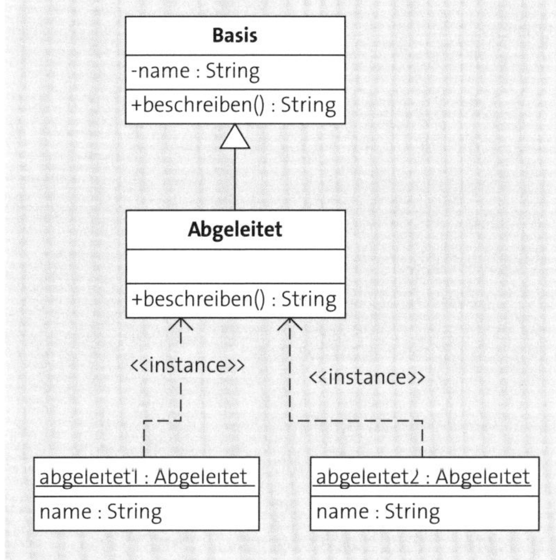

Abbildung 7.3 Hierarchie für ein JavaScript-Beispiel

JavaScript: Objekte und Funktionsobjekte

Anstelle von Klassen werden dabei Funktionen verwendet, die zur Initialisierung von Objekten dienen. Funktionen sind allerdings in JavaScript selbst Objekte, die Eigenschaften haben können, und werden Funktionsobjekte genannt. Wenn Sie diese Funktionen zusammen mit dem Operator `new` aufrufen, werden sie als Konstruktoren genutzt. Es wird dann ein neues Objekt erstellt, das die durch die Funktion beschriebene Initialisierung durchläuft. Funktionsobjekten wiederum ist selbst ein weiteres Objekt zugeordnet, das als Prototyp fungiert. Bei der Objekterstellung über eine Funktion wird dieser Prototyp auch dem erstellten Objekt zugeordnet.

---

4 Mit ECMAScript 2015 wurden zwar die Schlüsselwörter `class` und `extends` eingeführt, diese erweitern aber nicht den Funktionsumfang von JavaScript, sondern etablieren lediglich eine einfachere Syntax für die auf Prototypen basierende Vererbung. In Abschnitt 10.1.2 wird diese Art der Vererbung als Vorbereitung auf die Umsetzung einer Anwendung mit JavaScript noch einmal ausführlicher vorgestellt.

Betrachten wir dieses Vorgehen anhand der Umsetzung unserer Beispielhierarchie aus Abbildung 7.3. Umsetzung und Verwendung dieser Hierarchie sind in Listing 7.3 zu sehen.

```
01 var Basis = function() {
02 }
03
04 Basis.prototype.beschreiben = function (){
05     alert("Beschreibung der Basis")
06 }
07
08 var Abgeleitet = function() {}
09
10 Abgeleitet.prototype = Object.create(Basis.prototype)
11 Abgeleitet.prototype.constructor = Abgeleitet
12
13 var abgeleitet1 = new Abgeleitet()
14 var abgeleitet2 = new Abgeleitet()
15 abgeleitet1.beschreiben() // Ausg.: Beschreibung der Basis
16 abgeleitet2.beschreiben() // Ausg.: Beschreibung der Basis
17
```

Listing 7.3 Verwendung von Prototypen in JavaScript

In Zeile 01 wird eine Funktion definiert, mit der neue Objekte initialisiert werden können. In Zeile 04 wird festgelegt, dass jedes dieser Objekte eine Operation `beschreiben` haben wird, deren Implementierung dort auch festgelegt wird. Da die Operation auch »vererbt« werden soll, wird sie am Prototyp des Funktionsobjekts definiert.

In Zeile 08 wird eine weitere Funktion `Abgeleitet` definiert, die zunächst noch in keiner Beziehung zu der anderen Funktion steht. In Zeile 10 wird diese Beziehung dann hergestellt, indem als Prototyp dem Funktionsobjekt `Abgeleitet` ein »Zwischenobjekt« auf Grundlage des Prototyps der bereits definierten Funktion `Basis` zugewiesen wird. Dieses Zwischenobjekt wird von der Funktion `Object.create(...)`erzeugt und anschließend der Eigenschaft `prototype` zugewiesen, die alle Funktionsobjekte besitzen. Das von `Object.create(...)` erzeugte Objekt besitzt allerdings auch eine Referenz auf die Konstruktorfunktion (`constructor`) des dem Prototypen zugeordneten Objekts – und die zeigt leider noch auf die Funktion `Basis`. In Zeile 11 wird dieser Fehler aber sogleich wieder korrigiert. In der Folge werden alle über diese Funktion initialisierten Objekte (zum Beispiel die ab Zeile 13 erstellten) auch alle Eigenschaften und Operationen des Objekts `Basis` besitzen – sofern sie über den Prototypen »vererbt« wurden.

Wird nun die Operation `beschreiben` auf den beiden Objekten aufgerufen, so wird die Methode `beschreiben` ausgeführt, die dem Objekt `Basis` zugeordnet ist. Beim Aufruf einer Operation wird nämlich die Kette der Prototypen eines Objekts durchlaufen, um festzustellen, ob einer der Prototypen die erforderliche Eigenschaft aufweist. Da in dieser Kette auch der Prototyp des Objekts `Basis` die Methode `beschreiben` umsetzt, werden Sie also für beide Aufrufe die Ausgabe »Beschreibung der Basis« erhalten.

Sie können das Verhalten eines Objekts nun modifizieren, indem Sie ihm selbst weitere Datenelemente oder Methoden zuordnen. Sie können das Verhalten des Objekts aber auch ändern, indem Sie seinen Prototyp anpassen. Falls mehreren Objekten derselbe Prototyp zugeordnet ist, wird eine Änderung an diesem Prototyp das Verhalten aller dieser Objekte modifizieren.

```
Basis.prototype.beschreiben = function() {
   alert("keine Lust mehr, keine Beschreibung")
}
abgeleitet1.beschreiben() // Ausg.: keine Lust mehr, ...
abgeleitet2.beschreiben() // Ausg.: keine Lust mehr, ...
```

Listing 7.4 Änderung am Prototyp

JavaScript: Erweiterung von Objekten

In Listing 7.4 ist eine solche Anpassung zu sehen. Die Implementierung der Methode `beschreiben` wird für den Prototyp neu umgesetzt.

Sie haben mit dieser Anweisung den Prototyp der beiden Objekte `abgeleitet1` und `abgeleitet2` verändert. Damit werden sich nun beide Objekte bockig stellen und mit Verweis auf ihren Prototyp beim Aufruf von `beschreiben` nur noch ausgeben: `"keine Lust mehr, keine Beschreibung"`.

Vererbung in JavaScript

Da offensichtlich die beiden abgeleiteten Objekte die Eigenschaften ihres Prototyps übernommen, also mit anderen Worten geerbt haben, erhalten Sie einen Mechanismus, mit dem sich einige Aspekte der Vererbung auch in JavaScript umsetzen lassen. Durch eine Kette von Prototypen und zugehörigen Funktionen lassen sich Hierarchien aufbauen.

Bei der Konstruktion eines Objekts über `new FunctionName` wird dem neu erstellten Objekt eine interne Referenz auf einen Prototyp mitgegeben, der durch den Prototyp des verwendeten Funktionsobjekts bestimmt wird. Haben Sie dem Funktionsobjekt nichts anderes mitgeteilt, ist das der Prototyp der Funktion `Object()`. Sie können dem Funktionsobjekt aber auch explizit einen anderen Prototyp zuordnen, wie Sie bereits in Listing 7.3 gesehen haben.

Um den technischen Mechanismus einer Kette von Prototypen zu illustrieren, erweitern wir die Hierarchie unseres Beispiels noch etwas. In Abbildung 7.4 ist diese erweiterte Hierarchie dargestellt.

Hierarchie von Prototypen

Der Code in Listing 7.5 erzeugt nun genau diese Hierarchie:

```
function Basis() {}

function AbgeleitetA() {}
AbgeleitetA.prototype = Object.create(Basis.prototype)
AbgeleitetA.prototype.constructor = AbgeleitetA

function WeiterAbgeleitetB() {}
WeiterAbgeleitetB.prototype =
    Object.create(AbgeleitetA.prototype)
WeiterAbgeleitetB.prototype.constructor = WeiterAbgeleitetB

basis = new Basis()
abgeleitetA = new AbgeleitetA()
weiterabgeleitetB = new WeiterAbgeleitetB()
```

Listing 7.5 Erweiterte Hierarchie für Prototypen

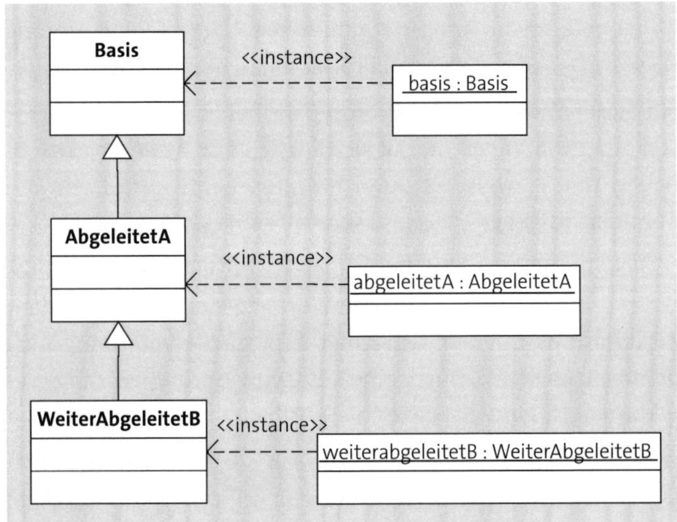

Abbildung 7.4 Erweiterte Hierarchie für Prototypen

Das Objekt `weiterabgeleitetB` wird unter Verwendung des Funktionsobjekts `WeiterAbgeleitetB` erzeugt. Damit weist das Objekt eine Kette von Prototypen auf. In Abbildung 7.5 ist die resultierende Kette dargestellt.

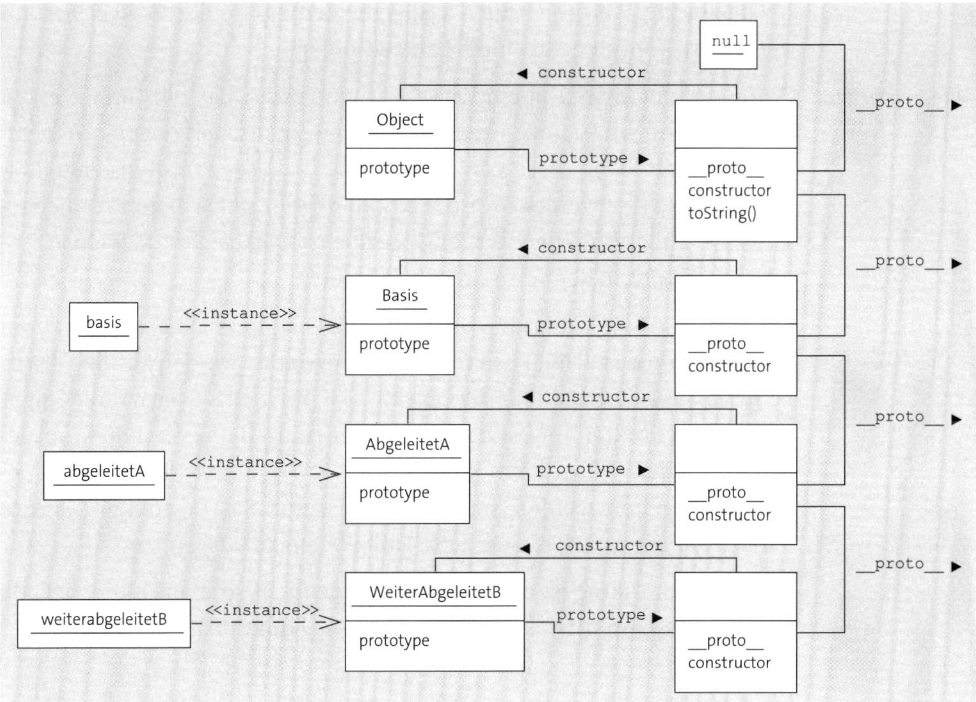

Abbildung 7.5 Kette von Prototypen in JavaScript

Prototypen sind dabei immer Objekte (keine Funktionsobjekte) und werden von anderen Objekten oder von Funktionsobjekten referenziert. Wird nun eine Operation auf dem Objekt aufgerufen, wird zuerst geprüft, ob das Objekt selbst eine Methode für diese Operation aufweist.

Bei einem Aufruf der Operation `toString` auf dem Objekt `weiterabgeleitetB` startet eine Suche auf den beteiligten Objekten.

Da das Objekt selbst diese Methode nicht umgesetzt hat, wird sie im ersten Prototyp der Kette gesucht.

Das ist im Fall unseres Objekts derjenige, der über die Funktion `Object.create(AbgeleitetA.prototype)` erstellt und unserer eigenen Variablen `WeiterAbgeleitetB.prototype` zugewiesen wurde. Wird die Methode dort gefunden, wird sie auch aufgerufen. Aber auch hier ist keine Methode `toString` vorhanden. Deshalb geht die Suche über das Attribut `__proto__` mit dem nächsten Prototyp weiter, bis eine Methode gefunden wird oder das Ende der Kette von Prototypen erreicht ist. Im Fall des Aufrufs der Methode `toString` haben Sie gerade noch Glück: Das letzte Element der Kette (`Object.prototype`) stellt die Methode zur Verfügung, und Sie erhalten eine Beschreibung des Objekts `weiterabgeleitetB` – wenn auch eine sehr unspezifische. Wenn sich auch das letzte Element der Kette nicht zuständig erklärt, kommt es zu einem Laufzeitfehler.

Vererbungskette Damit erlaubt JavaScript ein Vererbungsverfahren, das rein auf Objekten basiert. Wenn ein Prototyp in der Kette eine Eigenschaft oder eine Operation definiert, kann diese von allen auf Basis dieses Prototyps erstellten Objekten genutzt werden. Diese Methoden und Eigenschaften können jedoch auch überschrieben werden, indem ein Objekt selbst oder ein Prototyp weiter vorn in der Kette sie neu definiert.

Ein weiterer Aspekt dieser Vorgehensweise ist, dass Objekte und deren Prototypen zur Laufzeit des Programms angepasst werden können. Da es keinerlei feste Vorlagen für die Objekte gibt, können sie nach ihrer Erstellung munter weiter mit zusätzlichen Eigenschaften und Methoden ausgestattet werden. Dabei können auch die verwendeten Prototypen nachträglich erweitert werden, sodass alle auf deren Basis erstellten Objekte danach erweiterte oder veränderte Fähigkeiten aufweisen.[5]

Mehrfachvererbung ist mit dieser Methode nicht so einfach möglich, da es immer nur ein Attribut `prototype` für eine Funktion gibt.

7.1.3 Entwurfsmuster »Prototyp«

Prototypen finden ihre Anwendung auch im gleichnamigen Entwurfsmuster. Dort haben Prototypen aber eine etwas andere Funktion. Sie dienen hier als Kopiervorlage, auf deren Basis neue Objekte erzeugt werden.

Entwurfsmuster »Prototyp«

Bei Verwendung des Entwurfsmusters »Prototyp« wird eine Sammlung von Objekten als Vorlagen verwaltet. Wird ein neues Objekt benötigt, wird aus den Vorlagen ein Objekt ausgewählt und eine Kopie davon erzeugt. Die ist zunächst identisch mit dem Original und kann anschließend verändert werden.

In Abbildung 7.6 sind die Beziehungen zwischen den Klassen des Entwurfsmusters dargestellt. In dieser Darstellung sehen Sie bereits eine Erweiterung des Musters, bei der ein Verwalter für die Prototypen zum Einsatz kommt.

5 Dieser Mechanismus ist sehr flexibel, aber auch schwer zu kontrollieren. Da über jedes Objekt das Verhalten einer ganzen Menge von Objekten geändert werden kann, ohne dass diese Änderung offensichtlich wird, können hier leicht Seiteneffekte entstehen. JavaScript bietet allgemein kaum Mittel, um Datenabstraktion und Kapselung zu unterstützen.

Die zentrale Idee ist dabei sehr einfach: Sie haben eine Reihe von Klassen, die alle eine Schnittstelle implementieren. Diese Schnittstelle spezifiziert auch eine Operation, die es erlaubt, dass die Exemplare der Klassen Kopien von sich selbst erzeugen. Sie erzeugen dann von jeder Klasse ein prototypisches Exemplar. Auf Anforderung erzeugt dieses Exemplar eine Kopie von sich selbst, die Sie dem nutzenden Modul zur Verfügung stellen.

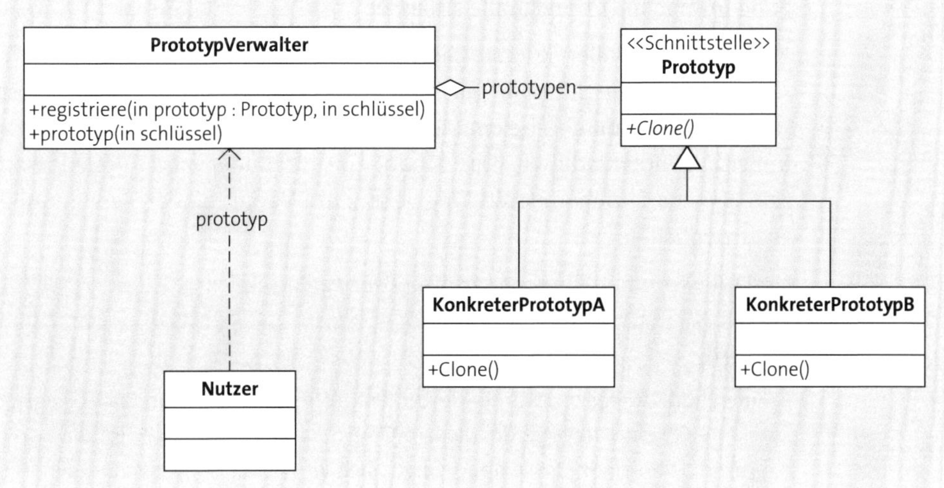

Abbildung 7.6 Entwurfsmuster »Prototyp« mit Verwalter

Im abgebildeten Szenario der Abbildung 7.6 werden die erstellten Vorlagenexemplare zentral von einer Klasse `PrototypVerwalter` gesammelt und mit einem Schlüsselwert assoziiert. Auf Anfrage mit übergebenem Schlüssel gibt ein Exemplar von `PrototypVerwalter` dann eine Kopie des mit dem Schlüssel assoziierten Prototyps zurück.

7.2 Fabriken als Abstraktionsebene für die Objekterzeugung

Bei der Erzeugung von Objekten über Konstruktoren müssen Sie bereits exakt wissen, von welcher Klasse ein Exemplar erzeugt werden soll. Damit haben Sie aber ein mögliches Problem in Ihre Module eingebaut, das Sie daran hindern könnte, das Verhalten eines Moduls zu erweitern oder eine Variante des Moduls einzuführen.

Nun hat sich ein Entwickler eines Moduls, der ein neues Objekt über einen Konstruktor erzeugt, zunächst einmal überlegt, warum er gerade den

Konstruktor dieser Klasse aufruft. Was ist denn dann eigentlich das Problem?

Offen für Erweiterung, geschlossen für Änderung

Wie in anderen Fällen müssen Sie auch hier das Prinzip *Offen für Erweiterung, geschlossen für Änderung* im Blick behalten. Wenn Sie den Quellcode eines Moduls zu jedem Zeitpunkt beliebig ändern können und den Aufwand nicht scheuen, können Sie natürlich auch die Art der Objekterzeugung immer an Ort und Stelle anpassen.

Aber in vielen Fällen können Sie den Quellcode gar nicht modifizieren, z. B. weil er Ihnen gar nicht für Änderungen zur Verfügung steht. Selbst wenn Sie es können, sollte ein Modul nur dann geändert werden, wenn es unbedingt notwendig ist. Das Modul soll für Änderungen geschlossen sein. Es muss einen anderen Weg geben, um Varianten der Verwendung zu ermöglichen.

Und hier kommen die sogenannten *Fabriken* ins Spiel.

Fabrik

Eine Fabrik in der objektorientierten Programmierung ist ein Objekt, das andere Objekte erzeugt. Bei diesem Objekt kann es sich auch um die Repräsentation einer Klasse handeln. Je nach verwendeter Umsetzung einer Fabrik sprechen wir von einer *statischen Fabrik*, von *Fabrikmethoden* oder *abstrakten Fabriken*.

Ein Vorgehen

Da *Fabrik* im Bereich der Objektorientierung ein sehr schillernder Begriff ist, haben wir mit der obigen Definition den kleinsten gemeinsamen Nenner gewählt. Eine Fabrik ist zunächst einmal kein Entwurfsmuster, sondern einfach ein bestimmtes Vorgehen bei der Objekterzeugung. Die zugehörigen Muster »Statische Fabrik«, »Abstrakte Fabrik« und »Fabrikmethode« werden wir in der Folge noch vorstellen. Es ist aber immer Vorsicht geboten, wenn jemand vom Entwurfsmuster »Fabrik« (oder vom Factory Pattern) spricht. Dann ist meist eine Nachfrage angebracht, um herauszufinden, welches Vorgehen denn nun genau mit diesem Begriff gemeint ist.

Diskussion: Erweiterungspunkte durch Fabriken

Bernhard: *Fabriken können Programme aber auch komplexer machen. Sie sollten nur dort zum Einsatz kommen, wo spätere Erweiterungen zu erwarten sind.*

Gregor: *Da muss ich sagen: Das hört sich ein bisschen danach an, als würdest du prophetische Fähigkeiten voraussetzen. Wenn wir vorher genau wüssten, wo unser Programm später erweitert werden soll, wären wir alle glückliche Softwareentwickler.*

Bernhard: *Der Hinweis bedeutet auch nur, dass wir nun nicht all unsere Objekterzeugungen in Fabriken kapseln sollen. Oft werden wir erst bei der ersten Änderungsanforderung feststellen, wo Änderungen durchgeführt werden müssen. Dann sollten wir nicht zögern und in diesem Zug unseren Code ändern und möglicherweise eine der Fabrikvarianten verwenden. Oft sind es auch Schwierigkeiten mit der Erstellung von Unit-Tests, die darauf hinweisen, an welchen Stellen noch Erweiterungspunkte notwendig sind.*

Gregor: *Stimmt, und immerhin gibt es ja Indizien, die darauf hindeuten, dass bestimmte Klassen zu einer Menge gehören, die sich laufend verändern wird. Wenn sich eine fachliche Klassenhierarchie schon zur Entwicklungszeit laufend weiter auffächert, ist das zum Beispiel ein guter Hinweis darauf, dass es auch später noch so sein wird.*

Der Einsatz von Fabriken unterstützt Sie bei der Einhaltung des Prinzips *Offen für Erweiterung, geschlossen für Änderung* und führt dazu, dass Ihre Programme besser erweiterbar bleiben.

[zB] **Webbrowseranwendung**

Nehmen Sie als Beispiel an, Sie möchten eine einfache Webbrowseranwendung umsetzen, die mit verschiedenen Kommunikationsprotokollen umgehen können soll. Dabei gibt es eine ganze Reihe von möglichen Protokollen, die Ihr Browser unterstützen soll. Neben den gängigen Protokollen wie HTTP und FTP soll Ihre Anwendung auch für neue Protokolle erweiterbar sein.

Schauen Sie sich zunächst an, was passiert, wenn Sie in solchen Fällen keine Variante der Fabriken verwenden. In Abbildung 7.7 sind zwei verschiedene Verfahren zur Behandlung (engl. *Handler*) für Kommunikationsprotokolle dargestellt, nämlich die Klassen `HttpHandler` und `FtpHandler`.

Beide implementieren die Schnittstelle `ProtocolHandler` und damit die Operation `getContent`, die zu einer URL den dahinterliegenden Inhalt in Form eines Strings liefern soll.[6]

Der nutzende Client entscheidet selbst, von welcher der beiden Klassen er ein Exemplar erstellen möchte. Wenn er den Inhalt anzeigen möchte, muss er außerdem weitere Objekte dazu heranziehen. Ein `ProtocolHandler` ist nur dafür zuständig, den Inhalt abzuholen und dabei das übergebene Protokoll zu berücksichtigen.

6 Wir gehen hier von der vereinfachenden Annahme aus, dass sich unter den verwendeten URLs immer Inhalt befindet, der sich als Text repräsentieren lässt.

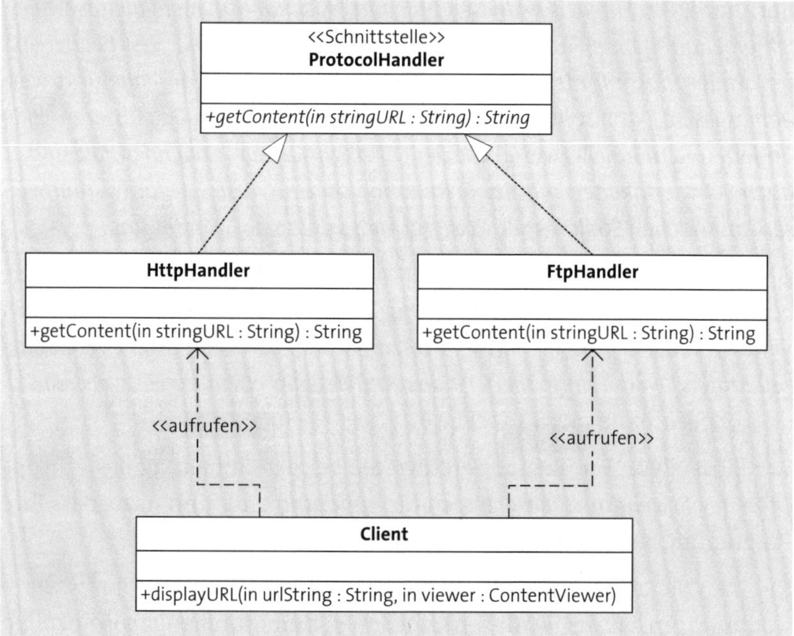

Abbildung 7.7 Verschiedene Handler für Protokolle

Kleiner Exkurs: Protokolle und URLs in Java

In den Bibliotheken von Java sind bereits Mechanismen enthalten, um mit verschiedenen URL-Typen und deren Protokollen umgehen zu können. Dabei wird über die Schnittstelle `URLConnection` eine Abstraktion verwendet, mit der ein einheitlicher Zugriff auf die verschiedenen Typen von URLs möglich ist. Das dabei verwendete Klassendesign ermöglicht es auch, eigene Handler zu implementieren und zu verwenden, indem Fabrikmechanismen eingesetzt werden. In den folgenden Abschnitten werden wir aber die von Java bereitgestellten Klassen nicht benutzen, sondern mit eigenen Umsetzungen die verschiedenen Varianten von Fabriken Schritt für Schritt illustrieren.

Innerhalb der Methode `displayURL`, die in Listing 7.6 zu sehen ist, wird ein `ProtocolHandler` ausgewählt:

```
public void displayURL(String urlString,
                       ContentViewer viewer) {
        URL url = new URL(urlString);
        String sProtocol = url.getProtocol();

        ProtocolHandler handler = null;
```

```
07          if (sProtocol.equalsIgnoreCase("HTTP") ) {
08              handler = new HttpHandler();
09          } else if (sProtocol.equalsIgnoreCase("FTP")) {
10              handler = new FtpHandler();
11          } else {
12              throw new RuntimeException("kein Bearbeiter für
13                       die URL " + url + " gefunden ");
14          }
15          String content = handler.getContent(stringURL);
16           ...
17          viewer.showContent(content);
18  }
```


Listing 7.6 Auswahl eines »ProtocolHandlers«

Auf der Grundlage der übergebenen URL wird entschieden (Zeilen 07 und 09), welcher Protokollhandler benötigt wird. Dann wird ein passendes Exemplar angelegt (Zeilen 08 und 10) und im Erfolgsfall darüber der Inhalt der betreffenden Webseite abgeholt (Zeile 15).

Sieht zunächst einmal so aus, als würde das funktionieren. Wo liegt aber das Problem? Wir schauen uns das Problem und eine erste Lösung im nächsten Abschnitt genauer an.

7.2.1 Statische Fabriken

In der Regel werden Sie Exemplare der Klasse `ProtocolHandler` noch an anderen Stellen im Code benötigen. Bei der Anzeige einer kurzen Vorschau in einem anderen Browserfenster wäre zum Beispiel ein Einsatz ebenfalls notwendig. An diesen Stellen werden Sie also den Code zur Auswahl des korrekten Bearbeiters noch einmal schreiben müssen. Das steht aber unserem Prinzip *Wiederholungen vermeiden* entgegen. Wenn es nun erforderlich wird, dass Ihre Anwendung ein weiteres Protokoll, zum Beispiel das Secure-HTTP-Protokoll, unterstützen soll, werden Sie Änderungen an mehreren Stellen im Code vornehmen müssen.

Dieses erste Problem können Sie durch den Einsatz einer statischen Fabrik lösen.

Statische Fabrik

Der Einsatz einer statischen Fabrik kapselt die Erstellung von Objekten an einer zentralen Stelle im Code. Dabei wird meistens eine klassenbezogene Methode (statische Methode) verwendet. Diese wird statische Fabrikmethode genannt. Ist die konkrete Klassenzugehörigkeit des erzeugten Objekts vom Wert eines Parameters abhängig, handelt es sich um eine parametrisierte statische Fabrik.

In Abbildung 7.8 ist das Beispiel der `ProtocolHandler` unter Verwendung einer statischen Fabrik `StaticProtocolHandlerFactory` dargestellt. Coderedundanzen werden dabei vermieden, indem die Erzeugung von Exemplaren von `ProtocolHandler` an genau einer Stelle im Code, nämlich in der klassenbezogenen Methode `getProtocolHandler`, erfolgt.

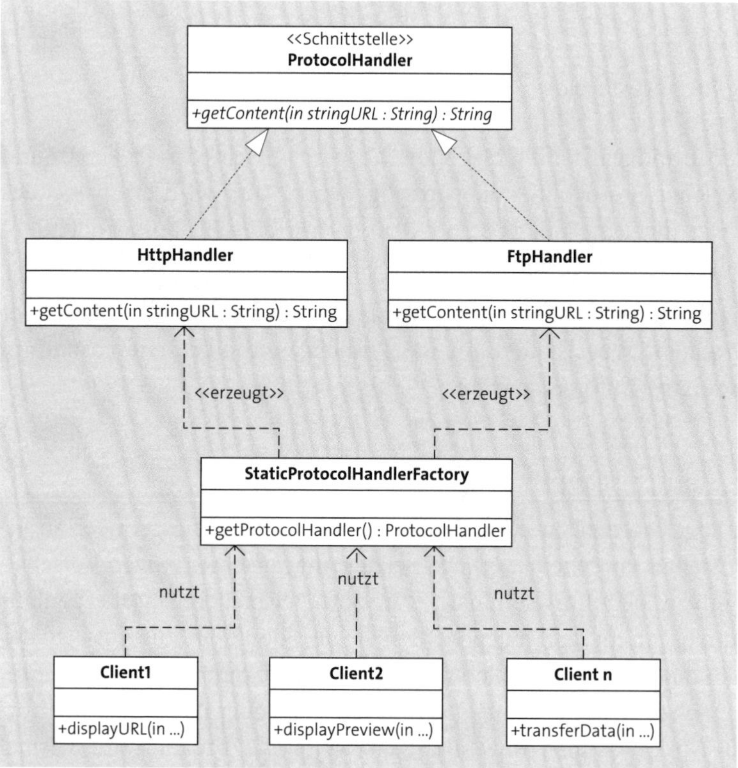

Abbildung 7.8 Statische Fabrik für »ProtocolHandler«

Der Code, der vorher direkt vom nutzenden Client umgesetzt werden musste, ist nun in der statischen Fabrik gekapselt, deren Methode `getProtocolHandler` von verschiedenen Clients aufgerufen wird.

In unserem Beispiel würde die Nutzung der statischen Fabrik durch `Client1` dann so aussehen:

```
ProtocolHandler handler =
    StaticProtocolFactory.getProtocolHandler(sURL);
```

```
        String content = handler.getContent(sURL);
        ...
        viewer.showContent(content);
```

Listing 7.7 Nutzung einer statischen Fabrik

Zentrale Erzeugung von Exemplaren

Der Code zur Erstellung eines konkreten Exemplars wird dabei einfach in eine statische Methode einer eigenen Klasse ausgelagert. In Listing 7.8 ist die Umsetzung der statischen Fabrik dargestellt. Die statische Fabrikmethode `getProtocolHandler` übernimmt nun die Aufgabe, die korrekte Klasse auszuwählen, und liefert das erstellte Exemplar zurück.


```
class StaticProtocolFactory
{
    static ProtocolHandler getProtocolHandler(String sURL)
                throws MalformedURLException
    {
        URL url = new URL(sURL);
        String sProtocol = url.getProtocol();

        ProtocolHandler handler = null;
        if (sProtocol.equalsIgnoreCase("HTTP") )
        {
            handler = new HttpHandler();
        }
        else if (sProtocol.equalsIgnoreCase("FTP"))
        {
            handler = new FtpHandler();
        }
        else
        {
            throw new RuntimeException(
              "kein ProtocolHandler für die URL "
               + url + " vorhanden ");
        }
        return handler;
    }
}
```

Listing 7.8 Umsetzung einer statischen Fabrik

Parametrisierte statische Fabrik

Mit dem Einsatz einer statischen Fabrik haben Sie eine zentrale Stelle geschaffen, an der alle Exemplare der Klasse `ProtocolHandler` erzeugt werden. Da die statische Fabrikmethode der Fabrik noch einen Parameter nimmt, anhand dessen erst der zu erstellende konkrete `ProtocolHandler` bestimmt wird, handelt es sich um eine parametrisierte statische Fabrik.

Diskussion: Wo bleibt die Flexibilität?

Gregor: *Hm, so richtig beeindruckt bin ich noch nicht. Damit haben wir das Problem doch nur verlagert. Wenn wir ein neues Protokoll hinzufügen wollen, müssen wir die Fabrik wieder anpacken und den entsprechenden Bearbeiter dort konstruieren. Außerdem: Wenn ich nun auf die Idee komme, dass ich ganz andere Umsetzungen meiner Protokollbearbeiter brauche, muss ich direkt wieder in den Sourcecode eingreifen, um hier eine andere statische Fabrik anzugeben.*

Erweiterbarkeit Austauschbarkeit

Bernhard: *Das ist natürlich richtig. Was wir gemacht haben, ist einfach eine Vermeidung von Coderedundanzen, außerdem haben wir eine definierte Stelle im Code geschaffen, an der bestimmte Objekte konstruiert werden. Den Nutzen einer solchen Kapselung sollten wir nicht unterschätzen.*

Aber du hast da gleich zwei Probleme auf einmal erwähnt: Zum einen ist es schwierig, ein neues Protokoll (zum Beispiel Secure HTTP) hinzuzufügen. Zum anderen können wir nicht einfach hingehen und unsere Protokollbearbeiter komplett austauschen (zum Beispiel, um zum Testen immer simulierte Daten zu liefern).

Probleme bei Erweiterbarkeit

Die Verwendung einer statischen Fabrik vermeidet zwar Coderedundanzen, sie ist aber keine Lösung für zwei Problemfelder, die sich ergeben, wenn wir unser Modul erweitern wollen:

- Um ein neues Protokoll behandeln zu können, müssen Sie die statische Fabrik selbst anpassen.
- Ein Austausch der konkreten Realisierungen von `ProtocolHandlern` in verschiedenen Einsatzszenarien ist aufwendig. Zum Beispiel ist es nicht auf einfache Art möglich, Simulationen in Testszenarien zu verwenden.

Im folgenden Abschnitt stellen wir zunächst eine Lösungsmöglichkeit für das zweite Problem vor: die abstrakte Fabrik.

7.2.2 Abstrakte Fabriken

Abstrakte Fabriken ergeben sich als Erweiterung der bereits vorgestellten statischen Fabriken. Statische Fabriken haben den Nachteil, dass sie nicht austauschbar sind, weil statische Methoden nicht der dynamischen Polymorphie unterliegen.

Greifen wir zur Illustration unser Beispiel mit den verschiedenen Protokollen und deren Bearbeiterklassen wieder auf. Wären Sie nicht flexibler, wenn Sie hier die dynamische Polymorphie nutzen und auch die verwendete Fabrik austauschen könnten? Vielleicht wollen Sie Tests in Szenarien durchführen, in denen Sie gar nicht wirklich auf URLs zugreifen können. In diesem Fall wäre es wünschenswert, auf eine einfache Weise die entsprechenden Implementierungen der `ProtocolHandler` austauschen zu können.

Fabriken implementieren eine Schnittstelle

Versuchen wir also, Nutzen aus der dynamischen Polymorphie zu ziehen. Wir lassen verschiedene Fabriken dieselbe Schnittstelle implementieren und verwenden nur diese Schnittstelle, wenn wir eine Fabrik benötigen. In Abbildung 7.9 sind die beteiligten Klassen aufgeführt.

Sie sehen dort, dass für die verschiedenen Varianten der Fabrik eine Schnittstelle `HandlerFactory` eingeführt wurde, die die Operation `getProtocolHandler` spezifiziert. Die Schnittstelle wird realisiert von den beiden konkreten Klassen `SimHandlerFactory` und `JavaBasedHandlerFactory`. Dabei ist die `SimHandlerFactory` für Szenarien gedacht, in denen keine realen Daten verwendet werden können, zum Beispiel in einem Unit-Test. Deshalb wird diese in der Methode `getProtocolHandler` ein Exemplar von `SimProtocolHandler` erzeugen.

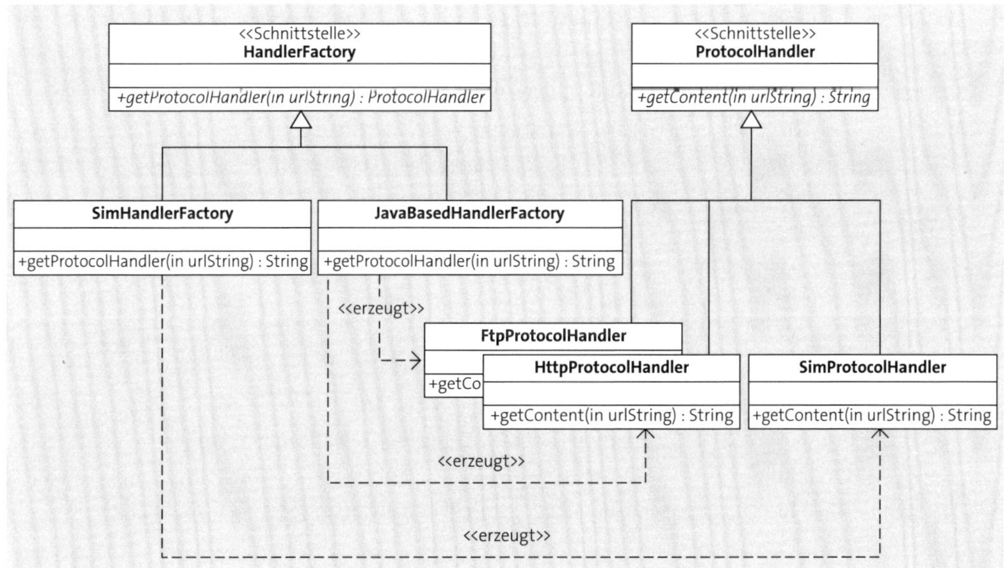

Abbildung 7.9 Abstrakte Fabrik für »ProtocolHandler«

Die `JavaBasedHandlerFactory` dagegen wird das bereits bekannte Verfahren verwenden und abhängig vom jeweiligen Protokoll ein Exemplar von `HttpProtocolHandler`, `FtpProtocolHandler` oder einer anderen Realisierung zurückliefern.

Die Schnittstelle HandlerFactory wird als abstrakte Fabrik bezeichnet.

Abstrakte Fabrik

Eine abstrakte Fabrik stellt eine Schnittstelle für verschiedene konkrete Fabriken dar. Die abstrakte Fabrik definiert dabei eine oder mehrere Operationen, durch die wiederum abstrakte Produkte erstellt werden. Die Realisierungen einer abstrakten Fabrik, die konkreten Fabriken, setzen die vorgegebenen Operationen so um, dass sie Exemplare von konkreten Produktklassen erstellen. Durch die Nutzung einer abstrakten Fabrik ist es möglich, die erzeugten Produkte zu variieren, indem ein Austausch der konkreten verwendeten Fabrik erfolgt.

Verwendung von abstrakten Fabriken

Um die Verwendung von abstrakten Fabriken zu illustrieren, nehmen wir das Beispiel aus Abbildung 7.9 wieder auf. In Listing 7.9 sind die beiden unterschiedlichen Realisierungen der Operation getProtocolHandler aufgeführt.

```
class JavaBasedHandlerFactory implements HandlerFactory
{
    ...
    ProtocolHandler getProtocolHandler(String urlString) {
        ProtocolHandler handler = null;
        URL url = new URL(urlString);
        String sProtocol = url.getProtocol();
        if (sProtocol.equalsIgnoreCase("HTTP") )
        {
            handler = new HttpHandler();
        }
        ...
    }
}

class SimHandlerFactory implements HandlerFactory
{
    ProtocolHandler getProtocolHandler(String urlString)
    {
        ProtocolHandler h = new ProtocolHandlerSim ();
        return h;
    }
}
```

Listing 7.9 Verschiedene Umsetzungen der Operation »getProtocolHandler«

Für den Fall der `SimHandlerFactory` in Zeile 16 wird für alle angeforderten Protokolle einfach ein Simulator zurückgegeben. Diese Fabrik können Sie also für Tests verwenden, wenn die eigentlich über eine URL referenzierten Daten nicht relevant sind.

Nutzung der Fabrik-Schnittstelle

Als Nutzer der Fabrik kommt eine Klasse `BrowserView` infrage, die den gelieferten Inhalt in einem Browser anzeigen soll. Wird ein Exemplar der Klasse `BrowserView` erzeugt, bekommt es die zu verwendende Fabrik im Konstruktor übergeben. Anschließend nutzt die Klasse `BrowserView` die abstrakte Fabrik, um sich deren Produkt (ein Exemplar von `ProtocolHandler`) erstellen zu lassen. In Abbildung 7.10 sind die Nutzungsbeziehungen der beteiligten Klassen aufgeführt.

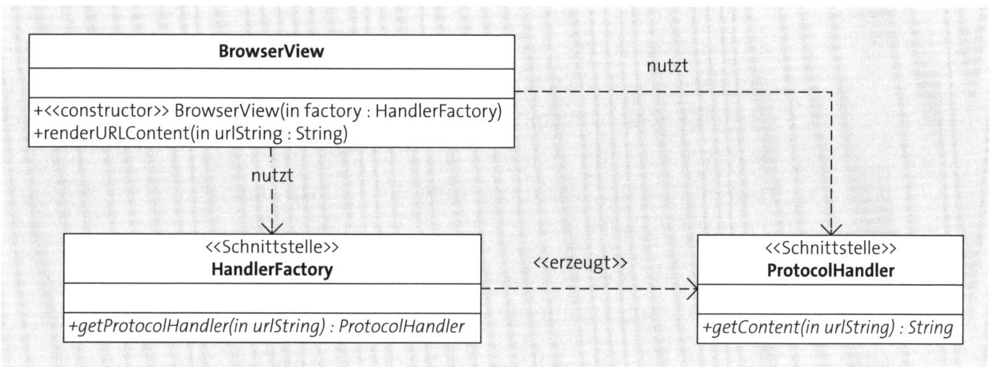

Abbildung 7.10 Anwendung der abstrakten Fabrik für »ProtocolHandler«

Abhängig davon, zu welcher konkreten Klasse die im Konstruktor übergebene Fabrik gehört, ergibt sich nun unterschiedliches Verhalten. Wird ein Exemplar von `SimHandlerFactory` bei der Konstruktion übergeben, wird `BrowserView` intern lediglich simulierte Daten verwenden. Wird ein Exemplar von `JavaBasedHandlerFactory` übergeben, wird auf die übergebene URL zugegriffen, und die Daten werden dort abgeholt. In Listing 7.10 ist die Umsetzung der Klasse `BrowserView` aufgeführt:

```
public class BrowserView {
    private HandlerFactory factory;

    BrowserView(HandlerFactory factory)
    {
        this.factory = factory;
    }

    void renderUrlContents(String stringURL)    {
        ProtocolHandler handler =
```

```
                factory.getProtocolHandler(stringURL);
            String content = handler.getContent(stringURL);
            renderContent(content);
        }
        // ...
    }
```

Listing 7.10 Umsetzung der Klasse »BrowserView«

Fabrik als Parameter

Nun können Sie den `BrowserView` mit einer Fabrik für Protokollbearbeiter parametrisieren. Abhängig von der übergebenen Fabrik wird er sich unterschiedlich verhalten.

Offen für Erweiterung

Sie haben dadurch die Möglichkeit, das Verhalten der konstruierten Exemplare der Klasse `BrowserView` zu beeinflussen, indem Sie die Fabrik Exemplare von konkreten Produkten konstruieren lassen. Damit haben Sie einen Erweiterungspunkt geschaffen, mit dem Sie das Verhalten von `BrowserView` beeinflussen können, ohne dass Sie die existierenden Klassen anpassen müssen. Das unterstützt das Prinzip *Offen für Erweiterung, geschlossen für Änderung*.

In Listing 7.11 sehen Sie, wie zwei verschiedene konkrete Fabriken verwendet werden, um das interne Verhalten eines `BrowserViews` anzupassen.

```
HandlerFactory javaFactory = new JavaBasedHandlerFactory();
HandlerFactory simFactory = new SimHandlerFactory();

BrowserView productionview = new BrowserView(javaFactory);
BrowserView testview = new BrowserView(simFactory);

productionview.renderUrlContents("http://www.mopo.de");
testview.renderUrlContents("http://www.mopo.de");
```

Listing 7.11 Verwendung von zwei verschiedenen konkreten Fabriken

Die beiden angelegten `BrowserViews` werden sich nun unterschiedlich verhalten. Der eine wird versuchen, die Webseite *www.mopo.de* zu erreichen, der andere wird einfachen simulierten Inhalt anzeigen.

Diskussion: Anpassungsaufwand in Fabriken

Gregor: *Okay, wir können nun also die Art unserer Protokollbearbeiter austauschen. Das ist natürlich ganz nett, wenn uns die bisherigen zum Beispiel zu ineffizient werden und wir sie aus diesem Grund austauschen möchten. Aber wenn wir nun ein neues Protokoll hinzufügen wollen, sagen wir einmal für das Secure HTTP-Protokoll, dann müssen wir in diesem Fall ja sogar in alle vorhandenen Fabrikklassen eingreifen.*

Bernhard: *An irgendeiner Stelle muss letztendlich entschieden werden, welche konkrete Klasse verwendet werden soll. Es kann immer nur darum gehen, diese Entscheidung an einer Stelle vorzunehmen, an der Änderungen möglichst selten zu erwarten und dann möglichst einfach vorzunehmen sind. Wenn wir unser Switch-Statement aber komplett loswerden wollen, müssen wir die Entscheidung, welche Protokollbearbeiterklasse angelegt wird, an eine komplett andere Stelle verlagern.*

Gregor: *Wohin können wir diese Entscheidung denn verlagern?*

Bernhard: *Wir können diese Entscheidung auch außerhalb des Programmcodes treffen lassen, indem wir die konkrete zu verwendende Klasse in einer Konfigurationsdatei festlegen. Eine andere Möglichkeit besteht darin, dass sich neue Klassen, die für ein bestimmtes Protokoll zuständig sind, mit einem spezifischen Exemplar bei einer Fabrik registrieren.*

Erweiterung um neues Protokoll

Auch mit der eingeführten abstrakten Fabrik existiert in unserem Beispiel immer noch eine Einschränkung, die bei der Erweiterung um neue Protokolle hinderlich sein kann: Wenn Sie ein neues Protokoll unterstützen wollen, müssen Sie die betroffenen konkreten Fabriken wieder öffnen, um den neuen Protokolltyp hinzuzufügen. Das muss nicht unbedingt ein Problem sein. In vielen Fällen sind die Mechanismen der abstrakten Fabrik ausreichend, und eine Erweiterung um neue Produkte ist unwahrscheinlich oder kann im Quellcode vorgenommen werden.

Entscheidung verlagern

Wenn aber mit hoher Wahrscheinlichkeit neue Produkte hinzukommen, kann es sinnvoll sein, die Entscheidung über die konkreten Produkte weiter zu verlagern.

Hier haben Sie zwei praktikable Möglichkeiten:

- Sie lagern die Entscheidung in eine externe Konfiguration aus.
- Sie erstellen einfach von allen Protokollbearbeiterklassen Exemplare und lassen diese selbst entscheiden, ob sie ein Protokoll bearbeiten können.

Im folgenden Abschnitt lernen Sie die erste Variante kennen. Die zweite Variante stellen wir in Abschnitt 7.2.4 vor.

7.2.3 Konfigurierbare Fabriken

Bei der Verwendung von Fabriken ist der bestimmende Punkt, an welcher Stelle im Programmcode die Entscheidung stattfindet, von welcher konkreten Klasse ein Exemplar erzeugt werden soll. Diese Entscheidung kann auch außerhalb des Programmcodes liegen, indem sie über eine externe Konfiguration vorgenommen wird. In diesem Fall liegt dann eine konfigurierbare Fabrik vor.

Konfigurierbare Fabrik

Eine konfigurierbare Fabrik verlagert die Entscheidung darüber, von welcher Klasse ein Exemplar erzeugt werden soll, in eine Konfiguration, die außerhalb des Programms liegt. Voraussetzung für den Einsatz einer konfigurierbaren Fabrik ist, dass die verwendete Programmiersprache es erlaubt, erst zur Laufzeit zu entscheiden, zu welcher konkreten Klasse ein zu erstellendes Objekt gehört.

Umsetzung in Java

Die Sprache Java bietet zum Beispiel die geforderten Möglichkeiten. Es ist möglich, über den Namen einer Klasse ein Exemplar dieser Klasse zu konstruieren.[7] Wir stellen im Folgenden an einem Beispiel in Java vor, wie eine statische Fabrik so modifiziert werden kann, dass sie über eine Datei konfigurierbar wird. In Abbildung 7.11 sind die erweiterten Nutzungsbeziehungen der statischen Fabrik dargestellt.

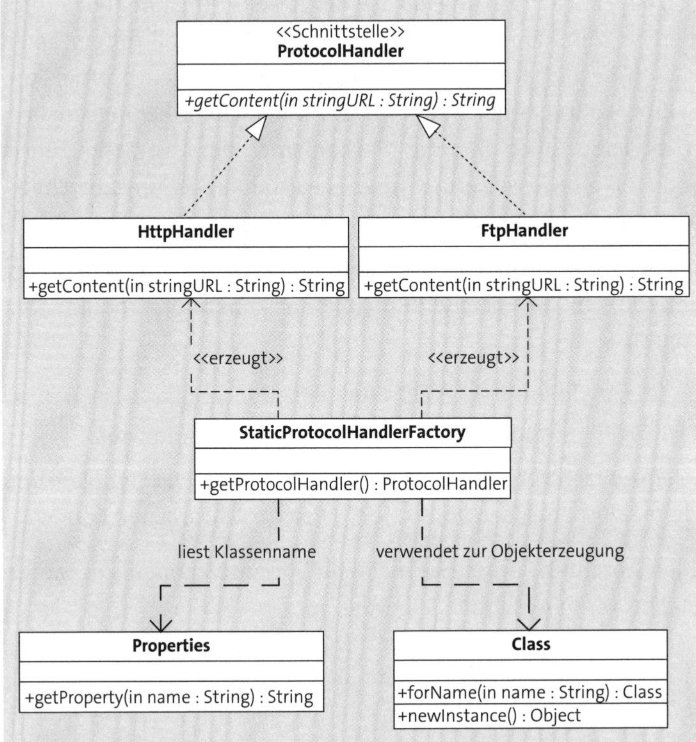

Abbildung 7.11 Umsetzung einer konfigurierbaren Fabrik

7 Die Fähigkeit, Informationen über Klassen und andere Strukturen eines Programms zur Laufzeit auszuwerten und zu nutzen, wird *Reflexion* (engl. *Reflection*) genannt. Wir stellen Reflexion in Kapitel 9, »Aspekte und Objektorientierung«, noch im Detail vor.

Die statische Fabrik nutzt zum einen die Klasse `Properties`, um aus einer Konfigurationsdatei den Namen der Klasse auszulesen, die für ein bestimmtes Protokoll zuständig ist. Zum anderen wird die Klasse `Class` verwendet, um neue Exemplare der `ProtocolHandler` zu erzeugen.

Wie genau das Erzeugen von neuen Exemplaren stattfindet, lässt sich am besten anhand der entsprechenden Umsetzung in Java erläutern. In Listing 7.12 ist eine konfigurierbare Fabrik aufgeführt. Die Fehlerbehandlung haben wir in diesem Beispiel aus Gründen der Übersicht weggelassen.

Entscheidung per Konfiguration

```
01 class StaticProtocolHandlerFactory {
02     public ProtocolHandler getProtocolHandler(
03                                     String protocol)
04  {
05         Properties properties = new Properties();
06         properties.load(new FileInputStream(
07                 "factory.properties"));
08         String handler = properties
09                 .getProperty(protocol);
10         Class classOfProtocolHandler =
11                 Class.forName(handler);
12         ProtocolHandler protocolHandler =
13                 (ProtocolHandler) classOfProtocolHandler
14                 .newInstance();
15         return protocolHandler;
16     }
17 }
```

Listing 7.12 Umsetzung einer konfigurierbaren Fabrik in Java

Im Folgenden beschreiben wir Schritt für Schritt, was in diesem Stück Quellcode passiert.

Zunächst wird in Zeile 05 ein Exemplar der Klasse `Properties` erzeugt. Über dieses Objekt können Werte zu Attributen aus einer Datei gelesen werden. In Zeile 06 wird die verwendete Datei angegeben und eingelesen.

Klassenname aus Datei

Im Beispiel wird die Datei `factory.properties` genutzt, um eine Zuordnung zwischen dem Protokoll und der dafür verantwortlichen Klasse vorzunehmen. Die Einträge in dieser Datei enthalten in unserem Beispiel Zuordnungen für die Protokolle HTTP und FTP:

```
http=de.rheinwerkcomputing.oobook.abstractfactory.HttpHandler
ftp=de.rheinwerkcomputing.oobook.abstractfactory.FtpHandler
```

In Zeile 08 wird der zum übergebenen Protokoll gehörende Klassenname ausgelesen. Für den Fall des HTTP-Protokolls erhalten Sie also `de.rheinwerkcomputing.oobook.abstractfactory.HttpHandler` als Name der Klasse, von der ein Exemplar erzeugt werden soll. In Zeile 10 wird über die statische Methode `forName` über den Namen das Objekt gesucht, das die Klasse `HttpHandler` repräsentiert. Dieses Objekt enthält Informationen über die Struktur der Klasse, es kann aber auch verwendet werden, um Exemplare der Klasse zu erzeugen. Genau das geschieht in Zeile 12: Ein Exemplar der Klasse `HttpHandler` (oder einer anderen konkreten Unterklasse von `ProtocolHandler`) wird erzeugt und der Variablen `protocolHandler` zugewiesen.

Damit liegt die Entscheidung, welche konkrete Klasse verwendet wird, nicht mehr im Quellcode, sondern in der verwendeten Konfigurationsdatei. Soll ein neues Protokoll unterstützt oder ein existierendes Protokoll durch eine andere Klasse bearbeitet werden, ist neben der Umsetzung der neuen Unterklasse von `ProtocolHandler` lediglich eine Änderung in der Konfigurationsdatei notwendig.

Im vorgestellten Beispiel haben wir eine statische Fabrik um Konfigurationsmöglichkeiten erweitert. Es wäre aber genauso möglich, die abstrakte Fabrik aus Abschnitt 7.2.2 mit diesen Möglichkeiten zu erweitern, sodass Sie mehrere Varianten einer konfigurierbaren Fabrik verwenden könnten.

Konfigurierbare Fabriken in Sprachen ohne Reflexion

Konfiguration in Sprachen ohne Reflexion

Das vorgestellte Beispiel in Java nutzt die Fähigkeit von Java, zur Laufzeit zu bestimmen, von welcher konkreten Klasse ein Exemplar erzeugt werden soll. Was ist aber in Sprachen wie C++, die diese Fähigkeiten nicht haben? Betrachten wir, welche Möglichkeiten Sie in C++ haben, so einen Mechanismus nachzubauen.

In C++-Programmen ist es möglich, dass Bibliotheken nicht schon beim Start des Programms geladen werden, sondern erst später im Programmablauf aufgrund einer expliziten Ladeanweisung. Dadurch lässt sich ein ähnlicher Effekt erreichen wie durch die beschriebenen Konfigurationsmöglichkeiten in Java, allerdings mit wesentlich mehr Aufwand. Sie können dabei in einer Konfigurationsdatei festlegen, welche Bibliothek aus einer Reihe von Bibliotheken geladen werden soll. Liegen nun unterschiedliche Bibliotheken mit unterschiedlichen Realisierungen für die gleiche Schnittstellenklasse vor, so werden abhängig von der geladenen Bibliothek unterschiedliche Realisierungen dieser Schnittstelle im Programm verwendet.

Wenn die geladenen Klassen jeweils ein Exemplar in eine *Registratur* eintragen, kann der Zugriff darauf über diese Registratur vermittelt und das für einen konkreten Fall (in unserem Beispiel ein bestimmtes Protokoll) registrierte Exemplar geliefert werden. Damit ändert sich das Verhalten des Programms abhängig davon, welche Bibliotheken dynamisch geladen werden. Da nun in einer Konfigurationsdatei entschieden wird, welche dieser Bibliotheken geladen werden, haben Sie für diesen Fall das Verhalten einer konfigurierbaren Fabrik vorliegen.

7.2.4 Registraturen für Objekte

In Abschnitt 7.2.2, »Abstrakte Fabriken«, hatten wir die Frage gestellt, wie denn die Entscheidung über die Klassenzugehörigkeit von erstellten Objekten weiter verlagert werden kann, sodass auch eine Fabrik selbst nicht mehr im Quellcode entscheiden muss, welche konkrete Klasse verwendet wird. Im vorigen Abschnitt haben Sie gesehen, dass diese Entscheidung in eine Konfigurationsdatei ausgelagert werden kann.

Was wir noch nicht betrachtet haben, ist die Möglichkeit, diese Entscheidung den Produkten der Fabrik selbst zu überlassen. Warum sollten Sie nicht einfach einmal eine ganze Reihe von Produkten auf Vorrat produzieren und diese dann bei Bedarf daraufhin prüfen, ob sie für Ihre aktuelle Anforderung geeignet sind?

In Abbildung 7.12 greifen wir unser Beispiel mit unterschiedlichen Realisierungen der Schnittstelle `ProtocolHandler` wieder auf. Dort sehen Sie aber diesmal eine zusätzliche Klasse `ProtocolHandlerRegistry`, die als Registratur für Exemplare aller Unterklassen von `ProtocolHandler` dient.

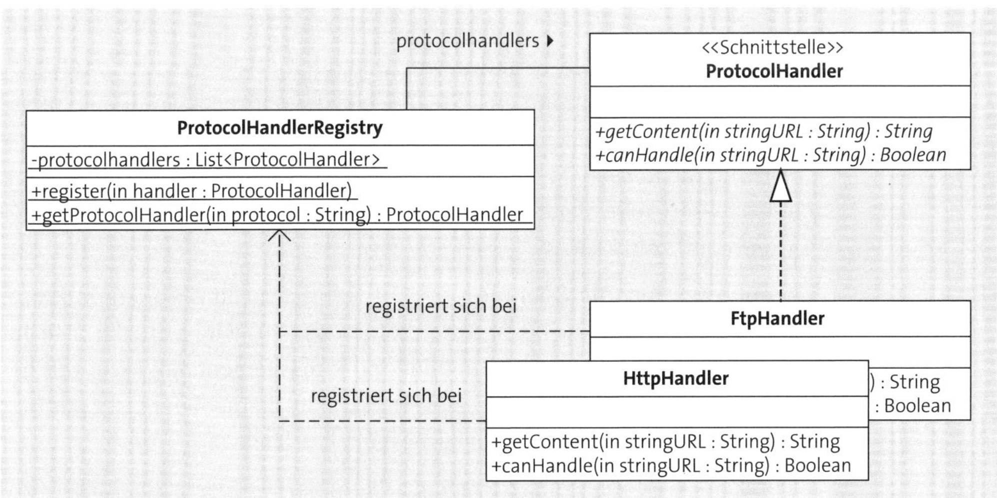

Abbildung 7.12 Registratur für »ProtocolHandler«

Die Schnittstelle ProtocolHandler verlangt nun, dass eine Klasse, die die Schnittstelle implementiert, auch eine Methode canHandle implementiert, die Auskunft darüber gibt, ob ein Exemplar der Klasse ein angegebenes Protokoll bearbeiten kann.

Eine zentrale Rolle nimmt in diesem Szenario aber die Klasse ProtocolHandlerRegistry ein, deren Umsetzung in Listing 7.13 dargestellt ist.

```
01 public class ProtocolHandlerRegistry {
02     static List<ProtocolHandler> protocolHandlers =
03                       new ArrayList<ProtocolHandler>();
04
05     static void register(ProtocolHandler handler) {
06         protocolHandlers.add(handler);
07     }
08     static ProtocolHandler getProtocolHandler(
09                     String protocol) {
10         ListIterator<ProtocolHandler> iter =
11             protocolHandlers.listIterator();
12         while (iter.hasNext()) {
13             ProtocolHandler handler = iter.next();
14             if (handler.canHandle(protocol)) {
15                 return handler;
16             }
17     }
18     // Fehlerbehandlung weggelassen
19 }
```

Listing 7.13 Umsetzung der Klasse »ProtocolHandlerRegistry« in Java

Betrachten wir deren Funktion im Folgenden etwas genauer. ProtocolHandlerRegistry definiert ausschließlich klassenbezogene Datenelemente und Methoden. Zunächst ist da eine Liste von Exemplaren von ProtocolHandler, die in Zeile 02 definiert wird. In dieser werden mögliche Bearbeiter für Protokolle abgelegt. Zum Einfügen in diese Liste dient die Operation register in Zeile 05.

Wenn nun über die Operation getProtocolHandler in Zeile 08 ein Protokollbearbeiter für eine bestimmte URL angefordert wird, wird die Liste der registrierten Bearbeiter durchlaufen und jedes Element davon mittels der Operation canHandle befragt (Zeile 14). Das erste Element der Liste, das hier mit true antwortet, wird dann zurückgeliefert (Zeile 15).

Für das HTTP-Protokoll wird hier ein Exemplar der Klasse HttpHandler zurückgegeben. Durch die Umsetzung der Operation canHandle erklärt sich diese Klasse für die Bearbeitung aller URLs zuständig, die mit `http` beginnen.

```
class HttpHandler implements ProtocolHandler {
    // ...
    public Boolean canHandle(String protocol) {
        return protocol.equalsIgnoreCase("HTTP");
    }
    // ...
}
```


Listing 7.14 »HttpHandler« erklärt sich für zuständig.

Damit die konkreten Unterklassen von `ProtocolHandler` weitgehend automatisch jeweils ein Exemplar bei der Klasse `ProtocolHandlerRegistry` registrieren, ist es notwendig, dass möglichst beim Laden der Klasse in die Laufzeitumgebung ein Exemplar der Klasse erstellt und bei der Klasse `ProtocolHandler` registriert wird. In Listing 7.15 ist dargestellt, wie das in Java möglich ist.

```
public class HttpHandler implements ProtocolHandler {
    static {
        ProtocolHandlerRegistry.register(new HttpHandler());
    }
    // ...
}
```

Listing 7.15 Registrierung beim Laden einer Klasse in Java

Der mit `static` gekennzeichnete Code wird beim Laden der Klasse in die Laufzeitumgebung ausgeführt. Damit wäre also nach dem Laden der Klasse `HttpHandler` ein Exemplar der Klasse für die Bearbeitung des HTTP-Protokolls registriert. Allerdings müssen Sie dabei die technischen Randbedingungen der verwendeten Programmiersprache, in unserem Beispiel von Java, beachten. Eine Klasse wird in Java erst dann geladen, wenn sie zum ersten Mal angesprochen wird. Deshalb muss bei der Initialisierung unserer Applikation mindestens ein Zugriff auf die Klasse erfolgen. Das geschieht typischerweise durch einen Aufruf von `Class.forName` mit dem Namen der benötigten Klasse. In Listing 7.16 ist aufgeführt, wie zwei Bearbeiterklassen geladen werden und sich damit bei der Registratur eintragen.

```
Class.forName("de.rheinwerkcomputing.oobook.HttpHandler");
Class.forName("de.rheinwerkcomputing.oobook.FtpHandler");
```

```
ProtocolHandler handler =
      ProtocolHandlerRegistry.getProtocolHandler("http");
String content = handler.getContent("http://www.mopo.de");
System.out.println(content);
```

Listing 7.16 Laden von Klassen und Verwendung eines Protokollbearbeiters

Wenn Sie nun ein weiteres Protokoll unterstützen möchten, genügt es, eine Klasse umzusetzen, die die Schnittstelle `ProtocolHandler` implementiert. Diese wird sich dann mit einem Exemplar in der Registratur eintragen. Das geschieht analog zum Bearbeiter für das HTTP-Protokoll. Sie können die Registrierung natürlich auch über eine Konfigurationsdatei steuern, die dann von einer Initialisierungsroutine ausgewertet wird, sodass die neue Klasse im existierenden Code überhaupt nicht mehr angesprochen werden muss.

Das vorgestellte Vorgehen kombiniert zwei eigenständige Bestandteile. Zum einen wird eine Registratur `ProtocolHandlerRegistry` verwendet, die für die konkrete Auswahl eines Protokollbearbeiters zuständig ist. Intern verwendet die Registratur dann eine Variante des Musters der Zuständigkeitskette, um eine Anfrage an verschiedene Objekte weiterzuleiten, von denen eines sich dann selbst für die angefragte Aufgabe zuständig erklärt.

Entwurfsmuster »Zuständigkeitskette« (Chain of Responsibility)

Eine Reihe von Objekten erhält die Möglichkeit, eine Aufgabe zu erledigen. Dabei werden die Objekte der Reihe nach befragt, ob sie die Aufgabe erledigen können. Beantwortet ein Objekt diese Frage positiv, so wird ihm die Aufgabe zur Erledigung zugewiesen. Im anderen Fall wird die Anfrage an das nächste Objekt in der Kette weitergereicht.

Vorsicht: doppelte Produkte

Bei der Verwendung einer Variante der Zuständigkeitskette machen wir die Annahme, dass die Registrierung von verschiedenen Produkten durch den nutzenden Client in einer konsistenten Art und Weise erfolgt und dass Doppelregistrierungen entweder verhindert werden oder keine negativen Konsequenzen haben. In den meisten praktischen Fällen wird es aber sinnvoll sein, Doppelregistrierungen in so einem Fall zu vermeiden und bei der zweiten Registrierung für die gleiche Aufgabe einen Fehler zu melden.

Alternativ kann auch die Registratur erweitert werden, sodass für die Auswahl eines konkreten Bearbeiters nicht ausschließlich diese selbst verantwortlich sind, sondern bei mehreren möglichen Bearbeitern ein weiteres Auswahlkriterium greift.

7.2.5 Fabrikmethoden

Fabrikmethoden haben in der Regel einen anderen Anwendungskontext, als das bei abstrakten Fabriken der Fall ist. Allerdings werden abstrakte Fabriken und Fabrikmethoden häufig unter dem Begriff Fabrik zusammengefasst. Dabei haben beide durchaus unterschiedliche Ausgangsbedingungen.

Fabrikmethode

Fabrikmethoden sind Methoden, die innerhalb einer Klassenhierarchie dafür zuständig sind, klassenspezifische Objekte (Produkte) zu erstellen, die dann von der betreffenden Klasse genutzt werden. Die Produkte werden dabei ebenfalls in einer Hierarchie organisiert.

[«]

7

Abbildung 7.13 zeigt den grundsätzlichen Aufbau der beteiligten Klassen bei der Verwendung einer Fabrikmethode.

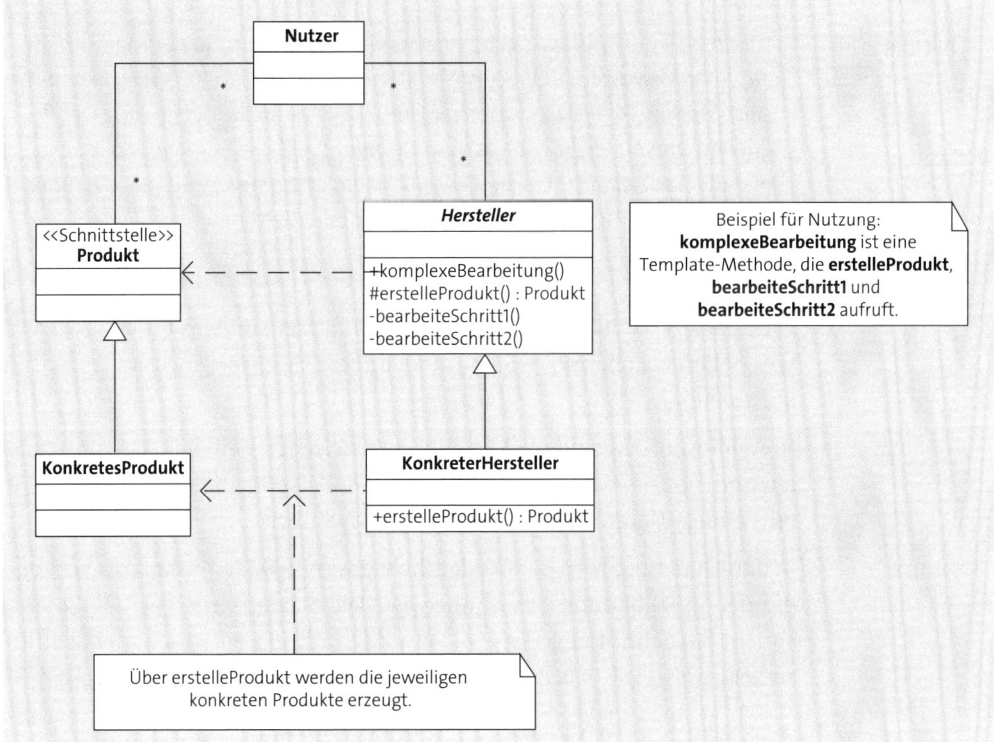

Abbildung 7.13 Fabrikmethode zur Erstellung konkreter Klassen

Kovariante Rückgabetypen

In der Abbildung ist die Fabrikmethode `erstelleProdukt` zu sehen. In den konkreten Unterklassen der abstrakten Klasse `Hersteller` werden diese so implementiert, dass sie das jeweils benötigte konkrete Produkt zurückgibt.

Wenn es die Programmiersprache erlaubt, können Sie dabei auch die Möglichkeit von *kovarianten Rückgabetypen* ausnutzen. Wir haben kovariante Rückgabetypen bereits in Abschnitt 5.4.4, »Die Problemstellungen der Mehrfachvererbung«, vorgestellt. Wenn Sie diesen Mechanismus ausnutzen, kann die Methode `erstelleProdukt` in der Klasse `KonkreterHersteller` so überschrieben werden, dass sie nicht mehr das abstrakte Produkt `Rückgabe` spezifiziert, sondern die Klasse `KonkretesProdukt`.

Fabrikmethoden am Beispiel

Die Arbeitsweise von Fabrikmethoden lässt sich gut an einem Beispiel illustrieren. Betrachten wir dazu die Verwaltung von JDBC-Treibern in den Java-Bibliotheken. Diese verwenden nämlich Fabrikmethoden, um die Beziehungen zwischen Verbindungen und Statements konsistent zu gestalten.

JDBC

Kurzüberblick: JDBC

JDBC[8] ist ein standardisierter Mechanismus, um von Java-Programmen aus auf (vorwiegend relationale) Datenbanken zuzugreifen. JDBC-Treiber sind Module, die diesen Mechanismus für konkrete Typen von Datenquellen umsetzen. So gibt es zum Beispiel JDBC-Treiber, die den Mechanismus speziell für Oracle-Datenbanken umsetzen, andere, die über ODBC-Mechanismen (Open Database Connectivity) auf eine Datenbank zugreifen.

JDBC basiert darauf, dass für die Umsetzung von Treibern für spezielle Datenquellen vor allem zwei Schnittstellen realisiert werden: `Connection` und `Statement`.

In Abbildung 7.14 sind die Beziehungen zwischen den beiden Schnittstellen und den sie realisierenden Klassen am Beispiel von JDBC-Treibern für eine Oracle-Datenbank und für ODBC aufgeführt.

In der Abbildung wird bereits deutlich, dass eine Klassenstruktur vorliegt, die der in Abbildung 7.13 ähnlich ist: Die Schnittstelle `Connection` entspricht der Schnittstelle `Hersteller`, und `Statement` entspricht der Schnittstelle `Produkt`. Die Fabrikmethode heißt in diesem Fall `createStatement`.

8 JDBC war früher tatsächlich die Abkürzung für »Java Database Connectivity«. Heutzutage ist JDBC keine Abkürzung mehr, sondern einfach der Markenname einer Spezifikation und einer Bibliothek, die es Java ermöglicht, mit den Datenbanken zu kommunizieren. Wenn Sie sich jetzt fragen, was das soll, arbeiten Sie bestimmt nicht im Marketing.

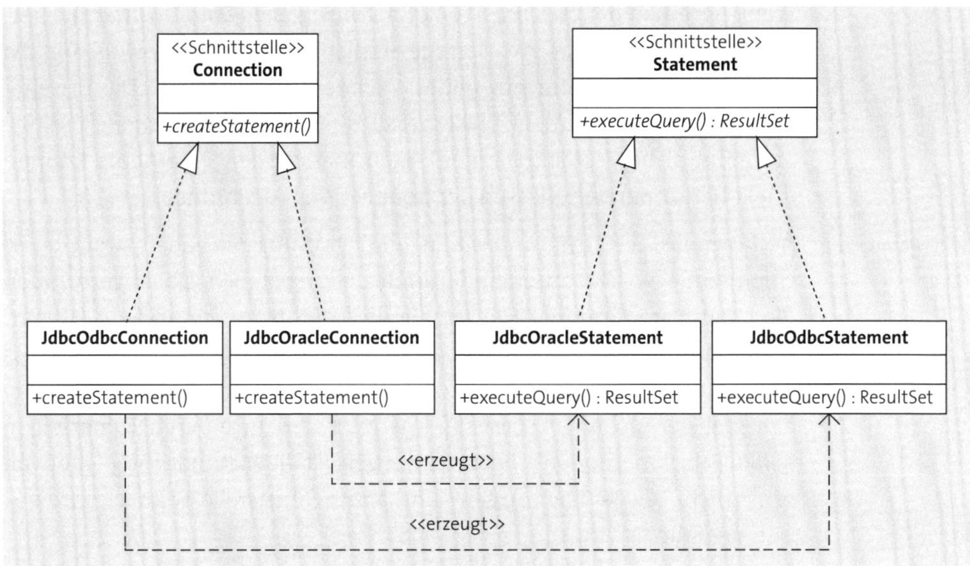

Abbildung 7.14 Fabrikmethode bei JDBC-Verbindungen

Die konkreten Realisierungen, wie zum Beispiel `JdbcOracleConnection`, setzen die Fabrikmethode so um, dass die jeweils korrespondierenden konkreten `Statement`-Klassen darüber erstellt werden.

In Listing 7.17 ist die Verwendung der Fabrikmethode in Zeile 04 zu sehen.

```
01  Class.forName( "sun.jdbc.odbc.JdbcOdbcDriver" );
02  Connection connection = DriverManager.getConnection(
03              "jdbc:odbc:mydb", "User", "Password" );
04  Statement statement = connection.createStatement();
05  ResultSet result =
06        statement.executeQuery("SELECT * FROM mytable;");
```

Listing 7.17 Verwendung eines JDBC-Treibers

Der Aufruf von `DriverManager.getConnection` in Zeile 02 hat dabei ein Exemplar von `JdbcOdbcDriver` geliefert, die entsprechende Klasse ist in Zeile 01 geladen worden.[9] Der Aufruf von `createStatement` wird nun in diesem Fall auch ein Exemplar von `JdbcOdbcStatement` liefern. Bei der Verwendung von `Connection` und `Statement` wissen Sie allerdings nichts über diese konkreten Klassen, sondern arbeiten allein mit den Schnittstellen.

9 Das Laden und Registrieren des JDBC-Treibers erfolgt nach dem Muster, das wir im Abschnitt 7.2.4 vorgestellt haben. Dabei wird ein Exemplar der Klasse beim `DriverManager` registriert, sobald die Klasse geladen wird.

Wenn Sie einen neuen JDBC-Treiber für ein eigenes Datenformat zur Verfügung stellen wollen, müssen Sie Implementierungen sowohl für die `Connection` als auch für ein neues `Statement` bereitstellen. Die Erweiterungsmöglichkeit wird in diesem Fall über die *Fabrikmethode* `createStatement` sichergestellt. Die konkreten Klassen der Statements können direkt den konkreten Klassen der Connections zugeordnet werden.

Zwei Hierarchien

Auffallend ist die Struktur des Klassendiagramms: Sie haben zwei Hierarchien vorliegen, die miteinander in Beziehung stehen. Dabei verwenden die Exemplare der einen Hierarchie die Exemplare der anderen Hierarchie. In unserem JDBC-Szenario haben wir allerdings den Spezialfall, dass das von der Fabrikmethode erstellte Objekt in der Regel nicht intern von den Realisierungen von `Connection` genutzt wird. In anderen Szenarien, in denen Fabrikmethoden eingesetzt werden, ist die Methode möglicherweise gar nicht Teil der nach außen sichtbaren Schnittstelle, sondern wird nur intern genutzt.

Unterschied zu abstrakter Fabrik

Aber was ist denn nun eigentlich der Unterschied zwischen Fabrikmethode und abstrakter Fabrik? Relevant für die Fabrikmethode sind folgende Eigenschaften:

- Die Fabrikmethode existiert nicht an einer eigens dafür erstellten Klasse, sondern ist eine zusätzliche Methode in einer bereits existierenden Klassenhierarchie.
- Die erzeugenden Klassen haben in der Regel eine konkrete technische oder fachliche Aufgabenstellung. Im Rahmen dieser Aufgabenstellung benötigen sie Exemplare von Klassen, die in einer dazu korrespondierenden parallelen Hierarchie aufgebaut sind.
- Die konkreten abgeleiteten Klassen der Erzeuger nutzen nun die Fabrikmethode, um Exemplare der jeweils benötigten konkreten Produktklassen zu erstellen.

Auch abstrakte Fabriken nutzen in der Regel Fabrikmethoden, um ihre Produkte zu erzeugen. Der entscheidende Unterschied ist aber: Die Klassenhierarchie, die für die abstrakte Fabrik aufgebaut wird, hat ausschließlich den Zweck, diese Produkte zu erzeugen.

Anwendung der Fabrikmethode

Voraussetzung für eine sinnvolle Anwendung der Fabrikmethode außerhalb von abstrakten Fabriken ist dagegen immer, dass Sie bereits zwei Klassenhierarchien vorliegen haben, die in einer Nutzungsbeziehung stehen. Im Gegensatz zum Vorgehen bei der abstrakten Fabrik wird also keine neue Hierarchie von Klassen eingeführt, sondern lediglich eine existierende Hierarchie um eine Operation erweitert.

Wenn Sie Klassen nur einführen, damit sie eine Fabrikmethode umsetzen, haben Sie eher eine einfache Variante der abstrakten Fabrik vorliegen.

Anwendungsfälle für Fabrikmethoden finden sich häufig in den technischen Bereichen von Bibliotheken und Frameworks. Parallele Hierarchien, die direkt aufeinander abbilden, deuten auf mögliche Einsatzszenarien von Fabrikmethoden.

Allerdings kann es auch vorkommen, dass Sie technisch die Erstellung von Objekten über Fabrikmethoden durchführen könnten, sich dies aber aus Gründen der Modularisierung verbietet.

Objekte sorgen für ihre Darstellung

So kann es zum Beispiel für bestimmte Objekte sinnvoll sein, eine Standarddarstellung in einer Benutzeroberfläche zu definieren. Diese Darstellung wird sich in der Regel aus der Klassenzuordnung eines Objekts direkt ergeben. Zum Beispiel könnten wir festlegen, dass ein Exemplar einer Klasse `TextDocument` immer über ein Exemplar von `TextView` dargestellt wird, solange nichts anderes angegeben wird. Das Einfachste wäre nun, wenn Sie eine Fabrikmethode verwenden könnten, die die entsprechende Darstellung in einer grafischen Benutzeroberfläche erzeugt. In Abbildung 7.15 sind die resultierenden Beziehungen dargestellt.

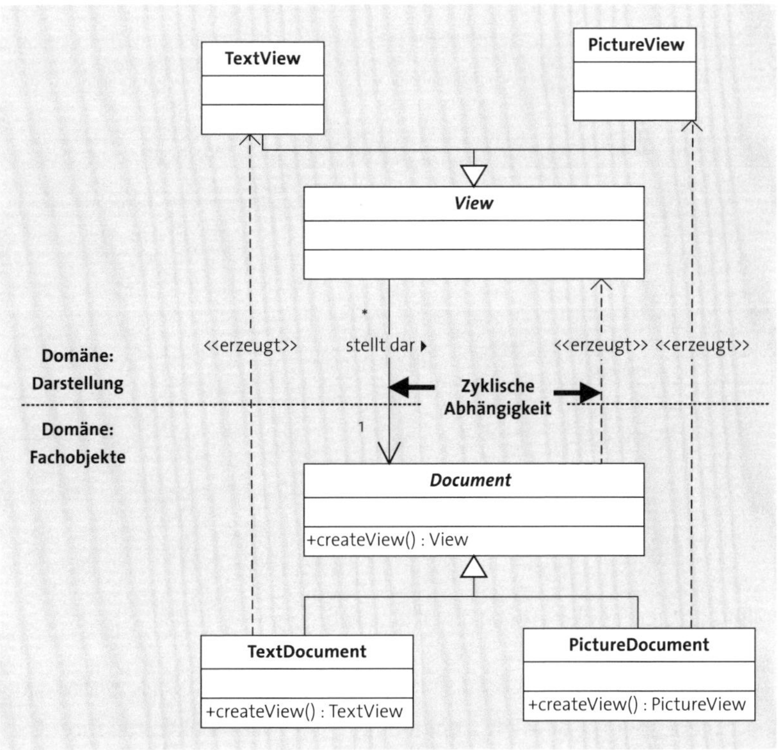

Abbildung 7.15 Eine Fabrikmethode, die zyklische Abhängigkeiten verursacht

In der Abbildung wird auch bereits das Problem deutlich. Nach dem *Prinzip einer einzigen Verantwortung* soll sich ein Modul möglichst nur mit einer klar definierten Aufgabe beschäftigen. Im vorliegenden Beispiel schaffen Sie nun aber eine Abhängigkeit vom Bereich (Domäne) der Fachobjekte zum Bereich der Darstellung. Damit wird die Aufgabe der Darstellung teilweise mit in den Bereich der Fachobjekte verlagert. Die Klasse `TextDocument` muss nun die Klasse `TextView` kennen und ist damit eng an den Darstellungsbereich gekoppelt. In einer Java-Anwendung würden zum Beispiel auf einmal Swing-Klassen im Bereich unserer Geschäftslogik auftauchen. Im aufgeführten Beispiel entstehen außerdem zyklische Abhängigkeiten, da wiederum die Klassen aus dem Bereich Darstellung die Klassen aus dem Bereich der Fachobjekte benötigen.

Separate Fabrik

Um diese Abhängigkeiten zu vermeiden, sollten Sie also in solch einem Fall die Erstellung der zugehörigen Darstellungsobjekte in eine separate Klasse auslagern, die dann wiederum mit den Mechanismen der statischen oder der abstrakten Fabrik arbeitet. Abbildung 7.16 illustriert diese modifizierte Variante, bei der die unerwünschten Abhängigkeiten nicht vorliegen.

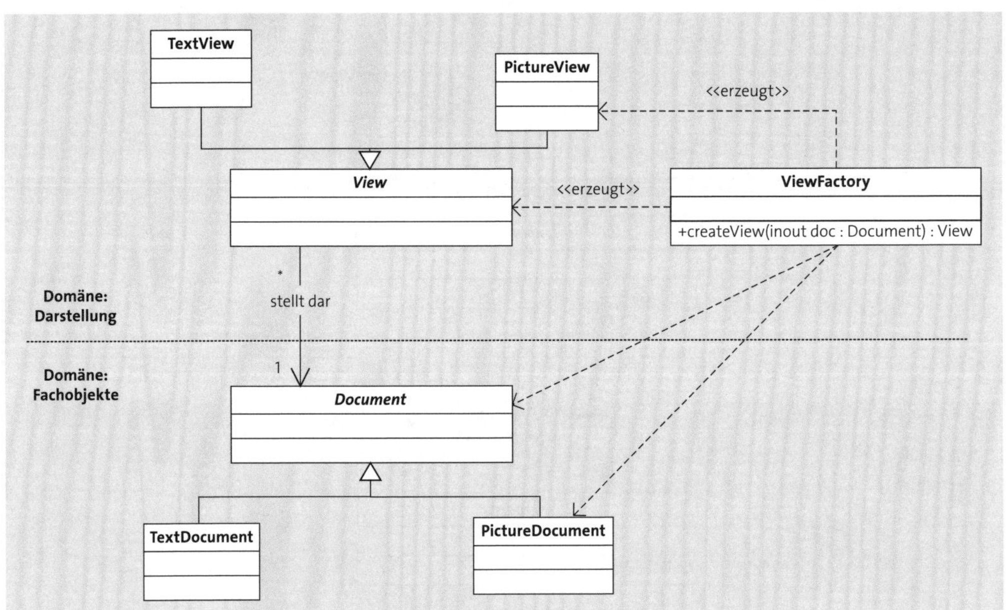

Abbildung 7.16 Fabrikmethode durch eine Fabrik ersetzt

Bereiche entkoppeln

Durch den Einsatz einer Klasse `ViewFactory`, die dem Bereich der Darstellung zugeordnet ist, wird die Abhängigkeit der Fachobjekte von ihrer Darstellung aufgehoben. Die Klasse `ViewFactory` ist nun dafür zuständig, zu einem Dokument ein Objekt zu erstellen, welches das Dokument darstellen kann. Damit bestehen die Abhängigkeiten wieder ausschließlich in der zulässigen Richtung.

Es gibt allerdings noch eine andere Möglichkeit, die unerwünschte Kopplung aufzuheben: Sie können die Methoden der Klassen aus dem Bereich der Fachobjekte unterteilen in solche, die sich mit der Fachlichkeit beschäftigen, und solche, die sich mit der Darstellung beschäftigen. Dann können Sie die eine Gruppe in einem Quellcodemodul realisieren, die andere Gruppe von Methoden in einem separaten Modul. So können Sie den fachlichen Teil der Klasse `Document` und ihrer Unterklassen im Quelltextmodul »Fachobjekte« definieren und den darstellungsspezifischen Teil (die typspezifischen Fabrikmethoden für die Ansichtsobjekte) im Quelltextmodul »Darstellung«. Damit bestehen zwar die zyklischen Abhängigkeiten zwischen den Klassen weiter, sie bestehen aber nicht zwischen den Quellcodemodulen.

Verfahren in Ruby

Dieses Verfahren setzt allerdings voraus, dass es von der verwendeten Programmiersprache unterstützt wird. Beispiele für Programmiersprachen, die eine solche Möglichkeit bieten, sind Ruby und C#. In Abbildung 7.17 ist dargestellt, wie die Klasse `TextDocument` auf zwei unterschiedliche Ruby-Module aufgeteilt werden kann.

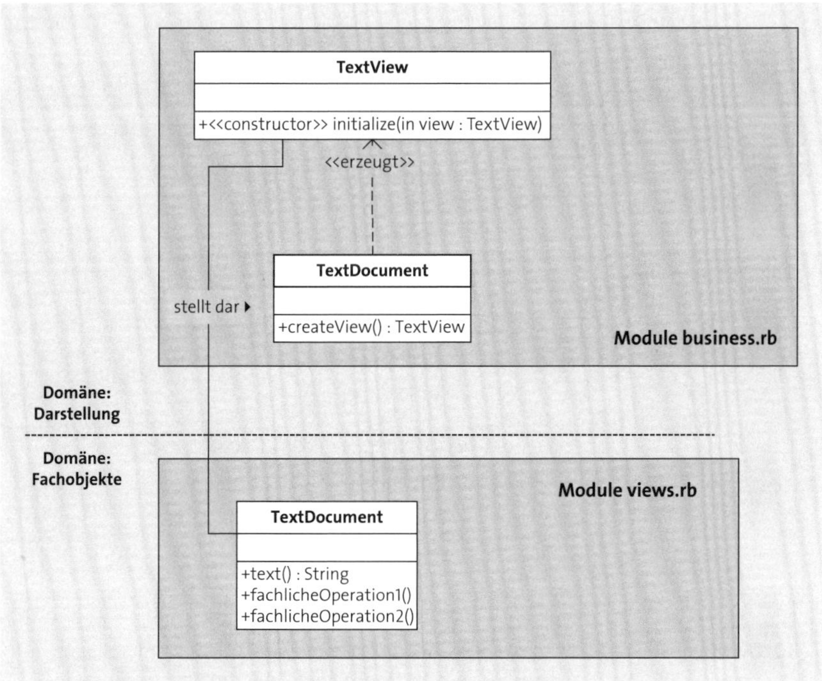

Abbildung 7.17 Umsetzung einer Klasse in zwei Modulen

Die Klasse `TextDocument` ist hier in zwei Bestandteile zerlegt, die jeweils in eigenen Modulen liegen und sich mit unterschiedlichen Bereichen der Funktionalität beschäftigen. Listing 7.18 zeigt die Umsetzung des Beispiels im Ruby-Quellcode.[10]

Keine zyklischen Abhängigkeiten

```
Datei: business.rb - die fachliche Funktionalität

class TextDocument
  # verschiedene fachliche Methoden
  def fachlicheOperation1()
    return "fachliche Operation 1 wird ausgeführt..."
  end
  def fachlicheOperation2()
    return "fachliche Operation 2 wird ausgeführt..."
  end
  # und so weiter
end
Datei: views.rb - hier geht es um die Darstellbarkeit
class TextDocument
  def createView()
    return TextView.new(self)
  end
end

class TextView
  def initialize(textDocument)
   # Implementierung des Konstruktors der Ansichtsklasse
  end
end

Verwendung:

require "business.rb"
require "views.rb"
...
# document referenziert ein Exemplar von TextDocument
# Aufruf einer fachlichen Methode
print document.text
```

10 Der Mechanismus der Klassenergänzung (*Introduction*) erlaubt generell eine Erweiterung von Klassen über verschiedene Quellcodemodule. Introductions stellen wir in Abschnitt 9.3.5 im Detail vor.

```
34 # Nutzung der Fabrikmethode aus views.rb
35 view = document.createView
```

Listing 7.18 Eine Klasse in mehreren Modulen (Ruby)

Partielle Klassen

Im Quelltext des Moduls `business.rb` werden die fachlichen Operationen umgesetzt (Zeile 05 und 08). Im Modul `views.rb` findet sich die Fabrikmethode in Zeile 15, die ein Exemplar von `TextView` konstruiert und dabei das Dokument selbst übergibt (Zeile 16). Die Klasse `TextView` selbst wird im gleichen Quelltextmodul umgesetzt (Zeile 20). Wird nun in einer Anwendung eine Darstellung der Dokumente benötigt, kann das Modul `views.rb` eingebunden werden wie in Zeile 29. Damit kann ein Aufruf der Fabrikmethode in Zeile 35 erfolgen.

Der fachliche Teil der Dokumentenklassen ist dabei nicht vom darstellenden Teil abhängig. Diese Vorgehensweise verursacht also keine zyklischen Abhängigkeiten zwischen den Quelltextmodulen `business.rb` (Fachlogik) und `views.rb` (Darstellung). In einer Anwendung, in der die Fachobjekte nicht dargestellt werden müssen, wird das Quelltextmodul `views.rb` nicht eingebunden. In diesem Fall ist den Dokumentenklassen keine Fabrikmethode für ihre Ansichtsobjekte zugeordnet. Nur wenn die Darstellung zum Funktionsumfang Ihrer Anwendung gehört, fügen Sie das Quelltextmodul `views.rb` hinzu und ergänzen die Dokumentenklassen damit um die Fähigkeit, ein Ansichtsobjekt zu konstruieren.

Verfahren in C#

Eine ähnliche Vorgehensweise wie in Ruby ist bei C# und verwandten Programmiersprachen aus der .NET-Familie ab Version 2 möglich. Die sogenannten *partiellen Klassen* bieten die Möglichkeit, den Quelltext einer Klasse in verschiedene Quelltextmodule zu verteilen. Die komplette Klasse wird zur Übersetzungszeit aus den verschiedenen partiellen Klassen zusammengesetzt. Schließen Sie bestimmte Klassenpartitionen von der Übersetzung aus, wird Ihre Anwendung die in diesen Partitionen vorhandene Funktionalität nicht enthalten. Selbstverständlich ist die Anwendung nur dann übersetzbar, wenn die restlichen Quelltexte eine vollständige Klasse bilden.

Der Unterschied zwischen C# und Ruby besteht darin, dass C# die Ergänzung der Klassen bzw. das Zusammenführen der partiellen Klassen nur zur Übersetzungszeit zulässt, Ruby dagegen auch zur Laufzeit die Struktur der Klasse anpassen kann.

Java bietet keine Möglichkeit der Ergänzung der Klassen, doch verschiedene aspektorientierte Erweiterungen wie zum Beispiel AspectJ oder Spring-

AOP bieten diese Funktionalität auch in der Welt von Java an.[11] Wir werden in Abschnitt 9.3.5, »Introductions«, genauer auf diese Möglichkeiten eingehen.

7.2.6 Erzeugung von Objekten als Singletons

Exemplare von Singleton-Klassen sind die einsamsten Objekte, die sich in Programmen finden.

Diskussion: Bitte keinen Roman!

Gregor: *Ich glaube, du hast dich da gerade im Genre dieses Buchs vertan. Man könnte ja denken, da schreibt Rosamunde Pilcher.*

Bernhard: *Okay, okay. Werde mir halt diese Formulierungen für den großen Roman aufheben, den ich immer schon einmal schreiben wollte. Ich komme ja gleich wieder zu einer sachlichen Darstellung zurück.*

Singletons als Entwurfsmuster?

Also noch einmal: Singleton-Klassen sind Klassen, die aufgrund ihrer Methoden sicherstellen, dass in jeder Anwendung höchstens ein Exemplar dieser Klasse existieren kann.

Die besondere Eigenschaft von Singletons ist es, dass von ihnen genau ein Exemplar existiert. Das ist in manchen Kontexten eine geforderte Eigenschaft. Wenn Sie innerhalb einer Applikation Fehlermeldungen auf ein einheitliches Ausgabemedium, zum Beispiel eine Datei, ausgeben wollen, ergibt es Sinn, dass der Zugriff applikationsweit über ein einziges Objekt koordiniert wird. Führten mehrere Objekte den Zugriff auf das Ausgabemedium durch, würde das Schreiben der Fehlermeldungen möglicherweise nicht synchronisiert, und es könnte passieren, dass die Meldungen sich wechselseitig überschreiben.

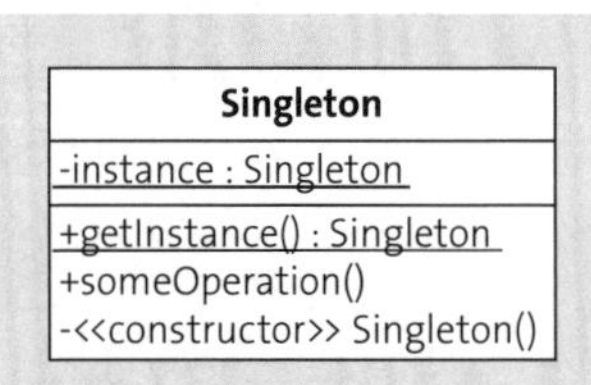

Abbildung 7.18 Singleton mit zugehörigen Operationen

So weit, so einfach. Es stellen sich aber bei genauerem Hinsehen zwei Fragen, eine sehr technische und eine konzeptionelle.

11 Hiermit meinen wir die Programmiersprache Java, nicht die Java Virtual Machine. Es ist schließlich möglich, den Bytecode der Klassen zur Laufzeit der Programme zu modifizieren, wenn die Klassen geladen werden.

- Die technische Frage: Wie können wir den Zugriff auch bei nebenläufigen Programmen sicher und effizient gestalten?
- Die konzeptionelle Frage: In welchen Fällen sollen wir ein Singleton einsetzen?

Technisch korrekte Umsetzung von Singletons

Technische Fragen sind in der Regel leichter zu beantworten als konzeptionelle, deshalb fangen wir einmal mit der technischen Frage als Lockerungsübung an. Betrachten wir deshalb in Listing 7.19 eine Umsetzung des Singleton-Musters in Java, die unsere technischen Anforderungen erfüllt: Sie arbeitet effizient und auch in nebenläufigen Programmen korrekt.

```
public class OneAndOnlyOne {

    // Privater Konstruktor
    private OneAndOnlyOne () {}

    // Geschachtelte Klasse Inner
    private static class Inner {
      private static OneAndOnlyOne INSTANCE =
                                new OneAndOnlyOne ();
    }
    // Zugriff auf das einzige Exemplar
    public static OneAndOnlyOne getInstance() {
      return Inner.INSTANCE;
    }
    // Fachliche Methoden des Singletons
    // ...
}
```

Listing 7.19 Korrekte Umsetzung eines Singletons in Java

Die vorgestellte Umsetzung arbeitet korrekt und effizient:

- Es gibt keine Möglichkeit, dass mehr als ein Exemplar von `OneAndOnlyOne` erzeugt wird.
- Der Zugriff auf dieses einzige Exemplar wird immer ein komplett konstruiertes Exemplar liefern und nicht einen möglicherweise inkonsistenten Zwischenzustand.
- Das Exemplar wird erst dann erstellt, wenn es tatsächlich benötigt wird. Die Lösung geht also effizient mit Ressourcen um.

Problematische Implementierungen

In der Praxis finden sich allerdings häufig auch andere Implementierungen von Singletons, die auf den ersten Blick einfacher und effizienter zu sein scheinen. Wir stellen im Folgenden einige davon vor. Auf Grundlage der bestehenden Probleme werden wir die Lösung von Listing 7.19 herleiten und vorstellen, warum sie korrekt arbeitet. Diese Lösung sollten Sie im praktischen Einsatz vorziehen, weil die im Folgenden vorgestellten Alternativen nicht in allen Fällen korrekt und effizient arbeiten.

Alternative Umsetzungen von Singletons: mögliche Probleme

Beginnen wir also mit der ersten problematischen Variante, aufgeführt in Listing 7.20.

```
01 public class OneAndOnlyOne {
02     private static OneAndOnlyOne instance = null;
03
04     // Privater Konstruktor verhindert Aufruf von außen
05     private OneAndOnlyOne() {}
06
07     //! Zugriff auf das einzige Exemplar
08     public static OneAndOnlyOne getInstance()
09     {
10         if (instance == null)
11         {
12             instance = new OneAndOnlyOne();
13         }
14         return instance;
15     }
16 }
```

Listing 7.20 Singleton in Java: Probleme durch fehlende Synchronisation

Die Klasse hat ein klassenbezogenes Datenelement `instance` (Zeile 02). In Zeile 05 ist der Konstruktor der Klasse als `private` deklariert. Dadurch wird sichergestellt, dass keine Exemplare der Klasse konstruiert werden können außer durch den Aufruf des Konstruktors in der klassenbezogenen Methode `getInstance()` in Zeile 08. Dabei wird in Zeile 10 zunächst überprüft, ob das Exemplar schon angelegt wurde. Nur wenn das nicht der Fall ist, wird der private Konstruktor aufgerufen und das neue Exemplar angelegt. Dadurch, dass ein Exemplar erst beim Zugriff über `getInstance` angelegt wird, geht diese Umsetzung effizient mit Ressourcen um: Erfolgt kein solcher Zugriff, wird auch kein Exemplar konstruiert. Dieses Verfahren wird *späte Initialisierung* (*Lazy Initialization*) genannt.

Problem bei nebenläufiger Ausführung

Die in Listing 7.20 aufgeführte Lösung hat aber einen offensichtlichen Mangel: Sie wird nicht in Programmen funktionieren, in denen nebenläufige Ausführungspfade erlaubt sind. In Java wird diese Nebenläufigkeit über sogenannte *Threads* umgesetzt. Dass Java-Programme Nebenläufigkeit aufweisen, ist eher die Regel als die Ausnahme.

> **Thread**
>
> Threads sind Bestandteile eines Programms, die unabhängig voneinander ausgeführt werden, aber gemeinsame Ressourcen des Programms nutzen. Durch die Tatsache, dass Threads unabhängig voneinander ablaufen können, sind Optimierungen durch parallele Ausführung von Threads möglich. Beim Zugriff auf gemeinsame Ressourcen muss aber im Bedarfsfall eine Abstimmung (eine Synchronisation) zwischen verschiedenen Threads stattfinden.

Wenn wir das erwähnte Listing genauso umsetzen, kann es passieren, dass zwei dieser Threads gleichzeitig die Operation `getInstance` aufrufen. Ist zu diesem Zeitpunkt das Exemplar von `OneAndOnlyOne` noch nicht angelegt, wird die Prüfung aus Zeile 10 für beide das Ergebnis »noch kein Exemplar angelegt« liefern. Und schon sind beide Aufrufe munter dabei, jeweils ein neues Exemplar zu konstruieren, und vorbei ist es mit der Einzigartigkeit von `OneAndOnlyOne`. Die Umsetzung aus Listing 7.20 arbeitet also in Programmen, in denen Threads eingesetzt werden, nicht korrekt.

Synchronisation der Zugriffsmethode

Gut, das sollte sich leicht beheben lassen, denn Java bietet Sprachmittel, mit denen sich eine Synchronisation von Methodenaufrufen erreichen lässt. In Listing 7.21 wird eine angepasste Methode `getInstance` gezeigt.

```
    public static synchronized OneAndOnlyOne getInstance()
    {
        if (instance == null)
        {
            instance = new OneAndOnlyOne();
        }
        return instance;
    }
```

Listing 7.21 Synchronisierte Methode »getInstance«

Über das Schlüsselwort `synchronized` wird der in Java vorhandene Mechanismus zur Synchronisation einer Methode verwendet. Dadurch wird sichergestellt, dass immer nur ein Thread gleichzeitig diese Methode ausführen kann. Damit ist auch sichergestellt, dass es nur genau ein Exemplar von OneAndOnlyOne geben wird, weil ein Folgeaufruf bereits ein Exemplar vorfinden und deshalb kein neues konstruieren wird.

Synchronisation ist teuer

Aber die Sache hat einen anderen Haken: Die Synchronisation von Methoden ist teuer. Wenn mehrere Threads parallel die Methode nutzen, entstehen unnötige Wartezeiten. Es ist nicht ungewöhnlich, dass die Ausführungszeit einer Methode durch das Schlüsselwort synchronized einfach einmal um das 50- bis 100-Fache ansteigt. Und irgendwie erscheint das unverhältnismäßig: Sie erwarten, dass das Exemplar genau einmal konstruiert wird; dann ist es aber möglich, dass darauf tausendfach oder vielleicht sogar millionenfach Zugriffe über getInstance erfolgen. Die von Singletons gekapselten Ressourcen sind in einer Anwendung oft recht populär. Und nur wegen des einen Aufrufs, der das Exemplar einmal konstruiert, sollen wir danach immer noch alle Threads in eine Warteschlange packen?

Sperre mit zweifacher Prüfung

Diese Fragen legen eine neue Variante der Lösung nahe, die das Problem zu lösen scheint. Diese Variante wird in der Regel als *Sperre mit zweifacher Prüfung* (engl. *Double-checked Locking*) bezeichnet. Die Umsetzung ist in Listing 7.22 dargestellt.

```
public class OneAndOnlyOne {
    private static OneAndOnlyOne instance = null;
    private static Object justForSync = new Object();

    private OneAndOnlyOne() {}

    //! Zugriff auf das einzige Exemplar
    public static OneAndOnlyOne getInstance() {
        if (instance == null) {
            synchronized(justForSync) {
                if (instance == null) {
                    instance = new OneAndOnlyOne();
                }
            }
        }
        return instance;
    }
}
```

Listing 7.22 Sperre mit doppelter Prüfung: nicht korrekt vor Java 5

Problem scheinbar gelöst

Es scheint, dass dieser Code Ihr Problem löst. Sie prüfen erst einmal in Zeile 09 ohne die teure Synchronisation, ob das Exemplar bereits erstellt wurde. Wenn ja (und das wird fast immer der Fall sein), geben Sie es einfach zurück – keine Wartezeiten, kein Problem. Wenn nein, wird in Zeile 10 ein synchronisierter Abschnitt betreten. Dort wird in Zeile 11 noch einmal geprüft, ob das Exemplar immer noch nicht erstellt ist, denn das könnte ja seit der Prüfung eine Zeile vorher passiert sein. Erst nach dieser Prüfung wird das Exemplar konstruiert.

Bis Java 1.4 funktioniert die Sperre mit doppelter Prüfung nicht korrekt

Allerdings führt ein sehr technisches Problem dazu, dass diese Umsetzung in Java vor Version 5 nicht in allen Fällen korrekt arbeitete. Das Problem liegt darin, dass die Konstruktion des Exemplars von `OneAndOnlyOne` in diesem Szenario in den Java-Versionen vor Version 5 keine atomare Operation war, deren Auswirkungen auf einen Schlag sichtbar werden. So ist es möglich, dass ein Thread beim Zugriff über `getInstance` ein Exemplar vorfindet, das zwar bereits grundsätzlich angelegt, aber noch nicht komplett initialisiert ist. Das Speichermodell von Java bis Version 1.4 erlaubt jedenfalls solche Szenarien. In einer solchen Situation könnte `getInstance` also inkonsistente Daten liefern. Ab Java 5 arbeitet die Sperre mit doppelter Prüfung korrekt, sofern unsere Variable mit dem Schlüsselwort `volatile` markiert wird.[12] Allerdings haben Sie auch hier einen Performancenachteil, da der Zugriff auf Variablen, die mit diesem Schlüsselwort markiert sind, gesondert abgesichert wird.

Späte Initialisierung

Die bisher diskutierten problematischen Varianten haben alle das *Prinzip der späten Initialisierung* (engl. *Lazy Initialization*) verfolgt. Das Exemplar der Klasse wurde dabei erst dann explizit angelegt, wenn auch tatsächlich darauf zugegriffen wurde.

Statische Initialisierung

Als bessere Alternative steht aber die Variante der statischen Initialisierung zur Verfügung. Die bringt uns so langsam wieder in die Nähe unserer präferierten Lösung aus Listing 7.19.

```
public class OneAndOnlyOne {
    private static OneAndOnlyOne instance =
            new OneAndOnlyOne();
    // ...
    //! Zugriff auf das einzige Exemplar
    public static OneAndOnlyOne getInstance()
    {
```

12 Das Schlüsselwort `volatile` ist auch in den Java-Versionen vor Version 5 verfügbar und soll eine Variable so markieren, dass ihre Initialisierung vor dem nächsten folgenden Zugriff abgeschlossen sein soll. Nur funktionierte das eben vor Java 5 nicht so, wie es für die Sperre mit doppelter Prüfung notwendig wäre.

```
            return instance();
        }
    }
```

Listing 7.23 Statische Initialisierung eines Singletons

In Listing 7.23 wird unser Exemplar direkt konstruiert, wenn die Klasse `OneAndOnlyOne` initialisiert wird. Damit sorgt also die Laufzeitumgebung der Programmiersprache (in diesem Fall die virtuelle Maschine von Java) dafür, dass vor einem Zugriff das Exemplar von `OneAndOnlyOne` auf jeden Fall bereits erzeugt ist, bevor darauf zugegriffen wird. Im Fall von Java haben Sie sogar den Vorteil, dass die Klasse erst geladen wird, wenn der erste Zugriff erfolgt. Damit liegt praktisch ein Verhalten vor, das mit der späten Initialisierung vergleichbar ist.

Allerdings: Falls außer der statischen Variablen für das Exemplar des Singletons noch weitere Klassenvariablen existieren, wird dieses Exemplar auch initialisiert, sobald auf eine der anderen Variablen zugegriffen wird. Durch eine kleine Modifikation unserer Lösung lässt sich das aber lösen. Wenn Sie das Exemplar des Singletons in eine geschachtelte Klasse auslagern, wird diese erst geladen, wenn sie wirklich benötigt wird. Wir greifen deshalb in Listing 7.24 die Umsetzung aus Listing 7.19 wieder auf und stellen deren Bestandteile vor.

```
public class OneAndOnlyOne {

    public static String TEST = "Test";

    private static class Inner {
      private static OneAndOnlyOne INSTANCE =
                     new OneAndOnlyOne();
    }

    public static OneAndOnlyOne getInstance() {
      return Inner.INSTANCE;
    }

    private OneAndOnlyOne() { };

    public void test() {
      System.out.println("Testing");
    }
```

```
19     public static void main(String[] args) {
20       System.out.println(TEST);
21       getInstance().test();
22     }
23 }
```

Listing 7.24 Korrekte Umsetzung eines Singletons (ausführlich)

In Zeile 03 ist das klassenbezogene Datenelement `TEST` definiert. Damit beim Zugriff auf dieses Element unser Exemplar des Singletons noch nicht konstruiert wird, ist in Zeile 05 eine geschachtelte Klasse `Inner` definiert. Bei der Initialisierung dieser Klasse wird in Zeile 06 das Exemplar unseres Singletons konstruiert. Die Zugriffsmethode `getInstance` in Zeile 10 liefert dann auch das über die geschachtelte Klasse referenzierte Exemplar. Der Konstruktor in Zeile 14 ist weiterhin privat. Wird nun, wie in Zeile 20, auf das klassenbezogene Datenelement `TEST` zugegriffen, so wird zwar die Klasse `OneAndOnlyOne` geladen, nicht aber die geschachtelte Klasse `Inner`. Noch ist also unser Exemplar nicht konstruiert. Erst beim Zugriff über `getInstance()` in Zeile 21 kommt es auch zum Zugriff auf die Klasse `Inner`, die damit geladen wird und das Exemplar des Singletons erstellt.

Eine Restriktion dieser Lösung sollten wir allerdings nicht verschweigen: Der Konstruktor sollte bei dieser Lösung keine Exceptions werfen. Fehler, die beim Laden einer Klasse auftreten, sind nicht in einer definierten Weise behandelbar.

Welches Singleton soll es sein?

Wenn auf eine Behandlung von Fehlern bei der Konstruktion eines Singletons verzichtet werden kann, ist eine Umsetzung von Singletons unter Verwendung von statischer Initialisierung die beste Variante. In Sprachen wie Java, die eine dynamische Initialisierung von Klassen beim ersten Zugriff vornehmen, kann dabei das Exemplar des Singletons zusätzlich in eine geschachtelte Klasse ausgelagert werden, um die Initialisierung möglichst spät durchzuführen.

Nur wenn eine Behandlung von Fehlern bei der Konstruktion notwendig ist, sollte ein anderes Verfahren zum Einsatz kommen. Die Sperre mit doppelter Prüfung ist eine Alternative. Sie muss aber vom Speichermodell der verwendeten Programmiersprache korrekt unterstützt werden. Das ist zum Beispiel für Java bereits ab Version 5 der Fall.

Falls auch die Sperre mit doppelter Prüfung nicht anwendbar ist, sollte eine komplette Synchronisation der Zugriffsmethode erfolgen.

Wann sollen Singletons eingesetzt werden?

Das technische Problem lässt sich also klar beschreiben. Was war aber mit dem konzeptionellen Problem? In welchen Fällen sollten Singletons denn überhaupt zum Einsatz kommen?

Das Problem liegt darin, dass der Einsatz von Singletons in vielen Fällen verlockend erscheint, in denen ihre Anwendung nicht adäquat ist. Die Verwendung von Singletons führt zu einer engen Kopplung zwischen der Singleton-Klasse und den nutzenden Klassen. Die nutzenden Klassen müssen genaue Kenntnis davon haben, welche Klasse die Funktionalität des Singletons implementiert. Eine Variante davon nur für einen Teilbereich einer Applikation zu erzeugen, ist in der Regel nicht möglich.

Einzigartigkeit notwendig?

Außerdem müssen Sie sich die Frage stellen, ob Sie die zentrale Eigenschaft des Singletons wirklich benötigen. Diese zentrale Eigenschaft ist die Restriktion, dass es höchstens ein Objekt davon geben kann. Aber häufig wird das gar nicht Ihre Anforderung sein. Die Anforderung ist eher: Ich will konsistent und effizient auf eine bestimmte Ressource zugreifen. Als Nutzer oder Nutzerin eines Moduls zur Protokollierung ist es Ihnen meist ziemlich egal, ob es davon ein Exemplar gibt oder mehrere.

Diskussion: Sind Singletons nur globale Variablen?

Bernhard: *Im schlechtesten Fall sind Singletons doch nur ein Ersatz für eine globale Variable. Ich habe ein Objekt, das von jeder Stelle im Programm greifbar und möglicherweise auch änderbar ist.*

Gregor: *Ja, es ist richtig, dass man Singletons dazu verwenden kann. Aber fast alle Möglichkeiten der Objektorientierung kann ich missbrauchen. Wir müssen eben immer gut überlegen, ob eine Klasse wirklich alle Kriterien für ein Singleton erfüllt. Das Kriterium »ich brauch einmal was, was einfach von jeder Stelle des Programms aus greifbar ist« ist dabei natürlich bei Weitem nicht ausreichend.*

Bernhard: *Auf einer Konferenz mit Schwerpunkt Java-Programmierung habe ich einmal zwei Vorträge hintereinander gehört, der erste davon von Erich Gamma, der zu Entwurfsmustern vortrug. Befragt, ob er nicht einiger der Muster schon überdrüssig sei, meinte er, das Singleton Pattern sei dasjenige, das er für am problematischsten hielte. In vielen Anwendungen sei es mittlerweile so, dass man eben Singletons einsetze und dann darauf verweise, dass man ja Entwurfsmuster im Einsatz habe, also die neuesten Modellierungstechniken verwende. Gleich im Anschluss sprach dann ein Firmenvertreter über eine Anwendung und hatte dabei zehn Folien für die Erläuterung des dort zentralen Singleton-Entwurfsmusters reserviert. Er war offensichtlich recht konsterniert, da er den Vortrag von Erich Gamma auch gehört hatte, und ging diesen Teil seines eigenen Vortrags ziemlich hastig durch.*

Gregor: *Ja, sehr nette Geschichte, sie hat aber mit unserem Thema doch nur am Rande zu tun?*

Bernhard: *Ja, nur am Rande. Aber ich denke schon, dass Singletons zu häufig verwendet werden, weil sie ebenso einfach zu implementieren sind und man sich über die Verwendung dann weniger Gedanken machen muss als zum Beispiel über eine Delegationsbeziehung. Wenn wir zusätzlich den Mechanismus der Dependency Injection verwenden, können wir Singletons praktisch komplett aus unseren Programmen entfernen. Zumindest sind sie dann im Programm selbst nicht mehr als Singletons erkennbar.*

Die Einzigartigkeit eines Singletons ist also in der Regel keine Anforderung, sondern eher eine Variante der Umsetzung von Konsistenzbedingungen. Ein Modul, das Singletons nutzt, benötigt in der Regel einfach einen bestimmten Dienst. Ob dieser als Singleton vorliegt, ist nicht entscheidend. Wenn jemand dem nutzenden Modul ein Objekt übergeben würde, das diesen Dienst erbringt, wäre das genauso akzeptabel wie die Nutzung eines Singletons.

Im folgenden Abschnitt werden Sie den Mechanismus der Dependency Injection kennenlernen, der unter anderem auch die Verwendung von Singletons vor einem nutzenden Modul versteckt.

7.2.7 Dependency Injection

In Abschnitt 7.2.1 und in den darauf folgenden Abschnitten haben Sie gesehen, wie Sie über Fabriken eine Entkopplung von konkreten Klassen erreichen können. Aber warum müssen wir uns überhaupt mit Fabriken beschäftigen?

Fabriken außer Sichtweite

Seien wir doch einmal ehrlich: Im Idealfall wollen Sie Fabriken doch gar nicht sehen. Das Stahlwerk im Industriegebiet nebenan ist ja auch aus gutem Grund kein beliebtes Ausflugsziel. Mit den Fabriken für Objekte ist es wie mit realen Fabriken: Interessant sind nur die erstellten Produkte, die Fabrik selbst kann ruhig hinter dichtem Baumbestand versteckt sein.

Eine in der Praxis erprobte Möglichkeit, Fabriken für nutzende Module unsichtbar zu machen, ist die sogenannte *Dependency Injection*.

Dependency Injection (Übergabe an abhängige Module)

Dependency Injection ist eine spezielle Form der Umkehrung des Kontrollflusses. Dabei werden genutzte Module von außen an das nutzende Modul übergeben. Die Übergabe kann dabei über einen Konstruktor, eine Setter-Methode oder über spezielle Schnittstellen erfolgen. Die Kontrolle über das Erzeugen oder Auffinden der genutzten Module wird dabei an ein weiteres Modul transferiert. Deshalb findet eine Umkehrung des Kontrollflusses statt.

Der Begriff *Dependency Injection* wurde von Martin Fowler geprägt, um dieses Verfahren vom generellen Mechanismus der Umkehrung des Kontrollflusses abzugrenzen.[13] Wir halten den Begriff allerdings für etwas unglücklich, da er in seiner wörtlichen Übersetzung *Einspritzung von Abhängigkeiten* durchaus missverständlich ist. Das gewählte Vorgehen soll nämlich Abhängigkeiten zwischen Modulen und Klassen gerade aufheben, indem diese von einer weiteren Komponente verwaltet werden.

Aber was ist nun genau eigentlich Dependency Injection? Mit welchen Abhängigkeiten beschäftigt sich das Verfahren? Es geht dabei um das Erstellen von Objekten, von denen ein Modul abhängt, oder das Verfahren, wie solche Objekte gefunden werden, falls sie bereits existieren. Am besten betrachten wir dazu einfach einmal die Abhängigkeiten, um die es hier konkret geht, an einem Beispiel.

[zB]
Kunden und Risikoprüfung

Nehmen wir an, Sie wollen Kunden, von denen Sie die Daten bereits erfasst haben, erst dann in Ihrem System endgültig einrichten, wenn eine entsprechende Risikoprüfung durchgeführt worden ist. Wir machen hier die leicht vereinfachende Annahme, dass diese Prüfung allein aufgrund des Nachnamens durchgeführt wird.[14] Für die Risikoprüfung haben Sie eine Schnittstelle definiert, die Ihnen einfach sagt, ob Sie einen Kunden annehmen oder ablehnen sollen. In Abbildung 7.19 sind die Beziehungen zwischen den Klassen aufgeführt unter der Annahme, dass die Klasse `KundenVerwaltung` immer eine Risikoprüfung verwendet, die eine Bewertung bei der Schufa einholt.

Für das Einrichten eines Kunden führt die Klasse `KundenVerwaltung` zunächst eine Überprüfung durch, indem ein Exemplar der Klasse `RisikoPruefungSchufa` befragt wird, ob der betreffende Kunde auch angenommen werden kann.

Die Implementierung, die diese Prüfung an die Schufa weiterleitet, verursacht allerdings eine Reihe von Abhängigkeiten. Die Umsetzung könnte zum Beispiel aussehen wie in Listing 7.25.

13 Der Artikel von Martin Fowler zu diesem Thema ist verfügbar unter *http://www.martinfowler.com/articles/injection.html.*

14 Obwohl: Wer weiß schon wirklich, wie zum Beispiel die Schufa bei der Einstufung von Kreditwürdigkeit vorgeht. Möglicherweise führen hier wirklich bestimmte Nachnamen (wie zum Beispiel »Zuiop«) zur Abwertung.

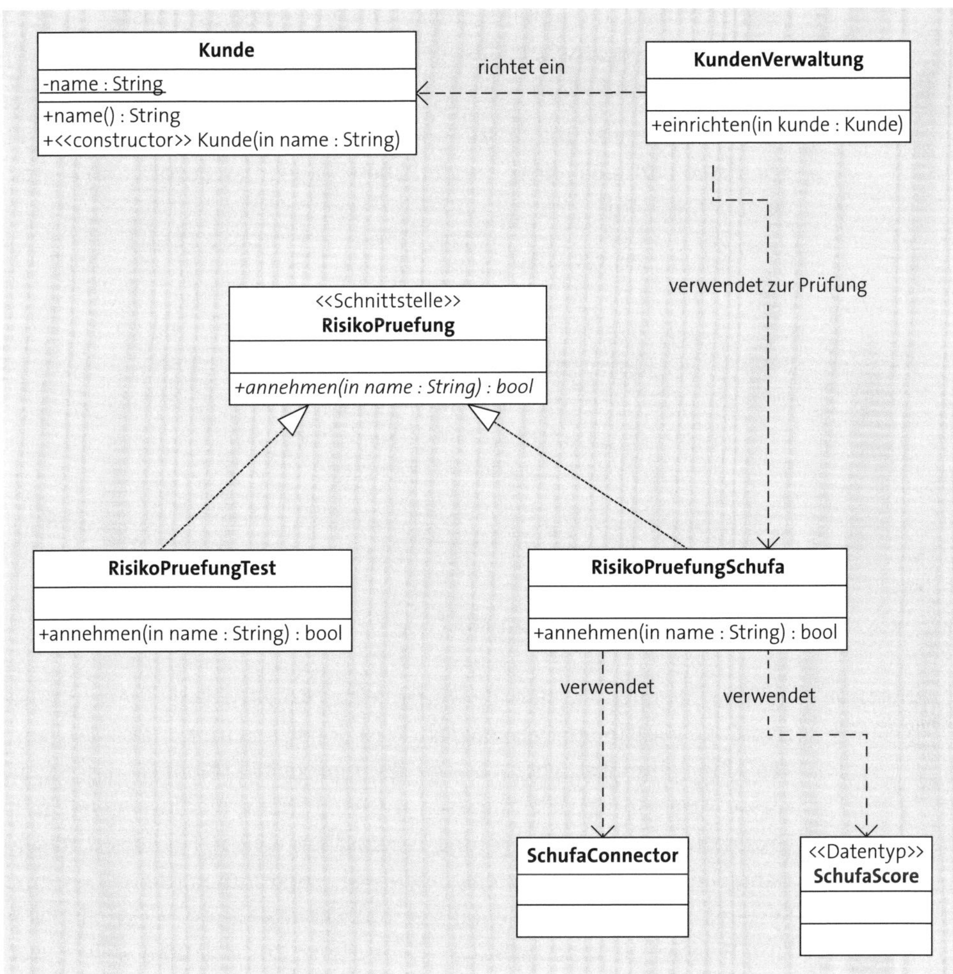

Abbildung 7.19 Beziehungen zwischen Kunden und der Schufa-Prüfung

```
class RisikoPruefungSchufa implements RisikoPruefung {
    public boolean annehmen(String name) {
        SchufaConnector connector = getSchufaConnector();
        connector.connect(getAuthentication());
        SchufaScore score = connector.getSchufaScore(name);
        return (score >= getScoreLimit());
    }
}
```

Listing 7.25 Verbindung zur Schufa

Es ist also schon ersichtlich, dass Sie in diesem Fall eine direkte Verbindung zu einem Schufa-Server brauchen, um die Prüfung korrekt ausführen zu können, und außerdem eine entsprechende Zugangskennung. Es lässt sich bereits absehen, dass beides für Entwicklertests eher schwierig zu bekommen sein wird.

Die Kundenverwaltung nutzt dann die Schufa, um zuerst zu prüfen, ob das Risiko bezüglich eines Kunden überschaubar ist, bevor er im System eingerichtet wird.

```
01 class KundenVerwaltung {
02     // ...
03     void einrichten(Kunde kunde) {
04         RisikoPruefungSchufa pruefung =
05                 new RisikoPruefungSchufa();
06         if (pruefung.annehmen(kunde.name())) {
07             // ... Kunde einrichten
08         }
09     }
10 }
```

Listing 7.26 Konstruktoraufruf im Code

Konstruktor im fachlichen Code

In Zeile 04 sehen Sie, dass der Aufruf eines Konstruktors direkt in unserem Code stattfindet. Dieses Szenario ist doch auch im Kontext der Fabriken schon einmal aufgetaucht. Das resultierende Problem ist, dass Sie die Klasse `KundenVerwaltung` anpassen müssten, wenn Sie aus irgendeinem Grund die Art der Risikoprüfung austauschen wollen. Und das wird sehr wahrscheinlich in mindestens einem Fall vorkommen: Beim Test Ihres Systems benötigen Sie ebenfalls eine Risikobewertung. Wenn Sie dabei zum Beispiel die Kreditwürdigkeit von Herrn Zuiop prüfen wollen, werden Sie dazu sicherlich nicht eine Anfrage bei der Schufa auslösen wollen. Zum einen könnte das die ohnehin angeschlagene Kreditwürdigkeit Ihres Bekannten Qwert Zuiop weiter reduzieren, zum anderen werden Sie für lokale Entwicklertests in der Regel keinen Zugriff auf die Schufa-Server haben. Für einen Test Ihrer eigenen Module wird es aber in der Regel ausreichen, wenn Sie ein Modul einsetzen können, das Ihnen simulierte Antworten auf die Anfragen zur Risikoprüfung liefert.

Diskussion: Abstrakte Fabrik als Lösung?

Gregor: *Moment mal! Das Problem hatten wir doch schon gelöst. Das ist doch ein klassischer Fall für eine abstrakte Fabrik. Soll doch unsere Kundenverwaltung einfach eine Fabrik verwenden, die ihr die konkrete Risikoprüfung zur Verfügung stellt.*

Bernhard: *Du hast recht, das würde die unmittelbare Abhängigkeit zwischen der Risikoprüfung und unserer Kundenverwaltung zunächst aufhe-*

ben. Aber damit haben wir für diesen Fall das Problem erst einmal nur verlagert. Wir müssen nun die Fabrik im Code konkret benennen. Damit haben wir doch wieder eine Kopplung, zwar nicht zwischen konkretem Prüfungsverfahren und unserer Kundenverwaltung, aber zwischen der Fabrik für Prüfungsverfahren und der Kundenverwaltung. Auch wenn du die Fabrik als Singleton implementierst, musst du direkt im Code entscheiden, welche Fabrik denn nun verwendet werden soll.

Gregor: *Aber diese Abhängigkeit kann ich doch auflösen, indem ich mich nicht auf eine konkrete Fabrik festlege, sondern der Klasse* `KundenVerwaltung` *nur die abstrakte Fabrik bekannt mache. Und die konkrete wird dann von außen übergeben.*

Bernhard: *Hier haben wir so ein bisschen ein »Henne-Ei-Problem«. Wer übergibt nun die Fabrik an unsere Kundenverwaltung? Und da sind wir genau an dem Punkt, an dem Frameworks für Dependency Injection ins Spiel kommen. Die sorgen dafür, dass unser Code sich nicht darum kümmern muss, wie und wann dein konkretes Prüfungsverfahren an unser Kundenobjekt übergeben wird. Das übernimmt dann der Container für uns. Dieser agiert dabei auch als Fabrik für unsere Risikoprüfung.*

Schauen Sie sich also einfach einmal eine auf Dependency Injection basierende Variante unseres Codes an. In Abbildung 7.20 sind die veränderten Beziehungen dargestellt.

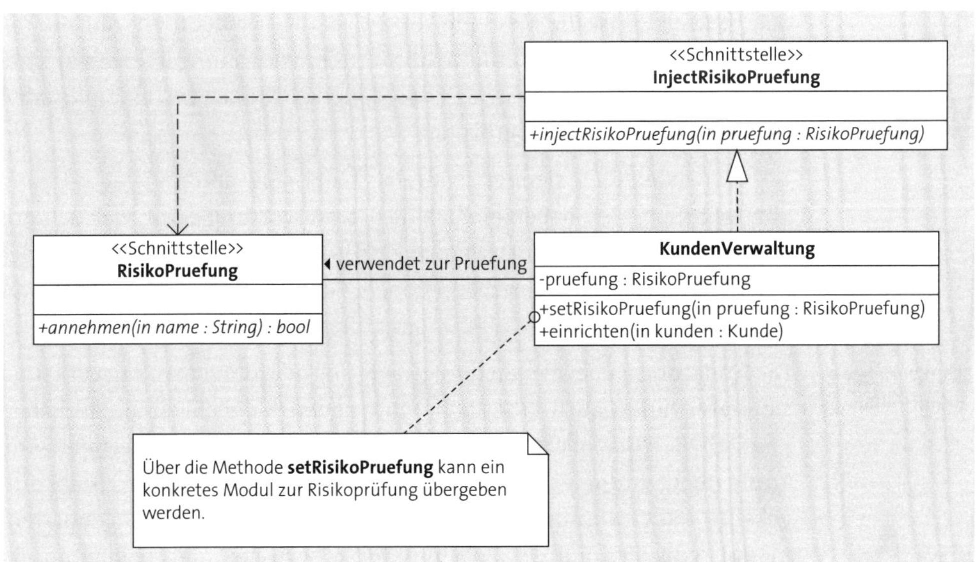

Abbildung 7.20 Dependency Injection: Übergabe über Setter-Methode

Die wichtigste Änderung ist, dass die Klasse `KundenVerwaltung` nun ein Datenelement `pruefung` enthält, das über die ebenfalls neue Methode `setRisikoPruefung` mit einem Wert belegt wird. Die Anpassungen sind auch in Listing 7.27 dargestellt. Die Änderungen sehen dabei zunächst nicht sehr spektakulär aus.

```
01 class KundenVerwaltung {
02     RisikoPruefung pruefung;
03     // ...
04     void setRisikoPruefung(RisikoPruefung pruefung) {
05         this.pruefung = pruefung;
06     }
07     void einrichten(Kunde kunde) {
08         if (pruefung.annehmen(kunde.name())) {
09             // ... Kunde einrichten
10         }
11     }
12     // ...
13 }
```

Listing 7.27 Klasse »KundenVerwaltung« mit Dependency Injection

In Zeile 02 wird für die genutzte Risikoprüfung ein Datenelement definiert. Dazu haben wir die abstrakte Schnittstelle `RisikoPruefung` verwendet. In Zeile 04 ist die Methode `setRisikoPruefung` definiert, mit der die konkrete Variante der Prüfung an die Kundenverwaltung übergeben wird. In Zeile 08 wird dann diese Risikoprüfung verwendet, um einen Kunden vor dem Einrichten zu überprüfen.

Auf den ersten Blick sieht es so aus, als hätten Sie eine triviale Änderung vorgenommen: Sie haben einfach die Verantwortung dafür, welche Variante der Risikoprüfung verwendet und wie diese erstellt wird, von der Klasse `KundenVerwaltung` weggeschoben. Schließlich ist noch unklar, wer denn die Methode `setRisikoPruefung` aufrufen soll.

Umkehrung des Kontrollflusses

Die Änderung ist bei genauerer Betrachtung allerdings sehr relevant, und sie bietet Ihnen auch eine Reihe von neuen Möglichkeiten. Sie haben nämlich die Kontrolle darüber, welche konkrete Prüfung verwendet wird, an ein übergeordnetes Modul abgegeben. Sie haben den Kontrollfluss umgekehrt. Dabei wird die Kopplung zwischen nutzendem und genutztem Modul reduziert und das Zusammenspiel zwischen den beiden an ein drittes Modul delegiert.

Auf dieser Grundlage können Sie nun aufsetzen, um die Zusammenarbeit zwischen den Modulen per Konfiguration zu regeln. Das bedeutet zunächst einmal nur, dass Sie ein weiteres Modul haben, dem die Regeln dazu bekannt sind, welche Objekte von welchen anderen genutzt werden. Diese Regeln können entweder im Code des Moduls stehen oder als Konfigurationsinformation ausgelagert sein, für das generelle Vorgehen spielt das keine Rolle. Die Entscheidung, ob Code oder separate Repräsentation (zum Beispiel in einer XML-Datei), sollte eher davon abhängen, ob Änderungen per Konfiguration wesentlich einfacher vorgenommen werden können.

Dependency Injection Framework

Ein sogenanntes *Dependency Injection Framework* kann die Aufgabe übernehmen, auf Basis der Konfigurationsinformation die Übergabe der genutzten Objekte an die nutzenden Objekte durchzuführen. Schauen wir uns das am Beispiel von Spring an. Spring ist ein sogenannter leichtgewichtiger (engl. *Lightweight*) Container, dessen primäres Ziel es ist, die Komplexitäten, die vorher mit Containern (vor allem EJB-Containern) verbunden waren, abzubauen. Spring unterstützt das Verfahren der Dependency Injection in zwei Varianten.[15]

In Listing 7.28 sehen Sie eine Konfiguration, die in Spring dazu führt, dass die Schufa-Risikoprüfung zusammen mit der Kundenverwaltung verwendet wird.

```
01 <beans>
02   <bean id="Verwaltung" class="KundenVerwaltung">
03     <property name="RisikoPruefung">
04       <ref local="RisikoPruefung"/>
05   </property>
06   </bean>
07   <bean id="RisikoPruefung" class="RisikoPruefungSchufa">
08   </bean>
09 </beans>
```

Listing 7.28 Konfiguration für Setter Injection in Spring

In Zeile 02 wird festgelegt, dass das Objekt[16] mit der Identifikation `Verwaltung` zur Klasse `KundenVerwaltung` gehört. Wird dieses Objekt erstellt, werden seine Eigenschaften so gesetzt, wie sie in den ab Zeile 03 folgenden Properties beschrieben sind. In diesem Fall wird die Eigenschaft `Risiko-`

15 Die Webseite zu Spring finden Sie unter der Adresse *https://spring.io*.

16 In Spring wird der Begriff *Bean* für alle Objekte verwendet, die unter der Kontrolle des Spring-Frameworks erzeugt werden.

Pruefung mit dem in Zeile 07 beschriebenen Objekt verknüpft. Für diese wiederum ist festgelegt, dass sie durch die Klasse RisikoPruefungSchufa realisiert wird.

Die verwendete Klasse kann nun einfach per Konfiguration ausgetauscht werden. Soll in einem Testszenario die Simulation der Prüfung verwendet werden, wird der Eintrag einfach geändert:

```
<bean id="RisikoPruefung" class="RisikoPruefungTest">
```

Damit diese Zuordnung automatisch funktionieren kann, muss der Lebenszyklus der betroffenen Objekte unter die Kontrolle des Containers gestellt werden. In Spring dürfen die Objekte deshalb nicht direkt konstruiert werden, stattdessen werden sie über den sogenannten Applikationskontext erzeugt. In Listing 7.29 ist ein einfaches Beispiel dafür aufgeführt.

```
01 void test(Kunden kunde) {
02   ApplicationContext context =
03      new FileSystemXmlApplicationContext("config.xml");
04   KundenVerwaltung verwaltung =
05     (KundenVerwaltung) context.getBean("KundenVerwaltung");
06   verwaltung.einrichten(kunde);
07 }
```

Listing 7.29 Verwendung eines Applikationskontexts

Dabei wird in Zeile 02 ein Applikationskontext auf Basis einer XML-Konfigurationsdatei angelegt. Diese enthält unter anderem die Einträge aus Listing 7.28. In Zeile 04 wird ein Exemplar der Klasse KundenVerwaltung unter Verwendung des Applikationskontexts konstruiert. Auf der Grundlage der Konfiguration wird diesem Objekt bereits ein Exemplar der Klasse RisikoPruefungSchufa übergeben. Die Operation einrichten in Zeile 06 kann in der Folge aufgerufen werden und wird die Prüfung gegenüber der Schufa verwenden. In unserem Code ist die konkrete Klasse RisikoPruefungSchufa allerdings nirgendwo sichtbar.

Diskussion: Konfigurierbare Fabrik

Gregor: *Jetzt mal langsam, hier muss ich noch einmal nachhaken. Wir hatten doch im Abschnitt über konfigurierbare Fabriken schon eine Möglichkeit beschrieben, wie wir die konkrete Objekterzeugung über Konfigurationseinstellungen und die Nutzung von Reflexion auslagern können.*

Bernhard: *Dependency Injection geht hier noch einen Schritt weiter. Der konkrete Typ des erzeugten Objekts wird dabei ebenfalls per Konfiguration festgelegt, das ist schon richtig. Allerdings wird die Kontrolle über die Objekterzeugung und die Wahl des konkreten Typs komplett an ein anderes Modul, den sogenannten Container, abgegeben. In der Regel ist es auch so,* *dass der Container die Kontrolle über den Lebenszyklus der genutzten Objekte hat.*

Drei Varianten von Dependency Injection

In den oben stehenden Beispielen wurde das genutzte Modul grundsätzlich über eine Setter-Methode übergeben. Das ist aber nicht die einzige Möglichkeit der Übergabe. Es lassen sich drei unterschiedliche Arten von Dependency Injection unterscheiden:

- Setter Injection
- Constructor Injection
- Interface Injection

In Abbildung 7.21 ist die Klasse `KundenVerwaltung` so angepasst, dass sie alle drei Arten unterstützt.

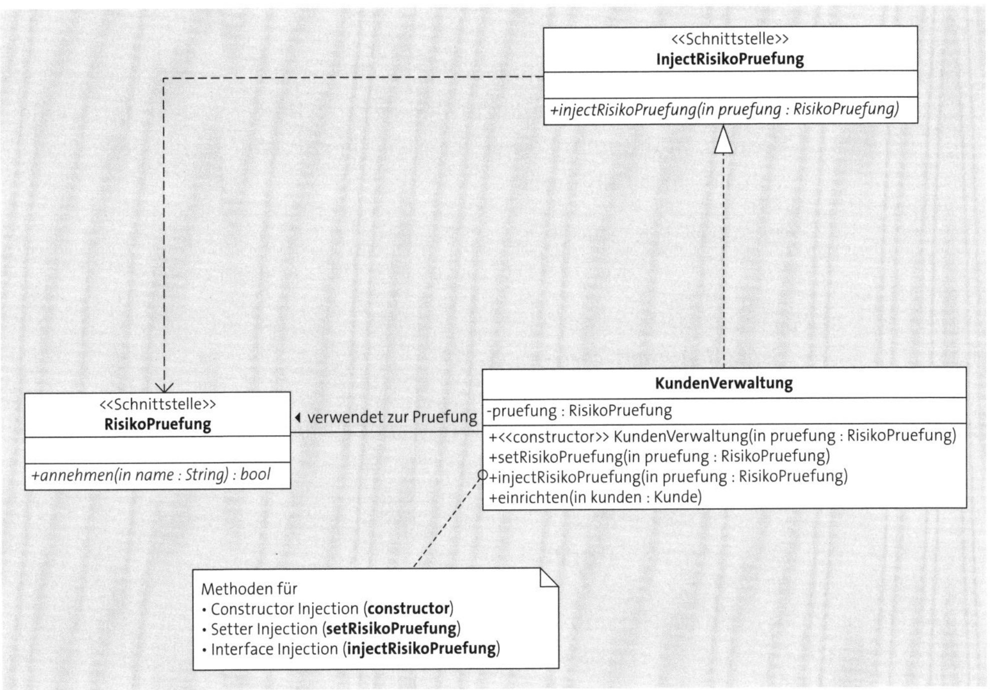

Abbildung 7.21 Verschiedene Arten von Dependency Injection

Setter Injection

Setter Injection haben Sie bereits im Beispiel oben gesehen, da hier die Risikoprüfung über eine Setter-Methode an die Kundenverwaltung übergeben wird. Das benötigte Modul kann dann über das Framework, das die Kontrolle ausübt, mittels Aufruf der Setter-Methode (in unserem Beispiel `setRisikoPruefung`) eingebracht werden.

Constructor Injection

Constructor Injection sorgt dafür, dass die benötigten Module über den Konstruktor übergeben werden. Die abhängigen Klassen müssen Konstruktoren definieren, die als Argument ein Exemplar der benötigten Klasse nehmen. In unserem Beispiel würden Sie zu diesem Zweck einfach statt der zusätzlichen Setter-Methode einen Parameter zum Konstruktor hinzufügen.

```
class KundenVerwaltung {

    RisikoPruefung pruefung;

    KundenVerwaltung(RisikoPruefung pruefung) {
        this.pruefung = pruefung;
    }
}
```

Listing 7.30 Constructor Injection

Interface Injection

Interface Injection basiert darauf, dass eine explizite Schnittstelle zur Verfügung steht, mit der genutzte Module ihren Nutzern zugeordnet werden können. In unserem Beispiel würden Sie also eine Schnittstelle `InjectRisikoPruefung` einführen.

```
interface InjectRisikoPruefung {
    void injectRisikoPruefung(RisikoPruefung pruefung);
}
```

Listing 7.31 Interface Injection

Diese Schnittstelle muss vom nutzenden Modul implementiert werden, in diesem Fall also von der Klasse `KundenVerwaltung`.

```
class KundenVerwaltung implements InjectRisikoPruefung {
    RisikoPruefung pruefung;

    public void injectRisikoPruefung(
        RisikoPruefung pruefung) {
        this.pruefung = pruefung;
    }
}
```

Listing 7.32 Implementierung des Interface

Die Verwendung von Interface Injection hat aber den Nachteil, dass hier mehr Abhängigkeiten entstehen als beim Gebrauch von Constructor Injection oder Setter Injection. Dadurch, dass die konkreten Klassen alle spezifischen Schnittstellen implementieren müssen, sind sie natürlich auch von ihnen abhängig. Bei Verwendung von Konstruktoren oder Setter-Methoden sind die Klassen dagegen von nichts abhängig, was sie nicht direkt benötigen. Bei Interface Injection muss für jede Art der Abhängigkeit eine Schnittstelle definiert werden. Diese Notwendigkeit entfällt bei den anderen Varianten ebenfalls.

Einsatz von Dependency Injection

Was kann Dependency Injection?

Dependency Injection eignet sich gut, um das Zusammenstellen von Anwendungen aus verschiedenen Modulen zu unterstützen. Damit erlaubt das Verfahren eine Verwaltung von verschiedenen Konfigurationen. Alle Module, die über das Framework eingeschoben werden, können Bestandteil einer Konfiguration sein. So können verschiedene Testkonfigurationen aufgebaut werden, oder möglicherweise kann auch für den Betrieb zwischen lokaler Umsetzung von Diensten und einer Nutzung von Diensten auf einem Server umgeschaltet werden.

Allerdings ist Dependency Injection auch kein genereller Ersatz für Fabriken. Der Fokus bei Dependency Injection liegt auf der Zusammenstellung von verschiedenen Konfigurationen und der Entkopplung von Modulen, die sich nicht gegenseitig kennen müssen. Allerdings zahlen Sie, wie sollte es auch anders sein, einen Preis für die Entkopplung: In unserem Code ist nicht mehr direkt sichtbar, welches Modul nun verwendet wird. Die Anwendung kann nur im Zusammenhang mit ihrer Konfiguration komplett betrachtet werden.

Alternative: Service Locator

Dependency Injection ist nicht der einzige Weg, über eine Konfiguration festzulegen, welche konkrete Umsetzung eines Dienstes verwendet wird. Sie können eine Entkopplung auch darüber erreichen, dass Sie über einen Namen (zum Beispiel den der benötigten Schnittstelle) die zuständige Implementierung bei einem zentralen Modul erfragen. Durch die Indirektion über dieses sogenannte *Diensteverzeichnis* (engl. *Service Locator*) erreichen Sie ebenfalls, dass beide betroffenen Module keine Kenntnis mehr voneinander haben.

[«]

Diensteverzeichnis (Service Locator)

Ein Diensteverzeichnis ist ein Objekt, das für alle Dienste, die eine Applikation benötigt, eine Realisierung kennt und diese im Bedarfsfall liefern kann. Für die betroffenen Dienste muss eine abstrakte Schnittstelle zur Verfügung stehen. Auf Anfrage liefert das Diensteverzeichnis zu jeder Schnittstelle eine Realisierung.

Der entscheidende Unterschied zwischen der Verwendung eines Service Locator und dem Mechanismus der Dependency Injection ist aber, dass beim Service Locator die Umkehrung des Kontrollflusses nicht stattfindet, weil unser nutzendes Modul immer noch aktiv nach dem zu nutzenden Modul fragen muss, indem es den Service Locator anspricht. Diese Abhängigkeit muss nicht in allen praktischen Fällen ein Problem darstellen. Wir müssen dann aber sicherstellen können, dass ein korrekt arbeitender Service Locator immer zusammen mit unserem Modul zur Verfügung steht.

7.3 Objekte löschen

Objekte haben in der Regel eine begrenzte Lebensdauer. Das heißt, dass sie irgendwann ihren Zweck erfüllt haben und innerhalb des laufenden Systems nicht mehr benötigt werden. Da ein Objekt durchaus Ressourcen belegt und diese immer begrenzt sind, sollten Objekte in solchen Fällen gelöscht werden.

7.3.1 Speicherbereiche für Objekte

Grundsätzlich gibt es drei Speicherbereiche, in denen Objekte und deren Datenelemente abgelegt werden können. Je nach Speicherbereich unterscheidet sich das Verfahren, nach dem die Lebensdauer der Objekte bestimmt wird.

Statischer Speicher

Im *statischen Speicher* werden Daten verwaltet, die für die gesamte Laufzeit der Anwendung oder zumindest bestimmter Module der Anwendung gültig sind. So werden zum Beispiel in C++ im statischen Speicher die globalen Variablen oder die klassenbasierten Datenelemente gehalten. Diese Daten werden beim Start der Anwendung bzw. beim Laden eines Moduls erzeugt und erst beim Beenden der Anwendung gelöscht. Sie können nicht dynamisch während der Anwendung erzeugt oder gelöscht werden.

Dynamischer Speicher

Das kann man nur mit Objekten machen, deren Daten im *dynamischen Speicher* gehalten werden. Beim dynamischen Speicher unterscheidet man zwischen dem *Stack* und dem *Heap*.

Stack

Der Stack wird verwendet, um lokale Variablen der Routinen zu speichern. Die Lebensdauer von lokalen Variablen ist auf die Laufzeitdauer der Routine, in der sie deklariert wurden, beschränkt. Sie werden erzeugt, nachdem die Routine startet, und gelöscht, bevor sie endet. Sie werden immer in umgekehrter Reihenfolge ihrer Erzeugung gelöscht. Die durch solche Variablen referenzierten Datenstrukturen werden sozusagen »aufeinandergestapelt«, daher auch der englische Name *Stack*. In einer Anwendung kann es mehrere Stacks geben, jeder nebenläufige Thread hat einen eigenen. Die einfache Struktur und die klar definierte Lebensdauer der lokalen Variablen sind Vorteile des Stacks. Der Nachteil ist, dass die Datenstrukturen, die auf dem Stack gespeichert werden, nicht die Laufzeit einer Routine überstehen.

Heap

Diese Möglichkeit bietet der Heap. Auf dem Heap kann eine Datenstruktur zu beliebiger Zeit dynamisch erzeugt werden. Kann sie aber auch zu jeder beliebigen Zeit gelöscht werden? Das hängt von der verwendeten Programmiersprache ab.

Im Gegensatz zur Objekterzeugung, die beim Programmieren explizit verfügt werden muss, gelten für das Entfernen der auf dem Heap angelegten Objekte ähnliche Regeln wie für das Entfernen der Objekte vom Stack.

Regeln für das Entfernen von Objekten von Stack und Heap

Objekte sollen erst entfernt werden, wenn sie nicht mehr gebraucht werden, nicht früher. Nun, es wäre extrem schwierig, festzustellen, ob ein Objekt tatsächlich noch gebraucht wird, und daher beschränkt man sich auf eine etwas entschärfte Forderung: Die Objekte sollten entfernt werden, wenn sie nicht mehr *erreichbar* sind. Das heißt, sie sollten dann gelöscht werden, wenn sie von keinem aktiven Teil der Anwendung mehr referenziert werden.

Der auf den ersten Blick einfachste Weg, mit nicht mehr benötigten Objekten umzugehen, ist es, das Aufräumen den Programmierern zu überlassen.[17] In Sprachen, die keine automatische Speicherverwaltung integriert haben, geschieht das in der Regel über eine spezielle Operation. In C++ wird das Löschen eines Objekts zum Beispiel über den `delete`-Operator vorgenommen. Dieses Vorgehen ist jedoch sehr fehleranfällig, da vielfältige Möglichkeiten bestehen, Probleme in das System einzubauen. Es ist nämlich beim Programmieren oft schwer, zu entscheiden, wann ein bestimmtes Objekt wieder freigegeben werden kann. Wird ein Objekt gelöscht, obwohl es von anderen Objekten noch referenziert wird, kommt es zu Fehlern im späteren Programmablauf.

17 Das ist nicht ganz korrekt. Noch einfacher ist es, überhaupt nicht aufzuräumen und die nicht mehr gebrauchten Objekte im Speicher zu belassen. Wirklich praktikabel ist diese Methode jedoch nur für sehr kleine Systeme, die lediglich kurze Einsatzzeiten haben.

7.3.2 Was ist eine Garbage Collection?

Um das zu vermeiden, haben Systeme wie Java in ihrem Laufzeitsystem eine automatische Speicherbereinigung integriert. Durch diesen Automatismus wird eine der häufigsten Fehlerquellen, nämlich Verweise auf bereits gelöschte Objekte, eliminiert.

Dieser Mechanismus nennt sich Garbage Collection.

Garbage Collection (automatische Speicherbereinigung)

Wenn ein Objekt von keinem anderen Objekt oder sonstigen Systembestandteil mehr referenziert wird, kann es nicht mehr gefunden und somit auch nicht mehr genutzt werden. Trotzdem ist das Objekt noch da und belegt Systemressourcen. Und darin liegt die Analogie zu den Abfällen (engl. *Garbage*): Diese liegen nur herum, brauchen Platz und ... fangen irgendwann an zu stinken. Bei Objekten ist Letzteres zwar nur in seltenen Fällen gegeben, aber genauso wie beim Abfall muss jemand die nutzlosen Objekte identifizieren und entsorgen. Dieser Mechanismus des Auffindens und Entsorgens wird Garbage Collection genannt.

Die Regel, Objekte, die nicht mehr erreichbar sind, zu entfernen, lässt sich zwar leicht formulieren, sie zu implementieren ist aber nicht so einfach. Aus diesem Grund gibt es verschiedene Verfahren, wie sich der Mechanismus der Garbage Collection umsetzen lässt. In den folgenden Abschnitten werden wir diese Verfahren beschreiben.

Ein Garbage Collector ist zum Beispiel in den Programmiersprachen Java, C# und Smalltalk, genauer gesagt in deren Laufzeitsystem, bereits eingebaut. Da auch die Objekterzeugung durch dieses Laufzeitsystem erfolgt, hat das System die komplette Kontrolle über die verwalteten Objekte.

Somit ist es in diesen Sprachen ausgeschlossen, dass Fehler dadurch auftreten, dass noch Referenzen auf bereits freigegebene Objekte existieren. Sofern eine solche Referenz aber noch existiert, wird der Mechanismus der automatischen Speicherbereinigung dafür sorgen, dass das referenzierte Objekt nicht gelöscht wird.

Einige Programmiersprachen bieten auch die Integration einfacher Möglichkeiten des Cachings von Objekten, indem diese Objekte zu einem gewissen Grad vor der Garbage Collection geschützt werden. Dieser Mechanismus wird in Java als *Nutzung von weichen Referenzen* (*Soft References*) bezeichnet.

Weiche Referenzen (Soft References)

In Java kann man einen von Speicherknappheit abhängigen Cache durch die Verwendung von weichen Referenzen (Klasse `SoftReference`) implementieren. Ist ein Objekt nicht mehr direkt erreichbar, sondern nur noch über `SoftReferences`, wird es so lange vom Garbage Collector in Ruhe gelassen, wie dem Programm genügend Speicher zur Verfügung steht. Wird der Speicher knapp, werden auch die Objekte, die nur über `SoftReferences` erreichbar sind, gelöscht.

Soft Reference und Caches

7.3.3 Umsetzung einer Garbage Collection

Wenden wir uns nun den verschiedenen Algorithmen zu, über die Verfahren zur automatischen Speicherbereinigung umgesetzt werden können.

Arten von Garbage Collection

Wir können drei grundsätzliche Arten von Garbage Collection unterscheiden:

1. Zählen von Referenzen auf Objekte (*Reference Counting*)
2. Markieren von referenzierten Objekten mit anschließender Bereinigung (*Mark and Sweep*)
3. Kopieren aller referenzierten Objekte in einen neuen Speicherbereich und Anpassen aller Verweise darauf (*Copying Collection*)

Und dann gibt es noch eine ganze Reihe von Verfahren, die die genannten kombinieren, um deren Nachteile weitgehend auszugleichen. Wir stellen hier die genannten Verfahren kurz vor.

Von den oben genannten Ansätzen ist der des Zählens von Referenzen am einfachsten. Wir beginnen deshalb mit dessen Vorstellung, um zunächst einmal seine Grenzen zu verstehen.

Zählen von Referenzen (Reference Counting)

Ein einfacher und intuitiver Ansatz, um eine automatische Verwaltung des belegten Speichers zu erreichen, ist das sogenannte Zählen von Referenzen (Reference Counting).

Objekt führt Buch über Referenzen

Dabei werden – wie durch den Namen impliziert – alle Referenzen auf ein Objekt gezählt, das Objekt selbst führt darüber Buch und merkt sich die Zahl der Referenzen. Gibt es keine Referenzen auf das Objekt mehr, kann es gelöscht werden. Wird eine neue Referenz hinzugefügt, wird das Objekt darüber benachrichtigt und der Zähler heraufgesetzt, wird eine Referenz entfernt, so wird der Zähler um eins heruntergesetzt.

Dazu sind ein paar Voraussetzungen notwendig:

- Bei Ausführung jeder Operation, die eine Referenz hinzufügt, muss der Zähler des betroffenen Objekts hochgezählt werden. So wird zum Beispiel bei Nutzung des Zuweisungsoperators hochgezählt, da es danach einen weiteren Verweis auf das Objekt gibt.
- Bei Ausführung jeder Operation, die eine Referenz entfernt, muss der Zähler des betroffenen Objekts heruntergezählt werden. Auch hier ist der Zuweisungsoperator betroffen; wenn darüber einer Variablen ein neuer Wert zugewiesen wird, muss der Zähler für den bisherigen Wert heruntergezählt werden, da jetzt eine Referenz weniger existiert.
- Erreicht der Zähler den Stand 0, muss das betroffene Objekt gelöscht werden.

In Abbildung 7.22 sind zwei Klassen dargestellt, die für die Umsetzung einer Speicherbereinigung in C++ verwendet werden können.

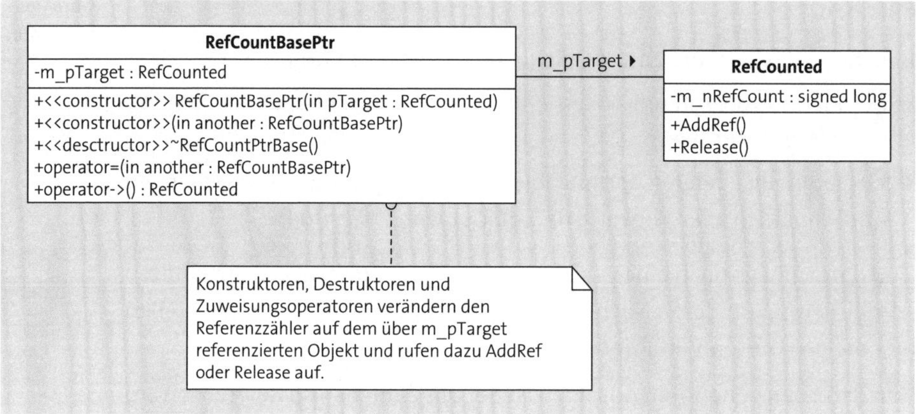

Abbildung 7.22 Zählen von Referenzen in C++

Dabei werden die eigentlichen Objekte (Exemplare der Klasse `RefCounted`) in sogenannten Smart Pointern, in diesem Fall Exemplare der Klasse `RefCountBasePtr`, gekapselt. Bei Konstruktion und Zuweisungen wird dann nur noch mit `RefCountBasePtr` gearbeitet. Um auf das eigentliche Objekt durchzugreifen, das über `m_pTarget` referenziert wird, ist der Operator `->` überladen. Dieser wird beim Zugriff das enthaltene Exemplar von `RefCounted` liefern. In Listing 7.33 ist die Umsetzung dargestellt. Dabei wird ersichtlich, dass der Referenzzähler auf dem eigentlichen Objekt jeweils angepasst wird.

```
class RefCountPtrBase
{
```

```
public:
    RefCountPtrBase(RefCounted const* pTarget):
                     m_pTarget(pTarget) {
            m_pTarget->AddRef();
    }

    RefCountPtrBase(RefCountPtrBase const& another):
                     m_pTarget(another.m_pTarget) {
            m_pTarget->AddRef();
    }
    ~RefCountPtrBase() {
            m_pTarget->Release();
    }
    RefCountPtrBase& operator= (RefCountPtrBase const&
                                another) {
        another.m_pTarget->AddRef();
        m_pTarget->Release();
        m_pTarget = another.m_pTarget;
        return *this;
    }
    // ...
}

class RefCounted
{
   signed long mutable m_nRefCount;
   // ...
   void AddRef() {
      ++m_nRefCount;
   }
   void Release() {
      --m_nRefCount;
      if (0 == m_nRefCount) {
        delete this;
      }
   }
   // ...
}
```

Listing 7.33 Zählen von Referenzen (Das aufgeführte Listing ist vereinfacht dargestellt. Die komplette Implementierung dieses Verfahrens finden Sie auf der Webseite zum Buch unter www.objektorientierte-programmierung.de.)

In Zeile 04 wird ein Konstruktor definiert, dem ein Exemplar von `RefCounted` übergeben wird. Dabei wird auf ihm auch gleich der Referenzzähler erhöht, da es nun eine weitere Referenz auf das Objekt über den gerade konstruierten neuen Smart Pointer gibt. In Zeile 09 erfolgt das Gleiche für den Konstruktor, in dem eine Kopie angelegt wird. In Zeile 13 wird der Zähler ebenfalls heruntergezählt, weil gerade einer der Smart Pointer gelöscht wird. In Zeile 16 wird ein neues Exemplar von `RefCounted` auf den Smart Pointer zugewiesen. Deshalb muss der Zähler für das bisher referenzierte Objekt heruntergezählt und für das neue Objekt erhöht (Zeilen 18 und 19) werden.

Für die Klasse `RefCounted` sind die Operationen zu `AddRef` und `Release` umgesetzt. Dabei zählt `AddRef` in Zeile 30 ganz einfach den Zähler hoch. `Release` (Zeile 33) setzt den Zähler herunter und gibt das Objekt frei, sobald der Zählerstand 0 erreicht.

Problem: Zyklische Referenzen

So weit, so einfach. Allerdings hat dieses Verfahren einen großen Haken, der es für den Einsatz in vielen Fällen unbrauchbar macht: Wenn irgendwo in unseren Objekten zyklische Referenzen auftauchen, werden die betroffenen Objekte nie den Zählerstand 0 erreichen und damit auch nie gelöscht werden. In diesem Fall gibt es nämlich auf jedes der beteiligten Objekte immer eine Referenz. Zyklische Referenzen sind aber in objektorientierten Anwendungen etwas sehr Normales und kommen häufig vor.

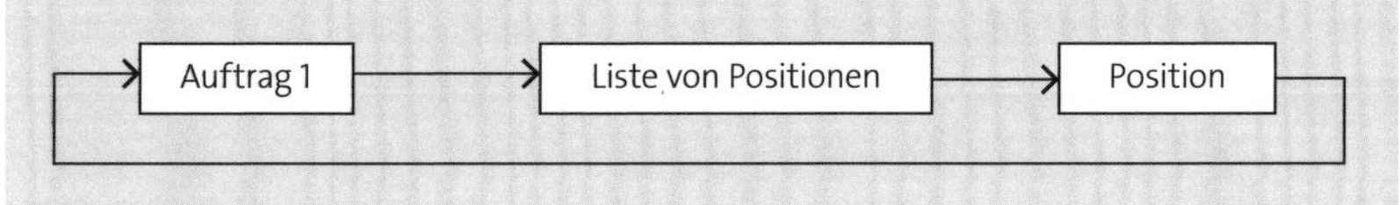

Abbildung 7.23 Zyklische Verweise auf Objekte

In Abbildung 7.23 sind solche zyklischen Verweise dargestellt. Auftreten können sie zum Beispiel, wenn Rückreferenzen bei Aggregationsbeziehungen gepflegt werden. Dabei hält das Aggregat eine Liste der aggregierten Objekte, die wiederum eine Referenz auf das Aggregat halten. Diese Information ist dann zwar redundant, kann aber aus Gründen der Zugriffseffizienz sinnvoll sein. Im dargestellten Beispiel kennt ein Auftrag die Liste der in ihm enthaltenen Positionen, umgekehrt weiß aber auch jede Position, zu welchem Auftrag sie gehört.

Zählen von Referenzen ist nicht vollständig

Was wir aber brauchen, ist ein Verfahren, das konsistent und vollständig ist. Konsistent heißt in diesem Fall: Es wird nie ein Objekt aufgeräumt, das noch gebraucht wird. Diese Anforderung erfüllt das Zählen von Referenzen. Vollständig heißt in diesem Fall: Es werden alle Objekte, die nicht mehr gebraucht werden, auch wirklich weggeräumt. Diese Anforderung wird durch das Zählen von Referenzen nicht erfüllt.

Allerdings kann das Zählen von Referenzen für Teile einer Applikation, in denen zyklische Referenzen nicht erwartet werden, eine einfache und ressourcenschonende Methode sein, um Speicher automatisch zu verwalten.

So verwenden einige Klassen aus der C++-Standardbibliothek Referenzzähler, um ein automatisches Löschen von Objekten zu ermöglichen. Ein Beispiel dafür ist die `string`-Klasse.

Markieren und Löschen (Mark and Sweep)

Wenn also die Möglichkeit von zyklischen Referenzen besteht, ist das reine Mitzählen nicht ausreichend. In diesem Fall müssen alternative Verfahren zum Einsatz kommen. Eine gängige Alternative ist das sogenannte Mark-and-Sweep-Verfahren. Wörtlich übersetzt heißt das Verfahren *Markieren und Ausfegen*.

Markierungsphase

Der Mark-and-Sweep-Algorithmus sucht zunächst alle Objekte, die von anderen referenziert werden, und markiert sie (Markierungsphase). Dazu ist es notwendig, dass ein Startpunkt (möglicherweise auch mehrere Startpunkte) bekannt ist, also Objekte, von denen wir wissen, dass sie nicht entfernt werden dürfen.[18] Zu solchen Objekten gehört zum Beispiel das Applikationsobjekt selbst. Diese Startobjekte werden nun markiert, also in eine Liste von Objekten aufgenommen, die nicht gelöscht werden dürfen. Welche Objekte werden aber nun wiederum von den Startobjekten referenziert? Sie alle müssen wir natürlich auch in die Liste aufnehmen, sofern sie nicht schon dort enthalten sind. Und alle neu hinzugefügten Objekte müssen ebenfalls überprüft werden.

Die Suche bedient sich dabei Algorithmen, die zur Lösung des Erreichbarkeitsproblems in Graphen verwendet werden.

In Abbildung 7.24 ist die Markierungsphase für ein Beispiel dargestellt. Ausgehend vom Applikationsobjekt werden alle erreichbaren Objekte markiert. Die fett gezeichneten Linien werden dabei durchlaufen, sodass am Ende die dunkelgrau hinterlegten Objekte markiert sind. Bereits markierte Objekte (wie zum Beispiel `Auftrag2`) werden nicht mehr angepasst und weiterbearbeitet, wenn sie zum zweiten Mal erreicht werden. Die

18 Existiert ein solcher Startpunkt nicht, können alle Objekte entfernt werden. Diese Situation tritt aber in praktischen Fällen nicht auf, da in der Regel ja zumindest mit der Applikation selbst (die normalerweise auch ein Objekt ist) weitergearbeitet werden soll.

hellgrau hinterlegten Objekte sind nicht erreichbar und werden somit auch nicht markiert.

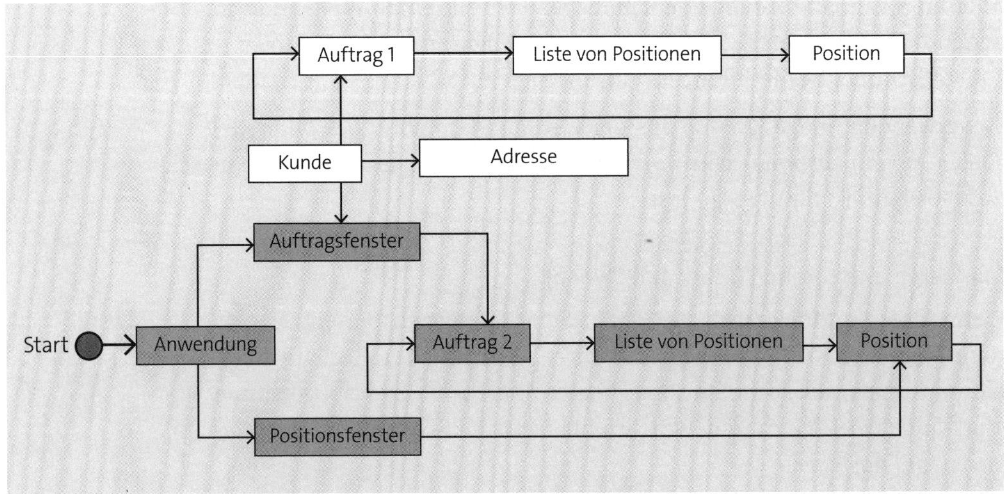

Abbildung 7.24 Markieren von erreichbaren Objekten

Löschphase Ist die Markierungsphase abgeschlossen, folgt die sogenannte Sweep-Phase. Dabei findet ein erneuter Durchlauf durch die Objektmenge statt, bei dem jedes Objekt, das nicht markiert wurde, gelöscht wird, da es erwiesenermaßen nicht mehr referenziert wird.

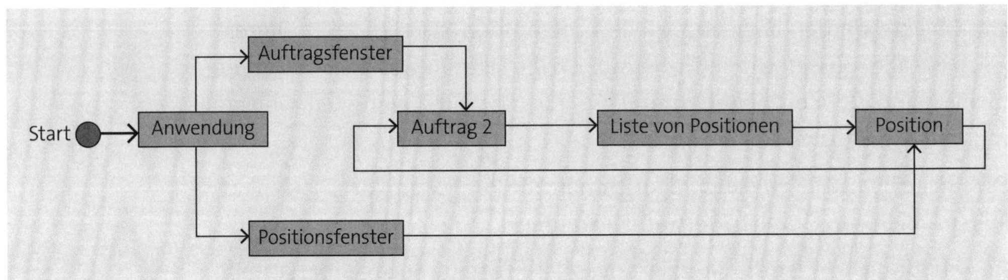

Abbildung 7.25 Verbleibende Objekte nach Sweep

In Abbildung 7.25 sind die nach der Sweep-Phase verbleibenden Objekte dargestellt.[19] Beim Löschdurchlauf wird außerdem das Flag zurückgesetzt, das die Objekte als bereits markiert gekennzeichnet hat.

19 Der englische Begriff *sweep* bedeutet wörtlich übersetzt »ausfegen«, was schon ziemlich gut das Vorgehen des Algorithmus trifft. Wir sprechen trotzdem in der deutschen Übersetzung von der Löschphase des Algorithmus.

Mark and Sweep hat allerdings ein paar Nachteile. Der Hauptnachteil ist die Komplexität des zugehörigen Algorithmus, also sein Bedarf an Zeit und Speicher. Der Zeitbedarf der Markierungsphase ist linear abhängig von der Anzahl der noch verwendeten Objekte. Der Zeitbedarf der Löschphase ist linear abhängig von der Anzahl der insgesamt vorhandenen Objekte.

Komplexität abhängig von Gesamtzahl der Objekte

Kopieren der erreichbaren Objekte

In vielen Fällen besser als Mark and Sweep arbeitet ein anderer Algorithmus (Copy-Collector), der die noch erreichbaren Objekte direkt in einen neuen Speicherbereich kopiert. Da der Algorithmus die nicht erreichbaren Objekte überhaupt nicht betrachten muss, ist seine Komplexität nur von der Anzahl der wirklich erreichbaren Objekte abhängig. In sehr dynamischen Anwendungen, in denen eine große Zahl von kurzlebigen Objekten erzeugt wird, ist häufig die Anzahl der zu löschenden Objekte im Vergleich zu der Zahl der überlebenden Objekte sehr groß, der Vorteil des Algorithmus kann also relevant sein.

Beim Kopieren wird der komplette noch erreichbare Bestand an Objekten in einen vorher leeren Speicherbereich kopiert, den sogenannten *To-Space*. Danach wird der bisher genutzte Speicherbereich, der auch *From-Space* genannt wird, geleert. Die genutzten Speicherbereiche werden also bei jeder durchgeführten Garbage Collection vertauscht.

Aktionen

Dabei werden für die betroffenen Objekte jeweils die folgenden Aktionen durchgeführt:

- Das betrachtete Objekt wird in den To-Space kopiert.
- Der Zeiger, über den das Objekt erreicht wurde, wird umgesetzt und auf dessen neue Position gesetzt.
- Das ursprüngliche Objekt im From-Space erhält einen Verweis auf seine neue Inkarnation im To-Space.

Zwischenstand beim Kopieren

In Abbildung 7.26 ist der Stand des Kopierens dargestellt, nachdem das Einstiegsobjekt (das Applikationsobjekt) kopiert und der Zeiger darauf umgesetzt wurde. Die von diesem Objekt aus weiterführenden Referenzen sind noch nicht angepasst und zeigen immer noch in den From-Space.

Kopieren von referenzierten Objekten

In Abbildung 7.27 ist der nächste Schritt dargestellt, bei dem dann die ersten beiden referenzierten Objekte kopiert wurden. Wieder sind deren weitere Referenzen noch in den From-Space gerichtet.

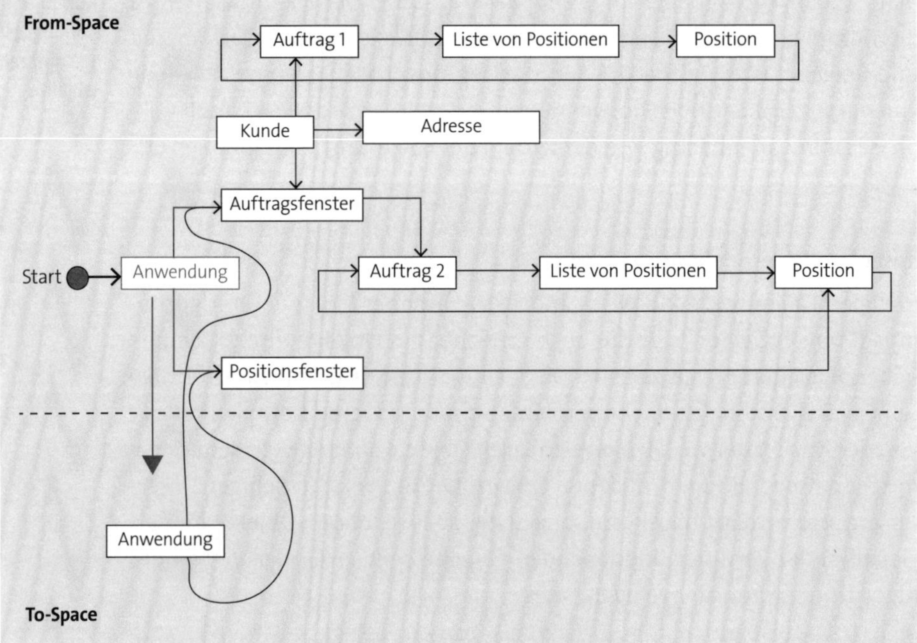

Abbildung 7.26 Start des Kopierens in den To-Space

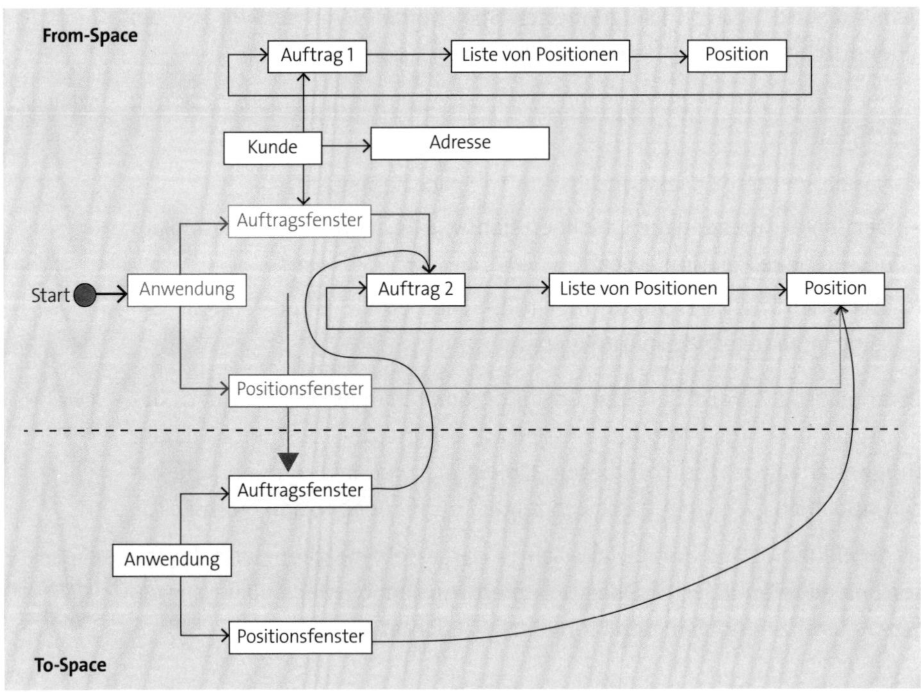

Abbildung 7.27 Kopieren von referenzierten Objekten

Ganz einfach wird das Verfahren, wenn ein Objekt bereits kopiert wurde. In Abbildung 7.28 ist eine Situation dargestellt, in der das bereits kopierte Objekt `Position` eine Referenz auf das bereits früher kopierte Objekt `Auftrag2` hat.

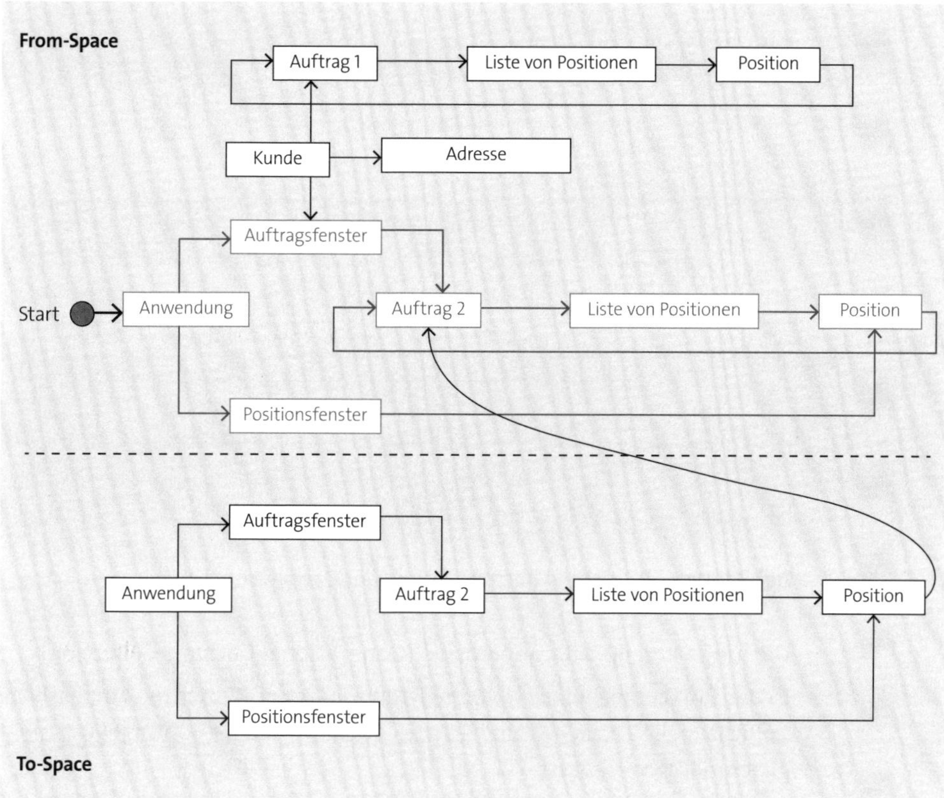

Abbildung 7.28 Referenz auf bereits kopiertes Objekt

Referenzen umsetzen

In diesem Fall ist nichts weiter zu tun, als die Referenz, die von `Position` aus gehalten wird, auf das bereits kopierte Objekt zu setzen. Wo das liegt, haben wir uns im ursprünglichen Objekt `Auftrag2` vorher gemerkt.

Entfernen

Nach Abschluss des Verfahrens sind die noch erreichbaren Objekte im To-Space gelandet, wie in Abbildung 7.29 dargestellt. Der gesamte Speicherbereich im From-Space wird nun auf einen Schwung freigegeben, da alle noch benötigten Objekte bereits kopiert wurden. Die Applikation kann jetzt mit allen noch in Verwendung befindlichen Objekten weiterarbeiten.

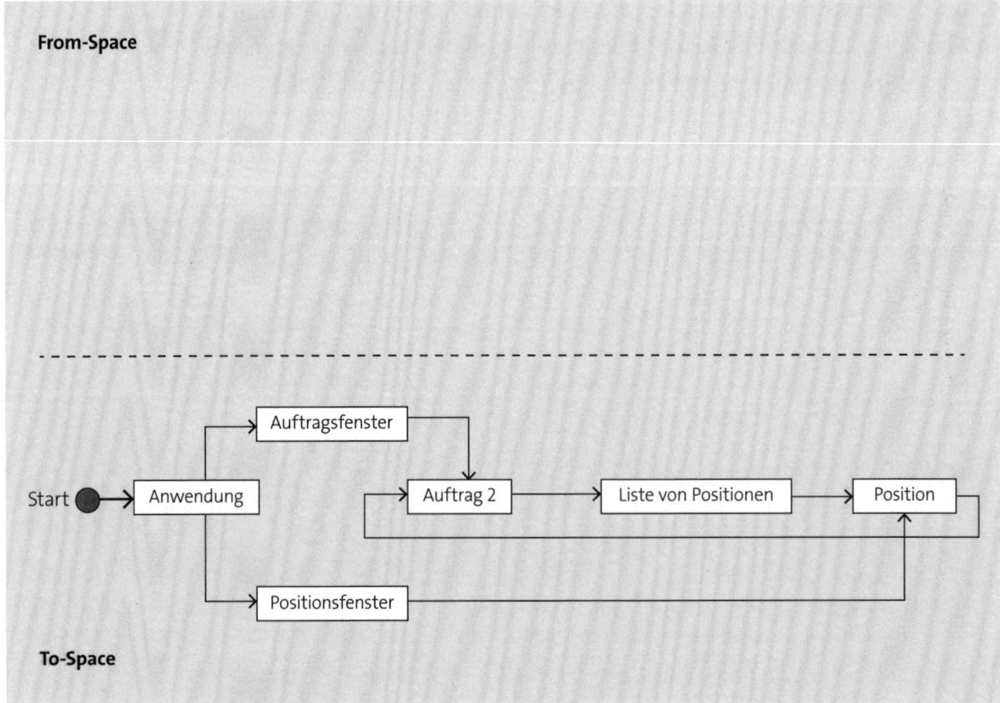

Abbildung 7.29 Zustand nach Abschluss der Garbage Collection

Die junge und die alte Generation (Generational Garbage Collection)

In der Praxis machen sich die meisten modernen Verfahren zur Garbage Collection die Tatsache nutzbar, dass die Lebensdauer von Objekten nicht gleichmäßig verteilt ist.

Die Speicherverwaltung der virtuellen Maschine von Java nutzt unter anderem auch ein Verfahren, das die Speicherbereinigung vom Alter der betroffenen Objekte abhängig macht. Die Grundidee dabei ist: Wenn ein Objekt die erste Zeit überstanden hat, wird es sehr wahrscheinlich auch weiter dabeibleiben. Es ergibt also Sinn, zwischen jungen und alten Objekten zu unterscheiden.

Ältere Objekte bleiben unter sich

Und eine weitere Beobachtung: Ältere Objekte bleiben meist unter sich, sie referenzieren nur selten junge Objekte. Der Dialog zwischen den Generationen findet bei Objekten nur sehr begrenzt statt. Diese Beobachtungen sind für den überwiegenden Teil von Applikationen zutreffend.

Wir geben hier einen kurzen Überblick über das Verfahren, wie es von der virtuellen Maschine von Java (Hotspot) angewendet wird.

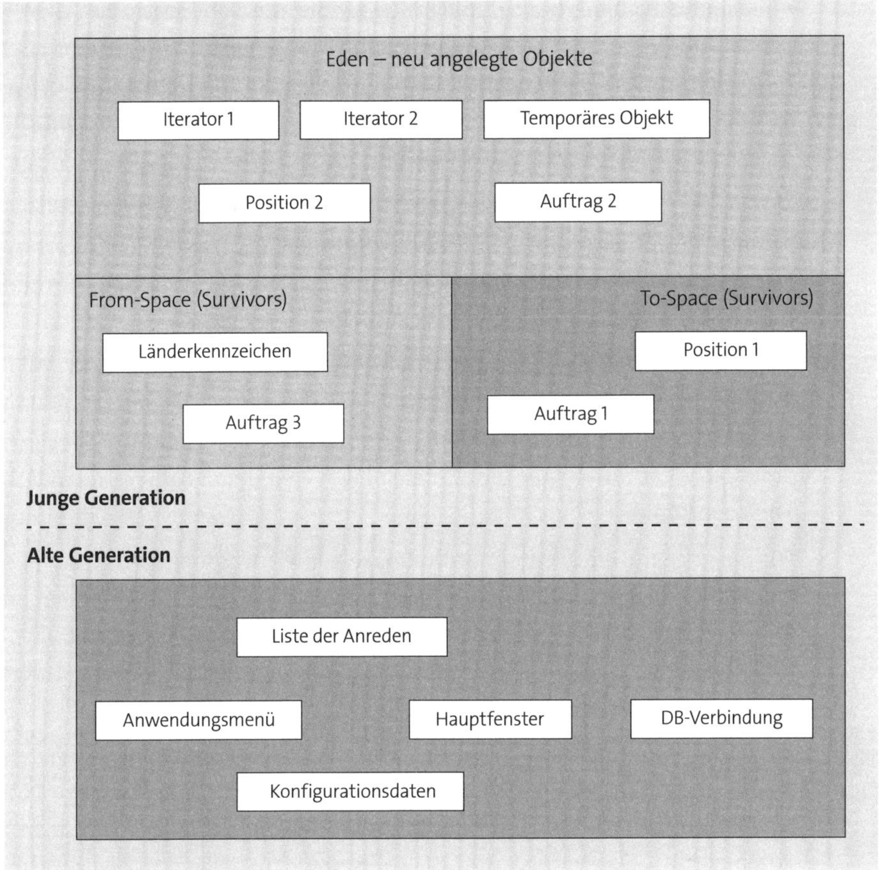

Abbildung 7.30 Junge und alte Generation von Objekten

Verwendete Speicherbereiche

In Abbildung 7.30 sind die verwendeten Speicherbereiche jeweils mit typischen Bewohnern abgebildet:

- Neue Objekte werden in einem Bereich angelegt, der *Eden* genannt wird. Hier gibt es kurzlebige Objekte wie Iteratoren oder temporäre Objekte, die nur innerhalb einer Methode verwendet werden. Aber auch langlebige Objekte werden zunächst einmal hier angelegt.
- Es gibt zwei weitere Bereiche für relativ junge Objekte, die für das bereits beschriebene Verfahren der kopierenden Garbage Collection in From-Space und To-Space eingeteilt sind. Hierhin schaffen es nur Objekte, die eine etwas längere Lebensdauer haben, deshalb wird der Bereich auch *Survivor Space* genannt. Hier liegen zum Beispiel fachliche Objekte. Im Beispiel befinden sich dort auch ein Auftrag und eine Auftragsposition.

- Schließlich gibt es noch den Bereich für die alte Generation von Objekten, die bereits einige Garbage Collections überstanden haben. Hier landen langlebige Objekte, wie etwa ständig benötigte Fenster einer Applikation, Objekte für Datenbankverbindungen oder Aufzählungen, die von der Applikation ständig benötigt werden. Dieser wird auch *Old-Generation-Space* genannt.

Es finden nun zwei ganz verschiedene Arten der Garbage Collection statt. Der Unterschied zwischen den beiden ist etwa der zwischen dem Aufräumen unserer Wohnung und dem kompletten Entrümpeln.

Aufräumen Die erste Variante, das Aufräumen, wird häufiger durchgeführt und arbeitet nur auf dem Bereich der jungen Generation. Wir sprechen dabei von einer kleinen (minor) Garbage Collection. Dabei wird standardmäßig nach dem Copy-Verfahren aus dem Bereich Eden und dem From-Space in den To-Space kopiert.

Für die Objekte, die aus dem From-Space kopiert werden, wird zusätzlich ein Zähler hochgezählt. Erreicht dieser einen vordefinierten Wert – haben die Objekte also eine größere Zahl von Durchläufen des Garbage Collectors überstanden –, dürfen sie sich zur alten Generation gesellen und werden in deren Bereich verschoben.

Entrümpeln Ein komplettes Entrümpeln führen wir ja auch im realen Leben eher selten durch, weil es wesentlich aufwendiger ist. So wird auch Garbage Collection im Bereich der alten Generation nur in größeren Abständen durchgeführt. Das wird dann als große (major) Garbage Collection bezeichnet.

So viele Algorithmen und Verfahren: Was geht mich das an?

Sofern in unserem gewählten Entwicklungssystem eine gute Garbage Collection zur Verfügung steht, werden wir zumindest kein eigenes Verfahren dafür umsetzen müssen. Das Vorhandensein von erprobten Verfahren zur Garbage Collection ist auch ein gutes Argument für die Verwendung einer Sprache wie Java anstelle von C++.

Allerdings bietet zum Beispiel die Java-Laufzeitumgebung gleich mehrere verschiedene Verfahren zur Garbage Collection an, die alle auch über verschiedene Parameter weiter beeinflusst werden können. Das voreingestellte Verfahren wird zwar für viele Fälle funktionieren, um die Effizienz einer Applikation zu steigern, ist ein gezielter Einsatz der speziellen Verfahren aber ein gutes Mittel.

7.4 Objekte in Aktion und in Interaktion

Wenn wir Objekte lediglich erzeugen und danach wieder zerstören würden, wären wir mit unseren Programmen schnell am Ende. Zwar ist vor allem die Art der Objekterzeugung sehr relevant für die Flexibilität unserer Programme, anschließend sollen die erzeugten Objekte aber natürlich die ihnen zugedachten Aufgaben wahrnehmen. Dabei agieren und interagieren die Objekte.

Aufbau des Abschnitts

In Abschnitt 7.4.1 stellen wir zunächst die wichtigsten Sichtweisen auf die verschiedenen Formen von Aktionen und Interaktionen vor. Wir verwenden dabei die von der Unified Modeling Language (UML) zur Verfügung gestellten Beschreibungsmöglichkeiten.

Anschließend gehen wir in Abschnitt 7.4.2 und Abschnitt 7.4.3 auf ausgewählte und wichtige Arten der Interaktion zwischen Objekten genauer ein. Wir beschreiben, wie Iteratoren und Generatoren dafür sorgen, dass Sie mit Sammlungen von Objekten effizient umgehen können.

In Abschnitt 7.4.4 lernen Sie die Funktionsweise von Ereignissen und Delegaten kennen, die verwendet werden, um Aktionen mit Objekten zu verknüpfen.

Schließlich beantwortet Abschnitt 7.4.5 die Frage, in welchen Fällen Sie Kopien von Objekten erstellen müssen und wie Sie diese Kopien korrekt herstellen.

7.4.1 UML: Diagramme zur Beschreibung von Abläufen

Um das Ablaufverhalten von Systemen zu beschreiben, bietet die UML eine ganze Reihe von Diagrammtypen an.

Diagrammtypen

- **Aktivitätsdiagramme**
  beschreiben die einzelnen Schritte, mit denen ein System eine bestimmte Anforderung umsetzt.
- **Anwendungsfalldiagramme**
  werden in der Analysephase eingesetzt und beschreiben die Beziehungen zwischen Akteuren, Anwendungsfällen des Systems und dem System selbst.
- **Zustandsdiagramme** (Zustandsautomaten)
  beschreiben die Übergänge zwischen Zuständen in einem System in Form von endlichen Automaten. Zustandsdiagramme können als Beschreibungsmittel für den Lebenszyklus eines Objekts eingesetzt werden.

- **Sequenzdiagramme**
  beschreiben die Interaktionen und den Nachrichtenaustausch zwischen Objekten. Sie stellen vor allem den zeitlichen Ablauf dieser Nachrichten (deren Sequenz) dar.
- **Kommunikationsdiagramme**
  (vor UML 2.0 Kollaborationsdiagramm) beschreiben ebenfalls Interaktionen, bieten aber eine etwas andere Sicht darauf. Dabei liegt der Fokus auf der Zusammenarbeit von mehreren Objekten, die eine gemeinsame Aufgabe erledigen.
- **Timingdiagramme**
  beschreiben die Zustandswechsel von Kommunikationspartnern aufgrund von Nachrichten. Timingdiagramme sind als Detailsicht bei zeitkritischen Zustandsübergängen sinnvoll.
- **Interaktionsübersichtsdiagramme**
  bieten die Möglichkeit, Sequenzdiagramme, Kommunikationsdiagramme und Timingdiagramme (also alle Interaktionsdiagramme) in eine gemeinsame Übersicht zu bringen.

Von den gelisteten Diagrammtypen werden Aktivitätsdiagramme, Zustandsdiagramme und Sequenzdiagramme in der Regel am häufigsten genutzt. Deshalb stellen wir sie hier jeweils anhand eines kurzen Beispiels vor. Die ebenfalls häufig verwendeten Anwendungsfalldiagramme werden wir dagegen nicht genauer vorstellen, da sie hauptsächlich in der Analysephase benötigt werden. Detaillierte Informationen zu den Diagrammen der UML finden Sie in Christoph Kecher u. a.: *UML 2.5. Das umfassende Handbuch.* 2018, Rheinwerk Verlag.

Aktivitätsdiagramm

Eine häufig genutzte Sichtweise auf das Verhalten von Programmen ist, sie als eine Abfolge von Aktivitäten zu betrachten. Diese Sichtweise wird durch die Aktivitätsdiagramme der UML unterstützt. In Abbildung 7.31 ist ein Ausschnitt der Aktivitäten dargestellt, die beim Einschalten und Auslösen einer Alarmanlage durchlaufen werden.

Zunächst einmal haben wir verschiedene *Aktivitätsbereiche* vorliegen. Wir haben unsere Aktivitäten auf die Bereiche »Hausbesitzer«, »Alarmanlage«, »Technische Komponenten« und »Einbrecher« verteilt. Der Name des Einbrechers bleibt im Dunkeln, da er aber direkt die Alarmanlage auslöst, wird es sich wohl nicht um Arsène Lupin handeln.

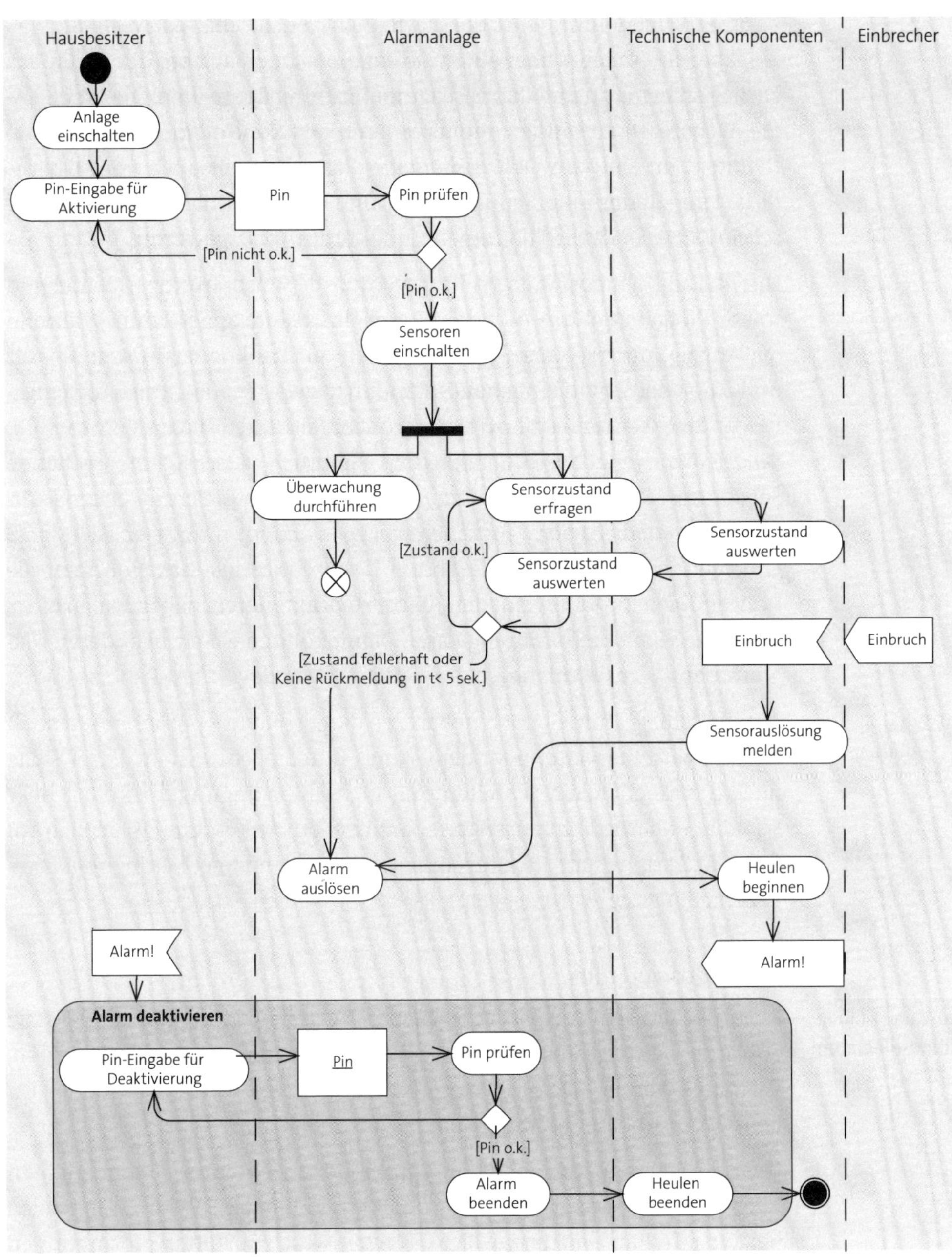

Abbildung 7.31 Aktivitäten einer Alarmanlage

Darstellung eines Einsatzfalls

Wir haben in unserem Aktivitätsdiagramm also einen Einsatzfall dargestellt, bei dem die Anlage tatsächlich ausgelöst wird. Beginnend mit dem obligatorischen Startzustand ist die erste *Aktion*, die von unserem Hausbesitzer durchgeführt wird, die Alarmanlage einzuschalten. Nach der PIN-Eingabe wird die PIN über einen *Objektknoten*, der Objekte der Klasse `Pin` enthalten kann, an die Alarmanlage zur Prüfung übergeben. Die Pfeile, die die Aktivitäten verbinden, repräsentieren den *Kontrollfluss* zwischen Aktivitäten, im Fall von Objektübergaben sprechen wir auch vom *Objektfluss*. Hier findet eine Prüfung statt, und über den nachfolgenden *Entscheidungsknoten* wird das Ergebnis der Prüfung ausgewertet.

Nur im Fall einer positiven Prüfung werden die Sensoren eingeschaltet und mit der folgenden *Gabelung* zwei parallele Abläufe angestoßen. Während die Anlage nun regelmäßig die Sensoren auf Funktionsfähigkeit abfragt und parallel dazu auf eingehende Meldungen wartet, macht sich unser Anfänger-Einbrecher an einem Fenster zu schaffen und löst damit eine *Signal-Sende-Aktion* (engl. *Signal Send Action*) »Einbruch« aus. Der entsprechende Sensor wartet geradezu auf ein solches Signal, über die entsprechende *Ereignis-Empfangs-Aktion* (engl. *Accept Event Action*) nimmt er das Signal entgegen und führt dann die Aktion *Sensorauslösung melden* durch. Die notwendigen Aktionen, um den Alarm zu deaktivieren, haben wir zu einer eigenen *Aktivität* zusammengefasst. Damit können wir sie in anderen Diagrammen als zusammengesetzte Aktion verwenden.

Aktivitäten einer Alarmanlage

Aktivitätsdiagramme bieten neben den dargestellten Komponenten noch eine ganze Reihe weiterer Modellierungsmittel. Wichtig ist an dieser Stelle noch die Möglichkeit, Schleifen und Auswahlbedingungen explizit über *Schleifen- und Bedingungsknoten* darzustellen. Außerdem lassen sich sowohl für Aktionen als auch für Aktivitäten Vor- und Nachbedingungen angeben.

Zustandsdiagramm

Kurz und bündig: Zustandsdiagramm

Einer der großen Vorteile von objektorientierten Systemen ist, dass die Zustände des Systems in klar definierten Komponenten, den Objekten, verwaltet werden. Dadurch können wir den Objekten einen klaren Lebenszyklus und definierte Zustände zuordnen.

Über die Sicht auf Zustände können wir ein System unter einem anderen Blickwinkel betrachten, als es bei den Aktivitäten der Fall ist. Zwar spielen bei der aktivitätszentrierten Sicht durchaus auch Zustandsinformationen eine Rolle, bei den Zustandsdiagrammen stehen die Zustände aber im Fokus.

Die in der UML definierten Zustandsdiagramme helfen uns, die verschiedenen Zustände, die ein Objekt oder eine Gruppe von Objekten durchlaufen, darzustellen und zu verstehen.

In Abbildung 7.32 ist eine typische Anwendung eines UML-Zustandsdiagramms dargestellt. Wir beschreiben damit die verschiedenen *Zustände* einer Alarmanlage.

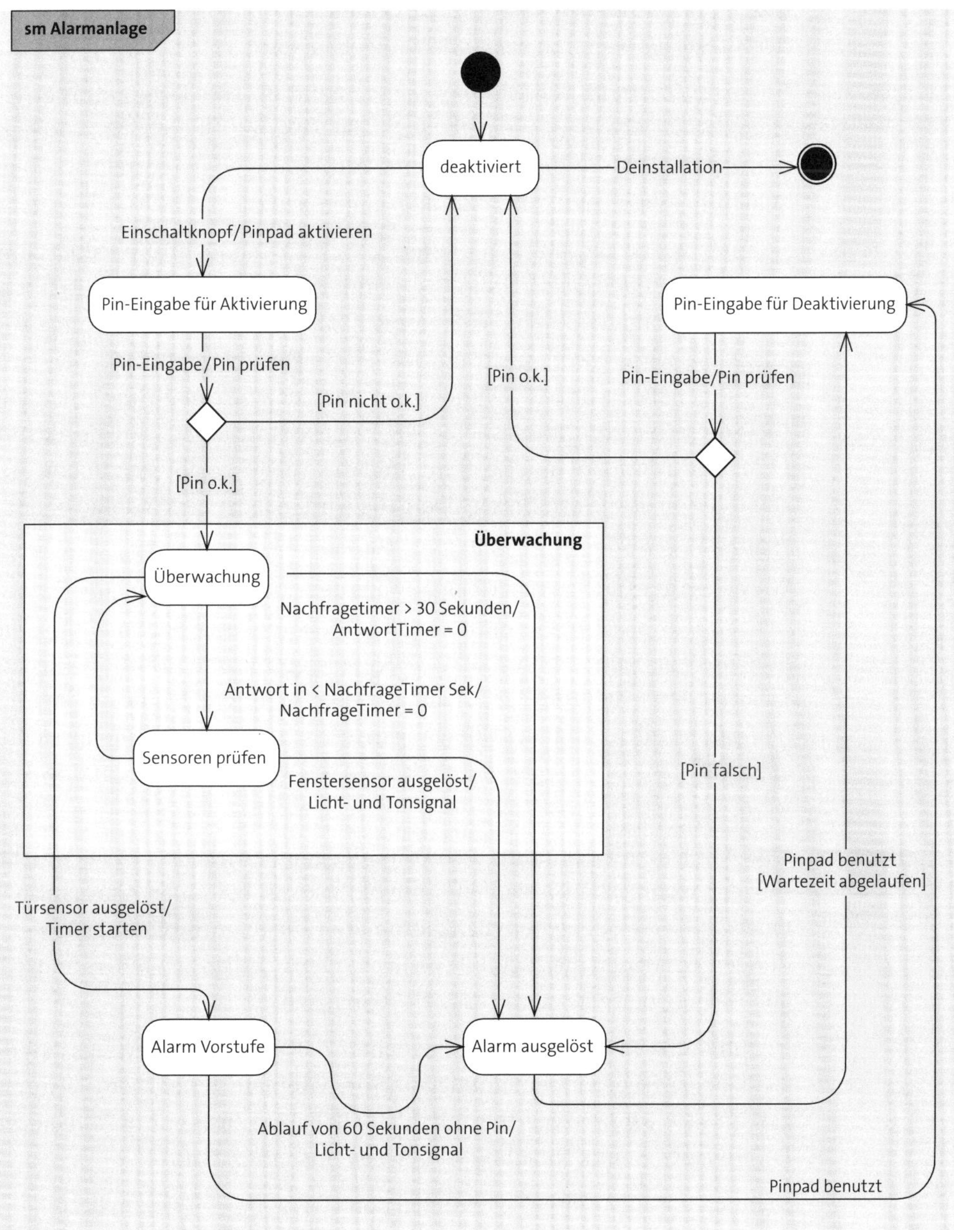

Abbildung 7.32 Zustandsübergänge einer Alarmanlage

Die Alarmanlage kennt in diesem Szenario die Zustände *deaktiviert, Pin-Eingabe für Aktivierung, Pin-Eingabe für Deaktivierung, Überwachung, Sensoren prüfen, Alarm Vorstufe, Alarm ausgelöst*. Bei dem Zustand *Überwachung* handelt es sich allerdings um einen zusammengesetzten Zustand, der intern aus weiteren Zuständen aufgebaut ist.

Zustände einer Alarmanlage

Im ersten Zustand, den wir vom Startzustand unseres Diagramms erreichen, ist die Alarmanlage *deaktiviert*. Die weiteren Übergänge zwischen den Zuständen, die durch gerichtete Verbindungen dargestellt werden, sind mit zusätzlichen Informationen angereichert.

Ereignis Bedingung Aktion

Nehmen wir als Beispiel den Übergang vom Zustand *Alarm Vorstufe* zum Zustand *Alarm ausgelöst*. Dem Diagramm lässt sich entnehmen, dass der Zustandsübergang durch das **Ereignis** *Ablauf von 60 Sekunden ohne Pin* ausgelöst wird. Nach Auslösen des Türsensors beim Öffnen der Eingangstür haben wir 60 Sekunden Zeit, um den Alarm zu deaktivieren. Läuft diese Zeit ab, ohne dass eine PIN-Eingabe stattfindet, wird die **Aktion** *Licht- und Tonsignal* durchgeführt, und die Anlage begibt sich in den Zustand *Alarm ausgelöst*. Dieser Übergang wird in jedem Fall so stattfinden, wenn das angegebene Ereignis eintritt.

Wir haben aber auch einen Übergang aus dem Zustand *Pin-Eingabe für Aktivierung*, bei dem erst aufgrund des Ergebnisses der erfolgten Aktion *Pin prüfen* entschieden werden kann, welcher Folgezustand resultiert. Die zugehörige **Entscheidung** basiert auf zwei **Bedingungen**: Ist die Bedingung *[Pin o.k.]* erfüllt, erfolgt der Übergang in den Zustand *Überwachung*. Ist die eingegebene PIN dagegen falsch, landen wir wieder im Zustand *deaktiviert*.

Explizite Modellierung von Zuständen

Eine explizite Modellierung von verschiedenen Zuständen ist aber nicht nur bei technischen Abläufen sinnvoll, wie sie bei einer Alarmanlage, einer Zapfsäule oder einem Bankautomaten auftreten. Gerade bei Anwendungen, bei denen die Zustände nicht so offensichtlich zu greifen sind, ergibt es Sinn, diese Zustände explizit zu machen.

In Abbildung 7.33 sind die verschiedenen Zustände eines Vertrags dargestellt, der zwischen einem Kunden und dem Anbieter einer Dienstleistung geschlossen wird. Der Vertrag durchläuft dabei die Zustände *in Planung, in Prüfung, aktiv, zur Kündigung vorgesehen* und *gekündigt*.

Nehmen wir hier einmal als Beispiel den Übergang von einem bestehenden Vertrag zu einem Vertrag mit vorgesehener Kündigung heraus.

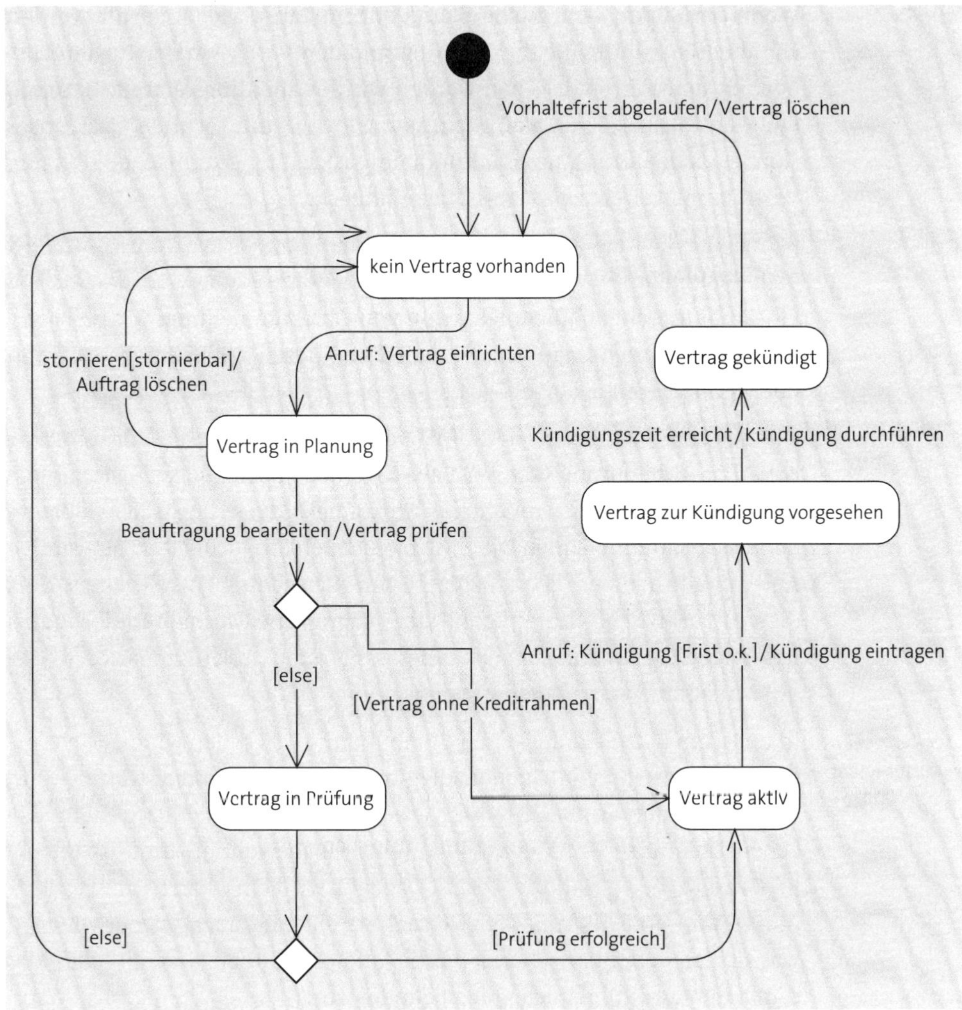

Abbildung 7.33 Beispiel für verschiedene Zustände eines Vertrags

Elemente des Diagramms

Dem Diagramm lässt sich entnehmen, dass der Zustandsübergang durch das **Ereignis** *Anruf: Kündigung* ausgelöst wird, das den Anruf eines Kunden repräsentiert, der den Vertrag partout nicht mehr haben will. Allerdings gilt eine **Bedingung** *Frist o.k.*: Nur wenn die vereinbarten Fristen eingehalten wurden, wird die resultierende **Aktion** *Kündigung durchführen* auch wirklich durchgeführt und die Kündigung eingetragen. Wenn unser Kunde einen Vertrag mit zehnjähriger Laufzeit über eine wöchentliche Lieferung von schwarzen Socken abgeschlossen hat, diese jedoch nicht mehr benötigt, weil seine frisch Angetraute Tennissocken bevorzugt. Sein Pech, unser Zustandsdiagramm sieht Ausnahmen nicht vor.

Wenn der Kunde dann nach Ablauf der zehn Jahre wieder anruft, werden wir aber die Kündigung durchführen und den Vertrag in den Zustand *gekündigt* überführen. Löschen werden wir ihn allerdings erst nach Ablauf einer definierten Frist, weil wir immer noch damit rechnen, dass unser Kunde wieder anruft, um die Kündigung rückgängig zu machen und den Vertrag um weitere zehn Jahre zu verlängern.

Sequenzdiagramm

Eine andere Sicht auf die Interaktion von Objekten nehmen wir ein, wenn wir den Nachrichtenaustausch zwischen diesen Objekten beobachten oder modellieren.

Die Sequenzdiagramme der UML nehmen genau diese Sicht ein. Wir haben in Abbildung 7.34 unser Beispiel einer Alarmanlage wieder aufgegriffen und dabei einen möglichen Ablauf bei Aktivierung und Auslösung der Anlage aufgezeichnet. Die UML bietet auch Möglichkeiten, alternative Ablaufpfade in einem Sequenzdiagramm zu beschreiben. Allerdings führt dies zu zusätzlicher Komplexität der Diagramme, weshalb in der Praxis häufig die Darstellung genau eines konkreten Ablaufszenarios in Sequenzdiagrammen modelliert wird.

Sequenz beim Auslösen der Anlage

In unserem Beispieldiagramm von Abbildung 7.34 sehen wir die wichtigsten Bestandteile von Sequenzdiagrammen versammelt. *Objekte* und *Akteure* werden am Beginn ihrer jeweiligen *Lebenslinien* dargestellt. Die Lebenslinie unseres Akteurs Hugo (ein Hausbewohner) umfasst (glücklicherweise) den gesamten Ablauf. Dagegen wird ein Objekt vom Typ `PinPrüfer` während des Ablaufs zweimal erstellt und auch wieder zerstört, was sich an der entsprechenden Lebenslinie erkennen lässt, die jedes Mal durch ein terminierendes Kreuz beendet wird.

Unsere beteiligten Objekte und Akteure tauschen nun `Nachrichten` aus. Dabei markieren wir über sogenannte *Aktivierungsbalken* auf der Lebenslinie, ob ein Objekt gerade aktiv ist. Aktiv heißt hier, dass unser Objekt in irgendeiner Weise noch aktiv an der Sequenz beteiligt ist. Das ist dann der Fall, wenn es gerade selbst eine Nachricht abarbeitet oder auf die Rückmeldung eines anderen Objekts wartet, dem eben eine Nachricht geschickt wurde. Für unsere Alarmanlage endet zum Beispiel der Aktivierungsbalken zunächst, nachdem die Anlage Tür- und Fenstersensoren aktiviert hat. Danach ist sie in einem passiven Zustand, der erst durch die Auslösung eines Sensors und die entsprechende Benachrichtigung wieder unterbrochen wird.

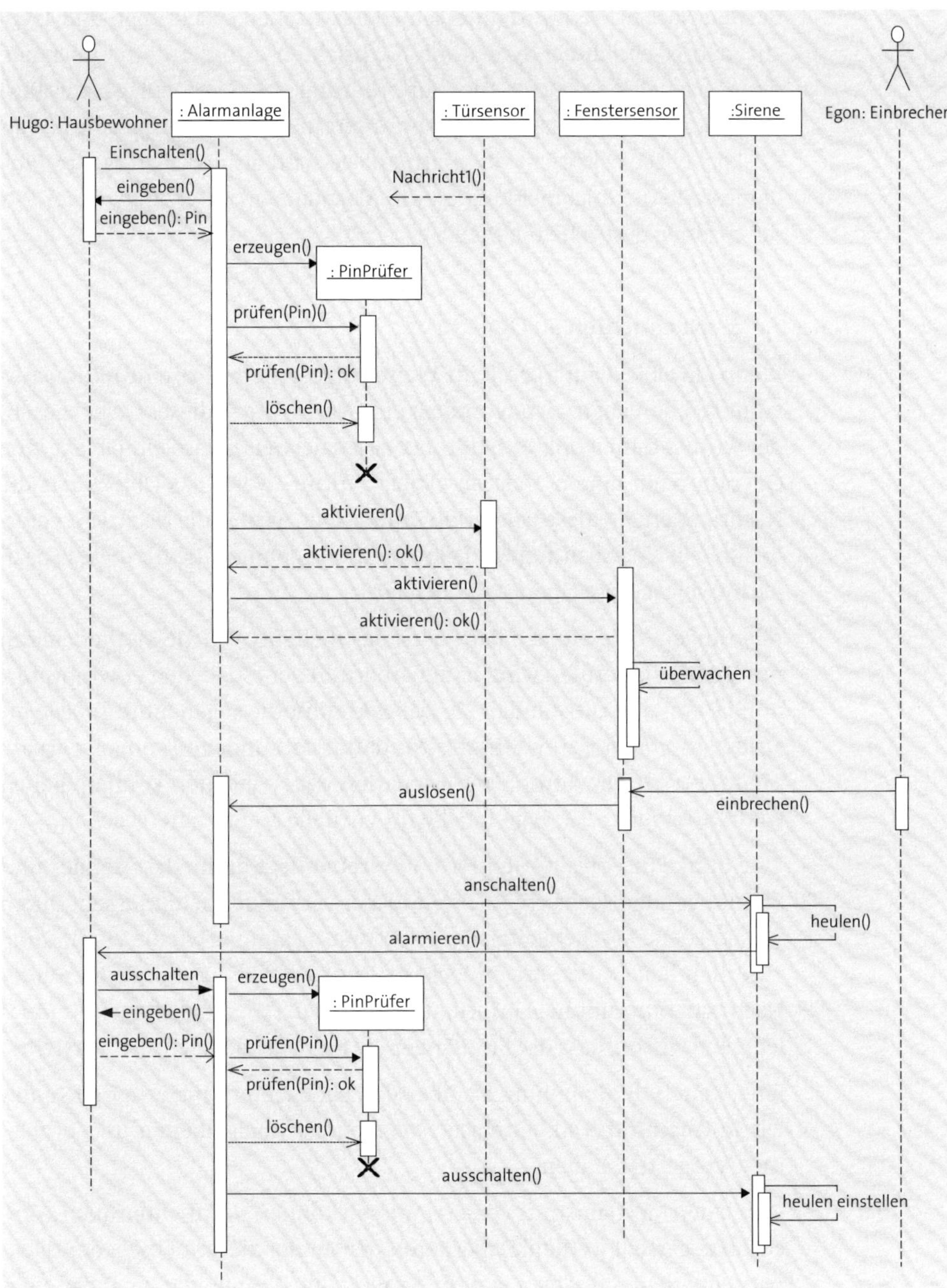

Abbildung 7.34 Ablaufsequenz beim Auslösen einer Alarmanlage

Bei den Nachrichten wird unterschieden zwischen synchronen und asynchronen Nachrichten. Synchrone Nachrichten erfordern eine Rückmeldung, asynchrone nicht. Die Aufforderung der Alarmanlage zur PIN-Eingabe an unseren Hausbesitzer erfordert in unserem Beispiel die PIN als Rückgabe. Die Nachricht der Alarmanlage wird als durchgezogener Pfeil dargestellt, die Rückmeldung an die Alarmanlage unter Angabe der PIN durch einen gestrichelten Pfeil.

7.4.2 Nachrichten an Objekte

Wenn ein Objekt auf irgendeine Weise aufgefordert wird, eine Aktion auszuführen, sprechen wir davon, dass eine Nachricht an dieses Objekt gesendet wurde. Ganz konkret heißt das normalerweise, dass ein Objekt eine Operation auf einem anderen Objekt aufruft. Wenn das Objekt, das die Nachricht erhält, diese Operation unterstützt, wird es die Nachricht verarbeiten. Zur Verarbeitung wird eine Methode genutzt, die für dieses spezifische Objekt diese Operation umsetzt.

Allerdings: Völlig einfach läuft auch das nicht ab. Welche Methode denn nun genau aufgerufen wird, hängt aufgrund der möglichen Polymorphie, nun ja, von den Umständen ab. Dabei kommt die sogenannte *Tabelle für virtuelle Methoden* zum Einsatz. Das damit verbundene Thema ist »späte Bindung«. Welche komplexen Szenarien dabei ablaufen können, haben wir in Abschnitt 5.2.5, »Die Tabelle für virtuelle Methoden«, gesehen.

Eine Stärke der objektorientierten Systeme liegt darin, dass Sender und Empfänger der Nachricht nur sehr locker verbunden sein müssen. Durch verschiedene Möglichkeiten der Entkopplung können wir die Verbindung zwischen beiden Beteiligten lockern. Zum einen muss der Sender einer Nachricht nur minimale Information über den Empfänger haben. Er muss lediglich wissen, dass der Empfänger die betreffende Nachricht versteht.

Eine weitere Entkopplung ist über das Beobachter-Muster möglich, das wir in Abschnitt 5.4.1, »Mehrfachvererbung: Möglichkeiten und Probleme«, vorgestellt haben.

Durch den Mechanismus von Ereignissen können Nachrichten auch asynchron zugestellt werden. Dabei kennt der Sender die Empfänger der Nachricht überhaupt nicht. Ein von Sender und Empfänger unabhängiges Modul sorgt dafür, dass Ereignisse den Empfängern zugestellt werden, die sich für diese interessieren. In Abschnitt 7.4.4, »Funktionsobjekte und ihr Einsatz als Eventhandler«, gehen wir auf die Behandlung von Ereignissen genauer ein.

7.4.3 Iteratoren und Generatoren

Eine sehr häufige Aufgabenstellung in objektorientierten Anwendungen ist, dass wir uns mit Sammlungen von Objekten beschäftigen müssen. Deshalb werden in der Regel große Teile unseres Codes damit zu tun haben, Objekte in Sammlungen einzufügen, sie dort wieder zu suchen oder einfach eine bestimmte Aktion auf allen Elementen der Sammlung auszuführen.

Für die Aufgabe, nacheinander die Elemente einer Sammlung zu durchlaufen, werden in der Regel die sogenannten Iteratoren eingesetzt. Diese bieten uns die Möglichkeit, die Elemente von Sammlungen schrittweise durchzugehen.

Richtig interessant wird die Arbeit mit Sammlungen allerdings dann, wenn eine Sammlung gar nicht komplett vorliegt, sondern erst nach und nach aufgebaut werden kann oder soll. In diesem Fall kommen wir mit Iteratoren nicht weiter. Wir müssen unseren Iterator zu einem Generator umbauen.

Wir werden in diesem Abschnitt zunächst auf Iteratoren und deren Funktionsweise eingehen. Dann folgt eine Bauanleitung für Generatoren. Am Beispiel eines Generators für die Zahlenreihe der Fibonacci-Zahlen werden wir die Funktionsweise von Generatoren vorstellen.

Diskussion: Wozu Generatoren?

Gregor: *Wie kann es denn sein, dass wir eine Sammlung nicht komplett vorliegen haben? Sammlungen von Objekten haben doch immer eine klar feststellbare Zahl von Elementen, also habe ich diese doch immer komplett vorliegen. Zum Beispiel lade ich einfach eine bestimmte Anzahl von Objekten aus der Datenbank, füge alle in eine Sammlung ein und fertig.*

Bernhard: *Es gibt mehrere Situationen, in denen du möglicherweise eine Sammlung nicht komplett vorliegen hast. Zum Beispiel gibt es Zahlenreihen wie die Fibonacci-Zahlen, die eine unendliche Folge von Zahlen liefern. Wenn wir also die Sammlung aller Fibonacci-Zahlen erstellen wollten, müssten wir ganz schön viel Zeit einkalkulieren.*

Gregor: *Okay, aber das ist ja nun keine echte Sammlung von Objekten. Die Sammlung der Fibonacci-Zahlen enthält doch höchstens Wertobjekte. In normalen Geschäftsanwendungen werden wir auch eher selten die Fibonacci-Folge benötigen.*

Bernhard: *Auch wenn wir Daten aus einer Datenbank laden, kann es sein, dass wir eine Sammlung nicht von Anfang an komplett füllen wollen oder können. Wenn eine Übersicht mehrere Tausend Datensätze umfasst, ist es wenig sinnvoll, diese alle auf einmal in eine Sammlung einzufügen, da wir* *sicher nicht alle auf einmal anzeigen oder bearbeiten werden. Hier kann ein Generator von Vorteil sein, der bei Bedarf einen oder mehrere Datensätze zur Sammlung hinzufügt.*

Da wir uns das Beispiel der Fibonacci-Zahlen vorgenommen haben, werden wir uns auch mit dem zugehörigen Algorithmus zu deren Berechnung beschäftigen. Wir stellen deshalb zunächst einige Vorüberlegungen dazu an, wie wir Algorithmen und andere Ablaufbeschreibungen in objektorientierten Systemen am besten repräsentieren.

Algorithmen als Routinen oder Objekte

Objekte und Routinen

Ein Objekt ist eine Einheit gekoppelter Daten und Prozesse. Darin unterscheiden sich die Objekte aber nicht wesentlich von Routinen. Diese haben ebenfalls Daten in der Form von Parametern und lokalen Variablen, und sie haben auch Verhalten – den programmierten Ablauf des Unterprogramms.

Unterschied Objekt und Routine

Wir finden aber auch relevante Unterschiede zwischen Objekten und Routinen.

- **Die Lebensdauer**
  Bei den Objekten ist sie selten vom Objekt selbst gesteuert, das Objekt wird durch andere Teile der Anwendung erzeugt und vernichtet. Eine Routine wird zwar durch andere Teile der Anwendung aufgerufen, wann sie beendet wird, steuert sie aber selbst.
- **Die Funktionalität**
  Ein Objekt kann mehrere Operationen unterstützen, die in beliebiger Reihenfolge oder sogar parallel aufgerufen werden können. Dagegen läuft eine Routine einfach sequenziell durch.
- **Änderbarkeit und Auswertbarkeit des Zustands**
  Der Zustand eines Objekts kann im Laufe der Lebensdauer durch äußere Einflüsse geändert und zwischendurch abgefragt werden. Dagegen hängt der Zustand einer Routine ausschließlich von ihren Parametern, den Daten, auf die die Routine selbst zugreift, und den internen Abläufen der Routine ab. Auf den Zustand einer Subroutine kann man von außen nicht zugreifen, erst wenn sie beendet ist, kann man ihr Ergebnis und die eventuell modifizierten Parameter abfragen. Die lokalen Variablen sind von außen nicht zugreifbar. Dabei kann das Ergebnis einer Routine eine ganze Liste von Daten sein, die während des Laufs der Routine aufbereitet wird.

Algorithmen als Routinen

Bestimmte Konzepte lassen sich allerdings viel einfacher in der Form eines Prozesses als eines Objekts darstellen. Solche Konzepte sind meistens Algorithmen mit einem fest vorgegebenen Ablauf, deren Zustand nur von den Parametern und den Daten, auf die der Algorithmus selbst zugreift, abhängig ist und bei denen nur das Ergebnis des Algorithmus für den Rest der Anwendung relevant ist.

Die Form einer Routine ist für die Realisierung solcher Algorithmen gut geeignet. Problematisch ist diese Vorgehensweise, wenn das für den Rest der Anwendung relevante Ergebnis eines solchen Algorithmus nicht ein Wert (bzw. ein Objekt), sondern eine ganze Reihe von Werten ist.

Sammlungen als Resultat von Routinen

In einem solchen Fall muss die Routine das Ergebnis zuerst komplett aufbereiten und es anschließend als Sammlung (engl. *Collection*) seinem Aufrufer bereitstellen. Das ist dann unproblematisch, wenn der Aufrufer das komplette Ergebnis tatsächlich auf einmal braucht – es ist aber weniger als optimal, wenn der Aufrufer nur die einzelnen Elemente des Ergebnisses nacheinander bearbeiten möchte.

Beschränkte Zahl von Ergebniselementen

Und Routinen sind ganz und gar ungeeignet, wenn der Aufrufer nicht alle Elemente der Ergebnisliste braucht, sondern nur eine beschränkte Zahl der Elemente vom Anfang der Liste. Das ist ein häufiges Szenario, wenn es zum Beispiel um die Anzeige von Listen, die aus einer Datenbank befüllt werden, geht. Eine Datenbankabfrage kann keine, wenige, aber auch sehr viele Einträge zurückgeben. Wenn auf dem Bildschirm nur 100 angezeigt werden können, hat es wenig Sinn, mit der Anzeige erst zu beginnen, nachdem wir alle zehntausend Ergebniszeilen einer Datenbankabfrage übertragen haben.

Ein erster Ansatz: Iteratoren

In solchen Fällen können wir von den Mechanismen für Kapselung und Polymorphie der objektorientierten Sprachen profitieren. Der Aufrufer soll nicht von der konkreten Implementierung einer gelieferten Sammlung abhängig sein, sondern nur von deren Schnittstelle. Eine Sammlung kann verschiedene Operationen anbieten. Es können Elemente eingefügt werden, diese können wieder entfernt werden, wir können überprüfen, ob ein Element in der Sammlung enthalten ist oder wie viele Elemente die Sammlung enthält.

Aber: In unserem Fall brauchen wir das eigentlich gar nicht. Wir brauchen nur die Fähigkeit der Sammlung, ihre Elemente nacheinander zu liefern – sie abzählen zu lassen. Der Nutzer der Sammlung muss also nur imstande sein, eine Abzählung der Elemente der Sammlung zu starten, nacheinander nach dem nächsten Eintrag zu fragen und am Ende festzustellen, dass alle Elemente abgezählt worden sind.

Methode next()

Also bräuchten wir nur eine Methode `next()`, die am Anfang das erste und danach immer das nächste Element liefert, und eine Methode `hasNext()`, die `false` zurückgibt, wenn alle Elemente abgezählt worden sind.

Nun, es kann mehrere Benutzer der Sammlung geben, die ihre Elemente unabhängig voneinander abzählen möchten. Daher kann der Zustand der jeweiligen Abzählung nicht der Sammlung selbst zugeordnet werden, sondern einem neuen Objekt – einem *Iterator*.[20]

[»]

Iteratoren

Ein Iterator ist ein Objekt, das den Zustand einer Abzählung auf einer Sammlung verwaltet. Da sich der Zustand des Iterators unabhängig von der Sammlung verändern kann, werden solche Iteratoren auch *externe Iteratoren* genannt, um sie von ihren internen Kollegen, über die wir später sprechen werden, zu unterscheiden. In diesem Abschnitt werden wir auf das Wort »extern« der Einfachheit halber jedoch verzichten.

Es ist der Iterator, der die Operationen `next()` und `hasNext()` anbietet.[21] Die Sammlung selbst muss aber eine Operation anbieten, die einen neuen Iterator erstellt und zurückgibt. Sie muss jedoch nicht, und das ist die Tatsache, die wir uns zunutze machen, alle Werte tatsächlich enthalten. Der gelieferte Iterator kann die Einträge erst bei Bedarf bereitstellen.

Ein Schritt weiter: Generatoren

Generatoren liefern Werte bei Bedarf

Ein Iterator, der die gelieferten Werte dynamisch bei Bedarf bereitstellt, wird *Generator* genannt.

Schauen wir uns nun unser bereits angekündigtes Beispiel an, die Berechnung der Fibonacci-Zahlenreihe. Die Fibonacci-Zahlen sind eine mathematische Folge von nicht negativen ganzen Zahlen. Der Mathematiker

20 In der Sprache PHP werden die Elemente eines Arrays mit der Funktion `each` abgezählt. Der Zustand der Abzählung wird nicht in einem externen Iterator, sondern in dem Array selbst verwaltet. Daher kann ein Array in PHP nicht gleichzeitig von mehreren Benutzern abgezählt werden. Ein unschönes Element einer sehr nützlichen Programmiersprache.

21 Die Operationen `next()` und `hasNext()` sind nur eine Möglichkeit, wie man die Schnittstelle eines Iterators gestalten kann. Eine andere Möglichkeit wäre, auf die Methode `hasNext()` zu verzichten und am Ende einer Abzählung von `next()` den Wert `NULL` zurückgeben zu lassen oder eine Exception zu werfen. Wieder eine andere Möglichkeit wäre, dass die Methode `next()` nicht den nächsten Eintrag liefert, sondern `true`, wenn es einen nächsten Eintrag gibt, und `false`, wenn die Abzählung beendet ist. Auf den aktuellen Eintrag könnte man dann mit einer anderen Operation zugreifen. Auch wenn das Konzept eines Iterators ziemlich einfach ist, sind die Designmöglichkeiten vielfältig.

Leonardo Fibonacci entwickelte sie 1202, um das Wachstum einer Population von Kaninchen zu beschreiben.

Die Fibonacci-Zahlen werden folgendermaßen definiert:

F1 = 1; F2 = 1; Fi; i>2 = Fi–2 + Fi–1

Das bedeutet in Worten: Für die beiden ersten Zahlen wird jeweils der Wert Eins vorgegeben. Jede weitere Zahl ist die Summe ihrer beiden Vorgänger. Daraus ergibt sich die Folge zu 1, 1, 2, 3, 5, 8, 13, 21, 34, 55, 89, 144, 233, 377, 610, 987, 1597, 2584, 4181, 6765, ...

Berechnung der Fibonacci-Zahlen

Der Algorithmus zur Berechnung der Fibonacci-Zahlen könnte wie im unten stehenden Pseudocode aussehen:

```
a := 1;
b := 1;
wiederhole:
   füge a zum Ergebnis hinzu;
   c := a;
   a := b;
   b := a + b;
```

Umsetzung mit Python

Was hier bereits auffällt: Die Wiederholung hat keine Abbruchbedingung. Wir können die Reihe unendlich lange fortsetzen.

Nun wollen wir diesen Algorithmus in ein Programm umwandeln, das eine bestimmte Anzahl der Fibonacci-Zahlen ausgibt. In Listing 7.34 ist eine erste Version zu sehen, diesmal umgesetzt in der Sprache Python.

```
def printFibonacci(count):
    a = 1
    b = 1
    while (count > 0):
        print a,
        c = a
        a = b
        b = a + c
        count -= 1
```

Listing 7.34 Berechnung der Fibonacci-Zahlen mit Python

Problem 1: Berechnung und Ausgabe vermischt

Die Version ist schon ganz in Ordnung, allerdings hat sie einen Makel: Sie vermischt die Beschaffung der Ergebnisse, in unserem Fall die Berechnung der Fibonacci-Zahlen, mit deren Bearbeitung, hier also mit deren Ausgabe. Wir sehen damit einen Fall von Kopplung, die wir ja zu minimieren versuchen. Was wäre, wenn wir mit den Ergebnissen des Algorithmus andere Pläne hätten, zum Beispiel einen anderen Algorithmus sukzessive damit aufzurufen?

Versuchen wir also, die Berechnung der Zahlen von deren Ausgabe zu trennen. In Listing 7.35 sehen Sie eine angepasste Version unseres kleinen Programms, die zwei separate Routinen verwendet.

```
def computeFibonacci(count):
    a = 1
    b = 1
    result = []
    while (count > len(result)):
        result.append(a)
        c = a
        a = b
        b = a + c
    return result

def printFibonacci(count):
    for f in computeFibonacci(count):
        print f,
```

Listing 7.35 Berechnung und Ausgabe getrennt

Problem 2: Speicherbedarf abhängig von Anzahl

Das sieht schon etwas besser aus. Wir haben den Makel der Kopplung beseitigt und den Algorithmus in der Methode `computeFibonacci` von der Ausgabemethode entkoppelt. Allerdings haben wir uns ein anderes Problem eingehandelt: Das Ergebnis wird zuerst in einer dynamisch wachsenden Liste gespeichert und erst nach der Berechnung ausgegeben. Das ist unangenehm, wenn die Anzahl der Fibonacci-Zahlen, die wir ausgeben möchten, sehr groß ist. Das ursprüngliche Programm hatte konstanten Speicherbedarf, der Speicherbedarf unserer aktuellen Version ist von der Anzahl der auszugebenden Zahlen linear abhängig.

Lösung: Generator für Fibonacci-Zahlen

Das können wir besser! Wir schreiben uns einfach einen Generator.

```
class FibonacciGenerator:
    def __init__(self, count):
        self.__count = count
        self.__a = 1
        self.__b = 1
    def next(self):
        if (self.__count <= 0):
            raise StopIteration
        self.__count -= 1;
```

```
10          c = self.__a
11          self.__a = self.__b
12          self.__b = self.__a + c
13          return c
14
15  def printFibonacci(count):
16      generator = FibonacciGenerator(count)
17      for i in range(count):
18          print generator.next(),
```

Listing 7.36 Generator für Fibonacci-Zahlen

Wir haben die Funktion `computeFibonacci` in eine Klasse `FibonacciGenerator` umgewandelt (Zeile 01). Exemplare der Klasse werden in Zeile 02 mit dem Parameter `count` der ursprünglichen Funktion initialisiert. Außerdem besitzt die Klasse die Objektvariablen `a`, `b` und `c`, die in den Zeilen 04 und 05 verwendet werden. Diese entsprechen den lokalen Variablen der Funktion. In Zeile 06 sehen Sie die Methode `next()`, die nacheinander die Fibonacci-Zahlen zurückgibt. Wir haben damit den Algorithmus zur Erzeugung der Zahlenreihe als Objekt implementiert. In den Zeilen 16 und 18 wird der Generator konstruiert und verwendet.

Entkopplung erfolgreich

Um die Zahlen ähnlich wie die Liste, die von der ursprünglichen Funktion zurückgegeben wurde, in einer `for` Schleife benutzen zu können, brauchen wir nur eine kleine Erweiterung. Wir müssen eine Sammlung programmieren, die den Generator als ihren Iterator zurückgibt.[22] Unser endgültiger Quelltext ist in Listing 7.37 dargestellt.

```
class FibonacciNumbers:
    def __init__(self, count):
        self.__count = count

    class FibonacciGenerator:
        def __init__(self, count):
            self.__count = count
            self.__a = 1
            self.__b = 1
        def next(self):
            if (self.__count <= 0):
                raise StopIteration
            self.__count -= 1;
            c = self.__a
```

22 Iteratoren sind Bestandteile der Sprache Python seit Version 2.2.

```
15              self.__a = self.__b
16              self.__b = self.__a + c
17              return c
18
19      def __iter__(self):
20          return FibonacciNumbers.FibonacciGenerator(
21                      self.__count)
22
23  def printFibonacci(count):
24      for f in FibonacciNumbers(count):
25          print f,
```

Listing 7.37 Ein Generator wird von einer Sammlung geliefert.

Nun liefert ein Exemplar der Klasse `FibonacciNumbers` ein Exemplar der Klasse `FibonacciGenerator`, wenn es nach seinem Iterator befragt wird. Das wird ab Zeile 19 so deklariert. In der `for`-Schleife von Zeile 24 verwendet Python dann automatisch den Iterator, um die jeweils nächsten Elemente abzuholen.

Eine schöne Sache, oder? Wir haben die Berechnung der Fibonacci-Zahlen von deren Verarbeitung entkoppelt, und der Speicherverbrauch ist konstant wie bei der ursprünglichen Prozedur.

Diskussion: Weitere Abhängigkeiten

Bernhard: *Sieht ja zunächst recht gut aus. Aber so völlig entkoppelt ist das Ganze dann doch noch nicht.*

Gregor: *Was meinst du damit? Unser Generator hat doch nun mit der Ausgabe der von ihm generierten Zahlen überhaupt nichts mehr zu tun.*

Bernhard: *Das ist schon richtig, aus Sicht des Generators haben wir keine Abhängigkeit mehr. Aber wenn wir unsere Methode zur Ausgabe der Zahlen anschauen, ist diese umgekehrt auf den Generator angewiesen. Sie kann nicht verwendet werden, um die Ergebnisse einer anderen Funktion aufzubereiten. Wenn wir die Ergebnisse eines Generators für die Ackermann-Funktion ausgeben wollen, müssen wir dafür eine eigene Methode schreiben.*

Gregor: *Da hast du allerdings recht. In unserem Fall ist das zwar kein großes Problem, weil unsere Ausgabemethode so einfach ist und ihre Mehrfachverwendung uns nicht sehr viel an Code einsparen wird. Aber wenn die Ausgabe komplexer wäre – um zum Beispiel die Ergebnisse als kleines Feuerwerk auf den Bildschirm zu zaubern –, hätten wir durchaus ein Problem, diese Ausgabe erneut zu verwenden. Eine mögliche Lösung ist die Verwendung von Funktionen als Parameter für andere Funktionen. In Abschnitt 7.4.4 werden wir Beispiele für die Behandlung von Funktionen als Objekte kennenlernen.*

Wir haben oben im Beispiel gesehen, wie wir einen Generator für Fibonacci-Zahlen umsetzen können. Dadurch haben wir elegant eine Umsetzung der Berechnung erreicht und erhalten außerdem die Elemente der Reihe eins nach dem anderen geliefert.

Zusatzaufwand für Generatoren

Aber nichts auf dieser Welt gibt es völlig kostenlos. Wir haben auch gesehen, dass wir mehr Quelltext für die Implementierung des Algorithmus brauchen. Außerdem ist der Ablauf der ursprünglich prozeduralen Beschreibung des Algorithmus durch die Struktur der Klasse nicht mehr so klar wie vorher. In unserem Beispiel mit den Fibonacci-Zahlen mag dieser Nachteil klein erscheinen. Bei komplizierten Abläufen kann es allerdings ein recht großer Aufwand sein, eine Funktion in einen Generator umzuwandeln.

Es hängt sehr stark von der Unterstützung durch die Programmiersprache ab, ob sich der Aufwand, einen Generator zu schreiben, rechnet. Betrachten wir zunächst die Möglichkeiten, Generatoren in Java umzusetzen.

Generatoren für Java

In Java ist es natürlich, für eine Folge von Zahlen eine Collection zu verwenden. Eine Collection in Java ist eine Schnittstelle, die viele Operationen definiert. Für die meisten Operationen sind in der Klasse `AbstractCollection` bereits Methoden implementiert. Wir müssen also nur noch zwei Methoden implementieren: `size()` gibt die Anzahl der Elemente zurück, und die Methode `iterator()` liefert die eigentlichen Werte.

Hier ein Beispiel einer Implementierung in Java:

```
public class Fibo extends AbstractCollection<Integer> {
    private final int count;

    public Fibo(int count) {
        this.count = count;
    }
    @Override
    public Iterator<Integer> iterator() {
        return new Iterator<Integer>() {
            private int remaining = count;
            private int a = 1;
            private int b = 1;

            @Override
            public boolean hasNext() {
                return remaining > 0;
            }

```

```
            @Override
            public Integer next() {
                --remaining;
                int c = a;
                a = b;
                b += c;
                return c;
            }
        };
    }

    @Override
    public int size() {
        return count;
    }
}
```

Listing 7.38 Implementierung eines Generators als Java-Collection

Aber es gibt auch Sprachen, die Generatoren direkt unterstützen und deren Implementierung sehr einfach machen. Python (seit Version 2.2) oder C# (seit Version 2) gehören in diese lobenswerte Kategorie.

Generatoren: einfach in Python oder C#

In diesen Sprachen entspricht der Aufwand, eine Funktion zu schreiben, genau dem Aufwand, einen Generator zu schreiben. Und die Form des Generator-Quelltexts entspricht auch dem Quelltext der entsprechenden Funktion. Denn die Verantwortung, die Ergebnisse abzählbar zu machen, übernimmt die Programmiersprache selbst. Unser Beispiel würde bei der Verwendung der Generator-Syntax in Python folgendermaßen aussehen:

```
def computeFibonacci(count):
    a = 1
    b = 1
    while (count > 0):
        yield a
        c = a
        a = b
        b = a + c
        count -= 1
```

Listing 7.39 Verwendung eines Sprachkonstrukts von Python als Generator

Generator als vollwertiges Objekt

Ja, der Quelltext ähnelt sehr einem Quelltext einer Funktion und unterscheidet sich von einer Funktion nur durch die Verwendung des Befehls yield, der dem Befehl return entspricht, aber statt einen Ergebniswert zurückzugeben und die Ausführung der Funktion zu beenden, bereitet er einfach einen Rückgabewert für den nächsten Aufruf der Methode next() des Generators vor. Der Generator ist dabei ein vollwertiges Objekt mit eigenem Zustand und eigener Lebensdauer, Objektvariablen und Methoden.

Eine *Subroutine* wird gestartet, und erst wenn sie fertig ist, kann sie ein Ergebnis liefern. Die aufrufende Routine wartet während der Ausführung der Subroutine, bis sie fertig mit ihrer Arbeit ist.

Generatoren sind Koroutinen

Ein Generator dagegen kann als eine Routine betrachtet werden, die parallel zu der aufrufenden Routine läuft und immer bei Bedarf und auch wiederholt ein Ergebnis liefert. Aus diesem Grund werden Generatoren auch Koroutinen genannt. Dabei kommt es nicht darauf an, ob die Koroutinen tatsächlich in einem separaten Thread wirklich parallel ausgeführt werden – das wäre sogar, wenn es um Übersichtlichkeit und Einfachheit der Abläufe geht, eher kontraproduktiv.

Vorteil: Ergebnismenge muss nicht begrenzt werden

In unserem Beispiel hat der Generator immer eine endliche Liste von Ergebnissen geliefert. Bei einer dem Generator entsprechenden Funktion ist das eine zwingende Anforderung – es sei denn, Ihr Rechner hat unbegrenzten Speicher und Sie haben unendlich viel Zeit. Bei einem Generator besteht keine Notwendigkeit, die Anzahl der gelieferten Ergebnisse zu begrenzen.[23] Der Konsument der Werte kann selbst bestimmen, wie viele Werte er von dem Generator abfragt.[24] Hier unser Beispiel mit einem unbegrenzten Fibonacci-Zahlen-Generator:

[zB]

Unbegrenzter Fibonacci-Generator

```
def computeFibonacci():
    a = 1
    b = 1
    while (True):
        yield a
        c = a
        a = b
        b = a + c

def printFibonacciTo(limit):
```

23 Diese Behauptung gilt nicht für unsere Implementierung in Java – es sei denn, Sie können den nebenläufigen Thread für die gesamte Restdauer der Anwendungslaufzeit tolerieren.

24 Wenn Sie einen unbegrenzten Generator in einer for-Schleife verwenden, denken Sie immer daran, dass Sie die Schleife durch ein break- oder ein return-Statement beenden sollten.

```
    for f in computeFibonacci():
        if (f > limit):
            break
        print f,
```

Listing 7.40 Unbegrenzter Generator für Fibonacci-Zahlen

Diese Version des Generators beschreibt nun nachvollziehbar unseren Algorithmus und erstellt doch die Elemente der Reihe erst auf explizite Anfrage.

Im folgenden Abschnitt werden Sie sehen, wie in objektorientierten Systemen Routinen als Objekte abgebildet werden können. Dadurch können andere Objekte mit diesen Routinen parametrisiert werden.

7.4.4 Funktionsobjekte und ihr Einsatz als Eventhandler

Ziele dieses Abschnitts

In diesem Abschnitt werden Sie Objekte und Klassen kennenlernen, die auf Ereignisse in einer interaktiven Anwendung reagieren können. Diese sogenannten Eventhandler ermöglichen es, dass ganz unterschiedliche Oberflächenelemente die gleiche Aktion zugeordnet bekommen.

[zB]

Elemente einer Oberfläche

Die meisten der heutzutage entwickelten Anwendungen sind interaktiv. Sie reagieren auf äußere Ereignisse: Eine grafische Benutzerschnittstelle reagiert zum Beispiel auf das Anklicken einer Maustaste, ein Webserver reagiert auf das Abrufen einer Webseite, die Software einer Alarmanlage muss auf die Meldungen der Bewegungssensoren reagieren.

Schauen wir uns die Strukturen und Abläufe der interaktiven Anwendungen etwas genauer an.

Nehmen wir an, Sie möchten in Ihrer grafischen Anwendung eine Schaltfläche haben, die einen Ausdruck des im Fenster dargestellten Dokuments auslösen kann, wenn ein Anwender bzw. eine Anwenderin darauf klickt. Ihnen stehen die nötigen Klassen zur Verfügung, die Schaltflächen auf dem Bildschirm implementieren. Sie können den Text und das Symbol der Schaltfläche darstellen, und die Schaltfläche wird bei Mausklicks und Tastatureingaben benachrichtigt. Aber noch keine dieser Klassen kann einen Ausdruck starten.

Eine Möglichkeit, die benötigte Umsetzung der gewünschten Drucktaste zu erhalten, ist, eine Ableitung der Klasse `Schaltfläche` zu erstellen und die Methode `click` so zu überschreiben, dass sie zusätzlich zur Änderung der Darstellung der Taste auch den Ausdruck startet. Diese Variante, dargestellt in Abbildung 7.35, führt aber dazu, dass Sie die Druckfunktionalität in jeder der Unterklassen genau gleich umsetzen müssten.

Hier hilft die Vererbung bei der Vermeidung der Redundanz nicht

Die Verwendung der Vererbung an dieser Stelle ist also nicht ideal. Zwar würde die abgeleitete Klasse `DruckSchaltfläche` den Kontrakt der Klasse `Schaltfläche` erfüllen und so dem *Prinzip der Ersetzbarkeit* folgen, aber die Regel *Wiederholungen vermeiden* würden Sie dabei verletzen.

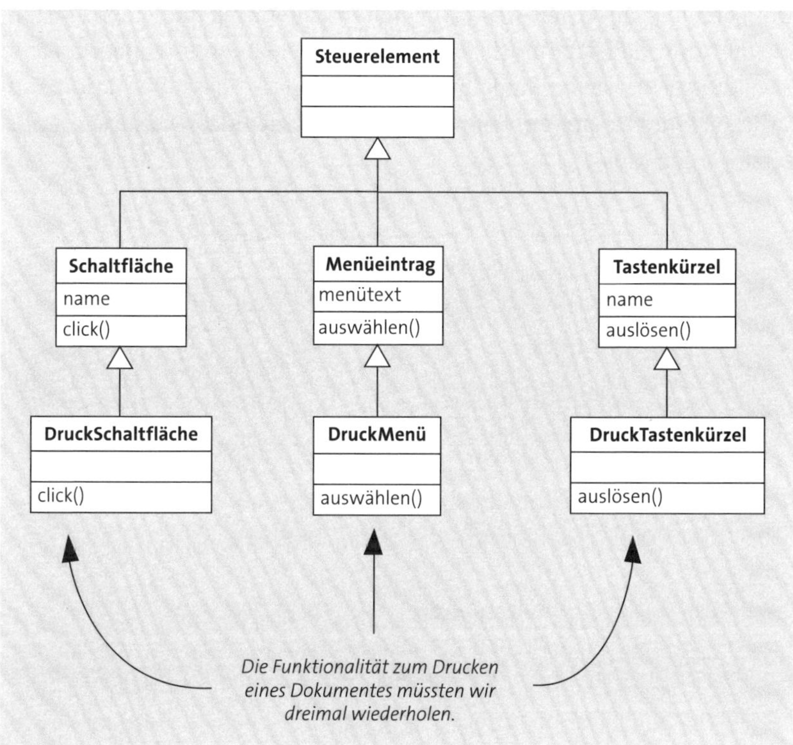

Abbildung 7.35 Nicht empfehlenswert: druckfähige Unterklassen

Das Ausdrucken eines Dokuments sollte nicht ausschließlich durch das Anklicken der Schaltfläche möglich sein. Sie möchten dem Benutzer bzw. der Benutzerin auch einen Menüeintrag und ein Tastenkürzel anbieten. Dadurch müssten Sie in den Klassen `DruckMenü` und `DruckTastenkürzel` genau die gleiche Methode noch einmal implementieren.

Die Delegation ist hier die Lösung

In Abschnitt 5.4.2, »Delegation statt Mehrfachvererbung«, und Abschnitt 5.5.2, »Dynamische Änderung der Klassenzugehörigkeit«, haben wir eine Designmöglichkeit gezeigt, die es Ihnen erlaubt, Objekten eine bestimmte Funktionalität zuzuordnen, ohne dass diese Objekte selbst Methoden für die gewünschte Funktionalität implementieren müssten: Lassen Sie die

Objekte ihre Aufgabe an speziell zu diesem Zweck erstellte Hilfsobjekte delegieren.

Bei der Verwendung der Delegation statt der Vererbung leitet das Hauptobjekt Teile seiner Aufgaben an eine ihm bekannte Komponente weiter.

Wenden wir dieses Vorgehen auf unser Beispiel an, sieht die Situation bereits anders aus: Das Hilfsobjekt, das ein Dokument ausdruckt, wird sowohl einer Schaltfläche also auch einem Menüeintrag und einem Tastenkürzel, und vielleicht noch anderen Steuerelementen, zugeordnet. In Abbildung 7.36 ist die Modellierung so angepasst, dass die Aktion zum Drucken eines Dokuments nur noch einmal in der Klasse `Ausdruck` umgesetzt werden muss.

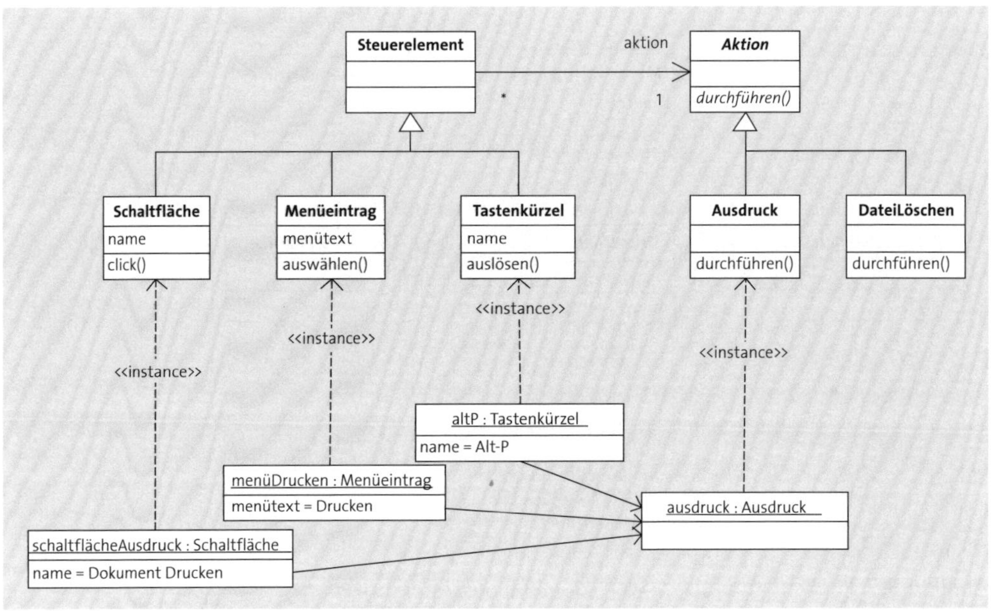

Abbildung 7.36 Verwendung von separaten Objekten zur Bearbeitung von Ereignissen

Die Schaltfläche für das Drucken gehört zur selben Klasse `Schaltfläche` wie die Schaltfläche, die das Löschen eines Dokuments auslöst. Die Schaltflächen unterscheiden sich nur in ihren Eigenschaften und Beziehungen, sie gehören aber alle zur selben konkreten Klasse.

Die Ausführung der Drucken-Aktionen, die durch ein Ereignis wie zum Beispiel einen Klick auf die Schaltfläche DRUCKEN ausgelöst werden, ist an separate Objekte delegiert. Diese sind alle Exemplare der Klasse `Ausdruck`. Die Aufgabe dieser separaten Objekte ist es also, auf Ereignisse zu reagieren. Sie werden deshalb auch *Eventhandler* (Ereignisverarbeiter) genannt.

Eventhandler (Ereignisverarbeiter)

Ereignisverarbeiter sind Routinen, die aufgrund eines Ereignisses aufgerufen werden und die Aktion durchführen, die durch das Ereignis ausgelöst werden soll. In objektorientierten Systemen können diese Routinen als Objekte repräsentiert werden. Als Reaktion auf ein Ereignis wird in diesem Fall eine Operation dieses Objekts aufgerufen.

Wir haben Eventhandler also als Routinen definiert. Wenn Sie sich das Beispiel in Abbildung 7.36 genauer anschauen, stellen Sie fest, dass die Exemplare der Klasse `Aktion` eine sehr einfache Schnittstelle haben. Sie bieten lediglich eine einzige Operation `durchführen()` an. Sie sind nur dazu da, um eine Methode bereitzustellen, die von verschiedenen Objekten zu verschiedenen Zeiten aufgerufen werden kann. Damit kapseln diese Objekte lediglich die Routine `durchführen()`.

Daher wäre es eigentlich praktisch, wenn Sie gar keine eigene Klasse für diese Aktionen erstellen, sondern lediglich Routinen definieren müssten, die dann in verschiedenen Kontexten verwendet werden. Diese Möglichkeit bieten die sogenannten *Funktionsobjekte*.

Funktionsobjekte (Function Objects)

Manche Programmiersprachen ermöglichen es, Routinen direkt als Objekte zu behandeln. Diese Objekte werden als Funktionsobjekte bezeichnet.

Es ist die Grundlage der funktionalen Programmierung, dass Routinen (Funktionen) als Werte behandelt werden, die Variablen zugewiesen werden. Diese können auch als Parameter anderer Routinen verwendet werden und als Ergebnisse anderer Routinen zurückgegeben werden.[25] Die funktionale Programmierung wird immer stärker in praktischen Anwendungen eingesetzt und lässt sich mit der objektorientierten Programmierung sehr gut kombinieren. Es würde den Rahmen dieses Buchs sprengen, hier tiefer auf die Konzepte der funktionalen Programmierung einzugehen, wir werden aber kurz auf die funktionalen Aspekte der behandelten Programmiersprachen eingehen.

In Programmiersprachen, die dieses Konzept unterstützen, müssen Sie also keine Klasse `Aktion` oder `Ausdruck` selbst programmieren – es reicht,

25 In der Mathematik ist eine Funktion eine eindeutige Abbildung aus einem Wertebereich in einen anderen Wertebereich. In der reinen funktionalen Programmierung ist eine (reine) Funktion eine Routine, die für gleiche Parameter immer das gleiche Ergebnis liefert und keine Nebeneffekte verursacht. Auch deswegen verwenden wir hier lieber den Begriff »Routine«.

wenn Sie eine Routine `ausdruck()` erstellen. Diese Routine wird dann als ein Objekt behandelt. Zu solchen Programmiersprachen gehören zum Beispiel Python, Ruby und JavaScript. In ihnen sind die Routinen (Prozeduren, Funktionen, Methoden oder Blöcke) selbst Objekte. C# bietet unter dem Namen Delegaten (*Delegates*) ein Sprachmittel, das es ermöglicht, Objekte mit Funktionen zu parametrisieren.

In Java ab Version 8 kann man wiederum mit den Lambdas Funktionsobjekte mit einer sehr kompakten Syntax programmieren.

In Sprachen, die Funktionsobjekte direkt unterstützen, lässt sich unser Anwendungsbeispiel zur Druckfunktion umsetzen, ohne dass Sie eine eigene Klasse für die Aktion Drucken (und möglicherweise jede Menge anderer Aktionen) einführen müssen.

Drei Umsetzungsvarianten

In den folgenden Abschnitten stellen wir drei verschiedene Umsetzungsvarianten für das Beispiel aus Abbildung 7.36 vor – eine davon in der Sprache Ruby –, die Funktionsobjekte direkt unterstützt, in der also Routinen echte Objekte sind. Das zweite Beispiel zeigen wir in Java. Schließlich stellen wir eine weitere Variante in C# vor. C# bietet ein spezielles Konstrukt, die Delegaten, mit denen sich Funktionsobjekte nachbauen lassen.[26]

Ein Beispiel in Ruby

[zB]

Routinen sind echte Objekte

Als Erstes setzen wir unser Beispiel in einer Sprache um, die Routinen als echte Objekte behandelt. Die Umsetzung unserer Anforderung lässt sich in so einer Sprache direkt vornehmen.

In Listing 7.41 sehen Sie also eine Implementierung in Ruby, bei der die Aktionen als anonyme Funktionen umgesetzt werden.[27]

```
# Eine Taste, die eine Bezeichnung und eine Aktion verwaltet
class Schaltflaeche
  def initialize(name, &aktion)
    @name = name
    @aktion = aktion
  end
  def click
    @aktion.call
```

26 In C++ ist mit den sogenannten Funktionszeigern ein Konstrukt verfügbar, mit dem eine vergleichbare Funktionalität wie mit Funktionsobjekten umgesetzt werden kann.

27 Anonyme Klassen und Methoden haben Sie bereits in Abschnitt 5.2.3 kennengelernt.

```
09    end
10  end
11  # Im Code des Dokumentfensters
12  class DokumentFenster
13    ...
14    def initialize
15      schaltflaecheAusdruck = Schaltflaeche.new("Drucken"){
16        @document.print
17      }
18      schalteflaecheLoeschen = Button.new("Löschen") {
19        @document.loeschen
20      }
21  }
```

Listing 7.41 Verwendung von Funktionsobjekten in Ruby

Exemplare der Klasse `Schaltfläche` werden in Zeile 03 mit einer Aktion parametrisiert.[28] Bei Aufruf der Operation `click`, deren Umsetzung in Zeile 07 zu sehen ist, wird die bei der Konstruktion übergebene Aktion über den Aufruf von `call` ausgeführt (Zeile 08). Wenn nun ein Exemplar der Klasse `DokumentFenster` erzeugt wird, werden dort zwei Exemplare von `Schaltfläche` erstellt. Das erste Exemplar erhält den Namen `Drucken` (Zeile 15) und bekommt außerdem eine anonyme Funktion übergeben, die selbst `@document.print` aufruft. Die zweite Schaltfläche wird in Zeile 18 mit dem Namen `Löschen` und einer anderen anonymen Funktion parametrisiert, die wiederum `@document.loeschen` aufruft.

In unserem Beispiel bleiben die Funktionen zum Drucken und Löschen eines Dokuments anonym. Genauso gut könnten Sie sie aber auch einer Variablen zuweisen.

Ein Beispiel in Java

Proc-Objekte in Java

In Java kann man die Methoden der Klassen nicht als Objekte behandeln. Um zum Beispiel einer Schaltfläche eine spezielle Aktion zuzuordnen, müssen Sie tatsächlich eine Klasse `Ausdruck` programmieren, wie im Beispiel aus Abbildung 7.36.

In Java kann man, um auf Ereignisse der Benutzerschnittstelle zu reagieren, die Schnittstelle `ActionListener` implementieren. Auch in Java lässt es

28 Die Eigenschaft `aktion` ist vom Ruby-Typ `Proc`. `Procs` sind Objekte, die eine Routine referenzieren können, die erst durch den Aufruf der Operation `call` ausgeführt wird.

sich vermeiden, eine komplett sichtbare eigenständige Klasse für eine solche Aktion umzusetzen. Dafür können Sie wieder die anonymen Klassen verwenden.[29]

Anonyme Klassen können innerhalb einer Methode deklariert werden, sie können dabei als Unterklasse einer benannten Klasse oder als Implementierung einer Schnittstelle erzeugt werden.

In Listing 7.42 ist die Implementierung aufgeführt. In Zeile 02 wird dabei eine anonyme Implementierung von `ActionListener` deklariert und davon auch gleich ein Exemplar `ausdrucken` erstellt.

Die anonyme Klasse implementiert die Operation `actionPerformed()` in Zeile 03 so, dass beim Erhalt eines Ereignisses das aktuelle Dokument gedruckt wird.

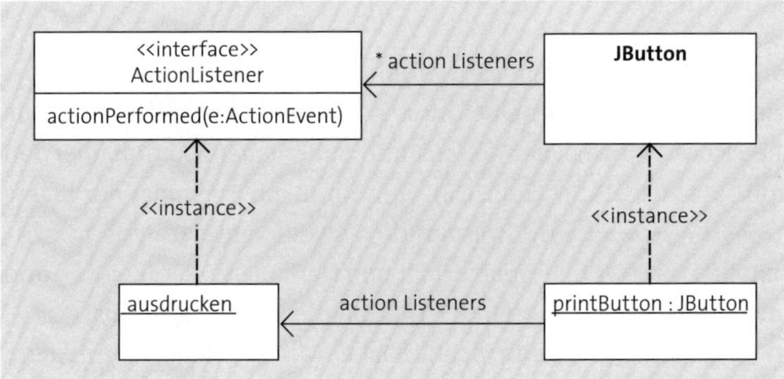

Abbildung 7.37 Aktion unter Verwendung einer anonymen Klasse

```
01 private void initComponents() {
02     ActionListener ausdrucken = new ActionListener {
03       public void actionPerformed(ActionEvent e) {
04         ... // Dokument drucken
05       }
06
07     };
08     JButton printButton = new JButton("Drucken");
09     printButton.addActionListener(ausdrucken);
10     ...
11 }
```

Listing 7.42 Verwendung einer anonymen Implementierung von »ActionListener«

29 Siehe auch Abschnitt 5.2.3, »Anonyme Klassen«

In Zeile 09 wird die Aktion `ausdrucken` der neu erstellten Schaltfläche `printButton` (ein Exemplar von `JButton`) zugeordnet. So werden über `printButton` eintreffende Ereignisse die Aktion `ausdrucken` auslösen.

Ziemlich viele Zeilen Quelltext für so eine einfache Aufgabe, oder? Seit Version 8 bietet auch Java über die Lambda-Ausdrücke einen kompakteren Weg, das Gleiche zu implementieren. In Java ist ein Lambda-Ausdruck eine anonyme Klasse, die eine Schnittstelle implementiert und die genau eine abstrakte Methode hat. Da der Compiler weiß, welche Schnittstelle erwartet wird und welche Methode mit welchen Parametern wir implementieren, brauchen wir das im Quelltext nicht explizit anzugeben. Und so können wir unseren Quelltext vereinfachen:

```
01 private void initComponents() {
02     JButton printButton = new JButton("Drucken");
03     printButton.addActionListener(e -> {
04        // Dokument drucken
05     });
06     ...
07 }
```

Listing 7.43 Verwendung eines Lambda-Ausdrucks, um »ActionListener« zu implementieren

Hier findet alles in der Zeile 03 statt. Sie sehen, dass wir weder den Namen der Schnittstelle `ActionListener` noch der Methode `actionPerformed` explizit angeben müssen, und auch den Typ des Parameters `e` kennt der Compiler bereits.

Ein Beispiel in C#

C# verwendet zur Behandlung von Ereignissen sogenannte *Delegatenklassen*.

[«]

> **Delegatenklassen**
>
> Delegatenklassen sind eine Spezialität von C#. Exemplaren von Delegatenklassen wird bei ihrer Konstruktion eine Methode übergeben, die sie auf Anforderung ausführen. Die Signatur der Methode wird dabei durch die Klassendefinition festgelegt. Delegatenobjekte sind damit also direkt durch die Übergabe von Methoden parametrisierbar.

[zB] **Routinen können zu Objekten gemacht werden**

Die Verwendung der Delegatenklassen ist deshalb notwendig, weil C# als eine statisch typisierte Programmiersprache die Signatur für die verwendeten Funktionen deklarieren muss. Dies geschieht über die Klassendefinition.

Die Delegatenklassen, deren Exemplaren man entsprechende Methoden zuordnen kann, sind ziemlich speziell. Sie haben alle die gleiche Struktur und nur einen Zweck: Methoden zu kapseln. Sie sind so speziell, dass C# für die Deklaration dieser Klassen eine spezielle Syntax und das Schlüsselwort `delegate` vorgesehen hat.

[zB]
Schaltflächen in C#

Betrachten wir zunächst unser Beispiel mit den Schaltflächen in einer Variante, die eine Delegatenklasse verwendet. In Abbildung 7.38 ist die Verwendung der in C# vordefinierten Klasse `EventHandler` dargestellt. Das ist eine Delegatenklasse, sodass Sie Exemplaren dieser Klasse Methoden mit der deklarierten Signatur zuordnen können.

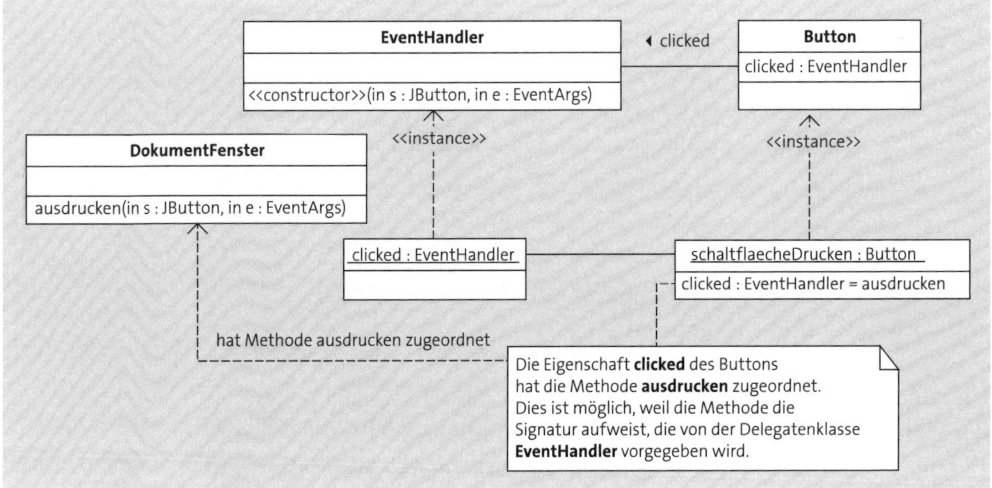

Abbildung 7.38 Verwendung der Delegatenklasse »EventHandler«

Die Klasse `EventHandler` legt dabei fest, dass die ihr zugeordneten Methoden die Parameterleiste `(object sender, EventArgs e)` aufweisen müssen. Die Methode `ausdrucken` entspricht dieser Festlegung und kann so einem Exemplar der Klasse `EventHandler` zugeordnet werden. Das Objekt `clicked`, das in `schaltflaecheDrucken` enthalten ist, ist ein solches Exemplar.

In Listing 7.44 ist die Umsetzung zu sehen.

```
class Button {
    public event EventHandler clicked;
    // ...
}

class DokumentFenster {
     // Die Methode zum Ausdrucken des Dokuments
     public void ausdrucken(object sender, EventArgs e) {
```

```
09          // ... Ausdruck der Datei ...
10        }
11          Button schaltflaecheDrucken = new Button("Drucken");
12          schaltflaecheDrucken.clicked += ausdrucken;
13        }
```

Listing 7.44 Verwendung der Delegatenklasse »EventHandler« in C#

In Zeile 02 ist zu sehen, dass die Klasse `Button` ein Exemplar der Klasse `EventHandler` besitzt. Wird nun wie in Zeile 11 ein Exemplar von `Button` erstellt, kann diesem eine Methode zugeordnet werden, die mit der Signatur von `EventHandler` kompatibel ist. In Zeile 12 wird die Methode `ausdrucken` zugewiesen. Allgemein werden solche Delegatenklassen in C# und der ganzen .NET-Familie verwendet, um Beobachter über interessante Ereignisse zu informieren.

Auch in C# kann man Lambda-Ausdrücke verwenden, um anonyme Methoden direkt den Delegaten zuzuordnen. Also muss man nicht eine Methode `ausdrucken` programmieren, um sie nur an einer Stelle zu verwenden. Man könnte den Quelltext also folgendermaßen vereinfachen:

```
class DokumentFenster {
  Button schaltflaecheDrucken = new Button("Drucken");
  schaltflaecheDrucken.clicked +=
    (object sender, EventArgs e) => {
       // ... Ausdruck der Datei ...
    };
}
```

Listing 7.45 Verwendung von Lambda-Ausdrücken in C#

[zB]
Konverter als Delegaten

Betrachten wir noch ein weiteres Beispiel, bei dem eine eigene Delegatenklasse verwendet wird. Um eine Klasse zur Kapselung einer Methode mit der Signatur `(String str)` und dem Rückgabetyp `int` zu deklarieren, reicht eine Zeile:

```
delegate int Converter(String str);
```

Der Konstruktor der Delegatenklasse `Converter` enthält als Parameter den Namen einer Methode, die bei der Verwendung eines Konverters aufgerufen werden soll. Listing 7.46 zeigt die Delegatenklasse im Einsatz.

```
public static int DecimalConversion(String str)
{
  return Int32.Parse(str);
}
```

```
05 public static int HexadecimalConversion(String str)
06 {
07   return Int32.Parse(str,
08     System.Globalization.NumberStyles.HexNumber);
09 }
10 static void Main(string[] args)
11 {
12   Converter converter =
13       new Converter(HexadecimalConversion);
14   Console.Out.WriteLine(converter("100"));
15 }
```

Listing 7.46 Verwendung der Delegatenklasse »Converter«

In diesem Beispiel sind die zwei Methoden in den Zeilen 01 und 05 mit der vorher deklarierten Klasse `Converter` kompatibel. In Zeile 12 wird der Konverter mit einer der beiden Methoden initialisiert. Beim folgenden Aufruf in Zeile 14 wird dann auch die angegebene Konvertierungsmethode verwendet.

In C# können Sie einer Delegatenvariablen nicht nur ein Delegatenexemplar zuordnen, sondern gleich mehrere. So können Sie der Variablen `converter` noch ein anderes Exemplar der Klasse `Converter` hinzufügen:

```
converter += new Converter(DecimalConversion);
```

Jetzt würde C# bei dem Aufruf `converter("100")` beide Konvertierungsfunktionen aufrufen. Nun, in unserem Beispiel würde das kaum sinnvoll sein, da wir nur einen Rückgabewert bekommen: den, der von der zuletzt aufgerufenen Methode zurückgegeben wird.

Wenn es aber um die Signalisierung von Ereignissen an mehrere potenzielle Beobachter geht, kann die Zuordnung mehrerer Delegatenexemplare mit dem Rückgabetyp `void` sinnvoll sein.

7.4.5 Kopien von Objekten

Wir schicken in diesem Abschnitt zunächst einmal eine Frage vorweg: Wozu benötigen wir eigentlich Kopien von unseren Objekten?

Häufig werden Objekte als Vorlagen verwendet. Dabei wird auf der Grundlage eines bestehenden Objekts ein weiteres, zunächst genau gleiches Objekt erzeugt. Das wird dann in der Folge angepasst. So kann zum Beispiel eine Überweisung beim Onlinebanking als Vorlage für weitere Überweisungen verwendet werden.

Auf einer technischen Ebene können Sie dagegen Kopien zum Beispiel verwenden, um sich Zustände von Objekten zu merken, die Sie später wiederherstellen wollen oder mit denen ein Abgleich stattfinden soll.

Vorlagen für Überweisungen

Ein Beispiel für Kopien, die von Vorlagen gemacht werden, sind die Überweisungsvorlagen, die Sie etwa beim Onlinebanking verwenden. Dort können Sie eine einmal ausgeführte Überweisung an das Finanzamt als Vorlage speichern. Da Sie wissen, dass diese Überweisung leider nicht die letzte sein wird, können Sie alle Daten des Überweisungsobjekts speichern.

Wenn Sie die nächste Überweisung an das Finanzamt vornehmen, machen Sie auf Basis dieses Objekts eine Kopie, bei der Adressat, Bankleitzahl, Kontonummer und auch Betrag zunächst übernommen werden. In der Regel werden Sie dann aber den Betrag ändern müssen. Das System wird bei Ausführung weitere Attribute wie zum Beispiel das Ausführungsdatum für Sie anpassen.

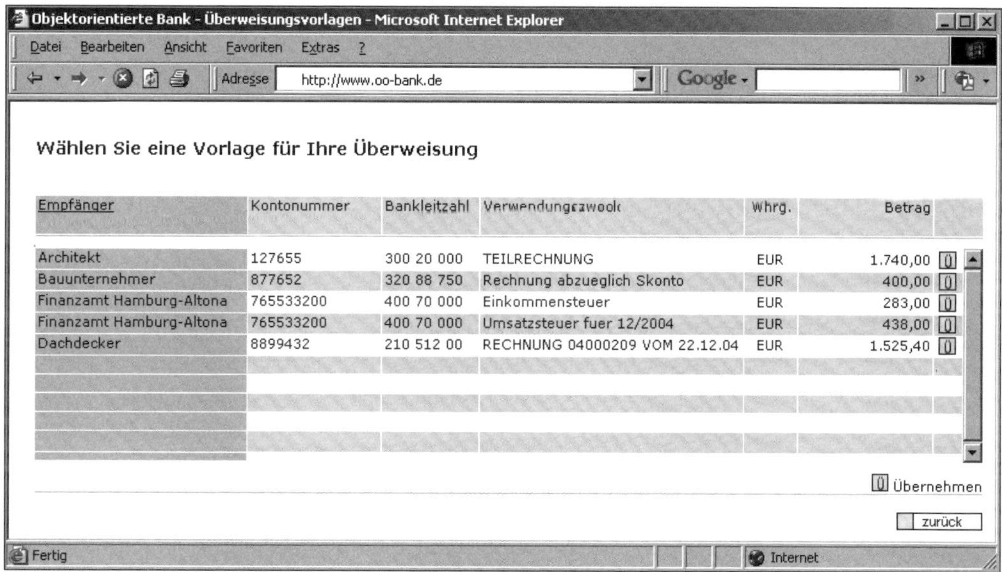

Abbildung 7.39 Vorlagen für Überweisungen

Nach der Auswahl einer Überweisung wird zunächst eine exakte Kopie angelegt, bei der sich anschließend die einzelnen Attribute anpassen lassen (siehe Abbildung 7.40).

Kopie als Prototyp

Diese Art von Kopie agiert als Prototyp und sollte auch entsprechend verwaltet werden. Wir haben das entsprechende Entwurfsmuster in Abschnitt 7.1, »Erzeugung von Objekten mit Konstruktoren und Prototypen«, bereits kurz vorgestellt. Sie erstellen dabei auf der Grundlage bereits vorhandener Daten ein neues Objekt und prägen es konkret aus. Dabei können natürlich auch Kopien von Sammlungen (Collections) angefertigt werden. Andere Arten von Kopien sollten auf einer fachlichen Betrachtungsebene nicht notwendig sein. Müssen Sie sich auf dieser Ebene doch auch mit anderen Arten von Kopien beschäftigen, fehlt oft eine Abstraktionsebene.

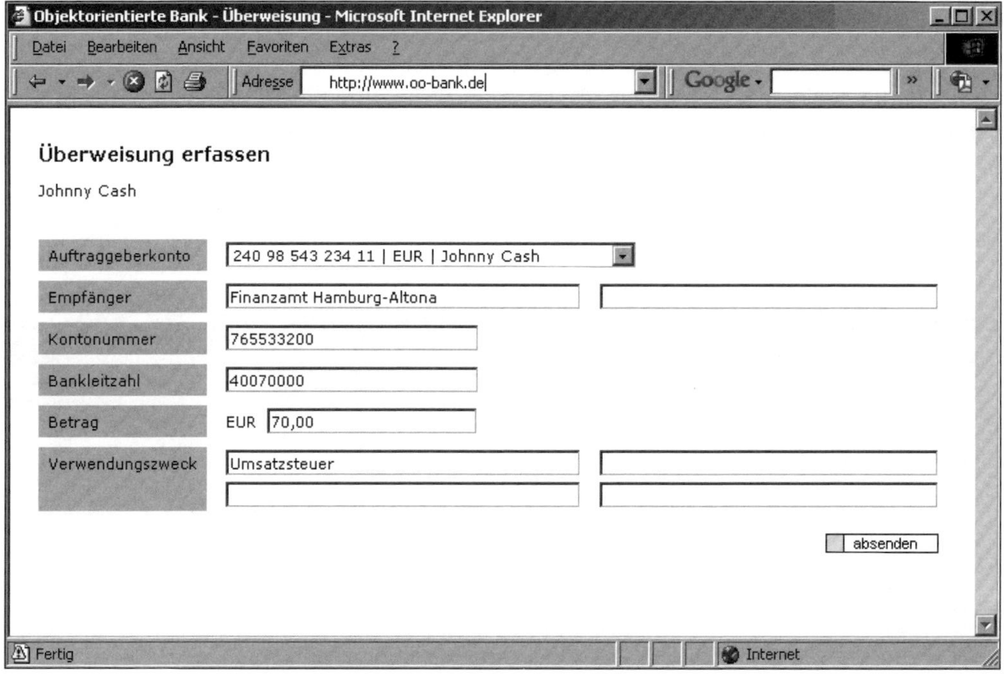

Abbildung 7.40 Kopie des Überweisungsobjekts

Copy-Konstruktor

Wie erstellen Sie nun eine solche Kopie von Objekten? Sie haben bisher zwei technische Möglichkeiten dafür kennengelernt. In Abschnitt 7.1 haben wir die sogenannten Copy-Konstruktoren beschrieben und ebenso die Erstellung von neuen Objekten auf der Grundlage von Prototypen. Einem Copy-Konstruktor wird bei der Konstruktion ein existierendes Exemplar einer Klasse übergeben und erstellt davon eine Kopie.

Um Kopien von Objekten herzustellen, hat der Copy-Konstruktor allerdings einen Nachteil: Der Aufruf eines Konstruktors kann nicht polymorph erfolgen, ist also nicht abhängig vom konkreten Typ des zu kopierenden Objekts. Es ist demnach durchaus ein Unterschied, ob Sie

```
MeinObjekt kopie = original.clone();
```

oder

```
MeinObjekt kopie = new MeinObjekt(original);
```

aufrufen. Auf den ersten Blick sieht es zwar so aus, als würden beide Aufrufe genau das Gleiche machen, nämlich eine exakte Kopie erstellen. Aufgrund der fehlenden dynamischen Polymorphie bei Konstruktoren ist das Verhalten der beiden Varianten aber unterschiedlich.

Copy-Konstruktor in Java

Wir betrachten zunächst einmal das Verhalten von Copy-Konstruktoren für diesen Fall. Nehmen Sie an, Sie haben eine Klasse `Kunde` vorliegen, außerdem eine Unterklasse für Geschäftskunden. Beide Klassen haben jeweils einen Copy-Konstruktor. In Abbildung 7.41 sind die Klassen mit ihren Konstruktoren dargestellt.

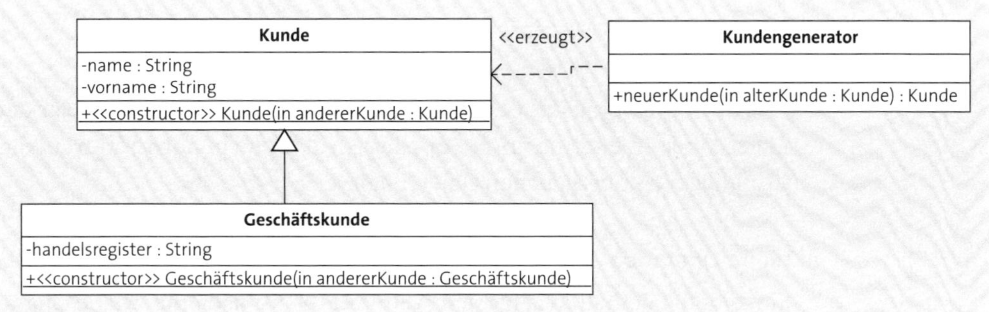

Abbildung 7.41 Copy-Konstruktoren für Kunde und Geschäftskunde

Aufgerufen wird der Konstruktor der Klasse `Kunde` in einer Methode `neuerKunde` der Klasse `KundenGenerator`. Dieser wird ein Exemplar der Klasse `Kunde` als Wert für den Parameter `alterKunde` übergeben. Da `Geschäftskunde` eine Unterklasse von `Kunde` ist, kann natürlich auch ein Exemplar der Klasse `Geschäftskunde` übergeben werden.

In Listing 7.47 ist die Java-Umsetzung der Operation `neuerKunde` und deren Verwendung gezeigt.

```
class KundenGenerator {
  Kunde neuerKunde (Kunde alterKunde) {
    return new Kunde(alterKunde);
  }
  public static void main(String[] args) {
    KundenGenerator generator = new KundenGenerator();
    Kunde kunde1 = new Kunde("Zuiop","Qwert");
    Geschäftskunde kunde2 =
      new Geschäftskunde("Zuiop","Qwert","HRB 112244");
```

```
10      Kunde neuerKunde1 = generator.neuerKunde(kunde1);
11      Kunde neuerKunde2 = generator.neuerKunde(kunde2);
12  }
```

Listing 7.47 Kopien durch Copy-Konstruktor

Die Methode neuerKunde in Zeile 02 erstellt eine Kopie eines Exemplars der Klasse Kunde, indem sie den Copy-Konstruktor aufruft. In den Zeilen 07 und 08 wird dann jeweils ein Exemplar der Klasse Kunde und eines der Klasse Geschäftskunde erstellt. Beide werden nacheinander in den Zeilen 10 und 11 als Parameterwert an neuerKunde übergeben.

Nur Exemplar der Basisklasse

Wenn Sie danach die Klassenzugehörigkeit der beiden neu erstellten Objekte erfragen, erhalten Sie folgende Antwort:

```
Klasse des neuen Kunden kunde1: Kunde
Klasse des neuen Kunden kunde2: Kunde
```

Also auch die Kopie des Geschäftskunden hat lediglich ein Exemplar der Klasse Kunde erzeugt, da unser Copy-Konstruktor nicht polymorph auf der Grundlage des übergebenen Objekts agiert.

Clone-Operation

Ein anderes Verhalten zeigt sich, wenn für die Kopien eine eigene Operation verwendet wird, um auf Basis eines existierenden Objekts eine Kopie davon zu erzeugen. Eine solche Operation wird als Clone-Operation bezeichnet. In Abbildung 7.42 sind die modifizierten Klassen dargestellt.

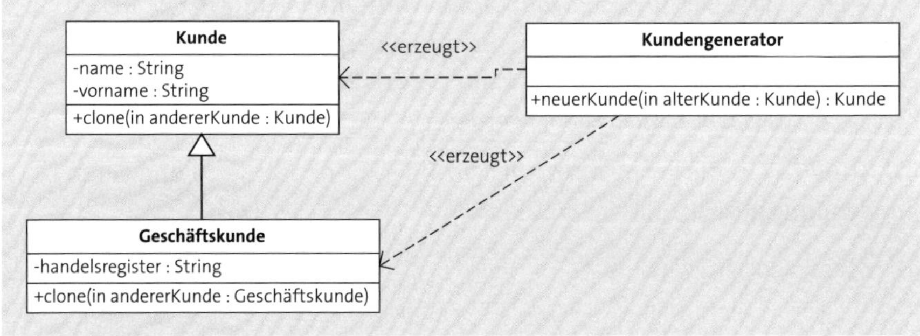

Abbildung 7.42 Kopien durch Clone-Operation

Wenn Kopien über die Clone-Operation erzeugt werden, ändert sich das Verhalten im Vergleich zu den Copy-Konstruktoren. Nun haben sowohl die Klasse Kunde als auch die Klasse Geschäftskunde eine Operation clone zugeordnet. Exemplare der Klassen können damit also Kopien von sich selbst erzeugen.

Die Methode neuerKunde in der Klasse KundenGenerator ruft in dieser Variante keinen Copy-Konstruktor mehr auf, sondern die Operation clone auf dem übergebenen Exemplar der Klasse Kunde:

```
Kunde neuerKunde(Kunde alterKunde) {
    return alterKunde.clone();
}
```

Wird mit dieser veränderten Variante erneut der Code von Listing 7.47 durchlaufen, weisen die kopierten Objekte die korrekte Klassenzugehörigkeit auf:

```
Klasse des neuen Kunden kunde1: Kunde
Klasse des neuen Kunden kunde2: Geschäftskunde
```

Durch das Erstellen einer Kopie über die Operation clone erhalten Sie also eine korrekte Kopie unserer Kundenobjekte, auch wenn es sich um Exemplare von Unterklassen handelt.

Die Operation clone in Java

Die Operation clone in Java

Die Behandlung der Clone-Operation in Java ist nicht völlig geradlinig. Die von der Klasse Object zur Verfügung gestellte Methode clone ist als protected deklariert. Sie kann damit von abgeleiteten Klassen, die eine öffentliche Operation für das Kopieren ihrer Exemplare zur Verfügung stellen, genutzt werden, um flache Kopien von Objekten zu erzeugen. Erst wenn abgeleitete Klassen eine Operation für das Erstellen von Kopien bereitstellen, kann diese Operation auch genutzt werden. So weit, so verständlich. Allerdings gibt es nun zwei weitere Randbedingungen. Damit ein Objekt die Methode clone der Klasse Object nutzen darf, muss die zugehörige Klasse die Schnittstelle Cloneable implementieren.

Die Dokumentation zu dieser Schnittstelle enthält die folgende Beschreibung:

Bitte beachten Sie, dass diese Schnittstelle die Methode clone nicht enthält. Deshalb ist es nicht möglich, ein Objekt nur auf Grundlage der Tatsache, dass es die Schnittstelle implementiert, mittels clone zu kopieren. Auch wenn die clone-Methode über Reflexion aufgerufen wird, besteht keine Garantie, dass dies erfolgreich sein wird.

Objekte, die die Schnittstelle Cloneable implementieren, weisen die Gemeinsamkeit auf, dass sie eine Kopie von sich anfertigen können. Sie können diese Eigenschaft aber nicht nutzen, weil in der Schnittstelle die entsprechende Operation nicht festgelegt wird. Eine Klasse könnte ihre Methode zur Erstellung einer Kopie also durchaus zum Beispiel reproduce nennen.

Dies schränkt zum Beispiel sehr stark die Möglichkeiten ein, Sammlungen von Objekten über einen generischen Mechanismus zu kopieren. Für eigene Klassen gibt es natürlich die Möglichkeit, eine Erweiterung der Schnittstelle `Cloneable` zu definieren, die dann auch die `clone`-Methode spezifiziert.

Formale Eigenschaften von Kopien

Betrachten wir jetzt auch einmal die formalen Eigenschaften, die wir einer Kopie zuschreiben:

- Die Kopie ist nicht identisch mit dem Original.
- Die Kopie gehört zur selben Klasse wie das Original.
- Die Kopie ist gleich dem Original, sofern wir keine Änderungen daran vorgenommen haben.
- Änderungen an der Kopie ändern nicht die Daten, die dem Original gehören.

Tiefe einer Kopie

Die letzte Forderung bezieht sich auf die Unterscheidung einer Kopie des Inhalts gegenüber einer Kopie der Referenz. Wenn etwas als Bestandteil eines Objekts betrachtet wird, dann sollte auch nur dieses Objekt selbst die Möglichkeit haben, diesen Bestandteil zu ändern. Ob ein referenziertes Objekt nun in diesem Sinn Bestandteil eines anderen Objekts ist, kann aus der entsprechenden Klassendefinition nicht entnommen werden. Diese Einordnung gehört zur Metainformation, also zur Information über die entsprechende Klasse.

Wir müssen diese Information beim Erstellen von Kopien aber berücksichtigen und entscheiden, ob wir von einem referenzierten Objekt wiederum eine Kopie erstellen oder die Referenz einfach auf dasselbe Objekt setzen können.

Greifen wir unser Beispiel der Überweisungen, die als Vorlagen für andere Überweisungen dienen, nun wieder auf. Die Überweisung referenziert dabei eine Bankverbindung. Diese wiederum verweist auf eine Bank. In Abbildung 7.43 sind diese Beziehungen dargestellt.

Wenn Sie nun eine Kopie anlegen, wollen Sie sicherlich die Bankverbindung komplett kopieren. Würden Sie hier einfach nur den Verweis auf das Objekt `Bankverbindung` übernehmen, würden mysteriöserweise in der Vorlage Änderungen an der Kontonummer auftauchen. In diesem Fall soll eine sogenannte *tiefe Kopie* der Bankverbindung erstellt werden. Gilt das aber auch für die über die Bankverbindung referenzierte Bank? Wenn Sie diese ebenfalls kopieren würden, wäre der Effekt doch eher merkwürdig. Es gäbe dann zum Beispiel die Kreissparkasse Stormarn mehrfach in Ihrem System. In diesem Fall würden Sie also beim Kopieren der Bankverbindung nur den Verweis auf die referenzierte Bank kopieren. Sie legen eine *flache Kopie* des Objekts an.

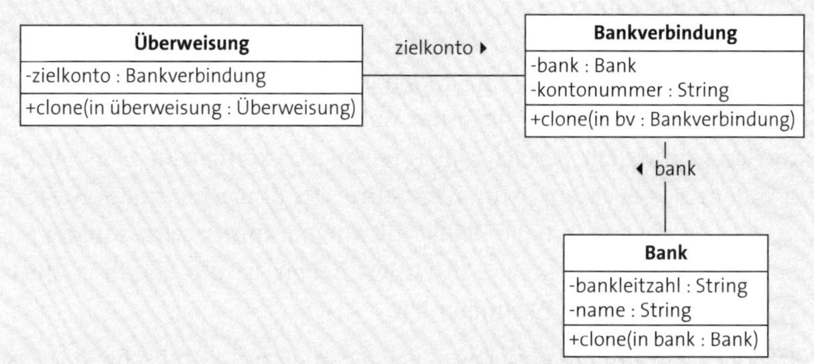

Abbildung 7.43 Von Überweisung referenzierte Objekte

[«]

Flache und tiefe Kopien

Beim Anlegen einer flachen Kopie eines Objekts werden alle Datenelemente, die Basisdatentypen enthalten, kopiert. Weitere Objekte, die referenziert werden, werden aber nicht mitkopiert, sondern lediglich die Referenz auf diese Objekte. Beim Anlegen einer tiefen Kopie eines Objekts werden alle Datenelemente und alle referenzierten Objekte kopiert. Damit entstehen auch von den referenzierten Objekten Kopien, die anschließend verändert werden können, ohne dass diese dabei das Original modifizieren. Ob ein Objekt flach oder tief kopiert werden muss, ist meist eine fachliche Entscheidung. Wenn die Kopie modifiziert werden muss, ohne das Original zu verändern, muss eine tiefe Kopie erstellt werden.

Zyklische Referenzen

Ein Problem, das uns beim Kopieren plagen kann, ist das Auftreten von zyklischen Referenzen. Es kann niemand ausschließen, dass unsere Kopiermethode über eine Referenz auf ein Objekt trifft, das sie bereits einmal kopiert hat. Nur: Woher soll sie das wissen? Wenn Sie an dieser Stelle einfach weitermachen, haben Sie eine klare Endlosschleife vorliegen, unser Kopiervorgang wird zu keinem Ende kommen.

In manchen Anwendungen können Sie Annahmen machen, dass es fachlich nicht notwendig ist, potenziell zyklische Beziehungen zu kopieren.

Nehmen Sie als Beispiel den Fall, dass ein Auftrag eine Liste von Positionen enthält, die jeweiligen Positionen wiederum eine Referenz auf den

Auftrag. In diesem Fall ist es klar, dass die erste Beziehung eine Kompositionsbeziehung ist. Ein Auftrag setzt sich aus den Positionen zusammen. Bei der Position wäre aber der referenzierte Auftrag nicht Bestandteil, sodass ein Kopieren nicht zulässig wäre.

Zyklen durch fehlerhafte Modellierung

Aber auch wenn Sie diese Annahme machen, können zumindest durch fehlerhafte Modellierungen Zyklen auftreten. Sie würden diese Fehler aber nur sehr schwer finden können, da Ihr Programm sich in so einem Fall einfach nicht beendet. Um Zyklen erkennen zu können, müssen Sie beim Aufruf der Methode mitführen, welche Objekte Sie auf dem Weg zur aktuellen Aufrufstelle bereits kopiert haben. Das können Sie zum Beispiel tun, indem Sie bei einem rekursiven Aufruf der Kopiermethode eine Liste mitgeben, in die das aktuelle Objekt mit aufgenommen wird. Mit der Methode `clone()`, die wir bereits diskutiert haben, ist das allerdings nicht möglich, da diese keine Parameter hat.

Betrachten wir nun ein einfaches Beispiel, in dem Sie zyklische Verweise zwischen Objekten vorliegen haben. Nehmen Sie an, Sie haben die Klassen `A`, `B` und `C` aus Abbildung 7.44 vorliegen, die sich gegenseitig referenzieren. Die Methode `clone` kopiert dabei jeweils das referenzierte Objekt mit.

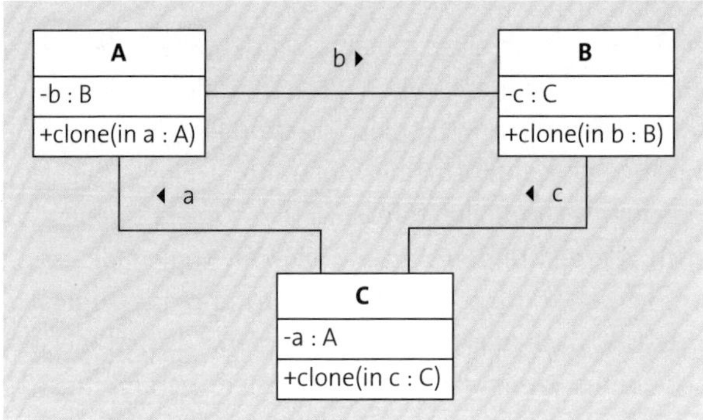

Abbildung 7.44 Zyklische Referenzen zwischen Objekten

In Listing 7.48 ist die Umsetzung der Operation für die drei Klassen aufgeführt.

```
class A implements Cloneable {
    B b;
    public A clone() throws CloneNotSupportedException {
        A a = (A)super.clone();
        b = b.clone();
        return a;
    }
```

```
}

class B implements Cloneable {
    C c;
    public B clone() throws CloneNotSupportedException {
        B b = (B)super.clone();
        c = c.clone();
        return b;
    }
}

class C implements Cloneable {
    A a;
    public C clone() throws CloneNotSupportedException {
        C c = (C)super.clone();
        a = a.clone();
        return c;
    }
}
```

Listing 7.48 Umsetzung der Operation »clone« für A, B und C

Die verschiedenen clone-Methoden rufen sich also wechselseitig auf, die Methode der Klasse A ruft zum Beispiel die Operation clone auf dem referenzierten Exemplar von B auf.

Endlosschleife

Wenn Sie nun versuchen, eine Kopie eines Exemplars von A zu erstellen, landen Sie in einer Endlosschleife:

```
C c = new C();
B b = new B();
A a = new A();
a.b = b;
b.c = c;
c.a = a;
A another = a.clone();
```

Mitführen von kopierten Objekten

Der Aufruf von a.clone wird nämlich auch b.clone aufrufen, was mittelbar über c.clone wiederum a.clone aufruft und so weiter. Der Aufruf wird also zu keinem Ende kommen. Diese Situation kann zum Beispiel durch eine Prüfung gegen eine mitgeführte Liste von Objekten korrigiert werden.

```
public A safeclone(LinkedList list)
         throws CloneNotSupportedException {
    if (list.contains(this)) return this;
```

```
    LinkedList newlist = (LinkedList)list.clone();
    newlist.add(this);
    A a = (A)super.clone();
    b = b.safeclone(newlist);
    return a;
}
```

Listing 7.49 Prüfung auf zyklische Referenzen bei Kopien

In Listing 7.49 wird an die Methode `safeclone()` eine Liste übergeben, in der alle Objekte, die Sie gerade kopieren, enthalten sind. Wenn das aktuelle Objekt hier bereits auftaucht, was Sie über die Prüfung mit `list.contains(this)` feststellen, ist ein Kopieren nicht mehr notwendig, und Sie können direkt die Referenz zurückgeben. Im anderen Fall müssen Sie die Liste lokal um das aktuelle Objekt erweitern und übergeben diese dann in modifizierter Form an die weiteren Aufrufe der Kopiermethoden.[30]

7.4.6 Sortierung von Objekten

Eine Aufgabenstellung, die neben dem Kopieren häufig auftaucht, ist das Sortieren von Objekten nach einem bestimmten Kriterium. Möglicherweise wollen Sie eine Liste von Objekten sortiert anzeigen oder einfach den Zugriff auf eine Sammlung von Objekten effizienter gestalten. Eine Suche in sortierten Sammlungen ist wesentlich effizienter als eine Suche in unsortierten Sammlungen. Ein anderer Grund kann sein, eine Abarbeitungsreihenfolge für eine Sammlung von Objekten festzulegen.

Verantwortung für Vergleich

In der Praxis gibt es zwei gängige Möglichkeiten, um einen Vergleich bezüglich der Sortierung zweier Objekte durchzuführen:

- Sie können die Verantwortung für den Vergleich einem der beiden Objekte zuordnen.
- Sie können ein weiteres Objekt ins Spiel bringen, das den Vergleich durchführt (einen Vergleicher oder Komparator[31]).

Java

Beide Varianten haben ihre Vor- und Nachteile. Schauen wir uns dazu jeweils Beispiele in der Programmiersprache Java an.

30 Die vorgestellte Methode soll nur das generelle Prinzip illustrieren. Durch das jeweils vorgenommene Kopieren der kompletten Liste mit bereits behandelten Objekten arbeitet diese Version nicht sonderlich effizient.

31 Vergleicher ist zwar ein schöner deutscher Begriff, wir rechnen uns aber durch die Verwendung des Begriffs Komparator höhere Chancen dafür aus, dass wir die Filmrechte dieses Buchs nach Hollywood verkaufen können.

Wir haben dabei eine Klasse Kunde vorliegen, die eine Eigenschaft prio (für die Priorität des Kunden) und eine Eigenschaft name deklariert.

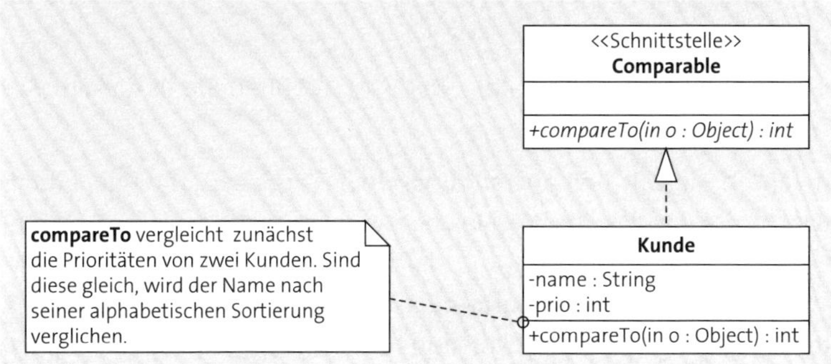

Abbildung 7.45 Sortierung von Kunden nach deren Priorität

Dadurch dass die Klasse die Schnittstelle Comparable implementiert, ist sie in vielen Kontexten einsetzbar, die eine Sortierung erfordern. In Listing 7.50 ist die Umsetzung einer Vergleichsoperation für Kunden dargestellt.

```
class Kunde implements Comparable {
  Prioritaet prio;
  String name;
  public int compareTo(Object obj) throws ClassCastException
  {
      Kunde andererKunde = (Kunde)obj;
      if (prio.value < andererKunde.prio.value) return -1;
      if (prio.value > andererKunde.prio.value) return 1;
      return name.compareTo(andererKunde.name);
   }
}
```

Listing 7.50 Umsetzung einer Vergleichsoperation für Kunden

Ein Vergleich unter Verwendung der Methode compareTo() wird Ihre Kunden nun nach Priorität sortieren. Nur wenn die Prioritäten gleich sind, wird weiter nach dem Namen sortiert. Sind auch die Namen gleich, erfolgt keine weitere Sortierung mehr.

Es ist meistens vernünftig, die Methode, die eine Sortierung unterstützt, so zu implementieren, dass sie 0 zurückgibt, wenn der Vergleich der zwei Objekte mit der Methode equals() den Wert true zurückgibt, also die Objekte vollständig gleich sind. In unserem Beispiel ist das gegeben, denn bei vollständiger Gleichheit wird die Methode compareTo() der Klasse String das Resultat 0 liefern, wenn sie für das Attribut name aufgerufen wird.

Verschiedene Sortierkriterien

Nehmen Sie nun aber an, Sie wollen Ihre Kunden in einer anderen Situation nicht nach Priorität, sondern einfach nach alphabetischer Reihenfolge des Nachnamens sortieren. Es gibt ja nicht nur die Vertriebssicht auf die Kunden.

Die bereits umgesetzte Methode `compareTo()` können Sie in diesem Fall nicht mehr verwenden.

Besser fahren Sie mit der Anwendung einer Vergleichsstrategie, einem Komparatorobjekt, das die Vergleiche zwischen zwei Objekten durchführt.[32] Java zum Beispiel bietet uns dafür bereits die Schnittstelle `Comparator` an, die von einer Komparatorklasse implementiert werden kann. Damit verlagern Sie die Verantwortung für den Vergleich vom zu vergleichenden Objekt auf einen eigenständigen Komparator.

Der Komparator benötigt allerdings Zugriff auf die für einen Vergleich relevanten Daten der beiden betroffenen Objekte. In Abbildung 7.46 ist eine Variante unseres Beispiels dargestellt, die einen Komparator verwendet, anstatt die Vergleichsoperation der Klasse `Kunde` zuzuordnen.

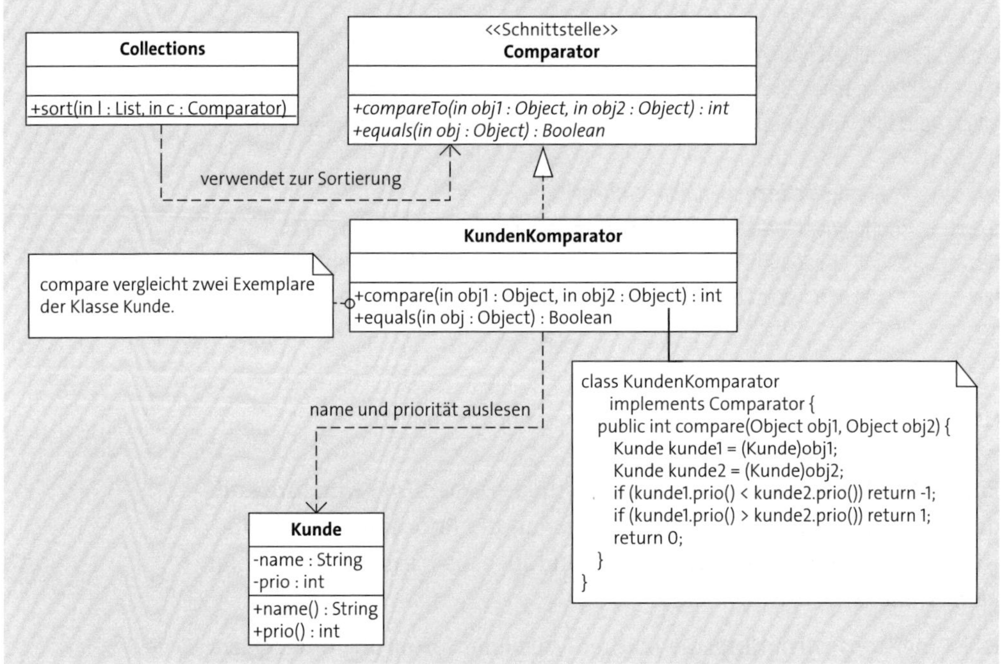

Abbildung 7.46 Verwendung einer Komparatorklasse

32 Das ist ein weiterer Anwendungsfall für das Entwurfsmuster »Strategie«, das wir in Abschnitt 5.5.1 vorgestellt haben.

In der Abbildung ist neben der Umsetzung der `compare`-Methode auch eine Verwendung des Komparators angegeben. Die Klasse `Collections` bietet eine statische Methode an, die eine übergebene Liste mithilfe eines ebenfalls übergebenen Komparators sortiert. In der Übersicht sehen Sie auch, dass über einen Komparator nicht nur eine Sortierung über `compare()` vorgenommen werden kann, sondern dass auch die Prüfung auf Gleichheit über die Methode `equals()` an ihn delegiert werden kann.

Komparator ist flexibler

Diese Modellierung ist nun wesentlich flexibler, weil Sie das Sortierkriterium austauschen können, ohne in die Klasse `Kunde` eingreifen zu müssen. Sie hat allerdings auch einen Nachteil: Sie müssen dem Komparator Zugriff auf die vergleichsrelevanten Daten der Klasse `Kunde` ermöglichen. Im Fall der Priorität ist das kein Problem, da diese wahrscheinlich ohnehin zur Schnittstelle eines Kundenobjekts gehört. In anderen Fällen kann es aber notwendig sein, dass eigentlich interne Daten für den Komparator offengelegt werden.

Komparator oder Vergleichsmethode

Sortierung und Vergleich über Komparator

Bei der Abwägung, ob Sie eine Vergleichsoperation einem Objekt selbst oder einem Komparator zuordnen, sollten Sie zunächst darauf achten, ob es eine klare vorgegebene Reihenfolge für die Sortierung gibt. Bei der Klasse `Datum` gibt es beispielsweise eine intuitiv gültige Sortierung, die Datumsobjekte in eine Reihenfolge bringt. In solchen Fällen ist es sinnvoll, die Operationen für Vergleich und Sortierung dem Objekt selbst zuzuordnen. Wenn es allerdings ein solches eindeutiges Kriterium nicht gibt, sollten Sie eine Komparatorklasse verwenden. Dadurch können Sie auch später weitere Sortierkriterien hinzufügen, ohne die Klasse der zu sortierenden Objekte anpassen zu müssen.

7.5 Kontrakte: Objekte als Vertragspartner

Ein Objekt stellt in der Regel eine Reihe von Operationen zur Verfügung, die auf ihm ausgeführt werden können.

Dabei wird die Syntax der Operation durch die Regeln einer Programmiersprache sehr genau beschrieben: Name der Operation, Zahl und Art der zu übergebenden Parameter, genaue Schreibweise des Aufrufs, all das wird exakt festgelegt.

Semantik der Operation

Wie steht es aber mit dem Teil, den wir als Semantik der Operation bezeichnen? Wo wird festgelegt, was die Umsetzung der Operation (die entsprechende Methode des Objekts) denn genau leisten soll? Wie wir durch das *Prinzip der Trennung der Schnittstelle von der Implementierung* festgelegt haben, soll ein Nutzer eben nicht die Implementierung betrachten, um herauszufinden, was eine Methode leistet. In diesem Abschnitt werden wir darauf eingehen, wie Kontrakte für Klassen überprüft werden können. Außerdem werden wir an konkreten Beispielen vorstellen, wie ausformulierte Kontrakte dabei helfen können, Fehler im Design zu erkennen.

7.5.1 Überprüfung von Kontrakten

In Abschnitt 4.2.2, »Kontrakte: die Spezifikation einer Klasse«, haben wir vorgestellt, wie formale Kontrakte zur Spezifikation einer Klasse verwendet werden können. Dabei kamen Vorbedingungen, Nachbedingungen und Invarianten zum Einsatz, und wir haben die OCL-Notation dafür vorgestellt. Wir wiederholen die Abbildung des OCL-Beispiels in Abbildung 7.47, da die OCL-Notation in den folgenden Abschnitten häufiger zum Einsatz kommt.

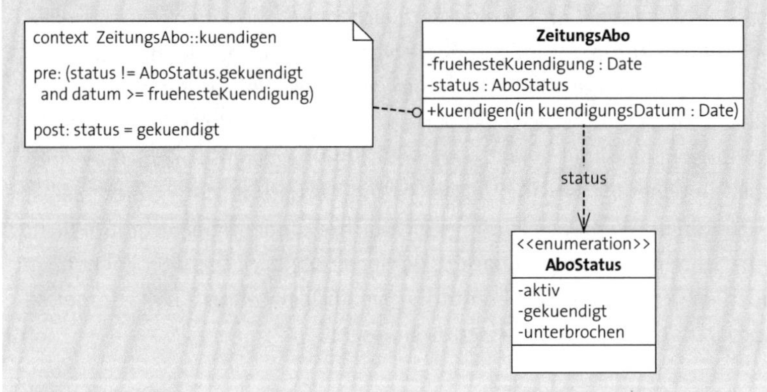

Abbildung 7.47 Beispiel für OCL-Notation: Vor- und Nachbedingung

Im abgebildeten Beispiel sind die Vor- und Nachbedingungen für die Operation `kuendigen` der Klasse `ZeitungsAbo` beschrieben. In diesem Abschnitt gehen wir nun darauf ein, wie diese Bedingungen zur Laufzeit eines Programms geprüft werden können.

Nur wenige Programmiersprachen erlauben eine direkte Übertragung von Vorbedingungen, Nachbedingungen und Invarianten in die Sprache und stellen integrierte Konstrukte dafür zur Verfügung. Die Sprache Eiffel bietet dafür die Sprachelemente `require`, `ensure` und `invariant`. In anderen Sprachen hat sich der Mechanismus der sogenannten *Zusicherungen* (Assertions) eingebürgert.

Zusicherungen (Assertions)

Zusicherungen sind Ausdrücke, die entweder wahr oder falsch sind und an definierten Stellen im Ablauf eines Programms ausgewertet werden. Zusicherungen sollen sicherstellen, dass der Zustand des Programms zum Zeitpunkt der Auswertung korrekt ist. Sie werden häufig benutzt, um Vorbedingungen und Nachbedingungen von Operationen abzubilden.

Zusicherungen differenzieren nicht mehr, ob es sich um die Prüfung einer Vorbedingung, einer Nachbedingung, einer Invariante oder vielleicht einfach nur eines Zwischenzustands handelt. Je nach Stelle im Quellcode, an der sie auftauchen, können sie alle genannten Rollen übernehmen.

Eine Umsetzung der in OCL dargestellten Vor- und Nachbedingungen in Java kann zum Beispiel aussehen wie in Listing 7.51.

```
class ZeitungsAbo {
    ...
    void kuendigen(Date kuendigungsDatum) {
       assert(status != AboStatus.gekuendigt);
       assert(kuendigungsDatum >= this.fruehesteKuendigung);
       ...
       assert(status == AboStatus.gekuendigt);
    }
    ...
```

Listing 7.51 Prüfung von Vor- und Nachbedingungen in Java

Mit OCL und den programmiersprachlichen Konstrukten zur Absicherung von Bedingungen stehen die technischen Möglichkeiten zur Verfügung, mit denen Sie Kontrakte zwischen Modulen beschreiben können. Im folgenden Abschnitt werden Sie erfahren, wie Kontrakte gerade mit Blick auf das wichtige *Prinzip der Ersetzbarkeit* formuliert werden können. Sie werden dabei sehen, dass die Ausformulierung von Kontrakten dazu führen kann, dass Fehler im Klassenentwurf schneller erkannt werden.

7.5.2 Übernahme von Verantwortung: Unterklassen in der Pflicht

Bereits in Abschnitt 5.1.3 haben Sie das *Prinzip der Ersetzbarkeit* kennengelernt. Das fordert, dass ein Exemplar einer Unterklasse an jeder Stelle anstatt eines Exemplars der Oberklasse eingesetzt werden kann. Dabei wurden auch drei Konsequenzen des *Prinzips der Ersetzbarkeit* für Unterklassen aufgeführt:

- Unterklassen dürfen die Vorbedingungen für Operationen nicht verschärfen.
- Unterklassen dürfen die Nachbedingungen einer Operation nicht einschränken.
- Unterklassen müssen sicherstellen, dass die Invarianten der Oberklasse eingehalten werden.

Lassen Sie uns im Folgenden zwei Beispiele betrachten: eines, bei dem das *Prinzip der Ersetzbarkeit* in Bezug auf Vor- und Nachbedingungen erfüllt ist, und anschließend eines, bei dem das Prinzip eklatant verletzt wird. Anschließend werden Sie ebenfalls anhand eines Beispiels sehen, an welchen Stellen im Code eine Überprüfung von Kontrakten sinnvoll ist.

Ein korrektes Beispiel: Das Prinzip der Ersetzbarkeit wird eingehalten

Was bedeuten die Anforderungen an Vor- und Nachbedingungen denn nun in der Praxis? Betrachten Sie dazu als Beispiel die in Abbildung 7.48 dargestellte einfache Hierarchie von Klassen, die sich auf Bankkonten beziehen.

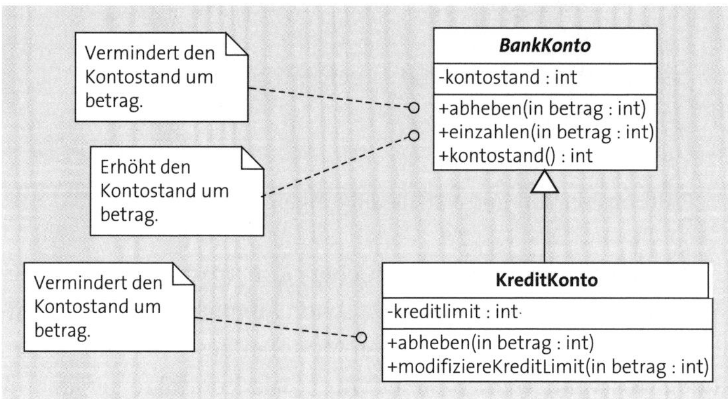

Abbildung 7.48 Hierarchie von Bankkonten

Sie sehen eine Klasse `BankKonto` als Basisklasse, von der die Klasse `KreditKonto` abgeleitet ist. Beide Klassen spezifizieren eine Operation `abheben`, die laut Beschreibung den Kontostand um den dabei angegebenen Betrag vermindert. Dabei überschreibt die Klasse `KreditKonto` die bereits in der Klasse `BankKonto` umgesetzte Methode für das Abheben. Aus der Darstellung geht aber noch nicht hervor, worin sich die beiden Umsetzungen denn nun unterscheiden. Deshalb sind in Abbildung 7.49 die jeweiligen Vor- und Nachbedingungen der Operation unter Verwendung der OCL dargestellt.

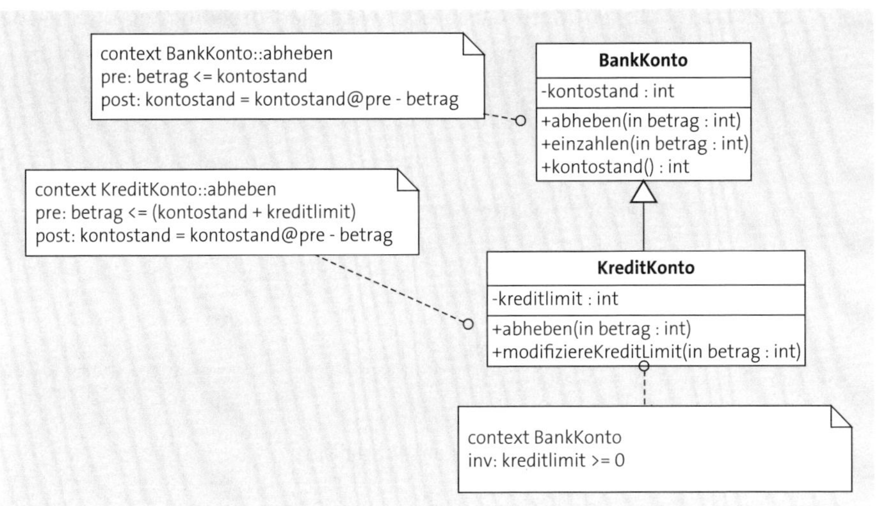

Abbildung 7.49 Vor- und Nachbedingungen der Operation »abheben«

Für ein generelles Bankkonto ist es die Vorbedingung für das Abheben, dass genug Geld auf dem Konto ist. Sie können höchstens so viel abheben, wie auf dem Konto ist. Dies wird durch die Vorbedingung `pre: betrag <= kontostand` ausgedrückt. Die Nachbedingung ist, dass der neue Kontostand um den angegebenen Betrag reduziert wurde: `post: kontostand = kontostand@pre – betrag`.

Die Klasse `KreditKonto` ändert die Nachbedingung für die Operation `abheben` gegenüber der Klasse `BankKonto` nicht. Damit ist die zweite Konsequenz des *Prinzips der Ersetzbarkeit* eingehalten: Die Nachbedingungen dürfen nicht gelockert werden. Wie sieht es aber mit der Vorbedingung aus?

Bei einem Kreditkonto ist eine Abhebung auch dann möglich, wenn der Kontostand negativ ist, sofern ein vorgegebenes Kreditlimit nicht überschritten wird. Die Vorbedingung lautet nun also `pre: betrag <= (kontostand + kreditlimit)`. Da das Kreditlimit nicht negativ sein kann, ist diese Vorbedingung weniger restriktiv als die Vorbedingung in der Klasse `BankKonto`: Eine Abhebung ist immer noch möglich, wenn der Kontostand den abzuhebenden Betrag deckt. Zusätzlich kann aber auch eine Abhebung stattfinden, wenn zwar das Konto den Betrag nicht mehr hergibt, der gewährte Kreditrahmen aber ausreichend ist.

Damit ist auch die erste Konsequenz des *Prinzips der Ersetzbarkeit* eingehalten: Unterklassen dürfen die Vorbedingungen von Operationen nicht verschärfen. In Listing 7.52 ist die Umsetzung der Klasse `BankKonto` in Java aufgeführt.[33] In der Methode abheben wird die Vorbedingung durch eine Zusicherung abgeprüft. Die Nachbedingung wird im Code nicht geprüft.

```
class BankKonto {
    int kontostand;

    BankKonto(int kontostand) {
        this.kontostand = kontostand;
    }
    int kontostand(){
        return kontostand;
    }
    void abheben(int betrag) {
        assert(betrag <= kontostand);
        kontostand -= betrag;
    }
    void einzahlen(int betrag) {
        kontostand += betrag;
    }
}
```

Listing 7.52 Umsetzung der Klasse »BankKonto«

In Listing 7.53 ist die Umsetzung der Klasse KreditKonto zu sehen. Dort wird die (gelockerte) Vorbedingung ebenfalls in der Methode abheben geprüft.

```
class KreditKonto extends BankKonto {
    int kreditlimit;
    ...
    void abheben(int betrag) {
        assert(betrag <= (kontostand + kreditlimit));
        kontostand -= betrag;
    }
}
```

Listing 7.53 Umsetzung der Klasse »KreditKonto«

Prinzip der Ersetzbarkeit eingehalten

Unsere Klassenhierarchie und ihre Umsetzung erfüllt das *Prinzip der Ersetzbarkeit*, da die Klasse KreditKonto den Kontrakt der Klasse BankKonto immer noch einhält. Wenn Geld auf dem Konto ist, kann eine Abhebung durchgeführt werden. Um die Einhaltung der Vorbedingungen zu prüfen,

33 Auch die weiteren Beispiele in diesem Abschnitt stellen wir in der Programmiersprache Java vor.

haben wir zwei Zusicherungen in den beiden Methoden eingefügt. Dadurch wird von beiden Klassen der jeweilige Kontrakt korrekt überprüft.

Eine Verletzung des *Prinzips der Ersetzbarkeit* ist allerdings nicht immer offensichtlich. Im Folgenden erhalten Sie deshalb ein sehr ähnlich aussehendes Beispiel, bei dem das Prinzip trotzdem verletzt wird.

Ein fehlerhaftes Beispiel: Das Prinzip der Ersetzbarkeit wird verletzt

Eine Verletzung des *Prinzips der Ersetzbarkeit* erkennen Sie daran, dass für eine Operation in einer abgeleiteten Klasse entweder die Vorbedingungen verschärft oder die Nachbedingungen gelockert werden. Die abgeleitete Klasse hält also den Kontrakt der Basisklasse nicht mehr ein.

Für unser Beispiel wählen wir wieder eine Klasse `BankKonto` mit den Basisoperationen `einzahlen` und `abheben`. Zusätzlich fügen wir aber die Operationen `ueberweisen` und `modifiziereKreditLimit` hinzu.

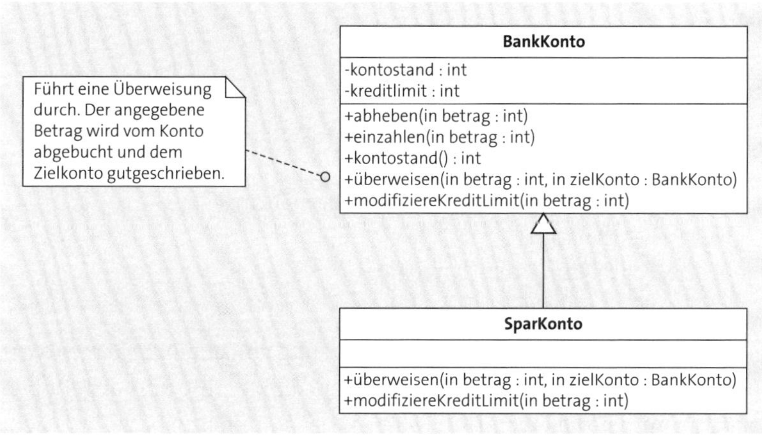

Abbildung 7.50 Eine Klasse »SparKonto« ist von »BankKonto« abgeleitet.

Die beiden zusätzlichen Operationen ergeben so auf den ersten Blick durchaus Sinn. In Abbildung 7.50 sehen Sie auch eine Klasse `SparKonto`, die von `BankKonto` abgeleitet ist. Der Klasse `SparKonto` sind dabei ebenfalls Methoden für die Operationen `ueberweisen` und `modifiziereKreditLimit` zugeordnet.

In Abbildung 7.51 werden die Vor- und Nachbedingungen für die Operation `überweisen` aufgelistet.

Die Vorbedingung für eine Überweisung, wie sie für die Klasse `BankKonto` formuliert ist, hat durchaus Sinn: Es muss genügend Geld auf dem Konto sein, sodass das Kreditlimit nicht überschritten wird. Die Bedingung lautet also `pre: betrag <= (kontostand + kreditlimit)`.

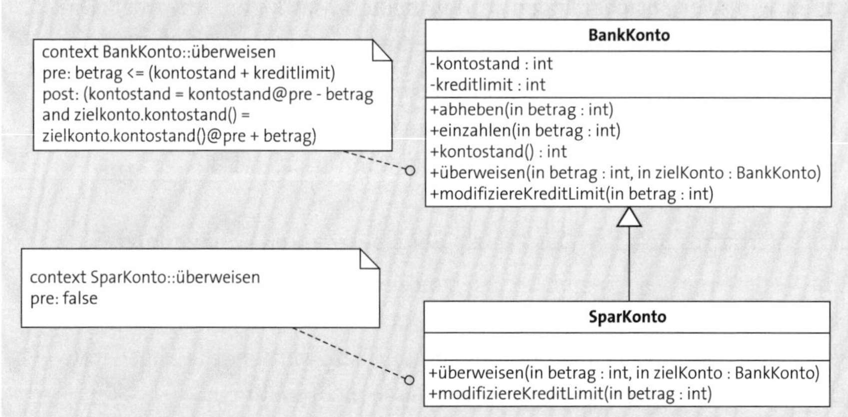

Abbildung 7.51 Vorbedingungen für die Operation »überweisen«

Die Umsetzung der Operation in der Klasse BankKonto sichert dann auch genau das zu.

```
class BankKonto
    ...
    void ueberweisen(int betrag, BankKonto zielkonto)
    {
        assert(betrag <= (kontostand + kreditlimit));
        abheben(betrag);
        zielkonto.einzahlen(betrag);
    }
```

Nun stellen wir aber fest, dass eine Überweisung von einem Sparkonto gar nicht möglich ist. Bei Sparkonten kann nur eingezahlt und abgehoben werden. Damit ist die Operation ueberweisen auf einem Sparkonto nicht zulässig. Eine mögliche Konsequenz ist der folgende Code.

```
class SparKonto extends BankKonto {
    ...
    // Überweisungen von einem Sparkonto nicht möglich
    @Override
    void ueberweisen(int betrag, BankKonto zielkonto) {
        assert(false);
    }
```

assert(false) in Methoden

Die Vorbedingung für den Aufruf der Operation wird radikal eingeschränkt, es ist nun nämlich überhaupt nicht mehr zulässig, die Operation auf einem Exemplar von SparKonto aufzurufen. In der OCL-Darstellung von Abbildung 7.51 wird das dadurch deutlich, dass die Bedingung nun pre: false lautet.

Das ist ein ganz klarer Indikator dafür, dass das *Prinzip der Ersetzbarkeit* für diesen Fall nicht gilt. Die vorgestellte Modellierung verletzt damit das *Prinzip der Ersetzbarkeit*.

Aber die beschriebene Modellierung ist nicht nur unter diesem Aspekt fehlerhaft. Auch die Anpassung eines Kreditlimits ist für ein Sparkonto sinnlos. Wenn Sie schon einmal versucht haben, Ihr Sparbuch zu überziehen, werden Sie das bemerkt haben. Die Klasse `SparKonto` muss mit diesem Konflikt umgehen.

In Abbildung 7.52 sind die Vor- und Nachbedingungen für die beiden beteiligten Klassen bezüglich der Operation `modifiziereKreditLimit` dargestellt.

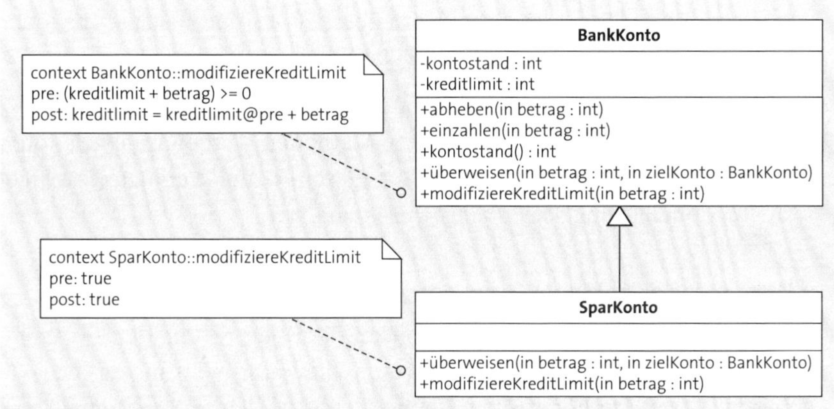

Abbildung 7.52 Radikale Lockerung der Nachbedingung

Die Klasse `BankKonto` verlangt als Vorbedingung, dass das neue Kreditlimit nicht negativ sein darf. Als Nachbedingung verspricht sie, dass das Limit entsprechend dem Betrag angepasst wird.

```
class BankKonto {
    ...
    void modifiziereKreditLimit(int betrag) {
        assert((kreditlimit + betrag) >= 0);
        int kreditlimit_pre = kreditlimit;
        kreditlimit += betrag;
        assert(kreditlimit == kreditlimit_pre + betrag);
    }
    ...
```

Bei einem `SparKonto` gibt es kein Kreditlimit. Eine Möglichkeit ist also, die Operation in dieser Klasse so umzusetzen, dass sie einfach nichts tut.

```
// Limiterhöhung hat bei Sparkonten keine Auswirkung
@Override
void modifiziereKreditLimit(int betrag) {
}
```

Dadurch wird auf der einen Seite die Vorbedingung gelockert, was zulässig ist. Es gibt nun nämlich gar keine Einschränkung in den Vorbedingungen mehr. In Abbildung 7.52 ist das daran erkennbar, dass die Vorbedingung durch `pre: true` beschrieben wird.

Auf der anderen Seite hält die Methode aber die Versprechung der Nachbedingung nicht mehr ein, die für die Klasse `BankKonto` ebenfalls aus der Abbildung als `post: kreditlimit = kreditlimit@pre + betrag` zu entnehmen ist. Die neue Nachbedingung in der Umsetzung durch die Klasse `SparKonto` lautet nämlich `post: true`. Damit wird überhaupt keine Zusicherung mehr gemacht, die Nachbedingung ist radikal gelockert worden.

Methoden leer überschrieben

Hier sehen Sie einen weiteren Indikator für die Verletzung des *Prinzips der Ersetzbarkeit*: Bereits implementierte Methoden werden in abgeleiteten Klassen leer überschrieben. Auch aus diesem Grund verletzt die vorgestellte Modellierung das *Prinzip der Ersetzbarkeit*.

Wer prüft Kontrakte: Aufrufer oder Aufgerufener?

Wir haben in den bisherigen Beispielen die Überprüfung der Kontrakte mit ihren Vor- und Nachbedingungen in die Verantwortung des Objekts gelegt, dessen Methode aufgerufen wird. Das ist die im Allgemeinen verwendete Variante. Auf den ersten Blick ist das auch das bessere Vorgehen. Wenn Sie die Zusicherung vor jedem Aufruf überprüfen müssten, wären diese Prüfungen weit über den Code verstreut und damit nur mit großem Aufwand änderbar.

Aber prüfen Sie mit diesem Vorgehen überhaupt die Einhaltung des Kontrakts? Kontrakte beziehen sich nicht auf Implementierungen, sondern auf Schnittstellen. Betrachten Sie zur Illustration ein Beispiel aus einer etwas anderen Domäne.

Ökotankstelle mit Salatöl

Nehmen Sie einfach einmal an, Sie als Betreiber der Ökotankstelle aus Abbildung 7.53 vertrieben Salatöl als Treibstoff. Ihr Salatöl kann von speziell umgerüsteten Dieselfahrzeugen verwendet werden, die aber nach wie vor alternativ auch mit Diesel fahren können. Normale Dieselfahrzeuge dürfen damit aber nicht betankt werden, da sich der Motor sonst stinkend und rauchend selbst zerstören würde.

Abbildung 7.53 Eine Tankstelle für umgerüstete Dieselfahrzeuge

In Abbildung 7.54 sehen Sie eine mögliche Modellierung solcher Fahrzeuge und einer zugehörigen Tankstelle.

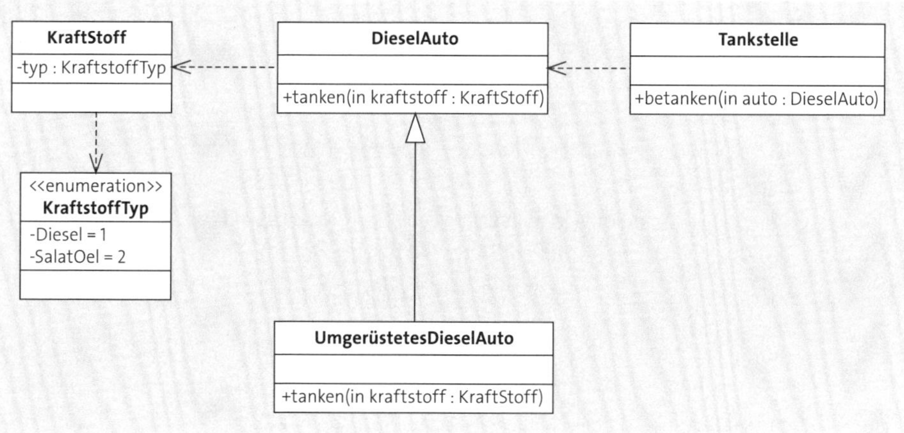

Abbildung 7.54 Herkömmliche Dieselautos und umgerüstete Dieselautos

Sie setzen also die Methode `tanken` für beide beteiligten Klassen um: Umgerüstete Dieselautos sind in unserem Modell eine Spezialisierung von normalen Dieselautos. Mit dem Rüstzeug aus den vorhergehenden Abschnitten statten Sie die Operation `tanken` aber auch gleich mit den entsprechenden Vorbedingungen aus, um den Kontrakt der Operation explizit zu formulieren. In Abbildung 7.55 sind die Vorbedingungen für die Umsetzung in beiden Klassen aufgeführt. Für ein `DieselAuto` gilt die Vorbedingung, dass der verwendete Kraftstoff vom Typ `Diesel` sein muss. Für ein `UmgerüstetesDieselAuto` kann es aber auch Salatöl sein.

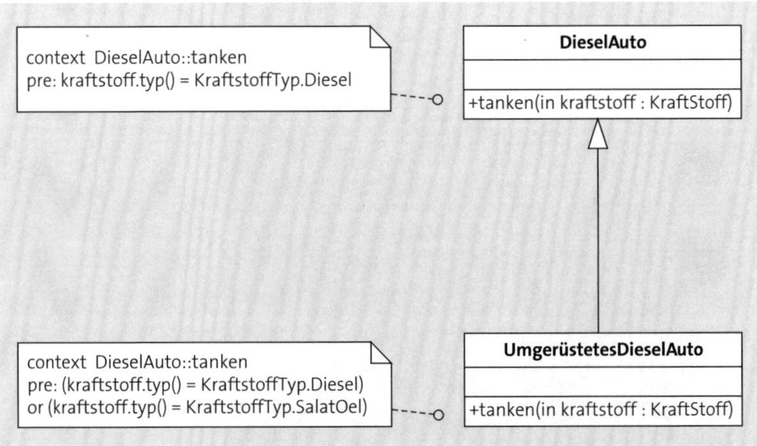

Abbildung 7.55 Vorbedingungen für Operation »tanken«

Prinzip der Ersetzbarkeit erfüllt

Zunächst können Sie daraus entnehmen, dass die Modellierung das *Prinzip der Ersetzbarkeit* erfüllt. Die Unterklasse lockert die Vorbedingung, indem sie Diesel als Kraftstoff immer noch zulässt, aber auch Salatöl akzeptiert.

```
class DieselAuto {

    void tanken(Kraftstoff kraftstoff)
    {
        assert(kraftstoff.typ() == KraftstoffTyp.Diesel);
        System.out.println("Dieselauto " +
          "wird betankt mit " + kraftstoff.toString());
    }
}

class UmgerüstetesDieselAuto extends DieselAuto {
    void tanken(Kraftstoff kraftstoff)
    {
        assert(kraftstoff.typ() == KraftstoffTyp.Diesel
            || kraftstoff.typ() == KraftstoffTyp.SalatOel);
```

```
            System.out.println("Umgerüstetes Dieselauto " +
                "wird betankt mit " + kraftstoff.toString());
        }
    }
```

Listing 7.54 Überprüfung der Vorbedingungen für die Operation »tanken«

In Listing 7.54 ist die Umsetzung der Prüfungen im Java-Sourcecode aufgeführt.

Die Tankstelle haben Sie in unserem Szenario von einem weniger ökologisch orientierten Vorbesitzer übernommen. Deshalb ist die Operation der Tankstelle, mit der die Autos betankt werden, generell für Dieselautos ausgelegt.

```
class Tankstelle {
    private Kraftstoff kraftstoff;
    void oeffnen() {
        this.kraftstoff =
            new Kraftstoff(KraftstoffTyp.SalatOel);
    }
    void betanken(DieselAuto auto)
    {
        auto.tanken(this.kraftstoff);
    }
}
```

Sie machen vor der Eröffnung Ihrer Tankstelle eine größere Zahl von Testläufen, und die mit Salatöl betriebenen Autos Ihrer Freunde rollen alle an. Alles läuft prächtig.

```
Tankstelle tankstelle = new Tankstelle();
tankstelle.oeffnen();
UmgerüstetesDieselAuto pkw1 = new UmgerüstetesDieselAuto();
UmgerüstetesDieselAuto pkw2 = new UmgerüstetesDieselAuto();
tankstelle.betanken(pkw1);
tankstelle.betanken(pkw2);
```

Sie erhalten folgende Ausgabe:

```
Umgerüstetes Dieselauto wird betankt mit SalatOel
Umgerüstetes Dieselauto wird betankt mit SalatOel
```

Verletzung des Kontrakts

Sie stellen offensichtlich keine Verletzung unseres Kontrakts fest, da immer die Methode `tanken` der spezialisierten Klasse `UmgerüstetesDieselAuto` aufgerufen wird. Aber erinnern Sie sich: Die Vorbedingungen der Operation `tanken` sehen für die Klasse `DieselAuto` ganz anders aus als für die Klasse `UmgerüstetesDieselAuto`. Die umgerüsteten Autos sind wesentlich toleranter. An der Aufrufstelle der Operation `tanken` kann aber jedes beliebige Dieselauto vorbeikommen.

Deshalb tickt hier eine Zeitbombe, denn faktisch liegt beim Aufruf der Operation `tanken` eine mögliche Kontraktverletzung vor.

Diese mögliche Verletzung des Kontrakts haben Sie aber nicht erkannt, weil Sie die Kontrolle über die Einhaltung der Vorbedingungen in den konkreten Methoden vornehmen. Dort ist die Verletzung nicht mehr erkennbar. Bisher ging alles gut, aber nur, weil noch kein echtes Dieselfahrzeug Ihre Tankstelle angesteuert hat.

Als nun ein paar Tage später ein fetter Lkw an Ihre Zapfsäule rollt, ist er natürlich nicht auf Salatöl vorbereitet.

```
DieselAuto lkw = new DieselAuto();
tankstelle.betanken(lkw);
```

Die Ausgabe sieht nun weniger freundlich aus:

```
Exception in thread "main" java.lang.AssertionError
at DieselAuto.tanken(TankstellenTest.java:33)
at Tankstelle.betanken(TankstellenTest.java:24)
at TankstellenTest.main(TankstellenTest.java:13)
```

Testläufe finden Verletzung nicht

Sie haben die Kontraktverletzung bei den ganzen Testläufen nicht bemerkt, und nun steht erst einmal der Betrieb Ihrer Tankstelle, während Sie einem aufgebrachten Lkw-Fahrer erklären dürfen, warum er hier keinen Kraftstoff erhalten wird.

Aber warum eigentlich haben Sie die Kontraktverletzung bei den Tests nicht bemerkt? Sie haben doch alle Regeln befolgt und die Prüfung der Kontrakte in den beiden Methoden verankert, die die Operation `tanken` jeweils umsetzen.

Nun, das Problem liegt darin, dass die Prüfung des Kontrakts in den realisierenden Methoden vorgenommen wurde. Damit erfolgte die Prüfung eben nicht gegenüber der abstrakten Schnittstelle, sondern gegenüber der Implementierung. Nur wenn diese Implementierung durchlaufen wird, kann die Verletzung des Kontrakts auch festgestellt werden.

Prüfung von Kontrakten

Prüfung von Kontrakten beim Aufruf von Operationen

Kontrakte bezüglich Vorbedingungen sollen mit den Informationen geprüft werden, die beim Aufruf der Operation zur Verfügung stehen. Damit findet eine Überprüfung gegenüber der Schnittstelle statt. Wird eine Vorbedingung erst bei der Umsetzung einer Operation überprüft, ist die Prüfung lückenhaft und hängt davon ab, welche Implementierung für das Ausführen der Operation verwendet wird. Durch eine Prüfung an der Aufrufstelle werden nicht nur faktische, sondern auch mögliche Kontraktverletzungen bezüglich der Vorbedingungen gefunden.

Sie werden gleich sehen, dass diese Forderung allein mit den Mitteln der Objektorientierung nur schwer zu erfüllen ist und aspektorientierte Erweiterungen notwendig sind, um sie praktikabel umzusetzen.

Zunächst wollen wir jedoch erläutern, warum diese Forderung sehr sinnvoll ist. Betrachten Sie dazu das Beispiel der Salatöltankstelle in etwas angepasster Form. Die obige Forderung verlangt von uns, dass die Einhaltung des Kontrakts an der *Aufrufstelle* der Operation `tanken` überprüft werden soll.

In Abbildung 7.56 ist der Ablauf beim Betanken in der Übersicht dargestellt. Dabei sind die beiden möglichen Stellen für die Prüfung des Kontrakts markiert.

Wenn Sie die Variante der Überprüfung an der Aufrufstelle wählen, resultiert der folgende Sourcecode.

```
void betanken(DieselAuto auto)
{
    assert(this.kraftstoff.typ() ==
                  KraftstoffTyp.Diesel);
    auto.tanken(this.kraftstoff);
}
```

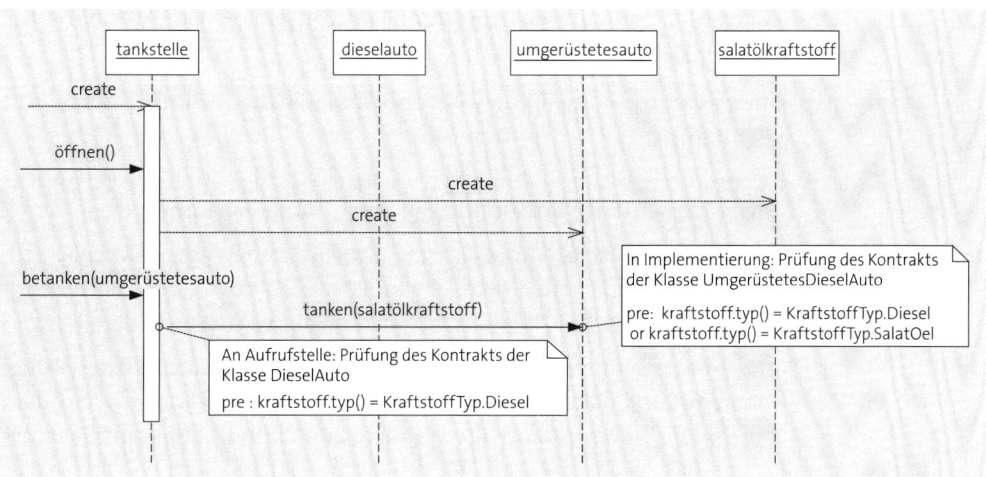

Abbildung 7.56 Ablauf beim Betanken eines umgerüsteten Dieselautos

Bei dieser Variante hätten die durchgeführten Testläufe ergeben, dass eine nicht vertragsgemäße Nutzung der Operation `tanken` vorliegt. Denn nun würde auch das Betanken eines umgerüsteten Autos dazu führen, dass die Kontraktverletzung bereits hier erkannt wird. Da wir nämlich an dieser Stelle nur die allgemeinere Information zur Verfügung haben, dass wir ein `DieselAuto` (und nicht unbedingt ein umgerüstetes) vorliegen haben, muss auch der Kontrakt, den wir mit der Klasse `DieselAuto` haben, geprüft werden. Und der ist restriktiver in Bezug auf die Vorbedingungen als der Kontrakt mit der Klasse der umgerüsteten Autos. Mit einer Prüfung an der Aufrufstelle hätten Sie also schon beim ersten Testlauf festgestellt, dass Ihr Programm fehlerhaft ist und korrigiert werden muss.

Prüfung des Kontrakts an Aufrufstelle

Warum also nicht grundsätzlich die Prüfung des Kontrakts an die Stelle verlagern, an der eine Operation aufgerufen wird? Im Beispiel oben haben wir doch gesehen, dass diese Variante erst wirklich korrekt auf die Einhaltung eines Kontrakts prüft.

Leider hat diese Lösung in der Praxis einen Haken, und in den meisten Fällen werden Sie die Prüfung aus einem ganz pragmatischen Grund nicht an die Aufrufstelle verlagern können: Es gibt in der Regel wesentlich mehr Aufrufstellen für eine Operation, als es Implementierungen davon gibt. Sie müssten die Prüfungen also redundant über Code verteilen, den Sie möglicherweise selbst gar nicht kennen. Damit wird die Wartung dieser Prüfungen schnell zu einem Albtraum. Über einige der Aufrufstellen haben Sie möglicherweise gar keine Kontrolle, da sie sich in anderen Modulen befinden oder von anderen Teams oder Firmen entwickelt werden. Obwohl Sie dadurch die Prüfung der Kontrakte korrekt gestalten können, ist diese Lösung mit den herkömmlichen Mitteln der Objektorientierung nicht praktikabel umsetzbar.

Eine elegante Lösung für diesen Konflikt bieten die Techniken der Aspektorientierung.

Aspekte als Lösung

Aspektorientierte Erweiterungen zur Prüfung von Kontrakten

Aspektorientierte Frameworks und Spracherweiterungen ermöglichen es, die Prüfung von Kontrakten beim Aufruf von Operationen vorzunehmen, ohne dass diese Prüfungen über den Code verteilt werden müssen.

Mit den herkömmlichen Methoden der Objektorientierung ist eine solche Prüfung nicht möglich, ohne die Struktur des Codes in Bezug auf die Überprüfungen von Kontrakten sehr unübersichtlich werden zu lassen.

In Abschnitt 9.3.4, »Design by Contract«, finden Sie ein Beispiel, wie die Prüfungen mit Mitteln der Aspektorientierung umgesetzt werden können.

7.5.3 Prüfungen von Kontrakten bei Entwicklung und Betrieb

Pacta sunt servanda (Verträge müssen gehalten werden) ist ein Grundsatz des privaten und öffentlichen Rechts. Aber auch im juristischen Bereich muss immer eine Einschätzung getroffen werden, mit welchen Mitteln die Einhaltung von Kontrakten geprüft wird. Ähnliche Abwägungen müssen Sie auch bei Kontrakten zwischen verschiedenen Klassen oder Modulen treffen.

Sie haben im vorigen Abschnitt mehrere Möglichkeiten gesehen, Kontrakte explizit beim Ablauf eines Programms zu überprüfen. Dabei stellt sich irgendwann die Frage, unter welchen Umständen diese Prüfung denn vorgenommen werden soll. Dient sie lediglich dazu, während der Entwicklungszeit eines Systems auf die Einhaltung von Kontrakten zu prüfen? Bei ausreichendem Test des Systems könnten Sie die Annahme machen, dass alle Kontraktverletzungen aufgefallen sind und Sie eine solche Überprüfung in einem produktiven System nicht mehr benötigen.

Nicht überprüfbare Bedingungen

Bestimmte Prüfungen können Sie gar nicht sinnvoll in einem produktiven System durchführen, obwohl sie zur Entwicklungszeit durchaus angebracht sind. Ein Beispiel dafür ist der Zugriff auf eine sortierte Liste:

Die Suche nach einem Element dieser Liste verursacht Aufwand, der logarithmisch von der Anzahl der Listenelemente abhängt. Es gehört zur Spezifikation unserer Suchmethode, dass sie keinen höheren Aufwand erfordert. Eine sinnvolle Vorbedingung ist, zu fordern, dass die Liste wirklich sortiert ist, weil wir sonst falsche Ergebnisse liefern würden. Aber wir können diese Bedingung zur Laufzeit nicht überprüfen. Die Prüfung selbst hat einen Aufwand, der linear von der Anzahl der Listenelemente abhängt. Wenn Sie die Prüfung durchführen würden, wäre die Spezifikation der Operation von vornherein nicht mehr zu erfüllen. Die Beobachtung verändert in diesem Fall das Beobachtete.

In anderen Fällen kann aber eine Prüfung von Kontrakten zur Laufzeit durchaus sinnvoll sein. Wenn die Konsequenzen der Kontraktverletzung bereits als schwerwiegend absehbar sind, ist auch eine Überprüfung zur Laufzeit sinnvoll. Im Fall unseres nicht salatöltauglichen Lkw war es sicherlich von Vorteil, die Einhaltung des Kontrakts auch im produktiven System zu erzwingen. Dadurch, dass über die Zusicherung ein Betanken des Lkw verhindert wurde, haben Sie sich ärgerliche Schadenersatzforderungen aufgrund eines explodierten Dieselmotors erspart.

7.6 Exceptions: wenn der Kontrakt nicht eingehalten werden kann

Wie in unserem eigenen Leben, so gibt es auch im etwas profaneren Leben von Objekten Situationen, in denen Unerwartetes auftritt, das sie daran hindert, ihre Aufgaben wie geplant durchzuführen. In solchen Situationen kann ein Objekt den Kontrakt, den es eingegangen ist, nicht mehr erfüllen.

Der Mechanismus der Ausnahmebehandlung (engl. *Exception Handling*) bietet eine ganze Reihe von Möglichkeiten, mit solchen Situationen umzugehen. Außerdem stellen Exceptions einen etablierten und praktikablen Mechanismus dar, um generell mit Fehlersituationen in einem Programm umzugehen.

Was Sie in diesem Abschnitt erwartet

In diesem Abschnitt stellen wir den Mechanismus der Ausnahmebehandlung vor. Sie werden sehen, dass Exceptions in den meisten Situationen besser zur Fehlerbehandlung geeignet sind als Fehlercodes. Anschließend gehen wir darauf ein, wie Ausnahmen und die damit verbundenen Techniken zur Spezifikation und Überprüfung von Kontrakten eingesetzt werden können. Außerdem werden wir Kriterien dafür vorstellen, in welchen Situationen eine Ausnahme so schwerwiegend ist, dass sie zum Beenden des Programms führen muss.

7.6.1 Exceptions in der Übersicht

Ein aus dem Leben gegriffenes Beispiel

Wahrscheinlich haben Sie selbst auch schon einmal die Erfahrung gemacht, dass es hin und wieder schwer sein kann, Zusagen einzuhalten, die Sie anderen gegeben haben. Es kann sein, dass etwas Unerwartetes dazwischenkommt, zum Beispiel weil Sie sich eine Erkältung zugezogen haben. Oder Sie haben sich selbst auf jemand anderen verlassen, der seine Zusagen nicht einhält.

So kann es auch einem Objekt als Bestandteil eines Programms passieren, dass es aufgrund der Umstände den abgeschlossenen Kontrakt nicht einhalten kann. Die Gründe dafür sind eher selten in plötzlich auftretenden Erkältungen zu suchen. Aber wenn ein Objekt zum Beispiel zur Erfüllung seiner Aufgabe die Zuteilung von Arbeitsspeicher benötigt und kein weiterer Speicher mehr verfügbar ist, kann es seine Aufgabe beim besten Willen nicht erfüllen.[34]

34 Im Bereich der Ausnahmebehandlung hat sich die Verwendung der englischen Begriffe auch im Deutschen etabliert. Wir benutzen deshalb im Folgenden die englischen Begriffe und geben bei der ersten Verwendung eine deutsche Übersetzung an.

Exception Handling (Ausnahmebehandlung)

Der Begriff *Exception Handling* bezeichnet ein Verfahren, bei dem bei Eintreten einer bestimmten Bedingung (einer Ausnahmesituation) der normale Kontrollfluss eines Programms verlassen wird. Die Kontrolle geht dann an den Mechanismus der Ausnahmebehandlung über. Es hängt nun davon ab, welche konkreten Mittel zur Behandlung einer Ausnahme das Programm aufweist, an welcher Stelle der Kontrollfluss wieder an das eigentliche Programm zurückgegeben wird.

Die Bedingungen, unter denen der Kontrollfluss eines Programms unterbrochen wird, werden dabei selbst als Exceptions (Ausnahmen) bezeichnet.

Exceptions (Ausnahmen)

Mit Exception (Ausnahme) wird eine Bedingung bezeichnet, die dazu führt, dass der normale Kontrollfluss eines Programms verlassen wird und die Kontrolle an das Exception Handling übergeht. Wir sprechen davon, dass eine Exception aufgetreten ist.

In objektorientierten Systemen wird die Information über die aufgetretene Ausnahmesituation meistens durch ein Objekt repräsentiert, das an den Mechanismus der Ausnahmebehandlung übergeben wird. Dieses Objekt wird ebenfalls als Exception bezeichnet. Die Unterbrechung des Kontrollflusses bezeichnen wir auch als das Werfen einer Exception.

Sogenannte Exception Handler definieren die Stelle, an der nach dem Werfen einer Exception die Kontrolle wieder an den regulären Programmablauf übergeht. Wir sprechen davon, dass durch die Exception Handler die Exception gefangen wird.

Betrachten Sie zunächst ein einfaches Beispiel in der Sprache Java. In Abbildung 7.57 sind drei Klassen dargestellt, die in unterschiedlicher Weise mit einer Exception vom Typ `AktionNichtMöglichException` umgehen.

Die Klasse `WirftException` tut das, was ihr Name verspricht: Sie wirft unter bestimmten Bedingungen eine Exception.

```
class WirftException {
    void kritischeOperationA() {
        bearbeiteTeil1();
        aktionMitAusnahme();
        bearbeiteTeil2();
    }
    private void aktionMitAusnahme() {
      if (!AktionZurzeitMöglich()) {
```

```
09             throw new AktionNichtMöglichException("zu spät");
10         }
11     }
12     ...
13 class AktionNichtMöglichException extends RuntimeException
14 {
15     AktionNichtMöglichException(String grund) {
16
17         super("Aktion nicht möglich: " + grund);
18     }
19 }
```

Listing 7.55 Werfen einer Exception

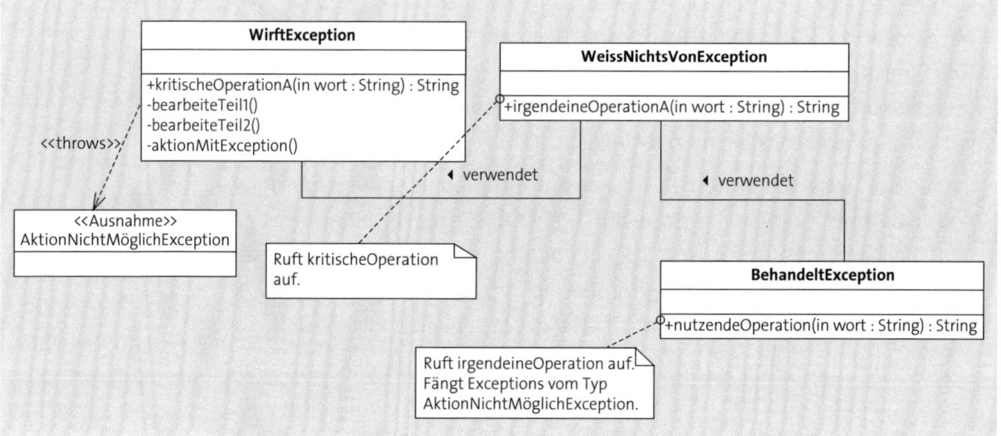

Abbildung 7.57 Klassen und Operationen, die Exceptions verwenden

In Zeile 09 wird das Java-Statement `throw` verwendet, um eine Exception der Klasse `AktionNichtMöglichException` zu werfen. Diese Klasse wird in Zeile 13 eingeführt.[35]

Aufgerufen wird die kritische Operation von der Klasse `WeissNichtsVonException`. Allerdings führt diese keine Fehlerbehandlung durch. Sie nutzt einfach eine Operation; da sie aber eine mögliche Fehlersituation gar nicht behandeln kann, muss sie das auch nicht tun.

35 In Java muss eine Operation für Exceptions explizit deklarieren, dass diese geworfen werden können. Diesen Mechanismus, der Checked Exceptions genannt wird, beschreiben wir in Abschnitt 7.6.4, »Exceptions als Teil eines Kontrakts«. Eine Ausnahme bilden die Klasse `RuntimeException` und ihre Unterklassen, die wir deshalb in diesem Beispiel verwenden.

```
class WeissNichtsVonException {
  void irgendeineOperation() {
      WirftException genutztesObjekt = new WirftException();
      genutztesObjekt.kritischeOperationA();
    }
}
```

Die Fehlerbehandlung erfolgt schließlich in der Klasse BehandeltException. Diese ruft die kritische Operation zwar gar nicht selbst auf, da Exceptions aber von Aufrufer zu Aufrufer weitergereicht werden, bis ein entsprechender Exception Handler gefunden wird, kann sie die Fehlerbehandlung durchführen.

```
01  class BehandeltException {
02      void nutzendeOperationA() {
03         WeissNichtsVonException genutztesObjekt =
04                       new WeissNichtsVonException();
05          try {
06              genutztesObjekt.irgendeineOperation();
07          }
08          catch (AktionNichtMöglichException exception){
09              // Dann eben Plan B durchführen
10              planB();
11          }
12      }
13  }
```

Listing 7.56 Fangen und Behandeln einer Exception

Im sogenannten try-catch-Block, der in Zeile 05 beginnt, wird festgelegt, dass, wenn eine Exception vom Typ AktionNichtMöglichException im try-Teil des Blocks geworfen wird, diese im catch-Teil gefangen (Zeile 08) wird. In diesem Fall wird die Exception nicht nur gefangen, sondern auch behandelt, indem anstelle des gescheiterten Aufrufs einfach Plan B durchgeführt wird (Zeile 10). Der Kontrollfluss wird also beim Werfen der Exception komplett durch das Exception Handling übernommen. Nach Behandlung der Exception und Ausführung von Plan B geht die Kontrolle wieder an das Programm über, und es wird mit der Bearbeitung von nutzendeOperationA fortgefahren.

Klassen von Exceptions können wie andere Klassen in Hierarchien organisiert werden. Ein catch-Statement, das alle Exceptions einer bestimmten Klasse fängt, fängt dann auch alle Exceptions, die zu einer Unterklasse gehören.

Einsatz von Exceptions: Was ist normal und was die Ausnahme?

Mit einer Exception kann eine Methode signalisieren, dass sie ihre Aufgabe nicht erfüllen und den vereinbarten Kontrakt nicht einhalten kann. Die Ursachen, warum die Methode ihre Aufgabe nicht erfüllen kann, können verschieden sein. So ist es z. B. möglich, dass eine der Methoden, die unsere Methode benutzt, ihre Teilaufgabe nicht erfüllen kann. Denkbar ist auch, dass die vorhandenen Daten die Erfüllung der Aufgabe grundsätzlich nicht ermöglichen oder dass die benötigten Ressourcen nicht zur Verfügung stehen.

In welchen Fällen sollte eine Methode also eine Exception werfen?

> **Exceptions sind nicht der Normalfall**
>
> Exceptions sollen verwendet werden, um ein gewöhnlich nicht erwartetes Ergebnis einer Operation zu kommunizieren. Was ein erwartetes Ergebnis ist und wann die Aufgabe einer Methode nicht erfüllt werden kann, hängt von der Definition des Kontrakts für die betreffende Operation ab.

Verdeutlichen wir das am Beispiel einer Klasse, die ein Wörterbuch repräsentiert. In Abbildung 7.58 ist diese Klasse mit zwei Operationen `operator[]` und `sucheWort` dargestellt.

[zB] Wörterbuch

Angenommen, Sie möchten eine Operation für ein Wörterbuch umsetzen, die zu einem Schlüsselwort einen Wert zurückgeben soll. Was soll die entsprechende Methode machen, wenn es zu dem übergebenen Schlüssel keinen Eintrag im Wörterbuch gibt? Soll sie einen Null-Wert zurückgeben oder eine Exception werfen? Beide Vorgehensweisen haben ihre Berechtigung, und die Entscheidung, welche Sie verwenden sollten, hängt davon ab, wie Sie das Wörterbuch betrachten.

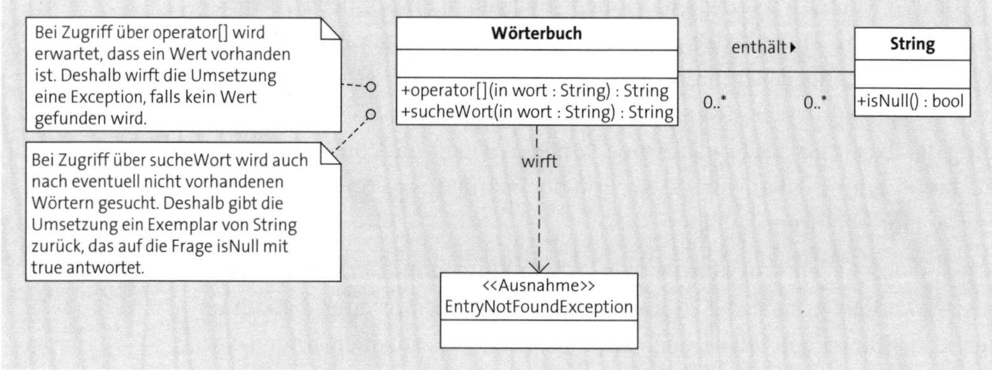

Abbildung 7.58 Ein Wörterbuch mit zwei Zugriffsoperationen

Zum einen können Sie das Wörterbuch als assoziatives Array betrachten, aus dem Sie vorher gespeicherte Daten auslesen wollen. In diesem Fall ist es die Aufgabe der Methode, zu dem übergebenen Schlüssel den zugehörigen Wert zurückzugeben. Es wird nicht erwartet, dass ein nicht vorhandener Schlüssel übergeben wird. Deshalb würde die Methode bei einem nicht vorhandenen Schlüssel eine Exception werfen.

Die andere Sichtweise auf das Wörterbuch ist die einer Datenbank, in der bestimmte Einträge vorhanden sein können, aber nicht müssen. Damit lautet also die Aufgabe der Methode: »Schau nach, ob wir einen Eintrag zu diesem Schlüssel haben, und, wenn ja, gib mir den Wert zurück.« Dafür ist es passender, die zugehörige Operation `sucheWort` zu nennen. Ist ein Eintrag nicht vorhanden, ist der Rückgabewert ein Null-Wert.

Beide Vorgehensweisen sind also möglich, und wie in Abbildung 7.58 dargestellt, können auch beide über verschiedene Operationen einer einzigen Klasse umgesetzt werden.

Beim geschilderten Vorgehen würde ein Aufrufer also nie gezwungen, sich mit Exceptions zu beschäftigen, nur um zu prüfen, ob ein Eintrag existiert. Falls ein Aufrufer die Information braucht, ob ein Eintrag mit einem Schlüssel existiert, bietet es sich an, neben `operator[]` auch eine Operation `existiertEintrag()` zur Verfügung zu stellen.

Eine ähnliche Situation liegt vor, wenn Sie die Operation `dividieren` für Klassen von Zahlen betrachten. In Abbildung 7.59 ist die Klasse der natürlichen Zahlen und die der reellen Zahlen dargestellt. Beide setzen die Operation `dividieren` um.

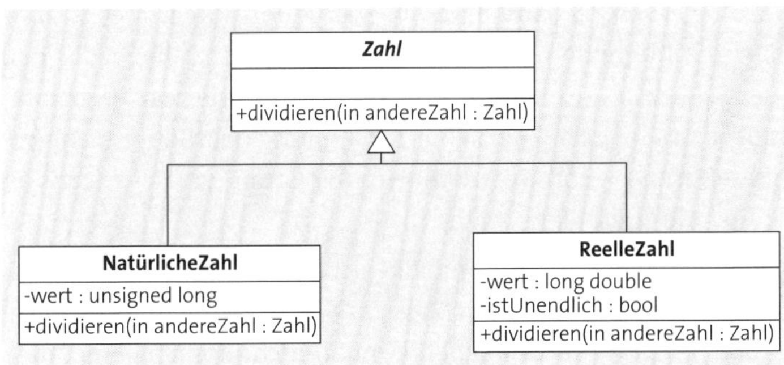

Abbildung 7.59 Divisionsoperation für verschiedene Klassen von Zahlen

Bei ganzen Zahlen ergibt es keinen Sinn, bei der Division einer ganzen Zahl durch 0 ein Ergebnis zu liefern. Es ist einfach nicht möglich, eine ganze Zahl durch 0 zu dividieren, deshalb ist es in diesem Fall korrekt, eine Exception zu werfen. Diese signalisiert, dass die Division gescheitert ist.

Bei reellen Zahlen könnten Sie aber durchaus definieren, dass das Ergebnis einer Division durch 0 die positive oder negative Unendlichkeit oder bei 0/0 eine »Nichtzahl« ist. Die positive und negative Unendlichkeit und die »Nichtzahl« sind hier kein Indikator dafür, dass die Division gescheitert ist – es sind nur speziell definierte Werte, die den Wertebereich der reellen Zahlen pragmatisch erweitern.

Dass eine Methode scheitert, bedeutet in diesem Kontext auch nicht unbedingt, dass das Programm einen Fehler hat oder sich in einem inkonsistenten Zustand befindet, sondern nur, dass die primäre Aufgabe der Methode nicht erfüllt werden konnte.

Exceptions oder Fehlercodes?

Exceptions sind nicht die einzige Möglichkeit, das Scheitern einer Methode anzuzeigen. Eine andere häufig verwendete Vorgehensweise ist, einen speziell definierten Wert als Ergebnis oder einen speziell für diesen Zweck definierten Ausgabeparameter zu benutzen, in dem ein Fehlercode zurückgegeben wird.

Vorteile von Exceptions

Exceptions haben aber zwei entscheidende Vorteile gegenüber Fehlercodes:

- Um das Scheitern einer aufgerufenen Operation weiter an den Aufrufer zu kommunizieren, brauchen Sie nichts zu tun. Wenn Sie die von der aufgerufenen Operation geworfene Exception nicht fangen, wird sie automatisch an den Aufrufer weitergeleitet.

  Bei Fehlercodes dagegen muss für jeden Aufruf einer Operation explizit überprüft werden, ob dabei eine Fehlersituation aufgetreten ist. Das heißt, dass die Methode in der Mitte der Aufrufkette, die weder den Grund des Scheiterns feststellt noch darauf irgendwie reagieren kann (außer selbst zu scheitern), die Fehlerbehandlung überhaupt nicht implementieren muss – und trotzdem wird der Grund des Scheiterns an die behandelnde Stelle signalisiert.
- Eine nicht gefangene Exception meldet sich mit aller Deutlichkeit. Bei Fehlercodes dagegen kann es durchaus passieren, dass sie einfach ignoriert werden. Programmiersprachen können nicht kontrollieren, dass ein Fehlerstatus überhaupt ausgewertet wird.

Fehlercodes sind allerdings viel besser als Exceptions geeignet, um Warnungen oder Hinweise, die sich auf die Ausführung einer Operation beziehen, an den Aufrufer zurückzumelden. Bei Warnungen und Hinweisen soll in der Regel gerade nicht der Kontrollfluss unterbrochen werden, da der Aufruf nicht komplett gescheitert ist. Eine Exception ist für einen solchen Fall ungeeignet, und Sie sollten Fehlercodes verwenden, die dann allerdings besser die Bezeichnung *Statuscodes* tragen.

7.6.2 Exceptions und der Kontrollfluss eines Programms

Die Verwendung von Exceptions verändert den Kontrollfluss eines Programms. Beim Auftreten einer Exception wird die reguläre Abarbeitung des Programms abgebrochen und an anderer Stelle erst wieder aufgenommen, wenn die ausgelöste Exception in irgendeiner Weise behandelt worden ist.

Exceptions

Exceptions haben dabei den großen Vorteil, dass sie den normalen Ausführungspfad eines Programms von den möglichen fehlerhaften Ausführungspfaden frei halten. Wenn Sie Fehlercodes zur Übermittlung einer Fehlersituation verwenden, müssen auch an der eigentlichen Fehlerbehandlung völlig unbeteiligte Methoden diese Codes weiterreichen.

Betrachten Sie einfach einmal das sehr einfache Java-Beispiel aus Listing 7.57 mit einem Aufruf von drei Operationen, die alle möglicherweise scheitern, also eine Exception werfen können.

```
void eineOperation()
{
  a();
  b();
  c();
}
```

Listing 7.57 Einfacher Aufruf von drei Operationen

Fehlercodes

Die Behandlung von möglichen Fehlern kann ein Aufrufer der Operation `eineOperation` übernehmen, die Methode selbst ist völlig frei von Fehlerbehandlung. Wenn Sie diese Fehlermöglichkeiten nicht über Exceptions, sondern über Fehlercodes signalisieren, sieht das Ganze bereits etwas anders aus, zum Beispiel wie in Listing 7.58.

```
Errorcode eineOperation()
{
  Errorcode result = Errorcode.OK;
  result = a();
  if (result == Errorcode.OK)
  {
```

```
      result = b();
      if (result == Errorcode.OK) {
        result = c();
      }
    }
    return result;
  }
```

Listing 7.58 Fehlerbehandlung durch Errorcodes

Zweck einer Methode

Der eigentliche Ablauf der Methode ist nun weit weniger klar, da die Behandlung der möglichen Fehler und des resultierenden Ablaufs den Großteil des Codes ausmacht. Außerdem wurde die Signatur der Methoden nur zum Zweck der Fehlerbehandlung angepasst, sodass sie jeweils einen `Errorcode` als Ergebnis liefern. Das führt zu einer weiteren Vermischung der eigentlichen Aufgaben und der Fehlerbehandlung.

Die Verwendung von Exceptions macht den eigentlichen Zweck einer Methode viel klarer ersichtlich. Mit Exceptions ist der Weg, der zum Erfolg einer Methode führt, also die Implementierung der Umsetzung der eigentlichen Aufgabe der Methode, deutlicher. Um die Behandlung von Fehlern kümmert sich nur die Codestelle, an der der Fehler auftritt, sowie die Stelle, an der er behandelt werden kann.

Die Ausführungspfade des Scheiterns sind implizit und automatisch da. Aber gerade weil sie da sind, müssen Sie auch immer mit diesen zusätzlichen Ausführungspfaden rechnen. Code, der mit Exceptions arbeitet, hat deshalb eine besondere Qualitätsanforderung: Sie müssen immer damit rechnen, dass der Aufruf einer Operation durch eine Exception unterbrochen wird. Für diese Ausführungspfade muss sich das Programm ebenfalls korrekt verhalten. Diese Anforderung wird auch die *Forderung nach Exception-Sicherheit* (*Exception Safety*) genannt.

[»]

Exception Safety

Durch die Verwendung von Exceptions werden zusätzliche Ausführungspfade in ein Programm eingeführt. Ein Programm wird sicher bezüglich der Behandlung von Exceptions genannt (exception safe), wenn das Programm sich auch nach dem Durchlaufen dieser Pfade in einem korrekten Zustand befindet. Von einem korrekten Zustand sprechen wir, wenn auch in diesem Fall die festgelegten Invarianten weiterhin gelten. Außerdem dürfen keine Speicherlecks entstehen, und auch die Freigabe von anderen belegten Ressourcen muss korrekt stattfinden.

Betrachten Sie zur Illustration ein einfaches Beispiel in C++. Ohne Exceptions ist dieser C++-Code korrekt:

```
MeinObjekt* pMeinObjekt = new MeinObjekt();
meineOperation(pMeinObjekt);
delete pMeinObjekt;
```

Wenn allerdings `meineOperation(pMeinObjekt)` eine Exception wirft, haben Sie ein Speicherleck vorliegen, weil der Speicher, auf den `pMeinObjekt` verweist, nie freigegeben wird. Da der normale Kontrollfluss bei Auftreten einer Exception unterbrochen wird, wird der Code zum Freigeben von `pMeinObjekt` in diesem Fall nicht durchlaufen. In Sprachen, die eine automatische dynamische Speicherverwaltung (Garbage Collection) aufweisen, besteht das Problem bezüglich der Anlage von neuen Objekten nicht. Andere Ressourcen können aber durchaus belegt bleiben, wenn eine Exception auftritt.

Freigabe von Ressourcen

Deshalb ist es in Programmen, die mit Exceptions arbeiten, meist notwendig, die Freigabe von Ressourcen explizit zu behandeln und sie so abzusichern, dass diese Freigabe auch im Exception-Fall erfolgt. Werden Invarianten innerhalb einer Methode zeitweise verletzt, muss das Gelten der Invariante beim Auftreten einer Exception wiederhergestellt werden. Es ist in diesen Fällen möglich, dass wir die Betrachtung von Exceptions durch diese Randbedingungen doch wieder in Methoden einfügen müssen, die weder mit dem Auslösen noch mit dem eigentlichen Behandeln der Exception etwas zu tun haben.

Programme exception-sicher gestalten

Was ist nun konkret zu tun, um Programme exception-sicher zu gestalten? Betrachten wir dazu zwei Beispiele in Java und C++. Wir beginnen mit der Programmiersprache Java und verwenden dazu die modifizierte Variante eines Beispiels aus Abschnitt 4.1, »Die Basis von allem: das Objekt«. Dieses Beispiel behandelt elektrische Stromkreise und die idealisierten Annahmen, die sich mit dem Verhältnis von Stromstärke, Spannung und Widerstand beschäftigen.

Nehmen wir an, Sie haben sich für die in Abbildung 7.60 gezeigte Umsetzung entschieden: Die drei Attribute Spannung, Widerstand und Stromstärke haben Sie jeweils als Datenelemente `voltage`, `resistance` und `current` umgesetzt. Bei jedem Zugriff von außen muss dann die angegebene Invariante greifen: $U = R \cdot I$, hier also `voltage = resistance * current`.

Wird der Wert für die Spannung geändert, möchten Sie diese Änderung in einer Datei mitprotokollieren. Die Umsetzung der Operation `setVoltage` muss in diesem Fall exception-sicher erfolgen. Listing 7.59 zeigt eine mögliche Umsetzung in Java.

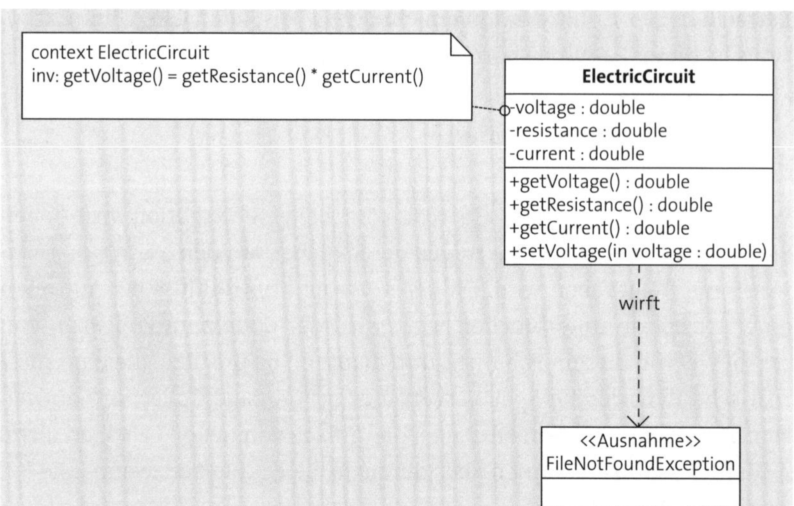

Abbildung 7.60 Invariante für Ohm'sches Gesetz

```
04    void setVoltage(Double voltage)
05            throws IOException {
06        FileOutputStream out = null;
07        try {
08            this.voltage = voltage;
09            // Die Invariante U = R * I gilt nicht mehr
10            out = new FileOutputStream(
11                    "C:/logs/trace.txt");
12            // Hier ist eine Datei geöffnet
13            PrintStream p = new PrintStream(out);
14            p.println("Setting voltage to " + voltage);
15        } finally {
16           if (out != null) {
17              out.close();
18           }
19           this.current = this.voltage / this.resistance;
20        }
21    }
```

Listing 7.59 Java: Exception-sichere Umsetzung von »setVoltage«

Die Methode verwendet Exemplare der Klassen `FileOutputStream` und `PrintStream`, um eine Protokollierung zu schreiben (Zeilen 07, 08, 10 und 11). Bei der Verwendung können Exceptions auftreten. Diese werden allerdings nicht behandelt, die Behandlung bleibt anderen Aufrufebenen überlassen. Trotzdem muss die Methode dafür sorgen, dass im Fall einer Exception korrekt aufgeräumt wird.

Das geschieht im sogenannten `finally`-Block, der ab Zeile 15 umgesetzt ist. Der dort enthaltene Code wird in jedem Fall durchlaufen, auch wenn im davor aufgeführten `try`-Block eine Exception auftritt. In unserem Beispiel werden dort zwei verschiedene Aktionen durchgeführt. Zum einen wird die möglicherweise bereits geöffnete Datei auf jeden Fall geschlossen. Wäre das nicht der Fall, würden die entsprechende Datei und die damit verbundenen Ressourcen nicht mehr freigegeben. Zum anderen wird die Stromstärke auf jeden Fall auf den Wert gesetzt, der der Invariante entspricht. Wenn dies nämlich nicht im `finally`-Block stattfindet, kann eine Exception dazu führen, dass die für das Objekt definierte Invariante verletzt wird: Die Spannung ist bereits neu gesetzt, die resultierende Stromstärke hat aber weiter den alten Wert. Die Invariante `inv: getVoltage() = getResistance() * getCurrent()` gilt dann nicht mehr, und das Objekt würde den geschlossenen Kontrakt verletzen.

In Sprachen wie C++ können Objekte auf dem Stack angelegt und dann beim Verlassen des Sichtbarkeitsbereichs automatisch entfernt werden. In diesen Sprachen kann zur Herstellung von Exception Safety ein Mechanismus verwendet werden, der unter dem Namen *Ressourcenbelegung ist Initialisierung* bekannt geworden ist.

Ressourcenbelegung ist Initialisierung (engl. Resource Acquisition is Initialisation, RAII)

Ressourcen wie zum Beispiel verwendete Dateien oder Sperren zur Synchronisation von nebenläufigen Programmteilen können dadurch verwaltet werden, dass sie im Konstruktor eines Objekts angelegt und im Destruktor desselben Objekts freigegeben werden.

RAII: Ressourcenbelegung ist Initialisierung

Werden solche Objekte in Programmiersprachen mit automatischer Verwaltung von Variablen (zum Beispiel C++) auf dem Stack angelegt, wird durch den Compiler sichergestellt, dass der Destruktor in jedem Fall beim Verlassen des Sichtbarkeitsbereichs aufgerufen wird. Damit werden im Destruktor die verwendeten Ressourcen immer freigegeben, insbesondere auch dann, wenn der Sichtbarkeitsbereich deshalb verlassen wird, weil eine Exception aufgetreten ist. Dieses Verfahren ist ein wichtiges Mittel, um die Exception-Sicherheit eines Programms herzustellen.

In Abbildung 7.61 ist ein Beispiel aufgeführt, in dem eine Klasse `RAII` (für *Resource Acquisition is Initialisation*) explizit eine Ressource verwaltet.

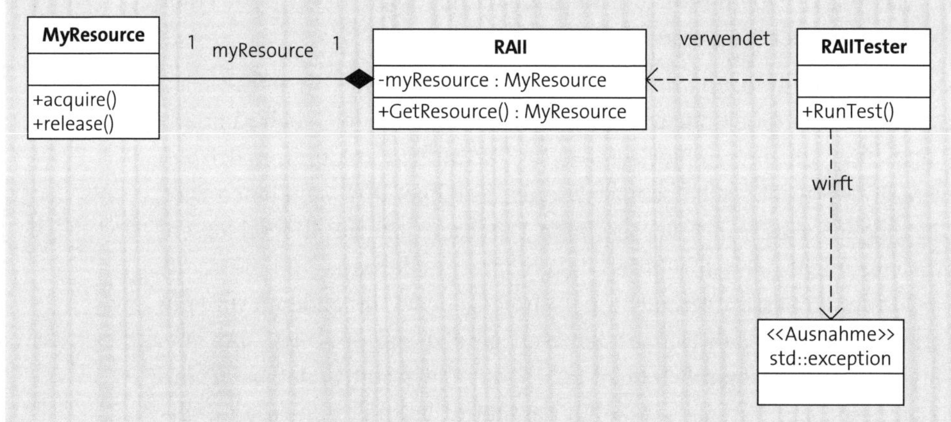

Abbildung 7.61 RAII-Objekt zur Absicherung von Ressourcen

Betrachten Sie die zugehörige Umsetzung in C++ von Konstruktor und Destruktor in Listing 7.60. Dabei wird deutlich, dass die zugehörige Ressource im Konstruktor komplett angelegt und reserviert wird, im Destruktor wird die Ressource dann wieder freigegeben.

```
RAII::RAII()
{
    pMyResource = new MyResource();
    pMyResource->acquire();
}

RAII::~RAII()
{
    pMyResource->release();
    delete pMyResource;
}
```

Listing 7.60 Verwaltung von Ressourcen in Konstruktor und Destruktor

Die Verwendung des absichernden Objekts ist in Listing 7.61 dargestellt.

```
void RAIITester::RunTest()
{
   RAII raii;
   bool condition_red = false;
   MyResource* pResource = raii.GetResource();
   // ... Aktionen mit der Ressource ausführen
   if (condition_red) {
       throw std::exception();
```

```
    }
    // .. weitere Aktionen
}
```

Listing 7.61 RAII in Verwendung

Dabei wird eine lokale Variable für ein Exemplar von `RAII` angelegt, der dabei implizit aufgerufene Konstruktor sorgt dafür, dass die benötigte Ressource reserviert wird. Sobald der Sichtbarkeitsbereich von `RunTest` verlassen wird, wird der Destruktor von `RAII` aufgerufen, der dann die belegte Ressource in jedem Fall freigibt. Das gilt auch in dem Fall, dass während des Ablaufs im Code eine Exception auftritt.

Vorteile von Exceptions überwiegen

Auch wenn Exceptions also die Notwendigkeit mit sich bringen, Code exception-sicher zu gestalten, überwiegen doch die Vorteile ihres Einsatzes. Weil Exceptions bestimmte Ausführungspfade verstecken, erhöhen sie die Übersichtlichkeit von Quelltexten, weil sie die wichtigen Abläufe klar erkennbar machen.

Es bietet sich eine Analogie zur Verwendung von Polymorphie an: Aus dem Quelltext einer Methode, die eine Operation aufruft, können Sie nicht erkennen, welche konkrete Implementierung der Operation aufgerufen wird. Diese Information ist nicht offensichtlich, sie ist versteckt. Trotzdem, nein, gerade deswegen erhöht der Einsatz von virtuellen Methoden die Übersichtlichkeit des Quelltexts. Auch Exceptions erhöhen die Übersichtlichkeit und Wartbarkeit von Quelltexten, indem sie eine Reihe von Ausführungspfaden vor dem Programmierer verstecken.

7.6.3 Exceptions im Einsatz bei Kontraktverletzungen

In Abschnitt 7.5.2, »Übernahme von Verantwortung: Unterklassen in der Pflicht«, haben Sie ein Beispiel kennengelernt, bei dem ein Aufrufer den Kontrakt bezüglich einer Operation verletzt hat. Der Aufruf der Operation `tanken` an Ihrer Salatöltankstelle hat in einem recht unerfreulichen Fall zu einer Verletzung von Vorbedingungen geführt. Die Vorbedingung hatten Sie durch eine sogenannte *Assertion* abgesichert, sodass glücklicherweise kein Salatöl im Tank eines Diesel-Lkw gelandet ist.

Die verwendete Assertion führte im genannten Beispiel zu einer Exception vom Typ `AssertionError`, die wiederum dazu führte, dass Ihr Programm abgebrochen wurde. Allerdings hatte das einen etwas unangenehmen Nebeneffekt: Es konnte nun überhaupt niemand mehr tanken, das ganze System stand still.

Damit stellt sich die grundsätzliche Frage: Wenn in einem Programm eine Verletzung eines Kontrakts festgestellt wird, sollte das Programm dann grundsätzlich abgebrochen werden, oder kann es trotzdem weiterarbeiten? Was soll also ein Programm machen, wenn es selbst erkennt, dass es fehlerhaft programmiert oder falsch konfiguriert ist?

Tote Programme lügen nicht

Tote Programme lügen nicht

Wird innerhalb eines Programms durch Überprüfung von Kontrakten zur Laufzeit eine Kontraktverletzung festgestellt, ist für die weitere Ausführung des Programms die korrekte Funktion nicht mehr gewährleistet.

Eine Faustregel, wie das Programm sich in solchen Situationen verhalten soll, formulieren die Pragmatiker Andy Hunt und Dave Thomas im Buch *The Pragmatic Programmer* (*Der Pragmatische Programmierer*. Deutsche Ausgabe 2003): »Dead programs tell no lies.« Tote Programme lügen nicht. Diese Regel besagt, dass es oft besser ist, ein Programm zu beenden, das sich in einen undefinierten Zustand begeben hat. Damit wird verhindert, dass zum Beispiel die Datenbank durcheinandergebracht wird oder ein Patient eine falsche Dosis Strahlung erhält oder andere noch schlimmere Effekte entstehen. Da das Programm sich bei einer Kontraktverletzung nicht mehr in einem definierten Zustand befindet, ist theoretisch jeder Effekt möglich.

Durch ein komplettes Beenden wird erreicht, dass ein Programm nicht in einem undefinierten Zustand weiterläuft. Dadurch werden mögliche Folgeschäden vermieden. Das Programm soll außerdem wieder in einen definierten Zustand gebracht werden. Und Neustart ist eine ziemlich sichere Methode, wie man in einen definierten Zustand zurückfinden kann.

Diskussion: Ist Neustart grundsätzlich besser?

Gregor: *Ist es für ein Serversystem nicht meistens besser, wenn es weiterläuft? Nicht jede Kontraktverletzung führt automatisch zu dramatischen Inkonsistenzen. Und wenn sich zum Beispiel ein Datenbankserver beendet, weil er in einer einzelnen Aktion eine Kontraktverletzung entdeckt hat, ist es doch reichlich unverhältnismäßig, den gesamten Server zu beenden. Die Folgen des Beendens könnten doch wesentlich kritischer sein: Möglicherweise ist eine ganze Reihe von Applikationen längere Zeit nicht verfügbar, und es entstehen hohe Kosten.*

Bernhard: *Das kann in der Praxis richtig sein. Dennoch bleibe ich dabei, dass bei einer Kontraktverletzung in der Regel ein Neustart des betroffenen Programms die korrekte Lösung ist. In deinem Beispiel stellt sich eher die Frage nach dem betroffenen Programm oder dem betroffenen Programmteil. Wenn ein Fehler in einem Bereich auftritt, der nur Aktionen für genau* *einen angemeldeten Benutzer der Datenbank ausführt, reicht es, genau diesen Teil zu beenden und neu zu starten. Es wäre wirklich weit über das Ziel hinausgeschossen, wenn dann in jedem Fall die Datenbank heruntergefahren würde.*

Gregor: *Und wenn die Kontraktverletzung in einem zentralen Teil des Datenbankservers festgestellt wird? Zum Beispiel beim Schreiben von Daten aus dem Arbeitsspeicher auf die Festplatte?*

Bernhard: *In diesem Fall sollte wahrscheinlich sogar der komplette Server beendet werden, weil die Datenbank möglicherweise ihre zentralen Konsistenzbedingungen nicht mehr einhalten kann. In den meisten Fällen wird es dann besser sein, den Server neu zu starten, anstatt möglicherweise inkonsistente Daten zu schreiben.*

Im Fall einer Kontraktverletzung muss also ein Teil der auf einem Rechner laufenden Software beendet und neu gestartet werden, um in einen definierten Zustand zurückzukehren. Welcher Teil das ist, hängt davon ab, wie stark ein Programmteil von den anderen Teilen eines Programms isoliert ist. Kann ein Fehler in einem Programmteil andere Teile nicht beeinträchtigen, müssen diese auch nicht durchgestartet werden. Wenn auf einem Webserver ein Servlet ausgeführt wird und darin eine Kontraktverletzung auftritt, ist es nicht notwendig, den Webserver durchzustarten, es wird ausreichen, die Verbindung für den aktuell angemeldeten Anwender bzw. die aktuell angemeldete Anwenderin zurückzusetzen.

Aber wie wird eigentlich ein Programm am besten beendet, wenn eine Kontraktverletzung festgestellt wurde? Exceptions bieten hier eine Möglichkeit, Programme in definierter Weise zu beenden.

Exception bei erkannten Programmierfehlern

Im Fall eines Programmierfehlers sollte eine Exception geworfen werden, die signalisiert, dass eine Kontraktverletzung aufgetreten ist und dass ein Programmteil durchgestartet werden muss. Durch die Verwendung einer Exception ist es auch möglich, auf verschiedenen Ebenen des Programms notwendige Aufräumarbeiten durchzuführen, bevor das Programm beendet wird. So können zum Beispiel vom Programm angelegte temporäre Dateien noch gelöscht werden.

Wenn der Programmteil in einer Umgebung eingesetzt wird, in der ein kompletter Neustart nicht notwendig ist, kann die Exception auch gefangen werden, um dann nur den Programmteil neu zu starten, in dem die Exception aufgetreten ist. Die Verwendung von Exceptions überlässt die Entscheidung, welcher Teil neu gestartet werden muss, den aufrufenden Stellen.

Alternativ: direkter Abbruch des Programms

Zur Illustration dieser Vorteile betrachten wir die zur Verfügung stehende Alternative. Die meisten Programmiersprachen bieten auch die Möglichkeit, unmittelbar das Beenden eines Programms auszulösen. In Java könnten Sie `System.exit` aufrufen, in C++ kann der Aufruf von `abort` oder `exit` mit einem Fehlercode als Parameter verwendet werden. Dadurch wird das Programm direkt beendet, eine Behandlung von Exceptions kann nicht mehr stattfinden.

Der einzige Vorteil dieser Vorgehensweise ist es, dass das Programm keinen weiteren Schaden mehr anrichten kann, weil es einfach direkt und unmittelbar beendet wird. Der sofortige Abbruch gleicht dem Verhalten eines ehrenwerten Samurais, der sich seiner Unwürdigkeit bewusst wird und sich so für ein Seppuku entschließt. Kein gut gemeinter `catch`-Block, der alle Exceptions fängt, kann ihn dazu bringen, in einem undefinierten Zustand weiterzumachen und so möglicherweise seinem Meister noch mehr Schaden zuzufügen.

Nachteile des sofortigen Abbruchs

Aber die Nachteile des unmittelbaren Abbruchs sind offensichtlich: Bei einem sofortigen Abbruch kann die Anwendung notwendige Aufräumarbeiten nicht mehr erledigen. Den belegten Speicherplatz gibt das Betriebssystem frei, es löscht auch die Locks an geöffneten Dateien. Wer löscht aber die temporären Dateien? Wer benachrichtigt den Webserver, dass die Session beendet ist? Eine geworfene Exception erlaubt der Anwendung einen geordneten Rückzug, indem sie vor ihrer Wiedergeburt den Frieden mit der Welt schließen kann.

Ein weiterer Nachteil des sofortigen Abbruchs ist, dass er die Modularität des Programms verschlechtert. Eine Prozedur braucht nichts über das Programm zu wissen, in dem sie verwendet wird. Und wenn sie dieses Wissen nicht braucht, soll sie es auch nicht haben. Eine Prozedur, in der ein Programmierfehler festgestellt wurde, soll also nicht wissen, dass es in diesem Fall unsere Absicht ist, die Anwendung zu beenden. Vielleicht wird sie irgendwann in einer Anwendung verwendet, die ihre Teile besser isoliert und nur die Teile neu starten muss, in denen der Fehler aufgetreten ist. Wenn der sofortige Abbruch ausgelöst wird, sind solche Anpassungen nicht mehr möglich.

Fangen aller Exceptions?

Achtung Code Smell: catch(...) oder catch (Throwable)

Programmiersprachen, die Exceptions unterstützen, bieten in der Regel auch einen Mechanismus, um alle potenziell auftretenden Exceptions zu fangen. In C++ steht dafür das Statement `catch(...)` zur Verfügung, in Java kann die Basisklasse aller Exceptions, `Throwable`, verwendet werden.

Damit besteht auch die Möglichkeit, für bestimmte Programmteile jegliche Exception ohne Ansehen der konkreten Klassenzugehörigkeit einfach zu fangen und dann im Programmablauf weiterzumachen. Dieses Vorgehen ist ein starkes Indiz für problematischen Code, einen sogenannten Code Smell.[36] Ein `catch`-Block dieser Art sollte entweder dafür sorgen, dass das Programm beendet wird, oder die Exception weiterwerfen, damit ein anderer Programmteil das erledigen kann. Einfach die Exception zu protokollieren und weiterzumachen, führt dazu, dass auftretende Fehler und Kontraktverletzungen ignoriert werden. Die daraus resultierenden Folgefehler können wesentlich schwerwiegender und vor allem schwieriger zu finden sein.

Der unten stehende Java-Code »müffelt« also ziemlich stark:

```
try {
    // ... verschiedene Aktionen
} catch (Throwable t) {
    System.out.println(t.toString());
}
```

Und auch der entsprechende C++-Code riecht nicht besser:

```
try {
    // ... verschiedene Aktionen
} catch (...) {
    cout << "Non recoverable unexpected error";
}
```

Beide Codestücke enthalten das Problem, dass sie alle möglichen Fehlerarten abfangen, diese aber weder behandeln noch die gefangene Exception weiterwerfen.

7.6.4 Exceptions als Teil eines Kontrakts

In Abschnitt 7.5.1, »Überprüfung von Kontrakten«, haben Sie gesehen, wie Kontrakte zwischen Klassen und Objekten formuliert werden können. Dabei werden unter anderem für den Aufruf von Operationen Vorbedingungen und Nachbedingungen festgelegt. Die Einhaltung der Vorbedingungen muss dabei durch den Aufrufer sichergestellt werden. Wenn sie eingehalten sind, sichert ein Objekt zu, dass anschließend die Nachbedingungen gelten.

36 *Code Smell* lässt sich etwa mit »müffelnder Code« übersetzen. Martin Fowler hat den Begriff geprägt für Code, bei dem irgendetwas nicht in Ordnung ist, obwohl er in den meisten Situationen trotzdem funktioniert.

Nun, auch wenn der Aufrufer seinen Verpflichtungen nachgekommen ist und die Methode fehlerfrei implementiert wurde, kann es passieren, dass sie ihre Aufgabe nicht erledigen kann und scheitert. Damit müssen Sie bei jeder Methode rechnen, die Ressourcen nutzt, die außerhalb der Kontrolle des Programms stehen. Das Scheitern kann die Methode in diesem Fall dem Aufrufer durch das Werfen einer Exception signalisieren.

Kontrakte formulieren

Wie aber lassen sich die Kontrakte, die das Verhalten bei einer Exception beschreiben, formulieren und formalisieren?

Zunächst müssen wir uns hierfür klarmachen, dass es ganz unterschiedliche Fehlersituationen sind, die in einem Programm entstehen können. Dabei sind zwei grundsätzliche Kategorien zu unterscheiden: Kontraktverletzungen durch Programmierfehler auf der einen Seite und bekannte Fehlersituationen, mit denen unser Programm umgehen kann, auf der anderen Seite.

Kontraktverletzungen durch Programmierfehler

Kontraktverletzungen durch Programmierfehler

Ein Programmierfehler entsteht dadurch, dass sich Methoden oder die Aufrufer von Operationen nicht entsprechend den Kontrakten verhalten, die für sie gelten. Wenn beim Ablauf einer Methode ein Programmierfehler festgestellt wird, kann das verschiedene Ursachen haben:

- Die Methode stellt fest, dass der Aufrufer sich nicht an seine Verpflichtungen aus dem Kontrakt hält. In diesem Fall liegt ein Programmierfehler bezüglich des Aufrufs der Operation vor.
- Die Methode stellt fest, dass die Umsetzungen der Operationen, die sie ihrerseits aufruft, sich nicht an deren Kontrakt halten. Es handelt sich also um einen Programmierfehler in den anderen Methoden.
- Die Methode selbst enthält einen Programmierfehler.
- Das Programm ist in einem inkonsistenten Zustand. Im Sinn eines Kontrakts heißt das, eine Invariante gilt zum aktuellen Zeitpunkt nicht.

Bei anderen Fehlern ist aber schon bekannt, dass sie unter bestimmten Umständen auftreten können. Ein Programm muss mit diesen Fehlersituationen umgehen können.

Bekannte Fehlersituationen

Bekannte Fehlersituationen

Bekannte Fehlersituationen sind solche, deren Behandlung im Programm vorgesehen ist. Beispiele für solche Fehler:

- Die externen Ressourcen, die die Methode verwendet, stehen nicht zur Verfügung. Zum Beispiel kann eine Datei nicht geöffnet werden.

- Die Parameter beim Aufruf der Methode, obwohl sie den Bedingungen des Kontrakts entsprechen, können nicht verarbeitet werden. Ein Beispiel ist der Versuch, einen Eintrag in eine Tabelle einzufügen, dessen Primärschlüssel bereits belegt ist.
- Die Operationen, die die Methode aufruft, scheitern mit einer Exception, und die Methode selbst kann ohne die Ergebnisse der anderen Methoden ihre Aufgabe nicht erfüllen.

Es wäre ziemlich widersinnig, Kontrakte zwischen dem Aufrufer und der aufgerufenen Operation zu spezifizieren, die sich mit Programmierfehlern befassen. Die Kontrakte sollen uns gerade helfen, Programmierfehler zu vermeiden, also sollte es unser Ziel sein, dass solche Programmierfehler in einem fertigen Programm nicht mehr auftauchen. Wenn uns die Umsetzung einer Operation beschreiben würde, dass sie aufgrund eines bestimmten Umsetzungsfehlers in manchen Situationen die Exception `ProgrammingErrorException` wirft, würden wir dem zuständigen Programmierer mit gutem Recht sagen können: Dann beheb doch einfach den Fehler, anstatt in diesem Fall eine Exception zu werfen.

Eine Methode kann und braucht also nicht zu versprechen, dass sie nie wegen eines Programmierfehlers scheitert. Einerseits ist dieses Versprechen sowieso immer implizit gegeben, anderseits dürfen Sie dem Versprechen nie glauben.

Kontrakt bezüglich Exception

Bei den als möglich bekannten Fehlern und den daraus resultierenden Exceptions sieht es anders aus. Eine Operation kann in zweierlei Hinsicht einen Kontrakt bezüglich Exceptions formulieren. Zum einen kann sie zusichern, dass sie in bestimmten Fehlersituationen eine ganz bestimmte Exception wirft. Zum anderen kann sie auch zusichern, dass sie bestimmte Exceptions unter gar keinen Umständen werfen wird. Im letzteren Fall hat ein Aufrufer den Vorteil, dass er sich um diese Exceptions auch auf keinen Fall kümmern muss.

Beide Informationen können über eine Liste von Exception-Klassen angegeben werden, die von einer Operation ausgelöst werden können. Diese Liste wird über eine sogenannte `throws`-Klausel einer Operation zugeordnet.

Findet für bestimmte Klassen von Exceptions eine Überprüfung dieses Kontrakts durch den Compiler statt, werden diese in Anlehnung an die Java-Terminologie als *Checked Exceptions* bezeichnet.

Checked Exceptions (überprüfte Exceptions)

Als Checked Exceptions[37] werden solche Exception-Klassen bezeichnet, für die bereits zur Übersetzungszeit eines Programms Prüfungen stattfinden, die eine Behandlung der Exception erzwingen. Wird innerhalb einer Methode, die die Operation `myOperation` umsetzt, eine Exception vom Typ der Klasse `CheckedException` geworfen, muss diese entweder innerhalb der Methode wieder gefangen werden, oder die Methode muss explizit deklarieren, dass sie diese Exception wirft. Deklariert die Operation `myOperation`, dass sie eine Exception vom Typ `CheckedException` wirft, muss jede Methode, die die Operation aufruft, diese Exception entweder fangen oder ebenfalls deklarieren, dass diese Exception geworfen wird.

Eine Methode, die eine Checked Exception in ihrer `throws`-Klausel nicht aufführt, sichert damit zu, dass diese Checked Exception von ihr nie geworfen wird. Somit ist der Aufrufer von der Notwendigkeit befreit, solche Exceptions zu behandeln.

Eine Operation kann im Rahmen des für sie gültigen Kontrakts versprechen, dass sie bestimmte Checked Exceptions nicht wirft. Sie tut es, indem sie diese Exceptions (oder ihre Oberklassen) nicht in ihrer `throws`-Klausel angibt. Will oder kann eine Methode so eine Verpflichtung nicht übernehmen, muss sie alle Checked Exception-Klassen, die sie werfen möchte, in der `throws`-Klausel aufzählen.

Checked Exceptions und Java

Betrachten wir ein einfaches Beispiel in der Programmiersprache Java, bei dem Checked Exceptions zum Einsatz kommen. In der Exception-Hierarchie von Java sind alle Exception-Klassen checked. Eine Ausnahme bilden die Klasse `RuntimeException` und ihre Unterklassen. Listing 7.62 zeigt eine Situation, in der ein Java-Compiler einen Fehler signalisieren würde.

```
class MyCheckedException extends Exception {
}

public class CheckedExceptionExample {

    void eineOperation() {
        kritischeOperation();
    }

```

37 Wir bleiben für den Bereich der Exceptions bei englischen Begriffen und werden im Folgenden von Checked Exceptions sprechen.

```
10     void kritischeOperation() {
11         // ...
12         if (!aktionIstMoeglich()) {
13             throw new MyCheckedException();
14         }
15         // ...
16     }
17
18     private boolean aktionIstMoeglich() {
19         return false;
20     }
21 }
```

Listing 7.62 Fehlerhafter Code mit Checked Exception

In Zeile 01 wird eine neue Exception-Klasse deklariert. Als Unterklasse von `Exception` handelt es sich um eine Checked Exception. Innerhalb der Methode `kritischeOperation` in Zeile 10 kann es dazu kommen, dass eine solche Exception geworfen wird (Zeile 13). Ein Java-Compiler wird für diesen Code die Meldung `"Unhandled exception type MyCheckedException"` generieren. Die Methode `kritischeOperation` muss nämlich entweder die Exception fangen oder die Exception-Klasse in ihrer `throws`-Klausel angeben. In Abbildung 7.62 ist zu sehen, dass zum Beispiel die Entwicklungsumgebung Eclipse in diesem Fall genau die beiden genannten Möglichkeiten zur Korrektur vorschlägt.

Abbildung 7.62 Die IDE Eclipse und Checked Exceptions

Wenn Sie die Exception nicht direkt behandeln können, ist also die Erweiterung der `throws`-Klausel die einzige Alternative:

```
void kritischeOperation() throws MyCheckedException {
    // ...
```

Im Fall unseres Beispiels verlagert das allerdings nur das Problem, da nun der Aufruf aus `eineOperation` heraus nicht mehr zulässig ist. `eineOperation` ruft nämlich `kritischeOperation` auf. Damit muss auch hier die Exception entweder gefangen oder die `throws`-Klausel angepasst werden:

```
void eineOperation() throws MyCheckedException {
    kritischeOperation();
}
```

Mit dieser Anpassung haben Sie die Aufgabe, die Exception zu behandeln, an die jeweiligen Aufrufer von `eineOperation` delegiert.

Keine Checked Exceptions in C#

Der Mechanismus von Checked Exceptions wird in Java sehr intensiv genutzt. Bei anderen Sprachen wie zum Beispiel C# haben sich die Sprachdesigner explizit dagegen entschieden, diesen Mechanismus aufzunehmen.[38] Obwohl der Mechanismus der Checked Exceptions auf den ersten Blick sehr vernünftig aussieht, verursacht er in der Praxis oft mehr Probleme, als er löst.

Eigentlich handelt es sich ja um eine einfache Idee: Es wird lediglich verlangt, dass eine Methode entweder eine Exception behandelt oder signalisiert, dass sie eine Behandlung der Exception nicht zusichern kann und dass das der Aufrufer tun muss.

In den folgenden Abschnitten stellen wir deshalb an Java-Beispielen vor, auf welche Arten Checked Exceptions dort behandelt werden können und zu welchen Problemen das jeweilige Vorgehen führt. Dennoch müssen Sie gerade in Java mit den Checked Exceptions umgehen. Es ist dabei aber in der Praxis oft besser, Checked Exceptions in andere Exceptions einzubetten, die selbst nicht überprüft werden.

7.6.5 Der Umgang mit Checked Exceptions

Wenn Sie in einer Java-Methode eine Operation aufrufen, die in ihrer `throws`-Klausel eine Checked Exception aufführt, müssen Sie in Ihrer Methode mit dieser Exception umgehen können. Ein Java-Compiler wird es Ihnen nicht erlauben, die benötigte Operation aufzurufen, wenn Sie nicht eine adäquate Behandlung der Exception vornehmen.

Sie haben nun abhängig von der Art des Aufrufs und der Art der Exception verschiedene Möglichkeiten, was Sie tun können. Wenn Sie die Exception in Ihrer Methode so behandeln können, dass Sie trotz der Exception normal weiterarbeiten können, sind Sie natürlich aus dem Schneider. Sie können die Exception einfach fangen und dann weitermachen. Oft ist das

38 Anders Hejlsberg, der Chefarchitekt der Sprache C#, begründet in einem Gespräch mit Bill Venners (*http://www.artima.com/intv/handcuffs.html*), warum Checked Exceptions nicht in C# integriert wurden.

aber nicht der Fall, und die Exception muss in irgendeiner Form weitergereicht werden. Bei Checked Exceptions bleiben Ihnen dann drei Möglichkeiten:

1. Sie erweitern die `throws`-Klausel der Methode, sodass die Checked Exception darin enthalten ist.
2. Sie fangen die Exception und übersetzen sie in eine eigene Checked Exception.
3. Sie fangen die Exception und überführen sie in eine Exception, die nicht überprüft wird, eine Unchecked Exception.

In den folgenden Abschnitten betrachten wir jeweils kurz die beschriebenen Möglichkeiten an Beispielen.

Erweiterung der eigenen throws-Klausel

Die einfachste und schnellste Lösung, um mit einer Checked Exception umzugehen, ist die Erweiterung der eigenen `throws`-Klausel. Wenn der Aufrufer die Exception nicht behandeln kann, führt diese Anpassung dazu, dass er die benötigte Operation nun aufrufen kann.

Obwohl diese Vorgehensweise die einfachste ist, ist sie nicht ohne Probleme. Damit reichen Sie nämlich die internen Abhängigkeiten der Methodenimplementierung einfach weiter. Sie verlagern die Verantwortung, mit der Exception umzugehen, auf Ihre eigenen Aufrufer. Und da sich eine solche Abhängigkeit nicht aus der Spezifikation einer Operation ergibt, sondern aus der konkreten gewählten Umsetzung, wird die Art der Umsetzung relevant für die Schnittstelle. Wenn Sie die Implementierung später noch einmal ändern und eine andere Operation aufrufen, die wieder eine andere Checked Exception wirft, wären alle Ihre Aufrufer betroffen, wenn Sie diese neue Exception einfach weiterreichen.

Betrachten Sie dazu das Java-Beispiel aus Listing 7.63. Die dort aufgeführte Klasse `CustomerProvider` benutzt JDBC, um den Zugriff auf eine Datenbank zu realisieren. Die dabei genutzte Operation `executeQuery` in Zeile 13 enthält in ihrer `throws`-Klausel die Klasse `SQLException`. Diese gehört in Java zu den Checked Exceptions. Damit muss auch die Methode `getCustomers` die Klasse in ihrer Liste führen, es resultiert die `throws`-Klausel in Zeile 12.

```
01 public class CustomerFilter {
02   public Customer getBestCustomer(CustomerProvider p)
03                         throws SQLException {
04     Collection<Customer> customers = p.getCustomers();
05       // ... weitere Aktionen
```

```
06    }
07  }
08
09  public class CustomerProvider {
10    ...
11    public Collection<Customer> getCustomers()
12                        throws SQLException {
13      ResultSet rs = connection.executeQuery(...);
14      // ... weitere Aktionen
15    }
16  }
```

Listing 7.63 Operationen mit Checked Exceptions

Die Klasse `CustomerFilter`, deren Methode `getBestCustomer` den besten Kunden bzw. die beste Kundin aussuchen soll, benutzt ein Exemplar von `CustomerProvider`, das sie als Parameter erhält, um an die Kundenliste zu kommen. Obwohl `CustomerFilter` in keinerlei eigener Abhängigkeit zu JDBC steht, muss sie entweder die `SQLException` behandeln, oder sie muss sie, wie in unserem Beispiel in Zeile 03, selbst in der `throws`-Klausel deklarieren. In Abbildung 7.63 sind die entstehenden Abhängigkeiten aufgeführt.

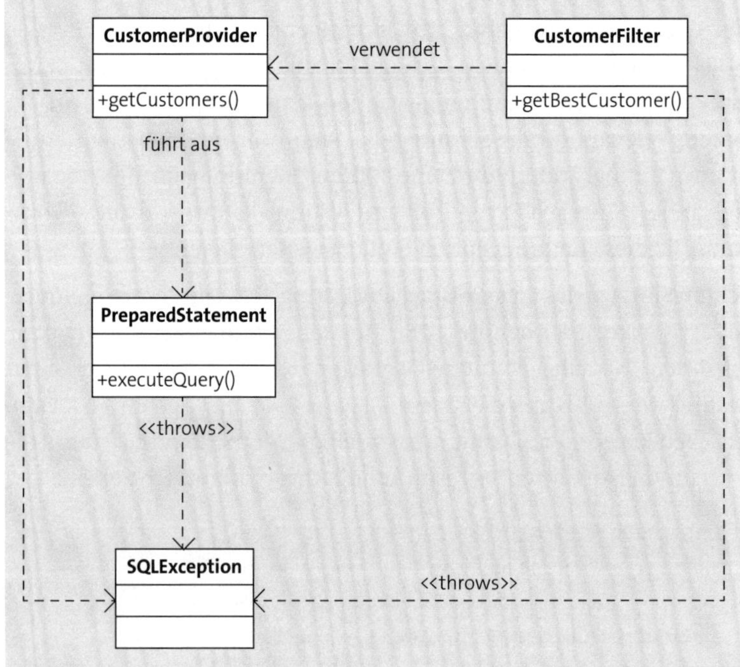

Abbildung 7.63 Abhängigkeiten durch erweiterte »throws«-Klausel

Auch die Klasse CustomerProvider weist nun eine Abhängigkeit zu SQLException und damit zu JDBC auf. Das ist unangenehm, denn hier vermischen wir die Domäne der Kundenverwaltung mit der Domäne der JDBC-basierten Datenhaltung. Das fachliche Anliegen ist nicht mehr klar von den technischen Anliegen getrennt. Das läuft dem *Prinzip der Trennung der Anliegen* zuwider.

Die Option, die Checked Exception einfach in die throws-Klausel zu übernehmen, verlieren wir also, wenn die Domäne, die wir für die Implementierung einer Methode betreten, außerhalb der Domäne der Aufgabe liegt, die wir zu erfüllen haben. In unserem Beispiel benutzen wir die Methode executeQuery, die in dem Bereich der JDBC-Datenhaltung liegt. Die Aufgabe der Methode getCustomers liegt aber im Bereich der Kundenverwaltung. Wir sollten den Quelltexten, die getCustomers verwenden, die Abhängigkeit zu SQLException und somit zu JDBC nicht aufzwingen. Eine Übernahme einer Exception in die eigene throws-Klausel ist also nur dann anzuraten, wenn die Exception in derselben Domäne liegt wie die Methode, die Sie umsetzen.

Eine Alternative zum einfachen Weiterreichen über die throws-Klausel ist die sogenannte *Exception Translation*.

Exception Translation

Die Methode getCustomers aus dem Beispiel in Listing 7.63 muss scheitern, wenn die verwendeten JDBC-Aufrufe scheitern. Wie Sie im vorigen Abschnitt gesehen haben, sollte getCustomers aber keine SQLException werfen. Sie kann allerdings eine Exception werfen, die der Domäne der Kundenverwaltung zugeordnet ist. Um das zu verdeutlichen, haben wir in Abbildung 7.64 Schnittstelle und Implementierung klarer getrennt. Die Klasse CustomerProvider ist nun eine Schnittstelle, zu der eine JDBC-spezifische Implementierung vorliegt. Diese wird über die Klasse JdbcCustomerProvider realisiert. In der Abbildung ist die resultierende Klassenstruktur dargestellt.

Die Abhängigkeit von CustomerProvider und damit von CustomerFilter zur SQLException ist in dieser Variante beseitigt. Beide verwenden eine eigene Exception, die aus der Domäne Kundenverwaltung stammt, nämlich CustomerException.

Der angepasste Quelltext für die Umsetzung der Operation getCustomers ist in Listing 7.64 aufgeführt.

Eine auftretende SQLException wird in Zeile 07 gefangen und in Zeile 08 in eine CustomerException aus der eigenen Domäne übersetzt.

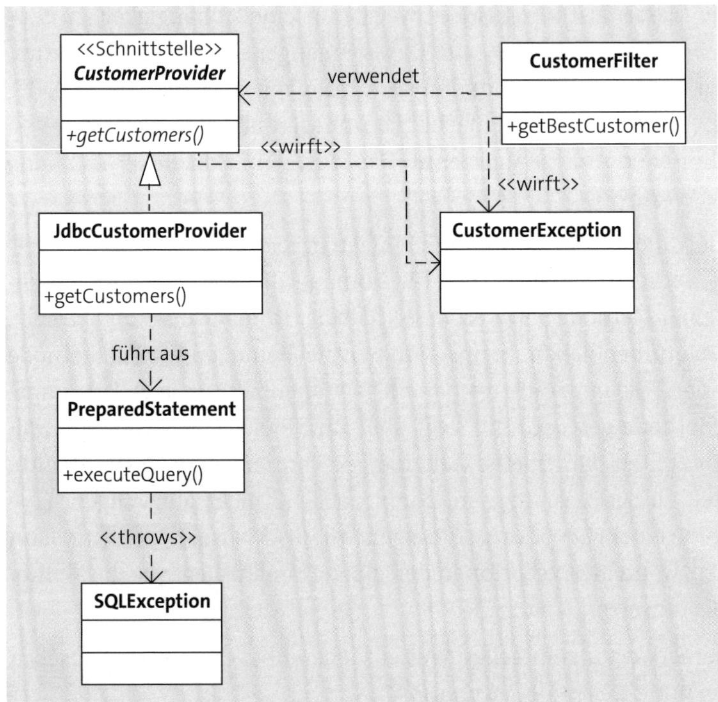

Abbildung 7.64 Exception Translation und resultierende Abhängigkeiten

```
public class JdbcCustomerProvider implements CustomerProvider {
  public Collection<Customer> getCustomers() throws
CustomerException {
    try {
      ResultSet rs = connection.executeQuery(...);
      ... usw. ...
    } catch (SQLException sqle) {
        throw new CustomerException("Datenbankproblem!");
    } finally {
      // JDBC-Objekte schließen
      ... usw. ...
    }
  }
}
```

Listing 7.64 Exception Translation für »SQLException«

Eine andere, zum Beispiel webbasierte, Implementierung `HttpCustomerProvider` würde ihre internen Exceptions auch abfangen müssen und sie in `CustomerExceptions` umwandeln. Das wird durch die Schnittstelle

CustomerProvider erzwungen. Die Schnittstelle legt die Verpflichtung fest, keine anderen Checked Exceptions zu werfen als eine CustomerException. Eine Implementierung der Schnittstelle kann keine Verpflichtung, die durch die Schnittstelle übernommen wurde, ablehnen. Sie kann sich aber zu mehr verpflichten und ihre throws-Klausel leer lassen oder nur bestimmte Unterklassen von CustomerException angeben.

Diese Lösung der Exception Translation ist für viele Fälle anwendbar und ermöglicht es, eine Trennung zwischen unterschiedlichen Domänen auch in Bezug auf die Behandlung von Exceptions durchzuhalten. Allerdings wird der durch die Checked Exceptions geschlossene Kontrakt durch diesen Mechanismus häufig einfach umgangen.

Im nächsten Abschnitt werden wir erläutern, warum auch die Exception Translation problematisch und eine Lösung unter Verwendung von normalen Unchecked Exceptions vorteilhaft sein kann.

Eine Checked Exception als Unchecked Exception weiterreichen

Im vorigen Abschnitt haben wir die Exception CustomerException in der Domäne der Kundenverwaltung vorgestellt. Diese domänenspezifische Exception kann grundsätzlich zwei Ursachen haben.

Einerseits kann die Ursache tatsächlich in der Domäne Kundenverwaltung liegen. Ein Beispiel für eine solche Ursache wäre, wenn Sie einen Kunden anlegen möchten, der noch nicht volljährig ist, und die Geschäftsbedingungen des Unternehmens das nicht zuließen. Eine Methode createCustomer würde in diesem Fall eine CustomerException werfen.

Auch wenn die Ursache in der Domäne der Kundenverwaltung liegt, kann es trotzdem sein, dass der Fehler in einer anderen (technischen) Domäne festgestellt wird. Zum Beispiel kann ein Fehler beim Einfügen eines Datensatzes in der Datenbank bedeuten, dass eine Kundennummer bereits vergeben ist. In diesem Fall könnte die Methode createCustomer die SQLException abfangen und sie in eine CustomerException übersetzen.

Andererseits kann das Problem tatsächlich in der anderen, technischen Domäne liegen. Es kann sein, dass die Datenbank keinen Festplattenplatz mehr hat oder dass sie einfach überlastet ist oder dass der Datenbankserver gerade lichterloh brennt. Abbildung 7.65 zeigt einen solchen Fall.

Sie haben zwar die Schicht, in der die Datenhaltung geschieht, gekapselt und abstrahiert, aber Abstraktionen tendieren dazu, Lecks zu haben,[39]

39 Diese These wird als *Law of Leaky Abstractions* von Joel Spolsky vertreten: *http://www.joelonsoftware.com/articles/LeakyAbstractions.html*.

und Probleme in der Schicht der Datenhaltung werden hin und wieder auch in den anderen Schichten als solche sichtbar.

Abbildung 7.65 Auslöser für eine »ServerOnFireException«

Wenn der Datenbankserver brennt, lässt sich das kaum als sinnvolle Exception in der Domäne Kundenverwaltung ausdrücken. Sie könnten zwar die `SQLException` abfangen und eine nichtssagende `CustomerException` werfen, damit hätten Sie aber das Leck in der Abstraktion nicht behoben, Sie hätten es nur verschleiert – um letztendlich der Benutzerin oder dem Benutzer eine Fehlermeldung der Art »Ein unerwarteter Fehler ist aufgetreten. [OK] [Cancel] [Dankeschön]« zu präsentieren.

Damit berauben Sie die Benutzerin oder den Benutzer der Chance, den tatsächlichen Fehler schnell zu identifizieren, ihn eventuell zu beheben und mit dem Feuerlöscher in den Serverraum zu rennen.

Wenn ein Fehler auftritt, den Sie nicht einer Exception, die tatsächlich in unserer Domäne liegt, zuordnen können, sollten Sie diese Tatsache nicht verschleiern. Wird der Fehler durch eine Checked Exception signalisiert, können und müssen Sie diese zwar in eine andere Exception übersetzen, Sie sollten die ursprüngliche Exception dabei aber nicht komplett ersetzen, sondern sie zumindest in die neue Exception einbetten.

So gibt es zum Beispiel in Java-Exceptions die Eigenschaft `cause`, die im Konstruktor gesetzt werden kann und genau diesem Zweck dient. Mit diesem Mechanismus können Sie die ursprüngliche Exception in eine neue Exception einbetten. Der angepasste Quelltext ist in Listing 7.65 zu sehen.

```
public class JdbcCustomerProvider implements CustomerProvider {
  public Collection<Customer> getCustomers()
          throws CustomerException {
    try {
      ResultSet rs = connection.executeQuery(...);
```

```
        // ...
      } catch (SQLException sqle) {
        throw new CustomerException(
            "Datenbankproblem!", sqle);
      } finally {
        // JDBC-Objekte schließen
        // ...
      }
    }
  }
```

Listing 7.65 Eingebettete Exception in Java

So weit, so gut. Sie werfen zwar eine `CustomerException`, es ist aber in Wirklichkeit keine. Tatsächlich ist es eine verschleierte `SQLException`, die Sie jedoch nicht direkt durchlassen dürfen, weil es der definierte Kontrakt verbietet.

Sie haben also einen Weg gefunden, den Kontrakt zwar formal zu erfüllen, tatsächlich umgehen Sie ihn aber. Nicht gerade ein Zeichen hoher Moral, aber was bleibt Ihnen anderes übrig? Das System zwingt Sie zum Mogeln. Wäre die `SQLException` nicht *checked*, könnten Sie die Exception ganz offen durchlassen. So aber müssen Sie sie in eine waschechte `CustomerException` umwandeln.

Den Kontrakt, der Sie dazu verpflichtet, keine `SQLException` zu werfen, gibt es aus zwei Gründen: Sie wollen Ihrem Aufrufer die Mühe ersparen, dass er sich mit JDBC befassen muss. Und Sie wollen die Quelltextabhängigkeiten des direkten Aufrufers zu JDBC vermeiden. Schließlich kann es sein, dass er sonst gar nichts mit JDBC zu tun hat, da es ja keine logischen Abhängigkeiten zu JDBC gibt.

Die erste noble Absicht können Sie, wie sich gezeigt hat, leider nicht erfüllen. Die Abstraktionen haben Lecks. Sie werden demnach gezwungen, entweder die `SQLException` unbehandelt einfach wegzufischen und durch eine `CustomerException` zu ersetzen, oder Sie können den Kontrakt auch beugen, indem Sie die `SQLException` Ihrer `throws`-Klausel hinzufügen und diese dann zum Aufrufer weiterreichen – wahrscheinlich noch weiter bis zu einer Stelle, an der einem Benutzer dann die Exception angezeigt wird.

Die zweite Absicht ist erfüllbar, und sie ist auch sehr wichtig. In den Quelltexten der Kundenverwaltungsschicht sollten tatsächlich keine JDBC-Bezüge stehen, wenn sie nicht unvermeidbar sind. Diese Absicht ließe sich aber mit viel weniger Tipparbeit erledigen, wenn Sie die `SQLException` unchecked machen könnten.

Bei `SQLException` bleibt Ihnen nichts anderes übrig, aber wenn Sie eigene Exceptions definieren, spricht wenig dafür, diese als Checked Exceptions zu deklarieren.

Die `SQLException` selbst ist checked, Sie können sie aber fangen und in eine Exception einbetten, die selbst nicht als checked deklariert ist. Dabei kann es sich je nach Bedarf der Anwendung um eine unspezifische `SoftenedCheckedException` oder um eine spezifische `SoftenedSQLException` handeln.

7.6.6 Exceptions in der Zusammenfassung

In den vorhergehenden Abschnitten haben Sie die verschiedenen Verwendungsmöglichkeiten von Exceptions kennengelernt. In diesem Abschnitt finden Sie noch einmal eine kurze Zusammenfassung der vorgestellten Eigenschaften.

- Exceptions bieten einen etablierten und in vielen Fällen vorteilhaften Mechanismus zur Fehlerbehandlung. Sie verstecken die Pfade der Programmausführung im Fehlerfall und tragen so zur Übersichtlichkeit von Code bei.
- Exceptions können verwendet werden, um Verletzungen von Kontrakten beim Aufruf einer Operation zu signalisieren. Als Reaktion auf die Kontraktverletzung ist es meist notwendig, das betroffene Programm oder einen Programmteil neu zu starten. Die Verwendung von Exceptions erlaubt es, vorher abschließende Aufgaben durchzuführen, sodass Aufräumarbeiten vor dem Beenden möglich sind.
- Exceptions können auch selbst Teil des Kontrakts sein, der zwischen Aufrufer und Umsetzer einer Operation geschlossen wird.
- Die Checked Exceptions in Java ermöglichen das formelle Deklarieren eines Kontrakts zwischen dem Aufrufer und der Methode, indem sich die Methode verpflichtet, bestimmte Exceptions nicht zu werfen. Der Vorteil für den Aufrufer ist, dass er sich um solche Checked Exceptions nicht kümmern muss.
- Allerdings wird der Kontrakt in vielen Fällen nur formell eingehalten, und die ursprünglichen Checked Exceptions werden trotzdem geworfen, allerdings eingebettet in andere Checked oder Unchecked Exceptions. Die Verpflichtung des Kontrakts wird also häufig umgangen.
- Beim Aufruf können wir auf den Vorteil, den wir aus einem solchen Kontrakt ziehen könnten, verzichten. Wir können die Exception nämlich durchaus behandeln, indem wir einfach der Benutzerin oder dem Benutzer eine Fehlermeldung anzeigen.

Kapitel 8
Module und Architektur

Wir betrachten in diesem Kapitel anhand einer Reihe von Beispielen, wie objektorientierte Entwürfe in größere Kontexte eingebunden werden. Dabei diskutieren wir die verschiedenen Arten, mit denen Module in diesen Kontexten angepasst und erweitert werden können. Am Beispiel des Musters Model-View-Controller stellen wir vor, wie objektorientierte Verfahren Beiträge zu einer kompletten Systemarchitektur leisten können.

Objektorientierte Verfahren können uns beim Architekturentwurf unterstützen, indem sie uns vor allem bei einer klaren Aufgabenteilung helfen. In diesem Kapitel stellen wir Beispiele für den Einsatz von objektorientierten Verfahren beim Entwurf von Software-Architekturen vor.

8.1 Module als konfigurierbare und änderbare Komponenten

Module sind die Bausteine, aus denen sich Software zusammensetzt. Die Mechanismen der Objektorientierung sollen uns helfen, diese Module zu definieren und interagieren zu lassen. Wir geben in diesem Abschnitt einen Überblick über die verschiedenen Möglichkeiten, Module erweiterbar zu halten und aus diesen Modulen ein funktionierendes System aufzubauen. Aber zunächst stellen wir die Frage: »Gibt es überhaupt so etwas wie eine objektorientierte Architektur?«

8.1.1 Relevanz der Objektorientierung für die Softwarearchitektur

Der Begriff *Softwarearchitektur* allein kann Grundlage für ganze Workshops sein. Eine einheitliche Definition werden Sie auch in der Literatur nicht finden.

Deshalb versuchen wir, den Begriff *Architektur* anhand der Eigenschaften zu beschreiben, die Softwarearchitekturen häufig zugeschrieben werden: [«]

- Architektur ist das, was in einem Softwaresystem wichtig oder auch nur schwer zu ändern ist.[1]
- Architektur ist auch das, was wir jemandem, der nichts über unser System weiß, als Erstes vorstellen, damit er einen Überblick über das System erhält.
- Architektur hat Auswirkungen auf die Entwicklerinnen und Entwickler eines Systems, weil sie Vorgaben macht, wie bestimmte Dinge umzusetzen sind.

Objektorientierung ist nicht in erster Linie ein Verfahren zum Architekturentwurf. Wir sprechen deshalb in der Regel von *objektorientiertem Systemdesign*, nicht von einer objektorientierten Architektur.

Allerdings hat ein objektorientiertes Design Rückwirkungen auf die Systemarchitektur, und umgekehrt kann eine Systemarchitektur die Anwendung von objektorientierten Verfahren erleichtern oder erschweren.

Diskussion: Sind Architekturen schwer zu ändern?

Gregor: *Muss es denn wirklich immer so sein, dass eine Architektur schwer zu ändern ist? Ich denke, dass wir Architekturen auch so anlegen können, dass wir mögliche Änderungen schon mit in Betracht ziehen und die Architektur selbst änderbar halten.*

Bernhard: *Kannst du dafür ein Beispiel nennen? Nach meiner Erfahrung ändert man Architekturen nur mit größerem Aufwand. In der Praxis wirft man oft eine Architektur komplett weg und beschäftigt sich dann mit einer neuen Architektur.*

Gregor: *Da kann ich dir ein konkretes Beispiel nennen. In einem unserer Projekte haben wir eine Architektur auf Basis eines Applikationsservers verwendet. Dabei haben wir aber explizit mit Pojos, also reinen Java-Objekten, gearbeitet und eine Reihe von Möglichkeiten des Applikationsservers nicht genutzt. In der Folge konnten wir unsere Architektur für bestimmte Szenarien einfach auf eine reine Client-Server-Architektur umstellen, in der die komplette Logik inklusive des Datenzugriffs in den Client verlagert ist. Wir konnten praktisch durch Konfiguration unsere Architektur von Thin-Client auf einen Fat-Client umstellen.*

Bernhard: *Das ist sicherlich ein guter Ansatz. Allerdings sehe ich es eher so, dass eure Architektur beide Varianten umfasst. Damit sind praktisch beide Verteilungsverfahren Teil eurer Architektur. Das spricht zwar für deren Qualität, aber eine Änderung der Architektur liegt eben beim Umschalten des*

1 Als Konsequenz ist dann ein Softwarearchitekt bzw. eine Softwarearchitektin in einem Projekt eine Person, die wichtig ist oder deren Meinung schwer zu ändern ist.

Verteilungsverfahrens nicht vor. Änderungen an der Architektur selbst wären immer noch vergleichsweise schwer durchzuführen.

8.1.2 Erweiterung von Modulen

Beim Entwurf von Modulen ist die Fragestellung zentral, wie sich diese Module später erweitern lassen. Wir stellen eine Reihe von etablierten Verfahren vor, mit denen Erweiterbarkeit unterstützt wird.

Vererbung

Wenn wir eine Möglichkeit suchen, um existierende Module zu erweitern, fällt uns im Bereich der Objektorientierung natürlich die Möglichkeit der *Vererbung* ein. Der einfachste (aber eben auch naive) Ansatz für eine Modulerweiterung ist es, für eine Klasse, die uns zur Nutzung zur Verfügung gestellt wird, eine abgeleitete Klasse zu definieren und stattdessen diese zu nutzen. Eine denkbare Architektur eines Systems wäre also, während der Weiterentwicklung die existierende Hierarchie von Klassen immer weiter aufzufächern und neue Unterklassen einzuführen, sobald neue Anforderungen erkennbar werden. Das führt aber in der Regel auch dazu, dass existierende Hierarchien geändert werden müssen. In der Regel ist das nur dann möglich, wenn es sich um interne Module handelt und die explizite Hierarchie der Klassen nicht nach außen offengelegt ist.

In dieser Form ist Vererbung also als Basis für Erweiterungen eines Systems nicht gut geeignet. Sie haben auch bereits in Abschnitt 5.3.2, »Das Problem der instabilen Basisklassen«, gesehen, welche Probleme durch eine solche Nutzung von Vererbungsbeziehungen entstehen können.

Abgeleitete Klassen

Natürlich können Sie trotzdem Vererbung zur Erweiterung von Modulen einsetzen. Stellen Module eine dokumentierte Menge von Klassen und damit Operationen zur Verfügung, können Sie für diese Klassen abgeleitete Klassen erstellen, die begrenzte Änderungen einführen. Wenn Sie dann in Ihrer Applikation ein Exemplar der abgeleiteten Klasse erstellen, wird es das geänderte Verhalten zeigen.

Fabriken als Erweiterungspunkte

Damit dieser Ansatz sinnvoll funktionieren kann, müssen sich die Entwickler und Entwicklerinnen eines Moduls allerdings bereits intensiv Gedanken gemacht haben, was die über Ableitung von Klassen nutzbaren *Erweiterungspunkte* des Moduls sind.

In Abschnitt 7.2, »Fabriken als Abstraktionsebene für die Objekterzeugung«, haben wir gesehen, wie uns verschiedene Verfahren zur Objekterzeugung definierte Möglichkeiten bieten, Module nachträglich noch zu erweitern. Fabriken sind auch ein zentraler Mechanismus, mit dem sogenannte Container arbeiten. Durch diese Methodik lassen sich begrenzte und definierte Anpassungen an Modulen vornehmen.

Einen ähnlichen Zweck verfolgt auch das Entwurfsmuster »Strategie«, das Sie in Abschnitt 5.5.1 kennengelernt haben. Mithilfe des Entwurfsmusters lässt sich das Verhalten von existierenden Klassen anpassen.

Beide Mechanismen bieten uns Möglichkeiten, eigene Funktionalitäten in existierende Module einzubringen, ohne diese Module öffnen zu müssen. Sie sind also Beispiele für Vorgehensweisen, die uns helfen, das zentrale Prinzip *Offen für Erweiterung, geschlossen für Änderung* umzusetzen.

Frameworks

Eine eigene Sichtweise auf Erweiterbarkeit nehmen *Frameworks* ein. Diese haben als zentrales Konzept die *Umkehr des Kontrollflusses* (*Inversion of Control*).

Frameworks (Anwendungsrahmen)

Das Grundkonzept von Frameworks ist, einen Rahmen für eine Anwendung oder einen Anwendungsbereich zur Verfügung zu stellen. Damit legen Frameworks eine Art Schablone für diesen Bereich fest, die bei der Entwicklung einer konkreten Anwendung dann ausgeprägt wird. Die Entwicklung einer Anwendung auf Basis von Frameworks besteht darin, dass Klassen und Methoden umgesetzt werden, die aus dem bereits existierenden Framework heraus aufgerufen werden. Damit liegt die Steuerung des Kontrollflusses komplett bei den Framework-Klassen. Das Frameworks zugrunde liegende Prinzip wird deshalb auch *Umkehrung des Kontrollflusses* (*Inversion of Control*) oder *Hollywood-Prinzip* genannt.[2]

Ablaufsteuerung Der intuitive Normalfall bei der Entwicklung eines Programms in einer prozeduralen Programmiersprache ist, dass der Programmablauf durch den von Ihnen geschriebenen Code bestimmt wird. Sie schreiben auf, was ausgeführt werden soll, und genau in dieser Reihenfolge passiert es dann auch.

2 Wir haben die Umkehrung des Kontrollflusses bereits in Abschnitt 3.6, »Prinzip 6: Umkehr der Abhängigkeiten«, an einem Beispiel vorgestellt.

Mit den Mitteln der objektorientierten Programmierung wird bereits ein relevanter Teil der Ablaufsteuerung nicht mehr explizit beschrieben, sondern an Mechanismen der Programmiersprache abgegeben. Bei Aufruf einer polymorphen Operation entscheidet der Typ eines Objekts zur Laufzeit darüber, welche Methode nun genau aufgerufen wird.

Wenn Sie aber die Kontrolle darüber, wann im Programmablauf unsere implementierte Funktionalität tatsächlich aufgerufen wird, an ein anderes Modul abgeben, sprechen wir von einer *Umkehrung des Kontrollflusses*. Frameworks sind Zusammenstellungen von Klassen, die den Rahmen für den Ablauf von solchen Anwendungen liefern. Eine Anwendung, die ein Framework nutzt, ist damit von der Aufgabe entbunden, den Kontrollfluss selbst zu steuern. Sie stellt nur noch im Rahmen dieses Kontrollflusses benötigte fachliche Implementierungen zur Verfügung, der Kontrollfluss wurde damit umgekehrt.

Schablonenmethoden

Ebenfalls häufig in Frameworks anzutreffen sind neben den bereits erwähnten Fabriken die Schablonenmethoden. Wir haben sie in Abschnitt 5.3.1, »Überschreiben von Methoden«, bereits vorgestellt. Schablonenmethoden geben einen Rahmen vor, in dem Operationen aufgerufen werden, die erst von abgeleiteten Klassen implementiert werden müssen. Dadurch können Frameworks über abstrakte Klassen eine Sequenz von Aktionen steuern.

In Abschnitt 8.2 werden Sie den Ansatz kennenlernen, das Model-View-Controller-Muster (MVC) für die Steuerung des Kontrollflusses in der Präsentationsschicht zu nutzen. In einem MVC-Framework können zum Beispiel die Klassen, die für konkrete Darstellungen auf dem Bildschirm zuständig sind, als Ableitungen von abstrakten Klassen umgesetzt werden. Diese müssen dann für ihre korrekte Aktualisierung sorgen. Die Erstellung dieser auch *Views* genannten Klassen und die Interaktion mit anderen Komponenten können jedoch vom Framework übernommen werden.

Swing unterstützt Aspekte von MVC

Typische Beispiele sind hierbei Frameworks, die den Ablauf für Interaktionen an einer Benutzeroberfläche steuern. So bringt zum Beispiel das GUI-Framework Swing von Java Bestandteile mit, die generell die Interaktion innerhalb eines MVC-Ansatzes regeln. Die vom Anwendungsprogrammierer eingebrachten Module fügen sich in den Ablauf des Frameworks ein. Die neu umgesetzte Funktionalität wird vom Framework innerhalb dessen eigenem Kontrollfluss aufgerufen.

Frameworks: Probleme

Frameworks haben allerdings in der Praxis mit ein paar Problemen zu kämpfen. Das Hauptproblem ist dabei, die vorzusehenden Erweiterungspunkte zu bestimmen, ohne schon alle konkreten Anwendungsfälle zu kennen. Werden zu wenige oder die falschen Erweiterungspunkte eingebaut, ist das Framework zu unflexibel. Werden zu viele Erweiterungspunkte eingebaut, wird das Framework zu komplex und schwierig zu warten.

Was soll erweiterbar sein?

In der Praxis ist es nicht einfach, die Punkte zu bestimmen, die für Erweiterungen zugänglich sein sollen. Oft wird zu viel von den Eigenschaften der Framework-Klassen öffentlich gemacht. Ist diese öffentlich gemachte Information dann einmal von Framework-Anwendern genutzt worden, kann sie praktisch nicht mehr geändert werden und verhindert zu einem gewissen Grad notwendige Umbauarbeiten innerhalb des Frameworks. Nach unserer Erfahrung hat ein Framework diesen Zustand erreicht, wenn häufiger der Satz fällt: »Aber ihr verwendet das Framework doch ganz falsch! Dafür war diese Methode nie gedacht!« In diesem Fall wurde zu viel von den Interna des Frameworks offengelegt, oder es ist einfach insgesamt zu komplex geworden.

JUnit

Frameworks haben sich deshalb meist dort bewährt, wo sie für einen klar definierten und überschaubaren Einsatzbereich konzipiert worden sind. Ein gutes Beispiel ist das JUnit-Framework, das erfolgreich für den Test von Java-Modulen eingesetzt wird. Zunächst einmal weist JUnit ein sauberes Design auf.

Ein weiterer sehr wichtiger Punkt ist aber, dass der von JUnit abgedeckte Bereich so eingegrenzt ist, dass die notwendigen Erweiterungspunkte des Frameworks überschaubar geblieben sind. Deshalb ist JUnit für den gewählten Einsatzbereich auch so nützlich und stabil. Erst die Erweiterung der Sprache Java um die Annotations führte zu größeren Änderungen an JUnit.

Frameworks für technische Abläufe

In den meisten Anwendungsfällen versuchen Frameworks, die technischen Abläufe zu kapseln, sodass die Umsetzung der Fachlichkeit erfolgen kann, ohne sich mit allen technischen Details beschäftigen zu müssen. JUnit und die bereits erwähnten MVC-Frameworks sind Beispiele dafür. Komplexer wird die Aufgabenstellung, wenn Gemeinsamkeiten von fachlichen Abläufen und Objekten über ein Framework strukturiert werden sollen. Sofern das innerhalb eines Unternehmens mit einer weitgehend homogenen Sicht auf Objekte und Prozesse geschieht und außerdem das entstehende Framework auf beobachteten Gemeinsamkeiten verschiedener Bereiche basiert, ist eine Framework-Umsetzung auch noch aussichtsreich.

Fachliche Frameworks

Die Ausdehnung von Frameworks auf die Fachlichkeit von Geschäftsanwendungen über verschiedene Unternehmen und Branchen hinweg hat sich dagegen als sehr komplexe Aufgabe erwiesen. IBM hat mit den San

Francisco Framework Classes gegen Ende der 90er-Jahre einen Versuch unternommen, Frameworks auf den fachlichen Bereich von Unternehmensanwendungen auszudehnen. Ziel war es dabei, die Gemeinsamkeiten von Geschäftsobjekten und den zugeordneten Prozessen über ein fachliches Framework abzubilden. Die spezifischen Ausprägungen sollten dann über die Mittel der zur Verfügung stehenden Erweiterungspunkte an die fachlichen Anforderungen erfolgen. Die San Francisco Classes waren allerdings nie wirklich erfolgreich.

Nach unserer Einschätzung sind Frameworks, die relevante Teile von Fachlichkeit bereits abbilden, nur dann realistisch einsetzbar, wenn nicht nur das Framework, sondern auch die Geschäftsprozesse selbst anpassbar sind. Der klassische Ansatz von SAP illustriert das: Dort gibt die Software einen relevanten Teil der Prozesse vor, ein nutzendes Unternehmen muss sich in bestimmtem Umfang daran anpassen.

Container

In der Praxis hat sich eine besondere Form von Frameworks etabliert, deren Fokus darauf liegt, den Lebenszyklus von Objekten selbst zu verwalten. Diese Frameworks werden als *Container* bezeichnet.

[«]

Container

Container sind eine spezielle Form von Frameworks, die sich um den Lebenszyklus von Objekten kümmern. Für die so verwalteten Objekte bieten Container dann Basisdienste an und machen sie für Anwender nutzbar.

Der Begriff *Container* rührt daher, dass die Objekte einer Applikation im Container enthalten sind. Sie werden also komplett unter dessen Kontrolle gestellt. Dafür, dass sie die Dienste eines Containers in Anspruch nehmen können, müssen Objekte, die von einem Container verwaltet werden, im Gegenzug ebenfalls eine Leistung erbringen. Der mit dem Container geschlossene Kontrakt erfordert dabei häufig, dass sich die vom Nutzer des Containers eingebrachten Komponenten eine Reihe von Schnittstellen zur Verfügung stellen bzw. implementieren und sich an bestimmte Konventionen halten.

Ein Beispiel dafür sind die Container für *Java Enterprise Edition*-Anwendungen (*JEE*). Dort dient der Anwendungsserver als Container für verschiedene Anwendungen und Komponenten, der für eine Reihe von übergreifenden Aufgaben zuständig ist. Er koordiniert, welche Anwendung die Dienste welcher Komponenten verwendet und wann welche Dienste gestartet und gestoppt werden.

Container im Allgemeinen sind aber Laufzeitumgebungen, in denen Objekte verwaltet werden und dort bestimmte Services nutzen können. Es ist also nicht grundsätzlich notwendig, dass ein solcher Container Teil eines Applikationsservers ist.

Leichtgewichtige Container

Diese Bindung an Applikationsserver aufzuheben, ist eine Zielsetzung der sogenannten leichtgewichtigen Container. Ein Beispiel für solche Container ist der Ansatz des Spring-Frameworks, bei dem die fachlichen Klassen alle als einfache Java-Klassen, sogenannte *Pojos*, umgesetzt werden.[3]

Spring Framework

Ein gutes Beispiel für leichtgewichtige Container ist das *Spring Framework* (*https://spring.io/projects/spring-framework*).

Das Framework bietet neben vielen anderen Funktionalitäten auch einen Container, der das Anlegen und das Zusammenspiel von Objekten steuert. Die zugehörige Konfiguration kann wahlweise in einer XML-Konfigurationsdatei, direkt im Java-Code oder über Java-Annotations erfolgen.

Dependency Injection

Den Mechanismus der *Dependency Injection* haben wir bereits in Abschnitt 7.2.7 beschrieben. Dependency Injection ist ein Mechanismus, der als Bestandteil einer Architektur verwendet werden kann. So ist zum Beispiel bei Verwendung des Spring-Frameworks Dependency Injection ein zentrales Prinzip. Über Dependency Injection werden die Abhängigkeiten zwischen genutzten Modulen und ihren Nutzern aus dem Code ausgelagert. Der Container, der unsere Objekte verwaltet, ist dafür zuständig, die genutzten Objekte bereitzustellen. Die Entscheidung, ob dabei ein einziges Exemplar ausreicht oder ob für jeden Nutzungsfall ein eigenes Exemplar notwendig ist, liegt in der Konfiguration bzw. beim Container. Bei Nutzung dieses Mechanismus ist es zum Beispiel auch nicht mehr notwendig, mit Singletons zu arbeiten. Ein Singleton wäre in diesem Fall durch Konfiguration über den Container zu erreichen, wir haben aber bei

3 Der Begriff *Pojo* für *Plain Old Java Objects* wurde von Martin Fowler eingeführt (*http://www.martinfowler.com/bliki/POJO.html*). Die Motivation war, den guten alten Java-Klassen durch einen hippen Namen wieder zu mehr Präsenz zu verhelfen. Überhaupt gelingt es Martin Fowler häufig, Begriffe für Vorgehensweisen und Sachverhalte zu prägen. So stammt auch der Begriff *Dependency Injection* für eine bestimmte Form der Umkehrung des Kontrollflusses von ihm und Rod Johnson. Value Objects in der JEE-Spezifikation wurden zu *Data Transfer Objects*, nachdem Martin Fowler diese Benennung kritisiert hatte.

keiner Klasse mehr die unbedingte Voraussetzung, dass nur ein Exemplar davon existieren kann.

Plug-ins

Am Beispiel der freien Entwicklungsplattform Eclipse ist zu sehen, dass sich komplexe Applikationen auch auf der Grundlage von sogenannten *Plug-ins* aufbauen lassen.

Plug-in ist wieder ein recht schillernder Begriff. Wir bauen unsere Definition auf der Beschreibung von Martin Fowler auf, der eine große Erfahrung in der Definition von schwammigen Begriffen mitbringt.[4]

[«]

Plug-in

Ein Plug-in ist ein Modul, das an einem Erweiterungspunkt eines Programms eingesetzt werden kann. Dabei wird über eine zentrale Konfiguration gesteuert, welches Plug-in verwendet werden soll und wie das Plug-in selbst konfiguriert wird.

Ein Plug-in löst zwei Probleme durch eine zentrale, zur Laufzeit ausgewertete Konfiguration: Konfigurationsinformation, verteilt in Fabriken über die Applikation, ist schwer zu pflegen. Außerdem soll eine Änderung der Konfiguration nicht erfordern, dass ein Neubau oder eine erneute Auslieferung notwendig wird.

Plug-ins, wie sie von Eclipse verwendet werden, basieren auf der Definition von Erweiterungspunkten. Hier ist es zum einen möglich, eigene Erweiterungen einzubringen. Auf der anderen Seite können sie aber bereits wieder selbst Erweiterungsmöglichkeiten definieren, sodass eine gestaffelte Erweiterung der Plattform möglich wird. Diese Möglichkeit wird von Eclipse ganz klassisch als Konzept der Erweiterungspunkte (*Extension Points*) bezeichnet.

Es deutet einiges darauf hin, dass Eclipse mit diesem Konzept zumindest für den zunächst gewählten Anwendungsbereich (nämlich eine Entwicklungsplattform) auf einem guten Weg ist. Der Ansatz vermeidet viele Fallen der klassischen Frameworks und hält die Komplexität durch seine klare Aufgabentrennung über Erweiterungspunkte in überschaubarem Rahmen.

4 Siehe auch Martin Fowler: *Patterns für Enterprise Application-Architekturen*. MITP 2003. Kurzfassung unter *http://www.martinfowler.com/eaaCatalog/plugin.html*.

Einfacher Einbau der Erweiterungspunkte

Was hier ebenfalls wichtig ist und was nicht bei allen Komponentenmodellen bisher beachtet wurde: Es muss einfach sein, einen Erweiterungspunkt einzubauen, sobald klar wird, dass dieser benötigt wird. Damit sind wir nicht gezwungen, von vornherein alle möglichen Erweiterungspunkte in unserem Modul vorwegzunehmen.

8.2 Die Präsentationsschicht: Model, View, Controller (MVC)

Ein sehr erheblicher Teil der Funktionalität auch von objektorientierten Systemen spielt sich bei der Interaktion mit den Anwenderinnen und Anwendern von Software ab. Für die Modellierung dieser Interaktion in der Präsentationsschicht gibt es verschiedene Ansätze. Am weitesten verbreitet ist dabei der sogenannte *MVC-Ansatz* (*Model-View-Controller*).

Mit Model-View-Controller (MVC) wird ein Interaktionsmuster in der Präsentationsschicht von Software beschrieben. MVC ist wohl einer der schillerndsten Begriffe im Bereich der objektorientierten Programmierung. Viele Varianten haben sich herausgebildet, teilweise einfach aufgrund eines falschen Verständnisses des ursprünglichen MVC-Musters, teilweise als Weiterentwicklung oder Anpassung an neue Anwendungsfälle.

Da es sich bei MVC nach wie vor um das wichtigste und verbreitetste Muster für die Präsentationsschicht von objektorientierten Anwendungen handelt, gehen wir in diesem Kapitel ausführlich darauf ein.

8.2.1 Das Beobachter-Muster als Basis von MVC

Eine ganz zentrale Art von Information in objektorientierten Systemen ist die Information darüber, dass ein Objekt seinen Zustand geändert hat.

Interaktionen in der Präsentationsschicht

Die Interaktionen, die hierbei entstehen, können komplex sein. Nach dem *Prinzip einer Verantwortung* sollten Sie aber vermeiden, dass die betroffenen Objekte sich gegenseitig kennen müssen. Für derartige Fälle bietet es sich an, das Entwurfsmuster »Beobachtetes-Beobachter« anzuwenden. Das Muster wird auch kurz Beobachter-Muster genannt. In Abschnitt 5.4, »Mehrfachvererbung«, hatten wir es bereits an einem Beispiel vorgestellt. Abbildung 8.1 zeigt die bei der Anwendung des Musters beteiligten Klassen noch einmal in der Übersicht für den allgemeinen Fall.

In der Abbildung ist zu sehen, dass sich die Beobachter über die Operation `anmelden()` registrieren können. Wenn sie das getan haben, werden sie über Änderungen des Zustands im beobachteten Objekt informiert. Das geschieht darüber, dass dieses Objekt nach Änderungen seine eigene Operation `benachrichtigen()` aufruft. Diese wird alle registrierten Beobachter durchgehen und deren Operation `aktualisieren()` aufrufen. Damit haben alle Beobachter die Möglichkeit, auf die Zustandsänderung zu reagieren.

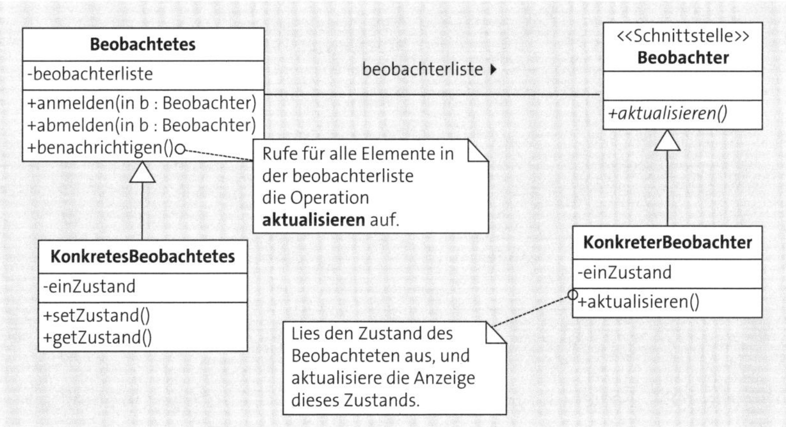

Abbildung 8.1 Beobachter und beobachtete Objekte

Innerhalb von MVC wird das Muster verwendet, um Änderungen an einem Modell an die Objekte zu kommunizieren, die das Modell darstellen, die sogenannten Views. Dabei sollen die Modelle nichts darüber wissen müssen, von welchen Objekten sie denn nun dargestellt werden.

8.2.2 MVC in Smalltalk: Wie es ursprünglich mal war

Für einen Überblick beginnen wir direkt am Anfang: MVC wurde zusammen mit der objektorientierten Programmiersprache Smalltalk eingeführt. Bei MVC handelte es sich ursprünglich um ein Konzept, das die Interaktionen eines Benutzers (vor allem über Mausaktionen) sauber von den dadurch veränderten Daten und deren Darstellung trennen sollte.

Controller: Verarbeitung von Eingaben

Dabei ist der *Controller* für die Verarbeitung der Eingaben (zum Beispiel Mausklicks) zuständig und für deren Kommunikation an das Modell. Das *Model* ist passiv, es wird vom Controller befragt und modifiziert. Der *View*[5] befragt das Modell, um auf dieser Grundlage seine Darstellung anzupassen.

5 Es ist gängig, den englischen Begriff *View* für eine Darstellungskomponente zu verwenden. Allerdings herrscht Uneinigkeit darüber, ob der Artikel nun als »der View« oder »die View« zu wählen ist. Wir verwenden im Folgenden die Version »der View«.

Wie aus Abbildung 8.2 hervorgeht, ist die Beziehung zwischen View und Controller klar definiert: Sie treten immer als Paar auf, und jeder kennt den jeweils anderen. Ein Modell kann aber von beliebig vielen View/Controller-Paaren betreut werden, was die Möglichkeit von verschiedenen Sichten auf dasselbe Modell eröffnet.

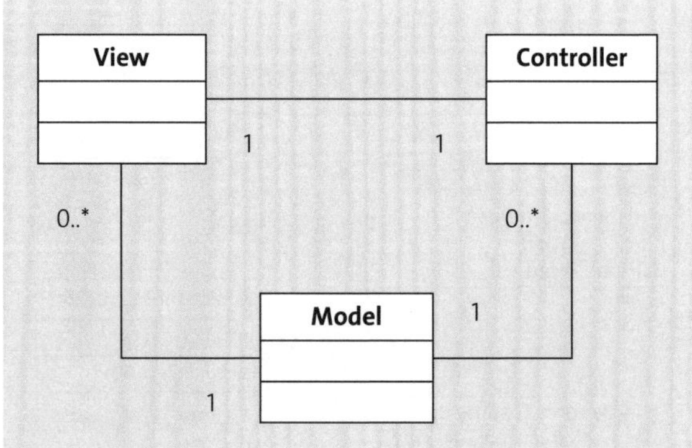

Abbildung 8.2 Beziehung zwischen Model, View und Controller in Smalltalk

Die Interaktion über das Beobachter-Muster findet zwischen Model und View statt. In Abbildung 8.3 ist dargestellt, wie das Muster für die Zusammenarbeit dieser beiden Bestandteile eingesetzt wird.

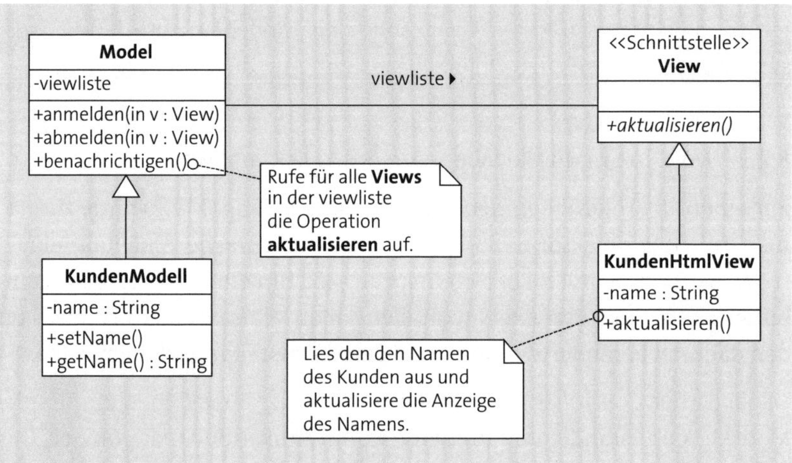

Abbildung 8.3 Beobachter-Muster in MVC

Im dargestellten Beispiel werden Änderungen an einem `KundenModell` an alle beteiligten Views kommuniziert. In diesem Fall hat ein Kunde lediglich einen Namen zugeordnet. Bei Änderungen an diesem Namen ruft das Modell die Operation `aktualisieren` auf. Wenn sich `KundenHtmlView` beim

Modell durch Aufruf der Operation `anmelden()` als Beobachter registriert hat, wird dieser mit benachrichtigt und kann in der Methode `aktualisieren()` die Anzeige des Namens anpassen.

8.2.3 MVC: Klärung der Begriffe

Obwohl die ursprünglich in Smalltalk eingeführte Trennung in Model, View und Controller recht eindeutig ist, werden wir in Diskussionen sehr unterschiedliche Verständnisse dessen antreffen, was denn nun ein Modell und was ein Controller ist.

Das rührt unter anderem daher, dass uns bestimmte Aufgaben, für die zum Beispiel ein Controller in Smalltalk zuständig war, mittlerweile ganz selbstverständlich abgenommen werden. Deshalb klären wir hier zunächst einmal, was denn mit Model, View und Controller gemeint ist.

Was ist denn nun eigentlich ein Controller?

Ein Controller hat in MVC eine recht generische Aufgabe: Er muss die Interaktionen eines Benutzers bzw. einer Benutzerin über die verschiedenen Eingabemöglichkeiten wie Tastatur oder Maus entgegennehmen und in konsolidierter Form weiterleiten.

[«]

Controller in MVC (Eingabe-Controller)

Ein Controller hat in der MVC-Variante von Smalltalk die Aufgabe, die Anwendung von den Komplexitäten der Eingabemechanismen abzuschotten. Zum Beispiel ist er dafür zuständig, Mausereignisse einem konkreten Bildschirmbereich zuzuordnen.

Die Funktionalität des Controllers ist mittlerweile meist recht selbstverständlich in grundlegende Bibliotheken integriert, die Anwendungsprogrammierer und -programmiererinnen in der Regel gar nicht mehr zu Gesicht bekommen.

Sie benötigen eben in der Regel keinen explizit angegebenen Controller mehr, um einen Mausklick auch einem konkreten Eingabeelement eines Views zuzuordnen. Diese Dinge werden Ihnen meist durch Module abgenommen, die in Betriebssystemen oder Basisbibliotheken integriert sind.

Wir verwenden für diese Art von Controller den Begriff *Eingabe-Controller*. Beim Entwickeln von Anwendungen muss man sich aber nur noch selten direkt mit Eingabe-Controllern beschäftigen.

Sie sollten den Eingabe-Controller auch möglichst klar unterscheiden von einem Applikations-Controller, der Abläufe innerhalb einer Applikation steuert. Zum Beispiel ist dieser dafür zuständig, einen Folgedialog aufgrund einer Benutzereingabe zu ermitteln. Das hat aber mit der ursprünglichen Verwendung in MVC nur wenig zu tun. MVC ist nämlich auch in Smalltalk nie ein komplettes Architekturmodell gewesen, sondern eine Lösung für eine ganz bestimmte Teilaufgabe: die Interaktionen in der Präsentationsschicht sauber zu trennen.

Was ist denn nun eigentlich ein Modell?

Auch in Bezug auf das Modell innerhalb von MVC gibt es hin und wieder Unklarheiten. Möglicherweise kommt das auch daher, dass gerade in Smalltalk praktisch jedes Objekt als Modell agieren kann.

Das heißt aber lediglich, dass zumindest in der Theorie jedes Smalltalk-Objekt darstellbar ist und auf Nachrichten reagieren kann, die möglicherweise eine Zustandsänderung bewirken. Entscheidend dabei ist jedoch, dass das Modell den Zustand des gesamten Konstrukts verwaltet und als Referenz für die Darstellung dient.

In der Regel wird das Modell zwar weitere Komponenten in Anspruch nehmen, die dann die fachliche Funktionalität umsetzen, das Modell selbst ist aber nur durch die oben genannten Eigenschaften definiert.

Modell in MVC

Ein Modell in MVC muss also folgende Eigenschaften aufweisen:

- Es muss einen Zustand verwalten können.
- Es muss darstellbar sein.
- Es muss auf Aufforderungen zu Änderungen reagieren können.

Damit hat ein Modell in MVC zunächst nicht notwendig mit der Logik in der Domäne zu tun, auch nicht unbedingt mit Persistenz.

Und schließlich noch der View

Views im MVC-Modell sind die Komponenten, die für die Darstellung des Modells verantwortlich sind. Die Darstellungsarten sind dabei nicht eingeschränkt. Grundsätzlich könnte ein View die Daten des Modells auch durch die Nutzung eines Sprachgenerierungsmoduls vorlesen. Allerdings erscheint für diesen Fall die Bezeichnung View nicht mehr völlig adäquat.

Views sollten sich ausschließlich mit der Darstellung beschäftigen und möglichst keine fachliche Logik enthalten. Allerdings werden in einigen Fällen Funktionen des Controllers mit im View integriert.

View und Controller zusammengefasst

Controller erledigen in der Regel sehr gleichförmige Aufgaben. Schon bei Smalltalk gibt es einen kleinen Satz von Standardcontrollern, deren Exemplare dann jeweils einem View und einem Modell zugeordnet werden.

Sowohl bei den Microsoft Foundation Classes (MFC) als auch bei der Java-Oberflächenbibliothek Swing ist denn auch der Controller keine eigenständige Entität mehr. Bei Microsoft nennt sich das Ganze dann *Document-View*, bei Swing wird das Verfahren hin und wieder auch *Model-Delegate* genannt.

Auch wenn die Begriffe hier schon wieder etwas verwirrend sind: Es handelt sich doch in beiden Fällen um eine Modellierung, bei der View und Controller zusammenfallen, bei Microsoft eben im View, bei Swing im Delegate – der Oberflächenkomponente, die für die Anzeige und für die Behandlung von Benutzereingaben zuständig ist.

Vorsicht, Falle Nummer 1: MVC ist nicht gleich Schichtenmodell

MVC ist ein Muster für Interaktionen in der Präsentationsschicht. Es setzt damit bereits voraus, dass wir uns grundsätzlich auf eine Architektur eingelassen haben, die Schichten vorsieht und die Präsentation vom Rest der Anwendung trennt.

MVC ist keine komplette Architektur

In der Praxis und in der Literatur haben wir aber häufiger eine Interpretation von MVC gesehen, die dieses Muster generell zur kompletten Architektur für eine Applikation erhoben hat. Außerdem wird oft auch die Rolle des Modells überdehnt, indem diesem die Verantwortung für Geschäftslogik, Persistenz oder andere zentrale Aspekte zugeschoben wird.

Sie sollten aber MVC nicht mit einer kompletten Schichtenarchitektur verwechseln. Das Modell ist nämlich nicht per se für die Umsetzung der Schicht der Anwendungslogik zuständig. Natürlich können beide Aufgaben (Bereitstellung der Anwendungslogik und Darstellbarkeit in der Präsentationsschicht) in der Praxis von denselben Objekten übernommen werden. So können Sie natürlich eine Enterprise Java Bean als Modell verwenden, um sie direkt über die Präsentationsschicht darzustellen. Die Modell-Eigenschaft ist dabei aber nach wie vor völlig unabhängig von den anderen Eigenschaften der EJB, wie z. B. der Fähigkeit, Daten persistent zu machen.

Allerdings gibt es mittlerweile Erweiterungen des Musters, die auch die Geschäftslogik mit in den Fokus nehmen. Das gilt vor allem für den Ansatz MVVM (Model View ViewModel).

Model View ViewModel (MVVM)

MVVM ist eine Erweiterung des MVC-Ansatzes, bei dem eine direkte Kopplung eines Views (der UI-Darstellung) an ein ViewModel mit den anzuzeigenden Daten erfolgt. Der Datenaustausch erfolgt mittels einer direkten Bindung von Datenelementen an Oberflächenelemente.

Das ViewModel ist damit praktisch ein Vermittler zwischen der reinen Darstellung (View) und der über das Model repräsentierten Geschäftslogik auf der anderen Seite. Das ViewModel greift auf die Logik im Model zu, soll aber selbst nichts über den View wissen. Damit ist die Darstellung über den View austauschbar ohne dass ViewModel oder Model angepasst werden müssten.

Stefan: *Hmm, so ganz klar ist die Beschränkung auf die Präsentationsschicht damit ja in der MVVM-Variante von MVC nicht mehr.*

Bernhard: *Wo geht das darüber hinaus? Immerhin ist ja der zentrale Teil von MVVM die Trennung zwischen den darzustellenden Daten und der Darstellung.*

Stefan: *Naja, im MVVM-Ansatz hält zwar das ViewModel die Daten für die Anzeige. Das Model selbst ist aber für Datenspeicherung und Geschäftslogik zuständig, trotzdem ist es Bestandteil des Ansatzes. Damit ist das Model doch eher Teil der Geschäftslogik als der reinen Präsentationsschicht.*

Bernhard: *Da hast du recht. MVVM ist damit eine Erweiterung gegenüber dem ursprünglichen MVC. Indem das spezifische ViewModel in Interaktion mit dem View tritt, lässt sich allerdings doch wieder die Präsentation von der Geschäftslogik trennen, die dann im Model landet.*

Stefan: *Ja, so können wir das sehen. Allerdings finde ich die Namensgebung in diesem Ansatz etwas unglücklich, weil das Model hier seinen Namen behält, aber gegenüber dem ursprünglichen MVC-Ansatz eine ganz andere Rolle einnimmt.*

Vorsicht, Falle Nummer 2: Nicht jeder View braucht eine eigene Controllerklasse

Durch die bestehende 1:1-Verbindung zwischen Views und Controllern in MVC könnte man leicht auf die Idee kommen, dass diese Beziehung nicht nur für die Exemplare, sondern auch für die Klassen gelten könnte.

Das ist aber schon bei der ursprünglichen Version von MVC in Smalltalk nie so geplant gewesen. Dort bekommt zwar jeder View sein spezielles und eigenes Exemplar eines Controllers zugewiesen, da auch ein Controller einen Zustand besitzt, der direkt mit dem View zusammenhängt. Aber in Smalltalk gab es eine kleine Anzahl von Controller-Klassen, und deren Exemplare wurden zusammen mit den jeweiligen spezifischen Views erzeugt.

Auch waren in Smalltalk die Controller für Aufgaben zuständig, die Sie heute in der Regel bei der Entwicklung einer Applikation gar nicht mehr als Aufgabe wahrnehmen, weil sie von Bibliotheken übernommen werden, die wir mittlerweile ganz selbstverständlich voraussetzen. Sie müssen sich eben in der Regel nicht mehr damit beschäftigen, wie Sie aus den Koordinaten eines Mausklicks darauf schließen könnten, welches Element der Oberfläche davon nun wie betroffen ist. Das war aber eine der Aufgaben von Controllern im ursprünglichen MVC.

8.2.4 MVC in Webapplikationen: genannt »Model 2«

Bereits in frühen Versionen der JEE-Spezifikation gab es zwei Varianten des empfohlenen MVC-Musters, die *Model 1* und *Model 2* genannt wurden.[6] Diese Begriffe haben sich länger gehalten, obwohl sie in der Spezifikation mittlerweile nicht mehr enthalten sind.

Model 1

Model 1 ist dabei eine sehr einfache Variante, in der Zugriffe auf Modelle (meist Java Beans) direkt aus JSP-Seiten[7] heraus erfolgen. Abbildung 8.4 zeigt eine Interaktion auf Basis dieses Modells.

Model 1 ist sehr einfach und überschaubar, allerdings nur für relativ kleine Anwendungen zu empfehlen. Änderungen an der Navigationsstruktur durch die verschiedenen Seiten sind nur mit großem Aufwand durchzuführen, da dafür direkt in die JSP-Seiten eingegriffen werden muss.

[«]

Model 1 für Webapplikationen

Model 1 ist eine einfache Architektur für die Interaktion mit der Präsentationsschicht von Webapplikationen. Es existiert keinerlei Controller, sondern der View (eine JSP-Seite) kommuniziert direkt mit dem Modell. Das Modell wird dabei in der Regel durch eine sogenannte Java Bean reprä-

6 Auszusprechen als Model One und Model Two. Die JEE-Spezifikation (Java Platform, Enterprise Edition) haben wir in Abschnitt 4.4.4, »Identität von Objekten«, mit dem Fokus auf Enterprise Java Beans kennengelernt.

7 JSP (Java Server Pages) sind ebenfalls ein standardisiertes Verfahren aus der JEE-Spezifikation, wie Java-Code in HTML-Seiten integriert werden kann. Eine JSP-Seite ist ein HTML-Dokument, das bei seiner Anzeige dynamisch modifiziert und mit Daten angereichert wird.

sentiert. Java Beans sind einfache Java-Klassen, die sich an Konventionen für die Namen von Operationen halten, die auf ihre Daten zugreifen.

Bei Verwendung von Model 1 liegt die Entscheidung darüber, welche Folgeseite angezeigt wird, allein bei der aktuellen JSP-Seite. Als Reaktion auf eine bestimmte Benutzereingabe wird direkt dort über die in der Folge zu präsentierende JSP-Seite entschieden.

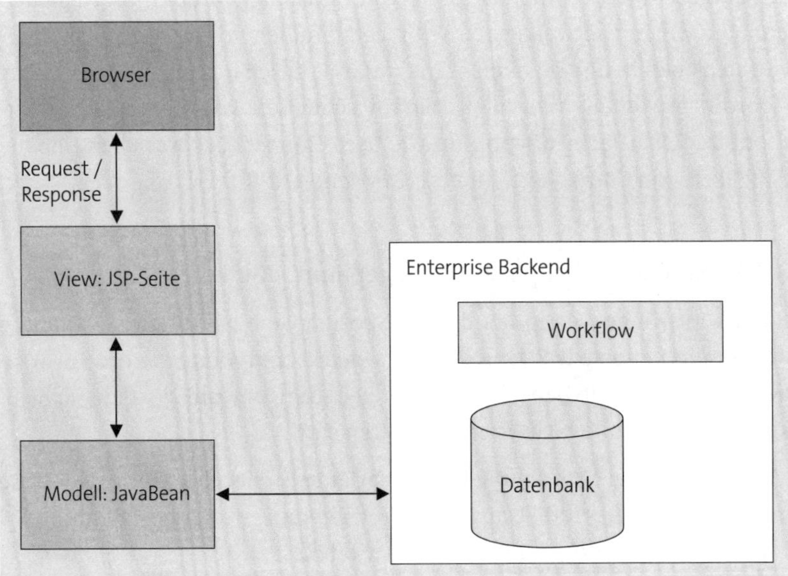

Abbildung 8.4 Model 1 für Webapplikationen

Model 2 Model 2 für Webapplikationen lagert die Entscheidung darüber, welche Folgeseiten aufgerufen werden, in eine eigene Komponente aus und erlaubt damit mehr Flexibilität.

[»]

Model 2 für Webapplikationen

Bei Model 2 für Webapplikationen erfolgt die Steuerung für die Dialogabfolge durch eine eigene Komponente, den sogenannten Controller. Der Controller übernimmt dabei Aufgaben, die gegenüber der ursprünglichen Variante in MVC angepasst sind. Die Aufgabenverteilung ist bei Verwendung von Model 2 damit folgende:

- **Der View:** Eine JSP-Seite, die Daten darstellt und Dateneingaben vom Benutzer annimmt. Diese Seite kann Logik enthalten, allerdings entscheidet sie nicht darüber, welche JSP als Folgeseite angezeigt wird.

- **Der Controller:** Ein Servlet, das grundsätzlich von JSP aus aufgerufen wird und aufgrund der vorgenommenen Eingaben entscheidet, welche Aktion ausgeführt werden soll und welche Folgeseite aufgerufen wird.
- **Das Modell:** Ein Objekt, das die darzustellenden Daten hält, meist eine Java Bean.

Eine Umsetzung der Model-2-Variante von MVC bietet das Framework *Jakarta Struts*. In Abbildung 8.5 ist dargestellt, wie eine Interaktion auf Basis dieses Modells erfolgt.

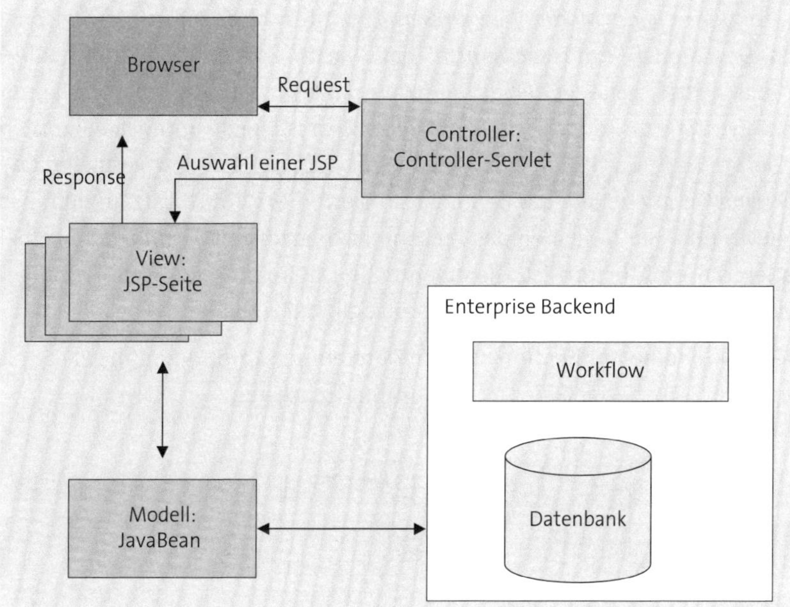

Abbildung 8.5 Model 2 für Webapplikationen

Hier wird ersichtlich, dass der Controller gegenüber Smalltalk weitere Aufgaben bekommen hat: Er steuert einen Teil der Applikationslogik, ist also nicht mehr nur für die Kommunikation der Benutzerinteraktion an Modell und View zuständig. Sie haben es hier mit einer Erweiterung des MVC-Musters zu tun.

8.2.5 MVC mit Fokus auf die Testbarkeit: Model-View-Presenter

Ein Aspekt, der in der Regel bei der Modellierung der Präsentationsschicht nur unzureichend betrachtet wird, ist die Testbarkeit der resultierenden Applikation.

Tests von Oberflächen sind schwierig

Es ist ein Erfahrungswert, dass Tests unter Beteiligung von grafischen Benutzeroberflächen wesentlich schwieriger zu automatisieren sind als Tests von Softwarekomponenten, die ohne eine grafische Darstellung auskommen.

Es gibt eine ganze Reihe von Produkten, die versuchen, dieses Problem durch automatisierte Tests unter Beteiligung von grafischen Oberflächen zu lösen. Besser ist es aber, bereits beim Design unserer Software sicherzustellen, dass der überwiegende Teil ohne Beteiligung von grafischen Benutzeroberflächen getestet werden kann. Ein Muster in der Präsentationsschicht, das das Problem angeht, wurde von Martin Fowler kategorisiert und nennt sich *Model-View-Presenter*. Unter *http://martinfowler.com/eaaDev/ModelViewPresenter.html* hat Martin Fowler das Pattern allerdings mittlerweile weiter differenziert, sodass es in die zwei Varianten *Passive View* und *Supervising Controller* zerfällt.[8] Beide unterscheiden sich aber im Kern nur durch den Anteil von Logik, der im View verbleibt. Das Muster ist auch nahe am bereits diskutierten MVVM-Ansatz, in dem das ViewModel die Aufgaben des Presenters wahrnimmt. Grundgedanke bei allen diesen Mustern ist, die eigentliche Darstellung (den View) weitgehend von technischer und fachlicher Logik frei zu halten.

Je direkter eine Applikation mit den Darstellungskomponenten gekoppelt ist, desto schwieriger wird es, sie komplett zu testen.

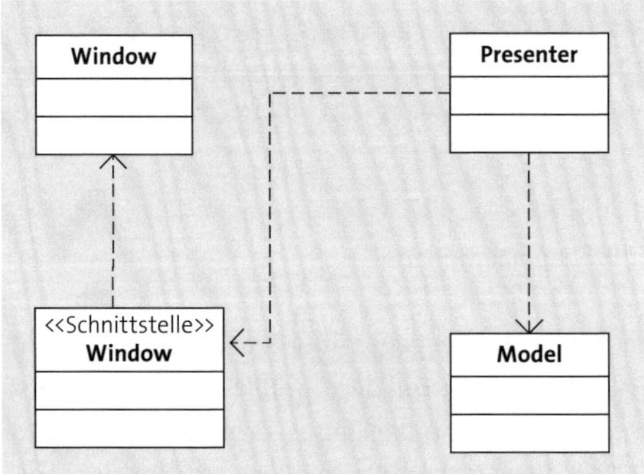

Abbildung 8.6 Beziehung Model – View – Presenter

Beim Ansatz des Model-View-Presenters werden Ereignisse direkt vom View verarbeitet. Aber der View delegiert sie gleich weiter an die Presen-

8 Die Beschreibungen dazu finden sich ebenfalls bei Martin Fowler: für Passive View unter *http://martinfowler.com/eaaDev/PassiveScreen.html*, für Supervising Controller unter *http://martinfowler.com/eaaDev/SupervisingPresenter.html*.

ter-Klasse. Diese wiederum gibt möglicherweise Rückmeldungen an den View. Warum ist es nun aber sinnvoll, in der Kommunikation zwischen View und Presenter eine Abstraktionsschicht über eine Schnittstellenklasse einzuziehen?

Abstraktion über eine Schnittstellenklasse

Nun, eine Möglichkeit ist die Wiederverwendung von Presenter-Klassen, wenn ein Presenter mit mehreren verschiedenen Views zusammenarbeiten soll, die lediglich dasselbe Interface implementieren. Dieser Fall ist in der Praxis aber eher selten.

Viel wichtiger ist die daraus entstehende Möglichkeit, den View für Testzwecke durch ein Ersatzobjekt (ein sogenanntes Mock Object) zu ersetzen. Damit haben Sie die Möglichkeit, sämtliche Logik Ihres Programms weitgehend automatisiert zu testen. Lediglich die konkrete Darstellung bleibt außen vor, aber diese ist in der Regel weniger fehleranfällig als andere Teile. Sie können durch einen Test der Presenter-Klasse zum Beispiel auch feststellen, ob Querabhängigkeiten zwischen Oberflächenelementen korrekt ausgewertet werden.

Diskussion: Ist MVP zu viel Aufwand?

Gregor: *Testbarkeit schön und gut. Aber ist das jetzt nicht etwas übertrieben? Überleg mal: Für jeden Dialog, jedes Fenster in unserer Anwendung müssen wir nun noch einmal ein Interface definieren und auch noch eine zusätzliche Presenter-Klasse, die wir uns eigentlich auch schenken könnten.*

Bernhard: *Okay, ich gebe zu, dass das nach unnötiger Komplexität aussieht. Ich denke auch nicht, dass es für alle Softwaresysteme Sinn ergibt. Aber meine Erfahrung ist einfach, dass oft eine ganze Menge Aufwand in GUI-spezifischen Anwendungsteilen versenkt wird, weil diese nicht vernünftig testbar sind.*

Gregor: *Aber ist denn nicht der Einsatz von GUI-spezifischen Testtools genau für solche Fälle gedacht? Wir können da doch zum Beispiel einfach Selenium anwerfen, und dann das ganze System mit den GUI-Komponenten zusammen durchtesten.*

Bernhard: *Das ist nicht das Gleiche. Regressionstests sind nach meiner Erfahrung viel einfacher zu erstellen und auch zu pflegen, wenn sie sich nur mit Sourcecode beschäftigen. Sobald ich Makros dazu schreiben, mich auf Beschriftungen in Dialogen verlassen und ein externes Tool anwerfen muss, wird das ganze Verfahren selbst schon sehr kompliziert und fehleranfällig.*

Gregor: *Na gut, zugegeben, das Testen wird einfacher. Aber ob damit der zusätzliche Aufwand in der Implementierung wettgemacht wird, davon bin ich noch nicht komplett überzeugt. Und warum überhaupt eine zusätzliche*

Klasse, die View-Klasse selbst würde doch völlig ausreichen, warum teste ich nicht diese direkt?

Bernhard: *Ja, das ist ein guter Punkt. Allerdings sind in der Praxis die View-Klassen oft stark mit der ganz konkreten Darstellung verbunden und lassen sich eben nicht davon unabhängig verwenden. Genau diese Trennung versuchen wir mit unserer neu eingezogenen Schnittstelle erst zu erreichen.*

Kapitel 9
Aspekte und Objektorientierung

In diesem Kapitel stellen und klären wir die Frage, ob aspektorientierte Programmierung ein neues Paradigma ist oder eine Ergänzung zu objektorientierten Techniken.

Die aspektorientierte Programmierung ist eine Ergänzung von objektorientierten Verfahren, die eine Reihe von praktischen Defiziten der Objektorientierung ausbügelt.

9.1 Trennung der Anliegen

Für die Beherrschung der Komplexität ist das Prinzip *Teile und herrsche* das Wesentliche. Es geht darum, komplexe Systeme in einfachere Bestandteile zu zerlegen und diese von dem Gesamtsystem unabhängig einsetzbar zu machen. Idealerweise wird die Komplexität der Programme von der Komplexität der Anforderungen etwa *linear* abhängig sein.

Die ideale Programmiersprache

Eine ideale Programmiersprache wäre eine solche, in die man die an das Programm gestellten funktionalen Anforderungen einfach direkt übersetzen könnte. Eine zusammenhängend beschriebene funktionale Anforderung sollte in einen zusammenhängenden Abschnitt der Quelltexte – ein Modul – überführt werden können. In so einer Sprache wäre ein Modul nur dann von einem anderen Modul abhängig, wenn die korrespondierenden fachlichen Anforderungen ebenfalls abhängig sind.[1]

1 Wir sind uns natürlich klar darüber, dass sich über eine ideale Programmiersprache lange diskutieren lässt. Wir beziehen uns hier lediglich darauf, wie sich Anforderungen, die mit einem Programm umgesetzt werden sollen, auf das Programm selbst abbilden lassen. Dabei wird das Programm selbst nicht einfacher werden, als es die inhärente Komplexität der Anforderungen zulässt. Die ideale Sprache würde aber keine zusätzliche Komplexität durch technische Restriktionen hinzufügen.

Die Objektorientierung bietet hier viele Möglichkeiten. Durch die dynamische Polymorphie können wir die Abhängigkeiten abstrahieren, sodass Module nicht von konkreten Implementierungen, sondern von abstrakten Schnittstellen abhängig sind. Sie können gemeinsame Funktionalität in mehrfach verwendbare Module auslagern und Spezialfunktionalität in separaten Erweiterungsmodulen bereitstellen.

Trennung der Anliegen – keine Stärke der Objektorientierung

Doch ein Problem hat auch die Objektorientierung nicht zufriedenstellend gelöst: die Trennung der Anliegen. Die Strukturierung eines objektorientierten Systems wird anhand von Objekten und ihren Klassen vorgenommen. Man weist den Klassen bestimmte Verantwortungen zu und implementiert ihre Funktionalität in entsprechenden Quelltextmodulen.

In gut entworfenen Systemen hat jede Klasse einen klar definierten Zweck, sie wurde entworfen, weil sie im System eine Verantwortung trägt und für eine Aufgabe zuständig ist.

Problem: Wo wird meine Anforderung umgesetzt?

Das Problem in einem objektorientierten System ist, dass eine Klasse sich außer um ihre Primäraufgabe auch um andere Anliegen kümmern muss. Wenn Sie zum Beispiel eine sicherheitsrelevante Anwendung schreiben, dürfen bestimmte Aktionen nur durch dafür vorgesehene Personen durchgeführt werden. In jeder Methode, die eine solche Aktion auslöst, muss also überprüft werden, ob die aktuelle Benutzerin sie überhaupt durchführen darf. Sie können zwar die Funktionalität der Überprüfung in eine dafür vorgesehene Klasse verlagern, den Aufruf der Überprüfung jedoch nicht.

Auf diese Art sind Sie also gezwungen, eine einfache Anforderung wie »Nur Benutzerinnen und Benutzer der Sicherheitsstufe B dürfen die Stammdaten eines Kunden ändern« an vielen Stellen Ihrer Quelltexte einzubauen: in der Methode, die den Namen eines Kunden ändert, in der Methode, die einer Kundin eine neue Adresse zuordnet, und in vielen anderen Methoden.

Die Anforderung lässt sich mit den Mitteln der Objektorientierung nicht einer einzigen Stelle im Programm zuordnen. Objektorientierte Programmiersprachen entsprechen also nicht unserem Ideal einer Programmiersprache.

Problem: Welche Anforderung setze ich hier um?

Doch auch wenn unsere Programmiersprache nicht ideal ist, ist es natürlich möglich, die beschriebene Anwendung inklusive Sicherheitsüberprüfungen erfolgreich zu erstellen. Nehmen Sie nun aber an, dass sich später zeigt, dass Ihre Sicherheitsmaßnahmen nicht ausreichend waren. Änderungen an den Kundendaten konnten zwar nur überprüfte Benutzer und Benutzerinnen der Sicherheitsstufe B durchführen, da Sie aber nicht nachvollziehen können, wer welche Änderung vorgenommen hat, haben manche ihre Privilegien missbraucht und ihre Freunde zu VIP-Kunden gemacht. Ihr Auftraggeber stellt also vernünftigerweise eine neue Anforderung: »Jede Änderung an Kundendaten muss mit Namen des Benutzers protokolliert werden.« Und da der Betriebsrat auch sein Okay gegeben hat, müssen Sie wieder jede Menge Methoden anfassen und um die entsprechenden Aufrufe der Protokollierung erweitern. Glücklicherweise haben Sie dabei den Zugriff auf die Quelltexte der Klasse `Kunde`, weil Sie diese selbst entwickelt haben.

Die Methoden der Klasse `Kunde` sehen jetzt in etwa so aus:[2]

```
Klasse Kunde {
   namenÄndern(neuerName) {
      erlaubt?(aktuellerBenutzer, 'kundenNamenÄndern')
         nein R Fehler Melden;
      protokolliere(aktuellerBenutzer,
         'kundenNamenÄndern',
         this.id, this.name, neuerName);
      this.name = neuerName;
   }
   statusÄndern(neuerStatus) {
      erlaubt?(aktuellerBenutzer, 'kundenStatusÄndern')
         nein R Fehler Melden;
      protokolliere(aktuellerBenutzer,
         'kundenStatusÄndern',
         this.id, this.status, neuerStatus);
      this.status = neuerStatus;
   }
}
```

Listing 9.1 Mehrere Anliegen wurden vermischt.

Nun haben die Methoden, deren Primäraufgabe es ist, den Namen bzw. den Status eines Kunden zu ändern, mehr Quelltext, der für andere Anliegen zuständig ist als für ihre eigentliche Aufgabe. Glücklicherweise können Sie aus den Quelltexten und den sprechenden Namen der Methoden noch erkennen, wozu sie eigentlich da sind. In realen Programmen ist das nicht immer der Fall.

Diese Verunreinigung von Code durch Bestandteile, die nichts mit den eigentlichen Aufgaben des betrachteten Moduls zu tun haben, wird als *Code Tangling* bezeichnet.

2 Das hier ist kein echter Quelltext und auch keine echte Programmiersprache.

Code Tangling (Code-Durcheinander)

Als *Code Tangling* bezeichnen wir, wenn Code, der verschiedene Anliegen betrifft, in einem Modul vermischt wird. Code Tangling führt dazu, dass die betroffenen Module das *Prinzip einer einzigen Verantwortung* verletzen. Dadurch ist der betroffene Code schlecht wiederverwendbar. Zusätzlich leidet die Verständlichkeit des Codes, da der Ablauf aufgrund der verschiedenen Anliegen häufig nicht klar erkennbar ist.

In unserem Beispiel lässt sich auch ein weiteres Problem beobachten. Der Code für die Umsetzung der Sicherheitsüberprüfungen und für die Protokollierung findet sich in gleichartiger Form in mehreren ansonsten unabhängigen Modulen wieder. Der Code ist damit über mehrere Module verstreut. Der englische Begriff dafür ist *Code Scattering*. Dieser verstreute Code kann natürlich seine Ursache auch einfach in schlechtem Moduldesign haben. In unserem Beispiel haben Sie aber mit den klassischen Mechanismen der Objektorientierung gar keine Chance, dieses Verstreuen zu vermeiden.

Code Scattering (Code-Streuung)

Code Scattering liegt vor, wenn ein Anliegen über mehrere Module verteilt ist. Code Scattering führt dazu, dass Code häufig redundant in verschiedenen Modulen vorliegt. Auch hierdurch wird das *Prinzip einer einzigen Verantwortung* verletzt. Es gibt mehrere Module, die Verantwortung für das gleiche Anliegen tragen. Es wird damit sehr schwer, herauszufinden, von welchen Modulen eine bestimmte Anforderung umgesetzt wird.

Sie finden in unserem Beispiel sowohl Code Tangling als auch Code Scattering. Liegt also einfach ein schlechtes Moduldesign vor?

Crosscutting Concerns

Die beiden Anliegen der Bearbeitung von Kundendaten und der Überprüfung von Sicherheitsaspekten lassen sich mit den zur Verfügung stehenden Verfahren aber überhaupt nicht in eine eindeutige Nutzungsbeziehung zwischen Modulen bringen. Solche Anliegen (Concerns) nennt man *Crosscutting Concerns*.

Crosscutting Concerns (übergreifende Anliegen)

Crosscutting Concerns sind Anliegen in einem System, für die es keine Zerlegung in Module gibt, in denen eines der Anliegen als unabhängig vom anderen betrachtet werden kann. Die Anliegen liegen quer zueinander. Damit ist es nicht möglich, sie in eine hierarchische Struktur zu bringen.

In unserem Beispiel unterscheiden sich die Abhängigkeiten der Module von den Abhängigkeiten der Anforderungen: In den Anforderungen beziehen sich die Sicherheitsanforderungen auf die Fachanforderungen. In den Quelltexten ist das umgekehrt, unsere Fachmethoden müssen sich um die Sicherheitsanliegen mitkümmern. Diese Situation ist in Abbildung 9.1 dargestellt.

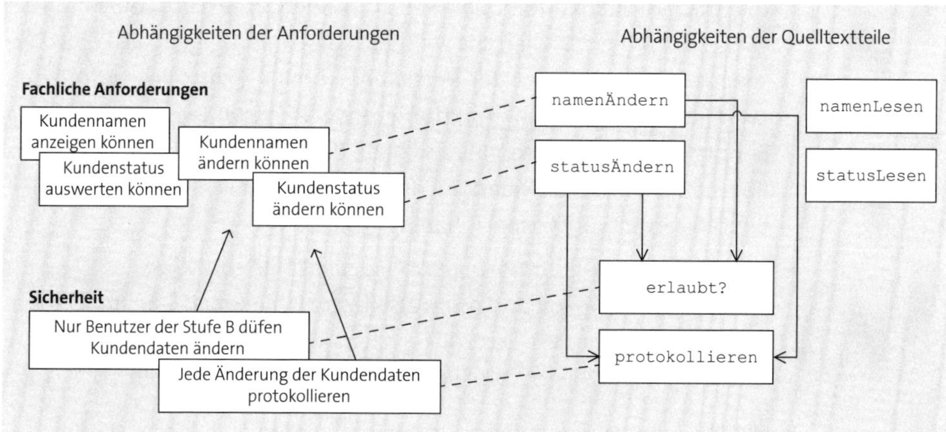

Abbildung 9.1 Umkehr der Abhängigkeit der Aspekte in den Quelltexten

Fazit: Die Objektorientierung, wenngleich sie viele Probleme der Komplexität angeht, ist hier nicht die ideale Vorgehensweise.

9.1.1 Kapselung von Daten

Ein anderes Problem bringt die Kapselung der Daten mit sich. Durch die Kapselung der Datenstrukturen einer Klasse wird verhindert, dass andere Teile der Anwendung unkontrolliert auf sie zugreifen. So wird die Komplexität der Anwendung verringert und ihre Änderbarkeit erhöht. Das ist der positive Beitrag der Objektorientierung. Doch er hat seinen Preis: Wenn wir die Daten der Exemplare dieser Klasse zum Beispiel in einer Datenbank speichern möchten, muss diese Persistenzfunktionalität ebenfalls in der Klasse implementiert werden – denn niemand außer der Klasse selbst darf auf ihre Datenstrukturen zugreifen.

So muss sich unsere Klasse neben ihrer Primäraufgabe auch um das Anliegen der Persistenz kümmern. Das hat mehrere Nachteile:

Mehrere Änderungsgründe

- Ändern sich die Anforderungen an eines dieser Anliegen, muss die Klasse angepasst werden. Das widerspricht aber unserem Wunsch, dass eine Änderung eines Quelltextmoduls nur durch eine Änderung in *einem* Anforderungsbereich erzwungen werden sollte.

Unnötige Abhängigkeiten

- Nur weil Sie in einem Kontext die Persistenzfunktionalität brauchen, müssen Sie die Klasse erweitern. In anderen Kontexten wird die Persistenz dagegen vielleicht gar nicht benötigt. Nun müssen Sie aber, wenn Sie in beiden Kontexten dieselbe Klasse mehrfach verwenden möchten, die Persistenzfunktionalität – zumindest eine leere Implementierung – doch bereitstellen. Sie zwingen so Anwendungen, die keine Persistenz benötigen, von der Persistenz abhängig zu sein. Sie müssen zwar keine tatsächlich funktionierende Persistenzimplementierung bereitstellen, Sie müssen aber wissen, dass es so etwas wie Persistenz überhaupt gibt. Das widerspricht unserem Wunsch, nur von explizit benötigten Schnittstellen abhängig zu sein.
- Die Persistenz betrifft normalerweise nicht nur eine Klasse, sie betrifft verschiedene Klassen und muss also in verschiedenen Quelltextmodulen behandelt werden. Das widerspricht jedoch unserem Wunsch, eine Anforderung in einem Quelltextmodul zu implementieren.

Aufbau des Kapitels

Was können Sie tun, um dieses Problem in einem objektorientierten System anzugehen? Im nächsten Abschnitt 9.1.2 werden wir einige Ansätze zur Problemlösung vorstellen, die darauf aufbauen, Quelltexte zu generieren oder Informationen über die Klassenstruktur eines Programms auszuwerten. Diese Ansätze werden in der Praxis eingesetzt, haben aber selbst eine Reihe von Defiziten. In Abschnitt 9.2 werden wir deshalb zeigen, dass die aspektorientierte Programmierung eine ganze Reihe der anhand unseres Beispiels vorgestellten Probleme elegant löst. Mithilfe weiterer Beispiele werden wir zeigen, wie sich in Abschnitt 9.3 aspektorientierte Mechanismen einsetzen lassen, um die vorgestellten Defizite der Objektorientierung auszubügeln. Dabei unterstützen auch die sogenannten Annotations, Zusatzinformationen zu einem Programm, die Gegenstand von Abschnitt 9.4 sind.

9.1.2 Lösungsansätze zur Trennung von Anliegen

Bleiben wir beim Beispiel der Persistenzfunktionalität und schauen wir uns verschiedene erprobte Möglichkeiten an, wie Sie die Persistenz in unseren Klassen umsetzen können. Wir gehen dabei davon aus, dass Sie die zugehörigen Daten in einer relationalen Datenbank speichern, und versuchen, dabei die Auswirkungen der genannten Unzulänglichkeiten der Objektorientierung zu minimieren.

Quelltextgenerierung

Werden Objekte in einer relationalen Datenbank gespeichert, werden normalerweise die Klassen bestimmten Tabellen zugeordnet und deren Dateneinträge bestimmten Spalten in diesen Tabellen. Die konkreten Abbildungen der Objektstrukturen auf die Strukturen einer relationalen Datenbank haben wir bereits in Kapitel 6, »Persistenz«, beschrieben.

Abbildung Objekte auf Tabellen

Irgendwo in den Quelltexten muss definiert werden, welche Klassen und welche Attribute dieser Klassen welchen Tabellen und Spalten zugeordnet sind. Bei einem für unsere Anwendung entworfenen Datenmodell reicht diese Information meistens aus, um die Persistenz der Objekte implementieren zu können – die nötigen SQL-Befehle für das Lesen, Ändern, Anlegen und Löschen der Dateneinträge in der Datenbank können aus dieser Information abgeleitet werden.

Da aber nur die jeweiligen Klassen den Zugriff auf diese Daten haben, müssen diese SQL-Befehle in den jeweiligen Klassen implementiert werden. Ein Teil der Funktionalität kann sicherlich in einer gemeinsamen Basisklasse implementiert werden, andere Teile in einem anderen Modul, doch das Lesen und das Schreiben in die konkreten Attribute der Exemplare einer Klasse kann nur in der Klasse selbst oder, wenn es die Sichtbarkeitsregeln zulassen, in einer ihrer Unterklassen implementiert werden.

Da Sie aber mit der Zuordnung der Klassen zu den Datenbanktabellen und der Attribute zu den Datenbankspalten alle nötigen Informationen dafür haben, wie die SQL-Befehle aussehen müssen, wäre es redundant, diese SQL-Befehle explizit zu schreiben.

Ein Compiler verlangt aber, dass die Quelltexte der Klassen die Vorschrift für die Erzeugung der SQL-Befehle enthalten. Sie müssen zum Beispiel definieren, dass das Feld `firstName` der Exemplare der Klasse `Person` in der Spalte `VORNAME` der Tabelle `Person` gespeichert wird, und nur die Klasse `Person` hat den Zugriff auf ihre eigenen Felder.

Generierung von redundanten Quelltexten

Um diese Information nicht selbst in Ihre Quelltexte einfügen zu müssen, können Sie die redundanten Teile der Quelltexte aus dem Datenmodell und der Zuordnungsinformation generieren lassen. Die redundanten Teile werden also generiert, die Primärfunktionalität der Klasse programmieren wir wie vorher selbst.

Diese Vorgehensweise erfüllt die Zielsetzung, redundante Teile in den von Menschen erstellten Quelltexten zu meiden. Sie hat allerdings ein paar Stolperfallen, die sich aus der Tatsache ergeben, dass Sie generierte Quelltexte mit den selbst programmierten mischen müssen.

Stolperfallen der Quelltextgenerierung

Was ist ein Quelltext?

Das Wort »Quelltext« hat für uns zwei Bedeutungen: Einerseits ist es ein technischer Begriff, mit dem Textdateien gemeint werden, die ein Compiler oder ein Interpreter einer Programmiersprache einlesen und daraus ein Programm erzeugen oder starten kann. Anderseits sind es die Dateien, die Programmierer und Programmiererinnen erstellen. In diesem zweiten Sinn ist ein generierter Text kein Quelltext, sondern ein Produkt eines Generators.

Quelle und Generat

Texte und Daten, die ein Programmierer erstellt und bearbeitet, werden wir als *Quelle* bezeichnen, Texte und Daten, die ein Generator produziert, bezeichnen wir dagegen als *Generat*.

Die Generierung ist dann unproblematisch, wenn sich die Generate von den vom Menschen programmierten Quellen klar trennen lassen.

Wenn man die Quellen und die Generate in gemeinsamen »Quelltext«-Dateien vermischt, wird es zwangsläufig passieren, dass diese Dateien bei der Änderung der Eingaben für den Generator durch die Generierung verändert werden. So werden in der Versionsverwaltung[3] Änderungen festgehalten, die nicht durch die Programmiererin verursacht worden sind – Sie haben dann Schwierigkeiten, echte von generierten Änderungen zu unterscheiden.

Eine Möglichkeit, das zum Beispiel in C++ zu erreichen, besteht darin, die Generate in separate Dateien zu speichern und diese durch das Pragma `#include` in die Quelltexte einzubinden. In Ruby oder C# können Sie zum Beispiel die partiellen Klassen nutzen und die generierten Teile der Klassen in separate Quelltextdateien auslagern.

Sollte das nicht möglich sein, ist es wichtig, dafür zu sorgen, dass die generierten Teile die von Menschen erstellten Quellen nicht zerstören. Es gibt verschiedene Strategien, die das verhindern sollen.

Kombination mit generiertem Code

- In den generierten Quelltextdateien werden spezielle geschützte Bereiche markiert, die der Generator nicht ändert. Das funktioniert manchmal, ist aber nicht besonders schön.
- Man bearbeitet die generierten Dateien gar nicht manuell, sondern nur deren Kopien. Die Änderungen, die sich in den generierten Dateien durch die Neugenerierung ergeben haben, werden in die manuell bear-

3 Sie benutzen doch eine Versionsverwaltung, oder?

beiteten Dateien automatisch oder manuell überführt – genauso, wie man Patches eines Originalsystems in ein modifiziertes System übernimmt.

Die Quelltextgenerierung stellt also einen nützlichen und auch praxisrelevanten Ansatz dar, um Informationen über Programme zu verwalten und diese Programme selbst wieder als Daten betrachten zu können. Die praktische Umsetzung dieses Ansatzes ist jedoch immer mit Zusatzaufwand verbunden und beinhaltet zusätzliche mögliche Fehlerquellen. In Abbildung 9.2 ist dargestellt, wie Quelltexte mit generierten Anteilen aussehen können.

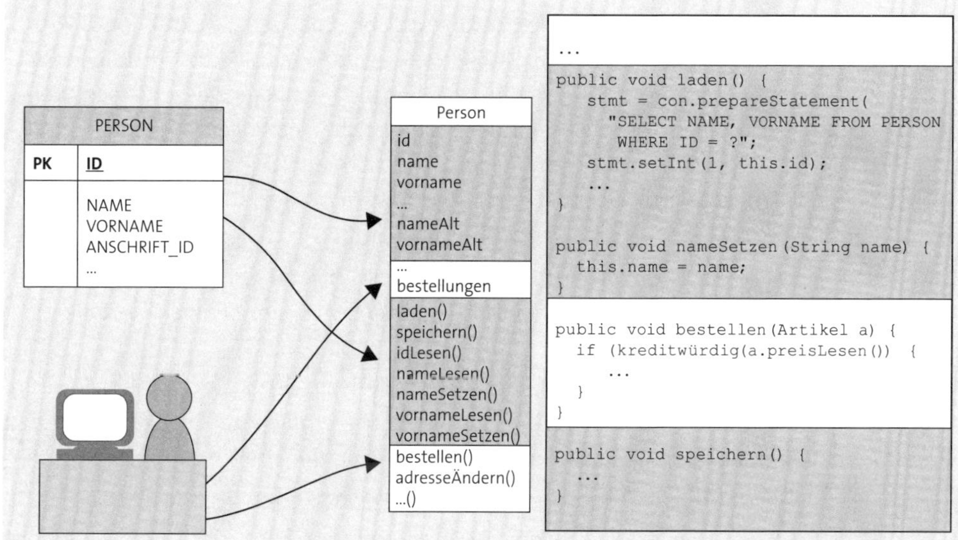

Abbildung 9.2 Gemischte Quelltexte durch generierte Anteile

Im folgenden Abschnitt werden wir Fälle betrachten, bei denen Sie ohne Generierung auskommen können, indem Sie die bereits vorhandene Strukturinformation eines Programms ausnutzen.

Verwendung von Metainformationen

Im vorherigen Abschnitt haben wir SQL-Anweisungen betrachtet, die sich automatisch aus der Abbildung der Klassen auf die Datenbanktabellen und von Attributen auf die Datenbankspalten ergeben. Doch auch diese Abbildung selbst kann redundant sein.

Es kann zum Beispiel sinnvoll sein, dass die Tabellen genauso heißen wie die Klassen, deren Exemplare in ihnen gespeichert werden. Die Spalten können in diesem Fall so heißen wie die Attribute dieser Exemplare. Warum sollte man also extra spezifizieren müssen, dass das Attribut `Name` der Klasse `Person` in der Spalte `Name` der Tabelle `Person` gespeichert werden soll?

Metainformationen

Programme verarbeiten Informationen. So kann unser Programm die Information speichern, dass der Name einer Person »Ellsworth Toohey« lautet. Die übergeordnete Information, dass eine Person überhaupt einen Namen hat, gehört zu der Struktur des Programms. Solche übergeordneten Informationen nennt man *Metainformationen*.

[»]

Metainformationen

Metainformationen sind Informationen über die Struktur eines Programms selbst: Welche Klassen existieren? Was sind deren Unter- und Oberklassen? Welche Attribute haben die Exemplare dieser Klassen, welche Operationen unterstützen sie, welche Methoden implementieren sie? Dass ein Objekt ein Attribut `Name` hat, kann zum Beispiel durch seine Zugehörigkeit zu der Klasse `Person` bestimmt sein.

Steht diese Metainformation auch zur Laufzeit eines Programms zur Verfügung, können darüber zum Beispiel Abbildungsregeln zwischen der Struktur von Klassen und Tabellen einer Datenbank definiert werden.

Wenn die Klassen, Methoden und andere zur Struktur eines objektorientierten Programms gehörende Elemente einfach als Objekte behandelt werden, stehen diese automatisch zur Laufzeit eines Programms zur Verfügung. Solche Objekte werden *Metaobjekte* genannt.

Metaobjekte

In manchen Programmiersprachen sind die Elemente selbst auch Objekte, die die Struktur eines Programms bestimmen. So können Klassen und Methoden selbst Objekte sein, deren Eigenschaften erfragt und möglicherweise modifiziert werden können. Diese zur Programmstruktur gehörenden Elemente werden als Metaobjekte bezeichnet.

Ruby und Smalltalk sind Beispiele für Programmiersprachen, in denen Klassen vollwertige Objekte sind. In Java stehen Klassen auch als Objekte zur Verfügung, allerdings sind diese Objekte in Java nicht veränderbar.

Ein Generator, der eine Klasse auf die Struktur einer Datenbanktabelle abbilden soll, benötigt also Zugriff auf die Metainformation eines Programms. Woher soll er wissen, dass die Klasse `Person` ein Attribut `Name` hat?

Diese Information steckt in den Quelltexten unserer Klassen. Der Compiler oder ein Interpreter unserer Programmiersprache bekommt sie doch ebenfalls aus den Quelltexten.

Um einen schlaueren Generator schreiben zu können, benötigen Sie also den Zugriff auf die Metainformationen Ihres Programms. Entweder müssen Sie selbst einen Parser für die genutzte Programmiersprache schreiben, oder Sie nutzen die Mittel der jeweiligen Programmiersprache, falls diese so nett ist und Ihnen den Zugriff auf die Metainformationen zur Laufzeit eines Programms ermöglicht. In diesem Fall können Sie vielleicht sogar auf den Generator verzichten.

Anstatt generierte »Quelltexte« bereitzustellen, können Sie die Abbildung auf eine relationale Datenbank zur Laufzeit mithilfe der Metainformationen vornehmen. Diesen Weg geht zum Beispiel *Hibernate*[4], ein frei verfügbares Framework zur Abbildung von Objekten auf relationale Datenbanken (*Object Relational Mapping Tool*). Hibernate verwendet die sogenannte Reflexion, um zur Laufzeit eines Programms Informationen über die Struktur von Objekten und die zugehörigen Klassen zu ermitteln.

Introspektion und Reflexion

Informationen über die Struktur des Programms nutzt ein Compiler, um Typüberprüfungen vorzunehmen und die syntaktische Korrektheit eines Programms zu prüfen.

Aber zur Laufzeit eines Programms ist diese Information nicht immer vorhanden. Bei der Übersetzung eines C++-Programms werden zum Beispiel alle Zugriffe auf das Attribut `Name` der Exemplare der Klasse `Person` durch entsprechende Zeigerarithmetik ersetzt, das laufende Programm muss nicht wissen, dass es die Namen von Personen speichert, wichtig ist nur, dass die richtigen Bytes an der richtigen Stelle gespeichert werden und dass die Aufrufstellen die richtigen Adressen anspringen. Bei der Übersetzung eines C++-Programms geht also ein großer Teil der Metainformation verloren.

In anderen objektorientierten Programmiersprachen ist diese Information aber auch zur Laufzeit verfügbar. Beispiele für diese Sprachen sind Smalltalk, Python, Ruby und mit Einschränkungen auch Java.

Die Möglichkeit, auf diese Art von Information beim Programmablauf zuzugreifen, wird als *Reflexion* bezeichnet.

4 Informationen zu Hibernate finden Sie unter *http://hibernate.org*.

Reflexion (engl. Reflection)

Reflexion ist ein Vorgang, bei dem ein Programm auf Informationen zugreift, die nicht zu den Daten des Programms, sondern zur Struktur des Programms selbst gehören. Diese Informationen können dabei über eine definierte Schnittstelle ausgelesen werden. Eine Modifikation dieser Strukturen ist über Reflexion nicht möglich. Die über Reflexion erhaltene Information wird auch als Metainformation bezeichnet, da es sich dabei um Informationen über das laufende Programm handelt.

Introspektion

Sehr nahe verwandt mit der Reflexion ist die *Introspektion*. Bei der Introspektion werden in der Regel Informationen zusätzlich zu einer Komponente bereitgestellt. So kann man zum Beispiel die Metainformationen, die Java über eine Klasse bereitstellt, für Java Beans[5] erweitern, indem man einer Bean-Klasse `X` eine Hilfsklasse `XBeanInfo` zur Seite stellt.

Diskussion: Änderungen durch Reflexion

Gregor: *Über die Reflexion in Java kann ich aber Informationen nicht nur lesen, ich kann sie auch verändern.*

Bernhard: *Ja, man kann die Daten des Programms ändern, nicht aber seine Struktur. In Java kann man zum Beispiel über Reflexion keine neuen Methoden einer Klasse hinzufügen oder neue Klassen erstellen. Man kann jedoch die Werte der Attribute eines Objekts ändern oder seine Methoden aufrufen.*

Gregor: *Und man kann dynamische Proxy-Klassen erstellen.*

Bernhard: *Ja, das kann man in der Tat. Allerdings nur für vorher definierte und zur Laufzeit mit Reflexion nicht mehr änderbare Schnittstellen.*

Der Zugriff auf Metainformationen kann dabei unterstützen, ein Anliegen wie die Persistenz von Objekten automatisiert zu erledigen. Für manche Arten von Anliegen reicht diese Art des Zugriffs aber nicht aus.

Wir stellen im folgenden Abschnitt 9.2 die Technik der aspektorientierten Programmierung vor, die für eine ganze Reihe von übergreifenden Anliegen Lösungsmöglichkeiten bereitstellt. Die Fähigkeiten der Aspektorientierung gehen dabei über die Möglichkeiten von Reflexion hinaus und erlauben uns, an definierten Stellen in die Struktur eines Programms einzugreifen.

---

5 Java Beans sind gewöhnliche Java-Klassen, die sich an bestimmte Konventionen halten und damit ermöglichen, dass bestimmte Tools deren Exemplare generisch bearbeiten können. So kann man zum Beispiel einen Dialogeditor schreiben, der auch mit Elementen arbeiten kann, die dem Entwickler des Editors nicht bekannt waren. Zumindest Teilen der Namenskonventionen folgt man heutzutage in verschiedenen Bereichen von Java, auch wenn es gar nicht um die visuelle Bearbeitung von Komponenten geht.

9.2 Aspektorientiertes Programmieren

Aspektorientierte Mechanismen erweitern die objektorientierten Sprachen, indem sie definierte Verfahren anbieten, über die in die Struktur von Programmen eingegriffen werden kann. Die aktuellen Implementierungen der aspektorientierten Vorgehensweisen sind sehr unterschiedlich. Sie unterscheiden sich in ihrer Zielsetzung, ihrem Umfang und ihrer technischen Realisierung.

9.2.1 Integration von aspektorientierten Verfahren in Frameworks

Eine Basis für die aspektorientierte Vorgehensweise bilden die sogenannten Anwendungscontainer, in die immer häufiger Fähigkeiten der Aspektorientierung integriert werden.

Container

Anwendungscontainer sind nicht notwendigerweise ein Framework, das die aspektorientierte Vorgehensweise generell ermöglicht, vielmehr übernehmen sie die Umsetzung bestimmter wichtiger technischer Aspekte wie Zugriffs- und Transaktionssicherheit, Persistenz, Lastverteilung und die Bereitstellung von verschiedenen Diensten.

Die Container unterscheiden sich in der Art, in der sie mit den in ihnen laufenden Anwendungen kooperieren. Manche Container verlangen, dass die Anwendung nach bestimmten Mustern strukturiert wird, sodass sie dann nur in solchen Containern laufen kann. Auch wenn die Container eine große Hilfe bei der Trennung der ausgewählten technischen Anliegen von der fachlichen Aufgabe der Anwendung sind, zwingen sie die Anwendungsklassen, sich an bestimmte für sie spezifische Schnittstellen zu halten, und binden sie so an die Architektur der jeweiligen Containerspezifikation.

EJB-Container

Als ein Beispiel für solche Container in Java können die früheren Versionen der Enterprise Java Beans-Container dienen. Die fachliche Funktionalität der *Enterprise Java Beans* (*EJB*) ist von den technischen Aspekten, die von den EJB-Containern übernommen werden, im Wesentlichen getrennt. Die EJB sind aber von der EJB-API abhängig und können nur eingeschränkt ohne einen Container eingesetzt werden – auch wenn in bestimmten Kontexten die von den Containern bereitgestellten Aspekte gar nicht benötigt werden.

Andere Container fordern von den fachlichen Klassen keine speziellen Abhängigkeiten. Laufen die fachlichen Klassen innerhalb eines solchen

Containers, bekommen sie über den Container die Funktionalität bestimmter Aspekte zur Verfügung gestellt. Wenn allerdings Aspekte wie die Persistenz, die Sicherheit oder andere vom Container bereitgestellte Aspekte nicht benötigt werden, können die fachlichen Klassen auch ohne den Container eingesetzt werden.

Ein gutes Beispiel für eine erfolgreiche Umsetzung dieses Konzepts ist das Spring-Framework[6], das einen Container für Java-Klassen zur Verfügung stellt.

Aspektorientierte Frameworks

Im Gegensatz zu den Containern, die sich nur um bestimmte Aspekte kümmern und gleich deren Implementierung bereitstellen, besteht der Zweck von aspektorientierten Frameworks darin, den Progammiererinnen und Programmierern die Entwicklung beliebiger Aspekte zu ermöglichen.

Auch diese Frameworks unterscheiden sich bezüglich Umfang und der gewählten technischen Realisierung: Ändern sie das Programm während der Übersetzungszeit? Ändern sie die Klassen dynamisch während der Laufzeit des Programms oder beschränken sie sich auf die Möglichkeiten von Reflexion und Introspektion?

Aspektorientierte Methoden haben mittlerweile ihren Platz unter anderem im bereits erwähnten Spring-Framework.

9.2.2 Bestandteile der Aspekte

Schauen wir uns die Konzepte der Aspektorientierung jetzt etwas näher an. Da sich im Deutschen noch keine allgemein akzeptierte Terminologie im Bereich der Aspektorientierung etabliert hat, werden wir für viele Konzepte lieber die im Englischen üblichen Bezeichnungen verwenden.

Crosscutting Concerns implementieren

Die aspektorientierte Vorgehensweise ermöglicht es, Anliegen, die sich kompakt und zusammenhängend spezifizieren lassen, auch kompakt und zusammenhängend zu implementieren – und das auch, wenn sie Objekte verschiedener Klassen betreffen und so nach der puren objektorientierten Vorgehensweise in die Quelltexte vieler Module des Systems eingearbeitet werden müssten. Diese Anliegen werden *übergreifende Anliegen, Crosscutting Concerns*, genannt. Wir haben sie bereits in Abschnitt 9.1 vorgestellt.

6 Informationen zum Spring-Framework finden Sie unter *https://spring.io/projects/spring-framework/*.

Auch in den aspektorientierten Systemen werden die übergreifenden Anliegen in alle betroffenen Klassen eingearbeitet. Allerdings geschieht das automatisiert, gesteuert durch die programmierten Aspekte. Den Prozess der Manipulation der Klassen durch die definierten Aspekte nennt man auch das *Einweben* (engl. *Weave*) der Aspekte in das Geflecht der Klassen.

Dynamisches Crosscutting, statisches Crosscutting

[«]

Grundsätzlich unterscheiden wir zwei Arten der Manipulation von Klassen:

- Mit dem *dynamischen* Crosscutting wird das Verhalten der Objekte modifiziert – es werden zusätzliche Schritte in die Ausführung der Methoden eingefügt.
- Durch das *statische* Crosscutting werden die Strukturen des Programms selbst verändert. Einer Klasse können Sie hierdurch zusätzliche Datenelemente oder Methoden hinzufügen oder die Vererbungshierarchie anpassen. Sie können sogar teilweise die Programmiersprache selbst verändern, sodass bestimmte zusätzliche Übersetzungsüberprüfungen stattfinden.

9

9.2.3 Dynamisches Crosscutting

Interzeptor, Einschubmethode

Beim dynamischen Crosscutting erhalten Sie die Möglichkeit, eine Aktion innerhalb des Programms mit einer vorbereitenden Aktion oder einer abschließenden Aktion zu erweitern. Möglich ist auch, die Aktion komplett durch eine neu definierte Aktion zu ersetzen, die die ursprüngliche Aktion an einer definierten Stelle durchführt. Dabei kommen die sogenannten *Interzeptoren* zum Einsatz.

Interzeptor (engl. Interceptor)

[«]

Interzeptoren unterbrechen den vorher definierten Programmfluss und klinken sich in dessen Ausführungspfad ein. An definierten Stellen kommen sogenannte Einschubmethoden zur Ausführung.

Je nachdem, an welcher Stelle ein Interzeptor zum Einsatz kommt, werden `before`-, `after`- und `around`-Methoden unterschieden.

Implementierung von Interzeptoren

Die aspektorientierten Frameworks haben mehrere Möglichkeiten, solche Interzeptoren zu implementieren. Sie können sie zum Beispiel während der Übersetzung der Quelltexte an den richtigen Stellen generieren. Eine andere Möglichkeit besteht darin, die Klassen zur Laufzeit zu modifizieren, sodass im Rahmen der Ausführung einer Methode jeweils entsprechende Interzeptoren aufgerufen werden. Eine technisch durchaus mögliche Lösung ist es auch, dynamisch Proxy-Klassen zu erzeugen, die statt der Originalklassen in der Anwendung verwendet werden. Aufrufe von Methoden auf den Proxy-Klassen können dann auf die Originalklassen umleiten, nachdem sie die `before`- und bevor sie die `after`-Einschubmethode ausgeführt haben.

Um festzulegen, an welchen Stellen ein Interzeptor ausgeführt wird, werden *Joinpoints* verwendet.

Joinpoints

Die Stellen, an denen Sie sich mit Interzeptoren in ein bestehendes Programm einklinken können, werden *Joinpoints* genannt. Joinpoints können Methodenausführungen sein. Sie können aber auch andere Joinpoints definieren: die Zugriffe auf die Attribute eines Objekts, die Aufrufe der Operationen einer Klasse, die Erstellung von Objekten oder auch das Auslösen einer Exception.

Die ersten EJB-Container zum Beispiel konnten nur mit einem definierten Satz von Joinpoints umgehen, und die EJB-Klassen und -Schnittstellen mussten diese Joinpoints explizit bereitstellen.

Wir werden uns die verschiedenen Joinpoints gleich näher anschauen, zuerst beschreiben wir aber die anderen wichtigen Konstrukte einer aspektorientierten Anwendung.

Die sogenannten *Pointcuts* führen Joinpoints und Interzeptoren zusammen.

Pointcut

Ein *Pointcut* definiert, an welchen konkreten Joinpoints Interzeptoren aufgerufen werden sollen. Während Joinpoints nur mögliche Einstiegspunkte für Interzeptoren definieren, legen Pointcuts fest, welche Joinpoints in einem konkreten Fall genutzt werden sollen. Ein Pointcut legt aber noch nicht fest, welche konkreten Interzeptoren verwendet werden.

Ein Pointcut kann mehrere Joinpoints beinhalten. Zum Beispiel können Sie einen Pointcut als »die Ausführung jeder Methode der Klasse `Customer`, deren Name mit `set` anfängt« definieren. Andererseits kann ein Joinpoint in mehreren Pointcuts enthalten sein. Sie können einen anderen Pointcut als »die Ausführung jeder öffentlichen Methode der Klasse `Customer`« definieren. Die öffentliche Methode `setName` wäre in beiden dieser Pointcuts enthalten.

Nun fehlt uns aber noch ein Konstrukt, das auch festlegt, welche Interzeptoren denn verwendet werden sollen. Das erledigt ein *Advice*.

Advice

Ein *Advice* beschreibt, was wann an den Joinpoints eines Pointcuts passiert. Ein Advice ist also eine Anweisung, die festlegt, welche Interzeptoren an den durch einen Pointcut selektierten Joinpoints in den Programmfluss eingefügt werden und welcher Code an diesen Stellen ausgeführt wird.

Advices stellen damit einfach ein Stück Code dar, das die einzufügende Funktionalität repräsentiert.

Mit den bisher definierten Begriffen können wir nun auch beschreiben, was einen Aspekt in der aspektorientierten Programmierung ausmacht.

Aspekt

Ein *Aspekt* fasst Pointcuts und Advices zusammen. So kann zum Beispiel ein Aspekt der Sicherheit aus mehreren konkreten Advices bestehen, die sich auf verschiedene Pointcuts beziehen. Zusätzlich kann ein Aspekt auch existierende Klassen modifizieren, indem er sogenannte *Introductions* definiert. Introductions werden wir in Abschnitt 9.2.4, »Statisches Crosscutting«, vorstellen.

Beispiel

Bevor wir zu den verschiedenen Arten von Joinpoints kommen, betrachten wir am besten ein kurzes Beispiel, in dem Joinpoints, Pointcuts und Advices zu einem Aspekt zusammengefasst werden.

In Listing 9.2 ist die Definition eines Aspekts in AspectJ, einer aspektorientierten Erweiterung zur Sprache Java, dargestellt.

```
public aspect Logging {
  pointcut toBeLogged() :
      execution (public * MyPackage.*(..));

  before(): toBeLogged() {
    System.out.println("Before " +
       thisJoinPointStaticPart.toLongString());
  }
}
```

Listing 9.2 Definition eines einfachen Aspekts in AspectJ

In Zeile 01 wird der Aspekt `Logging` deklariert. Dieser beschreibt den technischen Aspekt der Protokollierung von Daten bei Methodenaufrufen. Der Aspekt definiert in Zeile 03 den Pointcut `toBeLogged`. Betroffen ist die Ausführung (`execution`) aller öffentlichen Methoden (`public`) im Package `MyPackage` (`MyPackage.*`) mit beliebiger Parameterliste (`(..)`). Dieser Pointcut legt damit die Menge der betroffenen Joinpoints fest. Ein Joinpoint ist dabei zum Beispiel die Ausführung einer konkreten Methode. Aus der Menge der möglichen Methodenausführungen selektiert der Pointcut diejenigen, bei denen die Methoden im Bereich `MyPackage` deklariert wurden.

Schließlich wird in Zeile 05 der zugehörige Advice festgelegt. Das ist der Code, der ausgeführt wird, wenn einer der Joinpoints erreicht wird, die durch den Pointcut `toBeLogged` festgelegt werden. Im konkreten Fall handelt es sich um einen `before`-Advice, der den Pointcut `toBeLogged` verwendet.

Nun wird der Code in den Zeilen 06 und 07 immer ausgeführt, bevor eine Methode ausgeführt wird, die im Bereich `MyPackage` enthalten ist.

Arten von Joinpoints

Prinzipiell kann man in die Programmstruktur an jeder beliebigen Stelle eingreifen – schließlich sind die Programme aus der Sicht eines Metaprogramms »nur« Daten. Doch die existierenden aspektorientierten Systeme können sich nur in bestimmte Arten von Joinpoints einklinken. Je nach System gibt es unterschiedliche Joinpoint-Arten, an denen Sie in das Programm eingreifen können. Die Joinpoints, deren Manipulation ein aspektorientiertes System ermöglicht, werden *offengelegte Joinpoints* (engl. *Exposed Joinpoints*) genannt. Die meisten aspektorientierten Systeme legen die im Folgenden beschriebenen Joinpoints zumindest teilweise offen.

- **Ausführung einer Methode** (*Method Execution*)
  Dieser Joinpoint wird angesteuert, wenn eine konkrete Implementierung einer Methode einer Klasse ausgeführt wird. Ein Ausführungs-Joinpoint umfasst die Ausführung dieser Methode. Ein `before execution`-Advice wird direkt vor dem Ausführen der Methode aktiviert, ein `after execution`-Advice direkt danach. Ein `around execution`-Advice ersetzt die Ausführung der Methode. Wird die Methode in einer Unterklasse überschrieben, wird der Joinpoint nicht durchlaufen, es sei denn, die überschreibende Methode ruft die Originalmethode selbst auf. Da zum Beispiel eine abstrakte Methode keine Implementierung hat, kann man keinen Ausführungs-Joinpoint für diese Methode definieren.

- **Aufruf einer Operation** (*Operation Call*)
  Dieser Joinpoint liegt auf den Aufrufstellen einer Operation. Im Gegensatz zu den Ausführungs-Joinpoints geht es nicht um die konkrete Implementierung einer Methode, sondern um die Aufrufe der entsprechenden Operation. Also kann man durchaus einen Aufruf-Joinpoint auch für abstrakte Methoden definieren. Wenn für eine Methode sowohl ein Ausführungs- als auch ein Aufruf-Joinpoint durch entsprechende Advices ergänzt worden sind, werden die Advices in der folgenden Reihenfolge durchgeführt:

  ```
  before call, before execution, die Methode selbst,
  after execution, after call
  ```

  Wenn in einem `before call`-Advice die Aufrufkette unterbrochen wird, zum Beispiel durch eine Exception, kann man verhindern, dass es zur Ausführung der Methode und somit auch zum Erreichen des `execution`-Joinpoints kommt.

- **Ausführung eines Konstruktors** (*Constructor Execution*) **und Aufruf eines Konstruktors** (*Constructor Call*)
  Diese Joinpoints umfassen die Erzeugung der Exemplare der Klassen. Je nach Programmiersprache kann und muss man unterscheiden, welchen Abschnitt des Konstruktionsvorgangs eines Objekts der jeweilige Joinpoint umfasst.

  In Java zum Beispiel bewirkt der Aufruf eines Konstruktors, dass zuerst die Konstruktoren der Oberklassen in ihrer Vererbungshierarchie nacheinander ausgeführt werden, um schließlich den aufgerufenen Konstruktor auszuführen. In diesem Fall umfasst der `constructor call`-Joinpoint die gesamte Konstruktion des Objekts einschließlich der Ausführung der Konstruktoren der Oberklasse; der `constructor execution`-Joinpoint dagegen umfasst ausschließlich die Ausführung des Konstruktors der Klasse, nicht aber die Ausführung der Konstruktoren der Oberklassen.

  Eng mit diesen Joinpoints sind in Java die *Klassen-* und *Objektinitialisierungs-Joinpoints* verbunden. Sie umfassen die Initialisierung der Klassen selbst bzw. den Initialisierungsteil der Objekte, der außerhalb der Konstruktoren liegt.

  Ein `before`- und ein `after`-Advice an den `constructor call`-Joinpoints aller Unterklassen einer Klasse wären also die Lösung für das Messen der Gesamtzeit, die für das Erstellen aller Exemplare einer Klasse und ihrer Unterklassen gebraucht wird.

- **Zugriff auf die Datenelemente** (*Field Access*)
Diese Joinpoints umfassen auch das Lesen, das Ändern, das Erstellen und das Entfernen von Datenelementen der Exemplare einer Klasse. So können wir von `field get`-, `field set`-, `field create`- und `field delete`-Joinpoints sprechen. In Java ist die Menge der Datenelemente, die ein Objekt hat, bereits zur Übersetzungszeit bekannt, somit können aus dieser Kategorie also nur die `field get`- und `field set`-Joinpoints existieren.

Auch wenn die `call`- und die Datenelement-Joinpoints innerhalb der Methoden liegen, lassen sie sich durch die Strukturelemente der Klassen beschreiben. Um sie definieren zu können, müssen wir nicht die Struktur der Methoden kennen. Um allerdings an diesen Joinpoints die entsprechenden Interzeptoren erstellen zu können, muss das aspektorientierte System die Struktur der Methoden analysieren und eventuell verändern.

Natürlich kann man sich auch Joinpoints vorstellen, die sich nur durch die Struktur der Methoden selbst beschreiben lassen. So sind Joinpoints für den Zugriff auf lokale Variablen denkbar, für die Grenzen von `for`-Schleifen oder in Java für die Grenzen der `synchronized`-Blöcke. Uns ist zurzeit kein aspektorientiertes System bekannt, das solche Joinpoints offenlegen würde.

Ausnahmebehandlung

Eine Ausnahme bildet hier die Ausnahmebehandlung.[7] Zum Beispiel sind in AspectJ, einer populären aspektorientierten Erweiterung von Java, die `catch`-Abschnitte offengelegt.

AspectJ

AspectJ

AspectJ erweitert die Sprache Java um aspektorientierte Möglichkeiten. AspectJ selbst ist die Spezifikation dieser Erweiterung. Meistens wird jedoch auch die Umsetzung des Compilers für diese Spezifikation durch das AspectJ-Projekt damit gleichgesetzt. Diese Umsetzung von AspectJ erlaubt sowohl statisches als auch dynamisches Einweben von Aspekten. Zurzeit ist AspectJ die am weitesten verbreitete Variante von aspektorientierten Sprachen oder Spracherweiterungen. Personell besteht über Gregor Kiczales eine Kontinuität mit der Entwicklung von Metaobjektprotokollen. Gregor Kiczales war maßgeblich an der Entwicklung des Metaobjektprotokolls für das Common Lisp Object System beteiligt. Außerdem war er der Leiter des Teams, das AspectJ bei Xerox PARC ent-

7 Ausnahmsweise nennen wir hier die Exceptions deutsch »Ausnahmen«, nur aus reiner Freude an dem dadurch möglich gewordenen Wortspiel.

wickelte. Informationen zu AspectJ finden Sie unter *http://eclipse.org/aspectj*.

AspectJ ist auch Bestandteil des weit verbreiteten Frameworks Spring (*https://spring.io/projects/spring-framework*).

Neben AspectJ kann innerhalb von Spring auch *Spring AOP* verwendet werden. Spring AOP ist nicht so umfangreich wie AspectJ, dafür etwas einfacher in der Anwendung.

Arten von Pointcuts

Es gibt verschiedene Arten von Pointcuts, jeder davon selektiert eine Menge der offengelegten Joinpoints eines Programms. Jeder Pointcut spezifiziert eine Bedingung, die entscheidet, ob ein Joinpoint von diesem Pointcut erfasst wird oder nicht. Wir können diese Bedingungen auch miteinander kombinieren, sodass wir die Joinpoints, an deren Stelle ein Interzeptor erzeugt werden soll, ziemlich präzise bestimmen können. Grundsätzlich können wir zwischen zwei Arten von Pointcuts unterscheiden.

1. Die *statischen* Pointcuts lassen sich bereits zur Übersetzungszeit der Anwendung bestimmen. Schon vor dem Programmstart können Sie die Stellen im Programm identifizieren, an denen die nötigen Interzeptoren eingefügt werden sollen.
2. Bei den *dynamischen* Pointcuts kann dagegen erst zur Laufzeit bestimmt werden, ob der hinzugefügte Interzeptor aktiviert werden soll.

Statische Pointcuts

Die statischen Pointcuts können zum Beispiel folgende Kriterien für die Selektion der Joinpoints anwenden:

- Die Art des Joinpoints. Ist es ein `method call`-Joinpoint oder ein `field get`-Joinpoint?
- Die Klasse, um deren Methoden, Felder bzw. Initialisierung es sich handelt. Ist es eine konkrete Klasse? Ist es eine Unterklasse einer Klasse? Endet der Name der Klasse auf `Test`?
- Der Name und die Signatur der Methoden. Fängt der Name der Methode mit `set` an? Hat die Methode bestimmte spezifizierte Argumenttypen? Hat sie einen Rückgabewert? Ist es eine öffentliche oder eine private Methode?
- Die Paketstruktur des Programms. Findet ein Aufruf im Paket `A` oder in einem Unterpaket davon statt?

Dynamische Pointcuts

Alle diese Kriterien lassen sich bereits zur Übersetzungszeit bestimmen. Andere Kriterien sind jedoch nur zur Laufzeit bekannt. Die dynamischen Pointcuts können zum Beispiel folgende Kriterien anwenden:

- Gehört das aufrufende Objekte zu einer bestimmten Klasse?
- Gehört das aufgerufene Objekt zu einer bestimmten Klasse?
- Befindet sich das Programm an einer bestimmten Stelle seines Ablaufs?

Wir werden uns die verschiedenen Arten von Pointcuts in Abschnitt 9.3 anhand von Beispielen zur Anwendung der aspektorientierten Vorgehensweise anschauen.

9.2.4 Statisches Crosscutting

Wir haben bereits erwähnt, dass die Funktionalität, die an Joinpoints ausgeführt werden kann, über sogenannte Advices beschrieben wird. Advices stellen in der Regel einfach ein Stück Code dar, das die einzufügende Funktionalität repräsentiert.

Nun ist es aber durchaus möglich, dass die in einem Advice implementierte Funktionalität zusätzliche Daten braucht, die einem Objekt zugeordnet werden. Eine weitere mögliche Anforderung ist auch, dass wir die nach außen sichtbare Funktionalität einer Klasse erweitern möchten. Nehmen wir als Beispiel an, dass Sie alle Exemplare einer Klasse nach dem Observer-Muster beobachtbar machen möchten.

Dazu müssen Sie die Definition der Klasse erweitern. Sie benötigen die sogenannten *Introductions*.

Introductions

Introductions fügen in Klassendefinitionen neue Datenelemente und Methoden ein. Sie erweitern damit nachträglich eine bereits existierende Klasse. Eine spezielle Form von Introductions sind die sogenannten Mixins, die Sie bereits in Abschnitt 5.4.3, »Mixin-Module statt Mehrfachvererbung«, kennengelernt haben.

Neben den Mixins gibt es eine Reihe von weiteren Möglichkeiten zur Umsetzung von Introductions. Eine Variante von Introductions basiert auf der Veränderung der Klassenhierarchie. Damit können Sie in einem Aspekt zu einer Klasse nicht nur die nötigen Daten und Methoden hinzufügen, damit ihre Exemplare beobachtbar werden, Sie können sogar bestimmen, dass die Klasse eine Unterklasse einer anderen Klasse, zum Beispiel von `Observable`, werden soll.

Wenn Sie AspectJ verwenden, können Sie dabei sogar Methodenimplementierungen in explizite Schnittstellen (*Interfaces*) einführen. Das hilft Ihnen dabei, Schnittstellen von Klassen möglichst schmal zu halten, diese aber dennoch einfach nutzbar zu machen. Diese beiden Anforderungen sind grundsätzlich zunächst gegenläufig. Wir sprechen dabei von einer Abwägung zwischen minimalen und benutzerorientierten Schnittstellen.[8]

Methodenimplementierung in Interfaces

Minimale versus benutzerorientierte Schnittstellen

Bei der Definition einer abstrakten Schnittstelle verfolgt man zwei sich widersprechende Interessen.

Einerseits möchte man nur das Nötigste spezifizieren, um die Entwicklung der Klassen, die diese Schnittstelle implementieren, zu erleichtern. Außerdem sollten die Operationen der Schnittstelle tatsächlich abstrakt sein und sich nicht auf die Aufrufe anderer Operationen abbilden lassen. Ließe sich eine Operation der Schnittstelle auf ihre anderen Operationen abbilden, würden alle Implementierungen dieser Schnittstelle den Code wiederholen.

Andererseits, wenn die nicht abstrakten, aber häufig benutzten Operationen nicht in der Schnittstelle spezifiziert sind, wiederholt sich deren Implementierung an den Aufrufstellen.

Nehmen wir als Beispiel die Schnittstelle einer nur lesbaren Liste, auf deren Elemente man über einen nullbasierten Index zugreifen kann. Um die Schnittstelle komplett zu beschreiben, reichen zwei Operationen: `get(i)`, die das Element an der `i`-ten Stelle zurückgibt, und `size()`, die die Anzahl der Elemente liefert.

Wenn wir aber häufig auf das letzte Element zugreifen, wäre es nett, die Methode `last() { return get(size()-1); }` definieren zu können. Nun, diese Methode ist nicht abstrakt – sie lässt sich komplett auf die anderen Operationen der Schnittstelle abbilden. In einer Sprache wie Java, die keine Mehrfachvererbung der Implementierung zulässt, müsste man diese Methode entweder an allen Aufrufstellen durch den Aufruf `list.get (list.size()-1)` wiederholt ersetzen, oder man müsste sie in allen Klassen, die die Schnittstelle implementieren, wiederholt ausprogrammieren.

8 Wir haben es hier (wieder) mit einer Begriffsprägung durch Martin Fowler zu tun. Er unterscheidet im Englischen zwischen *Minimal Interface* und *Human Interface*. Wir haben für Letzteres die Übersetzung »benutzerorientierte Schnittstelle« gewählt. Der zugehörige Artikel von Martin Fowler findet sich unter *http://martinfowler.com/bliki/HumaneInterface.html*.

Weder die Minimalschnittstelle noch die »humane Schnittstelle« (mach es dem Aufrufer so einfach wie möglich) lösen unser Problem der Redundanzvermeidung.

Wir könnten die Redundanz vermeiden, wenn wir die Schnittstelle als abstrakte Klasse mit der konkreten Methode `last()` implementieren würden. In einer Programmiersprache ohne Mehrfachvererbung würden wir dadurch aber verhindern, dass die Unterklassen von anderen Klassen erben können. Sprachen mit Mehrfachvererbung haben hier die Nase vorn.

Die Fähigkeit von AspectJ, Schnittstellen um Methodenimplementierungen zu erweitern, hilft uns dabei, einen Kompromiss zwischen minimalen und benutzerorientierten Schnittstellen zu finden.

In Java ab Version 8 kann man sowohl die abstrakte minimale Schnittstelle definieren als auch eine Standardimplementierung der weiteren Methoden bereitstellen. Man kann aber weiterhin auf Werkzeuge wie AspectJ zurückgreifen, wenn man Schnittstellen erweitern möchte, die man sonst nicht ändern kann. In C# kann man zu diesem Zweck die statischen Erweiterungsmethoden nutzen.

Zusätzliche Warnungen und Fehlermeldungen

Ein anderer Anwendungsbereich von Introductions ist die Überprüfung zusätzlicher Bedingungen bei der Übersetzung von Programmen.

In einem vernünftig entworfenen MVC-System würden Sie zum Beispiel verlangen, dass die Modell-Klassen nie direkt von den View-Klassen abhängig sind, sondern nur von einer abstrakten View- oder Observer-Schnittstelle.

Durch die Spezifikation eines geeigneten Pointcuts könnten Sie alle Stellen finden, an denen aus dem Quelltext einer Modell-Klasse eine Methode einer konkreten View-Klasse aufgerufen wird. Die Existenz von Joinpoints, die die Bedingungen dieses Pointcuts erfüllen, könnten Sie bei der Übersetzung des Programms als Fehler oder zumindest als Warnung signalisieren.

9.3 Anwendungen der Aspektorientierung

In den folgenden Abschnitten werden wir einige Probleme vorstellen, die sich durch die aspektorientierte Vorgehensweise elegant angehen lassen. Sie werden dabei eine ganze Reihe von Beispielen für Aspekte kennenlernen.

9.3.1 Zusätzliche Überprüfungen während der Übersetzung

Ein Compiler überprüft unsere Programme auf syntaktische Korrektheit. Für eine konkrete Anwendung können jedoch weitergehende Bedingungen gelten, die wir ebenfalls zur Laufzeit überprüfen möchten.

Nehmen Sie an, Sie setzen eine Anwendung mit Datenbankzugriff um. Die Vorstellung dürfte nicht schwerfallen, gilt diese Annahme doch für den überwiegenden Teil von Anwendungen. In Java sind die grundlegenden Methoden für den Zugriff auf relationale Datenbanken in den beiden Paketen `java.sql` und `javax.sql` definiert. Diese können in allen Paketen verwendet werden, die `java.sql` oder `javax.sql` importieren.

Nehmen Sie nun aber an, dass Sie in Ihrer Anwendung solche Datenbankzugriffe in einem dafür vorgesehenen Paket kapseln wollen. So soll es zum Beispiel verboten sein, Zugriffe auf die Datenbank direkt aus Paketen vorzunehmen, die dem Darstellungsbereich zugeordnet sind. Unser Ziel ist es dabei, die Behandlung der Persistenz von anderen Teilen der Anwendung klar zu trennen. Das geben Sie als Konvention an Ihr Entwicklungsteam und erklären in einem Treffen aller Beteiligten noch einmal, wie wichtig die Einhaltung dieser Konvention ist.

Absicherung gegen Programmierfehler

Sie wissen aber schon: Irren ist menschlich, und es wird nicht lange dauern, bis sich doch die ersten Aufrufe von Datenbankzugriffen in den Darstellungsklassen finden. Deswegen wollen Sie die Überprüfung der verbotenen Aufrufe automatisieren. Aspektorientierte Mechanismen können Ihnen dabei helfen. Am Beispiel von AspectJ stellen wir eine Möglichkeit vor, wie Sie Ihre eigenen Überprüfungen mit einbringen können.

Mit der folgenden Deklaration können Sie jeden Aufruf einer Operation aus den Paketen `java.sql` und `javax.sql` und allen ihren Unterpaketen aus dem Paket `my.view` und allen seinen Unterpaketen zu einem Fehler machen:

```
declare error:
  (call(java.sql..* *.*(..)) || call(javax.sql..* *.*(..)))
    && within(my.view..*):
      "Don't call SQL from the View packages.";
```

Dadurch wird festgelegt, dass alle Aufrufe von Methoden aus den beiden SQL-Paketen, die innerhalb von Methoden aus dem Paket `my.view` oder einem Unterpaket getätigt werden, zu einer Fehlermeldung führen sollen.

Warnung bei verbotenen Aufrufen

Wenn Ihre Anwendung bereits existiert und Sie erst später feststellen, dass sich einige SQL-Aufrufe in die falschen Pakete eingeschlichen haben, kann es sinnvoll sein, dass Sie solche Aufrufe schnell entdecken, sie aber nicht als Fehler betrachten. Der Compiler soll nur eine Warnung ausgeben, damit Sie schnell die Stellen finden, die Sie überarbeiten müssen. Die folgende Deklaration warnt Sie bei allen SQL-Aufrufen, die innerhalb Ihrer Quelltexte (Paket `my`) liegen, aber außerhalb des Pakets `my.db` zu finden sind:

```
declare warning:
  (call(java.sql..* *.*(..)) || call(javax.sql..* *.*(..)))
    && within(my..*) && !within(my.db..*):
      "All SQL-calls should be in the package my.db";
```

9.3.2 Logging

Ein anderes übergreifendes Anliegen ist die Protokollierung der Abläufe in einem Programm. Nehmen wir an, Sie möchten während der Entwicklung die Ausführung jeder öffentlichen Methode aller Klassen protokollieren. Die Objektorientierung bietet Ihnen die Möglichkeit, die Art der Protokollierung von den Methoden zu entkoppeln – die aufrufenden Methoden werden ausschließlich eine abstrakte Schnittstelle aufrufen. Wie sie implementiert ist, ob sie die Protokolleinträge in eine Datei, auf dem Bildschirm oder in eine Datenbank schreibt, interessiert die aufrufenden Methoden nicht. Doch die Aufrufe der Protokollierung müssen Sie trotzdem in die Quelltexte der Methoden schreiben. Mit den Mitteln der Objektorientierung können Sie das Anliegen der Protokollierung nicht ganz von den Quelltexten der Methoden fernhalten.

Protokolleinträge vor und nach Methoden

Die Aspektorientierung ist hier dagegen eine große Hilfe. Mit dem folgenden Aspekt legen Sie fest, dass alle Ihre Klassen so modifiziert werden, dass sie vor und nach der Ausführung jeder öffentlichen Methode den entsprechenden Protokolleintrag vornehmen. In unserem Beispiel werden die Protokollausgaben auf der Konsole ausgegeben, es spricht aber nichts dagegen, auch hier eine Abstraktion zu verwenden.

```
public aspect Logging {
  private int depth = 0;

  private static String spaces(int n) {
    StringBuilder result = new StringBuilder();
    for (int i = 0; i < n; ++i) result.append(" ");
    return result.toString();
  }

  before(): execution (public * *(..)) {
```

```
      System.out.println(spaces(depth) + "Before " +
         thisJoinPointStaticPart.toLongString());
      ++depth;
    }

    after(): execution (public * *(..)) {
      --depth;
      System.out.println(spaces(depth) + "After " +
        thisJoinPointStaticPart.toLongString());
    }
}
```

Listing 9.3 Aspekt für Logging-Ausgaben

Sie haben nun festgelegt, dass vor (`before`) der Ausführung (`execution`) aller öffentlichen Methoden (`public * * (..)`) eine Beschreibung des aktuellen Joinpoints (also der aufgerufenen Methode) ausgegeben wird. Eine Einrückung erfolgt durch Leerzeichen, damit die Ausgabe übersichtlicher wird.[9] Sie verwalten dazu die Variable `depth`, die vor jedem Methodenaufruf erhöht und nach jedem Methodenaufruf (`after`) wieder heruntergezählt wird.

9.3.3 Transaktionen und Profiling

Im vorherigen Beispiel haben wir den Aspektweber[10] dazu veranlasst, alle öffentlichen Methoden um zwei Protokollausgaben zu erweitern. Dieser Eingriff war statisch. Bereits zur Übersetzungszeit war klar, an welchen Stellen des Programms die Protokollausgaben zu machen sind.

Eine ähnliche Aufgabe haben Sie vorliegen, wenn Sie die Zeit messen möchten, die das Programm bei der Ausführung der Methoden einer Klasse verbraucht. Hier müssen Sie vor jedem Aufruf einer gemessenen Methode die »Stoppuhr« starten und sie nach der Ausführung der Methode wieder stoppen.

---

9 Wir verwenden die Methode spaces und die Variable `depth`, um die Protokollausgabe optisch ansprechender geschachtelt zu gestalten. Beachten Sie bitte, dass die Methode spaces privat ist. Wäre sie selbst öffentlich, würde sie auch von dem Aspekt, so wie die Pointcuts definiert sind, betroffen. Das würde beim ersten Aufruf einer öffentlichen Methode zu einer Endlosschleife und letztendlich zu einem Stack-Überlauf führen.

10 Im Englischen nennt man den Prozess der Modifikation der Originalsoftware, um sie um die definierten Aspekte zu erweitern, *Weaving*. Uns scheint diese Bezeichnung und deren Übersetzung »Weben« ganz passend, denn sie illustriert anschaulich, wie sich die Aspekte quer durch alle »Fäden« der Originalsoftware ziehen.

Doch im Gegensatz zu unserem vorherigen Protokollierungsbeispiel können Sie nicht bereits zur Übersetzungszeit sagen, wann genau die Stoppuhr gestartet und wann sie gestoppt wird. Denn wenn eine gemessene Methode eine weitere gemessene Methode aufruft, darf die zweite Methode die Stoppuhr weder starten noch stoppen, ansonsten würden Sie nicht die Gesamtzeit messen können. Bei einem statischen Pointcut könnten Sie sich mit einer Überprüfung einer Variablen helfen. In unserem Protokollierungsbeispiel verwenden wir die Variable `depth`, um die Tiefe der Schachtelung der Ausgabe zu steuern. Beim Messen der Zeit müssten Sie überprüfen, ob sie den Wert 0 hat, um nur dann die Stoppuhr zu starten oder zu stoppen.

Transaktionen über dynamische Pointcuts

Ein weiteres Szenario, in dem Sie ein solches Verhalten brauchen, können Transaktionen sein. Sie können verlangen, dass bestimmte Methoden immer innerhalb einer Transaktion laufen. Die Transaktion sollte also vor dem Aufruf einer solchen Methode gestartet werden, wenn sie nicht bereits läuft, und nach dem Ende der Methode beendet werden, wenn sie beim Aufruf dieser Methode gestartet wurde.

AspectJ kann Ihnen diese Arbeit abnehmen und bietet dafür die dynamischen Pointcuts an. Auch bei den dynamischen Pointcuts werden die Klassen statisch an den Stellen angepasst, an denen die Pointcut-Bedingung potenziell wahr werden kann. Allerdings wird der dynamische Teil der Bedingung automatisch überprüft und der Advice nur dann ausgeführt, wenn die Bedingung zur Laufzeit wahr ist.

Schauen wir uns also ein Beispiel in AspectJ an. Die Klasse `Test` in Listing 9.4 hat zwei nicht statische öffentliche Methoden `inner` und `outer`. Sie wollen vor jedem Aufruf einer nicht statischen öffentlichen Methode der Klasse `Test` eine Stoppuhr starten und sie nach jedem Aufruf stoppen – aber nur dann, wenn sich der Aufruf nicht innerhalb eines anderen gemessenen Aufrufs befindet.

```
public class Test {

   public void outer() {
      System.out.println("Starting outer method");
      inner();
      System.out.println("Ending outer method");
   }

   public void inner() {
      System.out.println("In inner method");
```

```
    }

    public static void main(String[] args) {
      Test t = new Test();
      t.inner();
      t.outer();
    }
}
```

Listing 9.4 Geschachtelte Methodenaufrufe

Der Messaspekt ist in Listing 9.5 aufgeführt.

```
01 public aspect TransactionalAspect {
02
03   private pointcut TestPointcut():
04       execution(public !static * Test.*(..));
05
06   before(): TestPointcut()&&!cflowbelow(TestPointcut()) {
07     System.out.println("Starting timer");
08   }
09
10    after(): TestPointcut() && !cflowbelow(TestPointcut()){
11      System.out.println("Ending timer");
12   }
13 }
```

Listing 9.5 Aspekt zur Messung von Methodenlaufzeiten

!cflowbelow als dynamische Bedingung

Der statische `TestPointcut` in Zeile 03 erfasst die Ausführung jeder öffentlichen nicht statischen Methode der Klasse `Test`. Durch die Klausel `!cflowbelow(TestPointcut())` in den Zeilen 06 und 10 erweitern Sie die Pointcut-Bedingung der Advices um die dynamische Bedingung, dass sie nicht durchgeführt werden sollte, wenn sie sich innerhalb der Durchführung eines Joinpoints befindet, der selbst von `TestPointcut` erfasst wird.

Das Programm (die Methode `main` der Klasse `Test`) produziert erwartungsgemäß folgende Ausgabe:

```
Starting timer
In inner method
Ending timer
Starting timer
Starting outer method
```

```
In inner method
Ending outer method
Ending timer
```

Wie Sie sehen, wird der Timer beim zweiten Aufruf der Methode `inner` nicht angefasst.

9.3.4 Design by Contract

Wie wir in Abschnitt 7.5.2, »Übernahme von Verantwortung: Unterklassen in der Pflicht«, über die Verträge zwischen den Aufrufern und den Bereitstellern einer Schnittstelle beschrieben haben, ist die Überprüfung von Vorbedingungen für eine Operation in den meisten Programmiersprachen problematisch. Findet die Überprüfung beim Aufrufer statt, muss sie an allen Aufrufstellen redundant sein. Findet sie dagegen beim Aufgerufenen statt, muss sie möglicherweise redundant bei jeder Implementierung der Operation programmiert werden. Außerdem wird dann die Einhaltung des Kontrakts nur abhängig von den konkreten Testdaten überprüft, die Prüfung ist also unvollständig.

Salatöl, Diesel und explodierende Lkws

In Abschnitt 7.5.2 haben wir das Beispiel von auf Salatöl umgerüsteten Dieselfahrzeugen beschrieben. Wir haben festgestellt, dass Sie beim Prüfen der Vorbedingungen beim Betanken auf ein Dilemma stoßen: Wenn Sie die Prüfung dem aufgerufenen Modul (in unserem Beispiel den konkreten Fahrzeugen) überlassen, werden Sie eine inkorrekte Verwendung unserer Schnittstelle möglicherweise nur zufällig und spät herausfinden. Verlagern Sie die Prüfungen an die Aufrufstellen, müssten Sie diese über unseren Code verstreuen, da es wesentlich mehr Aufrufstellen gibt als Methodenimplementierungen.

Aber wie bereits bei der Vorstellung unseres Beispiels versprochen, zeigen wir hier den Ausweg aus diesem Dilemma über aspektorientierte Vorgehensweisen. Leider musste unsere Salatöltankstelle wegen Mangel an Kunden geschlossen werden. Deshalb wählen wir hier ein anderes Szenario und zeigen die Überprüfung von Kontrakten am Beispiel eines Konverters, der eine Zeichenkette in eine Zahlenrepräsentation überführen soll.

Überprüfung von Verträgen anhand von Metadaten

Dabei lassen sich alle Stellen, an denen eine Überprüfung des Kontrakts stattfinden muss, programmatisch anhand der Programm-Metadaten bestimmen. Um redundanten Code an vielen programmatisch bestimmbaren Stellen eines Programms einzuweben, sind die aspektorientierten Werkzeuge wie geschaffen.

Schauen wir uns also zunächst die Schnittstelle unseres Konverters an, die in den Zeilen 01 bis 03 im unten stehenden Listing aufgeführt ist.

Diese Schnittstelle beschreibt eine Klasse, die Zeichenketten zu ganzen Zahlen konvertiert. Wir bestimmen im Aspekt `ConverterContract`, dass der Vertrag zwischen dem Aufrufer und dem Aufgerufenen die Vorbedingung enthält, dass der Aufrufparameter ausschließlich die Dezimalziffern enthält:

```
01 public interface Converter {
02   long convertNumber(String str);
03 }
04
05 public aspect ConverterContract {
06   before(String str):
07    call(long Converter.convertNumber(String)) && args(str) {
08     for (char c: str.toCharArray()) {
09       if (c < '0' || c > '9') {
10         throw new IllegalArgumentException(
11           "Kann nur dezimale Ziffern enthalten");
12       }
13     }
14   }
15 }
```

Listing 9.6 Aspekt zur Kontraktüberprüfung

Implementierung eines Konverters

Hier eine einfache Implementierung der Schnittstelle `Converter`.[11]

```
public class DecimalConverter implements Converter {
  public long convertNumber(String str) {
    return Long.parseLong(str);
  }
}
```

Listing 9.7 Implementierung der Schnittstelle

Doch neben der einfachen dezimalen Konversion können wir Zahlen auch aus anderen Notationen überführen. Die folgende Implementierung akzeptiert die Zahlen in den drei in Java üblichen Notationen: Fängt die Zahl mit `0x` an, wird sie als hexadezimal verstanden, beginnt sie nur mit

11 Die Methode `parseLong` der Klasse `long` kann auch negative Zahlen parsen. Unsere Vorbedingung ist hier strikter, da wir nur positive Zahlen zulassen.

einer 0, handelt es sich um die oktale Notation, fängt sie mit einer anderen Ziffer an, geht es um die übliche dezimale Notation.

```
public class JavaNumberConverter implements Converter {
  public long convertNumber(String str) {
    if (str.startsWith("0x") || str.startsWith("0X"))
      return Long.parseLong(str.substring(2), 16);
    if (str.startsWith("0")) return Long.parseLong(str, 8);
    return Long.parseLong(str);
  }
}
```

Listing 9.8 Weitere Implementierung der Schnittstelle

Die Klasse `JavaNumberConverter` implementiert die Schnittstelle `Converter`, sie muss also jeden Aufruf akzeptieren, der sich an die spezifizierte Bedingung hält, nur Dezimalziffern im Parameter zu übergeben.

Sie kann die Vorbedingung allerdings aufweichen. In unserem Fall tut sie das und akzeptiert auch die hexadezimale Notation mit dem Präfix `0x`.

Wir müssen also den Pointcut in unserem Vertragsaspekt umformulieren:

```
before(String str):
   call(long Converter.convertNumber(String))
   && args(str)
   && !call(long JavaNumberConverter.convertNumber(String))
```

Listing 9.9 Aufruf mit Verwendung des Pointcuts

Schauen wir uns jetzt die Aufrufstellen genauer an.

```
01 Converter con = new DecimalConverter();
02 System.out.println(con.convertNumber("123"));
03 JavaNumberConverter jnc = new JavaNumberConverter();
04 con = jnc;
05 System.out.println(jnc.convertNumber("0xc001babe"));
06 System.out.println(con.convertNumber("0xc001babe"));
```

Listing 9.10 Angepasster Pointcut

Prüfung von Vorbedingungen

In Zeile 02 wird die Operation `convertNumber` der Schnittstelle `Converter` aufgerufen. Die Vorbedingungsprüfung muss also stattfinden. Das Programm gibt hier `123` aus. In Zeile 05 wird die Methode `convertNumber` auf einer Variablen vom Typ `JavaNumberConverter` aufgerufen. `JavaNumberConverter` verlangt aber keine Überprüfung der Vorbedingung, daher gibt das Programm hier die Zahl `0xc001babe` als `3221338814` aus.

Interessant wird es dann in Zeile 06. Die Variable `con` zeigt auf dasselbe Objekt wie die Variable `jnc`. Doch der Typ der Variablen `con` garantiert nur, dass sie auf einen `Converter` zeigt. Daher muss sich der Aufrufer an den Vertrag mit der Schnittstelle `Converter` halten. Aus diesem Grund wird in Zeile 06 eine `IllegalArgumentException` geworfen.

Das ist genau das Verhalten, das wir erreichen wollten. Wir überprüfen an dieser Stelle also direkt die Möglichkeit, dass eine Kontraktverletzung auftreten könnte. Hätten wir dieses Vorgehen bei unserem Beispiel mit der Salatöltankstelle gewählt, wäre direkt bei unserem ersten Testlauf mit salatölfähigen Autos aufgefallen, dass wir mit unserer Umsetzung auch normale Dieselautos mit Salatöl betanken können. Eine saubere Umsetzung von *Design by Contract* hätte eine gute Geschäftsidee gerettet und auf Jahre hinaus Arbeitsplätze in der Salatölindustrie gesichert.

9.3.5 Introductions

In den vorherigen Beispielen haben wir uns mit der Anpassung von Abläufen in einem Programm befasst. Wir haben in unsere Klassen Interzeptoren eingebunden, die das Verhalten der bereits vorhandenen Methoden geändert haben.

AspectJ und andere aspektorientierte Frameworks können die bestehende Klassenstruktur aber auch auf eine andere Art erweitern. Zum Beispiel können Sie in bestehende Klassen neue Elemente einfügen, sie bestimmte Schnittstellen implementieren lassen oder zwischen einer Klasse und ihrer direkten Oberklasse eine weitere Klasse in die Vererbungshierarchie einfügen.

Erweiterung von Schnittstellen mit Methoden

Ein interessanter Anwendungsfall für die Erweiterung von bestehenden Klassen ist die Erweiterung der expliziten Schnittstellen in Java um konkrete Methoden. Das bietet eine Alternative zur Mehrfachvererbung der Implementierung, die in Java nicht unterstützt wird. Im folgenden Beispiel erweitern wir die Schnittstelle `ReadableList<T>` um die konkrete Methode `last`, die sich vollständig auf die abstrakten Methoden `size()` und `get()` der Schnittstelle abbilden lässt:

```
public interface ReadableList<T> {
    public int size();
```

```
   public T get(int i);
}
```

Listing 9.11 Schnittstelle für einfache Liste

Eine Implementierung, die für die Datenhaltung ein Array verwendet:

```
public class SimpleList<T> implements ReadableList<T> {
   private final T[] data;
   public SimpleList(T... elements) {
      data = elements.clone();
   }
   public int size() {
      return data.length;
   }
   public T get(int i) {
      return data[i];
   }
}
```

Listing 9.12 Implementierung der Schnittstelle

Neue Methode last für ReadableList

Der folgende Aspekt erweitert nun alle Implementierungen der Schnittstelle `ReadableList` um die Methode `last()`.

```
public aspect ReadableListMixin {
   public T ReadableList<T>.last() {
      System.out.println("Mixed method last");
      return get(size()-1);
   }
}
```

Listing 9.13 Aspekt zur Erweiterung von Implementierungen

Deswegen funktioniert folgender Aufruf und gibt die Zeichenkette `"two"` aus:

```
ReadableList r = new SimpleList<String>("one", "two");
System.out.println(r.last());
```

Listing 9.14 Aufruf unter Verwendung des Aspekts

Über die aspektorientierte Spracherweiterung haben wir also die Möglichkeit erhalten, echte Mixins zusammen mit unseren Klassen zu verwenden.

9.3.6 Aspektorientierter Observer

Mit den Mitteln der Aspektorientierung lassen sich auch einige Verfahren, die wir in objektorientierten Systemen häufiger finden, direkter ausdrücken. Wir haben in Abschnitt 8.2.1 das Beobachter-Muster vorgestellt. Dabei registrieren sich Objekte bei anderen Objekten als Beobachter und werden im Fall von Änderungen benachrichtigt. Wir werden im Folgenden zeigen, wie wir dieses Muster mit Mitteln der Aspektorientierung umsetzen können.

Einfache hydrologische Regel

Im folgenden Beispiel betrachten wir die Klasse `Well`, die einen hypothetischen Brunnen repräsentiert. Dort, wo solche Brunnen stehen, gelten sehr einfache hydrologische Regeln. Wenn es drei Tage hintereinander regnet, füllt sich der Brunnen mit genau einem Eimer Wasser, das man aus dem Brunnen abpumpen kann.


```
public class Well {
  private int level;
  public int getLevel() {
    return level;
  }
  public void rain(int days) {
    level += days / 3;
  }
  public void pump(int buckets) {
    level -= Math.min(level, buckets);
  }
}
```

Listing 9.15 Modellierung eines Brunnens

Muster »Beobachter«

Die Klasse `Well` repräsentiert einen Brunnen und kann uns mit der Methode `getLevel` immer sagen, wie viel Wasser im Brunnen noch übrig geblieben ist. Wir möchten unsere Anwendung allerdings so erweitern, dass sie uns warnt, wenn der Pegel des Brunnens zu tief sinkt. Um das zu erreichen, möchten wir die Klasse `Well` so erweitern, dass sie eine Liste von Beobachtern verwaltet und bei jeder Änderung des Pegels die Beobachter benachrichtigt. Da die Klasse `Well` in anderen Anwendungen diese Funktionalität nicht braucht, möchten wir ihren Quelltext nicht ändern. Stattdessen verwenden wir AspectJ, um die nötigen Introductions und Interzeptoren in den Quelltext der Klasse `Well` einzuweben.

Beobachter-Klasse

Hier nun unsere Beobachter-Klasse – jedes ihrer Exemplare kann genau einen Brunnen beobachten. Ein Brunnen kann aber von mehreren Beobachtern beobachtet werden.

```
public class WellObserver {
  private Well well;
  public WellObserver(Well well) {
    this.well = well;
  }
  public void waterLevelChanged() {
    System.out.println(
     "New water level: " + well.getLevel());
  }
}
```

Listing 9.16 Beobachter für einen Brunnen

Aspekt für Beobachter

Was wir jetzt noch brauchen, ist die Benachrichtigung der Beobachter, wenn sich der Pegel des Brunnens ändert. Dafür sorgt der folgende Aspekt:

```
01 privileged public aspect WellObserverAspect {
02   private final transient Set<WellObserver> Well.observers
03     = new HashSet<WellObserver>();
04
05   after (WellObserver observer, Well well) returning:
06     execution (WellObserver.new(Well))
07     && args(well) && target(observer) {
08     well.observers.add(observer);
09   }
10   after(Well well): set(* Well.level) && target(well) {
11     for (WellObserver observer: well.observers) {
12       observer.waterLevelChanged();
13     }
14   }
```

Listing 9.17 Aspekt für die Benachrichtigung über Pegeländerungen

Der Aspekt ist als privilegiert deklariert und hat somit den Zugriff auf die privaten Elemente der Klasse `Well`. In Zeile 03 fügen wir jedem Exemplar der Klasse `Well` ein Attribut hinzu, das eine Menge (`Set`) repräsentiert. In diesem Set werden die Beobachter des Brunnens verwaltet. Damit haben wir also nachträglich die Klasse `Well` beobachtbar gemacht. In Zeile 05 erweitern wir den Konstruktor der Klasse `WellObserver` so, dass jeder Beobachter in die Menge der Observer bei dem beobachteten Brunnen eingetragen wird. Schließlich erzeugen wir in Zeile 10 einen Interzeptor, der dafür sorgt, dass nach jeder Änderung des Pegels (`set(* Well.level)`) alle Beobachter des Brunnens benachrichtigt werden.

Klasse Well bleibt unabhängig

Die Klasse Well selbst hat also weiterhin »keine Ahnung« davon, dass jemand sie überhaupt beobachten kann. Welche ihrer Aktionen beobachtet werden und wie das geschieht, ist allein Aufgabe des entsprechenden Aspekts.

Konstruieren wir nun einen aspektorientierten Brunnen und prüfen, ob die Beobachtung auch ohne direkte Mitarbeit der Klasse Well klappt.

```
Well wellA = new Well();
WellObserver observerA = new WellObserver(wellA);
wellA.rain(15);
wellA.pump(3);
wellA.pump(3);
wellA.pump(3);
```


Listing 9.18 Verhalten unter Verwendung des Aspekts

Wir erhalten die folgende Ausgabe:

```
New water level: 5
New water level: 2
New water level: 0
```

Nachdem es 15 Tage geregnet hat, ändert sich der Wasserstand auf fünf Eimer. Das wird korrekt beobachtet. Der erste Versuch, drei Eimer Wasser abzuschöpfen, führt dann zum Stand von zwei verbleibenden Eimern. Beim nächsten Schöpfversuch sinkt der Stand auf 0, was noch protokolliert wird. Beim letzten Versuch bleibt der Stand auf 0, es ist ja kein Wasser mehr zu holen.

9.4 Annotations

In Abschnitt 9.1.2, »Lösungsansätze zur Trennung von Anliegen«, haben wir uns mit den Metainformationen befasst, die in einem Programm von vornherein vorhanden sind – die Struktur der Klassen, ihre Namen, die Namen der Operationen und der Methoden, die Typen der Parameter und so weiter. Das sind auch die Metainformationen, die ein Compiler bzw. der Interpreter einer Programmiersprache braucht.

Doch es gibt auch andere interessante Informationen über die Struktur des Programms, die für einen Compiler oder Interpreter irrelevant sind.

9.4.1 Zusatzinformation zur Struktur eines Programms

Für den Compiler ist es nicht wichtig, ob eine Methode setAmount oder asdfg heißt. Für den Compiler ist es egal, ob eine Methode testDivision oder `purgeDatabase` heißt. Eine Methode ist für ihn eine Routine, die einer Klasse zugeordnet ist.

Metainformation in Programmiersprachen

Manche Metainformationen sind für die Programme so wichtig und so relevant, dass sie durch Konstrukte der Programmiersprache selbst beschrieben werden können. So kann man in Java zum Beispiel mit dem Schlüsselwort `transient` bestimmen, dass bestimmte Felder nicht serialisiert werden dürfen, oder mit dem Schlüsselwort `synchronized` Methoden markieren, die pro Exemplar nicht in mehreren Threads gleichzeitig laufen können.

Doch für uns gibt es durchaus auch auf der Metaebene andere Unterschiede zwischen den Klassen und ihren Methoden. Wir möchten unterscheiden können, welche Eigenschaften einer GUI-Komponente in einem visuellen Editor dargestellt werden können, wir möchten, dass unser Testtool alle vorbereiteten Tests durchführt, nicht aber andere Methoden aufruft.

Namenskonventionen

Eine große Hilfe können hier Namenskonventionen sein. So bestimmt zum Beispiel die Spezifikation von Java Beans, dass jede Eigenschaft einer Bean, die gelesen werden kann, durch eine Methode repräsentiert wird, die mit `get` anfängt (oder mit `is` für boolesche Werte), und jede änderbare Eigenschaft durch eine Methode, die mit `set` anfängt. Das Test-Framework JUnit in seinen älteren Versionen ging davon aus, dass jede Testmethode mit `test` anfängt. Zusammen mit Möglichkeiten der Reflexion in einer Programmiersprache können die aus diesen Konventionen resultierenden Informationen dann auch zur Laufzeit eines Programms ausgewertet werden.

Doch durch Namenskonventionen können wir nicht alle benötigten Metainformationen den Metaprogrammen auf vernünftige Art bereitstellen. Wie soll man zum Beispiel eine Methode bezeichnen, die innerhalb einer Transaktion durchgeführt werden soll? Wie soll man spezifizieren, in welcher Tabelle Exemplare einer Klasse gespeichert werden?

Eine Hilfe bieten hier externe Konfigurationsdateien. Deren Einsatz ist vor allem dann sinnvoll, wenn die programmierten Klassen in verschiedenen Kontexten unterschiedlich konfiguriert werden.

Diskussion: Konvention oder Konfiguration?

Bernhard: *Konfigurationsdateien machen doch ein Programm nur komplexer. Ich habe dann einen weiteren Punkt außerhalb des Sourcecodes, an dem möglicherweise redundante Informationen liegen. Ich würde statt auf Konfiguration lieber auf Namenskonventionen zurückgreifen und zum Beispiel die Exemplare einer Klasse in einer Tabelle speichern, die genauso heißt wie die Klasse.*

Gregor: *Das ist aber nicht so einfach. Vor allem dann nicht, wenn es um das Speichern einer ganzen Klassenhierarchie und der Beziehungen zwischen den Klassen geht. Wie man in Kapitel 6, »Persistenz«, sehen kann, gibt es verschiedene Möglichkeiten, wie man Klassen auf Tabellen abbilden kann.*

Bernhard: *Das stimmt. Aber trotzdem würde ich lieber eine einfache Konvention definieren und nur bei Abweichungen etwas konfigurieren. Denn jede Zeile in einer Konfigurationsdatei ist auch eine Zeile, in der ich einen Fehler machen kann.*

Gregor: *Das ist vernünftig. Man sollte immer eine Konvention der Notwendigkeit einer Konfiguration vorziehen. Aber manchmal geht es halt ohne Konfiguration nicht.*

Doch auch wenn man durch die Konfigurationsdateien alle nötigen Metainformationen bereitstellen kann, sind sie in manchen Situationen unhandlich – vor allem dann, wenn es sich um Zusatzinformationen handelt, die das Programm selbst beschreiben und nicht seine Einbindung in einen speziellen Kontext.

So kann es zum Beispiel durchaus unterschiedliche Konfigurationen der Abbildung der Klassenstruktur auf die Tabellenstruktur einer relationalen Datenbank geben, aber die Zusatzinformation, dass eine Methode immer in einem neuen Thread gestartet werden soll, bleibt für alle Installationen des Programms gleich. Diese Information ist am besten direkt im Quelltext der Methode aufgehoben, nicht in einer externen Konfigurationsdatei.

Zusatzinformation in Programmstruktur

Wir brauchen also eine Möglichkeit, solche Zusatzinformationen in die Struktur der Programme einzubinden. Die interpretierten Skriptsprachen wie JavaScript, Python oder Ruby bieten dafür bereits eine Reihe von Möglichkeiten.

In den kompilierten Programmiersprachen benötigen wir aber noch weitere Unterstützung, um solche Konstrukte sinnvoll in unsere Programme einbringen zu können.

9.4.2 Annotations im Einsatz in Java und C#

In C# oder Java erhalten wir diese explizite Unterstützung. Hier können wir zusätzliche Metainformationen mit sogenannten *Annotations* (Anmerkungen) bereitstellen.

Annotations (Anmerkungen)

Annotations sind strukturierte Zusatzinformationen zu den Strukturelementen eines Programms, die programmtechnisch zur Übersetzungszeit oder zur Laufzeit des Programms ausgewertet werden können.

Vordefinierte Annotations

In Java sind bereits einige vordefinierte Annotations verfügbar, die Hinweise für den Java-Compiler enthalten.

Mit der Annotation `@Override` werden Methoden markiert, die eine geerbte Methode überschreiben sollten. Sie signalisieren dem Compiler, dass er einen Fehler melden soll, wenn es sich um eine neue Methode handelt, wir also nicht wie eigentlich spezifiziert eine andere Methode überschreiben. Die Annotations selbst können Parameter haben.

Mit der Annotation `@SuppressWarnings` können wir zum Beispiel bestimmen, dass bestimmte Compiler-Warnungen nicht ausgegeben werden sollen. Welche, das wird durch den Wert eines Parameters bestimmt. Mit `@SuppressWarnings("all")` veranlassen Sie zum Beispiel den Java-Compiler in Eclipse, alle Warnungen für das annotierte Element zu unterdrücken.

Den Annotations selbst können wir wiederum andere Annotations hinzufügen. So können wir zum Beispiel bestimmen, für welche Elemente die Annotations gültig sind (Klassen, Pakete, Methoden, Felder, lokale Variablen und so weiter) oder wo die Zusatzinformation sichtbar sein soll.

Annotations zur Übersetzungszeit

Es gibt Annotations, die der Compiler verwenden soll, die aber nicht in das übersetzte Programm einfließen sollen. `@Override` und `@SuppressWarnings` sind solche Annotations. Andere Annotations sollen zwar in das Kompilat einfließen, sie werden aber zur Laufzeit nicht gebraucht. Solche Annotations können von anderen Werkzeugen noch zur Übersetzungszeit verwendet werden, sie können solche Informationen beim Laden eines Programms nutzen.

Annotations zur Laufzeit

Schließlich gibt es natürlich auch Annotations, deren Zusatzinformationen wir zur Laufzeit eines Programms auswerten wollen. Die Information, in welcher Tabelle die Exemplare einer Klasse gespeichert werden, wenn es keinen Eintrag in einer Konfigurationsdatei gibt, können wir in einer solchen Annotation speichern. Und selbstverständlich ist es möglich, die Informationen aus Annotations auch für die aspektorientierte Programmierung zu nutzen.

9.4.3 Beispiele für den Einsatz von Annotations

Betrachten wir nun ein Beispiel, in dem wir über Annotations das Verhalten eines Programms modifizieren.

AWT

Swing ist eine schon etwas ältere Bibliothek, mit der wir in Java grafische Benutzerschnittstellen umsetzen können. Swing ist heute nicht mehr sehr verbreitet im Einsatz.[12] Wir wollen es aber hier nutzen, um zu illustrieren, wie Aspekte einige Schwächen von existierenden Bibliotheken beheben können.

Programmverhalten ändern

Die Swing-Elemente sind nämlich nicht threadsicher. Wir können ihre Methoden zwar in verschiedenen Threads aufrufen, aber wir müssen dann selbst für die Synchronisierung der Zugriffe auf ihre Datenelemente sorgen. Die Synchronisierung ist am einfachsten, wenn alles in einem einzigen Thread läuft – dann gibt es nämlich nichts zum Synchronisieren. Dafür gibt es in Swing-Anwendungen auch bereits einen Thread, der dafür vorgesehen ist, nämlich den AWT-Ereignisthread. Aufrufe von Swing-Methoden, die durch Eingaben eines Benutzers angestoßen werden, laufen in diesem Thread ab.

Aufrufe von Methoden im Ereignisthread

Wenn wir nun selbst weitere Methoden schreiben, die mit Swing-Elementen arbeiten, müssen wir aber bei jedem Aufruf dafür sorgen, dass sie auch wirklich in dem AWT-Ereignisthread gestartet werden. Tun wir das nicht und rufen die Methoden der Swing- und AWT-Elemente in unterschiedlichen Threads auf, kann es passieren, dass wir mit inkonsistenten Daten arbeiten.

Wir können das am einfachsten vermeiden, indem wir keine eigenen Threads starten und alle betroffenen Methoden im AWT-Ereignisthread ablaufen lassen. Doch wenn die Abarbeitung unserer Methoden lange dauert, entsteht so eine hässlich träge Benutzerschnittstelle, die viel zu langsam auf die Benutzereingaben reagiert. Daher ist es besser, wenn wir lange laufende Aufgaben in separaten Threads starten. Möchten diese die Darstellung von Swing-Elementen aktualisieren, sorgen wir mit `SwingUtilities.invokeLater` dafür, dass die Swing-Methoden im AWT-Ereignisthread aufgerufen werden.

Nun ist es aber aufwendig und fehleranfällig, bei jedem einzelnen Aufruf einer Methode darauf zu achten, dass diese auch wirklich im AWT-Ereignisthread ausgeführt wird. Deswegen erstellen wir uns eine aspektorientierte Erweiterung, die die Ausführung entsprechend markierter Methoden automatisch in den AWT-Ereignisthread verschiebt.

12 Eine Alternative bietet zum Beispiel das Framework SWT, auf dem das Eclipse-Framework (*http://www.eclipse.org*) basiert.

Annotation EventThread

Dazu benötigen wir zunächst eine Annotation EventThread, mit der wir solche Methoden markieren werden:

```
@Retention(RetentionPolicy.CLASS)
@Target(ElementType.METHOD)
public @interface EventThread {}
```

Listing 9.19 Annotation für »EventThread«

Die Annotation soll nur für Methoden verwendet werden, daher ist sie mit der Annotation @Target(ElementType.METHOD) markiert, und sie sollte in dem übersetzten Code für den Aspektweber enthalten bleiben. Zur Laufzeit wird sie nicht mehr benötigt. Deswegen markieren wir sie mit der Annotation @Retention(RetentionPolicy.CLASS).[13]

Aspekt EventThreadAspect

Der folgende Aspekt sorgt dafür, dass die Ausführung jeder so markierten Methode in den AWT-Ereignisthread verschoben wird, wenn die Methode in einem anderen Thread aufgerufen wird. Der Aufruf proceed ruft die ursprüngliche Methode auf, wenn wir uns ohnehin bereits im AWT-Ereignisthread befinden.

```
public aspect EventThreadAspect {
   void around(): @annotation(EventThread)
     && execution(void *.*(..)) {
      if (SwingUtilities.isEventDispatchThread()) {
         proceed();
      } else {
         SwingUtilities.invokeLater(new Runnable() {
            public void run() {
               proceed();
            }
         });
      }
   }
   declare error: @annotation(EventThread)
     && execution(!void *.*(..)) : "Must return void";
}
```

Listing 9.20 Aspekt für die Zuordnung von Threads zur Ausführung einer Methode

13 Die RetentionPolicy.CLASS ist der Standard für Annotations, daher brauchen wir diese Annotation nicht explizit anzugeben.

Methoden invokeLater und invokeAndWait

Grundsätzlich haben wir zwei Möglichkeiten, wie wir den Aufruf in den AWT-Ereignisthread verschieben können:

- durch die Methode `invokeLater`
- durch die Methode `invokeAndWait`

Beide Methoden sorgen dafür, dass der Aufruf im AWT-Ereignisthread abgearbeitet wird, nachdem alle bereits vorliegenden Ereignisse abgearbeitet worden sind. Der Unterschied zwischen den beiden Methoden besteht darin, dass `invokeLater` sofort zurückkehrt, während `invokeAndWait` so lange wartet, bis der Aufruf im AWT-Ereignisthread bearbeitet wurde. In unserem Beispiel haben wir uns für den Einsatz von `invokeLater` entschieden, da `invokeAndWait` mehr Aufwand erfordert, um Deadlocks zu vermeiden.

Nur Methoden ohne Rückgabewert

Da wir aber möglicherweise noch vor dem eigentlichen Aufruf der ursprünglichen Methode zurückkehren, können wir deren Ergebnis nicht liefern. Aus diesem Grund erlauben wir den Einsatz der Annotation `@EventThread` nur für Methoden, die `void` zurückgeben. Diese Einschränkung wird in der Sektion, die mit `declare error` beginnt, vorgenommen.

Um zu zeigen, wie sich die neu eingeführte Annotation `EventThread` im Einsatz verhält, konstruieren wir in Listing 9.21 in Zeile 05 ein Swing-Fenster, das eine Textzeile mit einer Zahl und einen Button enthält.

Durch Klick auf den Button können wir den Wert der dargestellten Zahl um 10 erhöhen. Diesen Button konstruieren wir in Zeile 16, er bekommt dabei die in Zeile 11 definierte Aktion zugeordnet.

```
01 public class TestFrame extends JFrame {
02    private JLabel outputLabel;
03    private int counter;
04
05    public TestFrame() {
06       JPanel pane = new JPanel(new BorderLayout());
07       setContentPane(pane);
08       outputLabel = new JLabel();
09       pane.add(outputLabel, BorderLayout.CENTER);
10       outputLabel.setText("-");
11       Action incAction = new AbstractAction("Add 10") {
12          public void actionPerformed(ActionEvent e) {
13             add(10);
14          }
15       };
16       pane.add(new JButton(incAction),
```

```
                      BorderLayout.SOUTH);
      validate();
      pack();
      Thread backgroundAdder = new Thread(new Runnable(){
         public void run() {
            while (true) {
               try {
                  Thread.sleep(1000);
               } catch (InterruptedException ignored) {
               }
               addOne();
            }
         }
      });
      backgroundAdder.start();
   }

   @EventThread
   private void addOne() {
      System.out.println("addOne in " +
              Thread.currentThread().getName());
      counter++;
      outputLabel.setText(Integer.toString(counter));
   }

   @EventThread
   private void add(int n) {
      System.out.println("add in " +
               Thread.currentThread().getName());
      counter += n;
      outputLabel.setText(Integer.toString(counter));
   }

   public static void main(String[] args) {
      TestFrame f = new TestFrame();
      f.setDefaultCloseOperation(JFrame.EXIT_ON_CLOSE);
      f.setVisible(true);
   }
}
```

Listing 9.21 Anzeige eines Zählers

Ab Zeile 20 dieses Listings konstruieren und starten wir einen neuen Thread backgroundAdder, der unsere dargestellte Zahl über die Methode addOne jede Sekunde um 1 erhöht. Die Methode addOne selbst wird in Zeile 35 implementiert. Schließlich sehen wir in Zeile 43 die Umsetzung der Methode add, die bei Klick auf unseren Button aufgerufen wird.

Synchronisationsproblem

Wenn wir nicht dafür sorgen, dass die beiden Methoden add und addOne grundsätzlich im AWT-Ereignisthread ausgeführt werden, haben wir ein Synchronisationsproblem. Käme der Klick auf den Button genau in dem Augenblick, in dem der nebenläufige Thread den Wert der Zahl um 1 erhöhen soll, kann es theoretisch passieren, dass die Textzeile einen falschen Wert anzeigt. Für unser aktuelles Beispiel scheint das nicht wirklich tragisch zu sein, in anderen Kontexten würde das aber ein größeres Problem darstellen. Wenn zum Beispiel über eine der Methoden Einfügungen in eine Listbox vorgenommen werden und in der anderen Methode auf diese Einträge während des Einfügens zugegriffen wird, kann der lesende Zugriff auf einen undefinierten Zwischenzustand treffen.

Um das Verhalten der Methoden verfolgen zu können, lassen wir zu Testzwecken die Methoden add und addOne den Thread, in dem sie ausgeführt werden, ausgeben. Wir spielen nun ein Szenario durch, in dem wir zweimal auf unseren Button klicken und währenddessen der Thread ebenfalls den Counter hochzählt.

Ausgabe ohne Annotation

Wenn wir die Annotation EventThread für die Methoden add und addOne nicht verwenden, erhalten wir zum Beispiel die unten stehende Ausgabe:

```
addOne in Thread-2
addOne in Thread-2
add in AWT-EventQueue-0
addOne in Thread-2
add in AWT-EventQueue-0
addOne in Thread-2
addOne in Thread-2
```

Die Methoden werden also immer in dem Thread gestartet, von dem aus sie aufgerufen werden. Da ein Klick auf einen Button bereits im AWT-Ereignisthread verarbeitet wird, erfolgt auch die Abarbeitung unserer Methode add in diesem Thread. Die Methode addOne wird in dem von uns selbst gestarteten Thread aufgerufen, also erfolgt auch ihre Abarbeitung dort.

Ausgabe mit Annotation

Wenn wir aber wie in diesem Listing die Annotation EventThread für beide Methoden verwenden, werden alle Aufrufe unserer Methoden im AWT-

Ereignisthread ablaufen. Die Ausgabe des Programms sieht dann zum Beispiel so aus:

```
addOne in AWT-EventQueue-0
addOne in AWT-EventQueue-0
add in AWT-EventQueue-0
addOne in AWT-EventQueue-0
add in AWT-EventQueue-0
addOne in AWT-EventQueue-0
addOne in AWT-EventQueue-0
```

Annotations unterstützen Trennung der Anliegen

Die Kombination der zusätzlichen Metainformationen durch die Annotations mit der Aspektorientierung bietet also neue Möglichkeiten für die Erweiterung der verwendeten Programmiersprachen, mit deren Hilfe wir unsere Quelltexte besser strukturieren können. Damit haben wir ein weiteres Mittel, um die Trennung von Anliegen in den Quelltexten vorzunehmen. In unserem Beispiel müssen wir zwar immer noch angeben, welche unserer Methoden im separaten Ereignisthread laufen sollen, dieses Anliegen wird aber nun zu einer Eigenschaft der Methode und ist nicht mehr dem Aufruf von Methoden zugeordnet. Außerdem haben wir die Umsetzung der Verlagerung in einen eigenen Thread zentral als einen Aspekt umgesetzt.

Kapitel 10

Objektorientierung am Beispiel: eine Webapplikation in JavaScript

In diesem Praxiskapitel werden wir die besprochenen Prinzipien und eine Reihe von Entwurfsmustern an einem konkreten Anwendungsfall demonstrieren.

Diskussion: Welches Beispiel soll es sein?

Gregor: *Ich fände es cool, wenn wir einen Teil der vorgestellten Konzepte anhand eines lauffähigen Beispielprojekts vorstellen würden.*

Bernhard: *Gute Idee. Wie wäre es, wenn wir als Grundlage eines der populären Frameworks auf Basis von JavaScript nehmen?*

Stefan: *Ja, wir könnten das Ganze auf der Plattform Node.js für serverseitige JavaScript-Anwendungen aufsetzen – JavaScript auf der Serverseite ist ja mittlerweile ziemlich populär. Und mit den Erweiterungen auf Basis ECMA-Script 2015 sind ja noch einige coole Features zu Node.js dazugekommen.*

Gregor: *Das stimmt, und wir können dabei auch gleich ein paar andere Open-Source-Lösungen auf JavaScript-Basis mitverwenden. Ich habe in dem Bereich ganz gute Erfahrungen, schließlich haben wir mit meiner Firma in den letzten Jahren bereits eine Cloud-Lösung für Schweinezuchtbetriebe auf Basis von JavaScript-Frameworks entwickelt.*

Bernhard: *Das mit der Cloud-Lösung für Schweinezüchter war jetzt aber mehr so ein ... abstraktes Beispiel, oder?*

Gregor: *(schaut beleidigt weg. https://cloudfarms.com ist natürlich kein abstraktes Beispiel)*

Stefan: *Jetzt aber Schluss mit dem Werbeblock und zurück zu unserer Anwendung. Als Basis nehmen wir Express.js, das ist modular aufgebaut und bringt schon fast alles mit, was wir brauchen, um eine Webapplikation auf Node.js aufzusetzen. Für die Erstellung von Web-Templates wird z. B. »Pug« empfohlen. Bei der Datenbank könnten wir auf MongoDB setzen. Dafür gibt es mit Mongoose einen sehr schönen Treiber für Node.js, der eine einfache Speicherung von JavaScript-Daten im JSON-Format ermöglicht.*

Bernhard: *Na, das war ja mal ein schneller Architekturentwurf. Wir können dann ja auf Basis dieser Komponenten ein eigenes kleines Framework für Model-View-Controller realisieren, so viel Zeit muss sein.*

Stefan: *Und als Anwendung setzen wir dann einen kleinen Teamkalender darauf auf.*

Bernhard: *Genauso machen wir das. Lass uns nach Scrum-Methodik arbeiten. Das Daily Standup setzen wir mal jeden Morgen um sieben Uhr an, dann hat man danach noch was vom Tag. Lass uns morgen direkt damit starten. Für mich ist das natürlich zu früh, aber ich vertraue Stefan da voll, dass er die Themen mit sich im Dialog schnell geklärt und umgesetzt bekommt.*

Gregor: *Hört sich gut an. Ich bin allerdings die nächsten 4 Wochen bei ukrainischen Schweinemastbetrieben unterwegs, die unsere cloud-basierte Software einführen wollen. Ich kann deshalb natürlich auch nicht bei den Dailys dabei sein. Aber ich vertraue Stefan da voll, dass er die Themen mit sich im Dialog schnell geklärt und umgesetzt bekommt.*

Stefan: *Äh, danke für Euer Vertrauen, glaube ich ...*

Bernhard: *Klasse, dann hätten wir ja alles geklärt und können loslegen.*

Objektorientierung am Beispiel von JavaScript erläutern zu wollen, scheint auf den ersten Blick ein schwieriges Unterfangen zu sein. Schließlich wird »klassisch« objektorientiertes Vorgehen von dieser Sprache nicht gerade mustergültig unterstützt. Deshalb wollen wir Objektorientierung in diesem Kapitel auch weniger als Eigenschaft einer Sprache, sondern als grundsätzliches Paradigma zur Erstellung von Software betrachten. So lässt sich nebenher auch noch zeigen, dass die damit verbundenen Prinzipien sowohl allgemeingültig als auch praktisch anwendbar sind.

Wie schon in Abschnitt 1.4, »Warum überhaupt Objektorientierung?«, erläutert, helfen uns objektorientierte Methoden insbesondere dann weiter, wenn es gilt, die Komplexität mittlerer und großer Softwareprojekte in den Griff zu bekommen. Aus diesem Grund haben wir uns entschlossen, ein etwas größeres Projekt in Angriff zu nehmen. Da wir aber unmöglich den ganzen Code eines solchen Programms in ein einziges Kapitel quetschen können, ohne den Umfang des Buchs zu verdoppeln, werden wir uns auf einige wenige Aspekte konzentrieren. Die komplette Implementierung haben wir, einschließlich eines kleinen Tutorials zu den verwendeten Werkzeugen, online auf der Webseite zum Buch zur Verfügung gestellt (*www.objektorientierte-programmierung.de*).

Als Szenario für unser Beispiel nehmen wir ein großes Entwicklungsprojekt an, in dem mehrere Teams international verteilt arbeiten. Der Projektleiter möchte zu Planungszwecken gern zu jedem Zeitpunkt einen Überblick über die verfügbare Kapazität der einzelnen Teams haben. Deshalb wünscht er sich eine zentrale Webseite, über die alle Mitarbeiterinnen und Mitarbeiter ihren geplanten Urlaub erfassen können – einen Teamkalender. Außerdem erbittet unser virtueller Projektleiter eine Schnittstelle, über die sich die Funktionalität des Teamkalenders auch in andere Tools integrieren lässt.

Nachdem wir in Abschnitt 10.1 einige Grundlagen zum Thema Objektorientierung in JavaScript behandelt haben, wollen wir in Abschnitt 10.2 als Erstes ein Bild von der Zielarchitektur entwickeln. Dabei werden wir jeweils verwendete Plattformen und Bibliotheken einführen. In den darauffolgenden Abschnitten werden wir auf die Implementierung bestimmter Teile dieser Architektur eingehen und die verwendeten objektorientierten Methoden am Beispiel erläutern. Wir orientieren uns dabei an einer Variante des Model-View-Controller-Ansatzes, den wir grundsätzlich bereits in Abschnitt 8.2, »Die Präsentationsschicht: Model, View, Controller (MVC)«, vorgestellt haben. Dabei setzen wir in Abschnitt 10.3 zunächst grundlegende Mechanismen in Form eines Basis-Frameworks um. Anschließend werden wir dieses Framework in Abschnitt 10.4 nutzen, um den angeforderten Teamkalender zu realisieren.

10.1 OOP in JavaScript

JavaScript ist eine dynamisch typisierte, objektorientierte, aber klassenlose Sprache. Damit ist klar, dass Objekte eine zentrale Rolle spielen, aber auch Aspekte der funktionalen Programmierung sind in JavaScript von einiger Bedeutung.

Auf den folgenden Seiten wollen wir uns ansehen, wie Objektorientierung in JavaScript umgesetzt werden kann und wie das unter anderem auch durch Methoden der funktionalen Programmierung unterstützt wird. Das Kapitel soll jedoch kein umfassendes JavaScript-Handbuch ersetzen, deshalb wollen wir uns auf die grundlegenden Konzepte beschränken, die zum Verständnis der entwickelten Anwendung notwendig sind.[1]

1 Eine ausführliche Einführung in die objektorientierten Möglichkeiten von JavaScript finden Sie in »Professionell entwickeln mit JavaScript« von Philip Ackermann, 2018, Rheinwerk Verlag.

10.1.1 Objekte in JavaScript

Ein Objekt ist in JavaScript definiert als eine Sammlung von Eigenschaften, die im einfachsten Fall als eine Menge von Name/Wert-Paaren dargestellt werden kann. Dabei wird auch eine Methode nur als Wert einer Eigenschaft des Objekts dargestellt. Der Wert ist in diesem Fall ein Funktionsobjekt (siehe auch Abschnitt 7.4.4, »Funktionsobjekte und ihr Einsatz als Eventhandler«).

Der direkteste Weg zur Erzeugung eines Objekts in JavaScript ist, es einfach als Literal aufzuschreiben:

```
obj = {
    name: "ein JavaScript Objekt",
    sagHallo: function() {
        alert("Hallo, ich bin " + this.name + "!");
    }
};

obj.sagHallo();
```

Listing 10.1 Ein Objekt in JavaScript – in Literalschreibweise

Eine Untermenge der Literalsyntax wird in Form der *JavaScript Simple Object Notation* (*JSON*) zum Datenaustausch zwischen Anwendungen verwendet. Genau deshalb werden wir uns JSON-Objekte im Verlauf unserer Entwicklungsarbeit noch etwas genauer ansehen.

Eine weitere Möglichkeit, ein Objekt zu erstellen, ist, es mit dem Operator `new` zu erzeugen, zum Beispiel so:

```
let obj = new Object();
```

Listing 10.2 Ein Objekt in JavaScript – mit »new« erzeugt

Zu guter Letzt kann ein Objekt mit `Object.create(prototype[, properties])` erzeugt werden. Diese Methode ist besonders bei der Vererbung von Eigenschaften nützlich, weil man ihr den Prototyp des zu erzeugenden Objekts mitgeben kann. Das wollen wir auch gleich im folgenden Abschnitt tun.

10.1.2 Vererbung: JavaScript kennt keine Klassen

In JavaScript gibt es zwar Objekte, aber keine Klassen. Stattdessen werden Prototypen verwendet, um die Vererbung von Eigenschaften möglich zu machen. Auch eine Art von Polymorphie wird auf diese Weise möglich. In

Abschnitt 7.1.2 wurden Prototypen als Vorlagen für Objekte schon eingehend diskutiert. An dieser Stelle möchten wir nun kurz auf die mit ECMAScript 2015 eingeführte Klassensyntax eingehen, die unseren Code wesentlich lesbarer macht. Zum Vergleich noch einmal die »klassische« Schreibweise:

```
01 Basis = function(a) {
02     this.wert = a;
03 };
04
05 Basis.prototype = {
06     andererWert: 42,
07     setzeWert: function(b) {
08         this.wert = b;
09  }
10 };
11
12 Abgeleitet = function(b) {
13     // Konstruktor der Basis'klasse' aufrufen
14     Basis.call(this, 4711);
15 };
16 // Prototyp erben
17 Abgeleitet.prototype = Object.create(Basis.prototype);
18 // Konstruktor korrigieren!
19 Abgeleitet.prototype.constructor = Abgeleitet;
20
21 // Methode überschreiben:
22 Abgeleitet.prototype.setzeWert = function(x) {
23     // super::setzeWert(...)
24     Basis.prototype.setzeWert.apply(this, arguments);
25     this.andererWert = x;
26 };
```

Listing 10.3 Klassische, prototypische »Vererbung« in JavaScript

Die interessanten Stellen im Beispiel oben sind die Zeilen 17 und 19. Dort wird zunächst der Prototyp der Basis »geerbt«, um dann den Parameter `constructor` des frisch erzeugten eigenen Prototyps auf den richtigen Wert zu setzen.

In Zeile 14 wird die Methode `call` benutzt, um den Konstruktor der Basisklasse mit dem richtigen `this`-Zeiger aufzurufen. In Zeile 24 wird zu guter Letzt auch eine Methode der Basisklasse aufgerufen, die in der Ableitung überschrieben wurde.

So sieht das obere Beispiel unter Verwendung der ES2015-Klassensyntax aus:

```
class Basis {
  constructor(a) {
    this.wert = a
    this.andererWert = 42
  }
  setzeWert(b) {
    this.wert = b
  }
}

class Abgeleitet extends Basis {
  constructor(b) {
    super(4711)
  }
  setzeWert(x) {
    super.setzeWert(arguments)
    this.andererWert = x
  }
}
```

Listing 10.4 Klassenhierarchie in ECMAScript 2015

Der Code sieht jetzt schon deutlich lesbarer aus, oder?

Eine Eigenschaft der ES2015-Klassensyntax ist, dass mit ihr nur Methoden deklariert werden können, es gibt also keine Möglichkeit, Datenelemente zu deklarieren. Will man also zum Beispiel eine »Klassenvariable« einführen, die ohne ein Exemplar der Klasse verfügbar sein soll, so muss man wieder die klassische Schreibweise verwenden und die benötigte Variable außerhalb der eigentlichen Klassendefinition definieren und hinzufügen:

```
class ControllerBase {
  constructor () { … }
…
}

/* Bsp.:
  const aktion = ControllerBase.prototype.aktion["get"]
  --> aktion erhält den Wert: 'lesen'
*/
ControllerBase.prototype.aktion = {
  get: 'lesen',
```

```
    put: 'aendern',
    post: 'neu',
    delete: 'loeschen'
}
```

Listing 10.5 Eine »Klassenvariable«

Hier zeigt sich, dass trotz all dem syntaktischen Zucker im Hintergrund immer noch die guten alten Prototypen aktiv sind.

10.1.3 Datenkapselung durch Closures

Closures und lexikalische Bindung

Eine echte Datenkapselung – im Sinne privater Daten – wird von JavaScript nicht direkt unterstützt. Abhilfe kann ein Konstrukt aus der funktionalen Programmierung schaffen: der Funktionsabschluss, auch *Closure* genannt.

> **Closure**
>
> Closures sind eines der zentralen Konzepte funktionaler Programmiersprachen. Der Begriff *Closure* bezeichnet einen in sich geschlossenen Verbund, der aus einer namenlosen Funktion und ihrem (lexikalischen) Kontext, genannt *Scope*, besteht.
>
> Zum ersten Mal gebraucht wurde der Begriff in den 1960er-Jahren im Rahmen einer der ersten Implementierungen des Lambda-Kalküls, das von Alonzo Church entwickelt worden war. Richtig populär wurde das Konzept mit der Entwicklung und Verbreitung der am MIT entwickelten Sprache SCHEME, einem LISP-Dialekt.
>
> Um eine Closure zu erzeugen, wird zunächst durch eine äußere Funktion eine abgeschlossene Umgebung geschaffen, innerhalb derer ein weiteres, anonymes Funktionsobjekt erzeugt wird. Dieses wiederum hat Zugriff auf alle in seiner Umgebung sichtbaren Variablen. Dabei können diese nicht nur gelesen, sondern auch verändert werden und bleiben auch nach Ausführung der Funktion an diese gebunden.
>
> Die Closure wird an den Aufrufer der äußeren Funktion zurückgegeben und kann anschließend an anderer Stelle im Programmablauf – auch mehrfach – ausgeführt werden.
>
> Aus unserem objektorientierten Blickwinkel betrachtet, ist eine Closure also ein Objekt, das nur eine öffentliche Methode, aber beliebig viele private Elemente haben kann – auch weitere Closures.

Closures entstehen also immer dann, wenn Funktionsobjekte innerhalb einer umschließenden Funktion erzeugt und an den Aufrufer zurückgegeben werden. Diese neuen Funktionsobjekte haben Zugriff auf alle Variablen, die zum Zeitpunkt der Erzeugung in ihrem lexikalischen Kontext sichtbar waren – insbesondere zählen dazu die lokalen Variablen der umschließenden Funktion.

Hier folgt ein Beispiel aus der höheren Mathematik:

```
StartFibonacci = () => {
    let x = 0
    let y = 1

    return () => {
        const f = x;
        [x, y] = [x+y, x]
        return f
    }
}

nextFibonacci = StartFibonacci()
for (let i=0; i<10; i++) console.log(nextFibonacci())
```

Listing 10.6 Ein Funktionsabschluss – lexikalische Bindung

Die Funktion `StartFibonacci` umschließt einen lexikalischen Kontext, in dem zwei lokale Variablen, `x` und `y`, definiert werden. Die zurückgegebene anonyme Funktion hat Zugriff auf diese Variablen. Wird diese Funktion nun ausgeführt, berechnet sie aus den Variablen die jeweils nächste Zahl der beliebten Fibonacci-Folge und gibt die aktuelle Zahl zurück.

Dieses Prinzip der »eingeschlossenen« Variablen kann man sich zunutze machen, indem man es bei einer Konstruktorfunktion anwendet:

```
class Computer {
  constructor () {
    const Sinn = 42;
    this.SinnDesLebens = function() {
        return Sinn;
    }
  }
}
// Ein Exemplar eines Computers
const DeepThought = new Computer();
// undefined - Sinn ist keine Eigenschaft von DeepThought
```

```
alert(typeof DeepThought.Sinn);
alert(DeepThought.SinnDesLebens()); // 42
```

Listing 10.7 Erzeugung privater Datenelemente mit Funktionsabschluss

Das erzeugte Objekt ist nun Besitzer eines »privaten« Datenelements, das von außen nicht mehr direkt manipulierbar ist. Nur Funktionen, die innerhalb des Konstruktors an den `this`-Zeiger gebunden werden, haben Zugriff auf diese »privaten« Elemente. Deshalb nennt man diese Funktionen *privilegiert*.

Closures und asynchrone Abläufe

Da uns Closures im Verlauf unserer Entwicklungsarbeit noch wertvolle Dienste leisten werden, ist es sinnvoll, sich ein weiteres Beispiel anzusehen. Man kann einen Funktionsabschluss nicht nur dazu verwenden, Daten vor dem Zugriff von außen zu schützen, sondern auch dazu, Daten in einem ansonsten abgeschlossenen Kontext verfügbar zu halten. Zur Verdeutlichung sehen wir uns folgenden Codeschnipsel an:

```
class Computer {
  constructor () {
    this.Sinn = 42
  }

  berechneSinn(Ergebnis) {
    setTimeout(function() {
      // die Berechnung dauert etwas länger...
      Ergebnis(this.Sinn)
    }, 1000)
  }
}

const DeepThought = new Computer()
DeepThought.berechneSinn( function(DerSinn) {
    console.log('Der Sinn des Lebens ist: ',DerSinn)
});
```

Listing 10.8 Asynchroner Aufruf einer Funktion

Hier läuft die Berechnung des Sinns des Lebens asynchron. Die Funktion `setTimeout(...)` startet einen Timer, nach dessen Ablauf die übergebene Funktion aufgerufen wird. Die Ausgabe des Programms ist:

```
Der Sinn des Lebens ist: undefined
```

Listing 10.9 Die Ausgabe

Unabhängig vom Wahrheitsgehalt dieser Aussage ist es nicht ganz das, was wir erwartet haben. Der Grund dafür ist, dass der `this`-Zeiger, der ja eigentlich auf unser Computer-Exemplar zeigen soll, im Kontext der an `setTimeout` übergebenen Funktion von deren eigenem `this`-Zeiger überschrieben wird.

Eine mögliche und vor der Einführung ECMAScript 2015 sehr gebräuchliche Lösung für dieses Dilemma ist, einen weiteren Funktionsabschluss zu verwenden, der als Parameter den zu verwendenden `this`-Zeiger enthält und die eigentliche Funktion so angereichert zurückgibt.

Abgesehen davon, dass das Ergebnis dann nicht gerade gut lesbarer Code ist, wird es auch ziemlich schnell lästig, ständig doppelte Closures schreiben zu müssen, nur um den richtigen `this`-Zeiger in den lexikalischen Kontext zu bugsieren, wo er benötigt wird. Mit ECMAScript 2015 gibt es zum Glück eine Lösung, die das überflüssig macht: Den »=>«-Operator, auch Pfeilfunktion genannt.

Der große Vorteil der Pfeilfunktion ist, dass sie *keinen* eigenen `this`-Zeiger hat, der den `this`-Zeiger aus dem umgebenden lexikalischen Kontext überschreiben würde. Damit wird dieser innerhalb der Funktion zugreifbar und der Code ein gutes Stück schlanker.

Zur Veranschaulichung folgt hier noch einmal der Code von Listing 10.8 – diesmal mit Pfeilfunktionen:

```
class Computer {
    constructor() {
        this.Sinn = 42;
    }

    berechneSinn(Ergebnis) {
        setTimeout( () => Ergebnis(this.Sinn) , 1000)
    }
}

const DeepThought = new Computer();
DeepThought.berechneSinn(
    (DerSinnDesLebens) => console.log(
        'Der Sinn des Lebens ist: ', DerSinnDesLebens))
```

Listing 10.10 Funktionsabschluss mit Pfeilfunktion

Jetzt stimmt auch die Ausgabe – und wir haben das nötige Rüstzeug für die Entwicklung unserer Applikation. Im nächsten Abschnitt widmen wir uns dem softwaretechnischen Aufbau sowie einigen grundlegenden Eigenschaften unseres Teamkalenders.

10.2 Die Anwendung im Überblick

Aus unserem ersten Gespräch mit dem virtuellen Projektleiter ging hervor, dass unser Teamkalender nach außen zwei unterschiedliche Schnittstellen haben soll: eine Webseite in HTML für die Mitarbeiter und Mitarbeiterinnen der Teams und eine Schnittstelle, über die unser Teamkalender auch von anderen Anwendungen verwendet werden kann.

Da nicht in jedem Webbrowser JavaScript aktiviert ist, brauchen wir eine Möglichkeit, auch mit den Mitteln, die uns von reinem HTML zur Verfügung gestellt werden, mit dem Server zu kommunizieren. Als zweite Schnittstelle wollen wir eine JSON-API implementieren. Diese API können wir dann, neben ihrer Funktion als reine Datenschnittstelle, auch als Backend für einen etwas interaktiveren Client verwenden.

Sicherlich könnten wir die gestellte Aufgabe mit einem der aktuellen Web-Frameworks ziemlich zügig – und ohne uns um die Architektur oder ein Design kümmern zu müssen – lösen. Wir wollen aber in erster Linie die in diesem Buch vorgestellten Prinzipien der objektorientierten Programmierung an einem konkreten Beispiel unter die Lupe nehmen.

10.2.1 Architekturentscheidungen als Basis

Schon ganz am Anfang hatten wir uns bereits auf ein paar zentrale Architekturentscheidungen festgelegt: Unsere Implementierungssprache ist JavaScript, wir werden frei verfügbare Frameworks verwenden und darauf eine eigene MVC-Version implementieren.

Bernhard: *Das legt ja schon ein paar Sachen fest. Aber so ganz kann das noch nicht ausreichen.*

Stefan: *Du hast recht. Für die Dienste müssen wir festlegen, welche Eigenschaften sie haben sollen. Hier schlage ich vor, dass wir uns an der Definition für REST (Representational State Transfer) orientieren. Und dann wollen wir natürlich die Geschäftslogik klar von der Darstellung trennen.*

Zunächst schauen wir uns also das Architekturparadigma von REST an. **REST**

REST

REST steht für *Representational State Transfer* und bezeichnet ein Architekturparadigma für Webschnittstellen, das hauptsächlich auf Einfachheit und Performanz ausgelegt ist.

REST wurde im Jahr 2000 von Roy Fielding im Rahmen seiner Dissertation *Architectural Styles and the Design of Network-based Software Architectures*[2] vorgestellt.

Eine REST-Architektur besteht aus Objekten (Diensten), die jeweils vier grundlegende Eigenschaften haben müssen, um als REST-konform zu gelten:

Adressierbarkeit: Der Dienst muss durch eine eindeutige Adresse repräsentiert sein.

Unterschiedliche Repräsentationen für Daten: Die Darstellung (Repräsentation) einer Ressource soll davon abhängen können, welche Datenformate der Nutzer des Dienstes verarbeiten kann. Ein REST-konformer Dienst kann also für die Darstellung von Daten unterschiedliche Formate verwenden (z. B. JSON, XML, HTML ...) – je nachdem, was ein Client anfordert.

Zustandslosigkeit: REST ist ein zustandsloses Protokoll. Das bedeutet, dass ein REST-konformer Dienst mit jedem Aufruf alle Informationen, die er für die Erfüllung seiner Aufgabe benötigt, vom Aufrufer erhält.

Standardoperationen: Ein REST-konformer Dienst stellt seinen Benutzern Standardoperationen zur Verfügung:

- Lesen (HTTP: GET)
- Anlegen (HTTP: POST)
- Überschreiben (HTTP: PUT)
- Ändern (HTTP: PATCH)
- Löschen (HTTP: DELETE)

Die Operationen »Lesen«, »Ändern«, »Überschreiben« und »Löschen« sind dabei *idempotent*, das heißt, mehrfaches Aufrufen mit den gleichen Argumenten hinterlässt die Ressource im selben Zustand wie ein einmaliger Aufruf.

Trennung der Anliegen

In unserer Anwendung wollen wir außerdem die Geschäftslogik von der Darstellungslogik trennen. Mit »trennen« meinen wir aber natürlich nicht, dass diese Aspekte unserer Anwendung nicht mehr zusammenhän-

2 Die Dissertation ist verfügbar unter *https://www.ics.uci.edu/~fielding/pubs/dissertation/top.htm*.

gen. Im Gegenteil: Wir möchten den Zusammenhang zwischen diesen zwei Teilen unserer Anwendung formalisieren und ihn klar dokumentieren. Wir wollen eine formelle Schnittstelle definieren, sodass die Geschäftslogik und die Darstellungslogik unserer Anwendung nicht mehr von der Implementierung des jeweils anderen Teils abhängig sind, sondern nur von der definierten Schnittstelle. Das ermöglicht es uns, die Teile der Anwendung unabhängig voneinander zu ändern und zum Beispiel – ganz im Sinne von REST – mehrere Varianten der Darstellung für dieselbe Geschäftslogik bereitzustellen.

Nun, was verstehen wir hier unter einer Schnittstelle? Man sollte sich an dieser Stelle keine Schnittstelle eines Objekts mit einer Liste von Operationen vorstellen. Unsere Anwendungsschnittstelle besteht aus einer dokumentierten Vorgehensweise, wie die Darstellung auf die Daten der Geschäftslogik zugreift und wie sie Aktionen der Geschäftslogik auslöst.

Es wird in einem Buch mit diesem Titel wohl niemanden überraschen, wenn wir die Schnittstelle als eine Gruppe von Objekten beschreiben.

Jedes dieser Objekte wird dem Client fachliche Operationen (Dienste) bereitstellen, mit deren Hilfe die Darstellungslogik entweder Daten abfragen oder Aktionen der Geschäftslogik auslösen kann.

Anders ausgedrückt: Die Implementierung der Schnittstelle verwendet Komponenten der Fachlogik, um Datenobjekte in der vom Client benötigten Form zur Verfügung zu stellen.

Unsere Anwendungsschnittstelle wird also aus einer Menge von Objekten bestehen. Da wir uns an das REST-Paradigma halten wollen, können wir nun die Eigenschaften bestimmen, die so ein Objekt haben muss:

1. eine eindeutige Adresse
2. eine der REST-Standardoperationen
3. unterschiedliche Darstellungsformate für Daten

Ein Beispiel: Unsere Objektschnittstelle wird einen Dienst mit Namen `benutzer_lesen` zur Verfügung stellen, der die Daten eines Benutzerobjekts aus der Datenbank ausliest und an den Client sendet – über ein Protokoll, das dieser versteht.

```
const benutzer_lesen = {
    route:'/benutzer/:benutzer_id',
    operation: 'get',

    needValidUser: true,

```

```
07     protocols: {
08         html: {
09             view: {
10                 file: 'html_template',
11                 data: {
12                     title: 'Benutzerprofil',
13                     template: 'useradmin'
14                 }
15             },
16             action: {
17                 file: 'BenutzerRollenUndTeams',
18                 mapData: function(action, req) {
19                     ...
20                 }
21             }
22         },
23         json: {
24             view: {
25                 file: 'json_default',
26                 data: {}
27             },
28             action: {
29                 file: 'Benutzer',
30                 mapData: function(action, req){
31                     ...
32                 }
33             }
34         }
35     }
36 };
```

Listing 10.11 Das Objekt »benutzer_lesen« – ein Dienst

Der Dienst wird beschrieben durch ein JavaScript-Objekt, das in der in Abschnitt 10.1.1, »Objekte in JavaScript«, vorgestellten Literalschreibweise notiert ist. Sehen wir uns die Eigenschaften an:

Das Attribut `route` in Zeile 02 enthält die *eindeutige Adresse* des Dienstes. Diese Adresse kann wiederum Parameter enthalten. In diesem Fall fungiert `:benutzer_id` als Platzhalter für eine beliebige Benutzerkennung.

Als Nächstes bezeichnet in Zeile 03 das Attribut `operation` die bereitgestellte *REST-Operation* – in diesem Fall `get`, also den lesenden Zugriff auf den durch die Adresse (`route`) bezeichneten Benutzer.

Die unterschiedlichen Darstellungen des Ergebnisses werden mithilfe einer Menge aus Name/Wert-Paaren (auch einfach als *Objekt* bekannt – siehe Abschnitt 10.1.1) beschrieben. Das Objekt `protocols` in Zeile 07 enthält – wenig überraschend – für jedes unterstützte Protokoll ein weiteres Objekt. Diese Objekte wiederum legen fest, welche Aktion durchgeführt werden soll (Attribut `action` in den Zeilen 16 und 28) und welcher View am Ende zur Anzeige verwendet wird (mit dem Attribut `view` in den Zeilen 09 und 24).

Der Dienst `benutzer_lesen` unterstützt also die beiden Datenformate `html` und `json`.

10.2.2 Die Komponenten der Anwendung

Werfen wir jetzt einen Blick auf die Komponenten, aus denen unsere Anwendung besteht. Abbildung 10.1 zeigt den Aufbau und wie die Komponenten zusammenarbeiten.

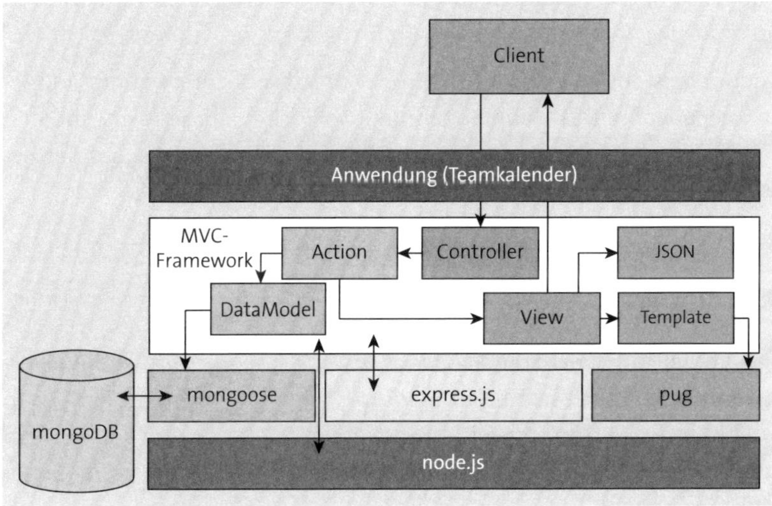

Abbildung 10.1 Die Komponenten der Anwendung

Node.js ist eine serverseitige Plattform, die auf Googles JavaScript-Laufzeitumgebung *V8* basiert. Neben der reinen Laufzeitumgebung bringt Node.js auch einige Basismodule mit, die es besonders einfach machen, Serverapplikationen zu implementieren. Deshalb haben wir Node.js als Grundlage für unsere Anwendung gewählt.

MongoDB ist eine dokumentbasierte Datenbank, in der die Daten als Dokumente in Collections gespeichert werden. Das Format der Dokumente ist sehr stark an JSON angelehnt.

Mongoose ist ein Node.js-Treibermodul für MongoDB. Die Struktur eines Dokuments in der Datenbank wird durch ein sogenanntes Schema beschrieben, die Daten des Dokuments selbst werden als »Model« geladen und zur Verfügung gestellt.

Express.js ist ein sehr minimalistisches Framework zur Implementierung von Webanwendungen auf der Node.js-Plattform. Express.js bildet in unserer Architektur die Basis für das eigene MVC-Framework.

Pug ist eine Sprache zur Beschreibung von HTML-Layouts. In den Layouts kann JavaScript zur Erzeugung dynamischer Inhalte verwendet werden. Express.js integriert Pug standardmäßig als Modul zur Erzeugung von HTML.

Das *MVC-Framework* ist der Teil, den wir in Abschnitt 10.3 gemeinsam entwickeln wollen.

Die eigentliche *Anwendung* schließlich benutzt die Komponenten, die unser Framework bereitstellt, um die geforderte fachliche Funktionalität zu implementieren. Einen Auszug dieser Implementierung werden wir in Abschnitt 10.4 vorstellen.

In den nächsten Abschnitten sehen wir uns das oben erwähnte Framework genauer an. Das Hauptaugenmerk soll dabei auf den verwendeten Patterns und den objektorientierten Methoden liegen sowie auf der Beantwortung der Frage, wie sie uns das Leben leichter machen.

10.3 Das Framework

Beim Entwurf unseres Frameworks war uns dessen prinzipielle Wiederverwendbarkeit auch in zukünftigen Applikationen wichtig. Die Klassen des Frameworks sollen uns einen abstrakten Rahmen vorgeben, in dem wir beliebige Webapplikationen auf Basis von Node.js und Express implementieren können.

In Kapitel 8, »Module und Architektur«, wurden zwei grundlegende Arten von Frameworks vorgestellt: Container und MVC – Letzteres mit Blick auf Webapplikationen unterteilt in »Model 1« und »Model 2«. Wir wollen uns beim grundsätzlichen Aufbau unseres Frameworks an »Model 2« orientieren. Abbildung 10.2 zeigt einen groben schematischen Überblick.

Das MVC-Paradigma entstammt eigentlich der Präsentationsschicht und beschreibt ein Interaktionsmuster zwischen Objekten der Benutzerschnittstelle und der Fachlogik. Modelle beschreiben dabei die Schnittstelle zur Fachlogik, wobei ein Modell als Referenz für die Darstellung eines ganzen Konglomerats an Fachobjekten dienen kann. Das Modell selbst muss also nicht unbedingt auch ein persistentes Datenmodell sein. Mit anderen Worten: Das MVC-Paradigma sagt etwas aus über die Interaktion der Benutzeroberfläche mit der Fachlogik, nicht aber über das Klassendesign oder die Abläufe in der Fachlogik selbst. Der in Abbildung 10.2 dargestellte Ansatz trägt dem Rechnung, indem ein zusätzliches Objekt eingeführt wird: die Aktion, die die Durchführung einer fachlichen Operation von den beteiligten Datenmodellen trennt.

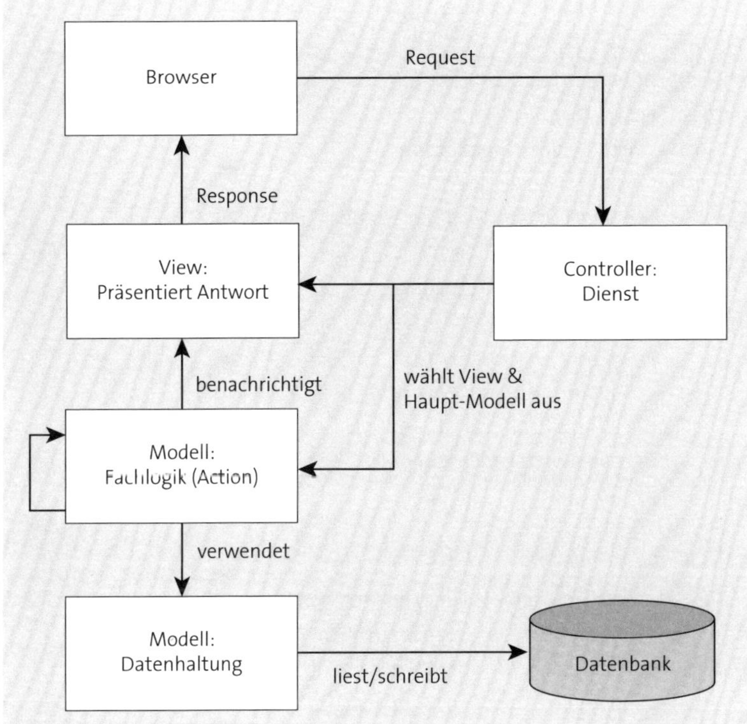

Abbildung 10.2 Schematischer Aufbau des Frameworks – angelehnt an »Model 2«

Im Folgenden sehen wir uns die Komponenten des Frameworks und ihre Implementierung genauer an.

10.3.1 Controller: zentrale Repräsentation von Diensten

Ähnlich wie in »Model 2« geht der HTTP-Request des Browsers bei einem Controller-Exemplar ein. Der Controller entscheidet, welche Aktionen auf welchen Ressourcen vorgenommen werden und welcher View am Ende zur Präsentation des Ergebnisses verwendet werden soll. Dabei sollen auch übergreifende Anforderungen wie die Prüfung von Berechtigungen erledigt werden. Unser Ziel ist es, eine Klasse zu schreiben, die Beschreibungsobjekte wie das in Listing 10.11 gezeigte verarbeiten kann. Auf Basis dieser Beschreibung sollte es dann möglich sein, einen Dienst generisch zur Verfügung zu stellen – der grundsätzliche Ablauf bleibt schließlich immer gleich. Das Einlesen des erwähnten Beschreibungsobjekts ist schnell erledigt. Listing 10.12 zeigt, wie es geht:

```
01 class ControllerBase {
02   constructor () { … }
03 …
04 /* Controller initialisieren */
05   init (desc) {
06     this.verb = desc.operation
07     this.route = desc.route
08     this.needValidUser = desc.needValidUser
09
10     console.log('ControllerBase.init() --
> route: ' + desc.route)
11
12     const supported = Object.keys(desc.protocols)
13     supported.forEach(function (p) {
14       this.addSupportedProtocol(p, desc.protocols[p])
15     }, this)
16   }
17
18 /* Verwaltung von unterstützten Protokollen */
19 /* Unterstütztes Protokoll hinzufügen */
20   addSupportedProtocol (protocol, protocolDesc) {
21     this.supported_protocols[protocol] = protocolDesc
22   }
23 …
24 }
```

Listing 10.12 Initialisierung des Controllers mit einem Beschreibungsobjekt

Mit der Methode `init` stellen wir ab Zeile 05 eine Schnittstelle zum initialen Befüllen unseres Controllers mit einem Beschreibungsobjekt (`desc`) zur Verfügung. Die Implementierung sollte ziemlich selbsterklärend sein: Wie merken uns das HTTP-Verb (`operation`), die Adresse (`route`), ob eine Berechtigungsprüfung gewünscht ist (`needValidUser`) und die Informationen zu den von diesem Controller unterstützten Datenformaten (`protocols`). Da es sich bei Letzteren bereits um Objekte handelt, speichern wir sie einfach so, wie sie sind, in einer internen Liste. Nur am Rande: Der Grund dafür, dass wir dazu extra die Methode `addSupportedProtocol()` schreiben (und verwenden) und die Objekte nicht direkt in die Liste eintragen, liegt darin, dass wir an dieser Stelle erweiterbar bleiben wollen. Wir schaffen so eine Möglichkeit, diese Informationen in einer späteren Ableitung unter Umständen in einem anderen Format vorzuhalten.

Jetzt haben wir alle benötigten Informationen beisammen, um den internen Ablauf zu implementieren. Abbildung 10.3 zeigt etwas vereinfacht, wie ein HTTP-Request aus Sicht des Controllers bearbeitet wird.

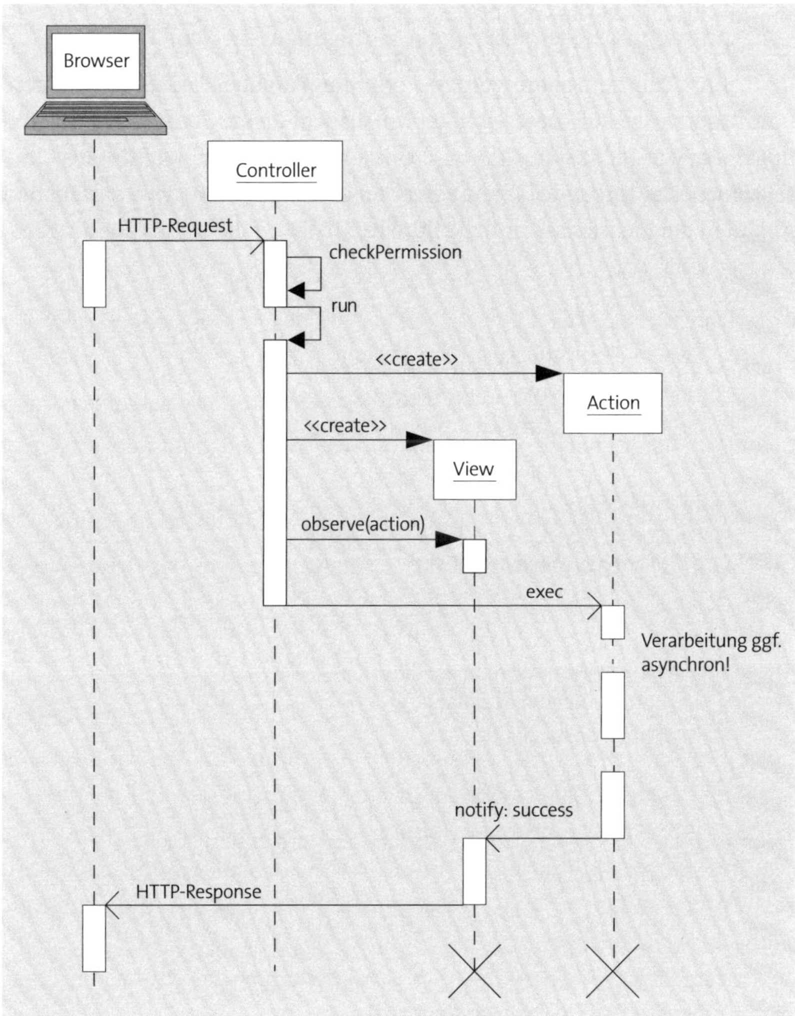

Abbildung 10.3 Vereinfachter Ablauf eines HTTP-Requests aus Sicht des Controllers

Der Controller steuert also den grundsätzlichen Ablauf eines HTTP-Requests in unserer Applikation. An den Stellen, an denen konkrete Applikationslogik eingreifen können soll (oder muss), bietet der Controller Erweiterungspunkte in Form von Einschubmethoden. Diese Methoden können (oder müssen) dann von abgeleiteten Controllern überschrieben werden.

Crosscutting Concerns

Ein Beispiel für die Verwendung solcher Einschubmethoden ist die Erzeugung der Aktion und des Views, denn abhängig vom angeforderten Protokoll muss im Kontext der Verarbeitung des Requests eine Aktion und ein View erzeugt werden. Ein weiterer Punkt, an dem Einschubmethoden Verwendung finden, ist die oben schon erwähnte übergreifende Berechtigungsprüfung, die jedem Dienst zur Verfügung stehen soll.

Umkehrung des Kontrollflusses

Über Einschubmethoden werden konkrete Aufgaben an die abgeleitete Controllerklasse delegiert – wir kehren also an dieser Stelle den Kontrollfluss um, wie in Abschnitt 3.6.1, »Umkehrung des Kontrollflusses«, beschrieben. Das folgende Listing zeigt den in Abbildung 10.3 beschriebenen Ablauf in der Basisklasse und die Punkte, an denen die Einschübe aufgerufen werden.

```
checkPermission () {
  return this.checkUserPermission(
    err => this.onError(err),
    () => this.run())
}

needsValidUser () {
  return this.needValidUser
}

checkUserPermission (onError, onSuccess) {
  if (!this.needsValidUser()) {
    return onSuccess()
  }

  const err = new Error('checkUserPermission: … ')
  return onError(err)
}

run () {
  const prot = this.getProtocol()

  if (typeof prot === 'undefined') {
    const err = new Error('Not Acceptable')
```

```
25        err.status = 406
26        return this.next(err)
27      }
28
29      const view = this.createView(prot)
30      const action = this.createAction(prot)
31
32      if (action) {
33        if (this.needValidUser) {
34          action.current_user = this.current_user
35        }
36        if (this.supported_protocols[prot]
37         .action.mapData !== undefined
38        && this.supported_protocols[prot]
39         .action.mapData !== null) {
40           this.supported_protocols[prot]
41             .action.mapData(action, this.request)
42        }
43        if (view) {
44          if (this.needValidUser) {
45            view.current_user = this.current_user
46          }
47          action.on('Completed', data => view.render(data))
48          action.on('Error', error => view.onError(error))
49        }
50        return action.exec()
51      }
52      ...
53    }
```

Listing 10.13 Ablauf eines HTTP-Requests im Controller

Ab Zeile 01 sehen Sie die Implementierung der Methode `checkPermission`. Diese Methode wird vom Framework als zweiter Schritt in der Bearbeitung des HTTP-Requests aufgerufen, gleich nachdem der Session-Kontext erzeugt wurde. Auf diesen Teil der Verarbeitung gehen wir in Abschnitt 10.4.2, »Eine eigene Ableitung des Controllers – und der Dienst ›team_lesen‹«, näher ein.

Inversion of Control

Die Implementierung liest sich trivial: in Zeile 11 wird die Methode `checkUserPermission` aufgerufen. Dabei handelt es sich um einen der oben schon erwähnten Einschübe, die den Kontrollfluss umkehren. Die eigentliche Berechtigungsprüfung sollte nämlich von der abgeleiteten Controller-Klasse implementiert werden. Die in der Basisklasse implementierte Logik steuert lediglich den Ablauf und stellt – wo es sinnvoll möglich ist – ein Standardverhalten bereit.

Program To Interfaces

Die Standardimplementierung von `checkUserPermission` überprüft zunächst, ob der Dienst überhaupt einen eingeloggten Benutzer voraussetzt – es könnte ja sein, dass der Dienst öffentlich zugänglich sein soll. Dazu wird die Methode `needsValidUser()` aufgerufen, die in Zeile 08 einfach das Klassenelement `needValidUser` zurückliefert, das aufmerksamen Leserinnen und Lesern bereits in Listing 10.11 ins Auge gesprungen sein sollte. Wenn der Dienst öffentlich ist, also kein gültiger Benutzer zum Ausführen der Aktion benötigt wird, wird in Zeile 13 sofort die übergebene Funktion `onSuccess` aufgerufen. Andernfalls wird ein Fehler erzeugt und mit dem Aufruf von `onError` in die Fehlerbehandlung verzweigt.

Wir geben also schon in Zeile 02 die Kontrolle an die konkrete Implementierung der Applikation ab und haben prompt ein Problem: Die Berechtigungsprüfung könnte dort *asynchron* implementiert sein.

Wären wir in einem *synchronen* Kontext unterwegs, hätten wir kein Problem. Das Ergebnis der Berechtigungsprüfung würde vorliegen, sobald die Kontrolle nach Ablauf der Einschubmethode wieder an uns zurückfällt. In einem asynchronen Kontext ist aber genau das nicht der Fall.

Closures und asynchrone Abläufe II

Wir müssen also dem Einschub die Möglichkeit geben, uns aktiv die Kontrolle über den weiteren Ablauf zurückzugeben – und dafür verwenden wir Closures. Ganz ähnlich wie in dem in Listing 10.8 vorgestellten Beispiel benutzen wir den Funktionsabschluss, um den Ablaufkontext über die Zeit der asynchronen Verarbeitung zu »konservieren«. Bezogen auf unser aktuelles Beispiel bedeutet das, dass der Methode `checkUserPermission` zwei Callback-Funktionen mitgegeben werden. Die erste der beiden soll im Fehlerfall aufgerufen werden und ruft in Zeile 03 ihrerseits die Methode `onError()` auf. Die zweite Funktion sorgt in Zeile 04 dafür, dass unser Programmablauf in der Methode `run()` ordnungsgemäß fortgesetzt wird. Beide Closures sind als Pfeilfunktionen implementiert, womit uns der `this`-Zeiger des ursprünglichen Aufrufkontextes auch zum Zeitpunkt der Abarbeitung weiter zur Verfügung steht.

Ab Zeile 20 sieht man die Implementierung der Funktion `run()`. In Zeile 21 holen wir mit der Funktion `getProtocol()` aus dem HTTP-Header das angeforderte Datenformat. Wenn das nicht bekannt ist, folgt in den Zeilen 24 bis 27 prompt die Ablehnung.

In den Zeilen 29 und 30 erzeugen wir für das ermittelte Protokoll den passenden View und die passende Aktion.

Die Aktion muss nun mit den Daten aus dem HTTP-Request gefüttert werden. Das ist eine Aufgabe, die wir nicht rein generisch erledigen können, da es vom konkreten HTTP-Request abhängt, in welcher Form die Daten zur Verfügung gestellt werden. So kann es sein, dass ein Request beispielsweise einen Benutzernamen als Teil der URL übermittelt, ein anderer als Parameter im Request-Body. Die Aktion selbst soll aber universell wiederverwendbar sein (Stichwort *Trennung der Anliegen*), was wiederum heißt, dass die Daten aus dem Request-Aufruf auf die Parameterliste der Aktion abgebildet werden müssen. Diese Aufgabe erledigt die Funktion namens `mapData()`, die uns das Beschreibungsobjekt freundlicherweise mitgeliefert hat. In den Zeilen 40 und 41 wird die Funktion aufgerufen.

Der View beobachtet die Aktion

Damit hat die Aktion alle Informationen erhalten, die sie für eine hoffentlich erfolgreiche Erledigung ihrer Aufgabe braucht. Bevor wir sie allerdings loslaufen lassen, müssen wir noch dafür sorgen, dass der ausgewählte View benachrichtigt wird, sobald die Aktion mit ihrer Arbeit fertig ist. In den Zeilen 47 und 48 registrieren wir zwei Callback-Funktionen auf die Ereignisse, `'Completed'` und `'Error'`, die von der Aktion ausgelöst werden können. Damit die Nachricht auch beim richtigen View-Objekt ankommt, benutzen wir auch hier – ähnlich wie bereits beim Aufruf von `checkUserPermission` – Closures, die dann wiederum die Schnittstelle des Views bedienen.

Jetzt kann unser Controller in Zeile 50 die Aktion starten und hat damit seinen Beitrag zur Bereitstellung des Dienstes erledigt.

Registrieren eines Dienstes bei Express.js

Was uns jetzt noch bleibt, ist die Frage, wie wir uns an das Express-Framework anheften, damit ein HTTP-Request auch an den richtigen Controller weitergeleitet wird. Nun, Express stellt uns zu diesem Zweck das Routerobjekt zur Verfügung, bei dem wir Callback-Funktionen für alle REST-Operationen registrieren können. Das tun wir, indem wir auf dem Routerobjekt die Funktion mit dem Namen der gewünschten REST-Operation aufrufen und unsere Callback-Funktion mitgeben. Ein Beispiel wäre der Aufruf: `router.get("index", getIndex)`, wobei die Funktion `get` mit der REST-Operation korreliert, der Parameter `"index"` die eindeutige Adresse darstellt und `getIndex` die Funktion ist, die dem Client das Ergebnis zur Verfügung stellt. Im folgenden Listing haben wir dieses Vorgehen abstrakt formuliert:

```
/* Dienst beim Express-Router anmelden */
register (router) {
  router[this.verb](
```

```
04         this.route,
05         (req, res, next) => this.handleRequest(req, res, next))
06   };
```

Listing 10.14 Ein kleiner JavaScript-Hack: Registrierung eines Dienstes bei »Express.js«

Die Methode `handleRequest`, die unser Controller zur Verfügung stellt, soll sich um das Abarbeiten eines http-Requestes kümmern. Damit der Aufruf später beim richtigen Controller-Exemplar landet, erzeugen wir wieder einen Funktionsabschluss, in diesem Beispiel in Zeile 05 in Form einer Pfeilfunktion – nichts Neues im Westen. Viel interessanter ist Zeile 03, in der wir es uns zunutze machen, dass Objekte in JavaScript im Prinzip nur Listen von Name/Wert-Paaren sind und man sie auch als solche behandeln kann. Wir erinnern uns: In Listing 10.12, Zeile 06, haben wir uns die REST-Operation gemerkt. Jetzt benutzen wir sie als Schlüssel zum Zugriff auf das Routerobjekt von Express. Da das, was wir bekommen, passenderweise eine Funktion ist, rufen wir sie auch gleich auf und haben damit unseren Dienst registriert.

Helferlein: visitFiles, eine Implementierung des Besucher-Musters

Jetzt wäre es noch praktisch, wenn wir die Möglichkeit hätten, alle Controller bei Applikationsstart auf einmal anzumelden. Wenn wir davon ausgehen, dass später mehrere Controller einer Applikation im gleichen Verzeichnis abgelegt sind, wäre ein abstrakter Besucher (siehe auch Abschnitt 5.2, »Polymorphie und ihre Anwendungen«) hilfreich, der alle Dateien eines Verzeichnisses »besuchen« und gegebenenfalls benötigte Operationen ausführen kann. Das folgende Listing zeigt unsere abstrakte Implementierung:

```
const fs = require('fs');
const path = require('path');

const visitFiles = function(p, suff, fun) {
    const files = fs.readdirSync(p);

    files.map(file => {
        return path.join(p, file);
    }).filter(file => {
        const stat = fs.statSync(file);
        return path.extname(file) == suff && stat.isFile();
    }).forEach(file => {
        const abs_path = path.resolve(file);
        return fun(abs_path);
```

```
15      });
16  };
17
18  module.exports.visitFiles = visitFiles;
```

Listing 10.15 Ein Besucher für alle Dateien eines Verzeichnisses

In Zeile 04 bekommt die Funktion drei Parameter: das Verzeichnis `p`, die gewünschte Dateiendung `suff` und die Funktion `fun`, die wiederum den absoluten Pfad der gerade besuchten Datei als Argument erhält.

In Zeile 05 besorgen wir uns vom Dateisystem eine Liste mit den Namen aller Elemente des angegebenen Verzeichnisses.

In den Zeilen 07, 09, 12 und 14 sieht man nun eine für Operationen auf dem Dateisystem in JavaScript recht typische Kaskade, in der zuerst mit der Methode `map` für jedes Element aus der Liste der Verzeichniseinträge dessen Pfad rekonstruiert wird. Als Nächstes werden mit der Methode `filter` auf der resultierenden Liste die relevanten Dateien gefiltert, um schließlich (in Zeile 12) für jedes verbleibende Element die Funktion `fun` aufzurufen.

Das soll es dann auch erst einmal gewesen sein. Wie wir dieses Helferlein verwenden, sehen wir in Abschnitt 10.4.2, »Eine eigene Ableitung des Controllers – und der Dienst ›team_lesen‹«.

10.3.2 Aktionen: Operationen auf Datenmodellen

Aktionen kümmern sich um die Bereitstellung der Fachlogik. Einzelne Teile der Fachlogik sollen dabei einfach wiederverwendet und beliebig kombiniert werden können.

Ein weiterer wichtiger Aspekt ist, wie schon beim Controller, die Bereitstellung eines übergreifenden Ablaufplans; wir wollen Wiederholungen möglichst minimieren, um das Fehlerpotenzial gering zu halten und die Wartbarkeit unserer Applikation zu erhöhen. Anwendungsentwicklerinnen und -entwickler sollen sich auf die Umsetzung der fachlichen Funktionalität konzentrieren können und dabei möglichst wenig mit den Details des technischen Ablaufs der Aktion belastet werden. Der Ablauf der Aktion sieht zunächst recht einfach aus und ist in Abbildung 10.4 beschrieben. Selbst wenn die einzelnen Schritte asynchron ablaufen: Eine derartige lineare Kaskade von Aufrufen und Callbacks zu implementieren, ist mit den Mitteln, die wir auch schon im Bereich des Controllers eingesetzt haben, problemlos möglich.

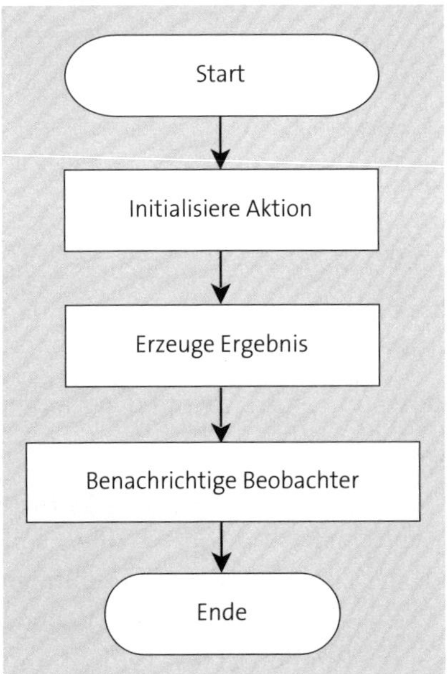

Abbildung 10.4 Ablauf einer Aktion – trivial?

Nach der Initialisierung, die als potenzieller Erweiterungspunkt für Ableitungen dient, soll ein Ergebnis erzeugt werden. Hierfür sehen wir eine Einschubmethode vor, die in abgeleiteten Objekten überschrieben werden muss – nennen wir sie `run()`. Das folgende Listing zeigt den Aufruf und die Default-Implementierung:

```
class Action extends EventEmitter {
  constructor (name) { … }
…
  doComplete () {
    if (this.recentError !== null) {
      return this.onError(this.recentError)
    }

    return this.run(
      err => this.onError(err),
      data => this.onComplete(data))
  }

  run (onError, next) {
    // Überschreiben!
    const err = new Error('Not yet implemented!')
    return next({
```

```
      controller: this.name,
      success: false,
      error: err
    })
  }
...
}
```

Listing 10.16 Aufruf und Default-Implementierung der Methode »run()«

Das grundlegende Muster kennen Sie schon vom Controller: Da die Methode `run` asynchrone Anteile enthalten kann, versorgen wir sie mit Closures, die den richtigen Objektkontext herstellen.

Danach wiederum werden die Beobachter über das Ergebnis der Aktion informiert. Hierfür verwenden wir das schon in Abschnitt 10.3.1, »Controller: zentrale Repräsentation von Diensten«, vorgestellte Beobachter-Muster. Eine Implementierung dieses Entwurfsmusters wird uns dankenswerterweise von Node.js in Form der Klasse `EventEmitter` zur Verfügung gestellt. Von dieser Klasse erbt folglich unsere Aktion – und die Implementierung der Schnittstelle ist für uns sehr übersichtlich:

```
const EventEmitter = require('events').EventEmitter;

class Action extends EventEmitter {
  constructor (name) {
    super()

    this.name = name
    ...
  }
...
  onComplete (data) {
    data.model = this.name
    return this.emit('Completed', data)
  }

  onError = function(err) {
        return this.emit('Error', err)
  }
...
}
```

Listing 10.17 Die Klasse »Action« erbt von »EventEmitter«.

Damit könnte man das Thema »Aktion« auch schon fast abschließen – aber wir haben uns entschlossen, ein kleines Feature draufzulegen: die Kombinierbarkeit von Aktionen. Wir wollen zu diesem Zweck eine etwas abgespeckte Variante des in Abschnitt 5.2, »Polymorphie und ihre Anwendungen«, vorgestellten Entwurfsmusters »Kompositum« (engl. *Composite*) implementieren.

Entwurfsmuster »Kompositum«: kombinierbare Aktionen

Zur Umsetzung des Entwurfsmusters »Kompositum« brauchen wir eine Schnittstelle, mit der einer Aktion möglichst einfach Unteraktionen zugeordnet werden können. Eine mögliche Stelle, an der diese Schnittstelle aufgerufen werden kann, ist die Methode `init`, die ja schon als Einschubmethode konzipiert ist. Bevor wir ans Codieren gehen, verschaffen wir uns einen Überblick über den geplanten Ablauf.

In Abbildung 10.5 wird die Herausforderung ersichtlich: Sowohl das Initialisieren als auch das Ausführen jeder einzelnen Unteraktion kann asynchron ablaufen. Wir brauchen also mehrere Synchronisationspunkte, an denen wir warten, bis alle unsere Unteraktionen mit ihrer Arbeit fertig sind.

```
class Action extends EventEmitter {
  constructor (name) { … }
…
  addAction (name, key) {
    const SubAction = require('../actions/' + name)
    const sa = new SubAction()

    sa.needsAuthorization = false
    sa.current_user = this.current_user

    sa.once('Completed', data => this.onSyncSuccess(data))
    sa.once('Error', error => this.onSyncError(error))

    if (key) {
      sa.name = key
    }

    this.subActions.push(sa)
    return this
  }
…
}
```

Listing 10.18 Unteraktionen: Erzeugung und Beobachtung

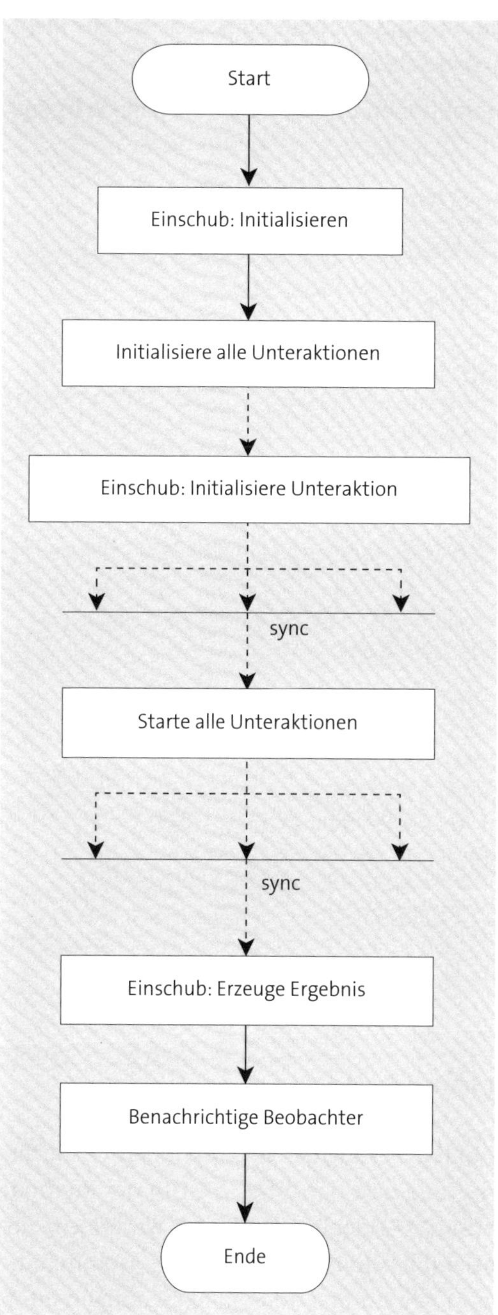

Abbildung 10.5 Ablauf einer Aktion – mit asynchronen Unteraktionen

Den ersten Synchronisationspunkt richten wir gleich bei der Erzeugung einer Unteraktion ein. Da alle unsere Aktionen `EventEmitter` sind, können wir uns natürlich auch als Empfänger der Ereignisse unserer Unteraktionen registrieren. Listing 10.18 zeigt die Methode `addAction` und die Registrierung der Eventhandler in den Zeilen 11 und 12.

Jetzt müssen wir unsere Unteraktionen initialisieren und danach irgendwann auch noch starten.

```
01 class Action extends EventEmitter {
02 ...
03   onInitDone () {
04     if (this.subActions.length) {
05       for (let subAction of this.subActions) {
06         this.initAction(subAction, () => this.onSyncInit())
07       }
08     } else {
09       this.doComplete()
10     }
11   }
12 ...
13   onSyncInit () {
14     this.syncCount = this.syncCount + 1
15 
16     if (this.syncCount === this.subActions.length) {
17       this.syncCount = 0
18       let subAction
19       for (subAction of this.subActions) {
20         subAction.exec()
21       }
22     }
23   }
24 ...
25 }
```

Listing 10.19 Initialisieren und Starten der Unteraktionen

Der beste Zeitpunkt, um die Initialisierung der Unteraktionen zu starten, ist, wenn die eigene Initialisierung gelaufen ist. Das ist in der Methode `onInitDone()`, zu sehen in Listing 10.19, der Fall. Hier rufen wir für jede unserer Unteraktionen die Einschubmethode `initAction` auf, wodurch die Ableitung die Chance bekommt, die Unteraktion mit allen nötigen Informationen zu versorgen. Als Callback-Funktion geben wir die Methode `onSyncInit` mit, deren Implementierung in Zeile 13 beginnt. Hier warten wir, bis alle Unteraktionen initialisiert sind (Zeile 16), und starten sie dann auch alle auf einmal mit der kleinen Schleife in Zeile 19. An dieser Stelle müssen wir keine Callback-Funktionen mitgeben, da wir uns ja vorher als Empfänger der Aktionsereignisse registriert haben (siehe Listing 10.18).

Das soll es zum Thema Aktionen erst einmal gewesen sein. Wie man eine Unteraktion konkret implementiert, wird in Abschnitt 10.4.4, »Aktionen zur Durchführung von Fachlogik«, erläutert.

10.3.3 Views: verschiedene Sichten auf die Daten

Im Sinne einer REST-Architektur wollen wir dem Client mehrere Darstellungen einer Ressource anbieten können. Wir folgen also dem Prinzip der *Trennung der Anliegen*: Die Darstellung ist unabhängig von der Fachlogik.

Der View ist in unserem Fall – anders als in Model 2 – keine JSP-Seite, sondern ein eher abstraktes JavaScript-Objekt, das die Darstellung der von der Fachlogik gelieferten Daten steuert.

Bei einer JSP-Seite ist darüber hinaus klar, dass das an den Client gesendete Ergebnis immer eine HTML-Seite ist; bei uns ist das nicht so! Deshalb wäre das Pug-Template, das eine unserer Ausprägungen des Views benutzt, wohl noch am ehesten vergleichbar mit einer JSP-Seite – das wollen wir an dieser Stelle jedoch noch nicht behandeln. Vielmehr wollen wir zeigen, wie uns die verschiedenen Ableitungen des Views unterschiedliches Verhalten bereitstellen. Abbildung 10.6 zeigt das zugehörige Klassendesign.

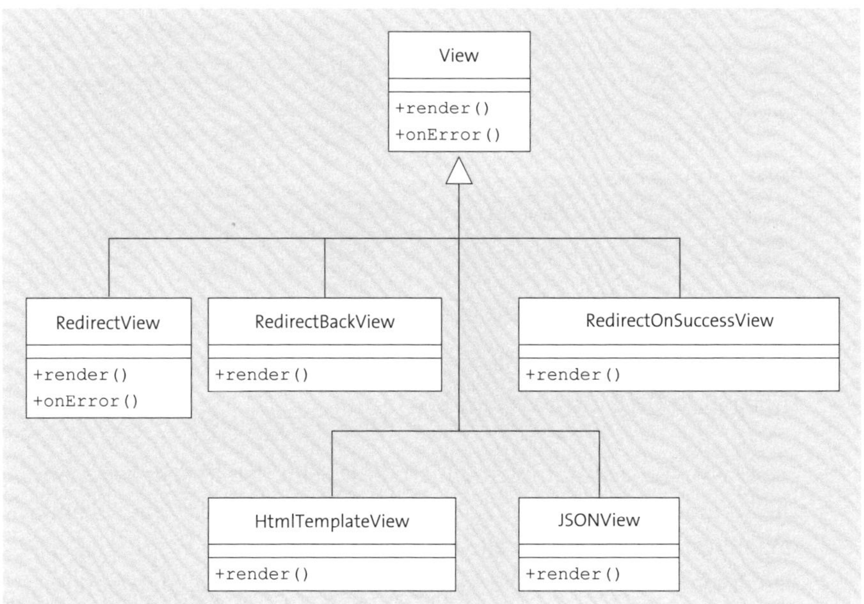

Abbildung 10.6 Verschiedene Arten von Views

Die Basisklasse `View` definiert zunächst eine Schnittstelle für die Klassen des Frameworks, um Daten (`render`) oder aufgetretene Fehler (`onError`) an den Client zu schicken.

Vererbung von Verhalten

Doch wozu eine Basisklasse? Wenn es nur darum ginge, eine Schnittstelle festzulegen, bräuchte man die Basisklasse nicht, da es sich bei JavaScript ja um eine dynamisch typisierte Sprache handelt, die keine Klassen kennt. Aus diesem Grund muss sich der Controller darauf verlassen, dass das Objekt, das ihm als View verkauft wird, auch wirklich eine passende Implementierung der Schnittstelle besitzt. Im Umkehrschluss muss ein beliebiges Objekt damit eigentlich nur die passenden Methoden haben, und man kann es problemlos anstelle eines »echten« Views verwenden. Der Grund dafür, dass wir eine Basisklasse schreiben, ist, dass wir abgeleiteten Views die Möglichkeit geben wollen, auf ein – wenn auch einfaches – Standardverhalten zurückzugreifen.

Das folgende Listing zeigt die Basisklasse `View`:

```
01 class View {
02   constructor (response, next)
03     this.response = response
04     this.next = next
05   }
06
07   render (data) {
08     // Default -> überschreiben!
09     return this.response.end(data);
10   }
11
12   onError (error) {
13     // Default!
14     return this.next(error);
15   }
16 }
17
18 module.exports = View;
```

Listing 10.20 Die Basisklasse für Views

Die Klasse `View` selbst implementiert diese Schnittstelle sehr rudimentär: Die Methode `render` (Zeile 07) leitet die Ergebnisdaten in Zeile 09 einfach ungefiltert an den Client weiter, während die Methode `onError` in Zeile 14 dem Express-Framework die weitere Behandlung des Fehlers überlässt.

Von der Basisklasse View erben jetzt unsere Standardableitungen einen Teil ihres Verhaltens. Der HtmlTemplateView beispielsweise reichert das Datenobjekt mit einem Titel für die Seite und dem aktuell eingeloggten Benutzer bzw. der eingeloggten Benutzerin an. Das Express-Framework benutzt dann wiederum die Template-Engine Pug, um aus den Daten und dem ebenfalls übergebenen Template eine HTML-Seite zu generieren und diese an den Client zu schicken.

```
const View = require('../view')

class HtmlTemplateView extends View {
  constructor (response, next, data) {
    super(response, next)

    this.template = data.template
    this.title = data.title

    this.current_user = null
  }

  render (data) {
    data.title = this.title
    data.id = this.template
    data.current_user = this.current_user

    this.response.render(this.template, data)
  }
}

module.exports = HtmlTemplateView;
```

Listing 10.21 Ein HTML-View mit Template, Titel und aktuellem Benutzerobjekt

Man beachte, dass hier nur die Methode render überschrieben wird. Für die Methode onError wird in diesem Fall weiterhin die Implementierung der Basisklasse verwendet.

Auch bei der Bereitstellung der Daten im JSON-Format unterstützt uns Express: Die Methode response.json() wandelt JavaScript-Objekte in JSON um und sendet sie an den Client – einfacher geht es nicht:

```
const View = require('./../view')

class JSONView extends View {
```

```
  constructor (response, next, data) {
    super(response, next)
  }

  render (data) {
    this.response.json(data)
  }
}

module.exports = JSONView;
```

Listing 10.22 Daten werden im JSON-Format bereitgestellt.

Jetzt können wir unsere Dienste um das Protokoll `json` erweitern, wo wir es benötigen.

10.4 Die Applikation

Mithilfe des in den vorigen Abschnitten implementierten Frameworks lässt sich unsere Anwendung jetzt relativ einfach zusammensetzen. Auf den folgenden Seiten wollen wir also die Früchte unserer harten Arbeit ernten und einen REST-Dienst implementieren.

Vorher werfen wir allerdings noch einen Blick auf das fachliche Design des Teamkalenders, was nebenher auch noch die brennende Frage beantworten dürfte, warum wir bis jetzt so einen Aufwand betrieben haben.

10.4.1 Anwendungsfälle und das Design der Applikation

Um uns einen Überblick über die geforderte fachliche Funktionalität zu verschaffen, sehen wir uns in Abbildung 10.7 die Use-Cases an, die wir aus unserem Gespräch mit dem Projektleiter mitgenommen haben.

Jeder *Benutzer* soll demnach einen eigenen Account auf dem Server haben, mit dem er sich *anmelden* kann. Er soll eigene *Abwesenheiten eintragen* und auch wieder *löschen* können, falls sich an seinen Plänen etwas ändert. Dazu muss unser Benutzer natürlich auch *die eigenen Abwesenheiten anzeigen* können. Schön wäre es, wenn der Benutzer sehen könnte, welchen *Teams* er gerade zugeordnet ist. Zu guter Letzt soll ein Benutzer auch noch die *Abwesenheiten seiner Kollegen sehen* können, um sich besser mit ihnen abstimmen zu können.

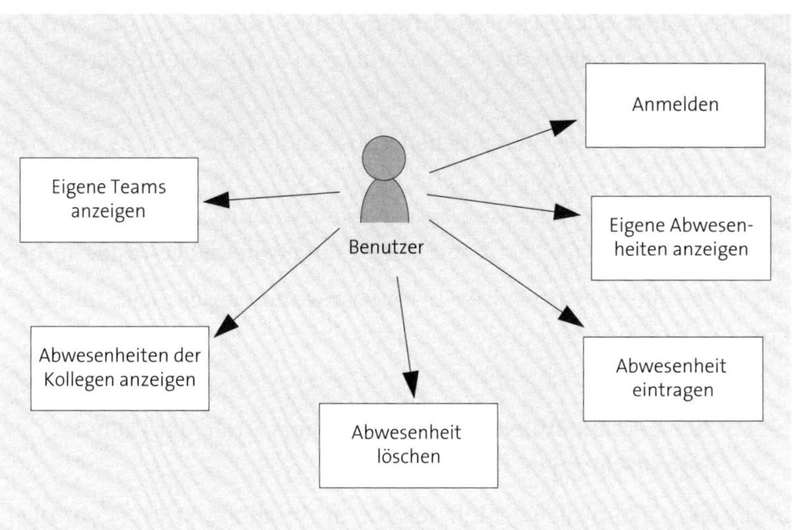

Abbildung 10.7 Use-Cases für den Benutzer

Auf Nachfrage erläuterte der Projektleiter, dass ein Benutzer der Anwendung Mitarbeiter in verschiedenen Teams sein kann, die von ihm je nach Bedarf zusammengestellt werden.

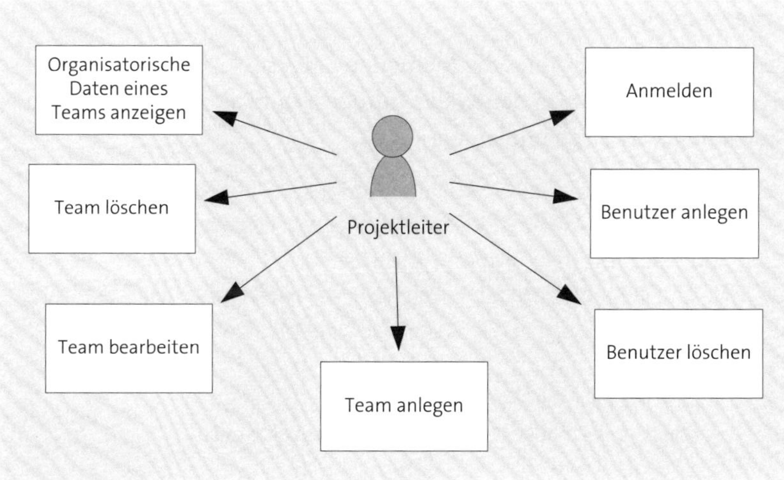

Abbildung 10.8 Use-Cases für den Projektleiter

Der *Projektleiter* möchte sich in seiner Rolle als Projektleiter anmelden und *Benutzer anlegen* und *löschen* können. Außerdem möchte er bei Bedarf ein neues *Team anlegen* und im Zweifelsfall auch wieder *löschen* können. Schlussendlich möchte der Projektleiter natürlich die organisatorischen Daten eines jeden seiner Teams anzeigen können, was ihn bei der

Planung seiner nächsten Liefertermine unterstützen soll. Die *Berechtigung*, all diese Dinge zu tun, soll natürlich nur er als Projektleiter haben – niemand sonst.

Bei der Fülle der oben beschriebenen Use-Cases wäre es eine immense Verschwendung von Papier, wenn wir alle Implementierungen hier abdrucken würden. Stattdessen beschränken wir uns auf einen Anwendungsfall, bei dem alle Features unseres Frameworks zu bewundern sind.

Wir haben uns den Use-Case »Team bearbeiten« ausgesucht, in dessen Kontext der Dienst `team_lesen` benötigt wird.

10.4.2 Eine eigene Ableitung des Controllers – und der Dienst »team_lesen«

In unserem Teamkalender müssen die in Abschnitt 10.3.1, »Controller: zentrale Repräsentation von Diensten«, beschriebenen Einschubmethoden natürlich irgendwo überschrieben werden. Zu diesem Zweck leiten wir unsere »eigene« Klasse `Controller` von `ControllerBase` ab und implementieren dort die vom Framework geforderte Funktionalität – unter Berücksichtigung der für unseren Teamkalender getroffenen Designentscheidungen. Eine dieser Entscheidungen war ja, MongoDB als Datenbank zu verwenden.

Das folgende Listing zeigt die Methoden `initUserSession`, `checkUserPermission` und `onError`, in denen das für den Teamkalender geforderte Berechtigungsverfahren implementiert ist.

```
class Controller extends ControllerBase {
...
  initUserSession (onError, onSuccess) {
    const BenutzerModel = require('../datamodels/benutzer')
    const Benutzer = BenutzerModel.get()

    let query = null
    const sessionUserId = this.getSessionUserId()
    if (sessionUserId) {
      query = Benutzer.findOne({_id: sessionUserId})
      this.auth = 'session'
    } else {
      this.auth = 'password'
      if (!this.request.headers.authorization
      && !this.request.session.eingeloggt) {
        this.request.session.eingeloggt = true
```

```
        const err = new Error('Keine Berechtigung!')
        err.status = 401
        return onError(err)
      }

      const encoded = this
          .request.headers.authorization.split(' ')[1]
      const decoded = Buffer.from(encoded, 'base64')
          .toString('utf8')
      const login = decoded.split(':')[0]

      this.passwort = decoded.split(':')[1]

      query = Benutzer.findOne({username: login})
    }

    query
        .populate('rollen')
        .exec()
        .then(benutzer => {
          if (!benutzer) {
            const err = new Error(
              'Falscher Benutzername oder Passwort!')
            err.status = 401
            return onError(err)
          }
          this.setCurrentUser(benutzer)
          return onSuccess()
        })
        .catch(error => onError(error))

    return this
  }

  checkUserPermission (onError, onSuccess) {
    if (!this.needsValidUser()) {
      return onSuccess()
    }

    const currentUser = this.getCurrentUser()
    if (this.auth === 'password') {
      if (!currentUser.passwortPruefen(this.passwort)) {
        const err = new Error(
```

```
          'Falscher Benutzername oder Passwort!')
        err.status = 401
        return onError(err)
      }
      this.setSessionUserId(currentUser._id)
      this.request.session.eingeloggt = true

      return onSuccess()
    }

    currentUser.berechtigungPruefen(
        this.route,
        this.aktion[this.verb],
        onError,
        onSuccess
    )

    return this
  }

  onError (error) {
    if (error.status === 401 && this.auth === 'password') {
      this.response.setHeader(
        'WWW-Authenticate',
        'Basic realm="' +
          this.request.app.get('app_name') + '"')
    }

    return super.onError(error)
  }
 ...
}
```

Listing 10.23 Berechtigungsprüfung im abgeleiteten Controller

Die Methode `initUserSession` versucht, ein Benutzerobjekt zu laden, sofern es sich um eine laufende Browsersitzung handelt. In diesem Fall wäre ein sogenannter Session-Cookie zugreifbar, der eine Benutzer-ID enthält. Wenn ein Browser keine Cookies unterstützt, kann bei dieser Implementierung auch die sogenannte *Basic Authentication* verwendet werden, bei der ein Username/Passwort-Paar mit jeder Anfrage im HTTP-Header mitgeschickt werden muss.

Basic Authentication (HTTP)

Die *Basic Authentication* ist aufgrund ihrer Einfachheit eine weitverbreitete Art der HTTP-Authentifizierung.

Das Verfahren wird in RFC 2617 beschrieben und läuft wie folgt ab:

Am Anfang steht der Versuch eines Clients, auf einen geschützten Bereich zuzugreifen.

Daraufhin fordert der Webserver für den geschützten Bereich eine Authentisierung an, indem er dem Client die Fehlermeldung »401 Unauthorized« in Verbindung mit dem HTTP-Header »WWW-Authenticate: Basic realm="<Name des Bereichs>"« sendet.

Jetzt ist es am Client, dem Server beim erneuten Zugriff die geforderten Authentisierungsinformationen zu übermitteln. Das tut er, indem er den HTTP-Header »Authorization: Basic <username:password>« setzt. Das Pärchen <username:passwort> muss dabei aus technischen Gründen mit der Methode »Base64« codiert werden.

Da Benutzername und Passwort bei dieser Art der Authentisierung quasi im Klartext übertragen werden, gilt die Methode gemeinhin als sehr unsicher und sollte nur über zusätzlich verschlüsselte Verbindungen verwendet werden. Für unser Beispiel sollte die Methode aber allemal ausreichend sein.

In der Methode `checkUserPermission` wird die eigentliche Berechtigungsprüfung durchgeführt. In den Zeilen 58 bzw. 70 wird deutlich, dass unser Benutzerobjekt zu diesem Zweck die Methoden `passwortPruefen` und `berechtigungPruefen` zur Verfügung stellt.

Um die *Basic Authentication* unterstützen zu können, muss dem Client mitgeteilt werden, in welcher Form die Daten erwartet werden. Das tun wir in der Methode `onError` (ab Zeile 80), die wir eigens zu diesem Zweck überschrieben haben. Dort wird der entsprechende HTTP-Header als Aufforderung zur Authentifizierung gesetzt, solange noch kein gültiger Benutzername bzw. gültiges Passwort übergeben wurde. In Zeile 88 rufen wir dann die Implementierung der Basisklasse auf.

Die Beschreibung eines Dienstes kennen wir ja schon aus dem Beispiel in Listing 10.11, deshalb hier nur der Vollständigkeit halber:

```
const team_lesen = {
    route:'/team/:team_id',
    operation: 'get',
```

```
    needValidUser: true,

    protocols: {
        html: {
            view: {
                file: 'html_template',
                data: {
                    title: 'Team bearbeiten',
                    template: 'teamadmin'
                }
            },
            action: {
                file: 'TeamUndAlleBenutzer',
                mapData: function(action, req) {
                    action.team_id = req.params.team_id;
                }
            }
        },
        json: {
            view: {
                file: 'json',
                data: {}
            },
            action: {
                file: 'Team',
                mapData: function(controller, req){
                    action.team_id = req.params.team_id;
                }
            }
        }
    }
};

module.exports = team_lesen;
```

Listing 10.24 »controllers/team_lesen.js« – die Beschreibung des Dienstes

Eine Fabrik für Dienste

Zu guter Letzt müssen wir uns noch darum kümmern, dass das Express-Framework all unsere Controller auch findet und ansteuern kann. Den Grundstein dafür haben wir schon in Abschnitt 10.3.1, »Controller: zentrale Repräsentation von Diensten«, gelegt, wo wir in weiser Voraussicht die

Funktion `visitFiles()` implementiert haben. Jetzt wollen wir sie zum ersten Mal benutzen:

```
01 const express = require('express')
02 const router = express.Router()
03
04 const utils = require('./framework/utils')
05
06 const Controller = require('./controllers/controller')
07
08 const createController = function (absPath) {
09   const serviceDescription = require(absPath)
10   if ((typeof (serviceDescription) === 'object')
11        && serviceDescription.route) {
12     const controller = new Controller()
13     controller.init(serviceDescription)
14     return controller.register(router)
15   }
16 }
17
18 utils.visitFiles('./controllers', '.js', createController)
19
20 module.exports = router
```

Listing 10.25 »init_controllers.js« – alle Controller werden registriert.

Ab Zeile 08 definieren wir eine Funktion, die einen neuen Controller erzeugt (Zeile 12), initialisiert (Zeile 13) und dem Express-Framework bekannt macht (Zeile 14). Wir nennen Sie `createController`. Man kann diese Funktion auch durchaus als Fabrikfunktion bezeichnen, wie sie schon in Abschnitt 7.2, »Fabriken als Abstraktionsebene für die Objekterzeugung«, in einem sehr ähnlichen Zusammenhang verwendet wurde.

In Zeile 18 rufen wir dann unsere `visitFiles`-Funktion auf und sagen ihr, dass sie bitte für alle *.js*-Dateien im Verzeichnis *./controllers* die eben geschriebene Fabrikfunktion aufrufen möge.

10.4.3 Modelle zur Datenhaltung

Halt, wir haben uns ja noch gar nicht um die Datenhaltung gekümmert!

Datenmodelle haben die Aufgabe, uns eine Abstraktionsschicht zur Datenbank zur Verfügung zu stellen. Diese zusätzliche Schicht hält uns die immer gleichen Aufgaben vom Hals, die mit der Bedienung der API von MongoDB einhergehen.

Glücklicherweise macht Mongoose bei der Definition von Modellen bereits einen sehr guten Job. Das Modellobjekt übernimmt in Mongoose die Aufgabe einer Klassendefinition. Statische Klassenmethoden (z. B. `find()`, `remove()`) bieten eine komfortable Schnittstelle zum Erzeugen und auch zum Löschen konkreter Exemplare aus der Datenbank. Ein sogenanntes Schema beschreibt sowohl die persistenten Datenelemente als auch die fachlichen Methoden des Modells.

Noch eine Fabrik – für Modelle!

Was kann man da noch optimieren? Ein Gedanke: Da wir die Modelle sowieso alle in einem gemeinsamen Verzeichnis abgelegt haben, wäre es doch sehr praktisch, wenn wir einen Mechanismus hätten, der beim Starten der Applikation einmal alle Dateien in diesem Verzeichnis abgrast und unsere Modelle initialisiert. Aber Moment mal! Genau dafür haben wir doch unser Helferlein:

```
const mongoose = require('mongoose')

...

const utils = require('./framework/utils')

const initDataModel = function (absPath) {
  const model = require(absPath)
  return model.init(register)
}

utils.visitFiles('./datamodels', '.js', initDataModel)

```

Listing 10.26 Die Initialisierung unserer Datenmodelle – dank »visitFiles« sehr generisch

Jetzt brauchen wir ein neues Modell nur noch als *js*-Datei im Verzeichnis *models* abzulegen und uns an die Schnittstellenabsprache zu halten: Ein Datenmodell muss die Methoden `init()` und `get()` implementieren. Der Mechanismus in *init_datamodels.js* sorgt dann dafür, dass unser Modell automatisch verfügbar wird.

Bevor wir loslegen, erstellen wir noch eine Übersicht unseres Klassenmodells. Abbildung 10.9 zeigt das resultierende Diagramm.

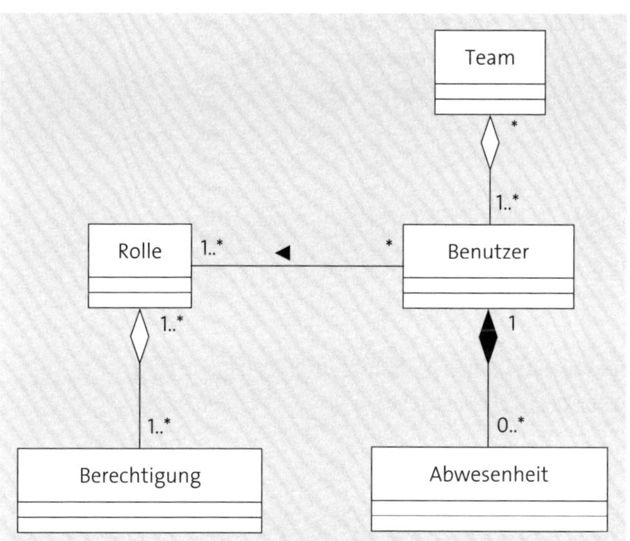

Abbildung 10.9 Das fachliche Klassendiagramm

Als Beispiel für ein Datenmodell werfen wir einen Blick in die Implementierung des Team-Modells:

```
const mongoose = require('mongoose')
const Schema = mongoose.Schema

const SchemaObj = {
  teamname: {type: String, unique: true},
  ort: String,
  teamleads: [{type: Schema.Types.ObjectId,
               ref: 'Benutzer'}],
  mitarbeiter: [{type: Schema.Types.ObjectId,
                 ref: 'Benutzer'}]
}

const CollectionObj = {
  collection: 'Team'
}

const istLeiter = function (person) {
  return (this.teamleads.some(function (tl) {
    return tl._id.equals(person._id)
  }))
}

```

```
const istMitarbeiter = function (person) {
  return (this.mitarbeiter.some(function (ma) {
    return ma._id.equals(person._id)
  }))
}

const mitarbeiterEintragen = function (mitarbeiter) {
  this.mitarbeiter.push(mitarbeiter)
}

const mitarbeiterEntfernen = function (mitarbeiter) {
  this.mitarbeiter.pull(mitarbeiter)
}

const teamleiterEintragen = function (mitarbeiter) {
  this.teamleads.push(mitarbeiter)
}

const teamleiterEntfernen = function (mitarbeiter) {
  this.teamleads.pull(mitarbeiter)
}

exports.init = function (register) {
  const mongooseSchema = new Schema(SchemaObj, CollectionObj)

  mongooseSchema.methods.istLeiter = istLeiter
  mongooseSchema.methods.istMitarbeiter = istMitarbeiter
  mongooseSchema.methods.mitarbeiterEintragen =
    mitarbeiterEintragen
  mongooseSchema.methods.mitarbeiterEntfernen =
    mitarbeiterEntfernen
  mongooseSchema.methods.teamleiterEintragen =
    teamleiterEintragen
  mongooseSchema.methods.teamleiterEntfernen =
    teamleiterEntfernen

  register(CollectionObj.collection)
  return mongoose.model(
    CollectionObj.collection, mongooseSchema)
}

```

```
64 exports.get = function () {
65   return mongoose.model(CollectionObj.collection)
66 }
```

Listing 10.27 Das Team – ein Datenmodell

Das Interessanteste steht gleich am Anfang: Ab Zeile 04 beschreibt das Schema die Datenstruktur eines Teams. Neben dem Namen (`teamname`, Zeile 05), der eindeutig sein muss, soll das Team einem Arbeitsort (`ort`, Zeile 06) zugeordnet sein. Des Weiteren sind dem Team mehrere Teamleiter bzw. -leiterinnen zugeordnet (`teamleads`, Zeile 07) und natürlich auch Mitarbeiter und Mitarbeiterinnen (`mitarbeiter`, Zeile 09).

Die Zeilen 13 bis 15 beschreiben die MongoDB-Collection, in der unser Team-Modell gespeichert werden soll. Außer dem Namen müssen wir hier keine weiteren Angaben machen.

Ab Zeile 45 wird dann in der Funktion `init()` das Modell »zusammengesetzt« und dem Mongoose-Framework bekannt gemacht.

Die Implementierung der anderen Datenmodelle folgt demselben Schema. Da wir aber niemanden langweilen möchten, haben wir darauf verzichtet, sie hier auch noch abzudrucken.[3]

10.4.4 Aktionen zur Durchführung von Fachlogik

Wie wir der Beschreibung in Abschnitt 10.4.2 schon entnehmen konnten, brauchen wir mehrere Aktionsobjekte, um unseren Dienst `team_lesen` bereitstellen zu können.

Zunächst müssen wir natürlich ein Teamobjekt aus der Datenbank lesen können. Diese Aktion ist schnell implementiert:

```
const Action = require('../framework/action')
const teamModel = require('../datamodels/team')

class Team extends Action {
  constructor () {
    super('Team')
    this.team_id = null
  }

```

3 Auf der Webseite zum Buch (*www.objektorientierte-programmierung.de*) findet sich der komplette Sourcecode der Anwendung einschließlich aller Modelle. Ebenso unter *www.rheinwerk-verlag.de/5289* bei den MATERIALIEN ZUM BUCH.

```
10    run (onError, next) {
11      const TeamModel = teamModel.get()
12      const query = TeamModel.findOne({ _id: this.team_id })
13      query
14        .populate('teamleads')
15        .populate('mitarbeiter')
16        .exec()
17        .then(team => {
18          if (typeof team === 'undefined' || team == null) {
19            const err = new Error('Team nicht gefunden!')
20            return onError(err)
21          }
22          const data = {
23            team: team,
24            success: true
25          }
26          return next(data)
27        })
28        .catch(error => onError(error))
29    }
30  }
31
32  module.exports = Team
```

Listing 10.28 Aktion 1: ein Team aus der Datenbank lesen

Der Großteil der Hausaufgaben ist schon erledigt; wir können uns also ganz auf das Wesentliche konzentrieren. In der Methode `run` ab Zeile 12 suchen wir ein Team mit der übergebenen `team_id` in der Datenbank und laden auch gleich die verknüpften Mitarbeiter und Teamleiter (Zeilen 14 und 15). Die Ausführung der Datenbank-Query wird in Zeile 16 durch den Aufruf der Methode `exec` gestartet.

Promises: eine andere Art, mit Callbacks zu arbeiten

Da die Datenbankabfrage asynchron abläuft, müssen wir mongoose eine Möglichkeit geben, uns zu informieren, wenn das Ergebnis – oder ein Fehler – vorliegt. Die Methode `exec()` gibt uns zu diesem Zweck ein Promise-Objekt zurück, bei dem wir mithilfe der Methoden `then()` und `catch()` Callbacks registrieren können, die dann im jeweiligen Fall aufgerufen werden. Hier zahlt es sich dann aus, dass wir unserer Methode `run` vom Framework die beiden Closures übergeben: In den Zeilen 20, 26 und 28 können wir unseren Kontrollfluss auf diese Weise nahtlos fortsetzen.

Ein kurzer Exkurs: Promises

Seit ES2015 sind Promises im Sprachstandard verankert. Ihre Verwendung ist ein möglicher Ansatz, der dabei helfen soll, ein wenig eleganter mit den in JavaScript allgegenwärtigen asynchronen Abläufen umzugehen. Die Notwendigkeit, einer asynchron ablaufenden Funktion immer mindestens eine Callback-Funktion übergeben zu müssen, die das Ergebnis und ggf. aufgetretene Fehler auswertet, führt sehr häufig zu extrem verschachtelten Konstrukten, die nur noch schwer erkennen lassen, im Kontext welcher (anonymen) Funktion man sich gerade aufhält. Dieser Umstand wird auch gern als »Callback-Hölle« bezeichnet.

Ein »Promise« ist ein Objekt, das dem Anwender bzw. der Anwenderin mit den beiden Methoden `then()` und `catch()` die Möglichkeit bietet, die Callbacks außerhalb des Aufrufkontextes der asynchronen Funktion zu registrieren. Die Vorteile dieses Vorgehens sind neben der Reduktion der Schachtelungstiefe auch der intuitivere Aufbau sowie die Verschlankung der Parameterliste der aufgerufenen Funktion. Darüber hinaus bieten Promises mittels `all()` und `race()` eine Schnittstelle, die die einfache Synchronisation mehrerer asynchroner Abläufe ermöglicht.

Einen kurzen Szenenapplaus bitte: Mit der Implementierung unseres Dienstes für das JSON-Protokoll sind wir an dieser Stelle fertig!

Für die Umsetzung des HTML-Dienstes brauchen wir noch zwei weitere Aktionen:

1. Eine Aktion, die eine Liste aller Benutzerinnen und Benutzer lädt. Wir nennen sie der Einfachheit halber `AlleBenutzer`. Die Umsetzung dieser Aktion ist allerdings so einfach, dass wir sie hier nicht abdrucken.
2. Die im Dienst verwendete Aktion `TeamUndAlleBenutzer`. Und hier zahlen sich nun all unsere Mühen aus:

```
const Action = require('../framework/action')

class TeamUndAlleBenutzer extends Action {
  constructor () {
    super('TeamUndAlleBenutzer')
    this.team_id = null
  }

```

In der Methode `init`, die wir überschreiben, fügen wir dem Aktionsobjekt die beiden schon erwähnten Aktionen `Team` und `AlleBenutzer` als Unteraktionen hinzu:

```
09    init (onError, initDone) {
10      this.addAction('Team')
11      this.addAction('AlleBenutzer')
12      return initDone()
13    }
14
```

Für jede der Unteraktionen wird vom Framework die Methode `initAction` aufgerufen. Dort müssen wir der Aktion mit dem Namen »Team« noch sagen, welches Team genau geladen werden soll.

```
15    initAction (action, onInitDone) {
16      if (action.name === 'Team') {
17        action.team_id = this.team_id
18      }
19      return onInitDone()
20    }
21
```

Das Framework sorgt nun dafür, dass alle Unteraktionen erfolgreich ausgeführt sind, bevor die hier aufgeführte Methode `run` aufgerufen wird.

Dort müssen wir nur noch die Ergebnisse einsammeln – was wir in den Zeilen 25 bis 27 dann auch fleißig tun:

```
22    run (onError, next) {
23      const ret = {
24        success: true,
25        team: this.getResult('Team').team,
26        alle_benutzer:
27          this.getResult('AlleBenutzer').benutzer
28      }
29      return next(ret)
30    }
31  }
32
33  module.exports = TeamUndAlleBenutzer
```

Listing 10.29 »TeamUndAlleBenutzer.js« – eine zusammengesetzte Aktion

10.4.5 Views für unterschiedliche Repräsentationen der Daten

Jetzt bleibt uns nur noch, die ermittelten Daten darzustellen. Für den Fall, dass der Client ein JSON-Objekt angefordert hat, verwendet unser Controller den `JSONView`, den wir als eine der Standardableitungen von `View` mit dem Framework zur Verfügung stellen. Wir haben also hier nichts mehr zu tun.

Etwas anders sieht es aus, wenn wir dem Client eine HTML-Seite präsentieren wollen. In Listing 10.24 wird ersichtlich, dass wir zur Darstellung ebenfalls eine unserer Standardimplementierungen verwenden, nämlich den `HtmlTemplateView`, der in der Datei *html_template.js* implementiert ist. Dessen Implementierung kennen wir bereits aus Listing 10.21.

Express benutzt, wie schon erwähnt, standardmäßig die Template-Engine Pug, um HTML zu generieren. Machen wir also einen kurzen Abstecher und schauen, was Pug so alles kann.


```
doctype html
html
  head
    title= title
    link(rel='stylesheet',
        href='/stylesheets/style.css')
    block styles
    block scripts
  body
    .canvas
      .page-header
        a(href="/")
          h1 Teamkalender
        block header
      .page-menu
        block navigation
          .auswahl
            != menue.render(id, current_user)

      .page-content
        block content
      .page-footer
        block footer
          a(href="http://www.objektorientierte-programmierung.de" target="blank") www.objektorientierte-programmierung.de
      .clear
```

Listing 10.30 »layout.pug«: das gemeinsame Layout all unserer HTML-Seiten – beschrieben in Pug

Die Macher von Pug haben sich als eines ihrer Ziele gesetzt, eine HTML-Seite so knapp wie möglich beschreiben zu können und dabei auf HTML-Tags so weit wie nur irgend möglich zu verzichten. Codeblöcke werden dementsprechend nicht durch ein öffnendes und ein schließendes HTML-Tag beschrieben, sondern ähnlich wie in der Sprache Python durch die Tiefe ihrer Einrückung. In den Zeilen 01, 02, 03 und 09 in Listing 10.30 sieht man beispielsweise das typische Grundgerüst einer HTML-Seite, die einen `head` und einen `body` enthält. In Zeile 05 und 06 sehen wir die »Abkürzung« für das Laden eines Stylesheets im Bereich des HTML-Heads.

Eine weitere Eigenschaft von Pug ist, dass eine Seite das Layout einer anderen Seite erweitern kann. So ist es möglich, ein grundlegendes Layout für eine komplette Webapplikation in einer Datei zu erstellen. Dabei ist es der erweiternden Seite möglich, Teile des Basislayouts – sogenannte Blöcke – mit eigenen Inhalten zu ersetzen. Die Zeilen 14, 16 und 21 zeigen solche Blöcke.

Das mächtigste Feature von Pug ist aber, dass man in den Templates direkt JavaScript verwenden kann. In Zeile 18 des Listings oben machen wir auch genau das: Wir rufen die Methode `render(current_user)` auf dem Objekt `menue` auf. Wenn wir nun von dem in Listing 10.30 gezeigten Basislayout all unsere HTML-Seiten ableiten und den Block `navigation` dort nicht überschreiben, wird auf jeder unserer Seiten ein Navigationsmenü für den aktuell eingeloggten Benutzer angezeigt.

In den folgenden Abschnitten wollen wir uns ansehen, wie das Navigationsmenü aufgebaut ist. Abbildung 10.10 zeigt als Ausblick schon mal einen Screenshot der »Team bearbeiten«-Seite, die daran schuld ist, dass wir den ganzen Aufwand betreiben:

Wie man sieht, macht unser HTML-View noch eine ganze Menge mit den Daten, die von der in Abschnitt 10.4.4, »Aktionen zur Durchführung von Fachlogik«, beschriebenen Aktion bereitgestellt werden. Die Darstellung ist in drei Abschnitte unterteilt:

1. Die Stammdaten des Teams: In diesem Formular werden Name und Ort angezeigt – und können auch geändert werden.
2. Die Liste der Teamleiter/Teamleiterinnen: Hier wird in der Selektionsliste die Liste aller Benutzer/Benutzerinnen angezeigt – bis auf diejenigen, die bereits Leiter des angezeigten Teams sind. Da Pug in den Templates die Verwendung von JavaScript unterstützt, ist der benötigte Filter ein wenn auch recht langer Einzeiler.

3. Die Liste der Mitarbeiter und Mitarbeiterinnen des Teams: Die gleiche Funktionalität wie bei den Teamleitern/Teamleiterinnen wird hier für die Mitarbeiter und Mitarbeiterinnen des Teams benötigt.

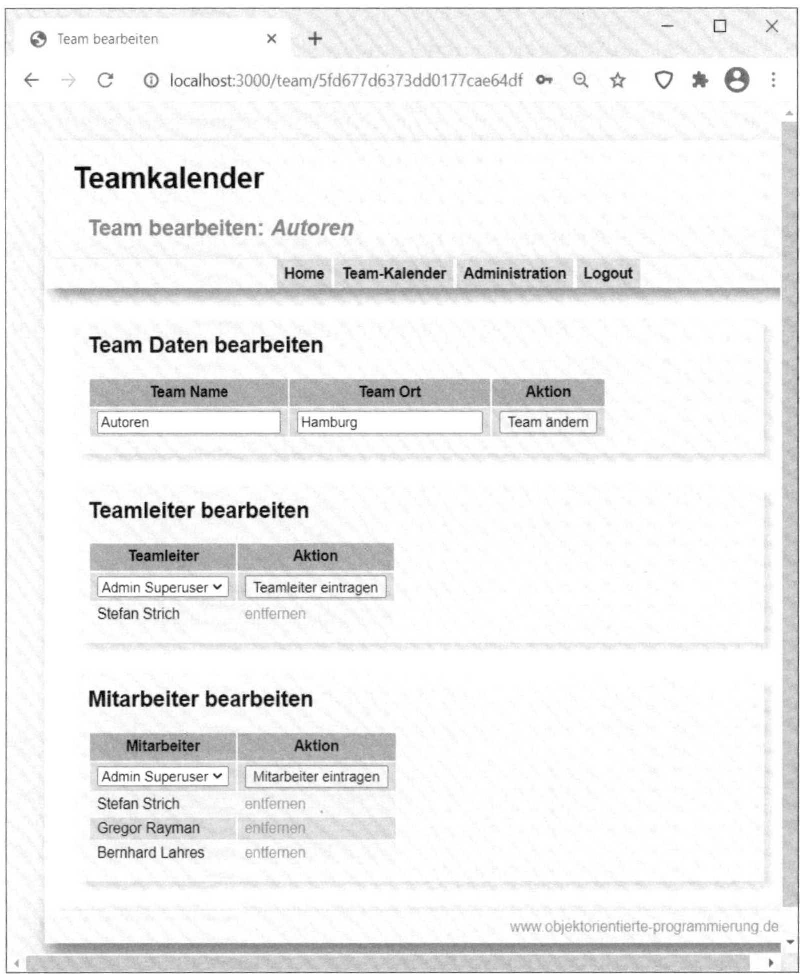

Abbildung 10.10 »Team bearbeiten« – eine Repräsentation der Team-Daten

Bei der dynamischen Erstellung der Formulare – einschließlich der Buttons und Links, die allesamt jeweils weitere Anwendungsfälle unserer Applikation auslösen, unterstützt uns Pug also schon hervorragend. Das fertige Template ist übrigens im Projektverzeichnis unter *templates/teamadmin.pug* zu bewundern.

Etwas komplizierter ist es beim Navigationsmenü. Da wir hier ein wenig mehr Funktionalität benötigen, würde die alleinige Umsetzung in einem Pug-Template recht schnell unhandlich.

Crosscutting Concern: Jede Seite soll ein auf den angemeldeten Benutzer zugeschnittenes Menü haben

Bevor wir mit der Umsetzung loslegen, definieren wir unsere Ziele:

- Die Struktur des Navigationsmenüs soll durch ein einfaches JavaScript-Objekt beschrieben werden. Neue Menüpunkte sollen nur an einer einzigen Stelle eingetragen werden.
- Das Navigationsmenü soll auf den angemeldeten Benutzer zugeschnitten sein. Das bedeutet insbesondere, dass ein Benutzer unter Umständen nicht jeden Menüpunkt sehen darf. Ein Beispiel: Das Untermenü Administration, das in Abbildung 10.10 zu sehen ist, soll nur für Benutzer mit einer entsprechenden Berechtigung angezeigt werden.
- Die Links des Menüs sollen dynamische Anteile enthalten können, um dem REST-Standard gerecht zu werden.

Listing 10.31 zeigt ein Beispiel für den konkreten HTML-Code, der am Ende herauskommen soll:

```
<ul>
  <li>
    <a href="/home">Home</a>
  </li>
  <li>
    <a href="/benutzer/5a8a00d10d0f8d2f482cddad/kollegen">
      Team-Kalender</a>
  </li>
  <li><a href="/admin">Administration</a>
    <ul>
      <li>
        <a href="/benutzer">Benutzer bearbeiten</a>
      </li>
      <li class="selected">
        <a href="/team">Teams bearbeiten</a>
      </li>
      <li>
        <a href="/rolle">Rollen bearbeiten</a>
      </li>
      <li>
        <a href="/berechtigung">
          Berechtigungen bearbeiten</a>
      </li>
    </ul>
  </li>
  <li>
```

```
27        <a href="/logout">Logout</a>
28      </li>
29    </ul>
```

Listing 10.31 Das fertig generierte Navigationsmenü in HTML

Zeile 06 zeigt einen Eintrag mit einer dynamisch generierten Benutzer-ID. Zugegeben: Das Beispiel ist ein wenig unglücklich gewählt, weil der Kalender, der hinter diesem Menüeintrag steckt, im »HTML-Kontext« auch mithilfe der Session-Information über den aktuell angemeldeten Benutzer erzeugt werden könnte. Wir haben den Menüpunkt absichtlich gewählt, um ein Beispiel für einen dynamisch generierten Menüpunkt zu haben.

Zeile 09 zeigt einen weiteren Aspekt von Dynamik: Das Untermenü soll nicht angezeigt werden, wenn der Benutzer bzw. die Benutzerin nicht die Berechtigung hat, es zu sehen.

In Zeile 14 schließlich zeigt sich noch eine immens wichtige Funktion für Menüs: Uner Umständen möchte man wissen, welcher Menüpunkt der aktuell ausgewählte ist. Indem wir den Menüpunkt mit der CSS-Klasse `selected` markieren, ist es später möglich, den Menüpunkt entsprechend zu markieren.

Die Menüstruktur: ein Kompositum

Zu guter Letzt fällt auf, dass unser Menü eine Baumstruktur hat. Der Wurzelknoten ist der Ankerpunkt für das gesamte Menü. Ihm untergeordnet sind weitere Menüpunkte, die auch selbst wieder Menüs sein können. Abbildung 10.11 zeigt die Klassenhierarchie.

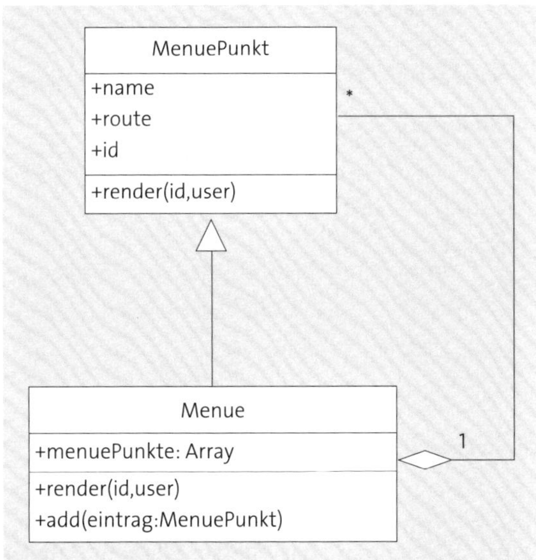

Abbildung 10.11 Klassen für die Menüstruktur

So langsam bekommen wir ein Bild von unserem Navigationsmenü. Fangen wir also mit dem Beschreibungsobjekt an:

```
01 module.exports = {
02     name: '',
03     route: '#',
04     menue: [
05         {
06             name: 'Home',
07             route: '/home',
08             id: 'userprofile'
09         },
10         {
11             name: 'Team-Kalender',
12             route:
13             '/benutzer/#{current_user._id}/kollegen',
14             id: 'kalender'
15         },
16         {
17             name: 'Administration',
18             route: '/admin',
19             id: 'admin',
20             menue: [
21                 {
22                     name: 'Benutzer bearbeiten',
23                     route: '/benutzer',
24                     id: 'useradmin'
25                 },
26 // … weitere Punkte weggelassen …
27             ]
28         },
29         {
30             name: 'Logout',
31             route: '/logout',
32             id: 'index'
33         }
34     ]
35 };
```

Listing 10.32 »menu_description.js«: die Menüstruktur unserer Applikation als Objekt

In den Zeilen 02 und 03 wird sichtbar, dass das oberste Element – unser Wurzelknoten – weder einen Namen noch eine sprechende Route aufweist, sondern nur ein `menue`-Array. Mit diesem Kniff wird die in Listing 10.33 gezeigte rekursive Konstruktion der Baumstruktur erst möglich.

Die Zeilen 10 bis 15 zeigen die Definition eines parametrisierten Menüpunkts, wobei wir uns bei der Wahl der Notation des Parameters `#{current_user._id}` an der von Pug benutzten Schreibweise orientiert haben.

Ab Zeile 16 beginnt die Beschreibung des Untermenüs ADMINISTRATION. Diese unterscheidet sich von einem normalen Menüpunkt nur durch den zusätzlichen Parameter `menue`, der wiederum ein Array von weiteren Menüpunkten enthält.

Als Nächstes benutzen wir das Beschreibungsobjekt, um unseren Objektbaum aufzubauen:

```
class MenuePunkt {
  constructor (def) {
    this.name = def.name
    this.route = def.route
    this.id = def.id

    this.berechtigung = null
    this.current_user = null
  }
...
}
...
class Menue extends MenuePunkt {
  constructor (def) {
    super(def)
    this.menuePunkte = []

    def.menue.forEach(function (mp, i, arr) {
      const eintrag = (function () {
        if (mp.hasOwnProperty('menue')) {
          return new Menue(mp)
        }
        return new MenuePunkt(mp)
      })()
      this.add(eintrag)
    }, this)
  }
...
}
```

Listing 10.33 Konstruktion des Menüs

In Zeile 13 rufen wir zunächst den Konstruktor unserer »Basisklasse« auf.

Ab Zeile 18 feiern wir ein Wiedersehen mit den Closures. Die Funktion, die in Zeile 19 anonym definiert und auch gleich ausgeführt wird, erzeugt, je nachdem, ob im Kontext der umschließenden Funktion ein einfacher Menüpunkt (Zeile 23) oder ein Untermenü (Zeile 21) angefordert ist, ein entsprechendes Objekt und gibt es zurück. In Zeile 25 wird das zurückgegebene Objekt dann in die Liste der Menüpunkte eingetragen.

Soweit zum Aufbau der Struktur – aber wie wird jetzt der HTML-Code erzeugt? Das folgende Listing gibt Aufschluss:

```
01 class MenuePunkt {
02 ...
03   render (id, user) {
04     if (!user.hatBerechtigung(this.berechtigung)) {
05       return ''
06     }
07     this.current_user = user
08     return '<li '
09       + (this.id === id ? 'class="selected" ' : '')
10       + '><a href="' + this.getRoute() + '">'
11       + this.getName() + '</a></li>'
12   }
13 ...
14 }
```

Listing 10.34 Die Darstellung eines Menüpunkts

Die Funktion `render()` implementiert zunächst in Zeile 04 die geforderte Berechtigungsprüfung. Ist diese erfolgreich, wird in den Zeilen 08 bis 11 die HTML-Zeichenkette erzeugt und an den Aufrufer zurückgegeben. Dabei wird in Zeile 09 geprüft, ob der zu erzeugende Menüpunkt zu der Seite passt, die gerade angezeigt werden soll. Wenn ja, wird dem Menüpunkt die CSS-Klasse `selected` mitgegeben. In Zeile 10 kommt schließlich der interessanteste Aufruf: `getRoute()` soll die eventuell vorhandenen dynamischen Anteile des Ziellinks auflösen. Wie das geht, zeigt Listing 10.35.

```
class MenuePunkt {
...
  getValue (name) {
    const path = name.split('.')

    let val = this
```

```
07      for (let i = 0; i < path.length; i++) {
08        val = val[path[i]]
09      }
10
11      return val
12    }
13
14    getRoute () {
15      const re = /(#\{.*?})/g
16      const rtparms = this.route.split(re)
17
18      rtparms.forEach(function (p, i, array) {
19        if (p[0] === '#' && p[1] === '{') {
20          rtparms[i] = this.getValue(p.slice(2, -1))
21        }
22      }, this)
23
24      return rtparms.join('')
25    }
26  ...
27  }
```

Listing 10.35 Generischer Zugriff auf Elemente von JavaScript-Objekten

Zunächst definieren wir in Zeile 15 den regulären Ausdruck `re`, der innerhalb einer Zeichenkette nach Strings der Form `#{beliebige Zeichen}` sucht – also nach Teilketten, die mit einem # anfangen und im Weiteren von geschweiften Klammern eingerahmt sind. Diesen regulären Ausdruck lassen wir jetzt in Zeile 16 auf unseren Parameter `this.route` los. Die Standardfunktion `split(re)` liefert ein Array von Zeichenketten zurück, das die gesuchten Zeichenketten isoliert. Jetzt müssen wir nur noch über dieses Array iterieren und die symbolischen Werte durch echte ersetzen.

Das erledigt die Funktion `getValue()`. Hier nutzen wir – wie schon bei der Registrierung der Controller – den Umstand, dass Objekte in JavaScript im Prinzip nur Listen von Name/Wert-Paaren sind, auf die mit dem [ ]-Operator zugegriffen werden kann. In Zeile 04 des Listings splitten wir den Pfad zu unserem gesuchten Wert zunächst an den Punkten auf, um uns dann in den Zeilen 07 bis 09 mit einer kleinen Schleife durch die Objekthierarchie zu hangeln.

Dieser Kniff setzt natürlich voraus, dass das Wurzelelement in unserem Zugriff ist und über die gesuchten Elemente verfügt.

Die Implementierung des Menüs in voller Schönheit ist im Projektverzeichnis in den Dateien *views/menu.js* und *views/menu_description.js* zu finden.

10.5 Ein Fazit – und was noch übrig bleibt

Damit schließen wir das Kapitel 10, »Objektorientierung am Beispiel: eine Webapplikation in JavaScript«. Leider konnten wir nicht den kompletten Quellcode der Applikation hier im Buch besprechen, daher haben wir uns auf die aus unserer Sicht wesentlichen Anteile beschränkt – diejenigen, die für eine eingängige Illustration des objektorientierten Vorgehens am wertvollsten sind.

Einige Leserinnen und Leser, die sich mit Node.js und Express bereits auskennen, werden vermutlich an so manchen Stellen gedacht haben: »Aber das kann man doch mit Node.js/Express/JavaScript auch anders machen.«

Nun, sie haben recht. Wir haben zum Beispiel einige Funktionen explizit nicht benutzt, die Express schon von sich aus mitbringt und die den Code um einiges vereinfachen würden. Man könnte zudem Bibliotheken wie *React.js* und *Bootstrap* verwenden, um die Oberfläche sehr viel zeitgemäßer und responsiver zu machen. Dadurch würde der Anteil an Server-Code auch deutlich schrumpfen. Unser Fokus lag in diesem Kapitel aber auf der möglichst plakativen Verdeutlichung objektorientierter Methoden und Prinzipien. Deshalb haben wir auf die eine oder andere tool- oder auch sprachspezifische Abkürzung verzichtet.

Für diejenigen Leserinnen und Leser, denen die verwendeten Tools und Frameworks unbekannt sind, sei noch mal erwähnt und angepriesen, dass wir auf der Webseite zum Buch, *www.objektorientierte-programmierung.de*, für die benutzten Werkzeuge ein kleines Tutorial hinterlegt haben. Diese kurze Anleitung soll helfen, möglichst viele der offengebliebenen Fragen zu beantworten.

Diskussion: Die Autoren verabschieden sich

Bernhard: *Das war ja alles sehr interessant. Super, was du da so auf die Beine gestellt hast.*

Stefan: *Danke. Ich bin mir sicher, wir konnten eine ganze Reihe von objektorientierten Vorgehensweisen demonstrieren und dabei sogar auch noch zeigen, dass eine Sprache wie JavaScript uns zumindest nicht daran hindert, objektorientiert vorzugehen.*

Gregor: *Ja, da waren Patterns, Prinzipien, Abstraktionen und ein eigenes Framework dabei. Wobei, bei der Anwendung hätte ich da eher so was wie* *einen Fütterungskalender für Schweine gewählt. Das ist doch viel näher an der Praxis als ein Teamkalender.*

Bernhard: *Hmm? Was für ein Fütterungskalender? Also mir gefällt das Kapitel jetzt auch sehr gut.*

Gregor: *Der Umfang des Projekts ist ja im Vergleich zu den Projekten, in denen wir sonst so arbeiten, recht überschaubar. Die Mechanismen, die wir im Projekt verwendet haben und auch die anderen, die wir im Buch vorgestellt haben, helfen uns aber erfahrungsgemäß auch in größeren Projekten – dort sind sie sogar noch wichtiger.*

Bernhard: *Ja, das deckt sich auch mit meiner Erfahrung. Vor allem ist es grade in größeren Projekten wichtig, dass wir auch später noch Änderungen vornehmen können. Da helfen die vorgestellten Ansätze schon sehr.*

Stefan: *Stimmt. Allerdings habe ich auch schon erlebt, dass wir allen Grundsätzen gefolgt sind und trotzdem das ganze Projektumfeld uns daran gehindert hat, das Ganze zum Erfolg zu bringen.*

Bernhard: *Ich weiß, was du meinst. Mit dem zunehmenden Einsatz von agilen Entwicklungsmethoden wird der Einfluss von Softwareentwicklerinnen und -entwicklern auf ein Projekt und damit auch den Projekterfolg zwar größer – aber oft bleibt da gefühlt noch eine Lücke.*

Gregor: *Ja, da ist noch Luft nach oben. Der Vorteil, den wir als Softwareentwickler haben: Wir müssen ein Problem in einer Programmiersprache beschreiben, und die verlangt eine klare Beschreibung von uns. Damit können wir sehr wertvolle Informationen in ein Projekt geben, wenn sich Merkwürdigkeiten und Inkonsistenzen ergeben.*

Stefan: *Ich glaube, dazu könnten wir jetzt massenhaft Beispiele bringen, an welchen Stellen Projekte auf einen sinnvollen Weg oder eben auf einen abschüssigen und gefährlichen Seitenpfad abgebogen sind.*

Bernhard: *Ja. Aber das ist eine andere Geschichte und soll ein andermal erzählt werden.*

Gregor: *Dann verabschieden wir uns an dieser Stelle erst einmal. Ich denke, dass wir eine ganze Reihe von Themen behandeln konnten, die für den Erfolg von Softwareprojekten wichtig sind.*

Bernhard: *Also mir hat es Spaß gemacht, das aufzuschreiben. Vielleicht bekommen wir ja auch Rückmeldungen von unseren Leserinnen und Lesern, was ihnen gefallen hat oder was ihnen noch gefehlt hat. Unter der Adresse autoren@objektorientierte-programmierung.de nehmen wir gern Kommentare entgegen.*

Anhang

Anhang A
Verwendete Programmiersprachen

Wir haben in den Beispielen dieses Buchs eine ganze Reihe von Programmiersprachen verwendet. In diesem Anhang geben wir zu jeder dieser Sprachen eine sehr kurze Beschreibung und stellen deren grundlegende Eigenschaften mit Bezug zur Objektorientierung vor. Außerdem geben wir Verweise auf weitere Informationen und wenn möglich auf freie Software, wie Compiler, Interpreter oder komplette Entwicklungsumgebungen, die für diese Sprachen verfügbar sind.

Wir stellen die verwendeten Programmiersprachen hier sehr kurz mit ihrem Steckbrief vor. Dabei geben wir nur einen ganz knappen Abriss. Jede Sprache wird mit ihren Basiskonstrukten, die relevant für die objektorientierten Eigenschaften sind, vorgestellt.

A.1 C++

C++ wurde von Bjarne Stroustrup als objektorientierte Erweiterung zur Programmiersprache C entwickelt. Bis Ende der 90er-Jahre war C++ die meistverwendete objektorientierte Programmiersprache. Danach wurde C++ in dieser Position von Java abgelöst.

Die Struktur von C++

Klassen werden in C++ mit dem Schlüsselwort `class` eingeführt. Alternativ kann auch das Schlüsselwort `struct` verwendet werden – das ist aber für Klassen unüblich. `class` und `struct` unterscheiden sich nur in der Sichtbarkeitsstufe, die als Voreinstellung gilt: Bei Verwendung von `class` ist sie `private`, bei Verwendung von `struct` ist sie `public`.

C++ unterscheidet nicht zwischen reiner Vererbung von Schnittstellen und der Vererbung von Schnittstelle und Implementierung. Durch die Angabe einer Klasse nach dem Klassennamen wird eine Vererbungsbeziehung etabliert. C++ unterstützt die Mehrfachvererbung von Schnittstellen und von implementierenden Klassen. Bei der Deklaration einer Klasse kann eine Liste von Klassen aufgeführt werden, die als Basisklassen agieren.

Operationen werden darüber eingeführt, dass sie zusammen mit der Klasse deklariert werden. Wenn Operationen polymorph agieren sollen, muss das bei der ersten Deklaration einer Methode über das Schlüsselwort virtual erfolgen.

Ist nichts anderes angegeben, gilt für alle Elemente, die innerhalb einer Klasse (über class) deklariert werden, die Sichtbarkeitsstufe private. Neben den weiteren Sichtbarkeitsstufen protected und public kennt C++ auch die Beziehung friend zwischen zwei Klassen. Wenn Klasse B als friend von A definiert ist, können Exemplare von B auf private Datenelemente und Methoden von A zugreifen.

Die Syntax von C++

Wir stellen die Syntax von C++ an einem einfachen Beispiel vor. Die Klasse VersionNumber erbt dabei von einer Klasse StructuredName und implementiert eine Schnittstelle, die von der Klasse Comparable vorgegeben wird.

```
class StructuredName
{ /* ... */ };

class Comparable
{
    public:
      virtual int compareTo(const Comparable& other) = 0;
};

class VersionNumber : public StructuredName, Comparable
{
private:
    list<string> parts;

public:
    VersionNumber(list<string> parts)
    {
        this->parts = parts;
    }
    virtual ~VersionNumber() {};
    virtual string toString();
    virtual int compareTo(const Comparable& other);

 };
string VersionNumber::toString()
{
```

```
27     string result = "";
28     list<string>::const_iterator iter;
29     for (iter=parts.begin(); iter!=parts.end();iter++)
30     {
31         if (iter != parts.begin())
32             result += ".";
33         result += *iter;
34     }
35     return result;
36 }
37
38 int main()
39 {
40     list<string> parts;
41     parts.push_back("6");
42     parts.push_back("0");
43     parts.push_back("2800");
44     parts.push_back("1106");
45     VersionNumber v(parts);
46     VersionNumber *p = new VersionNumber(parts);
47     cout << v.toString();
48     cout << p->toString();
49 }
```

Listing A.1 Einfaches Beispiel für die C++-Syntax

- Zeile 1: Wir deklarieren eine Klasse `StructuredName`.
- Zeile 4: Wir deklarieren eine abstrakte Klasse `Comparable`.
- Zeile 7: Diese spezifiziert eine Operation `compareTo`, die über den Ausdruck `= 0` als abstrakt markiert wird.
- Zeile 10: Die Klasse `VersionNumber` erbt von beiden genannten Klassen.
- Zeile 13: Die Instanzvariable `parts` enthält eine Liste von Strings.
- Zeile 16: Bei der Konstruktion wird eine Liste von Strings übergeben, die der Instanzvariablen `parts` zugewiesen wird.
- Zeile 21: Die Operation `toString` wird mit dem Schlüsselwort `virtual` markiert. Damit unterliegt sie der Polymorphie und kann in abgeleiteten Klassen überschrieben werden.
- Zeile 25: Da die Umsetzung der Methode `toString` für die Klasse `VersionNumber` außerhalb der Klassendeklaration erfolgt, muss der durch die Klasse vorgegebene Namensraum als `VersionNumber::` der Methodenimplementierung vorangestellt werden.

- Zeile 29: Über einen Iterator geht das Programm alle Elemente der Liste `parts` durch.
- Zeilen 45 und 46: Hier sehen wir zwei unterschiedliche Möglichkeiten der Objektkonstruktion. Zum einen haben wir die lokale Variable `v` vom Typ `VersionNumber` mit einem Exemplar von `VersionNumber` initialisiert. Zum anderen haben wir der Variablen `p` einen Zeiger auf ein Exemplar von `VersionNumber` zugewiesen, wobei das Objekt auf dem Heap angelegt wurde. Mit dem Operator > kann eine Operation auf dem Objekt aufgerufen werden, auf das ein Zeiger verweist.

Ressourcen

Der am weitesten verbreitete freie Compiler für C++ ist derjenige, der als Teil des GNU-Projekts unter *http://gcc.gnu.org/* zur Verfügung steht. Der Compiler deckt eine breite Palette an Plattformen ab.

Eine Integration in die Eclipse-Entwicklungsumgebung ist verfügbar unter *https://www.eclipse.org/downloads/packages/*.

A.2 Java

Java ist eine statische und stark typisierte klassenbasierte Programmiersprache, die die einfache Klassifizierung und die einfache Vererbung unterstützt.

Java wurde Mitte der 90er-Jahre von Sun entwickelt. Im Gegensatz zu C++ werden Java-Programme nicht direkt in den Maschinencode der jeweiligen Zielplattform übersetzt, sondern in einen Bytecode, der von der Java Virtual Machine interpretiert wird. Auf diese Weise kann man übersetzte Java-Klassen auf jeder unterstützten Plattform verwenden. In Java gibt es keine Zeiger, und alle Objekte werden dynamisch auf dem Heap angelegt. Die Speicherverwaltung ist in Java automatisch, das heißt, dass das Löschen von Objekten nicht explizit programmiert werden muss, sondern von einem Garbage Collector erledigt wird.

Struktur von Java

In Java gibt es einerseits unstrukturierte primitive Datentypen wie `char`, `int`, `boolean`, `long` und so weiter und andererseits Klassen. Java kennt zwei Arten von Klassen: Die Schnittstellenklassen werden mit dem Schlüsselwort `interface` deklariert und können nur abstrakte objektbasierte Operationen deklarieren, sie aber nicht implementieren. Implementierende Klassen werden mit dem Schlüsselwort `class` deklariert und können Datenelemente und Methodenimplementierungen definieren. Sowohl die implementierenden Klassen als auch die Schnittstellen können »statische« Datenelemente und Methodenimplementierungen enthalten.

Java unterstützt nur die einfache Vererbung der implementierenden Klassen, die Mehrfachvererbung funktioniert lediglich für die Schnittstellen. Eine implementierende Klasse kann also nur von einer anderen implementierenden Klasse erben, sie kann aber mehrere Schnittstellen implementieren. Eine Schnittstelle kann von mehreren Schnittstellen erben. Die gemeinsame Oberklasse aller implementierenden Klassen ist die Klasse `Object`.

Alle Variablen und alle Routinen sind in Java Klassen zugeordnet. Es gibt in Java keine globalen Variablen.

Syntax von Java

Die Syntax von Java kann man an folgendem Beispielquelltext vorstellen:

```
public class VersionNumber
   extends NamePart implements Comparable {
  private final int[] parts;
  public VersionNumber(int[] parts) {
    this.parts = parts.clone();
  }
  public String toString() {
    StringBuilder builder = new StringBuilder();
    String separator = "";
    for (int part: parts) {
      builder.append(separator);
      builder.append(part);
      separator = ".";
    }
    return builder.toString();
  }

  public int compareTo(Object o) {
    ... // Implementierung
  }
  /* Weitere Methoden und Datenelemente
     folgen hier */
}
```

Listing A.2 Einfaches Beispiel für die Java-Syntax

- Zeile 1: Der Name der Klasse ist `VersionNumber`.
- Zeile 2: Sie erbt von der Klasse `NamePart` und implementiert die Schnittstelle `Comparable`.
- Zeile 3: Jedes Exemplar dieser Klasse enthält eine nicht änderbare (also `final`) private Variable mit dem Namen `parts`, deren Datentyp ein Array von Integern ist.
- Zeile 4: Die Exemplare werden mit einem Konstruktor initialisiert, der als Parameter eine Variable mit dem Namen `parts`, deren Datentyp ein Array von Integern ist, initialisiert.
- Zeile 5: Die Objektvariable `parts` wird von dem Parameter `parts` durch das Schlüsselwort `this` unterschieden. Sie wird mit einer Kopie des Arrays, das von dem Parameter `parts` referenziert wird, initialisiert.
- Zeile 7: Die Klasse implementiert eine öffentliche Methode `toString`, deren Rückgabewert den Datentyp `String` hat.
- Zeile 8: In dieser Methode wird eine lokale Variable mit dem Namen `builder` deklariert und mit einem neuen Exemplar der Klasse `StringBuilder` initialisiert.
- Zeile 10: In einer Schleife geht das Programm alle Elemente des Arrays `parts` durch. Hier braucht man kein `this`, da es keine lokale Variable und keinen Parameter mit dem Namen `parts` gibt.
- Zeile 19: Einzeilige Kommentare werden in Java mit //, mehrzeilige mit /* ... */ markiert.

Ressourcen

Der zentrale Einstiegspunkt in die Sprache Java ist bei Oracle unter *https://www.oracle.com/de/java/technologies/* zu finden. Dort haben sich die verschiedenen Java-Technologien versammelt. Die gängigsten davon sind die *Java Standard Edition* (*Java SE*) und die *Java Enterprise Edition* (*Java EE*).

Einen sehr guten Überblick über die Sprache bietet das Handbuch *Java ist auch eine Insel* von Christian Ullenboom.[1] Eine Vorgängerversion (zur Java-Version 8) ist auch als Openbook online unter der Webadresse *http://openbook.rheinwerk-verlag.de/javainsel/* verfügbar.

1 Christian Ullenboom, »Java ist auch eine Insel«, 2020, Rheinwerk Verlag.

A.3 C#

C# ist das programmiersprachliche Flaggschiff der .NET-Sprachflotte. .NET ist ein von Microsoft entwickeltes Konkurrenzprodukt zur Java-Welt. .NET unterstützt mehrere Programmiersprachen, C# und Visual Basic.NET sind die prominentesten Vertreter der .NET-Sprachen.

Alle diese Programmiersprachen werden von ihren Compilern in eine *Intermediate Language* (IL) und dann zur Laufzeit von einem Just-in-Time-Compiler in die Maschinensprache der Zielplattform übersetzt.[2]

C# ist ähnlich wie Java eine statisch stark typisierte, klassenbasierte Programmiersprache mit einfacher Klassifikation der Objekte. Ähnlich wie in Java gibt es in C# keine Mehrfachvererbung der Implementierung, daher unterscheidet C# zwischen Schnittstellen (`interface`) und implementierenden Klassen. Außerdem unterscheidet C# zwischen den Referenztypen (`class`) und den Wertetypen. Die Exemplare der Referenztypen werden immer einzeln auf dem Heap angelegt, die Exemplare der Wertetypen können auch auf dem Stack angelegt werden und als Teile anderer Strukturen, wie zum Beispiel Arrays, existieren. Zu den Wertetypen gehören primitive Typen wie `int`, `char` und `bool` sowie die strukturierten Typen (`struct`). Die Strukturen können genauso wie die Klassen eigene Datenelemente und Methoden haben und Schnittstellen implementieren. Sie können aber nicht von anderen implementierenden Klassen erben und auch selbst keine Oberklasse sein.

C# hat gegenüber Java einige Erweiterungen, wie zum Beispiel die Delegaten und die Eigenschaften der Objekte. Die Syntax von C# ist der Syntax von Java sehr ähnlich, sodass wir hier auf eine Vorstellung der Syntax von C# verzichten, da wir davon ausgehen, dass die Beispiele in diesem Buch trotzdem verständlich sind.

A.4 JavaScript

JavaScript wurde ursprünglich bei Netscape entwickelt und hatte seinen ersten Einsatz in der Version 2 des Netscape Navigator. JavaScript wurde dort eingesetzt, um Webseiten mit dynamisch erzeugten Inhalten zu versehen. Microsoft entwickelte eine Entsprechung hierzu unter dem Namen JScript. In den Versionen des Internet Explorer von Version 3.0 bis 9.0

2 Auch hier gibt es Parallelen zwischen .NET und Java. Die modernen JVMs benutzen auch einen JIT-Compiler, und es gibt mehrere Programmiersprachen, die einen Compiler für die JVM haben.

wird also eigentlich nicht JavaScript unterstützt, sondern JScript. Allerdings erfolgte eine Vereinheitlichung der beiden damit existierenden Defacto-Standards unter dem Namen ECMAScript. *ECMA* stand ursprünglich für *European Computer Manufacturers Association*, einem Zusammenschluss europäischer Computer- und Softwarehersteller. Mittlerweile gibt es den Zusammenschluss aber nicht mehr unter diesem Namen, und die ECMA ist zu einer Institution geworden, die Standards im Bereich der IT-Technologie verwaltet. Wenn das verwirrend klingt, ist das kein Zufall. Es *ist* nämlich verwirrend. Zwar basieren die aktuellen Versionen von JavaScript und JScript auf der Standardisierung ECMA-262, beide Sprachen bringen jedoch jeweils eigene Erweiterungen mit ein, sodass für eine Variante erstellte Skripte nicht unbedingt in einem anderen Browser lauffähig sind.

Allerdings hat sich als Name weder JScript noch ECMAScript durchgesetzt. Und man muss auch zugeben, dass ECMAScript nun wirklich kein schöner Name ist. Deshalb wird in der Regel der Name JavaScript auch dann verwendet, wenn eigentlich der Standard (ECMAScript) oder die Umsetzung des Standards in den Microsoft-Produkten (JScript) gemeint ist. Mit Java hat JavaScript außer der Namensähnlichkeit sehr wenig gemeinsam. Die Syntax basiert eher locker auf der Sprache C, die objektorientierten Mechanismen von JavaScript sind völlig andere als die von Java.

Oliver Zeigermann: JavaScript für Java-Entwickler. 2015, entwickler.press

Wer sich als Java-Programmierer bzw. -Programmiererin mit JavaScript beschäftigen darf, kann möglicherweise von der kompakten Übersicht *JavaScript für Java-Entwickler* von Oliver Zeigermann profitieren. Dort werden Gemeinsamkeiten und Unterschiede verständlich erläutert.

Struktur von JavaScript

JavaScript ist dynamisch typisiert und wird in der Regel in der jeweiligen Laufzeitumgebung interpretiert.

JavaScript kennt keine echten Klassen. Eine Art von Vererbungsbeziehung ist dennoch über die Zuordnung von sogenannten Prototypen möglich. Jedem Objekt kann dadurch ein Prototyp (wieder ein Objekt) zugeordnet werden, dessen Eigenschaften das Objekt mit übernimmt. Dadurch können Ketten aufgebaut werden, die eine Art von Vererbungsbeziehung darstellen. Jedes Objekt erbt damit alle Eigenschaften der folgenden Objekte in der Kette.

Da diese Beziehungen zwischen Objekten bestehen und nicht zwischen Klassen, können die Struktur und die Eigenschaften aller Objekte zur Laufzeit angepasst werden. Wird also ein Objekt zur Laufzeit geändert, das als

Prototyp für mehrere andere Objekte agiert, ändern sich auch die Eigenschaften dieser beteiligten Objekte.

Funktions-Syntax von JavaScript

```
01 function StructuredName()
02 {
03     // ... Funktionalitäten von strukturierten Namen
04 }
05
06 function VersionNumber(parts)
07 {
08     this.parts = parts;
09     this.toString = function()
10     {
11         description = "";
12         for (let i = 0; i < parts.length - 1; ++i)
13         {
14             description = description + parts[i] + ".";
15         }
16         return description + parts[parts.length - 1];
17
18     };
19 }
20
21 VersionNumber.prototype =
22        Object.create(StructuredName.prototype);
23 VersionNumber.prototype.constructor = VersionNumber;
24
25 const parts = new Array("6","0","2800","1106");
26 const version = new VersionNumber(parts);
27 alert(version.toString());
28 version.product = "Internet Explorer";
```

Listing A.3 Einfaches Beispiel für die JavaScript-Syntax

- Zeile 6: Die Funktion `VersionNumber`, die als Vorlage für Objekte dient.
- Zeile 8: Jedes über die Funktion `VersionNumber` erstellte Objekt enthält eine Variable mit dem Namen `parts`. Da JavaScript dynamisch typisiert ist, ist der Typ der Variablen nicht festgelegt. Weil die Variable über `this.parts` deklariert ist, ist sie auch nach außen sichtbar. Wenn wir stattdessen die Deklaration `var myparts = parts` verwendet hätten, wäre die Sichtbarkeit auf interne Methoden beschränkt. In JavaScript lassen

sich also durchaus Entsprechungen zu privaten Instanzvariablen realisieren.

- Zeile 9: Jedes über die Funktion erstellte Objekt hat wiederum eine Methode `toString`, die an dieser Stelle implementiert wird.
- Zeile 12: An dieser Stelle wird die Annahme gemacht, dass es sich bei `parts` um ein Array handelt, das hier durchlaufen wird. Sollte `parts` zur Laufzeit mit einem Objekt eines anderen Typs belegt sein, kommt es zu einem Laufzeitfehler.
- Zeile 16: Die Methode `toString` gibt ihr Ergebnis über `return` zurück.
- Zeile 21: Über die Zuweisung `VersionNumber.prototype = Object.create(StructuredName.prototype);` wird eine Vererbungsbeziehung etabliert. Die über die Funktion `VersionNumber` erstellten Objekte haben damit alle Eigenschaften, die auch über `new StructuredName()` erstellte Objekte aufweisen.
- Zeile 23: Die Konstruktorfunktion (`constructor`) ist Teil des Prototyps. Dieser wird von `Object.create(...)` mit kopiert und muss nun noch korrigiert werden.
- Zeile 25: Wir legen ein Objekt vom Typ `Array` an und weisen es der Variablen `parts` zu.
- Zeile 26: Über den Aufruf von `new` in Kombination mit einer Funktion wird die Funktion als Objektkonstruktor benutzt. Es wird ein neues Objekt erstellt und mit den in der Funktion definierten Eigenschaften ausgestattet.
- Zeile 27: Die Methode `toString` wird für das neu angelegte Objekt aufgerufen.
- Zeile 28: Dem Objekt, das der Variablen `version` zugewiesen ist, ordnen wir nun ein neues Attribut `product` zu und belegen es mit dem Wert `"Internet Explorer"`. Damit unterscheidet sich dieses Objekt in seiner Struktur von anderen Objekten, die über die Funktion `VersionNumber` angelegt wurden.

Klassen-Syntax von JavaScript

Mit ECMAScript 2015 wurde unter anderem der Begriff der Klasse eingeführt. Allerdings ist die Vererbung intern immer noch mit Konstruktorfunktionen und Prototypen abgebildet. Es wird also lediglich ein wenig (syntaktischer) Zucker über die doch etwas gewöhnungsbedürftige Handhabung der Prototypen gestreut, indem tatsächlich Begriffe wie `class`, `extends` und `super` eingeführt werden.

Hier noch einmal das Beispiel aus Listing A.3 in der Schreibweise mit Klassen:

```
class StructuredName {
    // ... Funktionalitäten von strukturierten Namen
}

class VersionNumber extends StructuredName {
  constructor (parts) {
    super()
    this.parts = parts
  }

  toString () {
    var description = ''
    for (let i = 0; i < (this.parts.length - 1); ++i) {
      description = description + this.parts[i] + '.'
    }
    return description
      + this.parts[(this.parts.length - 1)]
  }
}

const parts = ['6', '0', '2800', '1106']
const version = new VersionNumber(parts)
console.log(version.toString())
version.product = 'Internet Explorer'
```

Listing A.4 Sehr einfaches Beispiel für die JavaScript-Klassensyntax

Erwähnenswert zum Thema »Klassen« in JavaScript ist noch, dass eine Klassendefinition in JavaScript nur Methoden enthalten kann. Es ist nicht möglich, Instanz- oder Klassenvariablen innerhalb der Klassendefinition zu deklarieren. Es ist deshalb ein guter Brauch, die benötigten Instanzvariablen innerhalb der `constructor`-Funktion mit Defaults zu initialisieren.

Ressourcen

Unter *http://wiki.selfhtml.org/wiki/JavaScript* findet sich ein guter erster Überblick über die Sprache und auch ihre Geschichte.

Wer tiefer einsteigen möchte, dem sei *http://eloquentjavascript.net* empfohlen. Auf dieser Seite wird die Sprache von Grund auf erklärt.

Eine weitere sehr umfangreiche Quelle ist das Mozilla Developer Network (MDN): *https://developer.mozilla.org/de/docs/Web/JavaScript*. Hier ist neben einigen Tutorials auch eine umfangreiche Referenz zu finden.

A.5 CLOS

CLOS steht für *Common Lisp Object System* und wird meistens »C-LOS« (und nicht KLOS) ausgesprochen. CLOS ist eine objektorientierte Erweiterung zu Common Lisp, einer im Kern funktionalen Programmiersprache. Ähnlich wie C++ als Zusatz zu C entwickelt wurde, übernimmt CLOS alle Sprachkonstrukte von Common Lisp und stellt zusätzliche Möglichkeiten für die objektorientierte Programmierung zur Verfügung.

In der Praxis ist die Bedeutung von CLOS eher gering, die Sprache wurde vor allem im Universitäts- und Forschungsbereich angewendet. Allerdings ist in CLOS eine Reihe von innovativen Konzepten enthalten, die in andere Sprachen eingeflossen sind. Auch die Kombination mit der dynamisch typisierten Sprache Common Lisp bietet interessante Möglichkeiten.

Ergänzt wird CLOS in vielen Implementierungen durch eine Umsetzung eines Metaobjektprotokolls (MOP). Das erlaubt Anpassungen der Sprache, um sie an unterschiedliche Anforderungen anzupassen.

Struktur von CLOS

Da CLOS auf Common Lisp basiert, ist es wie dieses dynamisch typisiert.

Operationen werden über sogenannte generische Funktionen (*Generic Functions*) definiert. Eine Methode implementiert eine generische Funktion für eine bestimmte Menge von Parametertypen. Methoden sind also nicht genau einer Klasse zugeordnet. Vielmehr wird beim Aufruf einer generischen Funktion anhand der Werte aller übergebenen Parameter bestimmt, welche Methode verwendet wird. Da Methoden damit nicht klassengebunden sind, ist eine Erweiterung um neue Operationen und Methoden möglich, ohne den Sourcecode von existierenden Klassen anpassen zu müssen.

Mehrfachvererbung von implementierenden Klassen ist in CLOS möglich. Dabei erben die abgeleiteten Klassen die Datenelemente der Basisklassen. Wir können allerdings nicht direkt davon sprechen, dass sie auch die Methoden der Basisklasse erben, da Methoden ja wie schon erwähnt nicht einer einzigen Klasse zugeordnet werden müssen.

Syntax von CLOS

```
01  (defclass NamePart
02    (...))
03 (defclass VersionNumber (NamePart)
04     ((parts :initform nil
05             :initarg :parts
06             :accessor parts)))
07
08 (defgeneric toString (printable))
09 (defgeneric compareTo (comparable))
10
11 (defmethod toString ((printable VersionNumber))
12   (let ((string ""))
13     (dolist (item (parts printable))
14       (if (equal string "")
15         (setf string (format nil "~A" item))
16         (setf string (format nil "~A.~A" string
17                      (format nil "~A" item)))))
18     string))
19
20 (defmethod compareTo ((comparable VersionNumber))
21   ;; Hier erfolgt die Implementierung von compareTo
22 )
23
24 (defun ausgabe()
25   (let* ((num (make-instance 'VersionNumber
26                              :parts '(6 0 2800 1106))))
27         (toString num)))
28
29 [2]> (ausgabe)
30 "6.0.2800.1106"
31 [3]>
```

Listing A.5 Nicht ganz so einfaches Beispiel für die CLOS-Syntax

- Zeile 3: Wir deklarieren eine Klasse `VersionNumber`. Sie erbt von der Klasse `NamePart`.
- Zeile 4: Jedes Exemplar dieser Klasse enthält eine Variable mit dem Namen `parts`. Der Datentyp ist nicht festgelegt. Die Angabe von `:initform` legt fest, dass diese Variable standardmäßig mit dem Wert `nil` vorbelegt wird. Die Angabe von `:initarg` legt fest, dass bei der Konstruktion auch ein anderer Wert angegeben werden kann. Der Name des

betreffenden Parameters ist dann `:parts`. Der Zugriff auf die Variable erfolgt über den sogenannten Accessor, der ebenfalls `parts` heißt.

- Zeile 8: `toString` und `compareTo` werden als Operationen (generische Funktionen) deklariert. Dadurch können Methoden zur Umsetzung der Operationen implementiert werden, deren Aufruf über den Mechanismus der Polymorphie gesteuert wird.
- Zeile 11: Die Methode `toString` implementiert die Operation `toString` für Exemplare der Klasse `VersionNumber`.
- Zeile 12: Über `(let ((string ""))` wird eine lokale Variable `string` deklariert und mit dem Leerstring vorbelegt. Der Sichtbarkeitsbereich ist durch die umgebenden Klammern festgelegt.
- Zeile 13: `dolist` führt eine angegebene Funktion für alle Elemente einer Liste aus. In diesem Fall erfolgt eine Ausgabe des Listenelements `item` für alle Elemente der Liste, die über den Accessor-Aufruf `(parts printable)` geliefert wird.
- Zeile 18: Die Methode `toString` liefert den Wert der lokalen Variablen `string` als Ergebnis zurück.
- Zeile 24: Über `defun` wird eine Funktion definiert – in diesem Fall eine einfache Funktion –, die eine Versionsnummer konstruiert und ausgibt.
- Zeile 25: Über `make-instance` wird ein Exemplar von `VersionNumber` konstruiert, mit den Bestandteilen für eine Versionsnummer initialisiert und der Variablen `num` zugewiesen. Über den Zugriff mit `toString` wird das Exemplar dann als String formatiert, und dieser String wird als Ergebnis der Funktion zurückgegeben.

Ressourcen

Guy L. Steele: Common LISP: The Language. 1990, Digital Press

Eine sehr gute Übersicht über Common Lisp bietet *Common LISP: The Language*. Da Common Lisp eher in den 90er-Jahren eingesetzt wurde, ist auch die Literatur dazu etwas älter. Eine Onlineversion ist verfügbar unter *http://www.cs.cmu.edu/Groups/AI/html/cltl/cltl2.html*.

G. Kiczales, J. Rivières, D.Bobrow: The Art of the Metaobject Protocol. 1991, MIT Press

Eine Beschreibung von CLOS und dem Metaobjektprotokoll findet sich in *The Art of the Metaobject Protocol*.

A.6 Python

Python ist eine interpretierte, interaktive, dynamisch typisierte objektorientierte Programmiersprache, die nach der populären britischen Komikertruppe Monty Python benannt wurde. Ihre Entwicklung startete 1990 Guido van Rossum. Es handelt sich um eine objektorientierte Programmiersprache, in der alle im Programm verwalteten Daten Objekte sind. Sogar die einfachen Werte wie etwa Zahlen sind Objekte mit eigenen Methoden. So entspricht der Aufruf `abs(-1)` dem Aufruf der Methode `__abs__()` der Zahl -1.

Dennoch kann man Python nicht als rein objektorientiert bezeichnen, weil die Sprache globale Funktionen und Prozeduren, aber keine »echte« Datenkapselung zulässt.[3]

Syntax von Python

Wenn man die Syntax von Python zum ersten Mal kennenlernt, kann man zunächst den Eindruck gewinnen, sich tatsächlich in einem Sketch von Monty Python zu befinden. Denn in Python spielt, im Gegensatz zu fast allen anderen Programmiersprachen, die Einrücktiefe eine wesentliche Rolle.

Die Blöcke werden durch die Anzahl der Leerzeichen am Anfang der Zeilen bestimmt. Keine Klammern, kein `begin`/`end` ist notwendig. Doch wenn man sich an die Philosophie von Python gewöhnt hat, lernt man diese Art der Blockbildung zu schätzen. In Sprachen wie C++, Java und vielen anderen, in denen die Blöcke mit Klammern oder Schlüsselwörtern bestimmt werden und die Einrücktiefe keine syntaktische Bedeutung für den Compiler oder den Interpreter hat, nutzt man die Einrücktiefe ohnehin, um die Quelltexte für den Menschen leichter lesbar zu machen.

Die Einrücktiefe und die Blocktiefe sind in solchen Programmiersprachen formell voneinander unabhängig, tatsächlich aber erwartet man, dass sie sich entsprechen und redundant dieselbe Information über die Programmstruktur tragen. Wenn sich in einem C++-Quelltext die Einrücktiefe und die durch die Klammern bestimmte Blocktiefe widersprechen, betrachtet man den Quelltext als falsch formatiert und möglicherweise fehlerhaft. Diese Redundanz und potenzielle Verwirrungsquelle gibt es in Python nicht.

Schauen wir uns jetzt die pythonsche Syntax an einem Beispielquelltext an:

3 In Python sind alle Elemente eines Objekts immer öffentlich. Trägt jedoch ein Element einen Namen, der mit zwei Unterstrichen anfängt, erweitert Python diesen Namen um den Namen der definierenden Klasse. Auf diese Art werden potenzielle Namenskonflikte meistens umgangen.

```
01 class VersionNumber(object):
02    def __init__(self, values):
03       self.parts = values[:]
04    def __str__(self):
05       result = ""
06       sep = ""
07       for n in self.parts:
08          result += sep + str(n)
09          sep = "."
10       return result
11
12 v = VersionNumber( [1,2,3] )
13 print v.__str__()
```

Listing A.6 Einfaches Beispiel für die Python-Syntax

- Zeile 1: Hier deklarieren wir die Klasse `VersionNumber`, die von der Klasse `object` abgeleitet ist.
- Zeile 2: Die spezielle Methode `__init__` wird beim Erzeugen eines Exemplars einer Klasse aufgerufen. Beachten Sie, dass das erste Argument `self` explizit genannt ist. In Sprachen wie Java oder C++ haben objektbezogene Methoden ein implizites Argument `this`, in Python muss dieses Argument explizit benannt werden. Den Namen `self` haben wir willkürlich gewählt, wir könnten diesem Argument auch einen anderen Namen geben.
- Zeile 3: Wir ordnen hier einen Datensatz mit dem Namen `parts` dem neu erzeugten Objekt `self` zu. Diesem Datensatz weisen wir eine Kopie der Liste zu, die als Parameter mit dem Namen `values` übergeben wurde.
- Zeile 4: Hier definieren wir die Methode `__str__`, die von der globalen Funktion `str()` aufgerufen wird. Die globale Funktion `str()` wird verwendet, um eine Textrepräsentation eines Objekts zu erstellen.
- Zeile 5: Dazu deklarieren und initialisieren wir zuerst eine lokale Variable `result` ...
- Zeile 7: ... und zählen alle Elemente der Liste `self.parts`.
- Zeile 8: Dem `result` fügen wir nach und nach die Elemente getrennt durch Punkte zu.
- Zeile 10: Und schließlich geben wir die Variable `result` zurück.
- Zeile 12: Ein neues Exemplar der Klasse `VersionNumber` erzeugen wir, indem wir den Klassennamen »aufrufen«, als würde er eine Funktion

bezeichnen. Beachten Sie bitte, dass wir nur ein Argument (die Liste `[1,2,3]`) übergeben, obwohl die Funktion `__init__` zwei Argumente erwartet.

- Zeile 13: Die Funktion `__str__` wird hier ganz ohne Argumente aufgerufen. Python übergibt als erstes Argument automatisch das aufgerufene Objekt, in diesem Fall `v`.[4]

Ressourcen

Die meistverwendete Version von Python läuft als native Anwendung auf verschiedenen Betriebssystemen. Die aktuelle Version ist auf der Internetseite *http://www.python.org* zusammen mit der Dokumentation und verschiedenen Bibliotheken verfügbar.

A.7 Ruby

Ruby ist ähnlich wie Python eine interpretierte, dynamisch typisierte objektorientierte Skriptsprache. Sie wurde von Yukihiro Matsumoto 1993 erfunden, der mit Python und dessen Objektorientierung nicht ganz zufrieden war. Der Name Ruby wurde von der Skriptsprache Perl inspiriert – es ist der Name eines Edelsteins.[5]

Ruby kann man tatsächlich als eine rein objektorientierte Programmiersprache betrachten. Sie kennt keine globalen Routinen, jede Funktion und jede Prozedur ist eine Methode einer Klasse oder eines Objekts.

In Ruby kann man bereits bestehende Klassen und auch die Klasse `object` um neue Methoden erweitern, die dann jedem neuen und jedem bereits existierenden Objekt zur Verfügung stehen. Das ist den globalen Methoden recht ähnlich, unterscheidet sich von ihnen aber dennoch, denn die Methoden haben Zugriff auf die Datenelemente des konkreten aufgerufenen Objekts.

Syntax von Ruby

In Gegensatz zu Python ist die Einrücktiefe in Ruby nicht relevant. Die Gruppen von Anweisungen werden meistens durch das Schlüsselwort `end` geschlossen.

4 Die Methode `__str__` müssten wir in diesem Kontext gar nicht angeben. Die Prozedur `print` würde sie implizit aufrufen, um eine Textrepräsentation des Objekts `v` zu bekommen.

5 Ja, wir wissen, dass Perlen keine Steine sind, und möchten an dieser Stelle die Leistungen der Muscheln nicht verschweigen.

Eines der wichtigsten Merkmale von Ruby ist die Verwendung von Blöcken. Ein Block ist eine anonyme Methode, die in anderen Methoden deklariert werden kann. Ein Block kann entweder durch das Schlüsselwortpaar `do/end` markiert werden oder durch ein Paar der geschweiften Klammern { und }.

Doch auch in Ruby kann man sich so manche Klammer sparen. Hier sind nämlich die Klammern bei einem Funktionsaufruf optional. So kann man `Math.sin(1.0)` auch als `Math.sin 1.0` schreiben. Die Klammern sind nur dann notwendig, wenn sonst nicht eindeutig wäre, wo die Liste der Parameter endet.

Schauen wir uns die Implementierung einer Versionsnummer in Ruby an:

```
01  class VersionNumber < Object
02      def initialize(parts)
03          @parts = parts.clone
04      end
05  end
06
07  v = VersionNumber.new [1, 2, 3]
```

Listing A.7 Einfaches Beispiel für die Ruby-Syntax, Teil 1

- Zeile 1: Hier deklarieren wir die Klasse `VersionNumber`, die von der Klasse `Object` abgeleitet wird. Die Vererbung von der Klasse `Object` müssten wir nicht explizit angeben, wir machen es nur, um die Syntax der Vererbungsbeziehung in Ruby zu demonstrieren. Die Namen der Klassen in Ruby fangen immer mit einem Großbuchstaben an.
- Zeile 2: Die Methode `initialize` wird beim Erzeugen eines neuen Exemplars der Klasse aufgerufen. Sie erwartet einen Parameter mit dem Namen `parts`.
- Zeile 3: Die Datenelemente eines Objekts werden in Ruby mit dem Präfix `@` markiert. So kann man Parameter und lokale Variablen von den Datenelementen der Objekte unterscheiden. Die Datenelemente der Objekte sind immer privat. Mit dem doppelten Präfix `@@` werden klassenbezogene Datenelemente bezeichnet.
- Zeile 4: Hier erstellen wir ein neues Exemplar unserer Klasse.

Moment mal! Haben wir nicht etwas vergessen? Unsere Klasse braucht doch noch die Methode, die ihre Exemplare als Zeichenkette ausgeben kann. Kein Problem für Ruby, denn wir können die Klasse einfach um eine neue Methode erweitern:

```
01 class VersionNumber
02   def to_s
03     result = ''; sep = ''
04     @parts.each do |element|
05       result += sep + element.to_s
06       sep = '.'
07     end
08     return result
09   end
10 end
11
12 print v # gibt 1.2.3 aus
```

Listing A.8 Einfaches Beispiel für die Ruby-Syntax, Teil 2

- Zeile 1: Wir deklarieren hier keine neue Klasse `VersionNumber`, wir wechseln lediglich den Kontext, um die neu definierten Methoden der bereits bestehenden Klasse `VersionNumber` zuzuweisen.
- Zeile 2: Wir überschreiben die geerbte Methode `to_s`. Wir müssen keine Klammern eingeben, weil die Methode keine Parameter erwartet.
- Zeile 3: Wenn man mehrere Statements auf derselben Zeile angibt, muss man sie durch ein Semikolon trennen.
- Zeile 4: `each` ist hier kein Schlüsselwort, es ist eine Methode der Liste `@parts`, die als Parameter einen Block erwartet. Der Block, eine anonyme Methode, wird in das Paar `do`/`end` eingeschlossen und erwartet einen Parameter, den wir hier `element` nennen. Die Methode `each` ruft den Block nacheinander für alle Elemente der Liste auf.
- Zeile 8: Hier verlassen wir die Methode `to_s` und geben den Inhalt der lokalen Variablen `result` zurück. An dieser Stelle ist das Schlüsselwort `return` nicht wirklich notwendig. Eine Methode gibt nämlich immer den letzten in ihr ausgewerteten Ausdruck zurück. Hier würde also der Text `result` reichen. Das Schlüsselwort `return` braucht man nur dann, wenn man eine Methode vor ihrer letzten Anweisung verlassen oder in einer Prozedur nichts zurückgeben möchte.

Ressourcen

Die erste Seite, die man besuchen sollte, wenn man sich für Ruby interessiert, ist *https://www.ruby-lang.org/de/*. Ruby hat in letzter Zeit wegen des Frameworks Ruby on Rails sehr viel an Popularität gewonnen. Über Ruby on Rails erfahren Sie mehr unter *https://rubyonrails.org*.

Anhang B
Glossar

Abstrakte Fabrik → Fabrik, abstrakt

Abstrakte Klasse → Klasse, abstrakt

Abstrakte Methoden Abstrakte → Methoden sind ein programmiersprachliches Konstrukt, das es erlaubt, eine → Operation für eine → Klasse zu deklarieren, ohne dafür eine → Implementierung zur Verfügung zu stellen. Eine Implementierung für die durch die abstrakten Methoden deklarierten Operationen stellen dann die konkreten → Unterklassen bereit.

Abstraktion Eine Abstraktion beschreibt das in einem gewählten Kontext Wesentliche eines Gegenstands oder eines Begriffs. Durch eine Abstraktion werden die Details ausgeblendet, die für eine bestimmte Betrachtungsweise nicht relevant sind. Abstraktionen ermöglichen es, unterschiedliche Elemente zusammenzufassen, die unter einem bestimmten Gesichtspunkt gleich sind.

Advice Ein Advice ist ein Konstrukt im Rahmen der → aspektorientierten Programmierung. Ein Advice beschreibt, was zu welchem Zeitpunkt an den → Joinpoints eines → Pointcuts passiert.

Aggregation Aggregation ist eine spezifische Beziehung zwischen einem Ganzen und seinen Bestandteilen. Spezifisch für eine Aggregation ist, dass ein → Objekt Teil von mehreren zusammengesetzten Objekten sein kann. Dadurch unterscheidet sich die Aggregation von der → Komposition.

Ajax Ajax steht im Kontext von Webanwendungen für *Asynchronous JavaScript and XML*. Bei der Verwendung von Ajax werden meist Daten selektiv in eine Webseite geladen, was auch asynchron erfolgen kann. Dadurch können Anwender und Anwenderinnen bereits auf den geladenen Teilen arbeiten, während andere Teile noch geladen werden.

Annotation (Anmerkung) Annotations sind Zusatzinformationen zu den Strukturelementen eines Programmes, die programmtechnisch zur Übersetzungszeit oder zur Laufzeit des Programms ausgewertet werden können.

Anonyme Klasse → Klasse, anonym

AspectJ AspectJ erweitert die Sprache Java um aspektorientierte Möglichkeiten. AspectJ selbst ist die Spezifikation dieser Erweiterung. Entsprechende Compiler werden unter anderem vom Eclipse AspectJ-Projekt zur Verfügung gestellt (*https://eclipse.org/aspectj*). Unterstützung für AspectJ findet sich außerdem im → Spring-Framework.

Aspekt Ein Aspekt ist das namensgebende Konstrukt der aspektorientierten Programmierung. Ein Aspekt fasst → Pointcuts und → Advices zusammen. So kann zum Beispiel ein Aspekt der Sicherheit aus mehreren konkreten Advices bestehen, die sich auf verschiedene Pointcuts beziehen.

Assoziation Assoziationen beschreiben die möglichen Beziehungen zwischen → Exemplaren von zwei oder mehr → Klassen.

Attribut → Objekt, Eigenschaft

Ausnahme → Exception

Ausnahmebehandlung → Exception Handling

Boyce-Codd-Normalform (BCNF) Die Boyce-Codd-Normalform ist eine der gängigen → Normalformen in der Datenbankmodellierung. Eine Modellierung ist in der BCNF, wenn sie in der dritten Normalform ist und die Teile der Schlüsselkandidaten nicht von Teilen anderer Schlüsselkandidaten funktional abhängig sind.

Cascading Stylesheets CSS ist eine Beschreibungssprache, mit der vor allem (aber nicht ausschließlich) die Darstellung von HTML- und XML-Dokumenten beschrieben wird. Das Ziel ist dabei, die Inhalte der Dokumente von ihrer Darstellung zu trennen. So kann über CSS zum Beispiel festgelegt werden, wie bestimmte Elemente einer HTML-Seite in einem Browser formatiert und dargestellt werden.

Chain of Responsibility → Entwurfsmuster Zuständigkeitskette

Checked Exception → Exception, Checked

Closure (Funktionsabschluss) Ein Closure ist die Kombination aus einer anonymen Funktion und einem Kontext, in dem alle innerhalb der Funktion genutzten freien Variablen gebunden werden. Das entstehende Funktionsobjekt erhält damit einen internen Zustand, der nur innerhalb der Funktion sichtbar ist.

Code Scattering (Code-Streuung) Code Scattering liegt vor, wenn ein Anliegen über mehrere → Module verteilt ist. Code Scattering führt dazu, dass Code häufig redundant in verschiedenen Modulen vorliegt. Hierdurch wird ebenso wie beim → Code Tangling das → *Prinzip einer einzigen Verantwortung* verletzt. Es gibt mehrere Module, die Verantwortung für das gleiche Anliegen tragen.

Code Tangling (Code-Durcheinander) Von Code Tangling spricht man, wenn Code, der verschiedene Anliegen betrifft, in einem → Modul vermischt wird. Code Tangling führt dazu, dass die betroffenen Module das → *Prinzip einer einzigen Verantwortung* verletzen.

Composite → Entwurfsmuster Kompositum

Container Container sind eine spezielle Form von → Frameworks, die sich um den Lebenszyklus von → Objekten kümmern. Für die so verwalteten Objekte bieten Container dann Basisdienste an und machen diese für einen Anwender bzw. eine Anwenderin nutzbar. Der Begriff Container rührt daher, dass die Objekte einer Applikation im Container enthalten sind. Beispiele sind Implementierungen des Enterprise-Java-Beans-Konzepts (EJB) oder Frameworks wie → Spring.

Crosscutting, dynamisch und statisch Crosscutting ist ein Mechanismus, um die Problemstellung von → Crosscutting Concerns im Rahmen von aspektorientierter Programmierung zu lösen. Dabei gibt es grundsätzlich zwei unterschiedliche Ansätze: Mit dem *dynamischen* Crosscutting wird das Verhalten der Objekte modifiziert – es werden zusätzliche Schritte in die Ausführung der Methoden hinzugefügt. Durch das *statische* Crosscutting werden die Strukturen des Programms selbst verändert.

Crosscutting Concerns (übergreifende Anliegen) Crosscutting Concerns sind Anliegen in einem System, für die es keine Zerlegung in → Module gibt, in denen eines der Anliegen als unabhängig vom anderen betrachtet werden könnte. Die Anliegen liegen quer zueinander. Damit ist es nicht möglich, sie in eine hierarchische Struktur zu bringen.

Datenbankidentität Bei → Objekten, die in Datenbanken gespeichert werden, kann eine eindeutige Kennung für diese Objekte über den zum Objekt gehörenden Eintrag in der Datenbank verwaltet werden. Objekten wird beim Erstellen und Speichern von der Datenbank eine eindeutige Kennung zugeordnet. Beim Laden von Objekten aus der Datenbank wird diese Kennung ebenfalls wieder dem Objekt zugeordnet. Datenbankidentität wird eine Umsetzung der Prüfung auf → Identität von Objekten genannt, bei der die von der Datenbank vergebene Kennung als Identitätskriterium verwendet wird.

Default-Methode Default-Methoden sind in Java seit der Version 8 verfügbar. Eine Default-Methode stellt die Umsetzung einer → Operation in einer → Schnittstellenklasse zur Verfügung. Damit kann die → Methode im Kontext aller → Klassen, die die Schnittstelle implementieren, genutzt werden. Default-Methoden führen eine Form der → Mehrfachvererbung von Implementierungen in Java ein.

Delegaten-Klasse Delegaten-Klassen sind eine Spezialität der Programmiersprache C#. → Exemplare von Delegaten-Klassen bekommen bei Aufruf des → Konstruktors eine → Methode übergeben, die sie auf Anforderung ausführen. Die Signatur der Methode wird dabei durch die Klassendefinition festgelegt. Delegaten-Objekte sind damit also direkt durch die Übergabe von Methoden parametrisierbar.

Delegation Beim Verfahren der Delegation setzt ein → Objekt eine → Operation so um, dass der Aufruf der Operation an ein anderes Objekt delegiert wird. Auf diese Weise kann auch ohne → Mehrfachvererbung on einem Objekt die Funktionalität von mehreren Klassen genutzt werden. Außerdem ist Delegation in vielen Fällen die bessere Alternative zur → Vererbung der Implementierung.

Demeter-Prinzip (Law of Demeter) Das Demeter-Prinzip ist eine Leitlinie, um Abhängigkeiten innerhalb eines Softwaresystems zu minimieren. Das Prinzip legt dabei fest, dass eine Methode Operationen auf anderen Objekten nur dann aufrufen darf, wenn diese Objekte innerhalb der Methode bereits direkt bekannt sind.

Dependency Injection (Übergabe an abhängige Module) Dependency Injection ist eine spezielle Form der → Umkehrung des Kontrollflusses. Dabei werden → Module zur Nutzung von außen an das nutzende Modul übergeben. Die Übergabe kann dabei über einen Konstruktor, eine Setter-Methode oder spezielle Schnittstellen erfolgen.

Diensteverzeichnis (Service Locator) Ein Diensteverzeichnis ist ein → Objekt, das für bestimmte Dienste, die eine Applikation benötigt, eine Realisierung kennt und diese im Bedarfsfall liefern kann. Für die betroffenen Dienste muss eine abstrakte Schnittstelle zur Verfügung stehen. Auf Anfrage liefert das Diensteverzeichnis zu jeder Schnittstelle eine Realisierung.

Dispatcher in objektorientierten Programmiersprachen Ein Dispatcher ist ein durch eine objektorientierte Programmiersprache zur Verfügung gestellter Mechanismus, der die Verantwortung dafür hat, für jede aufgerufene → Operation die korrekte → Methode auszuführen. Die Entscheidung darüber, welche Methode ausgeführt wird, hängt in der Regel von der Klassenzugehörigkeit des Objekts ab, auf dem eine Operation aufgerufen wird.

Don't repeat yourself → Wiederholungen vermeiden

Downcast In einer statisch typisierten Programmiersprache können Sie ein → Objekt, das bisher über eine Variable des Typs einer → Oberklasse referenziert wurde, auch einer Variablen mit dem Typ einer Unterklasse zuweisen. Dazu müssen Sie das Objekt explizit in den Typ der Unterklasse konvertieren. Diese Konvertierung wird Downcast genannt, da die Konvertierung aus Sicht der Klassenhierarchie nach unten, also zu einer spezielleren Klasse hin erfolgt.

Dynamische Polymorphie (oder einfach Polymorphie) Objektorientierte Systeme, die dynamische Polymorphie (oft auch nur Polymorphie genannt) unterstützen, sind in der Lage, einer Variablen Objekte unterschiedlichen Typs zuzuordnen. Erfolgt nun der Aufruf einer Operation auf diesem Objekt, wird erst zur Laufzeit abhängig vom konkreten Typ (der konkreten Klassenzugehörigkeit) entschieden, welche Methode aufgerufen wird. Dynamische Polymorphie ist ein sehr zentraler Mechanismus von objektorientierten Sprachen. Ihr kleiner Bruder ist die statische Polymorphie, auch → Überladung genannt.

Eigenschaft → Objekt, Eigenschaft

Einschubmethode Einschubmethoden kommen im Rahmen des → Entwurfsmusters Schablonenmethode zum Einsatz. Als Einschubmethoden werden die in → Unterklassen realisierten konkreten → Methoden bezeichnet, die im Rahmen des Musters aufgerufene → Operationen implementieren.

Entity-Relationship-Darstellung Ein Entity-Relationship-Modell (kurz ER-Modell) ist ein Verfahren zur Datenmodellierung, das häufig für Entwurf und Dokumentation von → relationalen Datenbanken eingesetzt wird. ER-Diagramme weisen Ähnlichkeiten zu den Strukturdiagrammen der UML auf, setzen jedoch einen stärkeren Fokus auf die Beziehungen zwischen Entitäten und den datenbankspezifischen Eigenschaften wie Primär- oder Fremdschlüssel.

Entwurfsmuster Beobachter (engl. Observer) Das Entwurfsmuster Beobachter (manchmal auch Beobachtetes-Beobachter) wird verwendet, wenn mehrere → Objekte – die *Beobachter* – über die Änderungen eines anderen Objekts – dem *Beobachteten* – benachrichtigt werden und auf diese Nachricht reagieren sollen.

Entwurfsmuster Besucher (engl. Visitor) Das Entwurfsmuster Besucher kapselt eine → Operation als ein → Objekt. Dieses Objekt wird durch eine bestehende Struktur von anderen Objekten, zum Beispiel durch eine Baumstruktur, hindurchgereicht. Es besucht also jedes Objekt in der Struktur. Dabei führt es die gekapselte Operation auf jedem der Objekte aus. Dadurch, dass weitere Besucherarten hinzugefügt werden können, unterstützt das Muster das Prinzip → »Offen für Erweiterung, geschlossen für Änderung«.

Entwurfsmuster Fliegengewicht (engl. Flyweight) Wenn sehr viele große, in weiten Teilen übereinstimmende → Objekte verwendet werden, können wir das Entwurfsmuster Fliegengewicht einsetzen, um den Speicherbedarf zu minimieren. Bei der Verwendung dieses Entwurfsmusters teilt man die häufig verwendeten Objekte in zwei Teile auf. Der leichte Teil enthält dabei die identischen Informationen aller Objekte und kann mehrfach verwendet werden.

Entwurfsmuster Kompositum (Composite) Das Kompositum-Muster wird angewendet, um eine einheitliche Behandlung von Elementen in Strukturen zu ermöglichen, die aus zusammengesetzten Elementen bestehen können. Durch eine gemeinsame → Oberklasse oder → Schnittstelle wird eine einheitliche Sicht auf die beteiligten Elemente ermöglicht. Sowohl die zusammengesetzten Elemente als auch die atomaren Elemente, aus denen sie sich zusammensetzen, erben die Spezifikation dieser Oberklasse.

Entwurfsmuster Prototyp Bei Verwendung des Entwurfsmusters Prototyp wird eine Sammlung von → Objekten als Vorlagen verwaltet. Wird ein neues Objekt benötigt, wird aus den Vorlagen ein Objekt ausgewählt und eine Kopie davon erzeugt. Diese ist zunächst gleich mit dem Original und kann anschließend verändert werden.

Entwurfsmuster Schablonenmethode (engl. Template Method) Eine Schablonenmethode implementiert einen vorgegebenen groben Ablauf und bietet definierte Erweiterungspunkte für bestimmte Schritte dieses Ablaufs. Die Schablonenmethode basiert darauf, dass nur ein definierter Teil von → Methoden durch eine → Unterklasse überschrieben werden kann. Dadurch kann eine Unterklasse gezwungen werden, eine Implementierung von der → Oberklasse unverändert zu übernehmen.

Entwurfsmuster Strategie Das Entwurfsmuster Strategie kann angewendet werden, wenn sich ein Teil des Verhaltens der → Exemplare einer → Klasse abhängig von ihrem Zustand verändern kann. Jedes Exemplar der Klasse besitzt dazu ein Exemplar einer der Strategieklassen, auf das es die Implementierung seines Verhaltens delegiert. Ändert sich der Zustand des Objekts, tauscht es dieses Strategieobjekt einfach aus.

Entwurfsmuster Zuständigkeitskette (Chain of Responsibility) Beim Entwurfsmuster Zuständigkeitskette hat eine Reihe von → Objekten die Möglichkeit, eine Aufgabe zu erledigen. Dabei werden die Objekte der Reihe nach befragt, ob sie die Aufgabe erledigen können. Beantwortet ein Objekt diese Frage positiv, so wird diesem die Aufgabe zur Erledigung zugewiesen. Im anderen Fall wird die Anfrage an das nächste Objekt in der Kette weitergereicht.

Erweiterungspunkt Erweiterungspunkte sind die Stellen eines Systemdesigns, an denen es explizit möglich ist, das System zu erweitern, ohne dass dafür eine Änderung von bereits existierenden → Modulen notwendig ist. In objektorientierten Systemen werden häufig Techniken der → dynamischen Polymorphie genutzt, um solche Erweiterungspunkte umzusetzen.

Eventhandler (Ereignisverarbeiter) Ereignisverarbeiter sind Routinen, die aufgrund eines Ereignisses aufgerufen werden und die Aktion durchführen, die dadurch ausgelöst werden soll. In objektorientierten Systemen können diese Routinen als → Objekte repräsentiert werden. Als Reaktion auf ein Ereignis wird in diesem Fall eine → Operation dieses Objekts aufgerufen.

Exception (Ausnahme) Als Exception (Ausnahme) wird eine Bedingung bezeichnet, die dazu führt, dass der normale Kontrollfluss eines Programms verlassen wird und die Kontrolle an das → Exception Handling übergeht. Wir sprechen davon, dass eine Exception aufgetreten ist.

Exception, Checked (überprüfte Exceptions) Checked Exceptions basieren auf Exception-Klassen, für die bereits zur Übersetzungszeit eines Programms Prüfungen stattfinden, die eine Behandlung der → Exception erzwingen.

Exception Handling (Ausnahmebehandlung) Bei Auftreten einer → Exception wird der normale Kontrollfluss eines Programms verlassen. Die Kontrolle geht dann an den Mechanismus des Exception Handling (der Ausnahmebehandlung) über.

Exception Safety Durch die Verwendung von Exceptions werden zusätzliche Ausführungspfade in ein Programm eingeführt. Ein Programm wird sicher bezüglich der Behandlung von Exceptions genannt (exception safe), wenn das Programm sich auch nach dem Durchlaufen dieser Pfade in einem korrekten Zustand befindet.

Exemplar Die Objekte, die zu einer Klasse gehören, werden als *Exemplare* dieser Klasse bezeichnet (englisch *Instance*). Dabei kann eine → Klasse mehrere Exemplare haben, und Objekte können auch Exemplare von mehreren Klassen sein. In der deutschen Literatur wird auch hin und wieder das englische *Instance* als *Instanz* (statt Exemplar) übersetzt.

Express.js Express.js ist ein einfaches Framework zur Implementierung von Webanwendungen auf der Node.js-Plattform.

Fabrik Eine Fabrik ist in der objektorientierten Programmierung ein Objekt, das andere Objekte erzeugt. Bei diesem Objekt kann es sich auch um die Repräsentation einer Klasse handeln. Je nach verwendeter Umsetzung einer Fabrik sprechen wir von einer → *statischen Fabrik*, von → *Fabrikmethoden* oder → *abstrakten Fabriken*.

Fabrik, abstrakt Eine abstrakte → Fabrik stellt eine Schnittstelle für verschiedene konkrete Fabriken dar. Die abstrakte Fabrik definiert dabei eine oder mehrere → Operationen, durch die wiederum abstrakte Produkte erstellt werden.

Fabrik, konfigurierbar Eine konfigurierbare Fabrik verlagert die Entscheidung darüber, von welcher → Klasse ein → Exemplar erzeugt werden soll, in eine Konfiguration, die außerhalb des Programms liegt.

Fabrik, statisch Der Einsatz einer statischen Fabrik kapselt die Erstellung von → Objekten an einer zentralen Stelle im Code. Dabei wird meistens eine klassenbezogene Methode (statische Methode) verwendet. Diese wird statische Fabrikmethode genannt.

Fabrikmethode Fabrikmethoden sind Methoden, die innerhalb einer Klassenhierarchie dafür zuständig sind, klassenspezifische Objekte (Produkte) zu erstellen, die dann von der betreffenden Klasse genutzt werden.

Finale Klasse → Klasse, final

Flyweight → Entwurfsmuster Fliegengewicht

Fragile Base Class Problem → Problem der instabilen Basisklassen

Fragile Binary Interface Problem → Problem der zerbrechlichen binären Schnittstellen

Frameworks (Anwendungsrahmen) Frameworks stellen einen Rahmen für eine Anwendung oder einen Anwendungsbereich zur Verfügung. Damit legen Frameworks eine Art Schablone für diesen Bereich fest, die bei der Entwicklung einer konkreten Anwendung dann ausgeprägt wird. Das Frameworks zugrunde liegende Prinzip wird auch → Umkehrung des Kontrollflusses (Inversion of Control) oder *Hollywood-Prinzip* genannt.

Funktion Eine Funktion ist eine Routine, die einen speziellen Wert zurückliefert, ihren Rückgabewert.

Funktionsabschluss → Closure

Funktionsobjekt (Function Object) Manche Programmiersprachen ermöglichen es, Routinen direkt als → Objekte zu behandeln. Diese Objekte werden als Funktionsobjekte bezeichnet.

Garbage Collection (automatische Speicherbereinigung) Garbage Collection (automatische Speicherbereinigung) ist ein Mechanismus, um in Programmen erstellte → Objekte in einem definierten Verfahren wieder frei zu geben. Dadurch werden auch von diesen Objekten belegte Ressourcen (z. B. Speicherplatz) wieder frei gegeben. Es gibt verschiedene Algorithmen und Verfahren dazu. Diese ermitteln in der Regel automatisiert diejenigen Objekte, die in einer Applikation nicht mehr benötigt werden.

Generat Texte (auch Quelltexte eines Programms) und Daten, die ein Generator produziert, werden als Generat bezeichnet.

Geschachtelte Klasse → Klasse, geschachtelt

Identität von Objekten Objekte haben immer eine eigene Identität. Zwei Objekte können dadurch immer unterschieden werden, auch wenn sie zu einem Zeitpunkt exakt den gleichen Zustand haben. Das Kriterium, nach dem Objekte grundsätzlich unterschieden werden können, wird Identitätskriterium genannt.

In vielen Programmiersprachen ist die Adresse des Objekts im Speicherbereich das generell verfügbare Identitätskriterium. In objektorientierten Anwendungen können auch andere Kriterien verwendet werden, wie zum Beispiel die Übereinstimmung einer eindeutigen Kennung.

Implementierung Implementierung nennt man die konkrete Umsetzung von Funktionalität auf Basis einer abstrakten → Spezifikation. So stellen zum Beispiel konkrete → Methoden eine Implementierung der zugehörigen → Operationen dar.

Inner Class → Klasse, geschachtelt

Instanz (Instance) → Exemplar

Interface → Schnittstellen-Klasse

Interzeptor (engl. Interceptor) Interzeptoren sind ein Konstrukt, das hauptsächlich in der aspektorientierten Programmierung zum Einsatz kommt. Sie unterbrechen den vorher definierten Programmfluss und klinken sich in dessen Ausführungspfad ein. An definierten

Stellen kommen dann sogenannte → Einschubmethoden zur Ausführung.

Introduction Introductions fügen in Klassendefinitionen nachträglich neue Datenelemente und Methoden ein. Sie erweitern damit nachträglich eine bereits existierende Klasse. Eine spezielle Form von Introductions sind die sogenannten → Mixins.

Invariante (engl. Invariant) Invarianten sind Eigenschaften und Beziehungen zwischen Eigenschaften eines → Objekts, die sich durch keine Operation ändern lassen. Invarianten, die für eine Klasse definiert werden, gelten für alle → Exemplare dieser → Klasse, und zwar zu jedem Zeitpunkt. Beispiel: Für die Klasse Quadrat wird festgelegt, dass bei allen Exemplaren die Längen der 4 Kanten exakt gleich sind.

Inversion of Control → Umkehrung des Kontrollflusses

Iterator Ein Iterator ist ein → Objekt, das es ermöglicht, eine Sammlung von anderen Objekten zu durchlaufen, ohne den Zustand der Sammlung selbst zu verändern. Iteratoren kapseln damit eine Sammlung und präsentieren diese so nach außen, als hätte diese einen Zustand, der ein aktuelles Element identifiziert.

JDBC (Java Database Connectivity) JDBC ist ein standardisierter Mechanismus, um von Java-Programmen aus auf (vorwiegend) → relationale Datenbanken zuzugreifen. JDBC-Treiber sind Module, die diesen Mechanismus für konkrete Typen von Datenquellen umsetzen.

Joinpoint Joinpoints sind in der aspektorientierten Programmierung die Stellen, an denen Sie sich mit → Interzeptoren in ein bestehendes Programm einklinken können. Beispiele sind der Aufruf einer Methode oder der Zugriff auf ein Attribut eines Objekts. Durch das Zusammenspiel mit den Interzeptoren lassen sich dann an diesen Stellen → Einschubmethoden aufrufen.

jQuery jQuery ist eine JavaScript-Bibliothek, die die Durchsuchung, Manipulation, Ereignisbearbeitung, → Ajax-Interaktion und Animation von HTML-Seiten vereinfacht. jQuery unterstützt alle modernen Browser, sodass sich Webentwickler und -entwicklerinnen nicht mit den Unterschieden zwischen den einzelnen Browsern beschäftigen müssen.

JSON JSON steht für *JavaScript Object Notation*. Es basiert auf der Notation, in der in JavaScript Objekte und die Werte ihrer Eigenschaften initialisiert werden und dient als standardisiertes Austauschformat für mit Objekten verbundene Daten.

Kardinalität Die Kardinalität einer Beziehung zwischen Klassen bezieht sich auf konkrete bekannte Objekte (also die bekannten Exemplare dieser Klassen). Beispiel: Es gibt in Deutschland 2054 Städte.[1]

Die Kardinalität der Rolle Stadt in der Beziehung »liegt in« zwischen Städten und Ländern wäre also 2054, die Kardinalität der Rolle Land wäre 1. Die zugehörige → Multiplizität der Rolle ist aber 1..*. Vor allem im Bereich der Datenbankmodellierung wird allerdings häufig Kardinalität als Synonym für Multiplizität verwendet.

Klasse Eine Klasse beschreibt in der objektorientierten Programmierung die gemeinsamen Eigenschaften und → Operationen einer Menge von gleichartigen → Objekten. Die Objekte, die zu einer Klasse gehören, werden als → Exemplare dieser Klasse bezeichnet (englisch *Instance*).

Klasse, abstrakt Abstrakte Klassen stellen für mindestens eine der von der Klasse spezifizierten → Operationen keine → Methode bereit. Von einer abstrakten Klasse kann es keine direkten → Exemplare geben. Alle Exemplare

1 Stand Januar 2020 laut Wikipedia (*https://de.wikipedia.org/wiki/Liste_der_Städte_in_Deutschland*)

einer abstrakten Klasse müssen gleichzeitig Exemplare einer nicht abstrakten → Unterklasse dieser Klasse sein.

Klasse, anonym Anonyme Klassen sind Klassen, die keine Namen haben. Da eine anonyme Klasse keinen Namen hat, können Sie auch keine Variable mit dieser Klasse als Typ deklarieren.

Klasse, Exemplare → Exemplar

Klasse, final Finale Klassen sind Klassen, die keine → Unterklassen haben können. Finale Klassen können deshalb auch nicht abstrakt sein, sie wären sonst völlig nutzlos: Man könnte keine Exemplare der Klasse erstellen, aber auch keine Unterklassen bilden.

Klasse, geschachtelt (engl. Nested Classes oder Inner Classes) Geschachtelte Klassen sind → Klassen, die innerhalb einer anderen Klasse deklariert werden. Die geschachtelte Klasse erhält den Zugriff auf alle Elemente der äußeren Klasse, sogar auf die privaten Elemente. Die äußere Klasse erhält den vollen Zugriff auf die Elemente ihrer geschachtelten Klassen.

Klasse, konkret Konkrete Klassen stellen für alle von der Klasse spezifizierten → Operationen auch → Methoden bereit. Von konkreten Klassen können → Exemplare erzeugt werden.

Klasse, parametrisiert Eine parametrisierte Klasse hat eine Klassendeklaration, die mit Typparameter versehen ist. Sie deklariert faktisch nicht nur eine Klasse, sondern eine Menge von Klassen, die sich durch den konkreten Wert der Typparameter unterscheiden.

Klasse, Schnittstelle → Schnittstelle

Klasse, Spezifikation Die Spezifikation einer → Klasse beschreibt alle Eigenschaften und → Operationen dieser Klasse inklusive deren Vor- und Nachbedingungen. Zusätzlich enthält die Spezifikation eine Beschreibung der → Invarianten, die für alle Exemplare der Klasse gelten.

Klassifizierung Die Zuordnung von → Objekten zu → Klassen heißt Klassifizierung. Dabei werden relevante Gemeinsamkeiten von Objekten identifiziert und Objekte mit diesen Gemeinsamkeiten derselben Klasse zugeordnet.

Komposition Die Komposition ist eine Teil-Ganzes-Beziehung mit definierten Eigenschaften. Bei einer Komposition kann ein Teil immer nur in genau einem zusammengesetzten Objekt enthalten sein, und die Lebensdauer des zusammengesetzten Objekts entspricht immer der Lebensdauer seiner Komponenten. Das unterscheidet die Komposition von der → Aggregation.

Konfigurierbare Fabrik → Fabrik, konfigurierbar

Konkrete Klasse → Klasse, konkret

Konstruktor Konstruktoren sind → Operationen einer → Klasse, durch die → Exemplare dieser Klasse erstellt werden können. Die Klassendefinition dient dabei als Vorlage für das durch den Aufruf einer Konstruktoroperation erstellte → Objekt.

Kontrakt Durch eine Klasse wird ein Kontrakt (Vertrag) für die → Exemplare dieser Klasse festgelegt. Dieser bezieht sich vor allem auf die → Vorbedingungen und → Nachbedingungen von → Operationen, ebenso aber auch auf die → Invarianten, die für die Klasse gelten.

Konzeptionelles Modell (Analysemodell) In einem konzeptionellen Modell beschreibt eine → Klasse die konzeptionellen Gemeinsamkeiten von bestimmten → Objekten sowie deren Rollen, deren Verwendung und deren Verantwortlichkeiten. Die erstellten Konzepte bleiben unabhängig von der Technologie, in der die Software realisiert werden soll.

Kopie, flache und tiefe Beim Anlegen einer flachen Kopie eines Objekts werden alle Datenelemente, die Basisdatentypen enthalten, kopiert. Weitere Objekte, die referenziert werden, werden aber nicht mitkopiert, sondern lediglich die Referenz auf diese Objekte. Beim Anlegen einer tiefen Kopie eines Objekts werden alle Datenelemente und alle referenzierten Objekte kopiert.

Kovariante Typen Der Typ *T2* ist dem Typ *T1* kovariant, wenn alle Exemplare von *T2* gleichzeitig Exemplare von *T1* sind. *T2* muss also entweder *T1* oder ein Untertyp von *T1* sein. In den objektorientierten Sprachen werden die Datentypen meist durch Klassen repräsentiert.

Law of Demeter → Demeter-Prinzip

Liskovsches Substitutionsprinzip (Liskov Substitution Principle, LSP) → Prinzip der Ersetzbarkeit

Mehrfachvererbung Von Mehrfachvererbung sprechen wir, wenn → Objekte die Spezifikation von mehreren → Klassen erfüllen und diese Klassen nicht in direkter oder indirekter Vererbungsbeziehung stehen.

Metainformation Metainformationen sind Informationen über die Struktur eines Programms selbst, zum Beispiel: Welche → Klassen existieren? Was sind deren → Unter- und Oberklassen?

Metaobjekt In manchen Programmiersprachen sind die Elemente selbst auch → Objekte, die die Struktur eines Programms bestimmen. So können → Klassen und → Methoden selbst Objekte sein, deren Eigenschaften erfragt und möglicherweise modifiziert werden können. Diese zur Programmstruktur gehörenden Elemente werden als Metaobjekte bezeichnet.

Methode Methoden von → Objekten sind die konkreten Umsetzungen von → Operationen. Während Operationen die Funktionalität nur abstrakt definieren, sind Methoden für die → Implementierung (Realisierung) dieser Funktionalität zuständig.

Methode, überschreiben Wenn eine → Unterklasse für eine → Operation eine → Methode implementiert, für die es bereits in einer → Oberklasse eine Methode gibt, so überschreibt die Unterklasse die Methode der Oberklasse. Wird die Operation auf einem → Exemplar der Unterklasse aufgerufen, so wird die überschriebene Implementierung der Methode aufgerufen.

Mixin Mixins werden → Module genannt, die existierende → Klassen um Datenelemente und → Methoden erweitern, ohne dass eine → Unterklasse dieser existierenden Klasse erstellt werden muss.

Model-View-Controller (MVC) Model-View-Controller ist ein Interaktionsmuster in der Präsentationsschicht von Software. Es wurde ursprünglich im Rahmen der Programmiersprache Smalltalk eingeführt. Mittlerweile findet es sich in verschiedenen Variationen auch in aktuellen Frameworks.

Modul Unter Modulen versteht man einen überschaubaren und eigenständigen Teil einer Anwendung – eine Quelltextdatei, eine Gruppe von Quelltextdateien oder einen Abschnitt in einer Quelltextdatei. Etwas, was ein Programmierer bzw. eine Programmiererin als eine Einheit betrachtet, die als ein Ganzes bearbeitet und verwendet wird. Solch ein Modul hat innerhalb einer Anwendung eine ganz bestimmte Aufgabe, für die es die Verantwortung trägt.

MongoDB MongoDB ist eine dokumentenbasierte Datenbank, in der die Daten als Dokumente in Collections gespeichert werden. Das Format der Dokumente ist stark an JSON angelehnt.

Mongoose Mongoose ist ein → Node.js-Treibermodul für → MongoDB. Die Struktur eines Dokumentes in der Datenbank wird bei Mongoose durch ein sogenanntes Schema beschrieben, die Daten des Dokuments selbst werden als Modell geladen und zur Verfügung gestellt.

Multiple Dispatch Verwendet ein → Dispatcher in einem Programmsystem für die Zuordnung einer Methode zum Aufruf einer → Operation Informationen über mehrere → Objekte und deren Klassenzugehörigkeit, wird diese Verteilung Multiple Dispatch genannt.

Multiplizität Die Multiplizität einer Beziehung zwischen Klassen legt die mögliche Anzahl der an der Beziehung beteiligten Exemplare fest (also die möglichen

Kardinalitäten). Für ein Beispiel des Zusammenhangs zwischen Multiplizität und Kardinalität siehe → Kardinalität.

Nachbedingung → Operation, Nachbedingung

Nested Class → Klasse, geschachtelt

Node.js Node.js ist eine serverseitige Plattform, die auf Googles JavaScript-Laufzeitumgebung *V8* basiert. Neben der reinen Laufzeitumgebung bringt Node.js auch einige Basismodule mit, die es besonders einfach machen, Serverapplikationen zu implementieren.

Normalform Normalformen beschreiben verschiedene Stufen der Redundanzvermeidung bei der Datenmodellierung in relationalen Datenbanken. Dabei nehmen die Redundanzen von der ersten bis zur fünften Normalform ab.

Oberklasse Eine Klasse A ist dann eine Oberklasse der Klasse B, wenn B die Spezifikation von A erfüllt und diese erweitert. Wir sprechen auch davon, dass A eine Generalisierung von B ist. Umgekehrt ist dann B eine → Unterklasse von A.

Object Constraint Language (OCL) OCL wird innerhalb der Modellierungssprache UML dazu verwendet, um Zusicherungen und Rahmenbedingungen (Constraints) auszudrücken.

Anwendungsbereiche sind zum Beispiel Vor- und Nachbedingungen von Operationen oder die für Exemplare einer Klasse geltenden → Invarianten.

Objekt Ein Objekt ist ein Bestandteil eines Programms, der Zustände enthalten kann. Diese Zustände werden von dem Objekt vor einem Zugriff von außen versteckt und damit geschützt. Außerdem stellt ein Objekt anderen Objekten Operationen zur Verfügung.

Objekt, Daten Ein Objekt kann Werte zugeordnet haben, die nur von ihm selbst verändert werden können. Diese Werte sind die Daten, die das Objekt besitzt. Von außen sind die Daten des Objekts nicht sichtbar und nicht zugreifbar.

Objekt, Eigenschaft (Attribute) Objekte haben Eigenschaften, die von außen erfragt werden können. Diese werden auch Attribute eines Objekts genannt. Dabei kann von außen nicht unterschieden werden, ob eine Eigenschaft direkt auf Daten des Objekts basiert oder ob die Eigenschaft auf der Grundlage von Daten berechnet wird. Eigenschaften, die nicht direkt auf Daten basieren, werden abgeleitete Eigenschaften genannt.

Objekt, Schnittstelle Die Schnittstelle eines Objekts ist die Menge der Operationen, die das Objekt unterstützt. Die Schnittstelle sagt nichts über die konkrete Realisierung der Operationen aus.

Objekt-relationales Mapping Als objekt-relationales Mapping wird die Abbildung von Objektstrukturen auf die Strukturen einer relationalen Datenbank bezeichnet. Zugehörige Tools ermöglichen eine deklarative Abbildung dieser Strukturen und die entsprechende Durchführung der Abbildung beim Laden oder Speichern von Daten. Ein Beispiel für ein derartiges Tool ist das frei verfügbare Hibernate (*http://hibernate.org*).

Observer → Entwurfsmuster Beobachter

Offen für Erweiterung, geschlossen für Änderung (Open-Closed-Principle) Das Prinzip »Offen für Erweiterung, geschlossen für Änderung«, im Englischen *Open-Closed-Principle*, ist eine der Grundlagen objektorientierten Designs. Das Prinzip fordert, dass ein → Modul definierte Erweiterungspunkte aufweist (Open), dass über diese aber das Modul nicht selber geändert werden muss oder kann (Closed).

Operation Operationen spezifizieren, welche Funktionalität ein → Objekt bereitstellt. Unterstützt ein Objekt eine bestimmte Operation, sichert es einem Aufrufer damit zu, dass es bei einem Aufruf die Operation ausführen wird.

Operation, Kontrakt Das Zusammenspiel von Objekten über wechselseitig aufgerufene Operationen kann als Interaktion auf Basis eines geschlossenen Vertrags

(Kontrakts) betrachtet werden. Dabei haben alle Vertragspartner Verpflichtungen: Ein Aufrufer muss die → Vorbedingung einer Operation vor dem Aufruf herstellen, das aufgerufene Objekt die → Nachbedingungen und dafür sorgen, dass die für das Objekt geltenden → Invarianten weiter gelten.

Operation, Nachbedingung Für eine Operation können Nachbedingungen festgelegt werden. Eine → Klasse, die die Operation über eine → Methode umsetzt, sichert zu, dass die Nachbedingungen unmittelbar nach dem Aufruf der Operation gelten.

Operation, Vorbedingung Für eine Operation können Vorbedingungen festgelegt werden. Ein Aufrufer der Operation verpflichtet sich, diese Bedingungen beim Aufruf der Operation herzustellen.

Persistenz Mit Persistenz wird die Speicherung von Daten über die Laufzeit eines Programms hinaus bezeichnet. Dazu werden in objektorientierten Anwendungen die zu den Objekten gehörenden Daten in einer Datenbank gespeichert und das Objekt bei Bedarf wieder aus den gespeicherten Daten rekonstruiert.

Plugin Ein Plugin ist ein Modul, das an einem → Erweiterungspunkt eines Programms eingesetzt werden kann. Dabei wird über eine zentrale Konfiguration gesteuert, welches Plugin verwendet werden soll und wie das Plugin selbst konfiguriert wird.

Pointcut Ein Pointcut ist ein Konstrukt im Rahmen der aspektorientierten Programmierung. Ein Pointcut definiert, an welchen konkreten → Joinpoints → Interzeptoren aufgerufen werden sollen.

Polymorphie → Dynamische Polymorphie

Postconditions → Operation, Nachbedingung

Preconditions → Operation, Vorbedingung

Prinzip der Ersetzbarkeit Das Prinzip der Ersetzbarkeit (englisch auch Liskov Substitution Principle, LSP) formuliert eine Konsistenzbedingung für Typsysteme. Angewandt auf den Bereich der Objektorientierung besagt es, dass jedes → Exemplar einer → Klasse deren → Spezifikation erfüllen muss. Das gilt auch dann, wenn das Objekt ein Exemplar einer → Unterklasse der spezifizierten Klasse ist.

Prinzip einer einzigen Verantwortung (Single Responsibility Principle) Das Prinzip einer einzigen Verantwortung besagt, dass ein → Modul genau eine Verantwortung übernehmen soll, und jede Verantwortung genau einem Modul zugeordnet werden soll. Mit Verantwortung ist hier ein klar abgegrenzter und in sich zusammenhängender Funktionsbereich gemeint.

Private Vererbung → Vererbung, private

Problem der instabilen Basisklassen (engl. Fragile Base Class Problem) Das Problem der instabilen Basisklassen kann bei der Nutzung von → Vererbung der Implementierung auftreten. Dabei geht es um den problematischen Fall, dass Anpassungen an einer → Oberklasse zu unerwartetem Verhalten bei Exemplaren ihrer Unterklassen führen. Das Problem ist in der Praxis häufig zu finden. Das wird umgangen, indem man auf die Vererbung der Implementierung verzichtet und stattdessen Delegationsbeziehungen verwendet.

Problem der zerbrechlichen binären Schnittstellen (engl. Fragile Binary Interface Problem) Das Problem der zerbrechlichen binären Schnittstellen kann bei kompilierten Sprachen generell auftreten. In vielen objektorientierten Sprachen führen Änderungen an → Oberklassen oder → Schnittstellen dazu, dass davon abhängige, bereits kompilierte Klassen (insbesondere abgeleitete Klassen) nicht mehr wie erwartet arbeiten. Der Grund liegt darin, dass durch Änderungen an Oberklassen das Layout der konstruierten Objekte im Speicher geändert wird.

Program to interfaces → Trennung der Schnittstelle von der Implementierung

Prototyp Ein Prototyp im Bereich der objektorientierten Programmierung ist ein → Objekt, das als Vorlage für die Erstellung von anderen Objekten dient. Die Vorlage kann dabei entweder als reine Kopiervorlage oder als mitgeführte Referenz verwendet werden.

Prozedur Eine Prozedur ist eine Routine, die keinen Rückgabewert hat. Eine Übergabe von Ergebnissen an einen Aufrufer kann trotzdem über die Werte der Parameter erfolgen.

Reflexion (engl. Reflection) Reflexion ist ein Vorgang, bei dem ein Programm auf Informationen zugreift, die nicht zu den Daten des Programms, sondern zur Struktur des Programms selbst gehören. Diese Informationen können dabei über eine definierte Schnittstelle ausgelesen werden. Eine Modifikation dieser Strukturen ist über Reflexion nicht möglich. Die über Reflexion erhaltene Information wird auch als Metainformation bezeichnet, da es sich dabei um Informationen über das laufende Programm handelt.

Relationale Datenbanken Die Speicherung von Daten in relationalen Datenbanken ist das weitaus am häufigsten genutzte Verfahren für → Persistenz in objektorientierten Systemen. Für die Abbildung der Objektstrukturen auf das relationale Datenmodell werden häufig Tools für das objekt-relationale Mapping eingesetzt. Bei der Modellierung spielt auch die möglichst redundanzfreie Speicherung eine Rolle, die durch die verschiedenen → Normalformen unterstützt wird.

Ressourcenbelegung ist Initialisierung (engl. Resource Acquisition is Initialization, RAII) Unter dem Kürzel RAII zusammengefasst, ist das Vorgehen »Ressourcenbelegung ist Initialisierung« eine effiziente und sichere Methode, Ressourcen in einem Programm zu verwalten. Dabei wird die Verwaltung von Ressourcen in Konstruktoren (Ressource allokieren) und Destruktoren (Ressource wieder frei geben) integriert. Dieses Verfahren funktioniert nur in Programmiersprachen mit einem spezifischen Verfahren zur automatischen Speicherverwaltung, zum Beispiel in C++.

REST REST steht für *Representational State Transfer* und bezeichnet ein Architekturparadigma für Webschnittstellen, das hauptsächlich auf Einfachheit und Performanz ausgelegt ist. Eine REST-Architektur besteht aus Diensten, die vier grundlegende Eigenschaften haben müssen, um als REST-konform zu gelten: Der Dienst muss eindeutig adressierbar sein, er muss Daten unterschiedlich repräsentieren können, er muss zustandslos sein und er muss die HTTP-Standardoperationen unterstützen.

Schnittstelle Die Schnittstelle einer → Klasse besteht aus allen durch die Klasse definierten Eigenschaften und → Operationen.

Schnittstelle eines Objekts → Objekt, Schnittstelle

Schnittstellen-Klasse (engl. Interfaces) Schnittstellen-Klassen dienen allein der Spezifikation einer Menge von → Operationen. Sie stellen für keine der durch die Klasse spezifizierten → Operationen eine → Methode bereit. Von Schnittstellen-Klassen können keine → Exemplare erstellt werden.

Separation of Concerns → Trennung der Anliegen

Service Locator → Diensteverzeichnis

Sichtbarkeitsstufe Objektorientierte Sprachen stellen verschiedene Abstufungen von Sichtbarkeiten für Eigenschaften und Methoden von Objekten zur Verfügung. Die Sichtbarkeitsstufe legt in der Regel fest, ob und wie von außerhalb des Objekts auf Eigenschaften und Methoden zugegriffen werden kann. Bekannte Stufen der Sichtbarkeit sind hierbei privat (*private*), öffentlich (*public*) und geschützt (*protected*).

Single Dispatch Single Dispatch ist die Arbeitsweise des → Dispatchers im ganz überwiegenden Teil der objektorientierten Sprachen. Dabei fällt die Entscheidung, welche Methode beim Aufruf einer Operation verwendet wird, auf Basis der Typinformation genau eines Objekts. Und zwar desjenigen Objekts, auf dem die Operation aufgerufen wird. Abweichend davon gibt es aber auch Sprachen, die → Multiple Dispatch unterstützen.

Single Responsibility Principle → Prinzip einer einzigen Verantwortung

Singleton-Methoden Singleton-Methoden sind → Methoden, die genau einem → Objekt zugeordnet sind. Eine Singleton-Methode wird nach der Erstellung einem konkreten Objekt hinzugefügt. Danach unterstützt das Objekt die durch die Methode realisierte Operation.

Späte Bindung Späte Bindung bezeichnet die Fähigkeit objektorientierter Systeme, die Zuordnung einer konkreten Methode zum Aufruf einer Operation erst zur Laufzeit eines Programms vorzunehmen. Dabei wird durch die Anwendung von → dynamischer Polymorphie entschieden, welche Methode verwendet wird.

Spezifikation (einer Klasse) Die Spezifikation einer → Klasse besteht aus der für sie definierten → Schnittstelle und dem für die Klasse definierten → Kontrakt.

Spring-Framework Spring ist ein mittlerweile stark verbreitetes Framework auf Java-Basis, das unter anderem Konzepte von → Dependency Injection unterstützt.

Statische Fabrik → Fabrik, statisch

Statische Polymorphie → Überladung

Template Method → Entwurfsmuster Schablonenmethode

Trennung der Anliegen (Separation of Concerns) Ein in einer Anwendung identifizierbares Anliegen soll durch ein Modul repräsentiert werden. Ein Anliegen soll nicht über mehrere Module verstreut sein.

Trennung der Schnittstelle von der Implementierung (program to interfaces) Jede Abhängigkeit zwischen zwei Modulen sollte explizit formuliert und dokumentiert sein. Ein Modul sollte immer von einer klar definierten Schnittstelle des anderen Moduls abhängig sein und nicht von der Art der Implementierung der Schnittstelle. Die Schnittstelle eines Moduls sollte getrennt von der Implementierung betrachtet werden können.

Typisierung Die Typisierung beschreibt die Art, wie Typinformation in Programmiersprachen eingesetzt wird. Eine stark typisierte Sprache überwacht das Erstellen und den Zugriff auf alle Objekte. Schwach typisierte Sprachen haben diese Restriktion nicht.

Typsysteme der Programmiersprachen Ein Typsystem ist ein Bestandteil der Umsetzung einer Programmiersprache oder deren Laufzeitumgebung, der die im Programm verwendeten Datentypen zur Übersetzungszeit (beim statischen Typsystem) oder Laufzeit (beim dynamischen Typsystem) überprüft. Dabei wird jedem Ausdruck ein Typ zugeordnet. Das Typsystem stellt dann fest, ob der Ausdruck in einer bestimmten Verwendung mit den Regeln des Typsystems verträglich ist.

Übergabe an abhängige Module → Dependency Injection

Übergreifende Anliegen → Crosscutting Concerns

Überladung (statische Polymorphie) Von Überladung sprechen wir, wenn der Aufruf einer Operation anhand des konkreten Typs von Variablen oder Konstanten auf eine → Methode abgebildet wird. Im Gegensatz zur → dynamischen Polymorphie spielen die Inhalte der Variablen bei der Entscheidung, welche konkrete Methode aufgerufen wird, keine Rolle. Überladung kann nur von Sprachen mit statischem → Typsystem unterstützt werden.

Umkehrung des Kontrollflusses (engl. Inversion of Control) Als Umkehrung des Kontrollflusses wird ein Vorgehen bezeichnet, bei dem ein spezifisches Modul von einem mehrfach verwendbaren Modul aufgerufen wird. Die Umkehrung des Kontrollflusses wird auch Hollywood-Prinzip genannt: »Don't call us, we'll call you.« Das anwendungsspezifische Modul wird sich also nicht selbst um seinen Startpunkt kümmern, sondern wird an geeigneten Stellen aufgerufen.

Unit-Test Ein Unit-Test ist ein Stück eines Testprogramms, das die Umsetzung einer Anforderung an eine Softwarekomponente überprüft. Die Unit-Tests können automatisiert beim Bauen von Software laufen und so helfen, Fehler schnell zu erkennen.

Unterklasse Eine Klasse B ist dann eine Unterklasse der Klasse A, wenn B die Spezifikation von A erfüllt und diese erweitert. Wir sprechen auch davon, dass B eine Spezialisierung von A ist. Umgekehrt ist dann A eine → Oberklasse von B.

Value Object → Wertobjekt

Vererbung, private Wenn eine → Klasse B von einer Klasse A privat erbt, so erbt sie nicht die → Spezifikation dieser Klasse. Nach außen ist also nicht sichtbar, dass ein → Exemplar von B auch ein Exemplar von A ist. Innerhalb der → Methoden von B können aber alle → Operationen von A genutzt werden.

Vererbung der Implementierung Die Vererbung der Implementierung ist eine Möglichkeit zur Vermeidung von Redundanzen in objektorientierten Systemen.

→ Unterklassen erben die in den → Oberklassen bereits implementierte Funktionalität. Diese Funktionalität kann unverändert übernommen oder in Teilen von den Unterklassen überschrieben werden und muss deshalb in den Unterklassen nicht noch einmal realisiert werden. Da mit der Vererbung der Implementierung aber eine Reihe von Problemen bezüglich Änderbarkeit und Erweiterbarkeit einhergehen, bietet sich in vielen Fällen die → Delegation als alternative Vorgehensweise zur Redundanzvermeidung an.

Vererbung der Spezifikation (Vererbung von Schnittstellen, engl. Interface Inheritance) Eine → Unterklasse erbt grundsätzlich die → Spezifikation ihrer → Oberklasse. Die Unterklasse übernimmt damit alle Verpflichtungen und Zusicherungen der Oberklasse. Die Vererbung der Spezifikation ist ein grundlegendes Modellierungsmittel der objektorientierten Programmierung. Im Zusammenspiel mit → dynamischer Polymorphie und → später Bindung ermöglicht sie erweiterbare Programme.

Visitor → Entwurfsmuster Besucher

Vorbedingung → Operation, Vorbedingung

Wertobjekt (Value Object) Wertobjekte sind → Objekte, deren Eigenschaften nach der Konstruktion nicht mehr verändert werden können. Wird eine Änderung an einem Wertobjekt benötigt, so wird nicht das Objekt selbst geändert, sondern eine geänderte Kopie des Objekts verwendet.

Wiederholungen vermeiden (Don't repeat yourself) Das Prinzip »Wiederholungen vermeiden« (Don't repeat yourself) beschreibt den Grundsatz der Vermeidung von Redundanz in einem Softwaresystem. Eine identifizierbare Funktionalität eines Softwaresystems sollte demnach innerhalb dieses Systems nur einmal umgesetzt sein.

Zusicherung (Assertion) Zusicherungen sind Ausdrücke, die entweder wahr oder falsch sind und an definierten Stellen im Ablauf eines Programms ausgewertet werden. Zusicherungen sollen sicherstellen, dass der Zustand des Programms zum Zeitpunkt der Auswertung korrekt ist. Sie werden häufig benutzt, um → Vorbedingungen und → Nachbedingungen von → Operationen abzubilden.

Anhang C

Die Autoren

Bernhard Lahres

Bernhard Lahres ist beim Telekommunikationsanbieter congstar verantwortlich für die technische Entwicklung der zentralen Softwaresysteme.

Aus seiner Erfahrung als Entwickler und IT-Architekt in großen Softwareprojekten kennt er den praktischen Nutzen von objektorientierten Methoden im Detail.

Gregor Raýman

Gregor Raýman ist Diplom-Mathematiker und CTO bei *Cloudfarms.com*. Er arbeitete als Softwareentwickler und Berater in den Branchen Industrie, Automobilindustrie, Dienstleistung und Telekommunikation. Derzeit widmet er sich der Digitalisierung der Landwirtschaft.

Stefan Strich

Dipl.-Inform. (FH) Stefan Strich arbeitet als Entwickler bei einem großen Telekommunikationsunternehmen im Bereich Order Management.

Gerade in einem agilen Projektumfeld, wo sich Anforderungen fast täglich ändern, erweisen sich objektorientierte Methoden und Frameworks als unverzichtbare Werkzeuge zur proaktiven Qualitätssicherung.

Index

E

F

G

H

I

J

K

P

Q

R

S

T

W

Z